社区矫正通论

连春亮　著

中国人民公安大学出版社
·北　京·

自　　序

我对社区矫正的研究是和社区矫正的试点工作基本同步的。2003 年 7 月，最高人民法院、最高人民检察院、公安部、司法部联合发布了《关于开展社区矫正工作的通知》，决定在北京、上海、天津、江苏、浙江、山东六个省、直辖市开展社区矫正试点工作。当时，我主要从事监狱学研究。在刑事法学领域，监狱对罪犯的矫正教育和改造转化是监禁刑罚执行方式，而社区矫正当时定性为非监禁刑罚执行方式。如果仅从矫正教育罪犯的角度考虑，开展社区矫正研究就使监禁与非监禁之间有了联结，由此，我开启了研究社区矫正之路。

对于我国而言，社区矫正是“舶来品”，起初大多国人不知它为何物，因此，我的研究初始之路是曲折的，不仅资料严重匮乏，更无社会实践可依，完全处于无从下手的状态。此时，我得到了好友、上海政法学院刘强教授的帮助，他不仅给我寄来了他的研究成果，还给了我很多指导，使我得以借助研究监狱矫正教育罪犯的经验，拓展研究社区矫正。我的研究工作也随着社区矫正工作的开展而逐步走向深入，按照社区矫正工作发展的阶段划分，大致可分为三大阶段：第一阶段是社区矫正工作的试点探索阶段。这一阶段从 2003 年 7 月开展社区矫正工作试点到 2009 年社区矫正工作全面试行。第二阶段是社区矫正工作全面施行（试行）阶段。这一阶段从 2009 年社区矫正工作全面施行（试行）到 2019 年《社区矫正法》的颁布。第三阶段是社区矫正工作法治化阶段。在这一阶段国家通过了一系列法律法规，特别是出台了《社区矫正法》。这在中国的社区矫正历史上，既具有里程碑的划时代意义，也是新时代中国特色的刑事执行制度建设史上的重大事件，还是社区矫正法治化建设的逻辑起点和社区矫正对象人权保障的“大宪章”，使社区矫正的研究工作进入了一个新的阶段。

经过近二十年的不懈努力，在借鉴专家学者研究成果的基础上，我对社区矫正的相关问题进行了探索，提出了自己的观点，从而形成本专著。但是，由于涉及内容比较广泛，如何为本书取名成为难题。经过思考斟酌并征求同行意见，又基于专著内容要和书名一致的考虑，我将本书命名为《社区矫正通论》。这一书名虽似有狂妄之嫌，让我内心有些惶恐，但取别的书名，又表里难以一致，故此，此书名成为最好的选择。

在新冠肺炎疫情严重影响了学校教学工作的情况下，我充分利用这一段时间，对于本书的体系进行了重新编排，将每一章的结构都进行了调整、修订、补充和拓展，力争把最新的研究成果和社区矫正的实践经验吸纳进来。

我个人认为，未来社区矫正工作的努力方向包括十个方面：一是新高度：社区矫正工作要站在维护国家安全和秩序的政治新高度，以创新社区矫正的治理体系和提升治理能力为核心，开创社区矫正工作的新局面。二是新特征：要及时把握社区矫正工作进入法治化时代的新特征。三是新目标：要通过社区矫正，促进社区矫正对象顺利融入社会。四是新机制：要建构社区矫正委员会、社区矫正机构、社会力量参与等新机制。五是新变化：要充分认识社区矫正工作的新变化。六是新判断：要对社区矫正工作面对的新问题做出新判断。七是新理念：要树立社区矫正工作的新理念。八是新要求：要依据社区矫正法对社区矫正工作提出新要求。九是新路径：要在实务工作中寻求社区矫正工作的新路径。十是新作为：社区矫正工作要有新作为。

写作本书，也是对近二十年来社区矫正研究工作的一个自我总结，是以为序。

连春亮

2021 年 4 月 20 日

目 录

第一章　社区矫正学的基本问题

社区矫正学在我国是一门新兴学科，是随着社区矫正这一非监禁刑事执行方式的开展和社区矫正制度的建立而逐步形成的学科群。主导学科包括了社区矫正学基础理论、社区矫正法学、社区矫正管理实务、社区矫正教育理论与实务、社区矫正应用技术、社区矫正应用文书等。2019 年 12 月 28 日颁布的《中华人民共和国社区矫正法》（以下简称《社区矫正法》）① 为社区矫正学科群的建设奠定了法律基础并提供了法律保障。2020 年 6 月 18 日，最高人民法院、最高人民检察院、公安部、司法部联合颁布《社区矫正法实施办法》，进一步丰富了社区矫正学的内容。

第一节　社区矫正

一、社区的多维界定

何为社区？“社区”一词是 20 世纪从国外引入我国的“舶来品”。对于它的内涵，专家学者的看法也不尽一致。

（一）社区是一个社会学概念

社区通常被解释为“在一定地理区域上生活的具有同质性的社会群体”，其含义是以地区为范围，人们在地缘基础上结成的互助合作的群体，用以区别在血缘基础上结成的互助合作的亲属群体（如家庭、氏族、民族）。简言之，社区就是“地区社会”。它一般包含以下几个方面的要素：② 社区是一定数量的人口按照一定的生产关系和社会关系组成的；社区有一定的区域界限；社区形成了具有自身特点的行为规范和生活方式，即为社区成员认同的社区制度等规范；社区成

① 作者注：在本书正文中，为了表达方便，书中涉及我国法律均用简称，如《中华人民共和国社区矫正法》简称《社区矫正法》，依此类推，不再一一注明。

② 冯文光、张菠主编：《社区警务实用教程》，中国检察出版社 2003 年版，第 2 页。

员在情感上和心理上具有对社区的认同感和归属感；建立了社区事务的管理组织。

（二）社区是指一定的社会共同体及其活动区域

实际上，社区就是相对整个社会而言的小型社会，具有人口、经济、政治、文化、生活方式等方面共同的、基本的社会要素。在一定的社区里，人们以一定的地域为界限，聚居在一起；在一定的社区组织、制度中，在一定的社会规范调节下，进行一定的社会活动；彼此之间产生互动，结成一定的社会关系；具有商业、服务业和教育、文化等生活服务设施；具有由社区现实经济、社会条件和历史传统决定的特有文化；居民对自己所属的社区具有情感上和心理上的认同感，进而形成社区的内聚力。①

（三）社区是具有共同区域文化和心理认同感的人群组合体

“社区”一词，最早见于德国社会学家腾尼斯所著的《社区与社会》一书。在这本书中，腾尼斯首次使用了“社区”一词。所谓社区，就是指在一定地域基础之上的、生活上紧密相连的具有共同区域文化和心理认同感的人群组合体。②

（四）社区是相对独立的地域社会

社区是指在一定地域范围内的人口集体组成的相对独立的地域社会。人们在这一特定地区扭结各种社会关系，以特定的生活方式休养生息，如村庄、集镇、城市中的区域或小区等。它有如下基本要素：（1）共同生活的人群；（2）赖以生产、生活的地理位置和自然环境；（3）维持人们生存的生产和消费；（4）适应生产和生活的规范和管理；（5）人们某些共同的文化和意识。③

（五）社区是具有地方观念的社会单位

社区是指以一定的生产关系和社会关系为基础，形成了一定的行为规范和生活方式，在情感上和心理上有地方观念的社会单位。社区的结构很复杂，既可以是几户人家的自然村落，也可以是拥有几万人口的城市，还可以是工矿企业或机关学校甚至大到民族、国家。④

---

① 陈显容、李正典：《犯罪与社会对策》，群众出版社 1992 年版，第 312 页。
② 何权衡、王耀主编：《新编社会学》，河南人民出版社 1990 年版，第 288 页。
③ 何权衡、王耀主编：《新编社会学》，河南人民出版社 1990 年版，第 288~292 页。
④ 朱智贤主编：《心理学大词典》，北京师范大学出版社 1989 年版，第 580 页。

二、我国的社区

社区的类型复杂多样，人们依照不同的标准有不同的划分方法。在城市，有人把一个居民小区作为一个社区，也有人把几个单位或一定区域的居民区作为一个社区；在农村，有人把一个村庄或几个村庄作为一个社区。所有这些划分方法都是以一定的目的为基础的。总的来说，社区范围可大可小，一个城市、城市的一个区、一个村落、一条街道等，都是规模不等的社区。同时，依其功能性质，又有居民社区、工业社区、商业社区、警务社区等划分方式。

第一，依据社区居民的谋生手段或社区结构的繁简程度，可以把社区分为城市社区和农村社区。

第二，依据社区的功能，可以把社区分为工业社区、农业社区、商业社区、文化社区、居民社区、旅游社区等。

第三，依据历史发展情况，可以把社区分为传统社区和现代社区。

第四，依据社区的空间特征，可以把社区分为法定社区、自然社区、专能社区和精神社区。如下图：

空间特征	空间性的			非空间性的
分类	法定社区	自然社区	专能社区	精神社区
社区举例	行政村落、乡、区、县、市、省、自治区等	城市、乡村自然村落、自然镇、聚居民族等	经济特区、工业社区、文化社区、生活社区等	职业社区、宗教社区、种族社区、散杂居民族等

我国有学者认为："社区是指人们共同生活的一定区域。构成社区有六个基本要素：（1）有聚居的一群人，即有以一定社会关系为基础结合起来的人口集体；（2）有一定的地域，即有人口集体赖以进行生产和生活活动的地理区域；（3）居民间由种种社会关系互相联系，有一定的共同意识；（4）有一套适应该地区的生产和生活的共同的社会规范及行为准则；（5）有各种社会群体和机构以及政治组织；（6）有维持该地区人们的物质、精神生活所必需的生活和生活服务网点。"①

但是，我们这里所说的社区矫正中的社区，与上述所称社区有着不同的含义。我国基于社区矫正功能所设立的社区，应与行政机关的设置密切相关。2000年11月19日发布的《中共中央办公厅、国务院办公厅关于转发〈民政部关于在

① 于慎、许德琦主编：《调查研究知识手册》，工人出版社1986年版，第615页。

全国推进城市社区建设的意见〉的通知》（中办发〔2000〕23号）指出，“社区是指聚居在一定地域范围内的人们所组成的社会生活共同体”。从目前社区矫正开展的情况看，社区矫正所指的社区一般是以乡、镇及城市的区或区下设的办事处为单位，一个乡或镇、一个区或一个办事处为一个社区区域。

三、社区矫正的概念

（一）关于社区矫正概念的不同观点

社区矫正在我国是一个较新的概念，对其如何定义，学界有不同的看法，归纳起来主要有以下几种学说。①

1. 行刑说。这一观点的代表人物是上海政法学院的刘强教授。该说认为，社区矫正是一项刑事执行活动，是指对犯罪性质比较轻微或社会危害性较小的罪犯在社区中执行刑罚活动的总称，其内容包括“缓刑、假释、管制、监外执行、剥夺政治权利等”，② 或者是一种行刑制度。③

2. 处遇说。这一观点的代表性人物是冯卫国教授。他认为，社区矫正就是社区处遇、社会内处遇或社会基础处遇，是相对于传统机构式处遇而言的一种新兴的罪犯处遇方式。具体而言，社区矫正是指通过适用各种非监禁性刑罚和刑罚替代制度，使罪犯得以留在社区中接受教育改造，以避免监禁刑可能带来的副作用，并充分利用社区资源参与罪犯矫正事业的一种罪犯处遇制度。④

3. 救助监督说。社区矫正就是在社区中对犯罪人进行的矫正和控制活动。其中，矫正主要体现为帮助性活动，控制主要体现为监督性活动。⑤ 或者是指在社会环境下，由国家有关部门联合社区组织与社会志愿人员，对符合条件的犯罪

---

① 连春亮、张峰主编：《社区矫正概论》，法律出版社2006年版，第4~6页。

② 该表述见刘强所著《上海社区矫正的发展与评价》《社区矫正的定位及社区矫正工作者的基本素质要求》，分别载于《法治论丛》2002年第6期和2003年第2期；刘强主编：《各国（地区）社区矫正法规选编及评价》，中国人民公安大学出版社2004年第1版序等文献。在这里需要说明的是，我国修订后的《刑事诉讼法》没有把剥夺政治权利的矫正对象纳入社区矫正中。

③ 丁亚秋：《社区矫正实施意义及缓刑适用相关法律问题研究》，载《法治论丛》2003年第4期。

④ 冯卫国：《行刑社会化研究——开放社会中的刑罚趋向》，北京大学出版社2003年版，第181页。

⑤ 冯卫国：《构建我国社区矫正制度的若干思考》，载《广西政法管理干部学院学报》2003年第4期。

人或有犯罪危险的人进行行为矫治、生活扶助的活动。[①] 持此种观点的还有吴宗宪教授。他认为，社区矫正就是在社区中对犯罪人进行的矫正和控制活动。其中，矫正主要体现为帮助性活动，控制主要体现为监督性活动。[②]

4. 教育说。该说认为，社区矫正是一种不使罪犯与社会隔离并利用社区资源改造罪犯的方法，是所有在社区环境中进行管理教育的方式的总称。[③]

5. 混合说。该说认为，社区矫正就是与监禁矫正相对的行刑方式，是指将符合条件的罪犯置入社区内，由专门的国家机关在相关社会团体和民间组织以及社会志愿者的协助下，在判决、裁定或决定确定的期限内，矫正其犯罪心理和行为恶习，并促进其顺利回归社会的非监禁刑罚执行活动。

这些概念均或多或少地影响着当前我国的社区矫正试点工作，尤其是混合说，已被《关于开展社区矫正试点工作的通知》和司法部颁发的《司法行政机关社区矫正工作暂行办法》所采纳，在实践中产生了一定的影响。但是，《社区矫正法》将社区矫正定位为“刑事执行”，使社区矫正的概念也相应发生了变化。

（二）本书对社区矫正概念的界定

社区矫正概念的科学界定，关系着社区矫正工作的整体发展方向，是必须要明确的理论问题。社区矫正从根本来讲是以减少犯罪和恢复被犯罪所破坏的社会关系为目的，由社区矫正机构和社会公众共同承担控制犯罪和促进社区矫正对象再社会化的责任。因此，控制犯罪和再社会化的关键在社区，其核心是改变传统的刑罚执行方式，使罪犯矫正教育工作的重点向社区矫正延伸，发展与社区相关机构和人员的伙伴关系，建立社区矫正体系。上述概念虽然各有侧重，但有共同的特点。

第一，社区矫正的对象是符合一定条件的罪犯。这个条件是指罪行比较轻微，不致危害社会，不需要监禁或不再需要继续监禁。目前，我国社区矫正的对象主要包括被判处管制、宣告缓刑、裁定假释和决定暂予监外执行这四类罪犯。

第二，社区矫正的场所是社区。社区是社区矫正的基本依托和基本单元，社区矫正依赖的是社区资源，社区居委会和村民委员会以及社区成员是社区矫正的基本力量。

第三，社区矫正工作的主体具有多元化特征。其中，社区矫正的管理执行者

---

① 王利荣：《从司法预防视角谈社区矫正制度的发展思路》，载《法治论丛》2004 年第 2 期。

② 吴宗宪：《关于社区矫正若干问题思考》，载《中国司法》2004 年第 7 期。

③ 康树华：《社区矫正的历史、现状与重大理论价值》，载《法学杂志》2003 年第 24 期。

是专门的国家机关及其工作人员，包括司法行政机关和社区矫正机构以及受委托从事社区矫正工作的司法所。社区矫正的社会力量是村（居）委会、社会团体、民间组织和社会志愿者等，其也是社区矫正的辅助力量。社区矫正的协作者是社区矫正的协助力量，包括人民法院、人民检察院、公安机关、监狱管理机关等。

第四，社区矫正的时间是判决、裁定、决定确定的期限，这一期限是由法律规定的。

第五，社区矫正的目的是使社区矫正对象回归社会、恢复被犯罪所破坏的社会关系，以预防和减少犯罪。

第六，社区矫正的性质是非监禁刑事执行活动。

据此，本书将社区矫正的概念界定为：社区矫正是指将符合条件的社区矫正对象置于社区内，由专门的国家机关在相关社会团体和民间组织以及社会志愿者的协助下，在判决、裁定或决定确定的期限内，矫正其犯罪心理和行为恶习，并促进其顺利回归社会的刑事执行活动。据此，在法律制度建构的层面，社区矫正作为一项法律制度也就成为刑事执行制度的有机组成部分。

四、社区矫正的定位

实质上，社区矫正是现代刑罚对犯罪的宽容，是社会公众对犯罪人的宽容。因此，宽容性是社区矫正的本质属性。但是，宽容并不等同于放纵，将符合条件的社区矫正对象置于社区中，仍要通过一定的强制手段实现社区矫正目的。而这一手段的实施不是要单纯突出或实现法律的惩罚性，又不等同于对社会公众的社会管理，而是介于二者之间的一种中间制裁措施。关于社区矫正的定位问题，从不同的视角出发有不同的解读，蕴含了不同的价值意义。

（一）从社区矫正的内在结构分析

从广义上讲，社区矫正是一个集合概念。因此，关于社区矫正的定位，应阐明以下几点。①

1. 社区矫正是一项独立的工作手段。社区矫正是把社区矫正对象置于社区内，在社区矫正机构的管理下，在判决、裁定或决定期限内，教育转化社区矫正对象的犯罪心理和行为恶习，并促进其再社会化的活动。其中，由专门的国家机关行使该项权力，而相关的社会团体、民间组织、社会志愿者等只是辅助该项工作。它是一项相对独立的、对社区矫正对象所进行的矫正教育活动，且是一项独立的工作手段。其基本任务是对矫正对象执行刑罚并进行监督管理、矫正教育、危机干预、社会救助等，更深层次的目的是实现对被犯罪所破坏的社会关系的

---

① 连春亮：《论社区矫正的内涵》，载《中国监狱学刊》2004 年第 3 期。

恢复。

2. 社区矫正是对罪犯矫正教育工作的拓展和延伸。我国目前对服刑罪犯的刑罚执行和矫正教育制度，均以封闭式教育为主。长期以来，该方式已经显露出弊端，尤其是监狱服刑罪犯的交叉感染和“监狱化”问题无法有效解决，服刑场所的高度封闭性与罪犯回归社会的固有矛盾无法克服。而社区矫正把社区矫正对象纳入由社会参与的矫正教育机制中，不仅增加了透明度，还为社区矫正对象创造了更宽松的环境条件，是教育改造工作新的工作内容和方法。

3. 社区矫正是一种社会管理行为，是对社区矫正对象的管理、矫治和服务。社区矫正在借鉴国外许多发达国家社区矫正工作先进经验的基础上，吸纳系统科学、犯罪学、社会学、社会管理学、心理学等学科理论，通过社区矫正机构对“危险社会成员”进行风险评估和危险管理，抑制社区成员中“危险成员”的违规行为。同时，对社区矫正对象进行矫正教育，提供心理矫治和社会帮扶等服务。这不仅是社会治安综合治理的需要，也是整个社会宏观管理的有益探索。因此，社区矫正是社会管理理论的有效尝试，是在社区中对社区矫正对象的管理、矫治和服务活动。

4. 社区矫正是社会成员广泛参与的社会工作。社区矫正是对社区内符合条件人员的“社区制裁”，它的本源意义是由社区来主导矫正教育工作，体现了社会多元参与性，是矫正教育与社区公众的联系与合作。因此，它是社区内公众所做的社区工作的一部分。

（二）从社区矫正的不同属性分析

1. 社区矫正的本质属性是刑罚惩罚性。社区矫正是以刑罚惩罚为前提的。主要体现在：一是按照法律的规定要对社区矫正对象的权利进行剥夺和限制；二是社区矫正对象在社区矫正期间所享有的权利和应履行的义务具有法定性；三是社区矫正的期限具有法定性。社区矫正的期限是刑事的判决、裁定和决定发生法律效力的期间，期限届满就必须解除矫正，恢复社区矫正对象的一般社会公民身份；四是社区矫正的过程具有强制性，主要是利用社区矫正的法律规定、工作机制和行为规范，对社区矫正对象进行强制性的约束。社区矫正对象如果违背规范，或者不履行法定的义务，将承担对己不利的法律后果。

2. 社区矫正的工作属性是干预性。社区矫正的干预性主要体现在以下三个方面。一是对社区矫正对象的适度监督管理，规范其行为，包括两个层面：第一个层面是执行刑罚的监督管理，是对社区矫正对象作为罪犯在履行法定义务方面的监督管理。第二个层面是依据社区矫正工作规范对社区矫正对象的监督管理，是依照社区矫正的有关规定由社区矫正工作者所共同行使的一项权能。主要是按照规范的要求，对社区矫正对象的行为、言谈、举止等进行监督、指导、检查、规范、纠正、落实、考核、评价、奖惩等。这一任务是社区矫正的主要任务之一，也是社区矫正工作的主要体现形式。[①] 二是对社区矫正对象出现危机的干预。社区矫正的任务之一，就是对社区矫正对象所面临的各种各样的危机进行及时干预。对处于危机状态中的社区矫正对象进行干预是为了保障社区的安全。因为危机干预可以为社区矫正对象“提供帮助”，使之恢复常态或维持原状，排除潜在危害社区安全的危险因素。三是对社区矫正对象多层面的社会救助。社会救助也是对社区矫正对象的矫正过程进行干预的一种手段。社区矫正的社会救助是建立在社区矫正目的之上的，社区矫正的目的之一，就是要帮助社区矫正对象增强社会适应性，与社会重新结合。那么，要达到这个目的，对社区矫正对象这个弱势群体而言，有必要建立社会救助制度，对社区矫正对象实施救济。[②]

3. 社区矫正的职能属性是矫正性。矫正性是现代行刑理念的具体体现。首先是矫正教育理念的创新。社区矫正与我们传统的封闭式的监狱矫正工作相比，可以说是刑罚思想、矫正理念上的更新或创新。社区矫正的实质和灵魂，就是从过去注重刑罚的惩罚性和矫正的封闭性转变为对人性人权、再社会化和社会适应的关注，从注重于封闭场所、矫正手段转变为对人的矫正实质和矫正目的的关注，充分运用社会力量，强化公众参与意识，实现“以人为本”的矫正思想。

其次是矫正教育方式的主动性。社区矫正工作具有主动性。传统的封闭式罪犯教育以惩罚和强制灌输为归趋，突出的是法定的时间性，至于回归社会的本源性问题并未从根本上加以解决，丝毫发挥不了社区矫正对象自我矫正的主观能动性。而强调预防和制裁相结合的社区矫正工作，注重社区矫正对象与社会的重新结合，强化对其的社会适应性训练：一方面是社会公众的广泛参与，有效利用社区资源提高矫正教育质量；另一方面，在宽松和谐的矫正环境下，社区矫正对象的主观能动性能够得以充分发挥。

最后是矫正教育手段的人性化。一是矫正教育按照社区矫正的要求，完成对社区矫正对象的思想教育、法治教育、道德教育、文化知识教育、就业教育、心理健康教育、社会适应教育等内容。二是在矫正教育的基础上，针对社区矫正对象的行为、心理方面出现的问题进行矫正活动，比如人格调查、心理测验、心理评估、心理咨询、心理治疗、行为矫正、行为训练、团体训练、个案矫正等。这些措施更侧重于专业技术手段的应用，对社区矫正对象养成健康的人格和增强社会适应性起到了良好的作用。

4. 社区矫正的使命属性是和谐性。社区矫正发起的根本动力就是促进社会和谐。社区矫正使命的和谐性，是指社区矫正工作在社会主义和谐社会的构建中，必须立足自身的特定地位，发挥自身的特殊价值，为和谐社会的构建做出自身的贡献。一是从社会结构看，社区矫正工作是社会主义和谐社会构建的必要环

① 连春亮：《社区矫正的基本任务之我见》，载《四川警察学院学报》2009 年第 2 期。
② 连春亮：《社区矫正的基本任务之我见》，载《四川警察学院学报》2009 年第 2 期。

节。我国和谐社会的构建，着眼于全社会，致力于全领域的秩序重构。社区矫正作为司法体制改革的重要举措，本身就是为促进社会和谐而发动的，是摒弃重刑主义观念的产物，本意在于治理和预防犯罪、化解社会矛盾，使社区矫正对象尽早融入社会，与社会重新结合。二是从社会特征看，社区矫正已经成为促进社会和谐的专门力量。社区矫正工作本身要求有比其他社会组织更有效的措施来控制和转化社区矫正对象，将社会中的不安定因素有效控制在稳定状态，化解成和谐因素。三是从社会功能看，社区矫正工作以促进社会和谐为其历史责任。社区矫正是新的矫正理念和矫正实践，是法治化社会建设的实践，是公平正义的体现，是社会安全和秩序的维护者，是不安定因素的转化者，也是经过长期探索的历史最佳选择。

（三）从不同学科的角度分析

1. 以国家为本位的政治学意义。我国要进行法治社会、法治国家、法治政府一体化建设，要运用法治治理国家，要实现国家治理体系和治理能力现代化，而社区矫正是社会治理创新的重要举措。在法治国家语境中，社区矫正工作的价值追求是以国家为本位的，这样，社区矫正就成为国家维护社会安全和秩序的工具，以及防卫社会不被犯罪侵害的手段和措施。

2. 以刑事处罚为本位的刑罚学意义。依据我国法律的规定，社区矫正对象的法定身份是罪犯，是被依法限制人身自由并在社区接受监督管理和矫正教育的罪犯，这就昭示着社区矫正对象的言谈举止必须符合法律的要求。同时，法律对社区矫正对象的刑事处罚，是对犯罪行为的报应性打击，其倡导了法治社会的公平正义，并向社会公众宣告：善的行为是正义的行为，恶的行为是非正义的行为。公平正义是法治社会的核心要求，一个没有正义的社会是一个危险的社会。

3. 以社会为本位的社会学意义。首先，人是社会的产物，社区矫正对象是生活在社会中的人，对社区矫正对象的监督管理和矫正教育必须置于社会层面来看待，满足其基本的社会需求。其次，社区矫正是社会的减压阀，是社区矫正对象再社会化的场所。社区矫正对象的犯罪行为是社会矛盾不断释放的结果，对该行为的打击使紧张的社会关系得以缓解。最后，社区矫正对象的社会化是强制再社会化的过程，必须遵循教育改造由强制到自觉的内在规律，塑造和完善社区矫正对象符合现代社会要求的健全人格，恢复被犯罪所破坏的社会关系，减少直接的对抗、对立，使各类社会关系实现化解、和解、谅解。

4. 以个人为本位的矫正教育学意义。法国著名思想家卢梭曾指出，如果要让他在造人和造公民之间做出选择的话，他会选择造人。他的主要思想有：教育之目的是根据个人的发展需要而制定的；个人价值高于社会价值；人生来就有健全的本能，教育的职能就在于使这种本能不受影响地得到发展。[①] 这就意味着社区矫正是对社区矫正对象主体性的确认；意味着社区矫正对象必须对其犯罪行为负责，在监督管理和矫正教育中具有主体性地位；意味着对社区矫正对象的矫正教育成为可能，从本质上体现“人是可以改造的”；意味着社区矫正对象对自己的矫正负有重大责任，是矫正的主导者。这就要求我们在矫正教育中，必须关注社区矫正对象的人性本质，把社区矫正对象理性和良知的恢复作为目标。

5. 以培育健康人格为本位的心理学意义。社区矫正的过程也是对社区矫正对象健康人格的塑造过程。心理学提供了现代科学改造罪犯的理论、方法和技术，针对社区矫正对象存在的心理问题、心理障碍和心理疾病，以健康人格的塑造作为社区矫正对象矫正教育的重要指标，塑造社区矫正对象适应现代社会所要求的健康人格。

6. 以文化为本位的文化学意义。主要包括两个层面：一是对社区矫正对象的教育改造在于使用人类历史上积累起来的文化转变人的恶习，重塑社区矫正对象的人格精神，使社会共享的客观文化内化为社区矫正对象的主观精神。在这里，文化成为有形或无形的教化工具。二是使社区矫正成为犯罪治理多元化的文化符号，使对犯罪现象的治理成为一种社会公众共同承担的公共责任。

第二节　社区矫正的学科性质和基本范畴

一门学科是否具有独立的特征，其判断标准包括：一是内容的专门性，二是对象选择的成熟性，三是研究方法的科学性，四是从理论形态上把握认识。[②] 社区矫正工作的开展，使我国的刑事执行制度在监禁执行为主导的基础上，又形成了以社区矫正为主导的新型制度。这样，以社区矫正发生、发展及其变化规律为研究对象的社区矫正学，在知识范畴上具有相对的稳定性和独特的逻辑发展规律，形成了社区矫正领域相对独立的知识体系，就成为一门新兴学科。

一、学科性质

学科性质是学科定位的关键。社区矫正学的学科性质是在社区矫正基础上，对社区矫正学本质特征和基本形态的界定。因此，对社区矫正学科性质的科学认知是学科发展的关键。

---

① 南京师范大学《教育学》编写组：《教育学》，人民教育出版社 1984 年版，第 160~161 页。

② 陈波、何文华、谢旭：《社会科学的方法论》，中国人民大学出版社 1989 年版，第 36~37 页。

（一）社区矫正学是一门独立学科

社区矫正学作为一门独立学科体现在两个方面：一是社区矫正工作内在的发展逻辑决定了其内在的学术性。社区矫正学科体系的建立，关键在于认识上逻辑思维的严密性与所反映的社区矫正本身发展规律的科学性。社区矫正学以社区矫正中的理论问题和实践问题为研究领域，以揭示社区矫正对象的教育改造特殊规律为主要任务，具有自己的学科边界和研究方法，在学术规范和内在理论品质上具有严肃性、规范性和学理性。二是有自己独特的研究对象。现代刑罚文明与进步的本质属性彰显为宽容性。而现代刑罚的宽容性使社区矫正学成为一门独立学科。社区矫正学的研究对象是社区矫正工作，这是学科赖以存在的基础。为此，社区矫正学是一门研究社区矫正工作发生、发展及其变化规律的学科。和相邻或相近学科相比，社区矫正学具有特有的学理性和学术性。

（二）社区矫正学是一门综合性、边缘性的跨界学科

首先，从社区矫正工作本身看，社区矫正学科建立的基础必然具有综合性、边缘性。社区矫正从根本来讲以预防和减少犯罪、使社区矫正对象回归社会为目的，由社区矫正机构和社会公众共同承担控制犯罪和促进社区矫正对象再社会化的责任。因此，控制犯罪和再社会化的关键在于社区，其核心是改变传统的刑罚执行方式，使矫正工作的重点向社区矫正延伸，发展与社区相关机构和人员的伙伴关系，建立社区矫正体系。无论是从手段、形式，还是从内容、实质方面而言，都要综合应用法学、社会学、管理学、刑罚学、心理学等学科的理论、手段和方法，体现的是多种学科的综合，跨越了多种学科。其次，从社区矫正的学科体系构成看，社区矫正学一经产生，就是一门交叉学科，具有跨学科、跨部门和跨行业的特性。社区矫正学与其他学科的互涉，昭示了自身学术发展的动力和潜力；而与其他学科的边界跨越，直接导致了社区矫正学理论体系的互动与重组，形成了自有的知识生产和知识构成体系。

（三）社区矫正学是刑事政策学的分支学科

社区矫正学是一种社会管理理论。社区矫正工作在借鉴许多发达国家社区矫正工作的基础上，吸纳系统科学、犯罪学、社会学、社会管理学等学科理论，通过社区矫正机构，抑制社区成员中“危险成员”的违规行为。这不仅是社会治安综合治理的需要，也是整个社会宏观管理的有益探索。因此，社区矫正学是在刑罚惩罚前提下的社区工作，更多的是刑事政策的本质属性，即谦抑性或宽容性。但是，宽容并不等同于放纵，将符合条件的矫正对象置于社区中，仍要通过一定的强制手段实现社区矫正目的，这种措施带有明显的制裁性质。所以，社区

矫正学是刑事政策学的分支学科。

（四）社区矫正学是一门应用性学科

首先，社区矫正学的宗旨主要在于应用，其目的在于应用社区矫正学的原理和技术，指导社区矫正多元参与主体的实践活动，转变社区矫正对象的思想，纠正其行为恶习，加强社区矫正对象的社会适应性，成为符合社会要求的良好社会公民。其次，社区矫正学发展的需要决定其实践性和应用性。社区矫正学产生和发展的动力来源于社区矫正工作的开展、《社区矫正法》的颁布实施和社区矫正刑事执行制度的建立。在社区矫正工作中，社区矫正学从自身的学科性质和具体的研究对象出发，在高度理性的层面把握学科指向的实务工作，对社区矫正的法律现象、现实问题和政策障碍等进行反思，从学理角度加以阐释和求解，揭示问题本质，探讨内在规律，这些都凸显了社区矫正学的应用性特质。

二、基本范畴

任何一门学科的理论都是由基本范畴构成的。社区矫正学的基本范畴包括：反映和概括社区矫正研究领域中普遍的本质的思维形式、社区矫正学科体系中的基本概念和具有规律性的认识成果；社区矫正工作实务中的手段和方法等。

（一）研究社区矫正的基本理论

社区矫正的基本理论主要包括：社区矫正的概念和定位，社区矫正的功能和目的，开展社区矫正工作的意义，社区矫正的立法问题，社区矫正的研究对象，社区矫正的基本原理，社区矫正的动力基础，社区矫正的原则、任务和研究方法，社区矫正机制与队伍建设，社区矫正的价值，我国社区矫正存在的问题和发展方向等。

（二）研究社区矫正法及其法律关系

社区矫正法及其法律关系包括社区矫正法学的基础理论、社区矫正与社区矫正法的历史、社区矫正的刑事执行及其程序、社区矫正的刑罚执行和监督管理、社区矫正的教育帮扶、社区矫正的考核奖惩、社区矫正的法律责任、社区矫正的检察监督、未成年人及老弱病残特殊人员的社区矫正、中外社区矫正及社区矫正法的比较研究等。

（三）研究社区矫正的基本程序、内容和制度

社区矫正的基本程序包括对社区矫正对象的接收、日常监督管理、社区矫正

的解除等；社区矫正的基本内容包括对社区矫正对象进行形势政策教育，法律与道德教育，行为矫正、社会适应性训练与指导等矫正教育。社区矫正的基本制度包括矫正前调查评估制度、社区矫正工作制度、社区矫正管理制度、社区矫正救济制度。

（四）研究社区矫正的基本矫正技术

社区矫正的基本矫正技术包括对矫正对象的公益活动的相关问题，个案矫正技术中的人身危险性分类技术、与矫正对象的沟通技术、与矫正对象的交流技术、沟通中的影响技术、沉默与多话的应对技术，心理矫正技术中的心理健康教育、心理矫治技术等。

（五）研究特定的社区矫正对象

研究特定的社区矫正对象主要是研究未成年矫正对象、老年矫正对象、女性矫正对象的社区矫正问题，研究病残型矫正对象、吸毒成瘾型矫正对象、智障型矫正对象、艾滋病矫正对象等的社区矫正问题。

（六）研究社区矫正的评估问题

社区矫正的评估问题主要包括社区矫正评估的类型和特征、社区矫正评估的原则、社区矫正评估的功能和作用、社区矫正评估方案、社区矫正评估的基本内容、社区矫正评估的指标体系、社区矫正评估的技术和方法等。

（七）研究社区矫正中现代技术的应用问题

社区矫正中现代技术的应用主要研究现代信息技术的发展以及社区矫正工作如何借助现代科技提高管理水平，促进社区矫正工作现代化、信息化、科技化、智慧化建设。

三、研究方法

科学研究和发展的历史告诉人们，任何科学研究成果的取得，都有赖于研究方法的科学性。只有正确科学的研究方法，才有可能达到认识世界和改造世界的目的。社区矫正工作只有运用科学的研究方法，才能如实地认识社会的犯罪现象及社区矫正对象心理发展变化的规律，并将研究结论应用于社区矫正的实践。

科学的研究方法作为认识世界和改造世界的手段，可以分为方法论和具体方法两个层次。首先是世界观，即研究客观世界的哲学基础、指导思想或方法论的方面；其次是研究客观世界某一领域的具体方式、步骤、技术、技巧方面，即学科研究特定的具体方法。两个方面的有机结合，才能达到预期目的，才能完成社区矫正的任务。

（一）调查研究法

调查研究法是运用科学的手段和技术，有目的、有计划且比较全面、系统地直接收集有关社会现象的实际资料，并在此基础上进行社区矫正情况综合分析的实践活动，是通过实际调查取得第一手资料，用以说明有关社区矫正客观状况及与其他工作的关系，并提供解决问题线索的方法。

调查研究法是人们认识世界、改造世界的基本方法，也是社区矫正的研究方法。实践证明，要认识事物的规律、把握事物的本质，就必须调查研究，认真分析事物多方面的情况，把社区矫正的直接经验上升到理论层次。因此，要研究社区矫正工作，就要深入社区矫正的第一线，从调查研究入手，收集大量的经验材料，然后采取去粗取精、去伪存真、由此及彼、由表及里的分析方法，经过分析、归纳、综合概括和具体化，形成具有普遍意义的理论，同时，还要不断收集新信息、收集新资料、吸收新经验、研究新问题、揭示新规律，不断完善社区矫正工作。

运用调查研究法，可根据社区矫正工作的需要采取不同的调查法，如类型调查研究法、专题调查研究法、个案调查研究法等，也可以采用问卷法、访问法、观察法、参与法等具体的方式进行调查研究。

（二）统计研究法

统计研究法是社区矫正工作研究中不可缺少的研究手段，它和其他研究方法紧密相关，因为在社区矫正工作中，无论是观察、调查还是实验、测验等，都离不开统计研究分析。只有使用统计研究的方法，才能根据大数定律，排除个别的、次要的社会现象和偶然因素的影响，反映出普遍的、主要的社会现象和决定性的因果关系，从而发现社区矫正工作的规律。

（三）比较研究法

比较研究法是一种在一定时间和一定空间将两个以上的同类社会现象进行对比，借以了解其产生发展的因素，寻求内部变化和相互之间的联系，预测其趋势的研究方法。通过比较研究，可以认识其共同之处和不同之处，做出科学鉴别，进一步把握其本质和规律。虽然比较研究是多方面的，但可具体区分为横向比较和纵向比较两个主要方面。

在社区矫正的研究中，主要是横向研究，其主要研究国外发达资本主义国家社区矫正的历史、社区矫正的现状、社区矫正的特征、社区矫正的制度、社区矫正的立法及社区矫正发展的规律性等。通过比较研究，从中找出对我们有益的东西，为我所用，进而完善我国的社区矫正工作。

由于社会制度、意识形态、民族习惯、法律制度等方面存在差异，我们在进行横向比较研究时，应注意以下几点：一是要明确进行比较的标准，标准确立了，比较所得出的结论才能够正确；二是要收集所要比较的资料；三是进行整理；四是进行比较和对照。

(四) 实验研究法

这是运用一定的物质手段，依照一定程序，人为控制、干预、模拟或再现社会现象，以观察其性质、相互依存关系及变化结果的研究方法，是一种人们创设特定社会环境以认识和改造社会的试验性活动。虽然由于社区矫正工作具有复杂性和变动性，实验研究法只能被有限地使用，但它仍不失为一种可供选择的科学研究法，对于制定社区矫正政策、社区矫正立法都具有重要的验证意义。在社区矫正研究方面，虽然不可能重复实验社区矫正对象的犯罪行为及其发生原因，却有助于研究社会环境中的相关因素，尤其是消极因素对社区矫正对象的影响。特别是用于检验社区矫正对象改造和转化的形式及方法的理论设想，如对于罪行较轻的社区矫正对象，以矫正小组活动形式进行社区矫正替代关押隔离形式的实验研究；预防犯罪的社区矫正组织体系和形式的社会实验等，实验结果证明社会效果显著，则可由点到面在全社会进行推广。事实上，社区矫正工作就是采用这种方法，先进行试点而后逐步展开的。

(五) 历史研究法

这是追溯社会现象渊源和演变过程的研究方法，任何社会现象都有其产生、发展和消亡的历史过程。只有了解过去，才可解释现在和推测未来。通过历史资料对社区矫正进行间接观察，弄清社区矫正的发展历史，寻求社区矫正发展变化的规律，可以比较深刻地认识社区矫正的现状，并为预测社区矫正的发展趋势提供依据。

(六) 矛盾分析法

所谓矛盾分析的方法，主要是运用对立统一规律对社区矫正对象进行分析。马克思认为，事物的矛盾和斗争是普遍存在的。社区矫正工作在研究社区矫正对象的教育转化及其发展规律的过程中，必然遇到大量的矛盾冲突和现实问题。要认识矛盾、解决问题，就要运用矛盾分析的方法。

运用对立统一观点分析社区矫正工作，要把握两个普遍性问题：一是要正确认识社区矫正工作者与社区矫正对象之间是一种对立统一的矛盾关系，二是要正确认识二者之间相互依存的关系。在社区矫正工作中，社区矫正工作者始终处于主导地位，而社区矫正对象处于不自觉、半自觉甚至拒绝接受矫正教育的被动地位。只有正确认识这一对矛盾体，才能正确处理好二者之间的对立统一关系。

（七）心理分析法

心理分析法就是依据心理与其外部表现之间的必然联系，依据诸因素与心理形成之间的必然联系，通过外部的行为表现及其客观后果，通过对社区矫正对象心理起作用的因素的综合研究，去分析社区矫正对象心理形成、发展和变化的规律以及社区矫正对象犯罪心理、消极心理被消除的规律。

这是通过研究社区矫正对象个人观点、兴趣、态度的不同和心理差异，以区别个人特性的方法。社会的各种现象是由人的行为构成的，社区矫正工作也是如此，而人的行为又是受心理支配的，心理则是在多种因素的作用下形成的。运用智力测验、反应试验、内省法、外省法等具体方法，可以分析和掌握社区矫正对象某种心理的形成与发展变化规律，以及社区矫正对象某种心理与某种行为表现之间的必然联系。社区矫正工作重视分析主客观因素及其相互关系在社区矫正对象行为中的作用，重视探讨外在影响在社区矫正对象行为过程中对主观意识的作用，重视评价个人心理特征和犯罪意念形成的心理刺激因素，也重视研究不同社会群体的行为对于社区矫正对象的心理反应。心理分析法在分析社区矫正对象的犯罪动机、犯罪目的、现实状况、心理状态等方面是经常运用且行之有效的一种方法。

（八）系统分析法

系统分析法是一种建立在系统理论基础之上，将社区矫正对象作为由相互联系、相互作用的若干部分结合构成的有机整体，而这一有机整体又作为一个部分从属于更大的有机整体来进行研究的方法。系统论的基本定律是整体的功能大于或不同于各个子系统或子因素相加之和的新功能。依据系统论的观点和系统分析的方法，社区矫正工作的研究不能孤立地看待社区矫正对象的教育和转化问题，或者只局限于其违法犯罪方面，而是应从社会整体的高度，把社区矫正对象的犯罪现象作为社会病态加以考察，分析与犯罪现象相关的经济、政治、社会以及个人生理、心理等因素，认识到犯罪现象的发生是多种因素综合作用的结果。同时，社区矫正对象产生犯罪现象本身，也是社会关系失调、社会结构解组的特殊表现。例如，探讨青少年违法犯罪的问题，单从其个人社会化不全的角度考虑，就需探求家庭教育、学校教育、社会教育诸方面的缺陷。既然发生犯罪的原因是综合性的，社区矫正的手段和措施无疑也应是综合性的。社会治安综合治理的方针，就是从社会整体着眼，统筹安排、各方动手、相互协调，以使社会治安根本好转，增进社会的稳定和安全。在社会治安综合治理体系中，社区矫正是其承上启下的重要一环，或称重要的子系统。

（九）作品分析法

作品分析法又称活动产品分析法，它是心理学的具体研究方法之一，是一种通过对人的智力活动的产品进行分析研究，以了解人的能力、思想倾向、情感状态和知识范围的方法。这种方法通过研究人的智力活动产品，从中研究产品制造过程本身，以及与此相关的各种心理活动状况。因为在智力活动过程中，人的心理特点表现得更加明显。在对社区矫正对象进行社区矫正活动的过程中，其一切智力活动产品无不蕴含着矫正对象的各种心理内容，因此，通过对各个阶段的社区矫正对象的智力活动产品进行分析和研究，就能揭示社区矫正对象在各个阶段的心理状态，并把握其心理构成和心理发展、变化的规律。社区矫正对象的智力活动产品，都是其主观心理、意识外化为客观现实的表现形式，都反映着社区矫正对象在一定阶段内、一定情境条件下的心理活动内容。辩证唯物主义认为，外因是事物本质变化的条件，内因是事物变化的根据，外因必须通过内因而起作用。社区矫正对象的智力活动产品本身就是外因通过内因而起作用的“产物”。这个“产物”是社区矫正对象在社区矫正过程中，通过发挥主体的主观能动性，吸收、内化外在客观因素，经过主体加工改造的结果。同时，也只有使外在因素内化为主体的内驱力，才能最终推动社区矫正对象内在因素的变化。社区矫正对象的智力活动产品是其心理状态的外部表现形式，蕴含着社区矫正对象心理活动的基本内容。因此，研究社区矫正对象的活动产品，是及时把握社区矫正对象心理发展方向、活动倾向性的重要途径，也是剖析社区矫正对象心理的物质基础。

（十）个案追踪研究法

社区矫正对象心理发展变化的过程，是众多因素综合起作用的复杂过程，因此，社区矫正工作应以个案追踪研究为基础。一方面，在充分利用案卷材料的基础上，深入社区矫正的实际中，客观细致地进行个案调查，充分占有事实材料，剖析相关因素，探寻客观的心理活动规律；另一方面，努力创造条件进行一定的追踪研究，从动态中进行观察和分析。对于社区矫正工作而言，社区矫正不仅要对对象的整个矫正过程进行分析研究，还要对他们回归社会后的心理与行为表现进行长期的追踪研究。

个案追踪研究，要尽可能地取得有关方面的支持与配合，对社区矫正对象进行长期不懈的观察、记录、贮存资料，以及分析对比和综合研究。同时，个案追踪研究必须拟订周密的方案和计划，目的明确，措施得力，方法灵活多样，定期进行观察、调查和记录，及时加以综合分析和理论概括。

第二章 社区矫正的基本原理

社区矫正是一种特殊的社会实践活动，是现代社会管理制度创新和刑事执行制度完善的重要组成部分，具有独特的社会价值和运行规律。社区矫正的基本原理是社区矫正学研究中的基本理论问题，探求社区矫正的功能、基本理念、基本特征和规律，为研究社区矫正提供理论支撑。

第一节 社区矫正的基本理念

目前，我国的犯罪率和重新犯罪率呈现逐步上升的趋势。2002 年的统计资料表明，全国在押犯已突破 150 万人。其中，两次以上犯罪的罪犯有 19.5 万人，占到在押犯总数的 13%，这尚不包括未被抓获和未立案的犯罪者。据有关专家估计，目前实际的重犯率至少不低于 20%。犯罪率与重犯率的增长，固然有多种原因，但是，刑法中一些与“非监禁刑”相关的条款，在社会保护和人权保障方面的欠缺，以及我国刑罚理念的严重滞后，都与重犯率和犯罪率的增长有着密切关系。① 因此，社区矫正是我国司法体制改革的重要方面，其涉及的就是我国刑罚理念的更新或创新。

一、刑罚人权观

人权，就是人之为人应当享有的权利，人权普适化是市民社会形成的结果。人权在一个国家主权范围内发挥着通过法律规范保护弱者的功能，而在国家主权范围外，则发挥着规定国家主权和制约国家权力扩张和滥用的功能。公民刑事权利是国家行刑权力体系最为基础的人权。关于人权保护的问题，陈兴良教授曾用“木桶理论”来解释刑事法律与底线人权的关系，其认为刑事法律就是“木桶”上那个最短的木板。“因为如果公民的基本权利和民主权利都得不到保障，那么，

① 刘强：《社会稳定与刑罚改革的人权刑法观思考》，载《河南司法警官职业学院学报》2003 年第 2 期。

这样的社会很难说是法治的社会，从这个意义上说，刑事法治是最低限度的法治标准。”① 因此，在任何国家的刑法中赋予国民安全和基本的生存权都是必需的。保护人权是国家的道德使命，国家的这种道德使命感就是权力的人道化。1848年联合国大会通过的《世界人权宣言》将国家的这项道德使命条文化，其宣称所有的人生而自由，享有平等的尊严和权利。不论在何地，只要人权受到侵犯，各国都有充分的、正当的理由加以关注，并规定了一系列原则，如权利平等原则，法律同等保护原则，人人享有生命、健康、自由权原则以及无罪假设原则等，体现了人权保障的要求。

刑罚人权观是指一种对刑罚观念和刑罚价值的定位，以人身自由、人格尊严、权利平等、权力平衡、契约自由等为基础，充分重视对个体人权的刑罚保护，注重刑罚的人权保障功能，并在罪刑法定主义的基本框架下建构刑罚价值观。刑罚人权观认为，刑法所直接体现的是对犯罪的刑罚惩罚和社会保护功能，这样社会的稳定和社会的公平正义就成为刑法追求的直接目的，但是，现代刑法更强调对公民权利的保障功能。因此，加强刑罚的人权保障功能是刑法现代化的必然要求。非监禁性刑事执行方式或社区矫正方式的产生，直接发源于近代西方进步思想家对中世纪欧洲封建主义制度下罪刑擅断、滥施酷刑、监狱黑暗等种种反人道现象的批判和反思，他们提出的罪刑法定、罪刑均衡、刑罚人道三大原则，奠定了文明时代刑法制度的基础理论，也奠定了现代社区矫正制度人道主义的基本价值理念。长期以来，我国充分利用社会力量对犯罪者进行帮教，在积累了丰富经验的基础上开展社区矫正工作，充分体现了社会主义的刑罚人道主义观念，教育改造社区矫正对象的思想，并通过矫正教育使其人格得到健康发展，实现其作为人的价值。树立现代的刑罚人权保护理念，改变过去一直信奉的注重打击、惩罚和报应的理念，推动社区矫正的进程，实现社区矫正的目的。

二、行刑社会化理论

行刑社会化又叫作开放化或社会化的行刑方式，“是指为了避免和克服监禁刑存在的某些弊端，使刑事执行服务于罪犯再社会化的目标，而应慎用监禁刑，使其在社会上得到教育改造；同时对于罪行较重，有必要进行监禁的罪犯，应使其尽可能多地接触社会，并使社会最大限度地参与罪犯矫正事业，从而使刑事执行与社会发展保持同步，为罪犯顺利回归社会创造有利条件”。②

---

① 文池：《思想的灵光——在北大听讲座》，新世界出版社 2001 年版，第 68 页。

② 冯卫国：《行刑社会化研究——开放社会中的刑罚趋向》，北京大学出版社 2003 年版，第 42 页。

王云海教授认为,① 自由刑纯化论要求纯化行刑的内容，将自由刑的内容仅仅局限于剥夺或限制受刑人在社会中的行动等自由上。可以说，自由刑纯化论是在主张一种“消极行刑”，是在要求国家对受刑人尽量减少干涉，是在为这种干涉设立一种最小限度的基准。然而，受刑人是活生生的人，即使被剥夺或限制了在社会内活动的自由，每天也必须面对 24 小时，必须生活在监狱中。也就是说，存在如何对待或安排受刑人被剥夺或限制自由之后所“剩下”的“时间”和“空间”的问题。为回答这一问题而登场的则是行刑社会化论。按照行刑社会化论的观点，行刑固然包括剥夺或限制受刑人在社会中活动的自由，但远远不止于此，国家在剥夺或限制受刑人自由的前提下还必须使行刑社会化，使剥夺或限制自由后所“剩下”的“时间”和“空间”与一般社会生活相差无几。具体地讲，行刑社会化论要求监狱内的物质文化生活水平应与一般社会接近，行刑活动应尽量与一般社会挂钩，处遇体制及维持秩序体制应尽量社会化等。行刑社会化论虽和自由刑纯化论一样，从“自由刑”的本来含义去解释行刑内容，但它主张的是一种“积极行刑”，不仅要求国家纯化自由刑，更要求国家对纯化后的行刑和监狱负起责任，设法使其社会化。但这种要求的根据与其说是对行刑的法律解释，不如说是对处遇效果的理解。对大多数行刑社会化论者来讲，行刑之所以必须社会化，就在于只有这样才能取得最大的处遇效果。对此，以后的学者批评说，过分将行刑社会化的根据置于处遇效果上时，其理由未必充足，剥夺或限制自由与社会化之间的界限未必因此而变得多么明确。

冯卫国教授认为，行刑社会化包括理念、制度、运作三个层面的内涵：一是理念层面的行刑社会化，是指法律制定及运用之最高原理，谓之法律理念。理念层面的行刑社会化是一种内在精神或最高原则的行刑社会化。行刑社会化应成为刑事执行的基本原则和核心原则，以及刑事政策思想和刑罚发展的趋向。行刑社会化原则反映了使罪犯复归社会这一个有终极意义的目标，浓缩了刑法的人文关怀精神，其他的一些刑事执行原则，如行刑教育性原则、行刑个别化原则，都可以视为行刑社会化原则的派生和展开，都是服务于罪犯再社会化这一目标的。总之，理念层面的行刑社会化，就是作为行刑基本原则的行刑社会化，作为刑事政策思想的行刑社会化，作为刑罚发展趋向的行刑社会化。二是制度层面的行刑社会化。行刑社会化理念的兴起，促成了一系列相关立法和制度的形成，而这些立法和制度支撑着行刑社会化由抽象理念走向现实的运作过程，如社区矫正制度的确立。社区矫正就是将罪犯放到社会上进行教育改造的行刑制度。各国普遍适用的社区矫正形式有缓刑制度、假释制度等。三是运作层面的行刑社会化。体现在行刑机构、罪犯和社会三者之间的互动过程和国家刑事司法系统内部协调的制衡

① 王云海:《“法治式劳动改造”论》，载《中国刑事法杂志》2002 年第 5 期。

关系中。①

进入现代社会以来，尽管监狱行刑模式在世界范围内已经发生了诸多变革和改进，但监禁刑将罪犯与正常社会相隔离，在罪犯再社会化过程中仍有诸多缺陷。因此要慎用监禁刑，尽可能把罪犯放到社会正常环境中接受教育和改造，以非监禁性行刑代替监禁性行刑已经成为世界行刑改革发展的基本趋势。社区矫正作为一种开放式的刑事执行方式，不仅可以避免与世隔绝的监狱刑罚执行方式所产生的各种弊端，而且体现了对罪犯人性对待的刑事执行原则。将人身危险性较低、不致再危害社会的罪犯留在社区进行矫正教育，对罪犯区别对待、分类处遇，从根本上杜绝了监禁环境下罪犯之间的不良影响，有益于感化并激励罪犯的向善行为，避免服刑过程带来的消极后果。

三、教育刑思想

19 世纪末期，自由资本主义向垄断资本主义过渡，促使了欧美国家社会的转型，最典型的标志是产业革命基本完成。工业化和城市化社会形态已初具规模，由此所引发的社会矛盾日益加剧，随之而来的就是各种各样的社会犯罪现象，导致社会秩序极度混乱，不仅阻碍了社会经济的发展，而且严重威胁着社会公众的人身和财产安全。在此之前，以刑事古典学派为代表的报应主义行刑理念一直占主导地位，但是报应观念并没有有效抑制犯罪，恰恰相反，无论是犯罪的数量和人数，还是犯罪的种类和形式都急剧增加。而刑事古典学派的行刑理念对社会的犯罪问题无法进行合理的解释，在实践中也无法对犯罪进行有效的控制。与此同时，自然科学的迅猛发展，尤其是自然科学的研究成果和研究方法被社会科学特别是刑事法学的借鉴和应用，进一步助推了对犯罪问题进行实证研究的刑事实证学派的诞生。

刑事实证学派以龙勃罗梭、菲利、加罗法洛和李斯特等人为代表，在对刑事古典学派的报应刑理论进行批判的基础上，提出了把犯罪人而不是犯罪行为作为犯罪预防的重点，主张通过各种矫正措施使之不再犯罪，实现个别正义。刑事实证学派通过实证分析提出犯罪多因素论，认为犯罪是由社会环境的外界因素和犯罪者的内在人身危险性因素所决定的：在自然原因中，气温、月份、季节、地势构造、死亡率、种族、性别、年龄等均是对犯罪产生影响的因素。在社会原因中，文明程度、人口、新闻媒介、生活状况、酗酒、吸烟、教育、宗教、经济条件、家庭出身等均是产生犯罪的重要因素。在此基础上，以德国著名刑法学家李斯特为代表的法学派提出了以社会防卫为目的的教育刑理论，强调通过矫正教育来实现预防犯罪的目的，“根本性地转变了刑罚本质是恶的传统认识，把刑罚与

① 冯卫国：《行刑社会化内涵解读》，载《犯罪与改造研究》2003 年第 7 期。

教育的内在机能对接起来，认为刑罚的本质是教育而非惩罚”。[①] 李斯特主张实行个别化的矫正处遇措施，区别对待具有不同人身危险性和主观恶性的犯罪者。其中最为经典的论述是，李斯特曾主张“矫正可以矫正的犯罪，无法矫正的犯罪不使为害”，[②] 这一论述成为他教育刑的核心思想；李斯特还提出了“最好的社会政策就是最好的刑事政策”的著名论断，强调社会本身对于预防犯罪的责任，不能专用刑罚来遏制犯罪，改善社会环境对防止犯罪有着重要的意义。龙勃罗梭主张：“所有人都应当被逐个地加以监管，接受真正称职的领导和老师的指导，这些人应当从事布道者的工作。我认为：与其徒劳无益地制定大量针对恶行的条例，不如去研究一下塑造、发掘和改造这些孩子的办法。”[③] 菲利说：“在人类处于最野蛮的状态下流行只有惩罚规定而没有关于矫正罪犯规定的刑法典。人类文明的逐渐进步将导致与此相反的只有矫正而没有惩罚的观念。”[④] “罪犯是一个在一定程度上可以医治的道德病人，我们必须对他适用医学的主要原则。我们必须针对不同的疾病适用不同的治疗方法。”[⑤] 从这些经典论述中，就可以领悟出教育刑的核心思想。在这里需要说明的是，任何理论都具有传承性，刑事实证学派主张报应主义，但在报应性惩罚犯罪的前提下，也提出了诸多关于教育的思想。贝卡利亚曾提出在预防犯罪方面要完善教育的观点，并提出了教育的基本准则：“预防犯罪的最可靠但也是最艰难的措施是：完善教育……教育的基本准则：教育不在于课目繁多而无成果，而在于选择上的准确，当偶然性和随意性向青年稚嫩的心灵提供道德现象和物理现象的摹本时，教育起着正本清源的作用；教育通过感情的捷径，把年轻的心灵引向道德，为了防止它们误入歧途，教育借助的是指出需要和危害的无可辩驳性，而不是捉摸不定的命令，命令得来的只是虚假的和暂时的服从。”[⑥] 边沁也指出：“在下列情况下惩罚无必要：用较小的代价便可以有效地防止犯罪行径的目的，例如教育，就像依靠恐惧一样有效；依靠晓之以理，就像依靠直接影响意愿一样成功。”[⑦] 边沁强调，对待罪犯要像治疗病人一样，针对不同的情况采取相应的措施：“没有包治百病的灵药。必须根据患者的

---

① 陈伟：《教育刑与刑罚的教育功能》，载《法学研究》2011 年第 6 期。

② ［德］李斯特：《德国刑法教科书》（修订译本），［德］施密特修订，徐久生译，法律出版社 2006 年版，第 16 页。

③ ［意］切萨雷·龙勃罗梭：《犯罪人论》，黄风译，中国法制出版社 2005 年版，第 349 页。

④ ［意］菲利：《实证派犯罪学》，郭建安译，中国人民公安大学出版社 2004 年版，第 126 页。

⑤ ［意］菲利：《犯罪社会学》，郭建安译，中国人民公安大学出版社 1990 年版，第 153 页。

⑥ ［意］贝卡利亚：《论犯罪与刑罚》，黄风译，中国法制出版社 2002 年版，第 75 页。

⑦ ［英］边沁：《道德与立法原理导论》，时殷弘译，商务印书馆 2006 年版，第 223 页。

性质及情况同时适用不同的措施。医药的秘诀就是研究所有的治疗措施，将它们结合使用，并且根据具体情况决定让它们何时生产。”① 由此看来，两个学派的理论具有共同性，只是主导思想不同而已。

在教育刑由理论付诸实践的过程中，具有典型意义的事件是 1870 年美国监狱学会在辛辛那提召开成立大会，该事件被认为是以美国为代表的监狱改革运动的重要标志。辛辛那提会议领导起草了具有重大影响作用的原则宣言，制定了监狱改革的 37 个原则。“中心内容是在个别化的原则下管理罪犯和基于在医疗模式的指导下科学地处遇罪犯。因此威慑的策略聚焦于犯罪的性质，而矫正的策略则集中在罪犯的性质。”② 会议认为，美国当时的监狱制度是低劣的、羞辱的、有危害的，在监狱中罪犯与社会长期隔离，固化的监狱生活模式不仅会使罪犯的性格弱化，形成监狱人格，而且监狱生活更会成为罪犯回归社会的障碍。因此，会议认为，犯罪是一种道德疾病，刑罚则是对症良药。“监狱的主要目的是通过矫正和治疗使罪犯的道德得到更新，而不是社会对他们的报复，使他们遭受痛苦。罪犯的改造应可得到提前释放的奖励，使已得到改造的罪犯不必仍然在监狱中消磨时间。因此，定期刑制度应该被不定期刑制度所取代。为了有效地改造罪犯，应该依据罪犯的基本特点以及进度情况对其实行分类制度。”③ 总之，这次会议的中心议题是罪犯改造。会后，教育刑成为美国行刑的主导理念，教育刑理论由此走向了高潮。正是在这些思想影响下，欧美国家尤其是美国进行了教育刑的诸多实践。在 20 世纪中期，出现了以教育刑理论为核心的教育模式、医疗矫正模式（也叫康复矫正模式）、重新回归模式等。

教育刑的立足点就是要关注具体犯罪行为人、强调个别正义，通过影响和改造具体行为人的思想来最终实现行为人个体的自主和自律。教育刑的内涵囊括了以下三个层面的内容：其一，教育刑视教育为刑罚的本质；其二，教育刑以教育作为刑罚的目的；其三，教育刑中的教育理念要贯穿和指导刑罚适用的全过程。④ 据此，教育刑是指把教育定位于刑罚的本质与目的，并在此基础上以教育理念贯穿和指导刑罚适用（行刑）全过程的刑罚思想。“在刑事法学者眼中，教育尤其可贵之处在于，由于个人素养的提高，行为人既能提前预防潜在犯罪动机和排解外在因素的干扰，也能有意识地积极规避内在犯罪原因力的左右，通过自主消减主观恶性或强化规范意识的途径使自己的行为符合教育的内容。”⑤ 监狱与学校在文化形态上有极大的相似性，这些内在牵连使得教育与刑罚有着内在联

---

① ［英］边沁：《立法理论——刑法典原理》，孙力等译，中国人民公安大学出版社 1993 年版，第 81 页。

② 刘强：《美国社区矫正演变史研究》，法律出版社 2009 年版，第 57 页。

③ 刘强：《美国社区矫正演变史研究》，法律出版社 2009 年版，第 56 页。

④ 陈伟：《教育刑与刑罚的教育功能》，载《法学研究》2011 年第 6 期。

⑤ 陈伟：《教育刑与刑罚的教育功能》，载《法学研究》2011 年第 6 期。

系，教育刑同样可以取得常态教育已经取得的成果。雨果说："多建一所学校，就少建一座监狱。"无独有偶，马克·吐温也说："你每关闭一所学校，你就必须开设一座监狱。"这说明教育与学校的内在联系和教育对于人类发展的重要性。

教育刑发展到今天，其基本理念也在不断变化，在追求的目的上体现出多元化样态。"其初级目的是对犯罪者所犯罪行本身进行否定性评价，使犯罪者意识到自己的行为违反了法律对自由所设定的界限，侵害了法律所保护的法益，因而应当受到刑罚的惩罚，也可以说是报应；中级目的是使犯罪者能够再社会化，使其反社会人格得以矫正，消除犯罪的外在、内在原因，使犯罪者复归社会并得到社会的接纳；而其更深层的目的是希望法律所保护的法益不但不再受到他们犯罪行为的侵害，也即达到消极保护的效果，同时还希望再社会化之后的这部分人能够对社会作出自己的贡献，做一个有益于社会的人，满足自身的精神需要，也即对法益的积极保护效果。"①

四、行刑的文明化观念

社会在不断向文明化的方向发展。与社会的发展相适应，行刑的文明化趋向也是十分明显的。

刑罚的产生意味着同态复仇观念的确立，报复刑就是这种观念的延续与演变。古今中外都经历过在报复刑观念主宰下对犯罪人野蛮行刑的阶段。统治者乃至普通民众认为，犯罪人侵犯了国家、社会或者个人的权益，就应当对他们实行严刑峻法，使其在经过行刑所带来的肉体和精神的极大痛苦之后，反思自己的罪行。死刑执行的残酷和不人道自不必说，即使是监禁刑，也是以给罪犯造成最大的肉体和精神痛苦为宗旨。

鉴于历代统治者在行刑方式上的野蛮和残酷，资产阶级革命时期才有人针锋相对地提出"刑罚人道主义"的响亮口号，并使其成为资产阶级重要的刑法基本原则之一。刑罚人道主义这一原则所具有的重要进步意义是显而易见的，它对根深蒂固的报复刑理论提出了挑战。总的来看，行刑人道化、文明化既是资产阶级在同封建阶级做斗争时提出的响亮口号，同时也是历史发展的必然趋向。例如，1955 年第 1 届联合国预防犯罪和罪犯待遇大会通过了《囚犯待遇最低限度标准规则》；1975 年第 5 届联合国预防犯罪和罪犯待遇大会又通过了《保护人人不受酷刑和其他残忍、不人道、有辱人格的待遇或处罚的宣言》等。这都表明在世界范围内，文明行刑已经成为不可逆转的潮流。

我国 1954 年颁布的《劳动改造条例》、1982 年颁布的《监狱、劳改队管教工作细则》及 1994 年颁布的《监狱法》，都贯穿着文明行刑的主导思想。几十

① 范丽娜：《和谐社会中的现代教育刑》，中国政法大学 2007 年硕士学位论文。

年来，我们之所以能成功地改造大批日本战犯、国民党战犯、伪满战犯及其他形形色色的刑事犯，使他们与过去的自我彻底决裂，除了其他各种因素之外，文明行刑不能不说是一个非常重要的原因。① 我国自 2003 年倡导的创建现代化文明监狱活动，就是行刑文明化的重要表现。

随着社会的文明化程度不断提高，行刑的文明化程度也会不断提高，这种趋向我们现在已经看得非常清楚了。社区矫正就是基于这样的国际趋势和背景而诞生的。

五、深化的复归理论

19 世纪下半期和 20 世纪上半期是复归理论占统治地位的时期。复归理论认为，所有罪犯都是可复归的；监狱是一个矫正罪犯的富有建设性的地方，而不是一个惩罚罪犯、剥夺罪犯能力的场所。有些学者和矫正工作者在此基础上反思和检讨复归理论及其在实践中的作用，延伸和深化了有关理论。美国伊利诺伊州矫正署署长查尔斯认为，"将一个人数年之久关押在高度警戒的监狱里，告诉他每天睡觉、起床的时间和每日每分钟应做的事，然后再将其抛向街头并指望他成为一名模范公民，这是不可思议的"。② 美国司法委员会矫正工作部在报告中进一步指出："矫正的任务包括在犯人和社区之间建立或重新建立牢固的联系，使罪犯归入或重归社会生活中去，恢复家庭关系，获得职业的教育。就广泛的意义而言，即在于为犯人在社会正常生活中获得一席之地提供帮助。这不仅要求必须努力改变每一名罪犯——这一点曾经是复归模式的唯一目标，而且还需要发动和改造社会及其各类机构。"③ 犯罪是社会多种因素综合作用的产物，改造罪犯必须使其置于由多种社会关系构成的特定环境中，进行多方面社会实践的体验。在罪犯复归社会前后，只有充分调动社会的一切积极因素，合力救助、教育改造和防范犯罪分子，才能保证和巩固刑罚执行的效果，确保行刑目的的实现。由此可见，从依靠社会力量教育、改造、防范罪犯的角度，深化的复归理论是社区矫正重要的理论基础之一。

第二节　社区矫正的基本特征

特征是作为人或事物特点的征象、标志等。任何客体都有众多特性，人们根

---

① 邵名正主编：《监狱学》，法律出版社 1996 年版，第 119~120 页。

② ［美］克莱门斯·巴特勒斯：《矫正导论》，孙晓雳译，中国人民公安大学出版社 1991 年版，第 130 页。

③ ［美］克莱门斯·巴特勒斯：《矫正导论》，孙晓雳译，中国人民公安大学出版社 1991 年版，第 22 页。

据一群客体所共有的特性形成某一概念，这些共同特性在心理上的反映，称为该概念的特征。不同专业领域对同一客体的众多特性侧重有所不同，只有在某个领域中反映客体根本特性的特征，才称为本质特征。因此，我们这里所研究的社区矫正的基本特征，是指社区矫正的根本特性。

关于社区矫正的基本特征，不同的学者从不同的研究角度出发，提出了多种观点。郭建安、郑霞泽认为，社区矫正的基本特征包括刑事制裁性、非监禁性、社区参与性、惩罚缓和性四个方面。① 周国强认为，社区矫正的基本特征应是刑事制裁性、非监禁性、社区参与性和社会福利性四个方面。② 黄京平、席小华认为，刑事制裁性、非监禁性、专业性和群众性并重、人文关怀的特点四个方面是社区矫正的基本特征。③ 刘强教授认为，依照社区矫正的概念，社区矫正的特征是社区矫正对象是刑事犯罪人，社区矫正的期限是刑事的判决、裁定和决定发生法律效力的期间，社区矫正是对犯罪人进行惩罚与矫治的刑罚执行活动。④ 根据这三个特征所包含的内容，可将其归纳为对象的特定性、期间的法定性和刑事制裁性。

社区矫正作为一种全新的刑事执行制度、矫正手段和方法，与我国传统的矫正工作相比较，具有自身的特征。

一、刑事规制性

社区矫正的刑事规制性是法定的。2011 年 2 月 25 日颁布的《刑法修正案（八）》和 2012 年 3 月 14 日颁布的第二次修正的、2018 年 10 月 26 日颁布的第三次修正的《刑事诉讼法》，都对社区矫正对象作了明确规定。尤其是《刑事诉讼法》第 269 条规定："对被判处管制、宣告缓刑、假释或者暂予监外执行的罪犯，依法实行社区矫正，由社区矫正机构负责执行。"《社区矫正法》第 1 条规定，社区矫正是"为了推进和规范社区矫正工作，保障刑事判决、刑事裁定和暂予监外执行决定的正确执行"的刑事执行制度；第 2 条规定，"对被判处管制、宣告缓刑、假释和暂予监外执行的罪犯，依法实行社区矫正"，要求对社区矫正对象的矫正活动，必须遵守相应的法律法规、行政法规、行政规章以及具体的工作规范，社区矫正对象有义务、且必须接受矫正等。

社区矫正的刑事规制性主要体现在：首先，社区矫正对象的法律身份是罪犯，对其矫正的前提必然体现惩罚性。主要是按照法律的规定对社区矫正对象的

---

① 郭建安、郑霞泽主编：《社区矫正通论》，法律出版社 2004 年版，第 7~9 页。

② 周国强：《社区矫正制度研究》，中国检察出版社 2006 年版，第 11~13 页。

③ 黄京平、席小华主编：《社区矫正工作者手册》，中国法制出版社 2007 年版，第 5~6 页。

④ 刘强主编：《社区矫正制度研究》，法律出版社 2007 年版，第 11~14 页。

权利进行剥夺和限制。其次，社区矫正对象的社区矫正期间具有法定性。社区矫正的期限是刑事判决、裁定和决定发生法律效力的期间，期限届满就必须解除矫正，恢复社区矫正对象的一般社会公民身份。再次，社区矫正对象在社区矫正期间所享有的权利和应履行的义务具有法定性。最后，社区矫正的过程具有强制性。主要是利用社区矫正的工作机制和社区矫正的行为规范，对社区矫正对象进行强制性的约束。社区矫正对象如果违反规范，或者不履行法定的义务，将要承担对己不利的法律后果。

二、社区参与性

社区矫正工作立足于社区，工作在基层，我国社区矫正工作都是按照行政区域来界定工作范围的，因此，社区的区域性是其空间特征。同时，正是由于社区内社会公众的多元参与，才形成了在对社区矫正对象的矫治手段上的综合性。

社区矫正的战略构想，就是强调在特定的社区区域范围内通过有效的矫正工作，在专门的社区矫正机构的管理下，最大限度地调动和组织社会组织、民间团体和社会志愿者参与社区矫正工作，控制违法犯罪，矫正犯罪行为，强化社会适应性训练，学习社会规范，构建和谐的、安全的社区环境。推行社区矫正战略的指导思想，提出并强调社区矫正工作必须立足社区，是整个社区管理和服务系统的有机组成部分，因此，立足社区既是社区矫正战略的特点，也是社区矫正的核心思想。

社区参与性造就了社区矫正手段的综合性。社区矫正战略的提出和实施，要求社区矫正工作融入社区工作和生活中，成为社区或社会治安综合治理的一部分，社区矫正所产生的是综合的社会效应。一是社区矫正工作会产生双向性的结果，社区矫正战略的实施会给社区建设和社区生活质量的改善和提高提供保障，社会治安得到有效改善，使整个社区的安全防范网络得以构筑。二是社区矫正中矫正教育的任务和职责更具有综合性，不仅要矫正教育社区矫正对象的违法犯罪行为和恶习，还要提供社会服务，学习社会规范，同时更要学习和掌握一定的社会技能，以便于强化回归社会后的适应性，这就要求我们社区矫正机构要建立健全与社区矫正工作相适应的新的管理、训练、考核、保障、监督、奖惩制度，建立相应的内部组织，推动我国司法改革进一步深化，以产生综合的社会效应。

三、政治性和教育性

政治性和教育性是社区矫正工作存在和发展的前提，也是社区矫正的基本特征。首先，社区矫正工作涵盖了政治工作和政治思想工作，它是“一定的阶级、政党、社会群体遵循人们思想品德形成发展规律，用一定的思想观点、政治观点、道德规范，对其成员施加有目的、有计划、有组织的影响，使他们形成符合一定社会、一定阶级所需要的思想道德的社会实践活动”。① 社区矫正本身是政府创新社会治理的重大举措，是社会治理活动中的政治行为，对社区矫正对象的矫正教育是政治教化过程，即向社区矫正对象灌输党的方针、政策和路线，实现政治认同。其次，社区矫正的政治性是实现社区矫正目的的前提。社区矫正对象是法定的罪犯，对罪犯的改造和教育是国家的政治行为，是治理国家的政治需要。在社区矫正工作实践中，要将我国的意识形态、政治意愿、利益与需求等融入其中，维护社会秩序和安全，促使社区矫正对象成为政治上合格的“社会人”。最后，社区矫正的教育性是实现政治性的条件。社区矫正的主要任务之一是对社区矫正对象的教化和育人，是一种对特定社会成员的教育实践活动，教育性是社区矫正的天然属性。这主要表现在对社区矫正对象的改造教育依照社区矫正的价值追求、遵循教育转化的规律，采取显性教育与隐性教育相结合的方法，引导帮助社区矫正对象获得对事物的科学认知与正确判断，将其人格教育改造成为符合社会政治要求的政治人格、法律人格和道德人格。政治性和教育性相互促进、相互渗透，共同发展。

四、矫正理念的创新性

创新是强国之本，发展之根。创新能力已成为世界各国综合国力竞争的核心。首先，社区矫正是我国行刑制度领域矫正理念的一次创新。社区矫正将矫正工作置于社会环境中，与传统的监狱封闭式矫正教育相比，可以说是刑罚思想、矫正理念上的更新或创新。社区矫正的实质和灵魂，就是从过去注重刑罚惩罚性和矫正封闭性转变为对人性人权、再社会化和社会适应的关注，从注重对于封闭场所、矫正手段的关注转变为对人的矫正实质和矫正目的的关注，充分运用社会力量，强化公众参与意识，实现“以人为本”的矫正思想。其次，社区矫正工作激励矫正教育理念创新。矫正教育理念属于精神范畴，它可以依附于语言和其他载体，形成一种社会文化环境，对生活于其中的社区矫正对象产生同化作用，建构并形成他们的价值观、审美观、是非观、善恶观，进而化作社会治理、社会安全和秩序的创新力量。社区矫正通过现代人文思想的引领，塑造出一种尊重人、关注人、教育人、矫正人、改造人的先进刑事执行理论和理念，可以鼓舞和发挥社区矫正参与主体的创造精神，助推社区矫正在社会治理中的创新成果。社区矫正的发展需要理念的创新，理念的创新又从本质上推动了社区矫正的发展。最后，矫正教育理念推进科技创新。科技创新是社会发展的主要推动力量，从一

① 张耀灿、郑永延、吴潜涛、骆郁延等：《现代思想政治教育学》，人民出版社 2006 年版，第 50 页。

定意义上来讲，社会发展过程就是科技创新的过程，人类社会的文明史就是一部科技创新演化史。科技创新是社会文化积累的结果，科技创新有社会物质文化的源泉，也有社会精神文化的基础。社区矫正的进步必然包容当时的科技发展和创新成果，社区矫正影响着科技的生成、发展与传播，更会影响科技成果向现实的转化。科技创新促进了社区矫正现代化进程：一是科技创新提高了社区矫正的管理水平和管理能力；二是科技创新和现代信息技术的应用，节省了人力资源，提高了工作效率；三是科技创新丰富了社区矫正的矫正教育文化内涵。

五、人文性

社区矫正的出发点以“人”为核心，立足于对社区矫正对象“社会人”的塑造：一是要求把人本主义思想贯穿于社区矫正的始终，把人置于首要地位。二是要保障社区矫正对象的人权，尊重社区矫正对象的人格，关注社区矫正对象的基本需求。三是一切为了人的发展，发挥社区矫正对象在社区矫正中的主观能动性。四是社区矫正的价值目标以“改造人”为宗旨，因此无论是社区矫正中的管理行为、矫正教育行为，还是矫正项目的设置、认知教育、职业技能教育、法治教育、心理健康教育等，都必须以社区矫正对象的发展为立足点，突出社区矫正的人文特质。

六、公开性

公开性是社区矫正的主要特征之一。从本质上看，社区矫正是公开的刑事执行活动，是为了控制犯罪和预防犯罪，为了社会治安的稳定有序。因此，社区矫正行为属于公共利益范畴，要求社区矫正工作过程信息要公开透明，不仅让社会公众知晓，而且要接受社会公众的监督。公开性主要体现在：一是法律法规对社区矫正对象、社区矫正程序、社区矫正内容等规定的公开性。二是社区矫正权力运作的依据、运作的规范等方面的公开性。三是社区矫正机制、社区矫正制度、社区矫正信息等的公开性。四是社区矫正政策、监督管理方式、矫正教育项目、奖惩考核标准等的公开性。五是政府购买社区矫正服务的内容、标准、价格、评估方式等的公开性。六是社会公众、社会组织等参与主体的公开性，凡是符合条件的社会组织和公民都可以参与社区矫正，成为社区矫正的参与主体。

七、宽容性

宽容性是一个社会所应具有的优秀品质。从社会意义上来说，社区矫正的发起就源于社会的宽容性，是法律对犯罪行为的宽容，是社会公众对社区矫正对象的宽容。可以说，没有宽容就没有社区矫正。社区矫正中所蕴含的人文文化、矫正文化、教育文化、帮扶文化、恢复性司法文化等，以及社会公众的多元参与、承担社会安全和秩序的公共责任，都是宽容性的体现。所以，宽容性是社区矫正的本质属性。

第三节 社区矫正的功能

从社区矫正对象个体社会化的角度看，社区矫正的功能主要在于塑造社区矫正对象人格、完善人性、启发人智，实现社区矫正对象人格的再社会化。从社区矫正的顶层制度设计看，其主要功能在于整合社区矫正的价值取向，明确社区矫正的目标，完善社区矫正的行为规范，统一社区矫正的思想观念，规制社区矫正的行为方向，达成社区矫正的价值认同和共识。在这里，仅介绍社区矫正对社区矫正对象在价值观念、意识形态、思想教育、道德规范、人格塑造和个别预防上的功能。

一、价值观念的引领功能

我们对社区矫正对象价值观念的引领和价值体系的构建，以社会主义核心价值观为基本载体，培育社区矫正对象核心价值体系的内容。

首先，正确的价值观念是矫正教育社区矫正对象的内在条件。改革开放以来，中西方文化的交流与冲突、交融与排斥、借鉴与扬弃，使社区矫正对象在价值观上出现了“多元化”“杂乱化”“碎片化”的现象，在价值取向上存在明显的追求个人利益和个体价值的倾向。因此，要从思想认知和价值认同上对社区矫正对象进行价值引领，使其树立科学的世界观和人生观，增强社区矫正对象的政治认同，最大限度地统合个人和社会共同发展的价值观念，提升对社会主义核心价值观的社会认知，抑制或转化社区矫正对象的错误价值观，以达到教育转化社区矫正对象的目的。

其次，社区矫正具有价值建构功能。社区矫正的价值建构功能在社区矫正结构中具有深层制约和支配社区矫正参与主体及社区矫正的运作机理。社区矫正所具有的价值引领功能，为社区矫正工作明确价值目标，为社区矫正对象指明价值方向，使社区矫正对象在心灵深处形成一种稳定、持久地对社区矫正价值标准的自我认同，将其内化为自我矫正教育的精神力量，激发自我改造的自觉意识，凝聚矫正教育的积极要素。

最后，社区矫正具有核心价值体系的建构功能。社区矫正是为社会服务的，是以人生观、价值观、世界观为主线来构建“社会人”的世界观和方法论，以社会共同价值取向、道德取向和行为取向作为核心内容，形成共同的行为准则和价值理想。社区矫正最为核心的内容就是对社区矫正对象产生深刻影响和支配作用的价值体系。从社区矫正的产生、发展，以及社区矫正在人类生活中的作用来看，社区矫正探索并解读社区矫正对象的人生价值和意义，构筑社区矫正对象的价值体系。在这一价值体系中，信念、理想、道德等文化因子和文化内涵，对社区矫正对象产生社会化影响，使社区矫正对象成为符合社会规范的合格成员，起着支持、肯定和维护作用。在社区矫正中，通过象征符号、价值体系、规范体系和物质文明等矫正教育载体，形成社区文化环境，对社区矫正对象产生同化作用，使之将社会规范和社会准则内化为社会的自觉行为。

二、意识形态的导向功能

首先，意识形态是国家进步和社会发展的重要推动力。意识形态特有的精神内核对社会发展起着直接的导向作用。人类意识形态中所蕴含的社会理想，是激发人们不懈奋斗、凝聚集体智慧和力量推动社会前进的精神动力。纵观人类社会发展的历史，意识形态对新思想、新理念、新机制的发展奠定和形成的先导作用十分明显，蕴含在新制度、新机制中的文化精神，往往能够为新思想、新理念、新机制的建立提供强大的理想信念、道德规范、精神追求等思想支撑。社区矫正是我国的新型刑事执行制度，意识形态也必然以它独有的特质推动社区矫正发展。

其次，意识形态功能是社区矫正的根本功能，意识形态的政治引导是核心。从政治学的角度讲，社区矫正是对社会特定对象实施管理的政治行为，对社区矫正对象的持续矫正教育行为是意识形态的政治教化过程。有学者指出，“文化与政治同属上层建筑，文化是一定政治的反映，又给予巨大影响和作用于一定的政治，一方面政治的构建要以文化为思想基础，另一方面一定的政治又对文化具有根本性的指导作用”。① 意识形态功能主要表现为对维护政治统治、社会安全和秩序、推动人的政治社会化等方面的政治认知、政治认同、政治情感、政治立场、政治方向和政治信念。按照社会主义核心价值观的政治要求和“国家本位”的政治标准，我们矫正教育社区矫正对象，就是要在分析研究社区矫正对象犯因性问题的基础上，运用说服诱导的方法，使社区矫正对象对国家的法律法规，对党的方针、政策和路线，形成一致的政治认知，支持和弘扬正确的政治观点，反对和批评错误的政治观点，培育社区矫正对象的政治情感，引导社区矫正对象的政治立场回归到正确的轨道上来。使社区矫正对象的政治意识内化为思想观念，外显为行为规范。其目的是达成政治认同和正确的政治立场，树立坚定的政治信念，实现社区矫正的政治目标。其中，政治认知是最为基础的，也是社区矫正工

① 韩美群：《和谐文化论》，武汉大学 2008 年博士学位论文。

作对社区矫正对象最低层次的政治要求；政治认同是社区矫正对象对政治制度的价值同化和内化；政治情感是社区矫正对象对我国政治制度在政治认同上的进一步升华；政治信念是规范、引导社区矫正对象的内在力量。只有这样，社区矫正对象才能对社区矫正产生政治认同，保持科学而理性的政治辨别能力，改造自我、回归社会，使社区矫正对象成为政治上合格的“社会人”，成为推动社会发展的政治活力和政治力量。

最后，意识形态导向功能的有效发挥，有利于加强执政党的政治合法性，促进执政党的建设。“合法性是对被统治者与统治者关系的评价。它是政治权力和其遵从者证明自身合法性的过程。它是对统治权力的认可。”① 政治权力的合法性主要表现在被统治阶级或社会成员对统治阶级的认可度、满意度和权威度。社区矫正中意识形态的导向功能对政治合法性建构主要体现为：一是矫正教育思想观念产生于社区矫正实践中，将统治阶级的政治、法律、哲学以及艺术等意识形态灌输给社区矫正对象；二是社区矫正为统治阶级进行阶级统治的社会实践起到思想意识导向作用。意识形态可以影响社区矫正对象的心理，指导社区矫正对象的活动。通过意识形态的传播，执政党可以将自己的执政理念和政治目标传递给社区矫正对象，并经过长期的影响，使其成为相对稳固的意识，进而使执政党的目标逐渐成为社会大众共同的目标。通过社区矫正教育改造的途径，可以减小执政党推行自己政策的阻力，有利于增强社区矫正对象对执政党的认同感，有利于加强执政党的政治合法性。

三、思想教育的整合功能

首先，是思想观念的整合功能。随着经济的发展，我国社会也由传统的社会形态转化为现代社会形态，进入了新时代中国特色社会主义时期，社会主要矛盾发生了根本性的变化，由此也带来了社会文化传播的多元化。各种各样的意识、观点、观念、理论，甚至是物化的精神成果等对人们的思想意识产生着影响。因此，在社区矫正中，思想教育是根本。从哲学层面看，这就是解决社区矫正对象世界观和方法论的问题。从社会认知的客观性上进行区分，社区矫正对象的思想意识可以分为正确与错误、科学与愚昧、先进与落后、现代与传统等。多元的思想文化导致社区矫正对象在对其进行选择吸收时产生迷茫，甚至产生错误的价值观念，有相当一部分社区矫正对象正是由于思想和行为的偏差，才走上了犯罪道路。

其次，是价值冲突的整合功能。社区矫正的整合功能，主要体现在整合社区矫正的价值观念上，以此增进社会公众的价值认同，化解社区矫正的矛盾冲突，

① ［法］让-马克·夸克：《合法性与政治》，中央编译出版社2002年版，第1页。

进而优化社区矫正资源。在社区矫正中，不同参与主体在利益诉求与价值目标方面存在差异。在这种情况下，工作中的矛盾和冲突是必然的。社区矫正需要对各种冲突进行整合。所谓冲突整合，“就是调整、协调和消解社会中不同因素之间的矛盾和冲突，使社会各子系统及其要素实现一体化的过程，目的是保持社会的和谐有序，防止社会结构的各个部分因缺乏协调性而失控，引起整个社会的混乱无序和动荡不安”。① 冲突整合是社区矫正的基础。社区矫正面临的问题之一就是如何在多样和多元价值之间保持合理张力，在多变性和波动性中寻求平衡。只有将社区矫正的价值观念整合起来、凝聚起来、集中起来，形成合力，才能实现社区矫正的有序发展。社区矫正的冲突整合功能，就是通过价值观念、思想文化的聚合作用和统领作用，达到对社区矫正价值、社区矫正规范和社区矫正结构的影响、制约与凝聚，从文化、观念甚至利益等方面对不同的社区矫正参与主体进行整合，使社会公众具有共同的价值观，形成个体对社区矫正共同体的认同感和归属感，从而使社区矫正具有很强的凝聚力，以达成一种行动上的协调优化，促进社区矫正的和谐发展。从这个意义上讲，价值冲突整合功能是社区矫正功能的核心。

总之，在社区矫正的工作任务中，转化和矫正教育社区矫正对象的思想是重点。正确的、科学的、先进的思想会对社区矫正工作产生巨大的能动作用，传统的、现代的优秀思想文化是社区矫正工作所需要的精神食粮；反之，错误的、愚昧的、落后的思想观念，则是社区矫正工作所要转化、改造的客体。这要求我们用一定的思想文化知识对社区矫正对象进行有目的、有组织的宣传教育，对社区矫正对象的错误思想观念进行整合归类，运用矫正教育的方式和手段，进行批判、否定和摒弃，整合价值冲突，培育价值观念，达成思想认同和文化共识，然后引导社区矫正对象形成适应现代社会需要的新思想观念，统一在社会主流文化观念之下，提高社区矫正对象的认知水平和思想素质，提高社会适应技能，共同促进社会的发展。其中，核心问题是形成新的和现代社会要求协调一致的科学的世界观和方法论。

四、道德规范的教化功能

对社区矫正对象的矫正教育主要是通过两种途径实现的：一是以法律法规为主导的制度文化规范对社区矫正对象的强制规范作用。这是对社区矫正对象由外而内的行为矫正和规训过程，是以强制约束力为表征的。二是以道德伦理规范为主导的对社区矫正对象的柔性约束作用。这是对社区矫正对象由内而外的教化引导，是以社区矫正对象内心自觉遵守和主动作为为表征的。道德教化是文化功能

① 卢风菊：《社会主义核心价值体系的社会整合功能》，载《求实》2008 年第 4 期。

潜在的软实力的表现。

在社区矫正中，道德教化是矫正教育的基础。“思想政治教育的一个重要任务就是培养人们具有高尚的道德情操，它内在地要求人们坚持不懈地进行道德教育。”① 道德教化就是要发挥道德伦理规范对社区矫正对象的劝善化育作用，不断提升社区矫正对象的道德认知、道德情操和道德人格，强化社区矫正对象对社会主义道德规范的认同，塑造健全的适合现代社会要求的道德品格，激发社区矫正对象的社会责任感和奉献精神。

五、人格塑造功能

首先，社区矫正具有对社区矫正对象人格的塑造功能。人格是一个人相对稳定的心理和行为特征的综合体现。在心理学研究中，人格和个性具有共通性。在《现代汉语词典》中，人格是指“人的性格、气质、能力等特征的总和；人的道德品质，人作为权利义务主体的资格”。从人的社会化过程来看，社区矫正对象的人格是在社会整体教化背景和个体所处的特有成长条件之下逐步形成的，社区矫正对社区矫正对象人格的塑造是一个长期的、缓慢的、循序渐进的过程。在社区矫正对象与社会成员互动的过程中，一方面，社会的主流文化系统以多种方式向社区矫正对象灌输社会所倡导的思想观念、价值标准、理想信念、规则规范、社会准则等，把社区矫正对象塑造成社会所期望的、具有社会主流文化特征的“社会人”；另一方面，社区矫正对象在社会化进程中，对社会规则规范的吸收和接收具有自我选择性，甚至其可能对主流社会规则规范的灌输产生逆反心理。在社区矫正进程中，要在精神上和心理上培育社区矫正对象对社会主流文化、社会规则规范的价值情感，形成价值认同，解决价值冲突，达成价值共识，使社区矫正对象对社会主流文化元素自觉吸纳，并成为内在的文化主导力量，这就是社区矫正对社区矫正对象的塑造功能。

主体人格的塑造和完善是培育社区矫正对象健全人格的基石，也是健全公民人格的一部分。美国社会学家英格尔斯曾认为：“一个国家，只有当它的人民是现代人，它的国民从心理和行为上都转变为现代的人格，它的现代政治、经济和文化管理中的工作人员都获得了某种与现代化发展相适应的现代性，这样的国家才可能真正称之为现代化的国家。”“如果它的国民不经历这样一种心理上和人格上向现代性的转变，就不能成功地使其从一个落后的国家跨入自身拥有持续发展能力的现代化国家的行列。”② 社区矫正工作对社区矫正对象人格的塑造是矫

① 陈万柏、张耀灿：《思想政治教育学原理》（第二版），高等教育出版社 2007 年版，第 196 页。

② 殷陆君：《人的现代化——心理·思想·行为》，四川人民出版社 1985 年版，第 7 页。

正教育的主导性内容，而文化具有潜在的驱动力量，能够培养社区矫正对象的独立意识，完善其思维方式和价值判断能力，提高其需要层次和精神生活的格调、品位，因此，社区矫正的文化教化应以世界观、价值观、人生观为教育目标，以提升社区矫正对象的文化追求和文化品位为路径，规范其人格适应现代化社会的要求。

其次，社区矫正具有对社区矫正对象公民人格的培育功能。人格塑造是基于社区矫正对象个体的教化，而社区矫正对象是社会的人，自身必须适应作为公民的社会要求。公民人格是社会规范、社会文化、社会规则以及由法治社会中的法律文化所塑造的社会成员的共性人格，是“为大多数成员所强烈认同的，以公共道德规范、国家民族意识、气质品格、价值观念、理想信仰、社会责任感为代表的精神因素的总和”。① 公民人格在精神文化上“就是爱国主义精神、民族精神、时代精神、公共理性精神等文化内涵，其中民族精神尤为重要”。② 充分发挥社区矫正对社区矫正对象公民人格的培育功能，实质上就是要强化社区矫正对象的国家认同、价值认同，使社区矫正对象形成社会共同的价值观念和思想观念，增进社区矫正对象作为一个社会成员的公民意识和社会责任感，提升自我矫正教育的精神动力和智力支撑。

六、个别预防功能

社区矫正个别预防功能是通过惩罚功能、改造功能、感化功能、教育功能、威慑功能、安抚功能、鼓励功能、保障功能、预防犯罪功能、赎罪功能、补偿功能等综合作用而实现的，最主要的是对社区矫正对象在思想、行为和情感三个方面的教育改造。

对社区矫正对象的思想教育改造，主要是指通过社区矫正的矫正教育，使社区矫正对象在法律知识、道德规范、政治思想和守法意识等方面接受教育，从而使其认识到自己的罪责，认识到自己所犯之罪对自己、他人和社会的危害，进而消除犯罪心理和犯因性心理，最终预防犯罪人再次犯罪。“犯罪者的反社会意识和犯罪心理也可以在外界因素的影响下得到改变，刑罚在执行的过程中，国家对犯罪人以强制关押等为后盾，对其予以教育、感化与强制劳动。”“这些强制刺激手段，可以起到改变犯罪人既已形成的反社会心理结构的作用。”③

对社区矫正对象的行为矫正，是指通过社区矫正的监督管理活动，使社区矫正对象的不良行为和越轨行为得以矫正和规制。人的行为不仅受到其思想的支

① 李涛、陈玉玲：《再造国民精神：教育的使命》，载《小学教育》2009 年第 4 期。

② 谢新松：《文化的社会治理功能研究》云南大学 2013 年博士学位论文。

③ 邱兴隆：《刑罚的哲理与法理》，法律出版社 2003 年版，第 172 页。

配，而且受到其行为习惯的支配。应对社区矫正对象的行为进行管理和控制，强行改变社区矫正对象的行为恶习以防止他们再次犯罪，并养成良好的为社会规范所认可的行为习惯。

对社区矫正对象的情感培育，是指通过社区矫正中的教育感化和适应性帮扶，在预防社区矫正对象再犯方面的感化功能。感化功能，是指在适用社区矫正时因对社区矫正对象的宽大处理和人道待遇而可能产生的心理效应。这正是社区矫正宽容性、奖赏性、人道性的体现。这三种特性对社区矫正对象产生了攻心作用，可以感化社区矫正对象，消除其对刑罚、对社会的抵触情绪，使其认罪服法，自觉改造，不再重新犯罪，同时培育其亲社会行为和感恩社会的情感。

总之，运用社区丰厚的资源优势，对社区矫正对象进行全方位的矫正教育，无论是为了使其改恶从善，防卫社会免遭其害，还是为了转化或改造社区矫正对象的犯罪心理与行为恶习，或者使其习得一定技艺得以重新适应社会生活，都是社区矫正个别预防功能的体现。但是，我们必须明白一点，社区矫正的个别预防功能并不是从消除社区矫正对象违法犯罪的角度来实现的，而是由于社区矫正具有转化和改造的职能，从而实现个别预防的目的。社区矫正正是通过对社区矫正对象的不良思想品德和恶习的全方位转化，改变其思想认识和行为习惯，才得以实现个别预防之功能。

第四节　社区矫正的基本任务

在《社区矫正法》颁布之前，按照最高人民法院、最高人民检察院、公安部、司法部《关于开展社区矫正试点工作的通知》及司法部《司法行政机关社区矫正工作暂行办法》第 4 条的规定，社区矫正工作的任务主要包括以下三个方面：

第一，依照有关法律、法规和规章的有关规定，加强对社区矫正对象的管理和监督，确保刑罚的顺利实施。

第二，采取多种形式，对社区矫正对象进行思想教育、法治教育和道德教育，矫正其不良思想和行为，促使其成为守法公民。

第三，帮助社区矫正对象解决在就业、生活和心理等方面遇到的困难和问题，以利于其顺利适应社会生活。

同时要求在试点工作中，各地要根据社区矫正工作任务的需要，进一步探索和创新社区矫正工作的具体内容、方式方法、工作流程和工作制度，努力提高教育改造质量。

《社区矫正法》第 2 条第 2 款规定："对社区矫正对象的监督管理、教育帮扶等活动，适用本法。"由此可以看出，社区矫正工作的任务包括了执行刑罚、监督管理、矫正教育和适应性帮扶。在这里，虽然没有明确列出"执行刑罚"，但是社区矫正对象是罪犯的法律属性决定了"执行刑罚"的任务属性。

在社区矫正实践中，大多数实务部门基本都按照上述最高人民法院、最高人民检察院、公安部、司法部规定的任务对实际工作进行管理。但是，随着社区矫正工作的进一步深入，社区矫正工作者逐步发现，对社区矫正的基本任务进行深入研究是十分有必要的。笔者认为社区矫正的基本任务至少包括六个方面：执行刑罚、监督管理、矫正教育、危机干预、社会救助和恢复秩序。

一、执行刑罚

执行刑罚是社区矫正的前提。执行刑罚不仅是社区矫正存在的依据和保证，也是社区矫正工作的首要任务。这是因为，目前我国社区矫正对象都是法律意义上的罪犯，刑罚的惩罚性仍然是其最主要的特性，社区矫正对象必须服完法定的刑期，必须承受法定的罪犯身份，必须履行法定义务。在这里需要说明的是，社区矫正的刑罚执行权只能由具有刑罚执行资格的机关和人员来行使。按照《社区矫正法》的规定，这项权能由人民法院、公安机关、监狱管理机关等机构来行使。社区矫正机构只是社区矫正工作的“工作主体”，不具有刑罚执行权，只是刑罚执行的协助机构，只拥有社区矫正中刑罚执行的建议权，而不具有直接执行权和决定权。在这里需要注意的是，“对于社区矫正对象应当有哪些‘惩罚’需要以刑法、刑事诉讼法的规定为依据，以人民法院的裁判文书为内容，离开人民法院裁判文书，由其他机构或者人员在执行中加以各种体现‘惩罚性’的措施，不符合法治要求”。“因此，社区矫正工作的开展没必要过多强调惩罚性，不宜将其作为一项原则加以规定。”①

二、监督管理

监督管理包括两个层面：一是执行刑罚的监督管理，是对社区矫正对象在履行法定义务方面的监督管理。严格来说，属于执行刑罚的一部分。其中，作为没有执法权的社区矫正机构工作人员，在履行这部分监督管理权时，只能是辅助执行。二是依据社区矫正工作规范对社区矫正对象的监督管理，是依照社区矫正的有关规定，由社区矫正工作者共同行使的一项权能，这一权能属于社区矫正中的行政管理行为。主要是按照法律法规和行政规范的要求，对社区矫正对象的行为、言谈、举止等方面所进行的监督、指导、检查、规范、纠正、落实、考核、评价、奖惩等。其中，最为核心的是对社区矫正对象这些“危险社会成员”的管理和控制，以保障社会安全和秩序。

---

① 王爱立、姜爱东主编：《中华人民共和国社区矫正法释义》，中国民主法制出版社2020年版，第32页。

三、矫正教育

社区矫正是为了有效利用社区的资源，让更多的社会成员参与进来，为社区矫正对象创造更为宽松的矫正环境，更有利于教育感化社区矫正对象。因此，教育改造社区矫正对象是社区矫正的根本任务，最终使社区矫正对象悔过自新、弃恶从善，成为守法公民，顺利回归社会。《社区矫正法》第五章规定了“教育帮扶”的相关问题，对社区矫正中矫正教育的政府保障、矫正教育内容、就业就学、矫正教育机构、政策支持等方面做出了具体规定。

在社区矫正的实际工作中，依照《社区矫正法》的内在精神，矫正教育得到了拓展，深入到了文化知识教育、就业教育、心理健康教育、社会适应教育等领域，由知识教育、素质教育深化到了发展教育，使社区矫正对象的教育趋于完善。同时，针对社区矫正对象在行为、心理方面出现的问题，进行心理测验、心理评估、心理咨询、心理治疗、行为矫正、行为训练、团体训练、个案矫正等活动，在应用专业技术手段，对社区矫正对象养成健康的人格、增强社会适应性方面起到了良好的作用。

四、危机干预

心理学认为，危机是一种认识，当事人认为某一事件或境遇是个人资源和应付机制无法解决的困难时，除非及时缓解，否则会导致情感、认知和行为方面的功能失调。社区矫正对象由于自己的犯罪行为而受到法律惩罚，会产生心理上的矛盾和冲突，消极情感长期积累，形成社会生活中的危机状态，这一危机状态呈现出双向攻击机制：一是内向攻击机制，即企图以攻击自我的形式使危机得到缓解或宣泄，如自杀、自残、自伤、焦虑、哀痛等。二是外向攻击机制，即将心理危机转移到可攻击的对象身上，如愤怒、凶杀、伤害、殴打、纵火、破坏等。

危机干预会对处于危机状态中的社区矫正对象“提供帮助”，以恢复或维持社区矫正对象的“安全”，并由此保障社区的安全。从危机干预的这一性质出发，社区矫正对象的焦虑以及丧失和哀痛等危机状态也理所当然地成为恢复或维持社区矫正对象“安全”所要解决的重要方面，因为这些状态不仅对个体身心有极大的伤害，而且也会成为自杀、愤怒、攻击等破坏性行为的促成因素或转移性后果。

通过对社区矫正对象进行危机干预，首先使危机解除，即缓解社区矫正对象的心理危机，制止危机行为的产生、发展或恶化。其次使危机转化，即在社区矫正对象从危机状态中稳定下来以后对其实施后继干预，使社区矫正对象的心理由消极转向积极，获得良性发展。

危机干预与社区安全方面的作用是相辅相成的。一个良好的社区矫正环境和稳定的矫正秩序，可以减少紧张性事件或危机形成事件的产生或减轻其影响，也有利于对社区矫正对象进行危机干预。对社区矫正对象进行危机干预则可以在紧张性事件难以避免，社区矫正对象依靠自己的力量难以应对的时候，及时提供帮助，消除社区矫正对象的危机状态，维护社区矫正安全。同时，通过对社区矫正对象进行危机干预，可以了解影响社区矫正对象矫正教育一些潜在的犯因性问题或突发性的危机因素及其渊源，进而改进矫正工作。对社区矫正对象进行危机干预的过程，也就是一种特殊的矫正教育过程，所谓通过提高矫正教育质量来保障社区安全可以在这里得到体现。

五、社会救助

社区矫正对象在社区矫正中会遇到各种各样的问题，会遭遇各种各样的挫折，这些都直接影响到社区矫正对象的矫正教育。为此，社区矫正工作者要帮助社区矫正对象解决其在就业、学习、人际交往等方面遇到的困难，为社区矫正对象提供力所能及的服务，这是提高矫正质量的社会支持系统，也是一种矫正教育活动。

社区矫正的社会救助是建立在社区矫正目的之上的，就是要帮助社区矫正对象增强社会适应性，与社会重新结合。那么，要达到这个目的，建立社会救助制度是必由之路。要实现对社区矫正对象的社会救助，主要依靠建立社区扶助制度、法律援助制度、社会保障制度等。

六、恢复秩序

恢复秩序是指基于恢复性司法的理念，在社区矫正过程中，立足于被害人权益的保障，旨在通过被害人、社区矫正对象、社区及其他相关人员的主动参与，来恢复因犯罪而被破坏的社会秩序。因此，“对恢复任务的实现，已成为在世界范围内社区矫正任务中一个更高层次的追求”。①

在恢复性司法看来，刑罚不是以简单的报应或教育为归趋，而是致力于犯罪人人格和社会角色的复归，致力于社会关系的修复。犯罪行为实施前，加害者与被加害者、加害者与社区之间的关系是互动的、良性的，犯罪后形成了对立。要更有效地处理由犯罪引起的刑事矛盾，恢复和谐、合作的社会关系。社会对犯罪的反映也应该是全面的、系统的，应通过恢复性司法的手段，恢复原有的和谐状态。因此，在社区矫正阶段，刑事执行应立足于社会秩序的恢复、犯罪人人格的

---

① 刘强主编：《社区矫正制度研究》，法律出版社 2007 年版，第 74 页。

回归。应考虑如何使社区矫正对象及早适应社会，并融入社会生活中。可见，恢复性司法不是为了消灭或预防犯罪，而是为了化解利益冲突引发的矛盾。

恢复秩序包括四个方面：一是对社区矫正对象的再社会化。通过对社区矫正对象的再社会化，修复社区矫正对象的社会化缺陷，完善其社会人格。二是对社区矫正对象社会谋生技能的训练或修复，这是基于恢复秩序的功利性需要。三是对社区矫正对象健全人格的修复和培育。“人是社会的人，因而每一个人都与社会的各方面发生着各种各样的关系，形成了他们与社会各方面的联结状态。正常状态下，这种联结支持了人们的正常生活。但当这种联结发生偏离、断裂、失衡等现象时个体的生活也因此产生偏离、断裂、失衡。”① 由于种种因素，社区矫正对象与社会的联结状态出现偏离、断裂、失衡等，进而产生人格缺陷，或社会化的人格不健全。修复和培育社区矫正对象健全的人格是恢复性司法的重要内容。四是对社会道德与良知的恢复和社会安全机制的营造。恢复性司法强调社区矫正对象对犯罪行为的认知和其对法律责任的承担，有助于帮助社区矫正对象自我醒悟，强化社区矫正对象的自我悔罪感。在社区矫正中，通过社区矫正对象、受害人、社区代表等的共同参与，使社区矫正对象恢复社会道德与良知，不仅在社区矫正过程中，而且在社区矫正对象回归社会后，能够以忏悔、感恩的心态面对社会，面对受害人。恢复性司法使更多的社会公众承担起公众安全的责任，关注社区矫正对象的改造和回归，使社会成员之间形成一种和谐共处的良好社会关系，有效地预防和控制犯罪。

恢复秩序的目标是和谐，追求的社会价值是安全。从国家治理的工具角度来看，国家制定刑事政策的目的在于确定何种严重的越轨行为是犯罪，并设立相应的措施（刑罚）控制和预防犯罪的发生，减少犯罪对社会的冲击，维护社会生存和发展所必需的相对稳定、安宁的秩序和环境。

第五节　社区矫正的原则

社区矫正的原则，是指在社区矫正工作中应当遵循的工作准则。它是社区矫正工作所特有并贯穿始终的基本准则。社区矫正法律制度的创建是我国刑事执行制度改革的重要举措，是一项非常严肃的执法活动，在社区矫正工作中政策性强、涉及面广、社会影响大，因此必须遵循统一的原则，以确保社区矫正工作的健康开展，达到预期效果。

《社区矫正法》第 3 条规定：“社区矫正工作坚持监督管理与教育帮扶相结合，专门机关与社会力量相结合，采取分类管理、个别化矫正，有针对性地消除社区矫正对象可能重新犯罪的因素，帮助其成为守法公民。”第 4 条第 2 款规定：

① 张昱、费梅苹：《社区矫正实务过程分析》，华东理工大学出版社 2005 年版，第 6 页。

“社区矫正工作应当依法进行，尊重和保障人权……” 从这些规定来看，社区矫正工作的原则包括监督管理与教育帮扶相结合原则、专门机关与社会力量相结合原则、尊重和保障社区矫正对象合法权益原则、刑事执行个别化原则等。结合《社区矫正法》的立法精神和社区矫正工作的内在要求，社区矫正工作应遵循以下基本原则。

一、监督管理与教育帮扶相结合原则

“根据现有法律的规定，对社区矫正对象进行必要和适度的监督管理，并有针对性地开展教育帮扶，这两项工作是社区矫正工作的核心内容。”① 在执行刑罚的前提下，监督管理、矫正教育和适应性帮扶是社区矫正工作的三大任务。监督管理是社区矫正工作对社区矫正对象存在危险性的控制行为，这是保障社会安全的法定手段和措施。监督管理是教育帮扶的前提和保障，没有对社区矫正对象的有效监督和控制，不仅可能危及社会安全和秩序，而且会使教育帮扶工作失去所依托的社区矫正环境，也就无法有效地开展。教育帮扶“则是做好社区矫正工作的核心和重中之重”，②，包括对社区矫正对象的矫正教育和适应性帮扶。其中，矫正教育是社区矫正工作的主导性价值追求，也是社区矫正工作的主要内容。只有通过矫正教育，消除社区矫正对象的犯罪心理和行为恶习，并养成社会所倡导的良好的善的行为，才能使社区矫正对象转化为符合社会要求的守法公民，真正实现回归社会的目的。适应性帮扶是对社区矫正对象所存在的问题和困难的“救助行为”或者“救济行为”，这一行为可以是公力的，也可以是私力的。社区矫正的这三项工作是相对独立又相互协作的，在实务工作中，只有监督管理与教育帮扶相结合，才能使社区矫正工作效益最大化。在这里，监督管理是司法行政机关的行政管理行为，不具有刑罚惩罚属性。“需要注意的是，对社区矫正对象的监督管理措施应当适度，不宜过于严厉。社区矫正毕竟是在社会开放环境中进行的，不是社会上‘办监狱’，不可能也没有必要对社区矫正对象保持实时监控，只要能做到及时了解掌握社区矫正对象的活动情况和行为表现即可。矫正措施和方法应当避免对社区矫正对象的正常工作和生活造成不必要的影响。”③

---

① 王爱立、姜爱东主编：《中华人民共和国社区矫正法释义》，中国民主法制出版社2020年版，第31页。

② 王爱立、姜爱东主编：《中华人民共和国社区矫正法释义》，中国民主法制出版社2020年版，第31页。

③ 王爱立、姜爱东主编：《中华人民共和国社区矫正法释义》，中国民主法制出版社2020年版，第31页。

二、专门机关与社会力量相结合原则

在社区矫正机制建构中，政府的主要作用是主导和指导社区矫正工作，引领社区矫正工作的方向，审查和督导社区对罪犯的矫正教育过程和矫正教育效果，维护社会的公平和正义。

在社区矫正领域，不仅国家权能是有边界的，所拥有的资源也是有限的，不可能渗透到社区矫正的各个领域。政府“提供公共服务”的形式受到罪犯的需求和“市场的检验”，也必须选择多元化途径，将矫正服务项目的“购买者”与“提供者”分开，从原来的“划桨者”转向“掌舵者”，这样才能满足社区矫正的需要，才是科学配置资源的明智选择。在这里，社区矫正机构是社区矫正工作的执行机构，代表政府负责制定社区矫正基本政策和罪犯矫正教育的基本准则，动员社会多方力量，协调各方矛盾。

在社区矫正工作中，社会力量与政府的司法行政部门共同组成社区矫正的主体。专门机关与社会力量相结合原则体现在，政府“应掌舵而不是划桨”，是社区矫正政策的制定者，司法行政机关行使的是管理职能。社会力量是社区矫正政策实施的“划桨者”。社会力量参与到对矫正对象的矫正教育之中，改变了传统刑事执行方式的格局，使社会的人力资本、组织资源、物质资源、环境资源、文化资源、技术资源等成为社区矫正的有力支撑。

三、尊重和保障社区矫正对象合法权益原则

保障社会公共安全是刑事执行的本质属性，也是社会公平正义的必然要求；维护社区矫正对象合法权益是现代刑事执行的内在品质，也是刑罚文明化、谦抑性的重要标志。在现代刑罚框架下，常常出现保障社会公共安全和维护社区矫正对象合法权益之间的矛盾冲突。因此，社区矫正工作既要保障社会公共安全，也要维护社区矫正对象合法权益。保障社会公共安全是社区矫正工作的前提和本质要求，没有社会安全作为保障，社区矫正工作就会失去合法性和合理性。

在我国法治国家、法治社会、法治政府的一体化建设中，尊重和保护人的自由与尊严始终是重要的价值目标和原则。在社区矫正工作中，保障社区矫正对象的权利，要立足于以下三个方面的逻辑预设：一是保障社区矫正对象的权利是基于其是人这样一个基本客观事实，是刑法人道主义的内在要求。二是社区矫正对象的权利源自现代法律的确认和设定，保障社区矫正对象的权利是对社区矫正工作的法定要求，也是社区矫正工作的法定职责，任何侵害社区矫正对象合法权益的行为，都是法律所不容的。三是刑罚人权理念首先是对罪犯合法权益的保护。在社区矫正对象接受应有惩罚的基础上，充分考虑刑罚的方法和种类、刑罚量的

调整、刑罚执行方式等方面，有利于社区矫正对象回归社会、适应社会并与社会相结合，以巩固改造成果。所以，保障社会公共安全和维护社区矫正对象合法权益的有机结合和并重，是社区矫正工作必须坚守的原则。

四、人道主义原则

我国始终坚持以马克思列宁主义、毛泽东思想、邓小平理论、“三个代表”重要思想、科学发展观、习近平新时代中国特色社会主义思想作为刑罚制度改革的指导思想，同时也始终坚持“大胆吸收和借鉴人类社会创造的一切文明成果，吸收和借鉴当今世界各国包括资本主义发达国家的一切反映现代社会化生产规律的先进经营方式、管理方法”。[①] 由此，社区矫正所坚持的人道主义原则，在内涵上是社区矫正工作的统领，是社区矫正制度民主性、科学性、进步性和时代性的标志。只有确立人道主义原则，才能彰显社区矫正工作的文明、人性和宽容。在理论上，我们反对西方人道主义者脱离社会历史的发展孤立地谈论人、人的本质、人的权利，主张用社会的、具体的、现实的、实践的观点看待刑罚实践中的人道主义和人权问题。在观念和方式上，尊重社区矫正对象的人格，摈弃残酷野蛮的刑罚制度，关注社区矫正对象的安居、就业等生存问题。在社区矫正工作中，大胆吸收西方刑罚人道主义的合理思想成分，主张在维护法律尊严及与整个社会发展水平相协调的基础上，实施刑罚人道主义，并充分利用社会力量对其进行帮教，提高对社区矫正对象的矫正教育质量，使社区矫正对象的人格得到改造并健康发展，实现其作为人的价值。

五、刑事执行个别化原则

个别化简单地说就是指承认和尊重人的差异性。刑事执行个别化有学者也称之为刑罚个别化、行刑个别化、矫正个别化或处遇个别化，是刑事执行机关对罪犯的矫正和处遇个别化。[②] 这里要注意的是，刑罚个别化是从行刑机构的国家权力属性所指的刑罚实现的个别化；行刑个别化则突出了刑罚实现方式的个别化；矫正和处遇个别化，则是刑罚实现的内容和目的上的个别化。但矫正个别化和处遇个别化有所不同，前者强调的是对犯罪人的治疗个别化，后者尽管也有治疗之意，但更强调的是对犯罪人采取的各种处理和对待措施的个别化。

刑事执行个别化是在尊重和维护社区矫正对象个性的基础上，在矫正教育中以社区矫正对象为中心、以个性化需求为目标，关注社区矫正对象的人身危险

---

① 《邓小平文选》(第3卷)，人民出版社1993年版，第373页。
② 参见陈兴良：《刑法的价值构造》，中国人民大学出版社1998年版。

性，关注社区矫正对象的潜能开发和个性发展，实施矫正分类、分类处遇、个别教育与矫治，开展适应性教育，培育社区矫正对象适合现代社会的健康人格。主要体现在：一是掌握社区矫正对象的个性特点。马克思主义哲学强调，矛盾具有普遍性与特殊性，矛盾的特殊性要求我们要具体问题具体分析。社区矫正对象的个性特点就是矛盾的特殊性，即差异性。可以说，承认差异、认识差异、尊重差异是个别化矫正教育的前提。我们不仅要研究社区矫正对象存在的普遍性、共通性问题，积极组织集中教育、分类教育，更要明察社区矫正对象的个体化、个性化特征，特别是典型性社区矫正对象的差异性，积极开展个别化矫正教育。社区矫正对象存在性别、年龄、文化程度、主观认知、社会态度、心理特征、身体健康状况、婚姻状态、家庭结构、经济水平、职业技能水平、就业观念与能力、犯罪种类与方式等方面的差异。因此，社区矫正工作要通过访谈、问卷调查、心理测试、查阅档案等方法，全面、客观地掌握社区矫正对象的情况与特点，并将其作为个别化矫正教育的根据。二是制订个性化的矫正教育方案，创制个别化的矫正项目。在掌握了社区矫正对象的实际情况后，要制订个性化的教育矫正计划和矫正项目，精选教育内容，运用恰当的教育方法，有的放矢，对症下药，才能取得良好的矫正效果。三是挖掘社区矫正对象的独特优势。社区矫正工作是一个动态过程。在这种“纠偏”式的教育中，个别化矫正教育不要一味地针对社区矫正对象的缺点和问题，而应当及时发现、发挥社区矫正对象的自身优势，做到长善救失，促进其不断进步。个别化矫正教育关注的中心应从“问题”转移到“优势”，扮演鼓励、协助、支持的角色，坚信社区矫正对象自身拥有丰富的资源，最大限度地发现、发挥和发展他们潜在的优势，引导他们参与认识和解决犯因性问题的全过程，让他们树立信心，重新进行自我评价，最终实现回归社会的目标。

六、矫正教育以人为本原则

矫正教育是社区矫正的核心工作任务。对社区矫正对象的不良心理和行为恶习进行矫正，使他们顺利回归社区，这是社区矫正工作的根本目的。矫正教育质量是检验社区矫正工作的首要标准，是社区矫正工作的生命力所在。从发达国家开展社区矫正的过程中我们发现，社会上出现一些反对声音的原因主要集中在社区矫正对象的重新犯罪问题上。对此，我们必须在思想上引起高度重视。在努力做好监控管理，力争不发生社区矫正对象脱管漏管和重新违法犯罪的情形，维护社区矫正安全和秩序稳定的前提下，充分发挥社会各方面的作用，采取灵活多样的方式，努力做好矫正教育工作，不断提高社区矫正对象的教育改造质量。

坚持矫正教育以人为本的原则，应注意把握以下几个方面：

第一，坚持以人为本的总要求，围绕社区矫正对象开展矫正教育工作。坚持以人为本就是要以人为中心，服务人的发展，突出人的价值。人本观念在社区矫正中的特定意义是：社区矫正的终极目标指向是培养人、教育人、造就人，实现社区矫正对象的全面回归；社区矫正的过程应当充分发挥社区矫正工作者和社区矫正对象的聪明才智和主观能动性；社区矫正的程序和方法应当维护社区矫正对象的人格尊严。因此，在人本观念指导下，对社区矫正对象首先要进行做人的德育。坚持德育为先，让社区矫正对象首先学会做人，这是对社区矫正对象进行教育转化的前提和基础，不仅关系着社区矫正工作的成败，而且关系着社区矫正对象的未来发展。所以，要充分认识德育工作在社区矫正中的地位和作用，增强做好德育工作的自觉性和坚定性。

第二，社区矫正工作必须坚持以社区矫正对象为矫正教育主体。要把关心社区矫正对象、理解社区矫正对象、尊重社区矫正对象、开发社区矫正对象的潜能等思想观念贯穿于社区矫正工作的始终，致力于培养社区矫正对象的自尊、自信、自爱、自立、自强等意识，要构建平等、关爱、助人自助的矫正模式。在矫正工作中，要以平等民主的态度对待社区矫正对象，坚持以理服人、以情动人的矫正原则；坚持个案矫正、因材施教、分类矫治、社会矫治的原则；坚持以社区矫正对象为主体，社会公众多方参与，监督管理、矫正教育、危机干预、社会救助等共同扶助的原则。

第三，要营造和谐民主的矫正教育氛围。在科学发展观的指导下，根据中央政法委、司法部等关于社区矫正工作的要求，一方面要明确告知社区矫正对象所享有的权利和应尽的义务，另一方面要依照法律的规定，对社区矫正对象的合法权益予以维护。对社区矫正对象的奖惩要做到程序正当，证据充分，公开、公正、公平。

第六节　社区矫正的目的

社区矫正的目的是社区矫正工作首先需要明确的问题，也是社区矫正工作开展的前提。目的明确，才能把握社区矫正的方向，实现预定的工作目标。

一、对社区矫正目的的认知

社区矫正活动与其他社会实践活动一样，都是在一定目的的支配下展开的，社区矫正的目的就是整个社区矫正工作目的性的表现。社区矫正的目的是社区矫正工作的起点和归宿，具有一定的理想性。从理论上看，一切社区矫正活动都应该围绕着社区矫正的目的而进行。《社区矫正法》第1条规定了社区矫正的目的，即“提高教育矫正质量，促进社区矫正对象顺利融入社会，预防和减少犯罪”。

社区矫正的目的决定着社区矫正工作的方向，目的明确才能检验社区矫正的实效。但是，从目前来看，关于社区矫正的目的，理论上众说纷纭，实务部门各行其是。为此，应深入研究和探讨社区矫正的目的，以便指导社区矫正工作。

关于刑罚的目的，曾出现过报应主义与预防主义的争论。刑罚报应主义是根据犯罪人的犯罪行为确定刑罚及犯罪人应该受惩罚的程度，追求的刑罚价值是罪刑一致的对等性。这种观点认为，惩治犯罪是为了表达社会正义观念，恢复社会心理秩序，也体现了刑罚的伦理道义性。而刑罚预防主义认为，通过对犯罪人适用刑罚，实现防止犯罪发生的社会效果，刑罚的目的就是预防犯罪，包括个别预防和一般预防。在这些观点之后，尤其是近年来，又有人提出了刑罚的目的一体论观点，认为刑罚既回顾已然的犯罪，又前瞻未然的犯罪；对已然之罪以报应为目的，对未然之罪以预防为目的。①

归纳起来，目前对社区矫正目的的认知主要有以下观点：

（一）综合论

这种观点认为，社区矫正的目的是多向的。因此，笼统地表述为："加强和完善社会主义法制，落实党对罪犯的教育改造政策，预防和减少犯罪，维护社会稳定，化消极因素为积极因素，实现社会长治久安。"②

（二）剥夺犯罪能力论

剥夺犯罪能力论又称重新犯罪预防论。这种观点认为，社区矫正的目的是以促进社区矫正对象顺利回归社会为出发点，实施有针对性的教育矫正，同时开展社会帮教，提高社区矫正对象的教育矫正质量，预防和减少重新犯罪，以达到社区矫正对象不再犯罪的目的。③

（三）改造论

这种观点认为，目前社区矫正对象的法定身份是罪犯，对其矫正教育的过程仍然是惩罚前提下改造的过程。"'刑期于无刑'，这是人类刑罚运作目标的最高追求，对于一种具体的刑罚来讲，刑罚不是为了惩罚而惩罚，虽然基于社会正义，刑罚中不可避免地含有报应性惩罚的内涵，但刑罚根据的功利需求促使刑罚不仅要通过惩罚限制或剥夺罪犯已有的犯罪能力与行为，而且要通过刑罚过程，努力达到彻底根除罪犯的犯罪能力与行为，促使罪犯终身不再犯罪，由此，刑罚

---

① 张海光：《社区矫正：刑罚的目的理论与实践的创新》，载中国法院网，2004 年 3 月 11 日。

② 《社区矫正的目的是什么?》，载宿豫司法网，2004 年 8 月 16 日。

③ 荣容、肖君拥主编：《社区矫正的理论与制度》，中国民主法制出版社 2007 年版，第 356 页。

中不能仅有惩罚，还要有改造，要‘改造可改造之人’。社区矫正的首要目的应当在于改造符合条件的可改造之人。”①

（四）行刑目的论

这种观点认为，作为刑罚执行的社区矫正，其行刑目的与一般刑罚执行具有显著区别。其目的包括：第一，报应。作为刑罚执行的社区矫正，为实现社会的正义，应当追求报应的正义目的，主要体现在两个方面：一方面，社区矫正作为限制犯罪人人身权利或其他权利的刑事执行，其应当受到正当程序的制约。另一方面，社区矫正作为刑事执行的方式，应当具有一定的惩罚性。第二，一般预防。主要是通过一般预防维护法律秩序和正常的社会生活。追求一般预防的目的主要体现在社区矫正具有的一定的惩罚性。第三，个别预防。主要体现在通过社区矫正剥夺矫正对象的犯罪能力，并对其实施矫正。同时强调社区矫正的主要目的应当是追求“矫正”——促进社区矫正对象的“再社会化”。②

（五）三元目的论

这种观点认为，社区矫正的目的是指国家创制社区矫正这一非监禁刑事执行方式所希望达到的结果。社区矫正的目的虽然被预先设定，却从根本上制约着社区矫正的性质、功能与效益。我国社区矫正的创设目的可分为直接目的、间接目的和根本目的，它们构成了统一整体。所谓社区矫正的直接目的，是通过社区矫正组织进行的社会化教育，使社区矫正对象适应并顺利回归社会。绝大多数社区矫正对象经过社区矫正最终是要回归社会的。对于罪行较轻、主观恶性不大、社会危害性相对较小、经过教育改造后不至于再危害社会或已经丧失危害社会能力的罪犯，适用非监禁刑罚，在社会中进行改造，利用社会资源和社会力量实施矫正教育，可以最大可能地消除社区矫正对象回归社会的心理障碍和行为障碍，加速再社会化进程。所谓社区矫正的间接目的是增强社区公民的法律意识和社会责任感。所谓社区矫正的根本目的是预防犯罪，维护社会稳定，实现国家的长治久安。

也有人认为，我国的社区矫正旨在实现这样的目的：解决监狱的拥挤状况，降低行刑成本和加强实际的行刑效果。增进罪犯与社区的联系，避免监禁刑对罪犯心理和行为的负面影响（监禁综合征），促使其最终有效地回归社会。促使社区矫正对象增强社会责任感和公民觉悟，为社区做出有实际意义的服务，为社会作出一点补偿。

---

① 胡配军：《社区矫正之对象矫正》，载杭州普法网，2008年9月20日。

② 何显兵：《社区刑罚研究》，群众出版社2005年版，第134~135页。

（六）四层次目的论

这种观点认为，社区矫正的目的包括：一是转变犯罪人，通过社区矫正计划将社区矫正对象从犯罪人转变为守法人；二是惩罚犯罪人，社区矫正机构通过对社区矫正对象实施一些制裁，使其遭受一定的损失和痛苦，进而实现一定的惩罚性；三是控制犯罪人，通过对社区矫正对象的控制，预防其实施新的犯罪行为，以避免侵害社区公众；四是管理犯罪人，通过建立各种管理制度，实现对社区矫正对象的管理功能。①

除此之外，还有其他一些观点。“回归社会论”认为，社区矫正的目的就是让社区矫正对象顺利回归社会；“矫正论”认为，社区矫正的目的就是“矫正其犯罪心理和行为恶习”；“健全人格论”认为，社区矫正的目的是培养社区矫正对象的人格，恢复社区矫正对象的社会功能，增强其社会适应性。

上述观点从不同的角度分析了社区矫正目的的指向性，都从一个侧面揭示了社区矫正目的的属性。但是，仔细分析就会发现，这些观点或多或少都存在缺陷和不足，其关键在于都不能深刻地揭示社区矫正目的的内在实质，只是抓住了社区矫正目的的某一层面进行阐述。因此，要深刻认识社区矫正的目的，就不能局限于某一层面，而应从不同层面进行剖析。

二、社区矫正目的的价值取向

社区矫正目的是社区矫正理论的组成部分，因而社区矫正目的所体现的社区矫正理念与社区矫正理论是一致的。社区矫正目的是社区矫正制度设计者基于客观的社区矫正现实而提出的一种价值判断。换言之，是社区矫正目的提出者对于客观现实是否能够与自己的需要、世界观相契合而做出的一种判断。因而，虽然在一定的社会和一定的历史时期中，只有一种占主体的社区矫正目的观，但是思想理论形态的社区矫正目的却总是丰富多彩的。正如前面所述，不同的社区矫正工作者，依据不同的理论观点和学说会对社区矫正的目的有自己的理解，甚至会根据自己的社区矫正价值观提出社区矫正目的理论。但是，摆在我们面前的不可辩驳的事实是，不同国家的社区矫正制度建构基于不同的意识形态和价值观念，总是代表着一定阶级或社会的利益，所以从社区矫正制度创设者的角度出发确定

---

① 郭建安、郑霞泽主编：《社区矫正通论》，法律出版社 2004 年版，第 101～102 页。在文中的表述为“社区矫正的目标”，笔者查阅了相关资料，目标是希望达到的地方或标准，目的是人在行动之前根据需要而设想的要达到的目标或结果。目标侧重于努力的方向，目的侧重于行为的意图。笔者认为，在论述社区矫正的目的时兼有努力方向和行为意图，因此，也将其纳入社区矫正的目的进行研究。

的社区矫正目的价值取向往往是社会本位的；社区矫正源于文化、融于文化，本身又属于一种文化形态，所以从社区矫正的文化样态出发确定的社区矫正目的的价值取向往往是文化本位的；社区矫正对象是我们的矫正本体，是以活生生的人的形象展现在我们面前，要我们改造、培养、造就、塑造的对象，所以从社区矫正对象的角度出发确定的社区矫正目的的价值取向往往是以个人为本位的。如此种种，就产生了不同的目的观。

（一）社会本位的目的观

这种观点认为，社区矫正的目的应根据社会的需要而确定，社区矫正的目的在于使社区矫正对象重新建立起社会认同意识，完成其再社会化的过程，以便增强其社会适应性，有效地融入社会中，这是我国社区矫正中占主导地位的目的观。

社会本位论者认为，人是社会的产物，生活在社会中，社区矫正的目的就是要使人从一个生物人转变为一个社会人，即满足社会需要、维护社会稳定、保护社会利益、促进社会发展。社会本位论的目的观是为最终完成人的教育而提出的特殊的教育目的，因而我们通过这种观点就可以认识到社区矫正目的社会本位论的思想实质。

社会本位论者的代表主要是教育社会学家，其主要观点包括：个人的一切发展都有赖于社会；教育除了社会目的以外，并无其他目的；教育的结果只能以社会的功能来衡量。① 在目前的社区矫正工作中，这种观点占据主导地位，是一般预防思想在社区矫正中的具体体现。该观点认为只有防卫社会、维护社会公众的安全，才能真正实现社区矫正的价值。

（二）个人本位的目的观

这一观点和社会本位的目的观的根本不同在于，实施社区矫正究竟是为了个体的生存和发展，还是为了社会利益。个人本位的目的观认为，社区矫正的目的应从人的本性和人的基本需要出发，使人的权利得到发展，它重视人的个人价值，关注人的身心发展和社区矫正对象的权利保护。在我国目前的情况下，随着行刑的人道原则、教育原则日益受到关注，以人为本的思想逐步成为主流价值观念，个人本位的目的观在社区矫正目的的价值取向中占有一定的比例。从某种意义来看，是以人为本的思想在社区矫正中的具体体现，其积极意义是不容否定的。在具体实践中，这种目的观和刑罚的个别预防思想不谋而合。社区矫正是个别预防思想的体现，它以人身危险性为中心，将个别预防分为矫正论和剥夺犯罪能力论，使刑罚的惩罚性走向刑罚的矫正性，把社区矫正对象而不是把犯罪行为

---

① 南京师范大学《教育学》编写组：《教育学》，人民教育出版社 1984 年版，第 160~161 页。

作为犯罪预防的重点，主张通过各种矫正措施使之不再犯罪，实现个别正义。

（三）文化本位的目的观

这一观点是介于社会本位的目的观和个人本位的目的观之间的一种观点，它试图回避社会本位的目的观和个人本位的目的观的矛盾，从宏观上看更接近于社会本位的目的观。这一观点主张，社区矫正是一种文化活动，社区矫正的目的在于通过使用人类历史上积累起来的文化转变人的恶习，重塑正常人格精神，使社会共享的客观文化内化为社区矫正对象的主观精神。

在教育领域，这一观点的理论基础产生于德国的文化教育学派，其代表人物是狄尔泰。[①] 从广义来讲，文化的影响是全方位的，文化的继承、筛选、传播、教化，甚至是批判的过程，就是教育的过程。社区矫正也就是通过创设和选择特定的文化，来影响和改造矫正对象，使之把社区矫正工作者所希望的主流文化内化为其个人文化素质的过程。这一观点明显希望通过文化的影响和传播来实现社区矫正的目的。

（四）经济本位的目的观

这种观点认为，刑罚是一种重要的犯罪控制手段，同时也是一种有限的社会资源。刑罚的运行成本极为昂贵，主要体现在两个方面：一是国家为了保障刑罚的正常运行，而在人、财、物等方面的投入和耗费，包括在刑事立法、刑事司法、刑事执行等各个环节所发生的费用，这是一种有形的、物质性的成本，是可以用数学方法计量的；二是由于刑罚的运行而伴生的各种副作用，这是无形的、非物质性的成本，如加剧罪犯同社会的对立情绪、监狱内的交叉感染和非正式群体的形成、罪犯家属所受到的精神痛苦和物质损失等。

行刑经济化的价值，追求的是以最小的投入来获取最有效的预防和控制犯罪的最大社会效益。有的学者将其称作刑法上的谦抑，即立法者应当力求以最小的支出，少用甚至不用刑罚，获取最大的社会效益，有效地预防和控制犯罪。监狱是目前的主要行刑场所之一，与社区矫正相比，监狱的花费很昂贵。作为与监狱矫正相对应的矫正方式，社区矫正更符合经济学上的成本效益原则，有利于合理配置行刑资本，减轻国家在刑罚上的投入，节约矫正资源。

（五）刑罚本位的目的观

刑罚以惩罚为本质特征，离开了惩罚，刑罚也就不能被称为刑罚。正如现代犯罪学鼻祖加罗法洛所指出的：如果刑罚全然失去了惩罚的目的，如果刑罚真的

---

① 郑金洲：《教育通论》，华东师范大学出版社 2000 年版，第 193 页。

只有教育、改造，甚至治疗的目的，那么人们不禁要问：当罪犯没有受到身体上的痛苦、其犯罪所获得的唯一后果却是免费教育的特权时，刑罚的存在还有何意义？① 社区矫正是集刑种、量刑和行刑于一体的刑罚措施、方法或制度，同样应当具有并体现刑罚的本质属性。刑罚惩罚是社区矫正的前提和基础，只有在刑罚惩罚的基础上，社区矫正才能合乎逻辑地展开，并体现其作为一种非监禁刑事执行活动的本质。作为一种社会内处遇，社区矫正所体现的惩罚性在内容和形式上都与监禁处遇有所不同。从形式上考察，除了监外执行更多考量的是人道性因素，作为社区刑罚的管制和作为刑罚执行方法的缓刑、假释、暂予监外执行仍然要考虑一定的惩罚性，表现在罪犯人身自由受到限制、某些政治权利被剥夺，以及在社区矫正期间必须履行一定的强制性义务等方面。从内容上分析，社区矫正涉及的社区刑罚及监禁刑的非监禁执行制度，无论是对社区矫正对象人身自由和权利的剥夺还是限制，主要都是通过违反强制规定的后果对罪犯形成的心理强制力来保证实施的，因此，它和监狱所施加的物质及心理强制存在明显的区别。

三、社区矫正目的的特点和分类

前面已经提到，一定的社区矫正目的观是依据相应的刑罚理论而提出的。在现代社会条件下，“由于社会的发展、进步和文明，刑罚的目的早已从过去的单一的惩罚、报应、威慑发展为包括改造、矫治、更新、回归、恢复等多重目的的结构。因此，我们所说的社区矫正的刑罚执法的性质，不能仅仅理解为是对服刑人员的监督考察，而应包括对服刑人员的改造和矫治、恢复等多重任务和目的的活动”。②

（一）社区矫正目的特点

1. 社区矫正目的是社会意志的张扬。社区矫正所体现的价值取向无论是国家本位还是个人本位，就其本质而言都是社会意志的反映，是社会法治、文明和进步的张扬，当然我们也不能否定它所体现出来的国家意志属性。社区矫正目的的个人属性虽然是个案矫正主义或刑事个别化思想的诉求，但是社区矫正工作者或者是社区矫正理论研究者仍然代表着一定的群体利益，他们也必然从所处的社会地位出发看待社区矫正问题。他们个人的社会属性决定了自身不同的价值取向，但他们一般都将维护社会上绝大多数人的利益作为追求的价值目标，这就导致了他们所提出的社区矫正目的不可避免地要反映一定的社会意志。

2. 社区矫正目的具有指向性。社区矫正目的是关于社区矫正中对社区矫正对象进行矫正教育的最终目标的一种预先设计或策划，因而它必然带有一定的指

① ［意］加罗法洛：《犯罪学》，耿伟译，中国大百科全书出版社 1996 年版。

② 刘强主编：《社区矫正制度研究》，法律出版社 2007 年版，第 85 页。

向性。社区矫正目的说到底是一种目标，而目标的共同特征则是指向未来的，是指引人们行为的预先设定。这一设定在社区矫正工作完成后，或者对某一社区矫正对象结束矫正后，可以将实际的结果与预想的效果进行比较，从而得出社区矫正的工作绩效。

3. 社区矫正目的具有理想性。社区矫正目的体现着社区矫正理念，它是社区矫正工作者提出的关于对社区矫正对象执行刑罚、矫正教育和培养塑造方面的反映。社区矫正目的总是指向未来，因此，社区矫正目的对未来的设计与现实的社区矫正对象的现有状况之间总有一定的差距，这种差距体现的正是社区矫正工作者的理想，也是社区矫正对象发展的可能空间。同时，社区矫正目的是社区矫正实践的指南和最高理想，因而它总是从最完善的层次着眼。社区矫正目的的理想性突出体现在社区矫正的实际工作目标上。

（二）社区矫正目的分类

为了便于研究，可将社区矫正的目的按照一定的标准，分为不同的类别，分别进行分析。这样，社区矫正目的的深层实质意义才能被揭示出来。

首先，个人的社区矫正目的和国家的社区矫正目的。所谓个人的社区矫正目的，是指代表着个案矫正教育理论研究者或社区矫正实务工作者观点的社区矫正目的。如果从社区矫正宏观层面来理解，社区矫正的目的属于“应然的”层面，而个人的社区矫正目的则是属于“实然的”层面。因为宏观上国家所实现的社区矫正目的如果要得以实施，就必须转化为一定个人的社区矫正目的，由个人通过自己的理解来执行。这必然会在执行中渗入个人的色彩，由原来宏观的外在状态转变为个人的内在状态。个人的社区矫正目的一般来说是内隐的，往往在实际工作中显现出来。所谓国家的社区矫正目的，是指代表着一定国家和阶级利益的通过法律法规等形式提出的社区矫正的目的。与个人的社区矫正目的相比，它属于“应然”层面，是以一种外在形式独立于社区矫正工作之外的。当然，国家的社区矫正目的也是由一定的个人所制定的，但是，它的表现形式却代表着一种集团的利益。而且国家的社区矫正目的一般来说体现着一种理想化的状态，它为社区矫正工作设定了一种终极目标。

其次，社区矫正在不同阶段的具体目的和终极目的。所谓社区矫正的具体目的，是通过社区矫正各项工作，促成社区矫正对象的“改变”和“成长”，包括促进社区矫正对象认知、情绪、行为、人格等诸多方面的改变，进而完成社区矫正机构对社区矫正对象的刑罚执行、监督管理、矫正教育、危机干预、社会救助等社区矫正任务。社区矫正的终极目的，是把社区矫正作为我国司法改革的一项重要内容，其目的的确立，应当服从于整个社区矫正工作的需要。因此，定位社区矫正的终极目的，必须与社区矫正工作中的监督管理、矫正教育、社会帮扶、心理矫治等保持一致，必须和我国《监狱法》《社区矫正法》所规定的罪犯改造的终极目的保持一致，那就是将社区矫正对象改造成守法公民。在这里，“守法公民”不仅指能够认罪服法、悔过自新、遵纪守法、自食其力之人，而且应该是心理健康、人格完善之人。从更深层次看，还应着力于适应恢复性司法的需要，实现被犯罪所破坏的社会关系的恢复。

最后，社区矫正在不同层面上的矫正目的和发展目的。对于这一问题，主要是基于社区矫正工作对社区矫正对象个体的矫正方向而言的。所谓对社区矫正对象的矫正目的，主要是指除了对社区矫正对象外在行为进行管理，以矫正其行为之外，主要利用诸多心理矫治的方法、理论、技术等，消除社区矫正对象心理的临床症状，帮助其克服消极的、不适应的行为，促进社区矫正对象不良心理、行为的改变，使其保持健康心态，积极面对社区矫正的现实。所谓对社区矫正对象发展的目的，是在对社区矫正对象进行矫正教育的基础上，侧重于让社区矫正对象学习新经验，科学设计自己的人生，开发社区矫正对象的潜能，努力提升社区矫正对象的生存品质。从社区矫正的内在本质而言，社区矫正的目的绝不仅仅满足于达到对社区矫正对象的“矫正的目的”，更要致力于追求对社区矫正对象的“发展的目的”。这就要求在具体的社区矫正工作中，综合运用多种理论和方法，既要实现对社区矫正对象心理和行为的矫正，又要致力于促进社区矫正对象的人格成长，挖掘其潜能，以利于其更好地适应未来生活。

四、社区矫正目的的多层次构建

（一）报应目的

报应目的是第一层次的目的，是为了实现刑罚的惩罚性。报应论认为，刑罚的本质属性在于惩罚性，只有通过惩罚，才能维护社会公平正义和秩序；刑罚只能基于犯罪行为而发动，犯罪行为是发动刑罚的逻辑前提，没有犯罪就没有刑罚；刑罚的目的在于通过惩罚犯罪人维护正义。① 社区矫正适用的对象是法律意义上的罪犯，并且罪犯是在社区环境中，处在刑事执行的进程之中，因此，刑罚惩罚性是社区矫正目的的法律属性。

社区矫正的浅层次目的的惩罚性，无论在程度上还是在形式上都区别于在监狱服刑的罪犯，它主要通过两种形式实现：一是法定权利的限制或剥夺性，包括社区矫正对象的人身自由和行为受到一定程度的限制；社区矫正对象的某些权利被剥夺，如被判处管制的社区矫正对象，未经执行机关批准，不得行使言论、出版、集合、结社、游行示威自由的权利；被剥夺政治权利的社区矫正对象，除了不得行使言论、出版、集会、结社、游行、示威自由权利之外，还不得行使选举

① 何显兵：《社区刑罚研究》，群众出版社 2005 年版，第 16 页。

权和被选举权等。二是社区矫正本身对社区矫正对象的惩罚性。要求社区矫正对象必须履行一定的义务。比如，社区矫正对象必须从事一定的公益活动；必须服从矫正机关的监督、管理、矫正和教育；对自己的错误行为或言行，要进行深刻的检讨，否则要受到警告、记过等处分。

但是，我们也必须看到，这种惩罚是刑罚本身的属性和基于社区矫正目的的实现而必备的，更多的是对于社区矫正对象的帮助、教育、感化、矫治和恢复。社区矫正“不是为了惩罚而惩罚，而是为了实现正义和在此前提下的其他善恶惩罚”。①

（二）预防目的

这一目的是为了改变社区矫正对象的心理与行为，使其成为回归社会的守法公民。社区矫正预防犯罪的目的分为特殊预防和一般预防两个方面。特殊预防，即通过对犯罪分子适用社区矫正，消除他们继续犯罪的条件，并将其改造成守法公民，防止其重新犯罪。特殊预防体现了惩罚与矫正的统一，尤其是矫正作为非监禁刑罚执行的核心任务，它既是非监禁刑事执行的出发点，又是非监禁刑事执行的归宿，贯穿社区矫正的始终。通过教育矫正，使社区矫正对象永久性地放弃犯罪意识，消除犯罪心理，成为守法公民。

在特殊预防中，最主要的理论观点是矫正论，这是深受教育刑影响的一种理论。这种理论认为，社区矫正的目的除了惩罚、威慑社区矫正对象之外，最为关键的目的在于通过矫正教育，使社区矫正对象的心理和行为发生改变，形成现代人健全的人格，使其在回归社会后，成为《监狱法》《社区矫正法》所要求的“守法公民”。在这里，需要强调的是社区矫正对象回归社会分为形式的回归和实质的回归。形式的回归是指社区矫正对象离开矫正场所回到社会环境，是其从生存形态、场所、身份等方面产生的法定意义上的变化。而实质的回归是指社区矫正对象不仅离开矫正场所，从形态、场所等方面回到社会环境，而且其缺失的社会功能得到修复，社会适应性增强，具备了现代人所具有的健全人格。

（三）恢复性司法中社会关系的恢复目的

恢复性司法中包含了恢复性行刑，恢复性行刑所修复的内容包括罪犯社会化缺陷的修复、社会谋生技能的修复、人格的修复和社会道德与良知的恢复等。社区矫正的深层次目的是：在对社区矫正对象教育改造的过程中，在坚持社区矫正对象对其犯罪行为负责的同时，修复社区矫正对象存在的各种缺陷，使其重新融入社会，最终恢复被社区矫正对象所破坏的社会关系。

---

① 何显兵：《社区刑罚研究》，群众出版社 2005 年版，第 16 页。

第三章　社区矫正的理论基础

社区矫正是刑罚文明和进步的必然选择。但是，任何事物的产生、发展和变化，都有其自身的原因和存在的价值。社区矫正理念的产生以及社会实践的不断泛化，正是基于刑法思想的嬗变和逐步确立，立足于心理学、社会学等学科理论和思想在刑事执行中的应用，无形中成为社区矫正潜在的推动力。这也是本章研究社区矫正理论基础的因由。

第一节　社区矫正的心理学基础

社区矫正的心理学基础主要来源于西方心理学的行为主义理论和精神分析理论。行为主义理论是由美国心理学家华生在巴甫洛夫条件反射学说的基础上创立的。他主张心理学应该摒弃意识、意象等过多主观的东西，只研究所观察到的并能客观加以测量的刺激和反应。精神分析理论是奥地利精神科医生弗洛伊德于19世纪末20世纪初创立的，是现代心理学的奠基石，这一理论对于整个心理科学乃至西方人文科学的各个领域均有深远的影响。

行为主义理论以疾病或变态行为形成的理论模型为基础，其目的是要消除那些内部的病理变化。建立在心理学行为主义理论之上的行为模型认为：人的变态行为就是其心理病理变化本身，矫正的目的就是消除或者至少显著地减少这些经常出现的不受欢迎的行为。在某种特殊条件下经常出现的行为反应，称为习惯。其涉及个体的多种心理过程。然而，在个体的成长过程中，个体也可能通过学习获得那些不利于其生存和发展的不适应行为或不良习惯。尽管这类不良习惯在人类的行为反应中并不是非常普遍地存在，但是有些不良习惯却可能给行为者造成极大的烦恼或痛苦。

行为矫正的目的，就是要消除这些习得的非适应的或不良的行为习惯。它与其他心理矫正的区别在于：行为矫正是以心理学中有关学习过程的理论和实验证据为基础的。著名的行为矫正学家沃皮将行为矫正定义为：使用通过实验而确立的有关学习的原则和方式，克服不适应的行为习惯的过程。

人格心理学家艾森克也为行为矫正下过定义。他提出，不适应行为可以分为两类：一类是行为表现的过剩，如酗酒、吸毒、性变态、强迫思维等；另一类是行为表现的不足，如缺乏社交技能、焦虑、恐怖等。艾森克认为，按照学习理论，行为矫正实质上是一个非常简单的过程；在条件化的行为反应过剩的情况下，矫正就是要消退这些反应；而在条件化的行为反应不足的情况下，矫正就是要建立那些缺失的刺激与反应之间的联系。

因此，行为矫正从一开始就植根于实验的发现之中。它的基本理论主要来自行为主义的学习原理，其中主要包括经典的条件作用原理、操作条件作用原理和模仿学习原理三个部分。

我们在对社区矫正对象进行行为矫正时，虽然所做的某些工作与其他类型的工作有相同的地方，比如收集社区矫正对象的有关情况等，但是，只有社区矫正工作者在实际使用来自学习原理的方法时，才能称得上是在进行行为矫正。同时，社区矫正工作者使用这些方法的目的在于削弱和消除社区矫正对象的非适应性行为，或者建立和加强适应性行为，或者二者兼有。

一、经典的条件作用原理

巴甫洛夫曾以狗为对象进行了大量人工条件反射形成的实验。通常的做法是将做过唾液腺管手术的狗放在实验台架上进行实验。如果给它以食物，狗会分泌唾液，这是由食物引起的无条件反射。如果单独出现节拍器的音响，狗并不分泌唾液，因为这是与食物无关的刺激。假如实验者在出现节拍器音响几秒钟后给狗喂以食物，并如此重复几次之后，单独出现这些音响而不给以食物，也会引起狗的唾液分泌。这表明音响已经成为食物的信号，并具有与无条件刺激物的食物条件反射。换句话说，就是形成了一种以音响为条件刺激物的食物条件反射。通过进一步研究又发现，几乎任何的先天性反应如眨眼等，都可与任何刺激如声音、颜色、口令等建立起一种条件反射。但若条件刺激多次出现，而没有无条件刺激的强化，这个条件反射也可以消退。

华生曾利用应答性条件作用的知识进行实验。他曾使一个本来喜欢动物的11个月大的男孩对白鼠产生恐惧的反应。其做法是每当这个男孩伸手要去玩弄白鼠时，实验者就在他背后猛击铁棒。经过这样几次的结合之后，每当白鼠出现，这个男孩就会哭闹，出现紊乱的表现。此后又进一步发现，这个男孩的这种反应又泛化到其他白色有毛的动物身上了，原本他并不害怕的对象，如兔子、狗、有毛的玩具等，现在也令其产生了恐惧或消极的反应。

华生是早期行为主义心理学的代表人物之一，他主张把心理学变成一门“自然科学”，十分强调环境的作用和影响。在他看来，人类的行为公式为简单的刺激——反应公式。他的实验和解释都是从这样的角度出发的。

由此可以看出，经典条件作用原理有这样几个基本现象：一是条件反射的形成和建立，这是条件刺激取代无条件刺激，形成特定的刺激——反应关系的获得过程；二是泛化，这是人或动物把学习得到的经验扩展运用到其他类似的情境中的倾向；三是消退，这是指条件反射建立之后，不再需要无条件刺激，仅由条件刺激物就可引起条件反应，但继续给予条件刺激物后，条件反应的强度就会逐渐下降，直至不再出现条件反应，这时消退即产生了。

随着社会的日益复杂，以及个人对自己的行为需要进行越来越多的决策，条件化辨别反应的重要性似乎也更为明显了。经典条件作用原理试图对条件反射与人类异常行为之间的关联做出解释。巴甫洛夫对狗进行过这样的试验：在实验室里，巴甫洛夫训练狗分辨两个条件刺激，一个是圆形，另一个是椭圆形。圆形呈现，随之有食物出现；椭圆形呈现，不随之跟进食物。因此，狗学会了对圆形分泌唾液的条件反应，而对椭圆形则不表现出这种反应。之后，巴甫洛夫改变了实验条件，他变化椭圆形的形状，使它慢慢地变得越来越圆。同时，改变圆形的形状，使它变得越来越扁——椭圆形。在二者越来越接近时，狗再也不能发现这两个形状的区别了。在这种情境中，狗会出现狂乱的行为，如哀叫、咆哮、狂吠、大小便失禁、咬坏仪器等。将其他动物作为被试，也观察到类似的行为表现。所有这些实验中所观察到的现象似乎都向我们暗示：在越来越多的责任或决定由个人承担的社会里，个人辨别反应能力的高低可能与他是否有神经症或精神症在内的许多人类的适应不良行为相互关联。

二、操作条件作用原理

操作条件作用原理是解释学习的另外一种方式。最早对它进行系统研究的是美国心理学家桑代克。他把猫关在迷箱中，猫可以借助拉绳圈、推动杠杆、转动钮逃出来。被关在迷箱中的猫一开始挤栅门，抓、咬放在迷箱里的东西，把爪子伸出来等，进行了多种尝试以逃出迷箱，最后偶然发现了打开迷箱的机关。以后猫打开迷箱的错误行为渐渐减少，只有成功的反应被保存了下来。动物就这样通过尝试，学会了如何逃出迷箱。

桑代克由这些资料开始进行研究，后来提出了著名的效果律，即一种行为过程的发生次数受该行为后果的影响而改变。效果律所反应的是人或动物保持或消除先前反应与效果之间的关系。一种行为之后出现了好的效果，这种行为就趋向于保持下来；如果效果不好，则趋向于被消除。

另一个对该原理做出重要贡献的人是斯金纳。为演示操作学习过程，在实验室里，斯金纳把饥饿的白鼠放在一个空箱子里，里头有一个伸出的杠杆，杠杆的下面是一个食物盘，上面有一个指示灯。这种装置就是“斯金纳箱”。箱子里的装置是这样联系的：如果杠杆被压下，指示灯就会被打开而发亮，接着就会有食物掉入食物盘内。关在箱子里的白鼠开始时在箱子里不停地乱跑，偶然会将杠杆压下，这时指示灯便会亮一下。随之，它就会发现有食物出现在食物盘上，白鼠便将食物吃了。如此反复几次，白鼠按压杠杆的频数戏剧般地增加了。反之，白鼠压下杠杆但没有见到灯亮，也没有食物出现，它再压下杠杆，还是什么也没有。反复几次，它的按压频数则不断地下降。正如经典条件反应，操作反应由于无强化而消退。在这里，动物主动地操作学习，它先表现行为，然后得到外界反应的强化。斯金纳特别强调对行为的塑造和行为的持续作用。认为行为既可作用于环境以产生某种结果，又受控于环境中偶然出现的结果。任何一个有机体与环境的交互作用都必然包含下列三个元素：第一，反应的偶然性；第二，反应本身；第三，强化性的结果。使这三者结合在一起的是偶然性的强化。

对于强化的结果，可以分为积极的强化和消极的强化两种情况。积极的强化，是使有机体希望得到某些东西的反应增加的强化，如一粒食物对于一只饥饿的鸽子、一口水对于一只口渴的白鼠、一块糖对于一个乖孩子都是积极的、正性的强化物，这使得他们开始更多地去做在给他们这种奖励之前他们正在做的那些事情。

消极的强化则有所不同，其是使有机体努力除去那些东西的事件。例如，白鼠学会按压一个杠杆使正在对它进行的电击停下来。这样做可使对有机体有害的刺激停下来。当学会这一反应之后，为消除有害刺激的出现，有机体学会了更多地做出使有害刺激去除或停止之前他们的反应。斯金纳认为，撤掉正性的强化物，其作用和呈现一个负性的强化物是相同的。

另外，对于强化的时间方式，斯金纳也做了研究。他发现强化可分为全部强化和部分强化。全部强化是指持续地、稳定地在某一时间阶段中强化被试的反应，即百分之百地强化。部分强化是指对被试的反应是不完全的，即强化少于百分之百。实验发现，部分强化学习过程较慢，但某个反应一经学习之后则不易消退；而全部强化学会的反应易于消退。部分强化的情况主要有下列三种：第一，被试每做出一定次数的反应，就给一次强化；第二，每隔一定的时间给一次强化，如每十分钟强化一次，不管这段时间内被试的反应次数是多少；第三，强化所要求的反应次数在一个实验中可以是恒定的，也可以是变化的，而当其是变化的时候，这种变化既可以是有规律的变化，也可以是随机的变化。这些不同的强化方式现已被广泛应用于行为矫正之中。

斯金纳根据其在实验中所得到的结果，认为包括心理疾病在内的大多数行为都是习得的。因此，我们引入该理论对社区矫正对象进行心理矫正和咨询，就是要以改变对社区矫正对象起作用的强化物的方式来改变其行为。

三、模仿学习原理

模仿学习又叫观察学习，是现代社会学习理论的基础之一。行为矫正中的许多学习理论认为，个体在习得行为的过程中并未直接得到过强化。因此，学习的产生是通过模仿过程而获得的。也就是说，一个人通过观察另一个人的行为反应而学习了某种特殊的反应方式。

有些研究者认为，人类的大多数行为都是通过观察学会的，并且这一观点已被心理学的研究成果所证实。在模仿学习的有关理论中，班杜拉的研究成果最为突出。他认为，模仿学习可以在既没有模型也没有奖励的情况下发生。个体仅通过观察其他人的行为反应就可以达到模仿学习的目的。同时，班杜拉也同样重视强化的作用。他指出，虽然个体可通过简单的观察学会某些行为，但为使个体运用这些行为，就必须运用强化手段。

（一）班杜拉社会模仿学习的四个过程

1. 注意的过程。人们要向某个模型学习，就必须集中注意力，准确地感知对方的行为。注意过程一方面与要模仿的对象有关，如其行为的有效性、特点及行为价值等；另一方面要与观察者本人的特点有关，如其感知的能力、唤醒水平、感知习惯和过去所受强化的情况等。

2. 保持的过程。人们为了有效地进行模型学习，必须要记得所要模仿的行为，这包括对象和信息的双重存储，通常要利用言语进行编码。保持的目的是能够重新提取出来并付诸行动。

3. 运动的再现过程。在某些阶段，对所要模仿的行为，其言语信息的呈现需要有一个把它们翻译为有效行为的过程。影响这一过程的因素有：观察者的生理能力、其反应是否已包括了必要的反应成分，以及在尝试采用新的行为时是否具有正确的调适能力。

4. 动机建立过程。学习和可操作性行为的一个重要区别，是在从事他们所学来的行为时是否具有明显的动机。观察者在下列情况下更愿意通过模仿习得行为：第一，可以得到内部的奖励；第二，内心认为是值得的；第三，已经见到过这种行为给模型带来过好处。

（二）自我调控

随着社会化程度的不断加深，人们对外部奖励与惩罚的依赖越来越少，更多的是依靠自己的内在标准对自己的行为进行奖励和惩罚，即对行为进行自我调控。自我调控包括自我观察、自我评价和自我强化。人们进行自我评价的标准是怎样获得的呢？班杜拉认为其既是奖励与惩罚的产物，同时也是榜样影响的结果。

为自己制订高标准的人通常都是勤奋努力的人，努力也会带来成就。但同时，要达到高标准也是相当困难的。为自己设立高目标的人，更易体验到失望、挫折和抑郁。为避免抑郁，班杜拉建议把长远目标分成若干子目标，这些子目标应该是现实的、可实现的，当达成子目标时，即对自己进行奖励。

（三）自我效能

外在奖赏及榜样对高标准的设定和维持有重要影响是毫无疑问的。班杜拉认为，自我控制和坚持严格的成就标准的原始动机来自个体的内心，而非外在的环境。当人们实现了追求的目标时，就会觉得有能力，就会感到自豪、骄傲；如果无法达到标准时，就会感到焦虑、羞愧和没有能力。这种从成功的经验中衍生出来的能力信念叫作自我效能。自我效能影响了人们对任务的选择、遇到困难时的坚持性及努力的程度。自我效能信念不仅影响了我们选择什么样的活动，也决定了我们是什么样的人，以及将成为什么样的人。

（四）影响社区矫正对象模仿学习的因素

1. 被模仿人的特征。社区矫正对象对社区矫正工作者或其他人员的模仿，首先要考虑的是对方的特征，其中包括双方的相似性。社区矫正对象要模仿对方，必须在态度、信念、价值观和追求目标上大体相似，因而可以一见如故互相吸引。比如喜欢加入消极团体的社区矫正对象就是如此，他们或者存在相似的低级情趣、扭曲的审美观，或者都企图获取、追求某种物质上、精神上的利益和目标，或者因具有某种共同的犯罪技能而互相倾慕，彼此和谐相处，由相似产生感情，由愿意经常聚合而难舍难分，最终黏合成非正式的交往结构。同时，被模仿者的能力、地位等特征，也是影响社区矫正对象是否模仿的因素。比如，一个社区矫正对象在决定是否加入某一团体时，首先考虑的是该团体有无能力与特长等方面的权威性。具有了这种权威性，社区矫正对象才能产生模仿的主观能动性。

2. 社区矫正对象自身的特征。社区矫正对象如果具有依赖性、从属性、安全感等特征，就会更倾向于模仿他人的行为，模仿学习也就更容易发生。同时，社区矫正对象自身的心理需要特征，是决定其是否模仿他人的内在动力。比如，社区矫正对象的补偿性需要，极易引发社区矫正对象的模仿行为。犯罪心理学研究认为，当犯罪个体处于欲求不满状态，而挫折和焦虑又超过自身耐受力时，对能够适应和满足他们特殊性需要的群体和团伙，就会产生渴求和向往。例如，在社区矫正对象所交往的群体中，落后层经常聚集在一起交流犯罪思想、回味犯罪体验，进行所谓的“精神会餐”，并由此求得相互间心理上的补偿和满足。

3. 社区矫正对象的参与程度。如果社区矫正对象对被模仿对象的模仿是主动的，那么效果就非常明显，对社区矫正对象的影响就非常大。反之亦然。

就提倡模仿学习观点的社会学习论者看来，人们的大量行为都是通过模仿习得的。事实证明，社区矫正对象的不良行为也常常是通过这一渠道而形成的。因此，模仿既有助于社区矫正对象学会很多重要的技术，也可能在习得越轨行为方面起作用。

四、行为矫正的基本原理

所谓行为矫正，就是要“利用通过各种实验而确立的有关学习的原则和方式去克服不适的行为习惯”。各种行为矫正所具有的共同特点是：（1）矫正只是针对当前与社区矫正对象有关的问题实施的行为，至于在揭示问题的历史根源方面，自知力或领悟力通常被认为是无关紧要的。（2）矫正是以特殊的行为为目标的，这种行为可以是外显的也可以是内在的。那些被改变了的行为通常就被看作症状的表现。（3）矫正的技术通常都是从实验中发展而来的，即以实验为基础。（4）矫正工作者根据每个社区矫正对象的问题和本人的有关情况采用适当的行为矫正技术。

行为矫正理论有两个基本的假设：其一，如同适应性行为一样，非适应性行为也是习得的，即个体是通过学习获得了不适应的行为。但要注意一点，并非所有行为变化都是学习引起的。其二，个体可以通过学习消除那些习得的不良或不适应行为，也可通过学习获得所缺少的适应性行为。

我们在对社区矫正对象进行行为矫正的过程中，要注意以下几个方面：

第一，注意社区的特定环境，对社区矫正对象行为的矫正进度要适当、有序。进度过快，不易使社区矫正对象适应，易产生各种各样的矫正阻力，欲速则不达；进度太慢，则不易有效地剔除不良行为，或者强化某一行为。

第二，在给社区矫正对象进行行为矫正的过程中，应结合社区的整体工作，给社区矫正对象以适当的奖惩。这是因为，奖励可以向社区矫正对象传递一种能够刺激其产生兴奋反应的信息，从而影响社区矫正对象的心理与行为。因此，奖励是社区矫正对象心理发展的诱发剂和强化剂，能促发社区矫正对象的感情，诱发其动机，引导其心理活动沿着所期望的方向发展。而作为相反手段的惩罚，则能够向社区矫正对象传递一种刺激其产生抑制作用的信息，从而改变社区矫正对象所固有的、为社会所否认的一些情绪和情感体验，并进一步摈除不良的心理品质和行为。

第三，应依据每个社区矫正对象的实际情况，确定适当的矫正目标，避免无的放矢或诊断有误的情况。社区矫正是一个特定的社会矫正措施，在对社区矫正对象进行诊断或矫正时，必须充分考虑每个社区矫正对象的具体情况，切忌照搬照抄已有的经验模式。

第四，注意培养社区矫正对象的动机。任何一个社区矫正对象都是具有自身动机的，并且基于自身的复杂性，其动机也是多种多样的。因此，注意培养社区矫正对象的良好动机，有利于行为矫正的有效实施。

五、精神分析理论

在现代心理学史上，最重要的人物之一是奥地利精神病学家弗洛伊德。弗洛伊德因为把心理学的研究融进了人的深层精神世界，为现代心理学拓展出一个全新领域。就影响而言，弗洛伊德超过了其他任何心理学家，他开创的心理分析理论几乎冲击了现代西方社会意识和社会生活的每一个侧面。

弗洛伊德在精神分析理论中提出了人们熟悉的早期社会化、人格结构、心理防御机制等理论，他对犯罪理论的最大贡献在于创立了精神分析学和精神分析方法。尽管弗洛伊德几乎没有谈到犯罪，但是后来的精神分析学家对犯罪表现出广泛的兴趣，他们总是把犯罪行为看成病态过程的一种表现，并用弗洛伊德创立的学说、概念、方法等，分析和矫治社区矫正对象。

弗洛伊德精神分析理论主要有：无意识和压抑理论、性心理的发展学说以及人格构成学说。

（一）关于无意识和压抑的理论

心理分析学说的一个基本概念是作为一切意识行为基础的一种无意识的心理活动。弗洛伊德在其早期著作中，认为人的精神生活主要由两个独立的部分构成：意识和无意识，中间夹着的很小一部分为前意识。其中，无意识也叫潜意识。

无意识有两个含义：一个是指人们对自己的一些行为的真正原因和动机不能意识到，另一个是指人们在清醒的意识之下还有潜在的心理活动正在进行。在后一种含义的无意识之中，包含了各种为人类社会伦理、道德、宗教、法律所不能容许的，原始的、动物性的本能冲动以及和各种本能有关的欲望。它也是过去经验的大贮藏库。这些无法得到满足的情感经验、本能欲望与冲动是被压抑到无意识之中的，它们并不安分守己地待在那里，而是在无意中积极地活动着，不断地寻找出路，追求满足。

前意识介于意识与无意识之间，其中所包含的内容可召回到意识部分中，即其中的经验通过回忆是可以记起来的。其中的观念可以说暂不属于意识，但随时能够变成意识。

意识是和直接感知有关的心理部分。这一部分在弗洛伊德的理论中是不重要的，只是一个人心理活动的有限外显部分。正常人的思维和行为都属于意识系统。

人的心理活动中的意识、无意识和前意识之间所保持的是一种动态平衡。前意识与意识之间虽有界限却无不可逾越的鸿沟。前意识之中的内容和意识之中的内容相互转换非常容易，是转瞬即成的事情。而无意识部分的东西要进到意识中则非常困难。

无意识之中的各种本能冲动或动机、欲望一直都在积极活动之中，有时还很急迫，力求在意识的行为中得到表现。但因其是为社会道德、宗教、法律所不能允许的冲动，所以当其出现时就会在意识中唤起焦虑、羞耻感和罪恶感，因之加以抵抗并进行压抑。压抑的功能是把主体经历的回忆、各种欲望和冲动保存、隐藏起来，不让它们在意识中出现。这些东西虽然不被个体所知觉，却在潜意识里兴风作浪，并在人的一生中占有重要地位。正常人的言谈举止、梦、口误、笔误，精神病患者的各种症状，以及宗教、科学、艺术等行动，无不受它的支配和影响。

作为从事过犯罪行为的社区矫正对象，其无意识冲动应该说比正常人还要激烈。尤其是社区矫正对象经过一段时间的矫正之后，其无意识中的各种欲望和本能冲动大都被很好地保存或隐藏起来。所以，研究无意识和压抑的理论，对于深层次地了解社区矫正对象的心理是有很大帮助的。

不少社区矫正对象在人格上都具有焦虑、抑郁、烦恼、紧张、多疑等特征，用精神分析理论来解释这种现象能够更好地说明问题。绝大多数社区矫正对象之所以违法犯罪，主要就是因为其本能冲动比普通公民要更强烈并更难以控制。社区矫正工作的重点就是对社区矫正对象的人格进行再社会化，逐步改变社区矫正对象不良的人格结构，使其人格中的本能冲动减弱、自控能力增强，最终成为奉公守法的公民。但是，社区矫正对象的本能冲动不可能一下子减弱，总是会在适当的时机表现出来。当本能冲动出现时，就会在社区矫正对象意识中唤起焦虑、羞耻感和罪恶感。在社区矫正中，社区矫正对象为了避免惩罚，就尽可能地压抑自己的本能冲动。长时期的压抑使社区矫正对象心理负担过重，进而出现焦虑、抑郁、烦恼、紧张、多疑等不良情绪和特征，有些社区矫正对象甚至会出现精神或神经病症。如果不及时进行心理矫治，很可能会出现这样的结局：社区矫正对象最终成为守法的公民，但同时又成为心理不健康的人。

（二）人格构成学说

1. 本我、自我和超我。弗洛伊德提出，人格由本我、自我、超我三部分组成。

第一，本我。这是人格中最原始的、与生俱来的、最模糊的和最不易把握的潜意识的结构部分。其代表生物本能和欲望，受到力比多或性驱力的驱策，按照“快乐原则”行事，追求直接的、绝对的和立即的满足，以释放紧张和焦虑，而不顾及后果。本我不能直接同外部接触，其唯一的出路是通过自我。

第二，自我。是现实化了的本能，是人格的意识结构部分，是在与环境接触过程中由本我发展而来的。从本我发展出来的这一部分，由于现实的陶冶而变得渐识时务，不再受快乐原则的支配去盲目地追求满足，而是在“现实原则”的指导下，力争既避免痛苦又能获得满足。自我在人格结构中代表着理性和审慎。它在同外界现实的相互作用中成长，对外感受现实，在超我的指导下正确认识现实和适应现实，对内调节本我之中本能欲望的宣泄。自我可以说是同时在侍奉三个严厉的主人：超我、本我和现实。

第三，超我。又称理想自我，是从自我发展起来的一部分，是在社会化过程中，将道德规范、社会要求内化为自身的良心、理性，对个体的动机、欲望和行为进行管制，诱导自我行为符合社会规范，使个体向理想努力并达到完善的人格。它遵循“至善原则”，凡不符合超我要求的活动将引起良心的不安、内疚甚至罪恶感。

按照弗洛伊德的观点，人们的意识体验和行为表现，不过是心理结构内部相互斗争的结果。这种潜意识斗争乃是性驱力对于道德、现实和社会文明的约束的斗争。他认为，一个人要保持心理健康，要生活得顺利而有效，就必须依赖人格三种力量的均衡协调，一旦不平衡就会出现心理失调。

2. 自我的心理防御机制。由于本我欲望要求与超我控制之间的潜意识矛盾冲突，常会引起一种弥漫性的恐惧感，称为焦虑。焦虑的存在又使得心理防御机制发生作用，从而努力帮助个体保持心理安宁。对于社区矫正对象来说，其人格结构中本我与超我之间的潜意识矛盾冲突比正常人更为激烈。社区矫正对象之所以成为罪犯，在很大程度上是因为本能冲动的驱使，尤其是那些实施情感型、暴力型犯罪的社区矫正对象，其主要驱力就是本能冲动——性和攻击的欲望。经过改造、教育，社区矫正对象人格结构中的超我控制力量增强，这必然使其原本具有的强烈的本我欲望与现在的超我控制之间产生各种各样的心理防御机制。

社区矫正对象的心理防御机制，是社区矫正对象保持自身心理平衡和愉快的手段，以此来应付或避免挫折、不安给其精神上造成痛苦的焦虑体验。社区矫正对象的各种防御都是在潜意识中进行的，否则难以奏效。了解社区矫正对象心理防御机制，有助于我们揭开伪装，发现社区矫正对象真正的心理动因及隐藏在症状之后的现实问题和矛盾冲突。社区矫正对象心理防御机制多种多样，下面介绍几种主要的表现形式。

第一，否认。它是最原始、最简单的心理防御机制，它将已发生而令人不快或痛苦的事情完全否定，以减轻心理上的痛苦。这种防卫术能使个体从难以忍受的思想中逃避，同样也可借此逃避个体难以忍受的愿望、行动、事故，以及由此引发的内心焦虑。绝大多数社区矫正对象常用此种方法，在过去的违法犯罪行为令人过分难堪而使其不愿正视的时候，社区矫正对象可能否认这类事实的存在。

第二，压抑，又称潜抑。这是指把不能被意识所接受的念头、感情和冲动不知不觉抑制到潜意识中的一种心理防御机制。否认事实是对外部威胁的防御，而压抑却是对付内部威胁的防御。在压抑中，那些威胁性太强的冲动或记忆被排除于意识之外。许多社区矫正对象在被询问其违法犯罪情节时，常以“忘记了”来回答。这说明那些常常引起社区矫正对象焦虑的情感和记忆可能受到压抑，因为它们与社区矫正对象在社区矫正中重塑的自我概念不相一致。

第三，文饰作用。《伊索寓言》中说，当狐狸盯着葡萄又够不着时就说："这葡萄是酸的。"这种防御机制叫作文饰作用，又叫合理化作用。它指个人遭受挫折或无法达到所要追求的目标，以及行为表现不符合社会规范时，用有利于自己的理由来为自己辩解，将面临的窘迫处境加以文饰，以隐瞒自己的真实动机或愿望，从而为自己进行解脱的一种心理防卫术。文饰作用并不意味着"合理行动"，它是把逻辑上的或者社会上认可的动机加在社区矫正对象自己所做的事情上，这样社区矫正对象的行为看起来似乎是合理的或适当的。许多社区矫正对象总是为自己的违法犯罪找各种借口来进行辩解，以保持内心的安宁。

第四，投射。所有的人都有令人讨厌甚至自己也不愿承认的性格特征。一种无意识的机制保护人们拒绝承认这些特征，这就是投射。社区矫正对象通过投射，用夸张的手段，把令人讨厌的欲望态度归咎于他人，从而掩盖自己那些不受欢迎的品质。

第五，升华作用。它是把被压抑的不符合社会要求的原始冲动或欲望，用符合社会要求的建设性方式表达出来的一种心理防卫术。在现实社会中，个体的某些行动或欲望是与社会不相符合的，如果直接表达出来，就可能因产生不良后果而受到责罚。因而必须改头换面，以迂回曲折的方式表现出来。如果将这些冲动或欲望导向比较崇高的方面，使其以有利于社会和本人的形式表现出来，无意识欲望即得到满足，这个过程就叫作升华。这种防御机制最有利于消除焦虑而同时又能适当满足不为社会所接受的动机追求。不少社区矫正对象常使用升华作用排除内心的焦虑情绪。例如，社区矫正对象无法直接表达的性欲冲动可能以艺术、诗歌和音乐等创造性活动间接地表达；敌意的冲动也可以使原来的动机冲突得到宣泄，消除焦虑情绪，保持心理上的安宁与平衡，还能满足个人创作与成就的需要。

第六，退行作用。它是指恢复到原先幼稚行为的一种心理防卫机制。随着年龄的增长，一个人的人格是以循序渐进的方式逐步走向成熟的。因此，人在长大以后，应付事情的方式会有很大改变，变得比较成熟。但是，有时人们在遇到挫折后，会放弃已经掌握的比较成熟的适应技巧或方式，而恢复使用原先较幼稚的方式去应付困难，或满足自己的欲望，这就是退行作用。社区矫正对象在对待挫折时经常表现出像孩子一样的哭闹、撒泼、咒骂等行为，都是退行作用的表现。

第七，转移作用。它是指把对某一情绪反应转移到另一方的心理防卫术。这是人们常有的倾向，即把自己对某一对象的情感，诸如喜爱、憎恶、愤怒等，因某种原因无法向其对象直接发泄，而转移到其他较安全的或较为大家所接受的对象身上。心理防卫机制本身并非异常或病态，但是如果运用过分或不当，以致阻碍个人对周围社会环境的适应，就可能导致心理变态。

心理防卫机制有积极与消极两种作用。其积极作用表现为：对偏激或攻击性行为有缓解作用，能暂时消除内心的痛苦和不安，可能引导出解决问题的办法等。例如，升华作用可以将不被社会所接受的动机或行为转变为可接受的动机或行为，使个人心理上获得满足。

其消极作用主要有：心理防卫机制对现实存在的问题并不能真正解决，往往带有一种“自我控制”的性质。它常常只起到使人逃避现实的消极作用，有时还会使实际问题复杂化，提高心理冲突的程度。

（三）性欲学说

性欲是弗洛伊德在潜意识的本我动机中所列举的主要欲求之一。他认为，性欲的压抑或畸形乃是造成心理失常的重要原因。在性的后面有一种潜力、动力，常驱使人去寻求快感，这种力称为“力比多”。人的性心理是从婴儿期就开始的。而儿童的早期经历在弗洛伊德看来，对于一个人今后的心理发展至关重要。他把人的性心理发展从婴儿期到青春期分为五个阶段：口腔期、肛门期、性器期、潜伏期、生殖期。在不同的阶段中，性欲的对象也随之变化。

弗洛伊德认为，性的心理发展过程如果在某一阶段发生停滞或倒退，就可能导致心理异常。比如，在口腔期阶段，婴儿通过欲望的满足而建立对外界的安全感和对人的基本依赖；倘遇挫折，就容易变得不信任人，缺乏安全感。同时，通过与其他人的关系，肯定自我的界限。由于此阶段自我界限与现实感尚未巩固，遇到挫折便会呈现扭曲、幻觉、投射、否认等心理防御机制，此阶段被认为是各种精神病发源的关键时期。而肛门期主要是学习自治自律，此阶段出现的障碍被认为是强迫症的病理根源。性器期的障碍对将来性心理的发展有极大的影响，会造成各种性异常。

综上所述，不适当的超我的形成，是精神分析学解释社区矫正对象行为的核心。精神分析学家提出了违法犯罪行为的三种主要来源，即严厉的超我、薄弱的超我或者越轨的超我。

第一，犯罪行为可能反映了严厉的超我，类似于神经症。有神经症的犯罪人有一种惩罚性的超我，他们体验着对被压抑的童年期愿望的无意识的罪恶感。第二，薄弱的超我与犯罪行为有关。薄弱的超我如以自我为中心、冲动性、无罪恶感、无同情心等都和犯罪有着密切的关系。第三，越轨的超我与犯罪行为有关。超我的标准内容反映了对越轨的认同。儿童、少年的犯罪性反映了罪恶感的缺乏，但其中并没有精神结构的异常。少年犯罪人一般来说得到了适当的社会化，但缺乏对特定类型越轨行为的抑制力。

六、心理学理论对社区矫正的意义

（一）巴甫洛夫、华生和斯金纳的行为主义的学习理论对社区矫正的意义

尽管人们对行为主义的学习理论有诸多批评，但不得不承认，时至今日，强

化与惩罚仍是社区矫正中用来控制社区矫正对象行为的重要手段。作为社区矫正工作者，掌握强化的作用和原则将有助于塑造社区矫正对象良好的行为习惯并转化社区矫正对象的不良行为。当社区矫正对象表现出好的行为时要及时给予强化加以肯定，但要注意，强化应以表扬、微笑等精神性奖励为主，少用物质性奖励，以免使社区矫正对象养成为了获得外在奖赏而自我矫治的习惯。因为心理学的研究表明，外在奖赏可能会降低社区矫正对象的自我矫治兴趣和内在动机。注意了解社区矫正对象行为的真正目的，避免将对社区矫正对象行为的惩罚变成对其行为的强化，以致社区矫正对象的不良行为得以继续保持。鉴于惩罚的负面作用，所以要谨慎使用。

一种在行为主义刺激——反应学习原理基础上发展起来的理论，认为人的品德是在社会环境中学习的。米勒和道拉德以社会刺激（他人的行为）取代了物理刺激，依靠动因——线索——反应——报偿四项模式来说明模仿现象。班杜拉等人主张把依靠直接经验的学习（传统的学习理论）和依靠间接经验的学习（观察学习）综合起来以说明人类的学习。强调人的思想、感情和行为不仅受直接经验的影响，而且也受间接经验的影响。社会学习理论具有以下的特点：强调行为与环境的交互作用，理论的焦点集中在个人为应付环境而习得的行为模式上；强调认知过程的重要性；强调观察学习，认为许多行为模式都是通过观察别人的行为及其后果而学来的；强调自我调节过程，某个特定的行为会产生外在的后果，也会产生自我评价的反应。

社会学习理论认为，行为是通过观察的过程和奖励与处罚的运用习得的。比如，如果一个社区矫正对象的某种行为受到表扬，那么这个社区矫正对象和其他社区矫正对象就会因希望在将来得到同样的表扬而追随这种行为。另外，如果一个社区矫正对象的行为被忽视或者一个社区矫正对象因为行为不当而受到惩罚，那么，这个社区矫正对象和其他社区矫正对象为了避免否定的结果，在一定程度上就不会仿效这种行为。

（二）班杜拉的观察学习理论对社区矫正的意义

观察学习理论认为通过观察榜样的行为就可获得学习，因此榜样对人有重要影响。在社区矫正工作中，对社区矫正对象来说，不仅社区矫正工作者、父母、同伴是重要的榜样，大众传媒也是重要的榜样。这就要求社区矫正工作者和父母以身作则，为社区矫正对象树立正面的榜样，同时要注意社区矫正对象与哪些人交往，其阅读的书籍，观看的电影、电视、微信是否健康等。

社区矫正对象的行为由外塑而渐内发，这既是个体逐渐成熟的结果，更是教育引导的结果。不仅要用各种标准来规范社区矫正对象的行为，更重要的是引导社区矫正对象认同、采纳这些标准，并对自己的行为进行调节，成长为具有自我调控能力的人。

自我效能是一种期望结构，具有动机的性质。社区矫正对象自我效能的高低，影响他对任务的选择、投入、努力的大小及遇到困难时的坚持。我们应帮助社区矫正对象保持相对准确但有较高水平的期望和效能，避免让社区矫正对象产生无能的错觉。要培养社区矫正对象具有能力是可变的信念，减少相对能力信息。通过给社区矫正对象布置有相当挑战性但难度又合理的任务，让他们在这些任务中取得成功来提升自我效能信念往往比说教更有说服力。

概括而言，心理学理论展示了一种社会化的过程。个人在社会互动过程中，经由观察、模仿、认同与社会增强作用而学习。社区矫正工作在为社区矫正对象提供专业协助的过程中，也可以运用这个理论以及相应的行为改变技术，来实现其自我决定的原则，促进社区矫正对象的自我调适与自我增强，从而改善其社会适应不良状况。

第二节　社区矫正的社会学基础

违法犯罪行为属于社会越轨行为的一部分，越轨是被社会集团判定为违反共同价值观念或社会准则的思想、感情或行为。当某种叛逆行为达到了法律所不允许的程度时，该行为就上升为违法犯罪。越轨包括犯罪、违法以及违反道德规范、社会习俗和风俗的所有思想和行为。从广义上看，社区矫正对象应当扩大到越轨者。社会学对违法犯罪这种严重越轨行为的研究，是通过越轨社会学和犯罪社会学等学科来实现的。越轨社会学探讨社会上各种越轨现象的基本问题：社会中出现各种各样越轨行为的原因、越轨行为产生并扩散的途径、越轨行为运行的内在机制和社会效应、减少或遏制严重越轨行为的对策等。犯罪社会学则运用社会学原理和方法研究犯罪这一特殊社会现象产生的社会原因及其规律，对社区矫正事业和预防犯罪活动发挥了重要作用。为此，越轨社会学和犯罪社会学为社区矫正的研究提供了理论基础和方法论上的指导。

一、标签理论

标签理论于20世纪60年代末兴起，并迅速成为犯罪学领域的主流理论之一。这一理论的主要代表人物有美国犯罪学家莱默特和社会学家、符号互动论的代表人物之一霍华德·S. 贝克尔。

（一）标签理论的基本内容

霍华德·S. 贝克尔对犯罪标签理论做了系统的描述。他认为，社会群体通过制定法规将其用在那些与该法规发生摩擦或相背离的具体人身上，并称他们为“局外人”。标签理论的代表人物莱默特更是一针见血地指出，犯罪是社会或旁观者所赋予之定义，是社会的反应导致了犯罪而不是犯罪导致对社会的反应。

标签理论从对行为的社会解释角度来认识犯罪，认为人的行为并不取决于事物的内在性质，而是取决于社会解释方式，他们被称作什么，以及由其名称所引起的含义。任何行为本身都不是有罪的，而是社会把某些行为确定为犯罪行为并给它们贴上犯罪的标签。一个人变成罪犯，最初是他的父母、学校教师、警察机关、司法机关以及犯罪矫治机构在处理违法行为时，给其贴上了坏的标签的结果，如“坏人”“犯罪者”等。

标签理论认为，贴标签是违法犯罪的催化剂。一个人在初次实施违法犯罪之后，如果被有权界定标签的人贴上不道德或犯罪人的标签，就留下了一个污点，使行为人受到这种污点的影响：在家庭为父母或其他家庭成员所讨厌，在学校被教师和同学所歧视，在社会上找不到理想的职业等。长此以往，被贴标签者便会认可这种标签，进而实施更加严重的违法犯罪行为，最终成为职业犯。①

标签理论还认为，社会上存在的犯罪现象是社会互动的必然产物。当某个人一旦被有社会意义的他人贴上标签，描述为偏差行为者或犯罪者时，他就会逐渐成为偏差行为者或犯罪者。犯罪尤其是普通刑事行为之所以产生，社会控制机构应负有很重要的责任。负面的标签是使他人自我形象受到长期损害的重要来源。

标签理论与社会结构论不同。标签理论强调的不是由社会环境或社会文化结构决定越轨者的动机和手段，而是强调社会文化如何认定或界定某一行为为越轨。② 霍华德·S. 贝克尔认为，标签理论不是把越轨的原因归咎于社会环境和促成这种行为的社会影响因素，而是说，社会群体通过创建文化结构，制定那些一经违反就会造成越轨的准则而创造了越轨行为，并把这些准则应用于特定的人，给他们贴上不受欢迎的标志。不同的群体把不同的行为视为越轨，说明越轨必定与感知而不是动机相联系。创造越轨的不是个体行动的方式，而是社会。从某种角度上看，越轨的实质不在于人们所做的某种活动的特质，而是其他人将准则及制裁施加于违规者。越轨者是被成功地贴上犯规标志的违规人。标签和制裁的应用只是符号互动的一种形式。

谁能使用越轨标签、谁被贴上标签、以什么方式来贴或被贴，这些关系到社会权力结构的配置状况。在美国，特权者、白人、男性、长者等都能使用标签，而与之对应的处于被支配地位的人更有可能被贴上标签。标签使越轨者从世俗社会中被显著标定出来，使越轨者接受越轨社会化经验，如被送进司法矫正机构或精神病院，同时剥夺他们获得正常社会地位的机会。这使得正常者把被贴上标签的越轨者的可疑行为都解释为对标签的验证。因此，标定过程迫使个体具有了一

---

① 魏平雄、赵宝成、王顺安主编：《犯罪学教程》，中国政法大学出版社 1998 年版，第 69 页。

② 夏宗素主编：《矫正教育学》，法律出版社 2007 年版，第 52 页。

个越轨者的新身份，于是标签的运用变成了一个自证预言。标签理论无法解释越轨的起源，而只能解释越轨的制度化和持续存在。只有在互动论的视角中，越轨才能得到合适的解释，即越轨是在规则破坏者和规则维护者的互动中由社会建构的。

一些标签理论还用“初级越轨”向“次级越轨”的转化来说明标签化对犯罪形成过程的影响。初级越轨的特点是行为人已经实施了一定的不良行为，但还未被固定地作为越轨者来看待，行为人也未形成越轨者的自我概念。次级越轨的特点是，行为人已经实施了一系列违法犯罪行为，并已被固定地作为越轨者来看待，行为人也形成了越轨者的自我概念。从初级越轨向次级越轨的转向不是突然实现的，而是逐渐地、交替地进行。这个转化就是贴标签的结果。①

标签理论的观点很多，归纳起来看，主要有：②

1. 从任何行为的固有性质来看都不是犯罪，行为的犯罪性质是由法律规定的。

2. 犯罪定义是由有权势的群体代表（警察、法庭、矫正机构、其他管理部门）为了他人的利益而强制使用的。

3. 把人们分为犯罪人和非犯罪人的做法，这是与常识和经验性证据相矛盾的。

4. 许多人都同样地违反了法律，但只有少数一些人因此而被逮捕。“逮捕”的行为引起了贴标签的过程。

5. 认为刑罚因犯罪人的特征不同而有所区别。

6. 刑事制裁应该因犯罪人的特征不同而有所区别。

（二）标签理论的贡献

标签理论在社会学中是一项崭新的发明，其重新分析越轨行为的社会成因，并把重点由个人移转到社会的脉络及社会的反应，由规则的破坏者移转到规则的制定者，由接受社会规范及法律为中立的性质移转到它们皆是优势团体为了巩固自己既得的利益所制定的产物。它使我们了解到越轨行为并非少数人的行为，而是普遍存在的现象，但只有少数人会因此而付出代价，这些人往往是弱势团体的组成分子，缺乏磋商能力，容易成为社会的牺牲品。它更使我们了解到：一个被社会遗弃的人，所经历的是多么不人道的历程。标签理论的提出，对整个社会来说是一大震撼，不仅为犯罪学打开了一个新的窗口，也为医学、种族、教育、女性主义等领域找到新的思考点。

---

① 魏平雄、赵宝成、王顺安主编：《犯罪学教程》，中国政法大学出版社 1998 年版，第 69~70 页。

② 王祖清主编：《犯罪学》，中国政法大学出版社 2005 年版，第 12~13 页。

贝克尔在1974年一篇名为《重新考虑标签理论》的文章中，对其贡献再加评估。第一，符号互动论者的标签理论认为，对越轨行为的界定不是一个简单的历程。举例来说，司法人员并非单纯地逮捕、起诉、判刑。如果我们看得够深够远，终会发现他们有时会如此做，但不是永远如此；会对某些人如此做，但放过了某些其他人；会在某些地方如此做，却省去了某些其他的地方。第二，标签理论已注意到"贴标签"所造成的严重后果。尽管越轨行为者必先有某些越轨行为才会被贴上标签，看似罪有应得，但是偶然犯错并不等于自甘堕落，而标签却阻断了犯错者浪子回头的机会，使人越陷越深，终致不能自拔。第三，标签理论指出，社会规则的订立其实是被操控在优越团体的手里，其游戏规则并非绝对的公平。

（三）标签理论的局限性

标签理论提供了越轨行为如何发生与持续的新观点，尽管对越轨行为的研究有一定贡献，但由于此理论不够精确清楚，以及缺乏实际的证据，也引起不少批评的声浪。

1. 标签理论不能解释越轨行为的真正成因。标签理论认为社会的反应，尤其是公开张贴标签才是越轨行为的成因，而批评者则不以为然。为此，批评者提出了两点理由：一是在标签尚未出现之前，越轨行为业已出现了。即使承认标签及社会的反应是决定越轨行为的重要因素，我们仍难相信它们是唯一的因素。沃特·加姆甚至主张，标签的力量充其量只具有微量的影响，比不上个人因素及背景因素，因此他认为"标签是越轨行为的结果，而非其原因"。二是许多越轨（犯罪）者从事相关的职业，主要是因为越轨（犯罪）产生了大量的金钱回报，或者有与标签越轨无关的其他理由。即使标签可能变成越轨者的部分原因，但它不能解释最初的越轨行为。

2. 越轨行为的责任不能完全归咎于贴标签者。批评者指出，标签理论似乎把所有越轨行为的责任都怪罪到贴标签者的身上，而把越轨行为的实施者视为无辜的受害人。正如罗纳德·埃克斯所说："读此类文献时，我们似乎得到一个印象：有一个人走在街上，心中盘算着自己的私事，突然间，社会对他重重地迎面一击，并把一个玷污的标签贴了上去，然后他就毁了。"事实上，那些有越轨行为者十分清楚他们正在干哪些非法的勾当，甚至还对自己的所作所为引以为豪，而标签理论却把他们看成被动的、毫不知情的无辜者。其实，若非他们先做出了法所不容的行为（例如，谋杀、破坏公物、逃学），社会机构怎会对他们加以处置呢？

所以，批评者指出，标签理论片面强调人们心理上的反应，而忽视社会问题的本身性质，不去研究问题发生的根本原因，而是把全部注意力都放在对问题的主观评价上，因而，它无助于从根本上解决和正确处理越轨行为。至于标签理论所指出的资本主义社会某些统治集团为维护其自身利益而将莫须有的“越轨”罪名强加于被统治者身上，则完全是另外一种情况。

批评者又指出，在强调贴标签这一主动过程时，标签理论者忽略了导致被界定为越轨行为的过程。这是因为，把某些活动标定为越轨行为并不完全是武断的；在社会化、态度与机会上的差别，影响了人们在多大程度上会从事可能被界定为越轨的行为。例如，来自贫困家庭背景的儿童，就比富裕家庭的孩子更可能从商店偷东西。这并不是贴上标签导致他们最初偷东西，而是他们的社会背景使然。

3. 贴标签是否一定会引发“越轨生涯”。批评者指出，标签理论不应假定一个人一旦被指称为越轨者，就必然会被逼上梁山，即表现出越轨的行径且坚持到底。

贴标签是否确实具有促进越轨行为的效果这一点还不清楚。过失行为往往促使人们沿着所定罪名的方向发展，但这是贴标签本身导致的结果吗？其他因素，如与其他过失者交往的增加或对新犯罪机会的了解，可能也与其有关。

此外，标签理论并未有效地说明，为什么某些人会因被扣上标签继续其越轨行动，而其他人则不会。威福德认为，被贴标签后个人自我形象的改变对实际行为的改变影响力相当小。他认为，越轨（犯罪）行为的发生受当时情景因素、个人因素的影响更大，而所谓自我形象的修正和改变根本无法知道，或许根本没有也不一定。

4. 标签理论缺乏理论性。批评者指出，标签理论缺乏严谨的立论依据，更无实证的佐证资料。严格地说，其并不足以构成一套“理论”，充其量只是一种“感性的概念”而已。批评者就标签理论缺乏实证上的支持也提供了最简单的验证，即再犯率并未如标签理论所预测的应为100%，而是在30%至50%之间。

（四）标签理论对社区矫正工作的启示

理论的价值不在于它的完美性和学术性，而在于它的实用性。社区矫正是一种实务性很强的学科，标签理论在社区矫正工作领域中的价值是巨大的，我们应该深切体会其实用性。标签理论对社区矫正工作有如下启示：

1. 标签理论强调给“越轨者”张贴标签的过程对越轨者的重要催化作用。从“越轨者”被“贴标签”的前后，我们可以深切地体会到“贴标签”是一种反社区矫正工作的行为，甚至是一种不道德的行为。社区矫正工作的目的是社区矫正对象的成长和改变，而不是在先伤害社区矫正对象后再极力地去补救和治疗。所以标签理论对社区矫正工作的第一个启示就是要深刻体会社会的变迁与时代的脉动，扬弃不当的权威观念，重建民主式的社会伦理，尽量避免对社区矫正对象张贴标签。

2. 标签理论注重“越轨者”在被张贴标签后的社会反应。该理论认为诸如冷漠、轻视等社会反应，都会促使越轨者踏上“越轨生涯”。所以在社区矫正工作的辅导过程中，社区矫正工作者不应对不幸被贴上标签的社区矫正对象另眼相看，表现出轻蔑和嘲讽的态度，同时社区矫正工作者也不应对社区矫正对象表现得太过殷勤，这样会使社区矫正对象认为社区矫正工作者对自己的帮助是一种同情和怜悯，从而确定自己真的是坏人。所以社区矫正工作者在辅导社区矫正对象的时候要采取适中的态度，本着“人人平等”的价值观，否则不适当的工作态度会适得其反地促使社区矫正对象新的不正常的自我形象形成。

3. 加强社区矫正工作机构的建设，积极发挥其功能。加强社区矫正工作机构的建设，通过社区矫正工作机构，帮助触犯法律的社区矫正对象去面对以前的过失性越轨行为，帮助社区矫正对象重新定义自我形象，摆脱越轨行为的阴影，从而避免遵从大众的指责而踏上“越轨生涯”。

总之，标签理论的可贵在于指出许多原可平安度过一生的人，由于被不幸地贴上标签，从而踏上万劫不复的“越轨生涯”。标签理论强调的是社会反应对被不幸地贴上标签的社区矫正对象的催化作用。

犯罪标签理论过分地夸大了司法活动的任意性和刑罚的负面效应，但该理论也为美国学者提供了新思路：罪犯判刑是最深刻的“标签化”过程，代之以社区矫正措施可以减少因这种标签化带来的副作用。1967 年，美国总统犯罪矫治委员会推出了一份犯罪对策报告，明确提出：“犯罪矫治新方案的前提是犯罪尤其是青少年犯罪是社区及个人的失败、解组所造成的……因此，矫正治理的目标应该包括建立或重建少年犯与社会正常的联系，使少年与社会整合在一起。以往对青少年犯的刑法处分应作为最后可用法，我们应发展各种必要的服务以代替过去司法的审理过程，尽量避免给青年打上烙印。”上述建议很快被美国的立法和司法实践所采纳，由此拉开了美国社区矫正黄金时代的序幕。

二、亚文化理论

这一理论的主要代表人物是美国的艾伯特·科恩、理查德·克罗沃德、劳埃德·奥林、埃德温·萨瑟兰等人。

亚文化理论认为，在西方社会下层社会成员中存在许多不同的亚文化群。亚文化群的成员由于没有社会地位，被以中等阶层为代表的西方社会所排斥。于是，持有相同思想和价值观念而又处境相同的亚文化群成员便聚集在一起，力图相互支持、相互保护以及相互满足其他各种需要，寻求一种与社会正统价值观不同但能够使自己感到有价值的生活方式，这种方式包括参加犯罪团伙和从事犯罪行为。在亚文化群中，犯罪是可以接受的，甚至是值得赞赏的。

根据理查德·克罗沃德和苏埃德·奥林的观点，亚文化群可以分为三种类型：①

1. 犯罪团伙。其成员学习犯罪的知识和技巧，学习尊重老犯人，学习用怀疑的眼光去认识世界。这种团伙组织结构严密，其成员在首领的领导下主要从事有组织、有预谋的财产犯罪和经济犯罪活动。

2. 殴斗团伙。一般由一些狂妄自大的青年人组成，专门从事伤害人身或破坏财产的犯罪活动。其目的不在于获取经济利益而在于获取“名声”。这类团伙是由于其成员既没有合法又没有非法获取财物的机会而形成的。

3. 颓废团伙。一般远离正常社会，专门从事酗酒、吸毒和异常性行为（如同性恋等）。这类团伙成员不求获得社会地位而只求获得团伙内其他成员的认可与尊敬。

美国著名社会学家和犯罪学家埃德温·萨瑟兰在越轨行为与犯罪的亚文化群理论的发展中做出了贡献。他的犯罪行为体系的观点是犯罪亚文化概念发展的基础。虽然他没有使用犯罪亚文化群这一名词，但是他发现了职业化越轨行为体系（亚文化群）的存在，以大体上与非越轨亚文化群相同的方式发挥作用。

自20世纪30年代以来，很多社会学家对亚文化群概念做出了贡献，一般认为亚文化群具有如下特征：（1）他们是主体社会可以辨认出来的组成部分，在某些方面而不是在所有方面不同于主体社会。（2）作为主体社会的一个组成部分，他们至少服从该社会的一部分准则和法律。（3）作为与主体社会有显著差异的集团，他们为成员规定了自己特有的行为规范、名称或标志。（4）他们是具有某种功能的统一体。只有在主体文化的某一组成部分具有某种共同享有并世代相袭的意义和行为模式，且这种意义和行为模式同主体文化有差异或区别时，亚文化群才可能存在。社会学家一致发现，青少年的绝大多数违法活动都属于集团或团伙活动。运用亚文化群理论，可以对此给予社会学解释。亚文化群理论最重要的见解认为，在一个社会内部可能存在不同的、有时是相互冲突的价值观念。当社会的一个权威组成部分制定了适用于任何人的规范或准则时，其他与这些准则或规范离异的组成部分（包括亚文化群）就会被贴上越轨者的标签。关于这一过程如何生成越轨者和越轨行为，社会学中的标签理论给予了解释，而亚文化群理论并没有对此进一步探讨。亚文化群理论以团伙行为为其研究重点，它论证了亚文化群存在的现实，并揭示了亚文化群运作的内幕，说明它如何影响其成员行动的机制。

从埃德温·萨瑟兰开始，社会学家逐渐认识到，犯罪及其他多种越轨行为具有大不相同的种类，因此需要不同种类的解释。亚文化群理论只是其中的一种解

---

① 魏平雄、赵宝成、王顺安主编：《犯罪学教程》，中国政法大学出版社1998年版，第63页。

释，它并不能说明所有的越轨行为，并且对为什么接触越轨亚文化群的人中只有一部分人加入了越轨行列的现象没有给予有力的阐述。但是，它对于我们认识、解释社区内存在的亚文化、消除其负面的破坏性影响、提高社区矫正水平具有重要意义。

三、社会结构理论

社会结构理论认为，社会是划分为不同层次的，不同层次的成员享有的政治、经济及其他社会权利不同，犯罪即与这种社会结构有关。社会结构理论主要以法国社会学家涂尔干、美国社会学家莫顿和美国犯罪学家索斯坦·塞林为代表。

涂尔干的思想在其代表作《论自杀》和《社会的劳动分工》中得以表述。他认为，社会就其本质而言，是一系列道德规范（法律和价值观念等），人们从幼年起就接受道德规范方面的教育，道德规范逐渐变成了人们思考和情感方式的组成部分，并支配人们的行动。一个社会越是一体化（即人们之间相互交流、相互影响的程度较大），对自杀的社会强制力就越大，自杀率就越低。社会越是解体（即缺乏交流和影响），自杀就越多。虽然涂尔干对其他越轨行为没有做过深入研究，但是他的理论仍有广泛意义，可以应用于对一般越轨行为的解释，即社会一体化增强则越轨行为减少，社会解体增强则产生较多的越轨行为。

他识别出社会解体所导致的两种自杀形式。失范性自杀是从社会规范缺乏、含混或者社会规范不确定致使不能向社会成员提供指导和方向的情景中产生的。当一个社会缺乏社会成员赖以思考和行动的规范、期待或准则时，个人的预期和愿望也变得不确定，失范性自杀就会出现，道德或法律机构的约束力变弱时自杀率会上升。这在社会转型或危机时期会经常出现。利己性自杀是当人们缺乏把社会规范内在化为自身组成部分的机制时产生的。个人主义的发展关系到给个人以控制权来决定其生存意义，但这种自由可以成为焦虑的根源，在一个给予个人更多自由而缺乏社会结构制约的社会里，个人的私欲会过度膨胀而引起过度失望，将导致更高的自杀率。他相信造成各种不同自杀率或越轨行为发生率的原因是社会结构。社会结构就是一套社会人的游戏规则，是一套相对稳定的社会制度安排。道德是一种社会规则，是一种社会制度，是一种社会规范。道德沮丧导致社会结构控制力降低，进而导致违法犯罪现象上升。只要对犯罪有一种有效的社会反应，从长远来看，社会实际上也能“得益”于犯罪。例如，当一个社会对故意杀人犯实行最严厉的惩罚时，也就是在强化不允许蓄意谋杀的社会规范，这是在用实例教育社会成员。

莫顿发展了涂尔干的理论，认为越轨行为是人类对于变态社会结构的“规范的”反应。对失范给予了更加明确的解释，认为文化结构是一系列有机组织起来的社会规范性价值观念，这些价值观念支配着社会成员的行为。社会结构是指该社会成员以各种不同方式介入其间的一系列有机组织起来的社会关系。他认为，在理解越轨行为方面，有两个重要因素：一是以文化或规范方式描述的目标，二是以结构方式描述的实现这些目标的手段。当社会成员经过社会化教育而愿意追求社会为其提供的正统目标，并依靠社会许可的正统手段来实现这些正统目标时，个人的正统目标与正统手段之间处于均衡状态，便不会出现越轨行为。莫顿认为，越轨行为是制度化手段与文化结构目标之间发生冲突的结果，是个体能力与文化结构中的规范、目标发生断裂即失范时，为了缓解这种失范性紧张而表现出来的行为。这些越轨行为可以有五种表现形式：遵从、革新、形式主义、退却主义和反抗。莫顿相信，在绝大多数社会的绝大多数时间里，人们都受到社会化教育，遵循社会目标和实现社会目标的社会化手段，遵从是存在的。当人们受到的不是这种社会化教育，或者当社会不能提供它许诺的东西时，就出现了越轨行为。那些不能掌握正统手段但高度渴望成功的人为了实现他们的目标，将打破原有的规范或创造非正统手段，并使用这些手段，这就是革新。例如，一无所有者比腰缠万贯者更倾向于使用非法手段去实现自己的目标。当人们接受了正统手段但由于所受的社会化教育或由于缺少社会接触的机会，从而没有接受正统目标的时候，如从事正统职业，表现出各种机会主义倾向的行为，就是莫顿所说的形式主义。退却主义指既抛弃社会正统目标，又放弃采用社会许可的正统手段的行为，如精神病患者、长期孤独症患者、流氓无赖、乞丐、老酒鬼和长期药物滥用者的某些活动。反抗则是指努力改变现存结构，而不是在这一结构内从事和解活动。

莫顿和涂尔干一样，认为是社会结构引起越轨行为，这种越轨行为在某种情况下在社会中具有积极的功能。犯罪在社会中具有一种功能，城市的各种非法职业，不是指个别的违法行为，而是指为了持续获得利润而组织起来的违禁活动，往往发挥了使下层社会飞黄腾达的功能，而这又是正统社会文化结构所兼容的东西。①

索斯坦·塞林在1939年出版的《文化冲突与犯罪》一书中，对文化冲突理论做了比较系统的论述。他指出，社会存在两种文化冲突，一种是随着社会的发展变化导致的不同时期的文化冲突，另一种是同一时期两种对立文化产生的文化冲突。文化冲突必然导致行为规范的冲突，而行为规范的冲突就可能导致犯罪。

索斯坦·塞林指出，在以下几种情况下容易导致文化冲突：②

1. 当某个文化集团的文化法律规范被扩展到另一个文化集团的领域时，容

① 夏宗素主编：《矫正教育学》，法律出版社2002年版，第48~54页。

② 魏平雄、赵宝成、王顺安主编：《犯罪学教程》，中国政法大学出版社1998年版，第61页。

易发生文化冲突。

2. 当某个文化集团的成员迁移到另一个不同文化集团的区域时，由于不了解这一文化集团的文化法律规范容易发生文化冲突。

3. 在相邻的两种文化领域的边界接合处，不同文化的行为规范之间的矛盾，容易发生激烈的冲突。

4. 当社会结构由简单趋向复杂化、分层化，当文化价值规范由单一状况发展为多元化，同一区域同一集团内部也会发生文化冲突。而且在变化过程中产生出新的不同的文化集团，或者使原来的文化集团分化。这些新产生的或新分化而成的文化集团以及原来的文化集团，都有其特定的文化准则和价值标准并且相互冲突。

索斯坦·塞林着重研究了移民的犯罪问题。他认为长期生活在某一文化区域中的成员移居到另一文化区域时，其原先所具有的文化准则与移居地新的文化氛围往往要发生冲突，这一冲突的结果之一就是犯罪现象的出现。索斯坦·塞林认为这是一种可以广泛用于解释犯罪行为的理论，既适用于地理上分隔的地区间的人口流动，也适用于城市周围毗邻地区之间的人口流动。

四、社会学习理论

社会学习理论认为，犯罪是行为人学习与犯罪有关的准则、价值观念和行为的结果。社会学习理论渊源于法国著名犯罪学家加布里埃尔·塔尔德的模仿理论。加布里埃尔·塔尔德认为，个人的行为是通过模仿习得的。在模仿过程中，关系越密切，相互影响越大。下层人物模仿上层人物，低劣者模仿优越者，农民模仿贵族，小城镇和农村模仿城市。半个世纪之后，社会学习理论有了很大的发展，其代表人物有美国犯罪学家埃德温·萨瑟兰、罗纳德·埃克斯等人。

埃德温·萨瑟兰在1939年出版的代表作《犯罪学原理》一书中，提出了著名的不同接触理论。这一理论的主要内容包括：①

1. 犯罪行为是通过学习得来的。反过来说，就是这种行为不是遗传而来的。

2. 犯罪行为是在与别人的交际过程中相互影响学会的。

3. 犯罪行为最主要部分的学习发生在有密切个人关系的群体之中。反之，那些不具有个人特色的传播媒介对犯罪行为的形成只起相对次要的作用。

4. 犯罪行为学习包括学习犯罪技巧，这种技巧有时相当复杂，有时却相当简单；此外，还包括学会犯罪动机、欲望、文饰能力和心态等心理方面的内容。

5. 犯罪动机和态度的习得与人们对法律正反两方面的解释有关。在一些群

---

① 魏平雄、赵宝成、王顺安主编：《犯罪学教程》，中国政法大学出版社1998年版，第67~68页。

体中，人们一致地把法律解释为必须遵守的规范；而在另一些群体中，人们对法律予以否定评价。个人若与后一群体交往就会习得犯罪动机和态度。

6. 如果助长犯罪的解释压倒抵制犯罪的行为模式，个人就会犯罪。这是因为他们与犯罪的行为模式相接触，而与抵制犯罪的行为模式相隔绝。

7. 不同接触的效果因频率、持续时间、先后顺序和强度不同而有所差异。持续时间长的交往对个人的影响最大；接触频繁的交往比偶有接触的交往影响大；如果儿童接触犯罪观念时年龄较小，所受的影响就较大；如果一个人是从颇有尊严的人或影响较大的团体那里学习到了犯罪观念，那么影响就较大。

8. 学习犯罪行为的过程包括在任何一种学习过程中都起作用的全部机制，而不是简单的模仿过程。

9. 尽管犯罪行为是一般需求和价值的反映，却不能用这种一般需求和价值来解释犯罪行为，因为非犯罪行为也是这些需求和价值的反映。例如，取得财富既可以是犯罪的动机，也可以是努力工作的动机。因此，动机本身不能成为犯罪的原因。犯罪行为只有在行为人通过与有犯罪观念的人交往习得犯罪观念后才会发生。

埃德温·萨瑟兰的学生唐纳德·克雷西从不同接触理论中提出的犯罪对策结论是：必须根本改变家庭、学校、职业和业余活动群体中的教育方式，把犯罪分子一起关押在监狱是错误的。他们会在狱中学习那些当时还不了解的犯罪心态和犯罪技巧。如果想改变犯罪分子，就必须使他们适应强调守法行为的群体，并使其与遵循犯罪目的的群体相疏远。

五、社会学理论对社区矫正的意义

社区矫正工作是一项系统工程，而对社区矫正对象的矫正则是这一母系统中的子系统。因此，社区矫正必然有其社会学的理论基础。可以从个性社会化、信息传递和人际交往的角度进行分析。①

（一）消极的社会信息是社区矫正对象产生心理障碍的根源

在社会学上，社会化是一个极为重要的概念，它是指个体通过与社会的交互作用，适应并吸收社会的文化，成为一个合格的社会成员的过程。在这一过程中，个体不仅获得了能够适应社会的知识经验、行为方式，获得了一定的社会生活角色和社会地位，而且形成了自己独特的、稳定的、具有一定倾向的个性。正是在这种意义上，日本社会学家阪本一郎在对比了社会化和个性化之后指出："社会化寓于个性化之中。"通俗一点说，个体的社会化过程也是个性化过程。

---

① 章恩友主编：《罪犯心理矫治技术》，中国物价出版社 2002 年版，第 34~39 页。

人与人之间在社会化的过程上是存在个体差异的。事实上，并非每一个人都能实现十分完全和充分的社会化过程。当然，绝大多数社会成员的社会化程度是基本上符合社会要求的，形成了健全的或基本健全的个性。尽管他们还会存在这样或那样的缺陷和不足，反映在个性上也会出现这样或那样的缺点，但并不妨碍他们成为合格的社会成员，他们能较好地适应社会生活，与他人保持协调和良好的关系，其行为方式与社会规范相一致。但是，也有少数人在社会化过程中存在严重的缺陷，即出现了不完全的社会化或错误的社会化，形成了不健全的、不成熟的个性，甚至形成了反社会的个性，造成适应社会不良，内心经常出现矛盾、冲突、焦虑、紧张和挫折感，行为方式与社会规范相抵触，不能自觉地与他人保持协调的关系，未能掌握一定的社会生活技能甚至获得了反社会的知识与技能。不健全个性尤其是反社会个性的形成，是产生违法犯罪行为的心理基础。

个体的社会化过程之所以会出现差异，之所以会有健全个性与不健全个性乃至反社会个性的不同，究其根源，一方面是因为不同个体处于不同的社会信息的影响之下，另一方面是因为不同的个体对社会信息进行了不同的选择。我们所生活的外界现实十分纷繁复杂，人们所接触的外界信息多种多样，既有积极的，也有消极的。因此，选择什么样的信息进行内化，对于人的心理意识的形成和个性的发展具有重要意义。

（二）积极的社会信息对社区矫正对象心理障碍的转化和矫正作用

既然社区矫正对象的心理障碍是接受消极社会信息影响的结果，那么，输入新的社会信息势必会引起社区矫正对象心理障碍的改变。事实上，社区矫正对象被予以社区矫正后，导致其形成反社会心理和人格障碍的不良社会信息源并没有被完全切断，此时，需要注入新的“营养”，输入新的、健康的社会信息，这样才会对社区矫正对象的心理产生良性影响。社区矫正工作中常用的咨询和治疗技术，很多时候就是通过新的社会信息，在社区矫正对象领悟之后，改变其认知结构、情绪状态、态度定式和行为方式，从而达到矫治目的的。

（三）人际关系对社区矫正对象个性的养成作用

社会交往和人际关系是社会学的基本范畴。所谓社会交往，是指个人与个人、个人与团体或团体与团体之间交互作用、交互影响的方式和过程。社会交往是构成社会关系的基础，而人际关系是社会关系的个性方面或心理方面。所谓人际关系，是指人们在社区活动过程中形成的建立在个人情感基础上的相互联系。良好的人际关系是维持个体心理平衡和个性正常发展的重要条件。一个人只有在各种社会群体中具有良好的人际关系，得到温暖、关怀、友谊、信任和理解，心理需要获得满足，才能保持心理平衡，使个性得到健康发展。否则，就会产生挫折感、孤独感、自卑感等，进而影响心理健康。

在社区矫正过程中，建立良好的人际关系是矫治取得成功的重要环节。矫正工作者不仅要指导社区矫正对象在与他人的交往中保持协调的人际关系，更重要的是，社区矫正工作者与社区矫正对象之间也要建立一种充满情感和相互信任的关系，这正是社区矫正有别于其他常规改造方法的显著特点。正是这一特点，使社区矫正比其他改造方法更能触及社区矫正对象的深层心理，促进社区矫正对象个性的健康发展。

社区矫正中社区矫正工作者和社区矫正对象之间的关系，我们需作如下理解：(1) 这种关系要建立在“共情”的基础上。共情是指社区矫正工作者为了达到理解社区矫正对象的目的，而进入一种带有浓厚感情色彩的境界，竭力去体验他们当时的感受。共情能够解除社区矫正对象对矫治过程的精神顾虑与负担，使矫治得以顺利开展。但是，社区矫正工作者既要能够更客观地观察社区矫正对象及其问题，又要保持清醒和某种超脱感，不要因陷入社区矫正对象的精神世界而完全受其情绪的左右。(2) 这种关系还要建立在“信任”的基础上。不言而喻，如果一个社区矫正对象不是因为信任而把他的问题和观念倾诉出来，那么社区矫正工作者将无从下手改变其精神世界。(3) 这种关系带有“专业性”。社区矫正工作者与社区矫正对象的关系不同于一般的人际关系，它带有专业性，是人际交往的专业关系。社区矫正对象因为十分痛苦或感到无能为力，才来寻求专业人员的帮助；社区矫正工作者作为一个被社会认可和正式受命的专业人员，应以坚定的责任感去提供他本身的职业技能，帮助社区矫正对象摆脱心理障碍的困扰。

第四章　社区矫正的价值

价值是指事物的效用或意义，是值得人们追求和向往的“善”，它可以分为内在价值和外在价值。社区矫正的内在价值是指社区矫正本身所具有的独立的优秀品质，而社区矫正的外在价值是指其作为刑事执行的一种方式对于实现刑事执行目标的作用。

第一节　社区矫正价值的多维分析

一、刑罚意义上社区矫正的价值

现代刑法的基本品质是其矫正和教育，为此，社区矫正通过设定规范，划定社区矫正对象适当正当行为的自由空间，并做到禁止、惩罚社区矫正对象在社区矫正中的违规违纪甚至是违法行为，鼓励、肯定、奖励社区矫正对象的正当行为、公益行为，从而达到维护法律正义、社会正义，增强社区矫正对象社会适应性，转化思想、纠正恶习之目的。因此，刑罚意义上的社区矫正主要体现为使社区矫正对象在社区矫正中具体判断自己适当、正当行为的自由空间提供划一的标准，从而确定自己行为的价值取向，即有价值或无价值。有价值，则为社会及社会公众所认可、所肯定、所倡导、所接受；无价值，则为社会及社会公众所否定、所批判、所摒弃、所拒绝，并以社会规范为标准，塑造社会认可的自我，在此基础上实现和保障真善美的教化，惩治假恶丑，伸张和保障法律和社会的公平、正义。刑罚意义上的社区矫正本质上是自由的守护神、公平正义的使者和象征，是现代刑法专制、暴行的谦抑性、宽容性的体现。孟德斯鸠曾言：“刑罚是从事物的性质产生出来的，是从理性和善恶的本原引申出来的。”① “如果刑法的每一种刑罚都是依据犯罪的特殊性质去规定的话，便是自由的胜利，一切专断停止了，刑罚不是依据立法者一时的意念，而是依据事物的性质产生出来的；这

① ［法］孟德斯鸠：《论法的精神》（上册），商务印书馆1961年版，第191页。

样，刑罚就不是人对人的暴行了。”“公民的自由主要依靠良好的刑罚。”① 从这些名家经典的论述来看，社区矫正的发动本身是“良好的刑罚”的结果。它的理论基础是刑罚人权观和教育刑。

二、社会学意义上社区矫正的价值

从一定意义上来说，社区矫正是防止社会失范、无序的调节器和控制器的组成部分。社会的有序以社会成员、社会组织的行为适范为标志，而社区矫正对象作为社会成员的一部分，行为是否失范必须依据一定的标准、模式去考量，社区矫正规范便是这种标准、模式的体现。因此，从社会学意义上说，社区矫正实际上是一种防止社会失范、无序的社会规范。

从另外一种意义来看，社区矫正又是行刑社会化的必然要求和现代刑罚的发展趋势。司法部前部长张福森在 2002 年 12 月 26 日召开的全国司法厅（局）长会议上提出：“要积极稳妥地开展社区矫正试点工作。”“开展社区矫正试点工作是实行刑罚执行社会化的有益尝试，是对我国现行刑罚执行制度的一个重要补充，是探索完善刑罚执行制度和提高罪犯教育改造质量的需要。”社区矫正工作已作为司法行政工作改革的重要内容，也是社会治理创新的重要举措。这就意味着，由过去完全封闭的、隔离于社会的刑罚执行，向现代化的开放、半开放、社会化的刑事执行方向发展，促进监狱的进一步开放，对部分罪犯进行社区矫正，充分利用社会力量，服务于罪犯的矫正工作。

实践证明，对犯罪者科以一定的刑罚，并将其关进监狱，向社会昭示其违法犯罪的后果，这是实现社会正义的需要。但是，监狱里关押的罪犯由于长期服刑，也产生了许多负面影响，其主要表现之一，就是影响罪犯的社会化，形成罪犯的“监狱人格”，影响其回归社会后对社会的适应。因此，要克服这一问题，就需要罪犯在最大限度的范围内接触社会，这就需要增加监狱的开放度。这是刑事执行社会化的必然要求，也是探索完善刑事执行制度、提高改造质量、减少重新犯罪的需要。②

三、文化学意义上社区矫正的价值

社区矫正是一种文化现象，是法律文化、矫正文化、管理文化在社区中的体现。实践证明，法律现象作为人类历史发展长河中的现象之一，其本身及其将来都是人类发展进步过程中所形成的文明成果的组成部分，即法律文化、刑法文

① ［法］孟德斯鸠：《论法的精神》（上册），商务印书馆 1961 年版，第 189 页。
② 连春亮：《社区矫正价值的多维解说》，载《安徽警官职业学院学报》2006 年第 1 期。

化、刑罚文化、矫正文化等。马克思主义法学理论指出："法也和宗教一样是没有自己的历史的。"[①] 在社会发展的每一个阶段中，在社会交往的历史进程中，都有与其适应的法律形式，法律进步本身是社会发展所形成的文明的重要组成部分，从一定意义上说是社会文明进程的指示器，人类刑罚的变革和进步，无不体现了人类文明的进步。[②] 近代西方法学家所提出的罪刑法定、罪刑均衡、刑罚人道三原则，不仅成为刑法的原则，而且远远超出了刑法理论上的意义，更多地具有凝重深厚社会文明进步的历史文化底蕴。西方著名法学家庞德指出："法律不仅是通向文明的工具，而且也是文明的产物。法律对过去来说它是文明的产物；对现在来说，它是维系文明的工具；对未来来说，它是促进文明的工具。"[③] 为此，我们有理由认为，文化学意义上的社区矫正，其本质是人类文明的组成部分，并以自身文明的进步来促进和体现人类文明的进步和发展。这就是现代意义上的行刑文明化。社会在不断向文明化方向发展，与社会的发展相适应，行刑的文明化趋向也是十分明显的。

四、社区矫正符合经济性原则

从经济学意义上讲，社区矫正的存在本身就是一种社会资源。社区矫正的资源性主要表现在两个方面：一是社区矫正自身运作具有成本效益的核算。因为"首先法律的遵守不是理所当然的。一部分公共资源和私人资源通常用来防止犯罪和逮捕罪犯……其次，法律的执行需要作用于一定规模的资源和惩罚"。[④] 因而便存在防止、打击、惩罚、矫正罪犯的直接和间接成本及其控制犯罪运转成本最小化问题。二是社区矫正在对外部社会资源配置效益中的作用。社区矫正从本质上而言是一种制度。通过对矫正对象在社区矫正过程中有关权利、义务、责任等方面的规则、制度设定和安排，为社区矫正对象的活动范围、权利的行使方式划定了清晰的空间和条件，从而使社会资源流向合法的领域，进行合理有效的配置，促进社会发展、进步。

刑法的谦抑性是指我们在选择适用刑罚的方式时，应选择以最小的支出，即少用或不用刑罚或使用其他刑罚替代措施，获取最大的社会效益，即最优化的预防和控制犯罪。刑法谦抑思想源于贝卡利亚、边沁和卢梭等思想家的论述。如今随着经济学分析方法和效益观念对刑法的渗透，刑法谦抑的经济原则以其数理逻辑为底蕴，拥有广泛的信服力。

---

① 《马克思恩格斯全集》（第 3 卷），人民出版社 1956 年版，第 17 页。

② 陈正云：《刑法的精神》，中国方正出版社 1999 年版，第 11 页。

③ ［美］庞德：《法律史解释》，杨知译，华夏出版社 1989 年版，第 140 页。

④ ［美］加里 · S. 贝尔：《人类行为的经济分析》，王业宇、陈琪译，上海三联书店 1993 年版，第 55~56 页。

（一）追求实现刑罚效益的最大化

根据经济学分析，犯罪主体作为理性人，其行为的动机都是追求自身利益最大化。时间的机会成本、犯罪行为的利润和刑罚的代价是影响犯罪行为代价和收益的主要因素。犯罪概率与从事犯罪行为所得的利润成正比，而与时间的机会成本和刑罚代价成反比。根据犯罪饱和法则，即“在一定的自然和社会环境下，我们必然会发现一定数量的犯罪”。而且我们“也确认犯罪是社会健康的一个因素，是健康的社会整体的一个组成部分”。但要有效地对社会上的犯罪行为进行控制，必须对犯罪和刑罚进行成本分析。犯罪成本有直接成本和间接成本之分。直接成本指犯罪所造成的物质上和精神上的损害、经济损失与财产毁坏等。间接成本指为防止犯罪的私人成本。刑罚是社会对罪行要付出代价的必然，是罪犯实施犯罪行为必须付出的代价，通过提高刑罚的强度和加大犯罪的代价而减少犯罪，是为了对犯罪进行有效的控制，必须使犯罪活动的成本包括刑罚对罪犯的惩罚和犯罪的机会成本大于犯罪给罪犯带来的利润。但国家用于控制犯罪的刑罚资源是有限的，因为其投入的成本包括公、检、法、监狱等价值很大。因此，以有限的刑罚资源控制犯罪必然要求以最小的刑罚成本支出达到最大地遏制犯罪的效果，即实现刑罚效益的最大化。

（二）社区矫正是一种非刑罚化方式的经济选择

“在刑法中，我们的宗旨是使犯罪的直接成本和间接成本以及刑事审判制度的运转成本最小化。”因此，缩小刑罚圈，将能不投入监狱的罪犯放入社区矫正机构，以集中有限的刑罚资源打击严厉的犯罪是成本——效益分析所得出的科学结论。在美国的科罗拉多州，将非监禁在监狱的罪犯放在社区进行管理，政府当局采用了一种电子监控系统的科学管理方式。该系统由一种配有发射器的踝环构成，按照发射器发射的电波，接收机和电脑可以追踪罪犯的行迹。假如罪犯获得假释的条件是夜间 8 点以后不得离家外出，踝环可以向当局报告被假释人是否遵守。这一系统的成本为每个罪犯每天 10~100 美元。① 根据有关资料的显示，早在十几年前，我国关押改造一个罪犯的年费用已达到近 1 万元人民币，在城市地区高达 2 万元。② 在 2004 年时，监狱的在押犯数量已由 1982 年的 62 万人增加到 2002 年的 154 万人，20 年间增长了近 2.5 倍，各级政府用于监狱的经费也逐年大幅度增加，2002 年全国监狱执法经费支出 144 亿元，平均关押一个罪犯的年费用为 9300 多元。根据财政部和司法部 2004 年联合下达的监狱经费支出标准测

---

① 高芸：《社区矫正的价值论》，载《犯罪与改造研究》2003 年第 3 期。

② 吴宗宪：《关于社区矫正若干问题思考》，载《中国司法》2004 年第 7 期。

算，全国监狱系统正常运转实际需要经费高达210亿元。① 在现今中国生产力并不十分发达的情况下，能否大力挖掘其他较低且又利于罪犯重新社会化的刑罚成本，如社区矫正的刑罚措施这种低成本输入同样能达到较高效率产出的刑罚经济成本分析，是符合目前我国基本国情的。

（三）社区矫正可以降低行刑成本

社区矫正可以降低行刑成本，符合社会主义初级阶段强化罪犯改造工作、提高改造质量的需要。随着社会经济发展水平的提高，罪犯个体的平均行刑成本不断攀升，而罪犯数量的不断增加，又必定会使行刑成本的总量居高不下。国家对监狱系统的财政拨款也逐年增加，由1992年的14亿元增加到2001年的108亿元，9年增长了7.7倍仍不能满足实际需要。以北京监狱局为例，2003年以前每年的财政拨款均在3亿元以上，2002年为3.374亿元，但每年仍有近2000万元的经费缺口。2003年，北京市监狱管理局平均管理罪犯17000人，如果仅以市财政拨款的口径计算，每个罪犯的年行刑成本在2万元左右。②

我国是一个发展中国家，正处在社会主义初级阶段，经济还不发达，国家不可能拿出更多的财力完全满足监狱发展的需要。另外，随着罪犯改造工作的不断深入，相对封闭的监狱迫切需要利用大量社会资源来强化对罪犯的教育改造工作，提高改造质量。而将罪犯放置在社区进行矫正，既可以节约国家对监狱硬件设施的投人，又可以充分利用社会资源进行对罪犯的教育改造工作。既降低了行刑成本，也可以使监狱机关集中财力、人力、物力矫正那些恶习深且必须予以监禁的罪犯。

因此，无论从我国国情实际出发，还是从新时代深化罪犯教育改造工作、提高教育改造质量的要求出发，我们都应顺应行刑发展的大趋势，吸收世界各国行刑制度的精华，进一步建立和完善社区矫正的刑事执行方法。

第二节　社区矫正的价值体现

一、人道

人道与人权是人类共同的价值准则。随着人道人权精神普遍意义的实现，在

① 王琼等：《行刑社会化（社区矫正）问题之探讨（上）》，载《中国司法》2004年第5期。

② 许冷、王祖明：《北京实行“社区矫正”的设想》，载《犯罪与改造研究》2003年第9期。

其不同的方面也表现为不同框架构建和实践运行。因此，人道、人权早已超出了观念、理论范畴而成为普遍的现实运动，在更广泛的范围内得到贯彻和实现。人道立足于人性，而人性的基本要求乃是人类出于良知而在其行为中表现出善良和仁爱的态度与做法，即将任何一个人都当作人来看待。[①] 因此，人道充满了伦理和道义色彩。人权则是出于人性而实际、系统地通过法律或其他规范表现出来的各种具体的权利。

我国学者陈士涵从监狱行刑的角度将行刑实践中的人道主义划分为三个层次：第一，关心和改善罪犯的物质生活，包括衣、食、住、医疗、卫生、体育等，这是行刑人道主义最基本的层次。第二，尊重罪犯的人格，维护罪犯的人权等，这是行刑人道主义的较高层次。第三，使罪犯的人格得到改造并健康发展，实现其作为人的价值，这是行刑人道主义的最高层次。[②] 上述第三个层次的行刑人道主义，实际上蕴含着社区矫正思想，因为人格改造的目标正是使罪犯复归社会。以人格矫正为前提、罪犯复归社会为目标的社区矫正，集中体现着行刑的人道价值，可以说是行刑人道化的深层展开和必然归宿。

社会学研究表明，人是社会中的人，人的发展就是逐步社会化的过程，即个人学习其在社会生活中长期积累起来的知识、技能、观念和规范，并把这些知识、技能、观念和规范内化为个人的品格和行为，在社会中加以再创造的过程。人的社会化是个人同社会之间双向互动的过程，是个人与社会随时交换的持续过程。由于罪犯对监狱规则的习得以及受监狱亚文化的影响，罪犯监狱化现象严重，从而导致了监狱行刑目标与手段之间的背离。监狱行刑对罪犯的需要会形成不同程度的负面影响。在现代社会生活中，自由的剥夺意味着与社会生活的联系被人为阻隔，罪犯原有的社会地位、生活方式都被彻底地改变，而且整个行为选择都会由此带来极大的钳制，监禁生活无论期限的长短都会对罪犯重返社会造成长久的影响。社区矫正通过弱化监狱封闭的特性，在保持必要惩罚力度的前提下实现刑罚正义，从而在向社会展示公正价值取向的同时，兼顾更深层意义上的社会发展需要，通过改造行为反映人性良知和社会善意。现代行刑的变化与发展所体现的对人道价值的追求，正是一个从低层次的人道主义向高层次的人权主义不断跃升的过程。从这个意义上说，使罪犯复归社会无疑是社会对社区矫正人道价值的合理定位。

社区矫正人道价值的关键并不只是其基本意旨的确立，即对罪犯人格的尊重和利益的关怀，更根本的实际问题有三个方面。

首先，社区矫正人道价值的目的性问题。人道是社区矫正的价值起点，人道

---

① 赵秉志主编：《中国刑法的运用与完善》，法律出版社 1989 年版，第 344 页；转引自张苏军主编：《中国监狱发展战略研究》，法律出版社 2000 年版，第 135 页。

② 陈士涵：《人格改造论》（下卷），学林出版社 2001 年版，第 677 页。

价值具有终极性意义，不能在工具意义上理解人道主义，亦不能在人道之上再设置其他目的。曲新久教授精辟地指出：刑罚人道主义作为一项原则，作为一项伦理精神，它不仅不是一种手段，而且还不是一种功利目的。相反，它是判断功利目的与手段是否合理与正义的尺度。①

其次，社区矫正人道价值的逻辑结构。社区矫正人道价值的逻辑结构如同寻常公民一样，最低层面的是人作为动物必需的人道待遇，也就是社区矫正对象人道的生物性需要；社区矫正对象一般性的或社会性方面的需要，即社区矫正对象作为人与其他社会成员相同的人道要求；特殊的人道要求，就是基于社区矫正对象的特殊身份和处境产生的人道要求。②

最后，社区矫正人道价值的实践体系。要理性地看待行刑人道主义，把握好社区矫正的惩罚性同社区矫正的人道性之间的关系。惩罚性是刑罚的内在属性，刑罚总是意味着对罪犯的某些权利、自由的剥夺或限制，必然会给社区矫正对象带来一定程度的痛苦。社区矫正的人道性同社区矫正的惩罚性之间是一种辩证、互动的关系，它们在社区矫正对象的矫正过程中相互依存、相互作用、相辅相成。单纯的惩罚降低了社区矫正对象作为人的价值和尊严，抑制了他们人格完善的原动力，甚至加剧国家与犯罪人之间的对立，强化其反社会心理；而人道主义的感化能在一定程度上减弱惩罚的负效应，激活社区矫正对象悔过自新的进取心。但另一方面，不能片面地、过分地强调社区矫正的人道性，尤其不能脱离整个社会的经济发展水平去追求社区矫正对象物质待遇的提高，否则便会损害刑罚的惩罚机能，背离社会的正义要求。

二、民主

民主一词，原意是指“民众主权”或“多数人的统治”，本意是指同专制相对立的一种国家形式，是人类社会用以安排政治关系的一种制度设计。随着社会的进步和发展，民主的内涵已经超出了政治领域的局限，成为社会的普遍精神，甚至成为人们的思维方式和生活方式。刑事执行是涉及国家如何对待罪犯的具有明显价值色彩的活动，而民主是社区矫正的重要价值内涵之一。对社区矫正的民主价值的解读，应从以下两个方面入手：

（一）民主是一种主体性的宽容精神

从国家及社会对待犯罪人的态度看，民主首先意味着一种宽容精神，即对实施了反社会行为的社区矫正对象，国家和社会并不抛弃他们，而是给予他们重返

① 曲新久：《刑法的精神与范畴》，中国政法大学出版社2000年版，第559页。
② 张苏军主编：《中国监狱发展战略研究》，法律出版社2000年版，第136页。

社会的希望和机会，这正是宽容性的体现。其次，民主是一个主体性的概念，社区矫正的民主性以肯定社区矫正对象的主体地位为前提，不仅承认其作为人类一员的资格，而且承认其社会公民的地位。社区矫正对象不仅是义务的主体，而且是权利的主体，其未被依法剥夺的权利仍受法律保护。在社区矫正过程中应认真考虑和对待社区矫正对象的意见和诉求，甚至在一定范围内让社区矫正对象参与对一些事务的管理。正如澳大利亚学者鲍博·塞蒙斯指出的，犯人除应知晓对自己的行为负责外，还应知晓，民主权利及其程序像对待其他人那样，也同样向他们敞开着；民主教育带来的较强的归属感，会降低其对于法律的敌视程度和违犯率，有助于增强社会重新整合刑释者的能力。① 最后，民主虽有多数之治的含义，但同时强调对少数人意见的尊重和对少数人利益的保护。少数服从多数的民主决策原则并不等于简单地牺牲少数人的利益。民主越发达，越重视对少数群体或弱势群体的保护。社区矫正对象属于社会中的少数群体，同时在强大的国家暴力机器控制下处于弱势地位，因而现代各国刑法都极为重视对社区矫正对象权利的特殊保护，这正是法律民主的纵深体现。

（二）民主意味着开放和参与

从国家和社会在行刑过程中的相互关系看，民主意味着开放和参与，即社区矫正活动对社会的适度开放和社会对社区矫正过程的积极参与。从某种意义上讲，社区矫正就意味着刑事执行民主化，而刑事执行民主化是法律民主化的表现形式之一。英国学者罗杰·科特威尔指出："法律民主化对于不同的学者而言，可能意指许多不同的事物。然而，在这里我们可以提出有关民主化的一个简单而又非常基本的工作定义，即每一个人像所有其他的人一样在确定影响他或她的生活的条件时，在相同程度上自主行动的能力。这样，法律民主化的可能性是指公民能够以这种方式行动来影响法律学说内容以及借以产生、解释、应用和实施法律学说的各种机构的可能性。"②

社区矫正打破了监狱的完全封闭状态，通过社会力量对矫正过程进行参与，有助于增强社区矫正的公开性和透明度，有助于监督和制约行刑权的规范运作，使社区矫正对象的合法权利得以维护和实现。应当说，社区矫正既是法律民主价值的具体体现，又是在刑事执行领域实现法律民主价值的重要手段。

① 许章润、徐平：《法律：理性与历史》，中国法制出版社2000年版，第429~430页。

② ［英］罗杰·科特威尔：《法律社会学导论》，潘大松等译，华夏出版社1989年版，第346页。

三、效益

效益的基本含义是：从一个给定的投入量中获得最大的产出，即以最少的资源消耗获取最大的有用效果。效益的内涵包括两个方面，即效率加收益。效率是指事物过程的经济性、节省性，收益则是结果的有用性、利益性。效益是法律的基本价值目标之一，“法律对于人们的重要意义，应当是以其特有的权威性的分配权利和义务的方式，实现效益的极大化”。①

在一些刑法学论著中，刑罚的效益价值又表述为刑罚的经济性、节俭性或谦抑性。谦抑一词本义指缩减或者压缩，引申而言，刑法的谦抑性是指应当以最小的支出——少用甚至不用刑罚（而用其他刑罚替代措施），获取最大的社会效益——有效地预防和抑制犯罪。

行刑效益是刑罚效益的重要构成部分，通过行刑活动，刑罚的效益价值才能由立法上的规范形态、裁判时的宣告形态演化为现实形态。可以说，刑罚的效益能否发挥、发挥到什么程度，行刑是关键因素，而社区矫正是合理配置刑罚资源、促进刑事执行效益最大化的有效途径。通过社区矫正的实践，监禁刑的适用受到合理的限制，这使刑事执行的运作成本有所降低，刑罚的负效应也得到相当程度的抑制。同时，社会公众的参与为社区矫正机构充分利用社会资源、巩固和提高矫正教育的效益创造了有利条件。

积极推进社区矫正也成为实现刑事执行效益化的基本途径。一方面，社区矫正可以降低行刑成本。例如，扩大缓刑的适用，因其不需要固定的监管设施及监管人员，可节约刑事执行的保障成本，防止监狱人满为患，为国家节省大量人力、物力和财力，有利于监狱集中精力对其他罪犯进行改造。② 另一方面，社区矫正可提高刑事执行收益。例如，拓宽社会帮教途径，动员、组织社会各方面力量对社区矫正对象进行帮教，除了可以充分利用社会资源矫治社区矫正对象以弥补监管教育专业人员的不足，更主要的是能强化社区矫正对象与社会的关系，促进社区矫正对象改过自新、回归社会。

社区矫正正是在不影响刑罚实质运作的前提下，通过整合各种社会力量并对刑事执行权不断渗透而创造的一种刑事执行模式。社区矫正模式在改变以往罪犯由于受到监狱亚文化影响以及对监狱规则的习得而表现出“监狱人格”的病态方面，无疑具有更高的效益价值。

---

① 张文显：《马克思主义法理学》，吉林大学出版社 1993 年版，第 273 页。
② 杜强：《监狱社区矫正：现实与必然》，载《上海警苑》1998 年第 8 期。

四、自由

自由是法发展到现代所应当具有的精神内核，是人类走向彻底解放与全面发展的动力、途径和始终相随的法律精神。自由是一个高贵的字眼，它的主体是人。从整个刑罚史来看，刑罚和自由已经形成了历史悖论。监狱对失去自由的罪犯进行严厉的管束和控制并非是监狱发展甚至改革的方向。相反，整个刑罚史昭示我们：监狱发展的方向是在其消亡之前，让罪犯获得越来越多的自由。人作为一种社会动物，只有在一个合乎人性的环境中，人性才能得以健康发展，才能使人取得主体地位，才能获得自由。传统的监狱采取封闭的行刑模式，罪犯的主体地位由于权力的压制而逐渐消弭，从而成了病态的“监狱人”，自由对他们来说只是一种奢侈品。而获释后他们发现自己被社会所抛弃，无法与社会进行规范性交往。社区矫正的倡导者深刻认识到：人只有以社会生活为中介才能发现他自己，才能意识到他的个体性。但是对人来说，这种中介并不只是意味着一种外部规定力量。人并不像动物一样，人能积极地参与创造和改变社会生活形成的活动。

社区矫正模式的构想正是立足于人的这种特性要求，努力使刑事执行环境的安排符合社区矫正对象人格发展的需要，使社区矫正对象能够在其中认识和领会到真正合乎人性的东西，使社区矫正对象在矫正教育中获得最大限度的自由。同时，由于社区矫正的主要目标是为社区矫正对象复归社会创造条件，因而从自由的角度来看，这无疑是对刑事执行自由价值前所未有的扩张。

五、科学

社区矫正可以增进社区矫正对象与社会的联系，避免监禁刑执行方式对社区矫正对象心理和行为的负面影响，提高教育改造效果。

社区矫正对象的改造，实际是一种人格重新社会化的过程。传统的监禁刑，其目的是使罪犯通过改造，最终回归社会，成为守法公民。但是，由于罪犯被监禁在监狱内，与社会长时间分离，其职业、家庭关系、社会关系等都不可避免地受到负面影响。这将极大地延缓罪犯人格重新社会化的进程。同时由于长时间与社会分离，信息闭塞、观念落伍，刑满释放后突然进入一个全新的世界，无法很快适应。一旦接茬帮教、就业安置等后续工作跟不上，很可能会重蹈覆辙，走上重新违法犯罪的道路。而将社区矫正对象放在社区进行矫正教育，可以使其减少或避免受到这些损害和影响，也有助于促进社区矫正对象的社会责任感和公民觉悟的提高，使他们在与社会交往中，逐渐在不同程度上学会做人、处事。社区矫正对象回归社会时，可以很快地自然融入社会，完成其人格重新社会化的过程，减少刑满重返社会时对社会的不适应，有效地防止重新犯罪。

在实现行刑效益的目标下，必然会对行刑方式进行选择，而社区矫正是刑事执行方式的科学选择。

六、公正

公正，又称公平、正义、合理、正直等，具有不偏不倚的含义。公正是人们追求的一个崇高的价值、理想和目标。正如罗马法学家查士丁尼在其《法学总论》中所言："正义是给予每个人他应得的部分这种坚定而恒久的愿望。"[①] 但是，公正又"是一张普洛秀斯似的面孔，变幻无常、随时可呈不同形状，并具有极不相同的面貌"。[②] 公正的含义在不同时代有着不同的内涵，在不同的领域有着各自的重点，但这并不意味着公正的非现实存在性，反而恰恰说明公正是一个极富生命力的社会性事物，是现代国家和社会须臾不可缺少的价值准则。

监狱公正来源于国家的政治正义和国家刑罚的公正。监狱公正的本体包括行刑的目的与手段的正当、合法等。社区矫正作为一种行刑模式也需要体现行刑的公正价值。在目的性层面上，社区矫正是伴随行刑合理化运动的出现而产生的。刑罚合理化运动的兴起，要求废除死刑和一切残酷刑罚，代之以自由刑为中心的合理化刑罚；要求立足于教育改造社区矫正对象，变刑罚的原始报应和消极回顾的限制机能为矫正教育社区矫正对象的积极促进和展望的机能，一切以最大可能地矫正教育社区矫正对象为转移。在过程性层面上，社区矫正体现对社区矫正对象权利的尊重与保障，强调对于社区矫正对象处遇条件的改善与保护，从而有力地保障了刑罚公正的实现。社区矫正与行刑合理化、刑罚执行的教育化、行刑人道化、行刑个别化、行刑民主化、行刑的目的性、行刑的合法性等行刑原则和趋势相互融通、相互促动。一方面，这些原则和趋势基于同一历史缘起，以新派教育刑罚哲学为基础，以矫正教育为基本目的。另一方面，体现上述原则和趋势的各个具体制度之间相互交叉、重叠、包含和吸收。当然，随着新旧两派刑罚理论的盛衰交替、折中合流，社区矫正的发展动向并没有抛弃其刑罚报应功能的原始正义性，又因其侧重于矫正功能而更具现实合理性。

实践证明，失去了公正依托的社区矫正，其效益价值最终也无从体现。从根本上讲，刑罚的公正价值和效益价值是统一而不可分割的关系，公正就是最大的效益。社区矫正的效益价值，应是"体现社会正义的效益"。

---

① ［罗马］查士丁尼：《法学总论》，张企泰译，商务印书馆1989年版，第5页。

② ［美］博登海默：《法理学——法哲学及其方法》，邓正来、姬敬武译，华夏出版社1987年版，第238页。

第三节 社区矫正的实质属性

现代刑罚的品质之一，就是应该具有宽容性，即对社会公众在刑罚观念、刑罚方式和刑罚的价值理念上存在多样性的认可和提倡。实际上，多样性正是刑罚本身的价值和意义之所在。社会公众在对待刑罚适用时，需要的是海纳百川的宽容心态。也就是说，只有在尊重多样性的基础上，才能对目前我国的社区矫正工作做出合理的引导。

从一定意义上来说，社区矫正是现代刑罚对犯罪的宽容，是现代社会对犯罪人的宽容。因此，宽容性是社区矫正的本质属性。

一、社区矫正宽容性的内涵

所谓宽容，是指容许别人有行动和判断的自由，对不同于自己或传统观点的见解的耐心公正的容忍。① 宽容对于个人来说，是一种优秀的品质。但是，宽容往往是从某种制度、社会是否应具有的品性来说的。在制度、社会宽容中，以制度构建载体和保障体系——法律的宽容是最为典型的内容。一个制度是否宽容，一个社会是否宽容，往往决定其所拥有的法律制度是否宽容，并以其为外在表征。② 在法律宽容中，又以刑法宽容性是否具备最为重要。在刑事执行中，其宽容性的主要形式之一是社区矫正，它直接决定着社区矫正对象回归社会的社会适应性训练和处在社区之中实现心理转化和恶习矫治。

社区矫正的宽容性，就是指社区矫正介入社会生活、介入人类行为领域时，应以人为本，应具有尊重、保护、扩大、关注社区矫正对象基本需要，法定自由和权利的极大同情心、自觉性和责任心，对于人性、人的价值和尊严、社区矫正对象的现实生活和幸福、社区矫正对象的发展和社会适应给予极大的关注并以此为自己的发展方向和奋斗目标。可以说，社区矫正的宽容性最本质的价值内涵在于对社区矫正对象要具有人道性，社区矫正宽容性的规范内容就体现在要求社区矫正规范的制定和适用尽可能与社区矫正对象的人性相符合，尽可能地宽缓，表现出立足于人类的良知而维护、追求、弘扬、增进人类的善良、仁慈、信任和博爱的特性与倾向。

社区矫正的宽容性实际上是一个关系概念，它的存在意义是在把握社会秩序、社会发展和社区矫正对象个体自由、权利界限时得以凸显的。社区矫正的宽容性实质上是对社会宽容性的确认、延伸、拓展和维护，因此，对于社区矫正宽

① [美] 房龙:《宽容》，生活·读书·新知三联书店 1985 年版，第 13 页。

② 陈正云:《刑法的精神》，中国方正出版社 1999 年版，第 200 页。

容性的考察必须立足于社会，即要将社区矫正宽容与政治宽容、法律宽容、宗教宽容、文化宽容、道德宽容联系起来。

社区矫正宽容隶属于法律宽容，是法律宽容的有机组成部分。由于法律宽容离不开政治宽容，在任何社会样态下，没有政治上的宽容，绝不可能存在法律上的宽容，那么社区矫正之宽容也无所依从。所以说，政治宽容决定了社区矫正宽容。

社区矫正具备宽容性，对社区矫正自身的存在、发展是必需的，对刑事执行的发展、进步是必需的，对整个社会文明的发展、进步来说也是必需的。因为一个社会的发展关键在于社会的创新、创造能力的具备，而社会的创新、创造能力的有无及强弱依赖于社会成员自由的享有程度和个性的发挥程序，社区矫正宽容性的根本目的就是尊重、维护、关注、扩大社区矫正对象发挥创造潜能的行为自由和个性，防止其因与社会长期隔离而形成“监禁人格”。应增强社会适应性而使之融入社会之中。作为社区矫正对象而言，其潜能的实现，以其独特个性的发挥为必要条件，二者呈正相关变化：社区矫正对象的个性发挥得越充分，他的创造潜力便越能得到实现；他的个性越是被束缚，创造潜能便越难以实现。而越是不能容忍个性的社会，就越缺乏首创精神。

一个人个性的发挥和实现程度，取决于他所得到的自由的程度。一个人只有拥有自由，能够按照自己的意志行动，他所创造的自我才是具有自己独特个性的自我。反之，若丧失自由，听任别人摆布，按照别人的意志去行动，那么他所创造的便是别人替自己选择的，因而也就不可能具有自己独特个性的自我。所以，创新的根本条件是个性的发挥，而个性发挥的根本条件是自由，二者呈正相关变化。这个比例关系对于社会成员如此，对社区矫正中的社区矫正对象同样使然，即社区矫正对象越自由，他的个性发挥得便越充分，他的创造潜能便越得到实现；社区矫正对象越不自由，他的个性发挥便越不充分，他的创造潜能便越得不到实现。

自由是每个人发挥创造潜能的根本条件，也是社会繁荣进步的根本条件。每个人的创造潜能实现得越多，社会就越富有创造性；每个人的能力发挥得越充分，社会就越繁荣昌盛；每个人的自我实现越完善，社会就越进步。自由不是社会进步的唯一要素，科学技术的发展、技术的发明、生产工具的改进、政治的民主化、道德素养的提高等，都是社会进步的要素。但是，所有社会进步的要素，统统不过是人类活动的产物，不过是人的能力发挥之结果，说到底，无不以自由——潜能发挥为根本条件。因此，自由虽不是社会进步的唯一要素，却是社会进步最根本的要素、最根本的条件。所以穆勒把自由精神叫作“前进精神”或“进步精神”，并一再说明，进步唯一可靠而永久的源泉还是自由。① 社区矫正的

① 陈正云：《刑法的精神》，中国方正出版社 1999 年版，第 210 页。

宽容性正是这种“唯一可靠而永久的源泉”的保证者和提供者，非但不会使其枯竭，相反还会使其不断扩大、增强和丰富。

就社区矫正规范本身而言，其宽容性具体包括：社区矫正实施的善意性、社区矫正调控目标的现实性、社区矫正调控范围的谦抑性和社区矫正调控程度的人道性。同时，我们所追求的社区矫正的宽容性，是以社会和社区矫正对象利益得到充分保护且社会和社区矫正对象又可以达到充分、和谐发展为前提的，是以推进社会进步、行刑文明为出发点的，而不是为了表面的社区矫正规范的减少这一虚假的“文明宽容”，更不是因追求社区矫正的宽容性而致使社会和社区矫正对象之利益得不到有效的法律保护或者社会及社会公众利益由此遭受损失。

二、社区矫正实施的善意性

社区矫正实施的善意性要求国家法律惩罚权动用的目的和旨趣在于尊重、维护、关注、扩大社区矫正对象的权利和自由，在于促进社会进步和法律文化的文明发展，注重社区矫正本身的建设作用和经济功能，而不是强调社区矫正的刑罚、威慑的作用和效果。

社区矫正实施的善意性，是社区矫正自身得以存在和发展的需要。现代社会的现代刑罚需要社区矫正，它不在于追求社区矫正对于社会中极少数社区矫正对象的惩罚与制裁，也不在于过多地缩小社区矫正对象的自由活动领域，削弱社区矫正对象所享有的权利，而在于使社区矫正对象的权利和自由得到尊重、维护、关注和扩大。因为“人进入社会并不是要使自由的处境比以前更坏，也不是要使自己具有的权利比以前更小，而是要让那些权利得到更好的保障”。①“法律的目的不是废除或限制自由，而是保护和扩大自由。”② 因此，社区矫正实施的目的只能是善意的，只能以对社区矫正对象的发展、幸福的追求和社会进步为己任。相反，如果是出于恶意或偏私的，只能是维护某个人、某个集团、某个阶层之利益或特权的话，这样的社区矫正不会为社会公众所接受和容纳，更不会使社会组织、社会志愿者参与其中，也不可能代表现代刑罚的先进性，其结果只能是被人们逐出历史舞台。

社区矫正实施的善意性，也是社会发展的需要。人类社会需要法律，不在于单纯地追求法律维护社会的安全和有序，而是在此基础上维护和促进社会有序有效地发展，使人类社会的文明获得进步，使人类福祉得到增进。人类社会法律制度更替进化的内在原因和根据无不在此。

---

① ［英］潘恩著：《潘恩选集》，马清魏译，商务印书馆 1981 年版，第 142 页。

② ［英］洛克著：《政府论》（下册），瞿菊农、叶启芳译，商务印书馆 1981 年版，第 636 页。

要树立社区矫正实施的善意性，首先要明确和坚持社区矫正介入社会生活所遵从的原则和指导观念只能是“效用与便利”。①“效用”就是促进社会进步和人类幸福，“便利”就是扩大公民的自由。要求社区矫正介入、干预社会生活时，应最大限度地给社会和社区矫正对象留置自由空间，以保证社会主体的积极性、创造力、想象力的发挥，努力做到“从最大的机构到最小的单位，社会体制将会得到调整，从而使人类行为并不总是无益地为镇压所威慑而被不知不觉地导向非犯罪的轨道上，为在最小限度地导致暴力滋扰和违法机会的条件下发挥个人能力和满足个人需要留下充分的余地”。②

首先要树立社区矫正实施的善意性，其次还要深刻认识和把握社区矫正的作用和功能。对于社区矫正作用和功能的认识，人们常常习惯于或狭隘地将其等同于刑罚的功能，将其归结为与刑罚、改造、威慑等一样具有消极性、破坏性、强制性的特点。事实上，要对社区矫正的作用和功能深刻而又全面准确地认识和把握，必须将社区矫正置于人类社会进步和刑罚人权观、教育刑这一大背景下去进行，应充分地认识到社区矫正存在和发展的价值不在于对社区矫正对象的惩罚、改造和对潜在犯罪者的威慑，而在于尊重社区矫正对象的人格尊严、强化其社会适应性、促使其悔过自新并积极向上，使法治化水平走向文明、人道、完善和完美。

社区矫正表面上所具有的以法律为前提的惩罚、威慑，只不过是社区矫正实现真正终极的作用、功能和追求目的而必然又自然所必需的严厉手段而已。即使如此，人们也没有停止过对其他不具有惩罚、镇压、威慑因素或具有程度较少的而又能充分实现上述真正目的和功能的方法和途径的追求、探寻和尝试，并在此内在动因下促使法治的进步和社区矫正自身的进化。现代行刑价值理论中的目的刑、教育刑理论的出现，保安处分制度的诞生与实践，社区矫正历史上矫正手段的演变，行刑社会化的实施等，无不是人们这种追求、探寻和尝试的结果，也体现了人们对社区矫正作用和功能认识的深化、全面和深刻，反映了人们对社区矫正实施善意性的关注与追求。

社区矫正实施的善意性追求，是国际行刑制度发展的趋势，正为世界诸多国家所普遍采用。

三、社区矫正调控目标的现实性

所谓社区矫正的调控目标，是指国家通过运用社区矫正的方式所要求达到的

① ［美］博登海默：《法理学——法哲学及其方法》，邓正来、姬敬武译，华夏出版社1987年版，第368页。

② ［意］菲利：《犯罪社会学》，郭建安译，中国人民公安大学出版社1990年版，第81页。

控制社会犯罪数量的程度。社区矫正调控目标的设定虽然属于主观预期，但是它直接关系到社区矫正介入社会生活的宽容。因为一般来说，社区矫正调控目标水平确定得过高，必然意味着社区矫正介入社会生活的强度和深度比较大，社区矫正干预度高，因而社区矫正的宽容性也就减少了。

关于社区矫正调控目标的水平，有人主张通过对社区矫正对象适用监狱行刑的方式，将他们教育改造成守法公民，从而达到预防犯罪的目的。但是，如果这样的话，我们只要拥有监狱即可，没有必要再设立社区矫正机构对社区矫正对象进行矫正教育。所以，在确立社区矫正的调控目标时，必须实事求是，讲究现实性，并在此基础上保持宽容性，那就是社区矫正的目标只能是最大限度地将犯罪控制在一定的合理范围之内，使之不危及社会的根本生存条件，将社区矫正对象再社会化为当今社会真正合格的社会成员，不仅使之不再犯罪，而且能成为社会的积极因素。为此，社区矫正的调控目标确立为最大限度地控制犯罪，其原因是：

第一，一个社会必然存在一定数量的犯罪，有犯罪就要有一定的控制犯罪的手段。打击犯罪是手段，在监狱里改造罪犯是手段，那么在社区矫正机构内对社区矫正对象进行矫正教育同样是控制犯罪的手段，只是场所不同、控制的强度不同而已。社区矫正作为一个具有极大宽容性的控制犯罪的场所，不管它以何种样态出现，其目的只有一个，那就是控制犯罪。

第二，社区矫正自身的属性决定它是介于监狱和社会之间的控制犯罪的中介过渡机构，是对犯罪的社会预防措施。无论从其性质还是其功能看，它都不可能有更强的调控目标，只是法律对社会调控的一个组成部分，其作用是有限的。但是，对社区矫正对象自身来说，影响力是深远的。

综上所述，由于犯罪在一定社会、一定时期的产生和存在具有其内在的根据和必然性，由于社区矫正在调控犯罪这一社会现象上具有局限性，为此，我们应该将社区矫正的调控目标确立在一定的合理限度上，那就是控制犯罪和在治理犯罪中的社会预防措施。

在这里，我们有必要强调一点：在社区矫正工作中，如果将社区矫正的调控目标确定得过高，追求不可能存在或难以实现或虽能实现但代价过高的目标水平，其结果只能是造成社区矫正投入过剩或浪费，而且会造成对社会和社会公众的不必要侵害；如果将社区矫正的调控目标确定得过低，不去追求可以低成本实现的预期的社区矫正效益，必然导致社区矫正投入不足，从而产生对社会和社会公众的利益保护不充分的不利结果，这从实质上来说也是对社会利益和社会公众利益的一种变相侵害。因此，“我们所能合理预期的只是减少犯罪的发生。我们实际是预期犯罪要发生，通过威胁潜在的犯罪人，从而希望把犯罪控制在一定限度之内，尽管这样做可能不那么令人愉快”。① 但我们只能这样做，社区矫正只能做到这一步，这就是社区矫正的调控目标的现实性。

四、社区矫正调控范围的谦抑性

所谓社区矫正的调控范围，是指社区矫正介入社会生活的广度水平和深度水平，即立法者应将哪些违法犯罪行为纳入社区矫正并以社区矫正相威胁。

社区矫正调控的范围依据不同的角度，可以被划分为不同的种类。

（一）社区矫正的实质调控范围和形式调控范围

社区矫正的实质调控范围是指从社会公共利益保护的需要出发，立法者应将有关行为规定为违法犯罪并以社区矫正相威胁的范围。社区矫正所保护的利益虽然从总体上可以划分为国家利益、社会利益和个人利益三类，但是，在社区矫正的具体实践中，其表现为一种社会公共利益。违法犯罪所造成的损害实质上是对社会公共利益的侵害，即使某一违法犯罪是针对个人的，但在本质上它仍是一种“公共损害”。

社区矫正的形式调控范围是指一个国家刑事法律及其他相关法律中所规定的可以构成违法犯罪应被追究刑事责任和行政责任的行为范围，具体又可分为刑事责任的形式调控范围和行政责任的形式调控范围两种。前者是指按照刑事法律应被追究刑事责任而被社区矫正的对象，它是以刑事犯罪为基础的社区矫正的形式调控范围；后者是指按照行政法律应被追究行政责任而被社区矫正的对象，它是以行政处罚为基础的社区矫正的形式调控范围。社区矫正的形式调控范围以社区矫正的实质调控范围为基础且是其在社区矫正上的体现和反映，但并不一定就与社区矫正的实质调控范围相一致。相反，二者往往存在偏离。具体表现为社区矫正的形式调控范围小于社区矫正的实质调控范围，即社区矫正的形式调控范围过窄；或者大于社区矫正的实质调控范围，即社区矫正的形式调控范围过宽两种情况。

（二）社区矫正的广度调控范围和深度调控范围

社区矫正的广度调控范围是指社区矫正介入、干预社会生活的合理的空间领域，即社区矫正可以对哪些社会关系、主体行为进行调整且具有适应性。

社区矫正的深度调控范围是指社区矫正对可以介入、干预的社会关系及主体行为，应该调控至合理的程度。社区矫正的深度调控范围是以社区矫正的广度调控范围合理为前提和基础的，是社区矫正调控范围的第二次确定，即在确定社区

① ［美］戈尔丁：《法律哲学》，齐海滨译，生活·读书·新知三联书店1987年版，第152页。

矫正的广度调控范围的基础上再确定社区矫正的调控程度。如果社区矫正对不应干预的领域进行了干预，即使这种干预程度是很低的，也是错误的。社区矫正的广度调控范围和深度调控范围在社区矫正的实质调控范围和形式调控范围内都可以存在，并且可分为实质的广度调控范围、形式的广度调控范围和实质的深度调控范围、形式的深度调控范围。

由于受制并适应于社会发展和人类文明的进步，透过社区矫正调控范围嬗变的历史表面，我们不难看出社区矫正的调控范围在其演变的历史轨迹中呈现出的规律性特征，总的来说就是走向科学。社区矫正调控范围演变的规律性特征主要有如下几点。

第一，社区矫正的调控范围由不合理走向合理。社区矫正调控范围的不合理主要是指其调控范围过宽或过窄，没有正确反映客观社会的实际情况和需要，从而造成社区矫正自身成本投入过量或不足的后果，影响社区矫正获得最佳程度的效益。社区矫正的调控范围过宽是指立法者将一些根本不属于违法犯罪范围的行为作为违法犯罪来处理，置于社区矫正中，致使社区矫正调控范围不合理地扩大。社区矫正的调控范围过窄是指立法者将一些应以社区矫正加以调控的行为排除在社区矫正调控范围之外，造成社区矫正调控范围不合理地缩小。社区矫正调控范围过窄同样影响社区矫正效益的获得，因为它致使社区矫正自身成本投入不足，从而使预期可合理获得的社区矫正效益丧失。将符合社区矫正条件应置于社区矫正中的罪犯仍置于监狱内服刑改造，就是如此。

第二，社区矫正的调控范围由模糊走向明晰。以社区矫正对象的范围为例，2003 年 7 月社区矫正试点之初确定的社区矫正对象，包括被判处管制、缓刑和剥夺政治权利的罪犯，被裁定假释的罪犯，被决定暂予监外执行的罪犯。同时，学界一直在讨论是否扩大社区矫正对象的范围。但是，随着社区矫正工作的全面推行，社区矫正由最初的“政策化”主导，逐步走向“法治化”主导，逐步认识到剥夺政治权利的罪犯不适宜纳入社区矫正的范畴，因此在修订《刑法》《刑事诉讼法》及制定《社区矫正法》的过程中，都将剥夺政治权利的罪犯排除在社区矫正对象之外，以法律的形式加以明晰。

第三，社区矫正的调控范围由不确定走向确定。社区矫正调控范围的扩张或缩小，从表面上看似乎是国家刑罚权尤其是制刑权约束程度变化的反映，但实质上体现着立法者对有关利益得失成本与效益的衡平及其宽容性。

社区矫正调控范围必须具有谦抑性，其原因在于：一是社区矫正的目的决定其调控范围必须具有合理的限度。二是违法犯罪现象存在的规律性决定社区矫正的调控范围必须具有合理的限度。三是国家治理社会不能也不应该仅依靠社区矫正调控并扩大其调控范围。四是社区矫正的特性决定其调控范围必须具有合理的限度。

坚持社区矫正调控范围的谦抑性，首先就是要坚持社区矫正调控的最后性和补充性原则。就是在是否运用社区矫正时，必须考虑其他手段的优先适用，即对于一个社区矫正对象，应首先考虑其他法律调整适用的可能性，只有其他法律手段已适用或适用社区矫正更合适时才运用社区矫正。由此可见，所谓社区矫正调控的最后性、补充性原则，就是指社区矫正在干预社会生活时，在法律体系的调整动态序列上处于法律调整之后，以弥补其他法律调整之不足或不能。

坚持社区矫正调控范围的谦抑性，还必须坚持刑事责任原则的专属性。在我国目前的社区矫正中，社区矫正对象是受到刑事处罚而转处的罪犯，对他们而言，刑事责任是一种法律责任。责任的基础是法律规范，被谴责的对象法律意识缺乏，责任的标准是法律规定的。① 因此，在坚持社区矫正调控范围谦抑性的同时，我们必须坚持刑事责任原则的专属性，区分刑事责任、行政责任与道德责任、政治责任的界限，防止它们相互混淆、等同或替代，从而导致社区矫正适用范围的不当扩大，形成社区矫正泛化的局面。

坚持社区矫正调控范围的谦抑性，还要求我们对社区矫正介入社会生活的具体领域、方式、方法进行深刻讨论和准确把握。那就是科学合理地界定出社区矫正可以介入的领域和不应或者不宜介入的领域，从而保持足够的社区矫正的宽容性。

第一，无效行为。对某一社区矫正对象来说，将其置于社区矫正中也不能达到预防与抑制违法犯罪的效果，则不宜置于社区矫正中。比如，对于假释的罪犯，在其社区矫正过程中，如果有重新违法犯罪或者严重违反社区矫正的有关规定，已阻却社区矫正之目的时，则可予以收监执行刑罚。

第二，可替代行为。对于有些社区矫正对象而言，运用道德教育以及民事、经济或行政制裁，也足以预防和抗制其违法犯罪的危害行为，则不宜适用社区矫正，而应以替代行为为主。

第三，性价比不高。这是指通过社区矫正所得到的效益小于其产生的消极作用。社区矫正的目的之一，就是以较小的投入获得较大的收益，减轻因对罪犯的监禁所带来的巨大经济负担。如果对社区矫正对象实施社区矫正，得到的无论是政治效益还是经济效益都很小或者得不偿失，或者给社会带来了明显的负面影响，那么必然引起社会公众的不满，也必然使实施者采取更合适、更安全、投资更小的方式，来完成刑罚或法律惩罚的使命。

综上所述，社区矫正的宽容性除了从以上角度进行剖析之外，还有一个重要的体现，就是其人道性。综观世界各国监狱行刑的实践，人道主义已成为监狱行刑的实质内容和现代刑罚的优良品质之一，为社会广泛接纳，而社区矫正本身就是人道性的具体实践，是人道性的本质体现。

社会实践证明，社区矫正的宽容性是社区矫正的本质属性，只有宽容性才能促进社会的文明和进步；只有宽容性才能使矫正对象享有更多的权利和自由，社会公众才能更深刻地领悟刑罚、教育、改造、矫正的内在精神。

---

① 李海东：《刑法原理入门》，法律出版社 1998 年版，第 107~108 页。

第五章 社区矫正法学

社区矫正工作的开展以及《刑法》《刑事诉讼法》对社区矫正制度的确立，社区矫正法律规范和规范性文件不断完善。《社区矫正法》和《社区矫正法实施办法》的出台，使社区矫正走上了法治化的轨道，奠定了社区矫正法学的研究基础。由此，以社区矫正法为研究对象的社区矫正法学成为法学领域的一门新兴学科。

第一节 社区矫正法学的学科性质和地位

一、社区矫正法学的概念

每个学科都有自己独特的研究领域和研究对象，否则就不是一门独立的学科。据此，社区矫正法学作为独立学科，是研究社区矫正法律制度设立、运行、发展及其变化规律的一门科学。很明显，社区矫正法对非监禁刑事执行制度的规范，是基于“刑罚”“社区”“矫正”三个元概念而产生的。也就是说，“刑罚”是社区矫正的前提和合法性依据；“社区”是社区矫正制度的空间范畴，是相对于监狱而言的；“矫正”是社区矫正制度的价值取向，是相对于单纯的刑罚惩罚而产生的价值追求。很明显，社区矫正法学在价值理想上以“犯罪人”为中心，强调人权保护的个别正义，而不是以已然的“犯罪”惩罚为中心；追求的是现代刑罚的矫正中心主义，而不是传统刑罚的报应中心主义。社区矫正法学在制度建构上，力求将社区矫正对象由社区“来矫正”，而不是单纯的行刑空间转换式的“放在社区来矫正”。这是社区矫正法学建构的基本出发点。

任何一门学科都有其独特的研究对象，社区矫正法学以社区矫正法律规范和社区矫正法律实践及其发展规律为研究对象。

从研究对象的内容看：一是社区矫正法律规范，包括社区矫正法律规范的制定、法律渊源、历史沿革、社区矫正法律制度比较研究等。二是社区矫正法律实践，包括社区矫正的刑罚执行、监督管理、矫正教育、社会帮扶等，这些法律实践要求社区矫正主体和社区矫正对象法定、社区矫正内容法定、程序法定、权利义务法定。三是社区矫正权力运行，社区矫正法律规范通过调整和规范社区矫正机构、社区矫正工作者、社区矫正对象的权利（权力）义务来实现社区矫正目的，要求社区矫正机构和社区矫正工作者的特定权力必须由法律规定、授予或者认可，社区矫正对象的权利义务由法律规范设定，尤其是社区矫正机构行使公权力必须符合法治的原则。

从研究对象的范围看：一是“向前延伸”，研究社区矫正对象犯罪现象、犯罪原因、刑事责任的承担，以及刑法惩罚所张扬的社会公平正义，实现一般预防的功能。二是“向内延伸”，研究社区矫正的法律适用、法律规范，以及矫正教育的个别正义的实现。三是“向后延伸”，研究社区矫正对象解矫后回归社会的法律地位、社会帮扶和社会救助的法律责任等问题。四是“向外延伸”，研究社区矫正对象矫正教育的外部社会支持力量的法律规制问题。

从研究对象的领域看：社区矫正法学集实体法和程序法于一体，社区矫正法学涉及刑事实体法领域、刑事程序法领域、刑事执行法领域、犯罪预防法领域、社会救助法领域等。

二、学科性质

关于社区矫正法学的学科性质，学界争论较多，主要是依据社区矫正的性质来界定。主要有以下几种观点：

第一种观点认为，社区矫正法学的核心职能在于对社区矫正对象的矫正教育，是将社区矫正对象置于社区之中，“由社区来矫正”。在这里，社区矫正的“行刑”属性只是“悬在社区矫正对象头上的一把剑”，是社区矫正的前置威慑条件，刑罚执行已退居次要地位，社区矫正的主要任务是大力借助社区资源对社区矫正对象进行教育和矫正。所以，社区矫正法学应归为教育学科的范畴。

第二种观点认为，社区矫正法学应属于社会学的范畴。原因在于：一方面，社区矫正是相对于传统监狱机构式矫正而言的一种新兴的罪犯处遇方式，社区矫正制度是“一种复合型制度”。社区矫正是在社区中对犯罪人进行的矫正和潜在危险的控制活动，不仅是刑事执行活动，而且是一种典型的社会福利活动。另一方面，社区矫正工作是运用社会工作基本理论和方法展开的，是社会工作的有机组成部分。因此，社区矫正法学应属于社会学科。

第三种观点认为，社区矫正兼顾了刑罚执行、监督管理、矫正教育、危机干预、社会救助等活动，是多种学科的综合表现，综合性特征十分明显。所以，社区矫正法学属于综合性学科。

第四种观点认为，社区矫正是刑罚执行活动。社区矫正对象是经法院依法判决的法律意义上的罪犯，社区矫正是将罪犯置于社区之中的“非监禁刑罚执行活动”。在工作中，对社区矫正对象的接收、监督管理、刑事奖惩、减刑、逮捕、收监执行、追逃等执法行为，决定了执行刑罚是社区矫正的本质属性。因此，社区矫正法学属于法律学科，是刑事法学的一个分支学科。

本书认为，社区矫正法学应和社区矫正学相区分，特别是在界定学科性质时，不能被社区矫正的任务、措施和工作方式所左右，而要认清学科的本质。社区矫正法学本身就已将自身定位得十分清楚，属于法学中刑事法学的范畴。

三、学科地位

学科的本义是规训或者纪律，在学术领域被引申为特定的一个知识领域与分支，所以学科具有社会化和建构性特征。学科地位是指一门学科在上位学科知识结构畛域内部的组织化与社会分工。如何理解社区矫正法学的学科地位，将决定我们采用何种方法研究社区矫正法学的基本问题。

（一）社区矫正法学是法学的一个分支学科

2019 年 12 月 28 日第十三届全国人大常委会第十五次会议通过的《社区矫正法》是我国第一部规范社区矫正的法律，使其成为我国法律体系的一个组成部分。社区矫正法学是我国法学体系中的一个分支，在法学学科归类上属于刑事法学。因此，社区矫正法学是刑事法学的二级学科。

（二）社区矫正法学是一门多边缘的应用性学科

社区矫正法学以社区矫正对象具有可矫正性作为研究的逻辑起点。而“矫正教育”社区矫正对象必然涉及多个学科领域。从法学学科看，涉及刑法、刑事诉讼法、监狱法、人民警察法等法学学科；从社区矫正实践看，涉及监狱学、政治学、管理学、哲学、教育学、心理学、社会学、医学等学科；从社区矫正法的规范内容看，主要涉及规范社区矫正行为，重点是如何将其应用于社区矫正实践活动中。所以说，社区矫正法学是一门多边缘的应用性学科。

（三）社区矫正法学是刑事法学的骨干学科

社区矫正法学具有独特而稳定的研究领域、研究对象、研究范畴和研究方法，具有自身的概念、学科性质、原理、观念等基础知识体系。尤其在刑事执行法律体系中，和监狱法学如“车之两轮”“鸟之两翼”，是非监禁刑事执行活动的重要法律规范。因此，可以说社区矫正法学是和监狱法学具有同等地位的刑事法学的骨干学科。

（四）社区矫正法学是一门新兴学科

我国社区矫正工作从2003年的试点到2005年的扩大试点，从2009年的全面试行到2012年的全面实行，直至2019年《社区矫正法》的出台，其发展历史只不过十几年的时间。由此可见，社区矫正法学也只是初步创建阶段，只能说它是一门新兴学科。

第二节 社区矫正法学的研究范畴和意义

一、研究范畴

（一）《社区矫正法》的立法目的和依据

立法目的是《社区矫正法》出台的正当性依据。《社区矫正法》立法的直接目的是要确认社区矫正的性质、调整和规范的范畴，根本目的是要通过社区矫正的多种措施，最终达到预防重新犯罪和保卫社会安全。

立法依据是《社区矫正法》出台的合法性依据。《社区矫正法》是由全国人大常委会制定的法律，法律位阶相对较低，立法依据从何而来就显得特别重要。因此，《社区矫正法》只有依据《宪法》和《立法法》作为上位法来制定才具有合法性。

（二）《社区矫正法》的法理体系

法理是一部法律的内在机理。一部法律内在品质的优劣，除了立法技术和立法艺术之外，关键体现在整部法律的基本精神和学理上。《社区矫正法》的法律渊源在我国只有一段短暂的历史，立法技术还不成熟，社会实践还缺乏经验。因此，《社区矫正法》的法理体系研究成为重要范畴。

（三）社区矫正法律关系

社区矫正法律关系在社会生活中体现为一种特殊的社会关系。社区矫正的制度设计、规则规范、机制建设、工作框架等都是围绕着社区矫正法律关系展开的。因此，社区矫正法律关系是社区矫正法学的基础支撑，具有统摄性，主要涉及社区矫正法律关系的主体、客体和内容，社区矫正法律关系的特征和分类，社区矫正法律关系的构成和分类，社区矫正法律关系法律事实。

(四) 社区矫正机构、社区矫正工作者和社区矫正对象

社区矫正机构法定化属于机制建设的范畴，是社区矫正的前提和保障。社区矫正机构作为行使公权力的政府机构，其层级设置、名称、性质、职能、管理方式、职责、权力（权利）和义务、监督等必须予以法定化，坚守“公权法定”“法无授权不可为”的原则，需要由社区矫正法加以规定、授权和认可。同样，社区矫正工作者的人员范围、权力边界、资格界定、职责范围、权力（权利）和义务等，也必须以法律的形式予以明晰。

社区矫正对象是社区矫正法律关系的主体之一，是社区矫正惩罚和教育矫正的对象。社区矫正对象的种类、期限、权利和义务、法律地位等，是社区矫正法必须规范的范畴。

(五) 社区矫正对象的刑罚执行

社区矫正首先以法院判决的刑罚为前提，同时，刑罚执行又在社区矫正中贯穿始终。所以，《社区矫正法》研究人民法院、监狱机关、人民检察院、公安机关等对社区矫正对象适用社区矫正前的调查评估、社区矫正文书的送达和接收、禁止令的执行、逮捕、减刑、收监执行、脱逃追捕、社区矫正的变更、死亡处理、法律监督、社区矫正的解除等刑罚执行程序和内容。

(六) 社区矫正对象的监督管理

监督管理是社区矫正的主要内容，从社区矫正法律的层面上看，涵盖了社区矫正宣告、设立矫正小组、日常检查与定期走访、请假与销假、迁居、会客、公示、考核奖惩、报告与审批、公益活动、危险性控制等内容。

(七) 社区矫正对象的矫正教育

矫正教育既是社区矫正发动的本意，也是社区矫正达到目的的主要方法和途径。《社区矫正法》对矫正教育规范的范畴包括：形势政策教育、法律教育、道德教育、行为矫正、心理矫治、个案矫正、社会态度教育、社会技能培训、就业指导与设计、社会生活指导、危机干预、就业帮助、教育帮扶、社会救助、社会保障、监护责任、特殊保护、教育辅助等。

(八) 社区矫正的法律责任

对作为行政机关的公权力而言，权力的行使就意味着责任的承担。社区矫正的法律责任涉及社区矫正机关的行政责任、社区矫正工作者和社区矫正对象的刑事责任，以及国家赔偿责任等。

（九）社区矫正的法律监督

法律监督是规范社区矫正行为的主要手段。社区矫正的法律监督主要包括检察机关的检察监督、行政管理机关的上下级监督、纪检监察监督、审计监督等刚性监督。除此之外，还有公民监督、社会团体监督、舆论监督、社区矫正信息公开等柔性监督。

（十）社区矫正对象回归社会的法律保护

社区矫正法学研究要“向后延伸”，巩固社区矫正的成果，实现社区矫正的目的。所以，要对社区矫正对象出狱前的回归教育、回归指导，出狱后的法律地位、回归安置、回归保护等问题进行确认和规范。

（十一）社区矫正的社会支持系统

社区矫正的社会支持系统是开展社区矫正工作和实现社区矫正目标的基本要件。社区矫正社会支持系统不仅包括社会团体、社会成员、社会志愿者、社会企业、社会组织、人民团体、行业协会、民间组织等，还包括社区环境、社会舆论、社区资源、社区文化、矫正对象的家庭等。

（十二）国外社区矫正法律制度

国外社区矫正无论是法律制度的建构还是社会实践，都远远早于我国，因此，国外的社区矫正法学发展得相对比较成熟。对国外社区矫正法律制度进行研究，可以为我国社区矫正法律制度的建设和发展提供启示和借鉴。

二、研究意义

（一）为社区矫正的社会实践提供法律智识的支撑

我国社区矫正的实践是以 2003 年 7 月最高人民法院、最高人民检察院、公安部、司法部联合发布的《关于开展社区矫正工作的试点》作为依据而展开的，而《关于开展社区矫正工作的试点》只是规范性的指导文件，不具有法律属性。所以，2003 年 7 月至 2019 年 12 月 28 日第十三届全国人大常委会第十五次会议通过《社区矫正法》这一时期，社区矫正工作以政策规范为主导，法律法规仅限于《刑法》《刑事诉讼法》《监狱法》等一些有限的规定。《社区矫正法》的颁布实施，是社区矫正工作具有里程碑意义的大事，昭示着社区矫正有了坚实的法律支撑，社区矫正工作进入了法治化阶段。

理论来源于实践，而科学的理论对实践具有指导作用。社区矫正法学从法理的层面对社区矫正进行研究，从而使社区矫正的法律知识转化为统领社区矫正社会实践的智识，有效指导社区矫正工作，提高社区矫正工作的效率，提升社区矫正工作的品质。

（二）完善我国刑事法学体系，改革和完善中国特色的刑事执行制度

我国刑事法学体系在传统理论上可以分为相互联结的三大板块：以《刑法》为核心的刑事实体法、以《刑事诉讼法》为核心的刑事程序法、以《监狱法》为核心的刑事执行法。其实，这种分法是有缺陷的，特别是社区矫正工作的开展、社区矫正制度的逐步确立、《社区矫正法》的颁布实施，以《监狱法》为核心的刑事执行法只是涵盖了刑事执行法律规范的半壁江山，社区矫正法学被排除在我国刑事法学体系之外。为此，社区矫正法学的学科研究使我国刑事法学体系更为完善，将监狱的监禁刑执行和社区的非监禁刑事执行有机结合为刑事执行法整体，使我国刑事执行法成为以《监狱法》和《社区矫正法》为核心的刑事执行法体系。

刑事执行对于打击犯罪、维护社会稳定具有十分重要的作用。在社会主义市场经济体制下，我国的刑事执行也遇到了一些新情况和新问题。社区矫正法学从法律的层面建构社区矫正法律制度，力求在提高社区矫正对象教育改造质量、减少重新犯罪，加强对社区矫正对象的分类教育、增强教育改造的针对性和有效性，使刑满释放人员能尽快融入社会成为守法公民等方面进行探索，进一步完善了我国的刑事执行制度。

（三）规范社区矫正行为，有利于实现司法工作的根本目的

在《社区矫正法》颁布实施前，我国社区矫正工作实践存在的最大短板，就是缺乏专门的社区矫正法的支撑，使社区矫正行为处在“无法可依”的尴尬境地。《社区矫正法》的颁布实施，明确规定了社区矫正的权利（权力）、义务、职责，明晰了社区矫正的权力边界，使社区矫正行为纳入法律规范的宏观框架，社区矫正工作由此才真正有了法律依据，走上法治轨道。

司法工作的根本目的，就是化解社会矛盾、维护社会稳定、实现社会正义。因此，司法工作的改革和发展应当朝着这个方向努力。而社区矫正法律制度的进一步完善，则是实现这个根本目的的理想途径之一。要化解社会矛盾，就要努力缓解、消除人们之间的矛盾和纠纷，帮助人们恢复心灵的宁静和情绪的平和。如果一味地强调“打击”“严打”，虽然也能在短时间内维护社会的秩序，但是不可能带来彻底的心灵宁静和情绪平和，因为“打击”“严打”等造成的心理强制有可能激化一部分人的抗拒心理和仇恨情绪。社区矫正法律制度的谦抑性特质则具有不激化矛盾、帮助恢复情绪平衡的作用，有可能带来真正的心平气和。特别

是在未来大量使用调解、赔偿等方法解决轻微犯罪的情况下，社区矫正更能产生这方面的效果。①

（四）提高社区矫正的法治化水平，充分保障社区矫正对象的合法权利

社区矫正的前提和保障是社区矫正机构行使国家的刑事执行权，它和制刑权、求刑权、量刑权一起构成了国家的刑事执行权。由此，社区矫正的刑事执行权成为社会治理的公权力，其运行规则必须遵循法治化的要求。社区矫正执法人员的执法理念、执法水平、法律素养和执法能力，社区矫正对象的权利保障水平等，在一定程度上代表着国家的法治程度和文明程度。从某种意义上说，社区矫正的法治化水平是衡量我国法治化建设的晴雨表。因此，社区矫正法学研究使社区矫正工作更好地纳入法治化社会建设的框架，明晰了社区矫正对象的权利义务关系，构建了中国特色社区矫正对象的权利保障体系，提升了社区矫正的法治化水平。

（五）合理配置行刑资源，增强行刑效能

由于行刑资源的稀缺性，在严厉打击刑事犯罪、增强刑罚效能的同时，也要合理配置行刑资源。监狱中大量存在不需要或不适宜监禁的罪犯，使监狱的经费大幅度增长。《社区矫正法》以法律的形式确立了社区矫正法律制度，将不需要在监狱中关押的罪犯放到社区，将行刑资源更好地用于需要执行监禁刑的罪犯，使我国的刑事执行方式也由以监禁执行为主导，转变成监禁执行和非监禁执行并驾齐驱的二元刑事执行方式，从而可以增强刑罚的效能。

三、与相关学科的关系

社区矫正法学和相近学科有着密切的联系，研究社区矫正法学和相关学科的关系，有助于厘清社区矫正法学的学科地位，明晰社区矫正法学的研究边界。

（一）社区矫正法学与社区矫正学

社区矫正学是一门研究社区矫正及其运行规律的专门学科，是一门相对独立的综合型社会科学，有着独特的研究领域和丰富多彩的研究内容。就目前来看，以分支学科出现的学科名称包括社区矫正管理实务、社区矫正教育理论与实务、社区矫正对象个案矫正技术、社区矫正概论、社区矫正基础理论、社区矫正实务、社区矫正理论与实务、社区矫正应用技术等。从这个意义上看，社区矫正法

① 吴宗宪：《关于社区矫正若干问题思考》，载《中国司法》2004 年第 7 期。

学是社区矫正学的分支学科。社区矫正法学的研究内容主要集中在社区矫正法律规范上，包括社区矫正法律的制定、法律渊源、法律关系、刑罚执行、监督管理、恢复性司法以及社区矫正中的危险管理等社区矫正实践活动。而社区矫正学在研究领域上更为宽泛，除了社区矫正法学的大部内容之外，社区矫正对象的矫正教育、社会帮扶、个案矫正、个案评估、心理矫正、行为矫正、社会支持系统、社区建设、社会文化、社会管理等内容，也属于社区矫正学的研究范畴。因此，社区矫正法学是种学科，而社区矫正学是属学科，二者的发展是相互依赖和相互促进的关系。

（二）社区矫正法学与监狱法学

社区矫正法学与监狱法学是研究刑事执行制度的并驾齐驱的两门学科。社区矫正法学研究非监禁刑事执行制度中的法律问题，而监狱法学研究监禁刑罚执行制度中的法律问题，二者同属于刑事执行法的范畴。同时，二者在法律规范内容上又有相互联结和交叉的关系，比如假释犯和暂予监外执行犯实施社区矫正的交接，以及社区矫正对象出现法定事由的收监，假释犯在假释之前的调查评估等，都需要相关的法律法规、行政规章制度加以规范。

（三）社区矫正法学与刑法学

首先，社区矫正法学与刑法学同属于刑事法学的范畴，是刑事法学的不同分支学科。刑法学是刑事实体法学的内容，是社区矫正法学的前置学科；而社区矫正法学属于刑事执行法学的范畴，是刑法学的后置学科。其次，从研究内容上看，刑法学研究犯罪、刑罚与刑事责任，而社区矫正法学研究刑法和刑罚执行。最后，二者最大的不同在于研究的重点不同。刑法学研究犯罪的构成、对犯罪人适用刑罚的问题，而社区矫正法学研究如何执行所规定和适用的非监禁刑罚问题。

（四）社区矫正法学与刑事诉讼法学

第一，二者是相互依存的关系。社区矫正法学与刑事诉讼法学同属刑事法学的范畴，是刑事法学的不同分支学科。刑事诉讼法学是刑事程序法学的内容，是社区矫正法学的前置学科，是刑事司法活动的前提；而社区矫正法学是刑事执行法学的范畴，是刑事诉讼法学的后置学科，是刑事司法活动的目的。

第二，二者最主要的区别在于处在刑事司法活动的不同阶段。刑事诉讼法学的研究重点在于从程序上保证准确查明案件事实、确定刑事责任和刑罚处罚问题，重在程序公正。而社区矫正法学的研究重点在于准确有效地执行刑罚问题，社区矫正对象在减刑、收监等环节虽然也有程序问题，但属于刑事执行的变更程序，是社区矫正法学研究的派生问题。

（五）社区矫正法学与犯罪学

犯罪学是研究关于犯罪现象、犯罪产生原因和犯罪预防对策的知识及理论体系的综合性学科。具体内容包括犯罪现象、犯罪行为、犯罪心理、犯罪人、犯罪原因、犯罪预防等，是打击和惩罚犯罪、教育和矫正罪犯的前提及基础。而社区矫正法学则是以对社区矫正对象监督管理和矫正教育为核心的，规范社区矫正行为的知识和理论体系。二者相互联结之处就在于犯罪学为社区矫正法学提供了理论支撑，共同研究犯罪现象、犯罪原因、犯罪行为、犯罪心理、犯罪人和犯罪预防的对策，尤其在犯罪个别预防、犯罪社会预防、犯罪心理预防、犯罪治安预防等方面，具有高度契合性。

（六）社区矫正法学与社会学

社会学是一个研究领域十分宽泛的学科，包括社会运行、社会系统、社会文化、社会化与个体化、社会互动、社会网络、社会群体、社会组织、社会制度、社会分层、社会流动、社会变迁、社会现代化、城市化、社会运动、社会问题、社会控制、社会政策、社会建设，以及社区、家庭、婚姻、社会性别等。总之，它是“关于社会良性运行和协调发展的条件和机制的综合性具体社会科学”。① 相比较而言，社区矫正法学是社会学的一个分支学科，在研究社会犯罪原因、社会犯罪预防、社会犯罪控制等方面，社区矫正法学必须借助社会学的基本原理、基本理论、研究成果等，才能构建社区矫正法学的知识体系和理论体系。特别是在研究方法上，二者具有相同性，诸如调查研究的方法、个案研究的方法、观察研究的方法、统计研究的方法等，都是社会学研究方法在社区矫正法学中的应用。

除此之外，社区矫正法学中关于对社区矫正对象的监督管理，需要借助管理学的基本原理和知识体系，因而与管理学产生联系；在对社区矫正对象实施矫正教育的过程中，需要广泛应用教育学的发展规律和基本理论，因而和教育学产生联系；在对社区矫正对象进行危机干预、心理矫正、个案矫正、心理评估等活动中，离不开心理学基本原理和理论的支撑，因而和心理学产生联系；对于暂予监外执行的社区矫正对象来说，还涉及医疗问题，因而和医学有着比较密切的联系。

---

① 郑杭生主编：《社会学概论新修》（第四版），中国人民大学出版社 2013 年版，第 4 页。

第三节　社区矫正法律关系

社区矫正法律关系属于社会关系中法律关系的范畴。法律关系是法律规范在确认和调整人们行为的过程中所形成的具有权利义务内容的社会关系，包括法律关系的主体、法律关系的内容、法律关系的客体三大要素。其中，法律规范和法律事实是决定法律关系形成、变更和消失的主要条件。法律规范是法律关系形成、变更和消失的法律依据，法律事实是法律规范所规定的、能够引起法律关系形成、变更和消失的客观条件。因此，研究社区矫正的法律关系必须明确一般法律关系的概念。

一、社区矫正法律关系的概念和特点

社区矫正法律关系，是指社区矫正法律法规所调整和规范的社区矫正主体之间的权责义务关系，包括社区矫正机构因社区矫正活动而形成的社区矫正机构与社区矫正对象之间、社区矫正机构与其他机关之间、社区矫正机构与其他组织或公民之间的权利义务关系。由此可以看出，社区矫正法律关系包括：第一，社区矫正法律关系是社区矫正法律法规所调整和规范的社会关系，即根据社区矫正法律规范而产生的主体之间的特定的权利义务关系。第二，社区矫正法律关系是基于社区矫正机构对社区矫正对象执行刑罚、监督管理、矫正教育、社会帮扶等活动而产生的社会关系。第三，社区矫正法律关系是社区矫正机构与社区矫正对象、其他机关、其他组织或公民之间产生的社会关系。所以，社区矫正法律关系具有以下特点。

（一）参与主体的多元性

社区矫正法律关系包含多重法律关系，参与主体十分广泛。首先，社区矫正法律规范所调整的法律关系的参与者在政府机构和法律机构层面涵盖面广，包括社区矫正机构、司法行政机关、人民法院、公安机关、监狱机关、人民检察院，以及相关的财政、教育、卫健委、人力资源与社会保障等司法机关和政府机关。其次，从社会支持系统来看，参与主体也具有多元性，包括社区矫正对象亲属、基层组织、社会团体、社会组织、企事业单位、社会志愿者等。最后，社区矫正对象是作为社区矫正法律关系的当然一方参与进来的。在众多主体之间，彼此形成了多重的、具有主次地位序列的法律关系统一体。2019 年 12 月 28 日通过的《社区矫正法》，将社区矫正机构工作人员、居民委员会、村民委员会，社区矫正对象的监护人、家庭成员、所在单位或者就读学校，社会工作者、志愿者、企事业单位、社会组织等，都列入了社区矫正参与者的范畴。

（二）性质的双重性

从社区矫正的性质来看，其并不是单一的刑事执法活动，兼具刑罚执行和行政管理的双重属性，因而社区矫正法律关系既具有刑罚执行的刑事法律关系，也具有监督管理和矫正教育的行政法律关系。其中，社区矫正刑罚执行机构和社区矫正对象之间由于刑罚执行活动而产生的法律关系属于刑事法律关系，由社区矫正中以管理、教育和帮扶活动而产生的法律关系属于行政法律关系。社区矫正活动是两种性质不同的法律关系的有机统一。

（三）位阶的层次性

社区矫正法律关系内部存在多重具体的法律关系，但是这些具体的法律关系在社区矫正中的地位并不是平等的，是有主次之分的。最重要的法律关系是特定的，即社区矫正机构与社区矫正对象之间依照社区矫正法律法规而产生的执行刑罚、监督管理、矫正教育、社会帮扶等为主要内容的具体的法律关系，这才是第一性的社区矫正法律关系，其他的法律关系都是由此衍生出来的，以保障社区矫正机构顺利实现社区矫正目标。所以，这里所强调的是位阶的层次性。在社区矫正法律关系中，主导型法律关系是特定的，是指社区矫正机构与社区矫正对象之间基于社区矫正法律法规所产生的权利义务关系，它不依赖于其他法律关系而存在，并在诸多法律关系中居于支配地位，是社区矫正法律关系中最基础、最主要的法律关系。

二、社区矫正法律关系的种类

社区矫正法律关系的种类取决于社区矫正机构的性质和职能。社区矫正法律关系是由多重法律关系共同构成的，依照不同的标准，可分为不同的类型。

（一）按照社区矫正法律法规规定的基本任务进行分类

按照社区矫正法律法规规定的基本任务进行分类，可以分为社区矫正行刑关系、监督管理关系、矫正教育关系、社会帮扶关系、组织管理关系等。

1. 社区矫正行刑关系。社区矫正行刑关系是指社区矫正刑罚执行机构依照刑事判决或者裁定决定对社区矫正对象执行刑罚过程中所产生的权利义务关系。执行刑罚是社区矫正法律关系产生的法律前提，社区矫正法律关系中的多重法律关系基本都是围绕社区矫正刑罚执行机构的刑罚执行活动而发动、开展、变化、变更和消灭的。其中主要包括：因适用假释、缓刑、暂予监外执行等而形成的社区矫正刑罚执行机构与社区矫正对象之间的权利义务关系；因社区矫正对象的接收所形成的社区矫正机构与监狱机关、人民法院、人民检察院、公安机关、社区矫正对象等之间的权利义务关系；因社区矫正对象违规违纪、又犯罪、有余罪和出现法定事由需要收监执行而形成的社区矫正刑罚执行机构与社区矫正对象之间的权利义务关系；因处理社区矫正对象申诉、控告、检举及减刑而形成的社区矫正机构与监狱机关、人民法院、人民检察院、公安机关、社区矫正对象之间的权利义务关系；因社区矫正对象回归社会而形成的社区矫正机构与公安机关、当地政府和社区矫正对象等之间的权利义务关系；因禁止令的执行而形成的社区矫正刑罚执行机构与社区矫正对象之间的权利义务关系。

2. 监督管理关系。监督管理关系是社区矫正中的主导关系之一，是指社区矫正机构对社区矫正对象实施监督管理行为而形成的、与参与各方之间的权利义务关系。监督管理是社区矫正工作中最基本的工作方式，贯穿于社区矫正对象社区矫正的始终，在地位上是刑罚执行和矫正教育的中间媒介，体现于社区矫正工作的各个方面。主要包括社区矫正宣告、设立矫正小组、建立矫正档案、日常检查与定期走访、学习管理、请假与销假、迁居管理、会客管理、考核奖惩、报告与审批、信息通报、危险控制、公益活动、禁止令执行等。社区矫正机构在日常监督管理活动中和社区矫正对象、其他参与者依法形成的权利义务关系，都属于监督管理关系的范畴。

3. 矫正教育关系。矫正教育关系是指社区矫正机构对社区矫正对象实施矫正教育行为而形成的、与参与各方之间的权利义务关系。社区矫正的核心价值就在于将社区矫正对象置于社区之内，广泛应用丰富的社区资源，对社区矫正对象开展全方位的矫正教育，以实现社区矫正的目的。所以，矫正教育是社区矫正工作的主导内容，在社区矫正法律关系中居于支配地位。社区矫正的矫正教育活动主要包括形势政策教育、法律教育、道德教育、行为矫正、心理矫治、个案矫正、社会态度教育、社会技能培训、就业指导与设计、社会生活指导、危机干预等。社区矫正机构在矫正教育活动中所形成的与社区矫正对象以及其他参与主体之间的权利义务关系，都属于矫正教育关系的范畴。

4. 社会帮扶关系。社会帮扶关系是指社区矫正机构对社区矫正对象实施社会帮扶行为而形成的、与参与各方之间的权利义务关系。社会帮扶是对社区矫正对象的救济行为，目前主要有法律帮助、就业就学帮助、医疗救助、生活救助、社会保障、危机干预、社会生活指导等。社区矫正机构在社会帮扶活动中所形成的，与社区矫正对象、其他参与主体之间的权利义务关系，都属于社会帮扶关系范畴。

5. 组织管理关系。组织管理关系主要是指：社区矫正机构与参与社区矫正工作的相关国家机构之间的关系；社区矫正机构内部层级管理之间的关系；社区矫正机构平级之间的横向协调关系；社区矫正机构与行使刑罚执行权的警察之间的关系；社区矫正机构与社区矫正工作者之间的行政隶属关系等。

（二）以参与主体的社会形态进行分类

以参与主体的社会形态进行分类，分为职业型法律关系、职能型法律关系、志愿型法律关系、互利型法律关系等。

1. 职业型法律关系。主要是指政府聘用的社会工作者，或者是政府购买服务参与到社区矫正工作中的社会工作者，从事社区矫正工作以实现职业理想为目的，由此与社区矫正机构和矫正对象之间所形成的权利义务关系。

2. 职能型法律关系。主要是指依附于政府参与社会管理活动的社会组织和社会团体在社区矫正活动中，与社区矫正机构和矫正对象之间所形成的权利义务关系。就目前而言，我国职能型的基层组织包括村（居）民委员会、企事业单位、司法所法律服务机构的法律工作者、人民调解机构的调解员、关心下一代协会等。

3. 志愿型法律关系。主要是指以志愿者身份参与社区矫正的社会力量在社区矫正活动中，与社区矫正机构和矫正对象之间所形成的权利义务关系。

4. 互利型法律关系。除上述社会力量之外，以互利共赢为目的参与社区矫正的社会力量在社区矫正活动中，与社区矫正机构和矫正对象之间所形成的权利义务关系，如社区矫正对象家属、参与社区矫正的企业、对社区矫正对象实施法律援助的律师等。

（三）以参与主体构成进行分类

以参与主体构成界分，分为依附型法律关系、自治型法律关系、单元型法律关系、多元型法律关系等。

从当前我国社区矫正法律法规所调整的社区矫正参与主体间的权利与义务关系的整体状况看，是以社区矫正机构为主导、社会力量多元主体参与的格局，彼此之间所形成的法律关系也复杂多样。依附型法律关系是指社会力量参与主体和社区矫正机构之间所形成的法律关系，在享有的权利和应履行的义务上，社区矫正机构居于法律关系的主导地位，而社会力量参与主体则处在依附地位，是依附于社区矫正机构的权利与义务关系而存在的。自治型法律关系是指参与社区矫正的社会自治组织之间，在享有的权利和应履行的义务上不具有法定性。单元型法律关系是指参与社区矫正的社会力量主体在和社区矫正机构的法律关系上是单元的。多元型法律关系是指以社区矫正机构为主导的社区矫正参与主体，和其他参与主体之间是多元型的法律关系。

（四）以主要参与主体和行刑主体进行分类

以主要参与主体和行刑主体为切入点，可以将社区矫正法律关系区分为平权型、隶属型、合同型、惩治型和融入型等理想类型。①

1. 平权型法律关系。这种法律关系中各行为主体间的地位平等，相互之间并没有基于权力的服从或隶属关系，主要体现为社区矫正机构与平级的人民法院、人民检察院、监狱机关、公安机关及民政、人力资源与社会保障等部门之间以及跨区域的同级社区矫正机构之间的关系。在这种法律关系中，各个主体都代表国家利益，并依法行使一定的公权力。但是，平等的公权力主体各方所行使的权力相互间并无对应关系，即一方要求另一方履行的责任，若对方不履行，其往往缺乏及时有效的应对手段或措施，反之亦然。除同一辖区内各公权力主体之间存在的平权型法律关系外，在社区矫正工作实践中，还存在跨区域的社区矫正机构之间的平权型法律关系。跨区域平权型社区矫正法律关系又包含两种类型，即同一省、自治区、直辖市内地市级、县级社区矫正机构之间的平权型法律关系和跨越省、自治区、直辖市之间的平权型社区矫正法律关系。

2. 隶属型法律关系。这种法律关系中的行为主体在社区矫正的业务上存在管理与被管理、命令与服从、监督与被监督的关系，主要体现为中央、省、市、县四级司法行政机关之间的业务指导与管理关系。各级社区矫正机构在具体工作中既离不开上级主管部门的业务指导，又必须依赖当地党委政府及相关部门在人、财、物等诸多方面的支持。

3. 合同型法律关系。这种法律关系又称合作型法律关系，社区矫正机构与企事业单位、社会组织、社会志愿者等社会力量之间的合同（合作、协助）型法律关系是行刑社会化与人本化的具体体现。这种法律关系的行动主体往往通过政府购买社会服务或自愿承担社会责任的方式，以合同或帮教协议的形式建立起相应的民事法律关系，并在合同或协议规定的条款范围内享有相应的权利并承担一定的义务，主要体现为县级社区矫正机构与社会组织间的合同关系、社区矫正机构与矫正小组、社区矫正志愿者间的帮教协议关系等。这是一种基于平等主体间的法律关系，在这种法律关系中，权利与义务的规定往往比较具体，这种法律关系的双方通常依照合同等形式对双方形成约束，以实现自身的利益或目的。在实践中，这种法律关系以民事法律关系为主，主要表现为平权私法主体间相互约束的权利与义务关系。

4. 惩治型法律关系。主要依据人民法院等裁决机关的生效法律文书而产生，并从属于将社区矫正对象改造成守法公民的目的，兼具惩罚、矫正、帮扶等内容，主要表现为县级社区矫正刑罚执行机构与社区矫正对象之间的刑罚执行法律关系。从性质上说，两者之间的关系是不平等主体间的法律关系。在这种关系中，通常一方代表国家利益因而在立法、司法、执法过程中都处于强势地位，另

---

① 本部分内容见哈洪颖：《试论我国社区矫正法律关系的结构性元素》，载《贵州师范大学学报》2018 年第 5 期。

一方依照法律规定要履行相应的义务或遵守相应的禁止性规定。虽然社区矫正对象在接受矫正的过程中仍享有不被剥夺或限制的部分权利与自由，但在刑罚执行法律关系中的双方处于明显不对等的地位。

5. 融入型法律关系。体现为社会力量帮扶社区矫正对象，使之顺利回归社会、融入社会的过程。这种法律关系具有社会力量参与的多元性、社区矫正对象的主体性与互动性、融入关系的平等性等特征。专业社会工作者、社会志愿者、社会团体、各类民间组织和企事业组织等社会力量参与社区矫正工作不仅具有法律的依据，而且契合了这项工作人本化、人性化与社会化的演化趋势。

三、社区矫正法律关系的要素和构成

（一）社区矫正法律关系的要素

社区矫正法律关系的要素包括社区矫正法律关系的主体、内容和客体。

社区矫正法律关系的主体派生于法律关系的主体，法律关系的主体是法律关系的参加者，是依法享有权利和承担义务的当事人，即在法律关系中一定权利的享有者和一定义务的承担者。社区矫正法律关系的主体是指社区矫正法律关系的参与者，其中，最主要的、居于支配地位的参与者是社区矫正机构和社区矫正对象，其他社区矫正法律关系的参与者也是社区矫正法律关系的主体。

社区矫正法律关系的内容是由社区矫正法律规范所规定的社区矫正法律关系主体所享有的权利和所应承担的义务的总和。在这里，权利和义务是对等的、统一的、密切相连的。对于社区矫正法律关系的参与者而言，没有无义务的权利，也没有无权利的义务。权利义务的分配，是依据法律规范而设定的，在社区矫正法律关系参与者中，由于主体不同，权利义务的内容和范围也有很大差别。其中，社区矫正法律关系的最主要内容是社区矫正机构和社区矫正对象的权利义务体系。

社区矫正法律关系的客体是社区矫正法律关系主体的权利义务所指向的对象，包括行为、物、精神财富。社区矫正法律关系的客体主要是指行为，包括作为和不作为，而且是社区矫正机构和社区矫正对象的行为。

（二）社区矫正法律关系的构成

社区矫正法律关系是由主体、客体和内容三个要素构成的。在这一结构关系中，主体表达社区矫正决定、执行和参与社区矫正的行刑、管理、教育、帮扶等社会治理关系，是社区矫正法律关系的主要承载者；客体是社区矫正权利义务关系所指向的对象；内容是指社区矫正法律关系中权利义务的总和。

1. 社区矫正法律关系主体。社区矫正法律关系的主体是指社区矫正法律关系的参与者，即社区矫正法律规范所确定的权利的享有者和义务的承担者。从类别上可以分为三大层次：国家机关、社会力量和矫正对象。在法律法规和行政规章的规范下承担社区矫正的立法、司法、执法、监督、保障、扶助等国家机关承担的公共责任。

(1) 国家机关。

第一，社区矫正机构。社区矫正机构依据国家法律法规或授权对社区矫正对象执行刑罚、监督管理、矫正教育、社会帮扶、危机干预、恢复司法等。在实际执行中，具体来说是指社区矫正机构工作的公职人员，这一类人员实质就是狭义的社区矫正工作者。这类人员的身份具有法定性，按照法律法规和政策的规定享有权利的同时，必须履行法定义务。显然，这部分人员是指在社区矫正工作中的直接领导者、管理者和参与者。2019 年 12 月 28 日通过的《社区矫正法》第 8 条、第 9 条、第 10 条规定了社区矫正机构和社区矫正机构工作人员。

第二，公安机关。公安机关是对看守所、拘役所关押罪犯适用暂予监外执行提出意见的机关。依照《刑法》《刑事诉讼法》《监狱法》《社区矫正法》等法律法规，以及《社区矫正法实施办法》的规定，依法履行职责。

第三，人民法院。人民法院是对社区矫正对象实施社区矫正的主要决定机关。依照《刑法》《刑事诉讼法》《监狱法》《社区矫正法》等法律法规，以及《社区矫正法实施办法》的规定，依法履行职责。

第四，监狱机关。监狱机关包括监狱管理机关和监狱执行机构。监狱管理机关是对监狱关押罪犯适用暂予监外执行的决定机关。监狱管理机关以及监狱执行机构依照《刑法》《刑事诉讼法》《监狱法》《社区矫正法》等法律法规，以及《社区矫正法实施办法》的规定，依法履行职责。

第五，检察机关。依据《社区矫正法》《社区矫正法实施办法》《人民检察院刑事诉讼规则》规定，人民检察院对社区矫正各执法环节依法实行法律监督。同时，要求检察机关应当健全工作机制，明确工作机构，配备专门工作人员，落实工作经费，切实加强对社区矫正执法工作的法律监督。

检察机关作为社区矫正法律关系的主体，主要是行使法律监督的职权，对社区矫正活动是否合法依法实施监督，这是宪法和法律赋予检察机关的重要职责，以保障社区矫正工作依法、公正进行。

监督的范围主要有：一是交付执行法律监督，即人民检察院对判处管制、宣告缓刑、裁定假释和决定暂予监外执行的法律文书送达情况和对人民法院、监狱、看守所交付执行活动的监督。二是监管活动法律监督，即人民检察院对社区矫正机构监督管理社区矫正对象的执法活动是否合法实行的监督。三是对社区矫正对象及其亲属的申诉、控告、检举进行受理，并进行处理。四是对社区矫正对象的又犯罪提起公诉。五是对社区矫正公职人员职务犯罪案件实施侦办等。

第六，其他国家机关。在我国社区矫正工作的具体实践中，其他机构也从不同的角度参与到社区矫正工作中，比如全国人大通过制定、修改法律的形式对社区矫正活动予以法律规定、规范、确认和限制等，地方人大制定涉及社区矫正的地方性法规和规章。虽然没有直接参与社区矫正的具体实践，但间接地参与了社区矫正的整个过程。这些机构主要有：一是民政部门。民政部门需要对家庭特别困难的社区矫正对象开展救济等工作。同时，民政部门还要解决非政府社区矫正组织和团体成立时的登记注册问题，为完善社区矫正的组织体系开展工作。二是人力资源与社会保障部门。人力资源与社会保障部门需要解决社区矫正对象在社会保障、职业技能培训、劳动报酬支付、劳动争议解决等方面的问题。还要在推荐社区矫正对象就业方面开展工作。三是卫健委部门。卫健委部门需要解决社区矫正对象的卫生防疫、疾病治疗等方面的问题。四是教育部门。教育部门需要解决社区矫正对象的学历教育和其他教育等方面的问题，特别是要解决从监狱中释放的符合条件的假释犯的就学等问题。还需要解决对社区矫正对象进行文化教育和职业技能培训中的质量监督等问题。五是工商行政管理部门。工商行政管理部门在社区矫正中要从事多方面的工作。例如，为社区矫正对象从事工商活动颁发营业执照，监督他们开展合法的经营活动；为非政府性社区矫正组织和团体开展经营性活动提供证照，对经营活动进行日常监督和年度审核等工作。①

总之，在社区矫正适用过程中，社区矫正机构负责指导管理、组织实施社区矫正工作；人民法院对符合社区矫正适用条件的被告人、罪犯依法作出判决、裁定或者决定；人民检察院对社区矫正各执法环节依法实行法律监督；公安机关对违反治安管理规定和重新犯罪的社区矫正对象及时依法处理。这就要求各级人民法院、人民检察院、公安机关、社区矫正机构应加强对社区矫正工作的组织领导、健全工作机制、明确工作机构、配备工作人员、落实工作经费，各司其职，分工合作，保障社区矫正工作顺利开展。

（2）社会力量。依照 2019 年 12 月 28 日通过的《社区矫正法》的规定，社会力量包括社区矫正工作人员、社会工作者、社会志愿者、企事业单位、有关部门、村（居）民委员会、社区矫正对象所在单位、社区矫正对象就读学校、社区矫正对象家庭成员或者监护人等，共同协助社区矫正机构开展社区矫正工作。

（3）社区矫正对象。社区矫正中的社区矫正对象是社区矫正法律关系的主要参加者，是社区矫正法律关系的主要主体。在我国社区矫正历史上，对“社区服刑人员”这一概念，还使用过“犯罪分子”“罪犯”“社区矫正对象”“社区矫正人员”等名称。在 2019 年 12 月 28 日通过的《社区矫正法》中，使用了“社区矫正对象”这一名称。从名称的性质来看，具有“中和”特质，试图平衡各种名称所产生的争议。

---

① 吴宗宪：《论中国社区矫正中服刑人员处遇的协调与参与机构》，载《法律适用》2005 年第 10 期。

2. 社区矫正法律关系的客体。社区矫正法律关系客体是指社区矫正法律关系主体权利义务共同指向的对象，是社区矫正法律关系发生和存在的前提，主要包括行为、物和精神财富。具体到社区矫正工作，“主要包括刑罚、犯罪心理与行为恶习、特定行为结果等方面的内容”。①

(1) 行为。社区矫正法律关系主体的权利义务大多是通过一定的行为来实现的，所以行为是社区矫正法律关系最主要的客体。在社区矫正法律关系中，由于社区矫正法律关系主体具有法定性和特定性，致使行为也有特定性和特殊性，即互为义务人的社区矫正机构和社区矫正对象完成其行为所产生的能够满足互为权利人利益要求的结果。这个过程带有法定性和强制性。

依据不同的标准，对行为有不同的分类。按照行为的表现样态，可以分为作为和不作为。作为是一种积极主动的行为，即社区矫正法律关系主体按照法律规范的要求去实施一定的行为。这是社区矫正法律关系主体实现权利义务的最基本的形式，如社区矫正机构对社区矫正对象的矫正教育、组织社区矫正对象从事社区服务等。不作为是一种消极的、抑制的行为，或者叫禁止的行为，即社区矫正法律关系主体按照法律规范的要求不得实施的行为，如社区矫正工作者不得侮辱社区矫正对象人格的行为，社区矫正对象不得实施违反社区矫正纪律的行为或者拒绝接受矫正教育的行为。按照社区矫正法律关系的主体，行为可分为社区矫正机构的行为和社区矫正对象的行为。按照行为的性质，行为可分为合法行为和违法行为。按照行为的法律属性，行为可以分为刑事法律行为和行政法律行为。总之，社区矫正法律关系客体中的行为是主体按照社区矫正法律规范的规定实施的有意识、有目的的行为。违法行为是社区矫正法律规范所抑制的行为，违法行为不可能实现社区矫正法律关系主体的权利和义务，所以违法行为不属于社区矫正法律关系的客体。

从社区矫正中社区矫正机构的行为来看，包括刑罚执行行为、监督管理行为、矫正教育行为、危机干预行为、社会帮扶行为、恢复性司法行为等。从社区矫正对象的行为来看，社区矫正对象的行为是和社区矫正机构的行为相对应的，共同构成对称关系。

(2) 物。物是指社区矫正工作中可以作为社区矫正法律关系主体权利义务指向对象的物品和其他物质财富。这是因为社区矫正刑罚执行机构对社区矫正对象的执行刑罚、社区矫正机构对社区矫正对象的监督管理以及矫正教育等活动，需要依赖一定的物质基础，否则社区矫正的职能就无法实现。因此，社区矫正机构在工作中的执法开支、矫正教育经费、办公设备、通信设备、远程监控设备、交通工具等，都是社区矫正法律关系主体权利义务共同指向的对象，即社区矫正

---

① 哈洪颖：《试论我国社区矫正法律关系的结构性元素》，载《贵州师范大学学报》2018年第5期。

法律关系的客体。

（3）精神财富。精神财富主要指从事智力活动所取得的成果，又称智力成果，如著作权、发明权。在这里，主要指社区矫正对象的智力成果，经过社区矫正法律规范的调整，其也可以成为社区矫正法律关系的客体。很明显，社区矫正法律关系客体中的智力成果主要是社区矫正对象在社区矫正期间的智力活动和发明创造所获得的智力成果，主要通过《民法》《专利法》《著作权法》《商标法》等民事法律来保护，社区矫正机构应当保护社区矫正对象的智力成果以及相应的合法财产权益。

3. 社区矫正法律关系的内容。社区矫正法律关系的内容是指社区矫正法律关系中权利义务的总和，包括社区矫正参与者的权利与义务、社区矫正对象的权利与义务。社区矫正法律关系的权利，是主体依法享有的实现愿望和利益的可能性。享有权利的主体为实现愿望和利益可以自己作出或者不作出一定行为，也可以要求他人作出或者不作出一定行为。社区矫正法律关系的义务，是社区矫正法律规范对主体为一定行为，或不为一定行为，或抑制一定行为。一般情况下，社区矫正法律关系主体双方的权利和义务是相对应的，在享有权利的同时必须承担相应的义务。其中，主要体现在社区矫正执行机构和社区矫正对象的权利义务总和。依据《社区矫正法》的规定，社区矫正执行机构包括社区矫正刑罚执行机关和社区矫正机构。社区矫正刑罚执行机关包括公安机关、人民法院、人民检察院、监狱机关等，这里所讲的社区矫正执行机构特指社区矫正机构。

（1）社区矫正执行机构的权利。社区矫正机构所拥有的权力是一种公权力，主要是基于职权法定而产生的。这里特指社区矫正机构依法享有的权利，包括：①刑罚执行协助权，包括对判处管制、宣告缓刑、裁定假释和决定暂予监外执行的法律文书的核查权；社区矫正宣告权；禁止令审批权；居住地变更审批权；撤销缓刑与假释的建议权；暂予监外执行收监执行建议权；缓刑与假释的收监执行建议权；减刑建议权；提请逮捕权；社区矫正的解除宣告权。②监督管理权，包括：调查评估权、对社区矫正对象的监管权、免除社区服务等批准权、管理等级调整权、办理接收权、考核权、表扬权、警告权、治安管理处罚建议权等。③矫正教育权，包括：形势政策教育权、法律教育权、道德教育权、行为矫正权、心理矫治权、个案矫正权、社会态度教育权、社会技能培训权、就业指导与设计权、社会生活指导权等。④社会帮扶权，包括：危机干预权、生活救济权、法律帮助权、就业就学帮助权、社会保障救助权等。

（2）社区矫正机构的义务。社区矫正机构的义务主要有：正确执行人民法院判决或者裁定的义务；依法协助执行刑罚和监督管理社区矫正对象的义务；依法矫正教育社区矫正对象的义务；维护社区矫正对象合法权利，给予社区矫正对象人道待遇的义务；为社区矫正对象提供帮扶的义务；服从上级机关领导和管理的义务；接受检察机关法律监督的义务；接受相关国家机关和社会公众监督的义务等。

(3) 社区矫正对象的权利。我国《宪法》第13条、第33至41条、第45条、第49条规定了社区矫正对象作为公民应该享有的一般权利。在这里，我们重点介绍社区矫正对象在社区矫正中的特殊权利。依据2019年12月28日通过的《社区矫正法》的规定，社区矫正对象的权利包括：人格不受侮辱权、人身安全不受侵犯权、合法财产不受侵犯权、辩护权、申诉权、控告权、检举权、就学和就业权、享受社会保障权、不受歧视权、受教育权、劳动权、休息权、依法获得减刑权、未被依法剥夺或者限制的权利等。

(4) 社区矫正对象的义务。社区矫正对象的义务包括：社区矫正对象必须严格遵守法律、法规和监规纪律，服从管理，接受教育，参加公益活动。可以概括为9项基本义务：社区矫正对象有遵守国家法律法规的义务；社区矫正对象有遵守社区矫正规章制度和纪律的义务；社区矫正对象有服从社区矫正机构依法管理的义务；社区矫正对象有参加公益活动的义务；社区矫正对象有接受思想、文化和技术教育的义务；社区矫正对象有爱护国家财产、保护公共设施的义务；社区矫正对象有维护正常矫正教育秩序，自觉接受改造的义务；社区矫正对象有检举违法犯罪活动的义务；社区矫正对象有法律法规规定的其他义务。

(三) 社区矫正法律关系变动

1. 社区矫正法律关系的发生。社区矫正法律关系的发生取决于：一是法律关系的主体和客体；二是具有法律依据；三是具有相应的法律事实。社区矫正法律规范是引起社区矫正法律关系发生、变更和消灭的前提条件。社区矫正法律事实是基于法律事实而产生的，是法律规范与法律关系的媒介，包括法律行为和法律事件，是能够引起社区矫正法律关系发生、变更或者消灭的客观情况或者现象。社区矫正法律事实是法律事实的一种表现形式，是由社区矫正法律规范所确认和调整的，一旦社区矫正的法律法规对社区矫正进行确认和调整，社区矫正法律事实就形成了。法律行为是指人的有意识的活动；法律事件是指社区矫正活动中出现的客观现象，如社区矫正对象患有严重疾病、死亡等就属于法律事件。在社区矫正法律关系中，社区矫正执行机构和社区矫正对象的行为是引起社区矫正法律关系发生的主要因素，如社区矫正对象的接收、监督管理、考核奖惩、脱管漏管、矫正教育、公益活动、电子监控等，能够导致主体之间一系列权利义务的发生。在此需要说明的是，引起社区矫正法律关系发生的行为可以是合法行为，也可以是非法行为，二者都会引起相应的社区矫正法律关系的发生。

2. 社区矫正法律关系的变更。社区矫正法律关系的变更，是指社区矫正法律关系的要素或法律事实发生变化，包括主体变更、内容变更和客体变更。如社区矫正对象在社区矫正过程中违法犯罪，被判刑后收监执行，就会引起社区矫正法律关系主体、内容和客体的变更，主体的权利和义务也会产生相应的变化。

3. 社区矫正法律关系的消灭。社区矫正法律关系的消灭包括主体的消灭和权利义务的消灭。如社区矫正对象的死亡，或者社区矫正期满解除矫正，就会使社区矫正法律关系归为终止。

第四节 我国社区矫正的立法进程

2019 年 12 月 28 日，第十三届全国人大常委会第十五次会议通过了《社区矫正法》。《社区矫正法》的出台是对十多年来社区矫正工作成果的立法表达，是社区矫正工作发展的标志性事件；《社区矫正法》成为我国社区矫正工作法治化的逻辑起点，是尊重和保护社区矫正对象人权的大宪章，开启了我国社区矫正工作法治化新时代。

一、社区矫正试点试行期间的规范性指导文件

社区矫正试点期间从 2003 年 7 月到 2009 年 9 月，共发布规范性指导文件和司法部行政规章 4 个。

第一，2003 年 7 月 10 日，最高人民法院、最高人民检察院、公安部、司法部联合下发了《关于开展社区矫正试点工作的通知》，确定北京、天津、上海、江苏、浙江和山东 6 省（市）为我国首批进行社区矫正工作的试点地区。由此，社区矫正工作在我国司法实践中正式启动。

第二，2004 年 5 月 9 日，司法部印发了《司法行政机关社区矫正工作暂行办法》。该办法的出台，目的是推动社区矫正试点工作积极稳妥地开展，确保这项改革依法规范地进行，也成为社区矫正试点工作制度化、法治化建设的重要组成部分，对各级司法行政机关开展社区矫正工作起到了重要的指导作用。

第三，2005 年 1 月 20 日，最高人民法院、最高人民检察院、公安部、司法部又联合发布了《关于扩大社区矫正试点范围的通知》，将河北等 12 个省（自治区、直辖市）确定为第二批社区矫正试点地区。

第四，2009 年 9 月 2 日，最高人民法院、最高人民检察院、公安部、司法部发布了《关于在全国试行社区矫正工作的意见》，将社区矫正工作推向全国。

二、社区矫正发展时期的指导性文件和司法解释

社区矫正发展时期从 2009 年 9 月到 2020 年 7 月的全国推进阶段，共发布规范性指导文件、司法部行政规章和司法解释 9 个。

第一，2012 年 1 月 10 日，最高人民法院、最高人民检察院、公安部、司法部联合制定了《社区矫正实施办法》，对社区矫正管理部门职责分工、执行机构

及人员、矫正对象及方法、工作程序、责任机制、奖惩办法等内容加以具体规定，从而完善并细化了《刑法》《刑事诉讼法》对社区矫正的原则性表述，使司法实践中对被判处管制、缓刑、裁定假释及决定暂予监外执行的罪犯的社区矫正真正做到了有法可依。

第二，2013 年 5 月，司法部发布了《关于进一步加强社区矫正执法工作的通知》，针对社区矫正对象的不断增加，要求社区矫正工作要加强监督管理、规范执法行为、提高执法水平。

第三，2014 年 8 月，最高人民法院、最高人民检察院、公安部、司法部发布了《关于全面推进社区矫正工作的意见》，提出了全面推进社区矫正工作的指导思想和基本原则，指出了全面推进社区矫正工作的任务，并就全面推进社区矫正工作的组织领导作出了明确规定。

第四，2014 年最高人民法院、最高人民检察院、公安部、司法部、国家卫生计生委联合发布的《暂予监外执行规定》，要求暂予监外执行工作严格依法规范进行，进一步完善了暂予监外执行制度，对暂予监外执行社区服刑人员的检察监督问题进行了详细的规定。

第五，2014 年 9 月 26 日，司法部、中央综治办、教育部、民政部、财政部、人力资源和社会保障部联合发布了《关于组织社会力量参与社区矫正工作的意见》，对社会力量参与社区矫正在健全社区矫正制度、落实社区矫正任务等方面提出了具体要求。

第六，2016 年 9 月 21 日，最高人民法院、最高人民检察院、公安部、司法部联合发布了《关于进一步加强社区矫正工作衔接配合管理的意见》，专门就公、检、法、司在社区矫正工作中衔接配合的问题作出了规范。这个意见重点就社区矫正适用前、社区服刑人员交付接收、对社区服刑人员监督管理以及对社区服刑人员收监执行方面如何衔接配合作出较为具体的规定。

第七，2011 年 4 月 28 日，最高人民法院、最高人民检察院、公安部、司法部联合印发了《关于对判处管制、宣告缓刑的犯罪分子适用禁止令有关问题的规定（试行）》，对判处管制、宣告缓刑的犯罪分子适用禁止令的有关问题进行了规定。一是管制刑的禁止令。《刑法》第 38 条第 2 款规定："判处管制，可以根据犯罪情况，同时禁止犯罪分子在执行期间从事特定活动，进入特定区域、场所，接触特定的人。"该条第 4 款规定："违法第二款规定的禁止令的，由公安机关依照《中华人民共和国治安管理处罚法》的规定处罚。"《治安管理处罚法》（2006 年 3 月 1 日起施行）第 60 条第 4 项规定"被依法执行管制、剥夺政治权利或者在缓刑、暂予监外执行中的罪犯或者被依法采取刑事强制措施的人，有违反法律、行政法规或者国务院有关部门的监督管理规定的行为"，处 5 日以上 10 日以下拘留，并处 200 元以上 500 元以下罚款。二是缓刑的禁止令。《刑法》第 72 条第 2 款规定："宣告缓刑，可以根据犯罪情况，同时禁止犯罪分子在缓刑考验期限内从事特定活动，进入特定区域、场所，接触特定的人。”为了确保禁止令这项新制度得到正确适用和执行，最高人民法院、最高人民检察院、公安部、司法部于2011年4月28日印发了《关于对判处管制、宣告缓刑的犯罪分子适用禁止令有关问题的规定（试行）》，明确禁止令由司法行政机关指导管理的社区矫正机构负责执行。为严格依法执行禁止令，司法部又印发了《关于贯彻最高人民法院、最高人民检察院、公安部、司法部〈关于对判处管制、宣告缓刑的犯罪分子适用禁止令有关问题的规定（试行）〉做好禁止令执行工作的通知》，对各级司法行政机关做好禁止令执行工作提出了明确要求。

第八，2016年9月19日，最高人民法院对2012年发布的《关于办理减刑、假释案件具体应用法律的规定》进行了修订，完善了办理减刑、假释案件具体应用法律的相关内容。

第九，2020年6月18日，最高人民法院、最高人民检察院、公安部、司法部联合颁布了《关于中华人民共和国社区矫正法实施办法》，对社区矫正工作的具体操作流程作出了制度性安排。

三、刑事法律中对社区矫正的规定

（一）《刑法》中的规定

2011年2月25日，全国人大常委会通过《刑法修正案（八）》。这是我国法律首次对社区矫正制度进行确认，充分体现了对近10年来社区矫正实践的肯定。由此，社区矫正的立法工作进入了“加速期”，社区矫正制度的发展走向及立法问题，也再度引起了社会各界的广泛关注。其中，涉及社区矫正的主要条款有：

（1）《刑法》第38条第3款和第76条、第85条明确规定了对管制刑、缓刑、假释等刑种、刑制“依法实行社区矫正”。

（2）《刑法》第72条第1款第4项明确规定“宣告缓刑对所居住社区没有重大不良影响”，第81条第3款规定“对犯罪分子决定假释时，应当考虑其假释后对所居住社区的影响”。

（3）明确规定了对管制刑、缓刑特别适用的禁止令。

（4）进一步规定和修改了缓刑、假释应当撤销的条件。《刑法》第77条第1款进一步规定了缓刑期间漏罪与新罪数罪并罚的规定：“被宣告缓刑的犯罪分子，在缓刑考验期限内犯新罪或者发现判决宣告以前还有其他罪没有判决的，应当撤销缓刑，对新犯的罪或者新发现的罪作出判决，把前罪和后罪所判处的刑罚，依照本法第六十九条的规定，决定执行的刑罚。”《刑法》第77条第2款补充修改为：“被宣告缓刑的犯罪分子，在缓刑考验期限内，违反法律、行政法规或者国务院有关部门关于缓刑的监督管理规定，或者违反人民法院判决中的禁止令，情节严重的，应当撤销缓刑，执行原判刑罚。”《刑法》第86条第1款、第2款进一步规定，在假释期间发现新罪与漏罪的应当撤销假释及进行数罪并罚。《刑法》第86条第3款规定，违反假释监管法规和监督规定，尚未构成新罪的，应当依照法定程序撤销假释，仅将“公安部门”改为“有关部门”。具体内容是：“被假释的犯罪分子，在假释考验期限内，有违反法律、行政法规或者国务院有关部门关于假释的监督管理规定的行为，尚未构成新的犯罪的，应当依照法定程序撤销假释，收监执行未执行完毕的刑罚。”

（5）根据宽严相济的刑事政策，明确了缓刑的条件。《刑法》第72条第1款规定了4项具体条件：“……（一）犯罪情节较轻；（二）有悔罪表现；（三）没有再犯罪的危险；（四）宣告缓刑对所居住社区没有重大不良影响……”同时，在该条第1款还明确规定了对未成年人、怀孕妇女、已满75周岁老人的特殊缓刑要求，即“对于被判处拘役、三年以下有期徒刑的犯罪分子，同时符合下列条件的，可以宣告缓刑，对其中不满十八周岁的人、怀孕的妇女和已满七十五周岁的人，应当宣告缓刑”。①

（二）《刑事诉讼法》中的规定

2012年3月14日，第十一届全国人民代表大会第五次会议通过《关于修改〈中华人民共和国刑事诉讼法〉的决定》。② 2012年修订的《刑事诉讼法》第258条规定：“对被判处管制、宣告缓刑、假释或者暂予监外执行的罪犯，依法实行社区矫正，由社区矫正机构负责执行。”这是在《刑事诉讼法》中正式确立了社区矫正制度，对其进行了原则规定，并将司法行政机关管理下的社区矫正机构作为一种新的刑罚执行机关，与监狱、看守所、拘役所、公安机关和人民法院等传统意义上的刑罚执行机关相并列，主要负责被判处暂予监外执行、缓刑、假释、管制这4种罪犯的执行。其中，“社区矫正机构”指的是基层司法行政机关的社区矫正机构。

（三）《监狱法》中的规定

1994年12月29日颁布实施的《监狱法》于2012年10月26日第十一届全国人民代表大会常务委员会第二十九次会议进行了修改，自2013年1月1日起施行。

---

① 本部分内容参照了王顺安教授在2012年司法部和中国政法大学联合举办的“全国司法警官院校学科带头人、骨干教师培训班”上的讲课课件，特此说明，并表示感谢。

② 2012年3月14日的修正为《刑事诉讼法》第二次修正，2018年10月26日第十三届全国人民代表大会常务委员会第六次会议对《刑事诉讼法》进行了第三次修正。

1. 关于暂予监外执行罪犯适用社区矫正的规定。第 17 条规定：“罪犯被交付执行刑罚，符合本法第十六条规定的，应当予以收监。罪犯收监后，监狱应当对其进行身体检查。经检查，对于具有暂予监外执行情形的，监狱可以提出书面意见，报省级以上监狱管理机关批准。”第 25 条规定：“对于被判处无期徒刑、有期徒刑在监内服刑的罪犯，符合刑事诉讼法规定的监外执行条件的，可以暂予监外执行。”第 26 条第 1 款规定：“暂予监外执行，由监狱提出书面意见，报省、自治区、直辖市监狱管理机关批准。批准机关应当将批准的暂予监外执行决定通知公安机关和原判人民法院，并抄送人民检察院。”第 27 条规定：“对暂予监外执行的罪犯，依法实行社区矫正，由社区矫正机构负责执行。原关押监狱应当及时将罪犯在监内改造情况通报负责执行的社区矫正机构。”第 28 条规定：“暂予监外执行的罪犯具有刑事诉讼法规定的应当收监的情形的，社区矫正机构应当及时通知监狱收监；刑期届满的，由原关押监狱办理释放手续。罪犯在暂予监外执行期间死亡的，社区矫正机构应当及时通知原关押监狱。”

2. 关于假释罪犯适用社区矫正的规定。第 33 条第 2 款规定：“对被假释的罪犯，依法实行社区矫正，由社区矫正机构负责执行。被假释的罪犯，在假释考验期限内有违反法律、行政法规或者国务院有关部门关于假释的监督管理规定的行为，尚未构成新的犯罪的，社区矫正机构应当向人民法院提出撤销假释的建议，人民法院应当自收到撤销假释建议书之日起一个月内予以审核裁定。人民法院裁定撤销假释的，由公安机关将罪犯送交监狱收监。”

四、社区矫正的立法进程

从 2012 年开始，中央和地方层面对社区矫正的立法工作全面展开，其中具有代表意义的事件有：

2012 年，国务院立法工作计划将《社区矫正法》列入需要抓紧工作、适时提出的立法项目，由司法部负责起草。

2013 年 2 月，《社区矫正法》草案提请国务院审议。同年，国务院将《社区矫正法》列入 2013 年立法工作计划，十二届全国人大常委会将《社区矫正法》列入 5 年立法规划。在地方层面，重庆、浙江、江苏等省（直辖市）也均将社区矫正地方立法提上日程，或开展调研论证，或开展起草工作，或列入立法计划。2013 年 11 月，党的十八届三中全会通过《中共中央关于全面深化改革若干重大问题的决定》，明确提出要“健全社区矫正制度”。

2014 年 1 月，江苏省第十二届人民代表大会常务委员会第八次会通过《江苏省社区矫正工作条例》，这是我国首部社区矫正地方立法。同年，国务院将《社区矫正法》再次列入立法工作计划。3 月，司法部会同国务院法制办、中央政法委牵头成立了由中央 12 个有关部门组成的社区矫正立法工作协调小组和社区矫正法草案审查工作专班，开展立法调研，对社区矫正立法涉及的重大问题进行了研究论证。10月，党的第十八届四中全会通过《中共中央关于全面推进依法治国若干重大问题的决定》，明确提出“制定社区矫正法”。

2015年，国务院将社区矫正立法列为力争年内完成的项目。全国人大常委会立法工作计划将社区矫正立法作为重点领域立法的预备项目。在地方层面，四川、河北、黑龙江、河南等省份或开展社区矫正地方立法调研论证，或列入立法规划，或列入当年立法计划。4月，中办、国办联合印发的《关于贯彻落实党的十八届四中全会决定进一步深化司法体制和社会体制改革的实施方案》明确提出制定社区矫正法，并作为重点领域立法。

2016年，国务院将社区矫正立法列为全面深化改革急需的立法项目。同年，全国人大常委会将社区矫正法列入10月初次审议的法律案。2016年12月，国务院法制办向社会公开《社区矫正法（征求意见稿）》及其说明，并公开向社会征求意见。

2017年，国务院再次将社区矫正立法列入全面深化改革急需的立法项目。同年，全国人大常委会将社区矫正法列入12月初次审议的法律案，但当年未能列入初审。

2018年3月7日，全国政协委员、时任司法部副部长刘振宇接受采访时表示：社区矫正立法已形成共识，还有“最后一公里”的问题需要解决，社区矫正执法主体有待明确，社区矫正的职责、机构设置、队伍正规化、专业化、职业化等问题需要进一步深入研究。3月11日下午，时任全国人大常委会委员长张德江在十三届全国人大一次会议上作全国人大常委会工作报告。张德江委员长提出，要研究编制十三届全国人大常委会立法规划，统筹安排今后5年立法工作，要加强社会、文化、生态等方面立法，制定社区矫正法。2018年3月，国务院2018年立法工作计划将《社区矫正法》列入立法计划，由司法部起草。2017年12月14日，第十二届全国人民代表大会常务委员会第一百零五次委员长会议原则通过《全国人大常委会2018年立法工作计划》。4月17日，第十三届全国人民代表大会常务委员会第二次委员长会议进行了修改。4月27日，全国人大网刊发《全国人大常委会2018年立法工作计划》。根据该立法计划，全国人大常委会将于2018年10月进行初次审议《社区矫正法》。

2019年1月29日，司法部召开2019年首场新闻发布会。熊选国副部长介绍：在立法起草过程中，各方面对社区矫正问题的认识也基本一致，2019年能够顺利地提交全国人大常委会审议。2月，司法部立法一局副局长赵晖介绍：《社区矫正法》《监狱法》等多项重要法律法规的制定和审查工作都已提上今年的工作日程。3月8日下午，在十三届全国人大二次会议上，栗战书委员长指出：2019年全国人大常委会主要集中力量落实好党中央确定的重大立法事项，包括审议《社区矫正法》等立法调研、起草，确保如期完成。根据《国务院

2019年立法工作计划》，要围绕加强和创新社会治理，提请全国人大常委会审议《社区矫正法（草案）》等。6月25日，全国人大常委会进行了审议。7月5日，中国人大网向社会公开征求意见。10月24日，第十三届全国人大常委会第十四次会议对《社区矫正法（草案）》进行了二次审议。10月31日，中国人大网对《社区矫正法（草案二次审议稿）》公开向社会征求意见。12月28日，第十三届全国人大常委会第十五次会议通过了《社区矫正法》，自2020年7月1日起施行。

第五节 社区矫正法出台的意义和主要特征

《社区矫正法》的颁布是社区矫正工作纳入法治化轨道的重要标志。可以说，《社区矫正法》的出台，在中国的社区矫正历史上既具有里程碑的划时代意义，也是新时代中国特色的刑事执行制度建设史上的重大事项。

一、《社区矫正法》出台的意义

（一）我国历史上的首部《社区矫正法》，具有划时代意义

《社区矫正法》的颁布实施，是新时代中国特色社会主义法治建设史上的一件大事，是社区矫正发展史上的里程碑，为推进国家治理体系和治理能力现代化建设注入了新的活力。

《社区矫正法》是我国十几年来社区矫正工作成就的结晶，是中外社区矫正工作历史经验的科学概括和总结，凝聚着从事社区矫正理论研究工作者的科研成果和实务工作者积累的丰富经验和聪明才智。《社区矫正法》的实施，是我国社区矫正工作进入新时代的标志，也是全面进入法治时代的开始。

（二）《社区矫正法》是社区矫正法治化建设的逻辑起点

“法治最基本的前提是有法之治”、[①] 规则之治，应为“良法”“善治”。仅有社区矫正法治的理念，没有实在法的确认；仅有依法社区矫正的要求，没有严格的程序规范；仅有保障和尊重矫正对象人权的意识，没有法律的宣言，那么这一切都是枉然。[②]

---

① 周介昆、陈柏安：《监狱法的法律地位及价值评估》，载 http://www.148com.com/html/501/370751.html，浏览时间：2020年1月22日。

② 周介昆、陈柏安：《监狱法的法律地位及价值评估》，载 http://www.148com.com/html/501/370751.html，浏览时间：2020年1月22日。

《社区矫正法》的颁布为依法社区矫正提供了实在法的依据，使社区矫正工作摆脱了十几年以来无法可依的尴尬局面。《社区矫正法》确认了社区矫正法治化的理念，不仅是社区矫正实体公正的法，也是程序公正的法，为社区矫正工作提供了法律上的保障，更是矫正对象人权尊重与保护的“良法”和“善法”。因此，它是社区矫正法治化的逻辑起点，是社区矫正工作经验的总结、结晶与升华，为社区矫正工作依法开展对矫正对象的执行刑罚、监督管理、危险控制和矫正教育等提供了明确而又具体的法律依据，使整个社区矫正工作有法可依，有章可循。具体体现：一是树立社区矫正工作权威。《社区矫正法》是建立在法律及法律授权基础之上的权威，天然具有法理型权威的强制力。二是整合社区矫正工作的价值追求。由于社区矫正工作参与主体多元化、价值取向多元化、利益诉求多元化，有矛盾和冲突在所难免。《社区矫正法》就成为培育价值取向、调和价值冲突、达成价值共识的价值引导。三是协商对话参与主体，使得社区矫正参与各方权利与义务对等，责任与风险共担，共同追求社区矫正效益最大化。四是领悟社区矫正法治的内涵。社区矫正法治化“是一个内涵民主、自由、平等、人权、理性、秩序、正义、效益与合法性等诸多社会价值的综合观念”。①

（三）《社区矫正法》的制定和实施完善了我国刑事立法与司法体系

首先，在立法层面填补了我国社区矫正刑事执行法的空白，形成了以《刑法》《刑事诉讼法》《监狱法》和《社区矫正法》为代表和主体的较为完整的刑事法律体系。一般来说，一个国家的刑事法律体系由三大部分组成：以《刑法》为主体，规定犯罪与刑罚的刑事实体法；以《刑事诉讼法》为主体，确保程序公正的程序法；以《监狱法》《社区矫正法》为主体，规范刑事执行活动的刑事执行法。我国的刑事法律体系中有《刑法》《刑事诉讼法》《监狱法》，但没有统一规范社区刑事执行的《社区矫正法》，使在社区执行的管制犯、拘役犯、暂予监外执行犯长期没有规范的法律进行规制，成为我国刑事法律体系的盲点。《社区矫正法》的颁行可以说弥补了我国刑事执行体系存在的法律缺陷，成为我国社区矫正工作的法律支撑。

其次，在运作机制方面确立了社区矫正机构独立的主体地位，以法律形式宣告了中国也有专门的社区矫正执行机关，实现了刑事执行权能较为合理的专业化分工。应当说，《社区矫正法》的颁布和实施远远超出了其本身的独立意义，而且直接表现为对刑事立法和刑事司法的重大作用。

总之，《社区矫正法》使中国刑事法律建构起了以刑事实体法、刑事程序法和刑事执行法为基本框架的刑事法律体系。这些法律的全面实施使中国的刑事司法开始进入整体或全体性的法治状态。

---

① 张文显：《法哲学通论》，辽宁人民出版社 2009 年版，第 370 页。

（四）《社区矫正法》是社区矫正对象人权保障的“大宪章”

《社区矫正法》的制定和实施有利于保障社区矫正对象的人权，促进社区矫正对象的矫正教育。社区矫正对象的人权同样也应受到法律的尊重与保护，在司法界已经形成了现代人权共识：“犯人首先是一个人，然后才是一个犯人。”① 作为一个人的本性和本质，也必然享有所应享有的权利，“法律也应当尊重其作为人本身的价值，尊重其语言、交流、观察、推理、想象和创造的能力”。②《社区矫正法》规定社区矫正对象享有没有被法律剥夺或者限制的所有权利，并以法律监督的形式使之得以实现。

二、《社区矫正法》的主要特征

从《社区矫正法》的框架结构上看，这次立法对社区矫正的立法目的、立法总体思路、工作原则、社区矫正工作的体制机制、社区矫正工作程序，以及对未成年人社区矫正的特别规定等主要内容都作了具体规定。其主要特征表现在：

（一）立法目的明确

《社区矫正法》第 1 条规定了立法目的和立法依据。从这一规定所蕴含的精神实质来分析，《社区矫正法》所确立的社区矫正制度，在性质上是刑事执行制度，而非立法之前在学术界和实务界争议较大的刑罚执行制度。这就意味着，社区矫正工作的重心不在于以前所强调的以安全和秩序为价值取向的“刑罚执行”，而是以社会潜在的危险管控和矫正对象的矫正教育作为主导性工作要求。很明显，这是经过十几年的社区矫正实践，在各地经验归纳总结的基础上，为契合我国国家治理体系与治理能力现代化建设，对社区矫正工作的价值转向和新的定位。

（二）立法总体思路明晰

在对《社区矫正法》二次审议时，就提出社区矫正立法要关注未来“大矫正”制度建设之间的关系协调。这次出台的《社区矫正法》仍然体现了这一精神。一是确立了社区矫正刑事执行制度与“大矫正”制度的发展创新建构空间关系。明确社区矫正的性质是刑事执行，而不是刑罚执行或社区刑罚执行，为今

① 上海市监狱管理局党委书记在《监狱法》颁布 13 周年接受记者采访时如是说，载 https://www.docin.com/p-1506977695.html，浏览时间：2020 年 1 月 22 日。

② 周介昆、陈柏安：《监狱法的法律地位及价值评估》，载 http://www.148com.com/html/501/370751.html，浏览时间：2020 年 1 月 22 日。

后扩大适用社区矫正对象留下了空间。我国的社会危险管理问题已经成为社会治理的重要内容，而社区矫正作为社会危险管控的新型社会治理制度，代表着新时代预防犯罪、控制犯罪、教育改造罪犯的发展方向。实践证明，我国传统的重刑主义打击犯罪、惩罚犯罪的治理理念，不能真正保卫社会。而矫正教育犯罪者，使犯罪者回归社会，并修复被犯罪所破坏的社会关系才能够真正地维护社会安全和秩序。因此，在"大矫正"思想的主导下，建构充满柔性的社区矫正制度成为大势所趋。二是社区矫正法与刑事基本法律之间的关系。在目前的刑事法律建构中，《社区矫正法》必须严格与《刑法》《刑事诉讼法》中规定的社区矫正适用范围保持一致，明确社区矫正的适用范围为管制、缓刑、假释、暂予监外执行4类罪犯。没有将试点和试行时已经纳入社区矫正范围的剥夺政治权利的罪犯回归其中，这是社区矫正制度建设的法定要求。三是坚持问题导向，注重解决社区矫正工作中的突出问题。在这次立法中，对社区矫正工作中反应比较强烈的各部门之间的衔接配合、工作要求、工作程序、权利（权力）责任义务等问题，都作出了明确规定。自此，真正使社区矫正工作有法可依。

（三）明确规定了社区矫正的工作原则

《社区矫正法》第3条和第4条规定了社区矫正工作的四项原则：一是坚持尊重和保障人权原则；二是坚持监督管理与教育帮扶相结合原则；三是坚持专门机关与社会力量相结合原则；四是坚持分类管理与个别化矫正原则。在这四项原则中，尊重和保障人权是总要求，也是现代法治的基本精神，是社区矫正工作的前提和保证；监督管理与教育帮扶相结合是社区矫正工作的基本内容，也是社区矫正工作的价值取向；专门机关与社会力量相结合是社区矫正工作的本质特征和基本模式，体现了社区矫正工作的政府主导性与多元开放性特征；分类管理是对矫正对象在管理措施上的宏观设计，个别化矫正是社区矫正工作在具体方法上的要求。这四项原则成为社区矫正工作的基本规范。

（四）确立了社区矫正的体制机制

《社区矫正法》对社区矫正工作机制和机构设置进行了规定。在宏观设计上，建构了党委政府统一领导、司法行政部门组织实施，公安机关、检察机关、审判机关、监狱机关等部门密切配合，社会力量广泛参与的社区矫正工作体系，明确了社区矫正工作的管理体制和工作机制。明确规定国务院司法行政部门主管全国的社区矫正工作；县级以上地方人民政府司法行政部门主管本行政区域的社区矫正工作；地方人民政府根据需要设立社区矫正委员会，负责统筹协调和指导本行政区域内的社区矫正工作；司法所根据社区矫正机构的委托，承担社区矫正相关工作。① 相较于《社区矫正实施办法》，这一规定更为明晰，尤其是对司法所在社区矫正中的定位更为准确。

（五）规范了社区矫正程序

《社区矫正法》是程序法和实体法的结合体。为增强实务工作中的可操作性，《社区矫正法》细化了社区矫正的程序性规则，特别是各部门衔接配合的内容，明确了社区矫正的实施程序。从《社区矫正法》规定的整个工作流程看，对社区矫正程序的规范设计可以分为三个阶段：一是社区矫正前期。从《社区矫正法》第17条到第22条。在内容上，从矫正对象执行地的认定，到矫正对象的委托调查评估，再到法律文书的送达、报到移送，直到接收宣告，都进行了规范。二是社区矫正中期。从《社区矫正法》第23条到第34条。规定了矫正小组的成立、分类教育、日常管理、执行地变更、考核奖惩的种类和条件、电子定位、脱管处理、禁制令执行、减刑等。三是社区矫正后期。从《社区矫正法》第44条到第51条。规范了解除矫正、撤销缓刑假释的程序、逮捕的条件和程序、收监执行的程序、追逃、矫正终止和死亡处理。基本实现了各个程序和各个环节的无缝对接。

（六）对未成年人社区矫正作了特别规定

未成年人是社区矫正的一个特定的社会群体，按照国际规则和国际惯例，必须予以特别的规定。从《社区矫正法》的规定看，其特性表现在：一是拓展了规定范围。《社区矫正法》由一审稿的4条扩大到最后的7条；由限定在未成年人拓展到准未成年人，即第58条规定的："未成年社区矫正对象在社区矫正期间年满十八周岁的，继续按照未成年人社区矫正有关规定执行。"保证了对未成年人社区矫正保护的连续性。二是丰富了规定的内容。《社区矫正法》从对未成年人的工作要求、监护责任、保密义务、义务教育与就业帮扶、辅助机构、权利保护、特殊规定等方面进行了全面规定，内容涵盖了未成年人社区矫正的各个层面。三是对未成年人社区矫正参与者的义务、责任、职责等作出了硬性规定，从第52条至第57条的规定中，都使用了法律上的"应当"，而没有使用具有可选择性的"可以"。这样，相关主体就必须履行法律规定的责任和义务。四是在社区矫正措施和方法上进行了特殊规定。《社区矫正法》规定，应当根据未成年社区矫正对象的年龄、心理特点、发育需要、成长经历、犯罪原因、家庭监护教育条件等情况，采取有针对性的矫正措施；对矫正小组应当吸收熟悉未成年人成长特点的人员参加；对未成年人的社区矫正，应当与成年人分别进行；对未成年社

① 见2019年12月28日通过的《社区矫正法》第8、9条规定。

区矫正对象要给予身份保护，对其宣告不公开进行，其矫正档案应当保密；督促未成年社区矫正对象的监护人履行监护职责，承担抚养、管教等义务；协调有关部门为其完成义务教育提供条件等。① 这样，就在立法层面将未成年人社区矫正相关重要制度予以固定和明确，对于健全防范未成年人犯罪制度体系将起到积极推动作用。

三、《社区矫正法》的基本定位

首先，《社区矫正法》具有独立于《刑法》《刑事诉讼法》《监狱法》的法律地位。《社区矫正法》是依据宪法而制定的法律，和《刑法》《刑事诉讼法》没有派生关系，只有衔接关系。在调整的对象上，是刑事执行法律关系；在调整方法上，刑罚制裁是执行的方法，而非调整的内容，内容是监督管理、矫正教育和社会帮扶。从法的性质和任务来看，《社区矫正法》是刑事执行法。

其次，《社区矫正法》是刑事执行法的有机组成部分，也是我国刑事法律体系的重要组成部分。从《社区矫正法》所具有的刑事执行法的实际意义来考察，确保刑罚实施和实现的刑事执行法，它与《监狱法》一起，应当占据与刑事实体法和刑事程序法相同的国家基本部门法的地位。以《社区矫正法》和《监狱法》为主体，共同构成了我国的刑事执行法律体系。

最后，《社区矫正法》是我国刑事执行双轨制的法律依托。传统上，我国的刑事执行制度是以监禁刑为主导的单一制。在历史发展过程中，注重监禁刑的社会价值，而非监禁刑事执行常常被忽略。《社区矫正法》的颁布实施，使社区矫正制度以法律的形式被固定下来，这既是历史的必然，也是我国社会管理制度创新在刑事执行制度层面的体现。自此，在法律意义上，我国刑事执行制度就形成了监狱监禁执行和社区矫正的双轨制。《社区矫正法》成为社区矫正这一刑事执行方式的法律依托和支撑。

四、执行中应该注意的问题

（一）社区矫正的性质问题

社区矫正性质直接牵涉到整个制度设计。在法律出台之前，性质问题是争议的核心问题，学者们从不同的视角、不同的价值取向、不同的学科基础出发，曾经对其有不同的定性：有单一性质的刑罚执行说、社区刑罚说、社区性刑罚说、社区刑罚执行说、社会处遇说、社区制裁说、处遇说、教育说、监督救助说等，

① 见2019年12月28日通过的《社区矫正法》第七章未成年人社区矫正特别规定。

也有多重性质的刑罚执行和社区活动说、刑罚执行活动和矫正教育活动说、刑罚执行属性和社会工作属性说、刑罚性和恢复性并重说、矫正和社会福利性质说、混合说等。尤其是混合说，即“社区矫正是与监禁矫正相对的行刑方式，是指将符合法定条件的服刑人员置于社区内，由专门的国家机关在相关社会团体和民间组织以及社会志愿者的协助下，在判决、裁定或决定确定的期限内，矫正其犯罪心理和行为恶习，并促进其顺利回归社会的非监禁刑罚执行活动”① 的定性，由于官方文件对这一性质的表述被广泛接纳，同时也被广泛质疑。其中，对缓刑犯如何定性，成为社区矫正是否是非监禁刑罚执行活动的关键问题。依照我国法律规定，被宣告缓刑的罪犯由公安机关交所在单位或者基层组织予以考察。缓刑考验期满，如果没有再犯新罪或者未被发现有漏罪或者没有违反法律、法规及有关规定或者没有违反人民法院判决书中的禁止令的，原判刑罚就不再执行。缓刑不是独立的刑种，理论界有学者称其为“有条件的不执行”。那就是说，缓刑考验期不是刑罚执行活动，也不是非监禁刑罚执行方式。《社区矫正法》规避了这些争议，将社区矫正定性为刑事执行方式，由此，社区矫正制度就被界定为具有中国特色的刑事执行制度。显然，刑事执行制度外延更大，包含了刑罚执行。当然，在可以预料的时期内，社区矫正的性质之争还将继续下去。

（二）“社区矫正对象”称呼问题

自开展社区矫正工作以来的十几年中，官方文件对于矫正对象的界定飘忽不定，先后使用过“罪犯”“社区服刑人员”“社区矫正人员”等概念。不同的名称内含着社区矫正的价值取向和社会公众对于社区矫正文化的追求。其实，名称就是社区矫正的文化符号，昭示着社区矫正的发展方向。对于管制犯、拘役犯、暂予监外执行犯是社区服刑人员，在学界基本没有争议，但是，缓刑犯是否属于社区服刑人员争议很大。《社区矫正法》采纳了更为中性的、不具有标签效应的“社区矫正对象”的名称，这就表明社区矫正的价值取向更为强调追求个别正义，与社区矫正的矫正教育、社会帮扶、回归社会、恢复性司法等价值追求高度契合。尤其是 2020 年 1 月 17 日发布的《最高人民法院、最高人民检察院关于缓刑犯在考验期满后五年内再犯应当判处有期徒刑以上刑罚之罪应否认定为累犯问题的批复》（高检发释字〔2020〕1 号），确认被判处有期徒刑宣告缓刑的罪犯，因判处的有期徒刑并未执行，所以缓刑考验期不属于“刑罚执行”范畴，彻底否定了缓刑犯的“社区服刑”性质。

---

① 见 2003 年 7 月 10 日最高人民法院、最高人民检察院、公安部、司法部发布的《关于开展社区矫正试点工作的通知》（司发〔2003〕12 号）。

（三）执行地认定的规范问题

按照原来的社区矫正工作规定，社区矫正对象的居住地是实施社区矫正的执行地。也就是说，社区矫正对象在居住地接受社区矫正。但是，在如何认定社区矫正对象的居住地上，出现了诸多困惑和冲突。原有社区矫正规则规范中关于“居住地”的确认问题没有具体的规定，因此，在实务工作中存在的问题较多。特别是随着我国社会经济的发展、社会人口的流动加剧，人们所拥有的居住场所较多，因此出现了户籍地、工作地、临时居住地、经常居住地等与居住地相类似的概念。同时，有的社区矫正对象还有多个居住地，这就使得对“居住地”的界定非常困难。同时，在涉及跨省区的社区矫正对象的居住地认定上，社区矫正决定机关在判决、裁定、决定社区矫正时都比较保守。对于社区矫正的接收地而言，由于监督管理上的困局而不愿接收，使社区矫正对象由于居住地的原因而不能受到法律上同等的宽容对待。

《社区矫正法》第 17 条对社区矫正对象执行地认定的规定相对比较具体：“社区矫正决定机关判处管制、宣告缓刑、裁定假释、决定或者批准暂予监外执行时应当确定社区矫正执行地。社区矫正执行地为社区矫正对象的居住地。社区矫正对象在多个地方居住的，可以确定经常居住地为执行地。社区矫正对象的居住地、经常居住地无法确定或者不适宜执行社区矫正的，社区矫正决定机关应当根据有利于社区矫正对象接受矫正、更好地融入社会的原则，确定执行地……”即使如此，社区矫正执行地问题在实际操作中，仍有诸多不易克服的障碍。所以，至少有两个问题有必要在社区矫正实施细则中细化：一是在省、自治区、直辖市范围内，应当统一对社区矫正执行地的认定标准。二是对社区矫正执行地存在争议的，由省、自治区、直辖市社区矫正机构负责协调。

（四）信息化建设问题

信息化建设是我国国家治理体系和治理能力现代化的重要举措和标识。《社区矫正法》第 5 条对信息化建设和共享作出了规定：“国家支持社区矫正机构提高信息化水平，运用现代信息技术开展监督管理和教育帮扶。社区矫正工作相关部门之间依法进行信息共享。”在原有的公、检、法、司等参与主体信息化建设中，各个主体自成体系、互设壁垒，严重阻碍了信息的互联互通，导致实务工作中相互扯皮、效率低下。《社区矫正法》的这一规定从法律层面打破了原有的信息化格局，为信息化建设和共享奠定了法律基础。但是，我们必须看到，参与主体的惯性思维或者是思维定式，在相当长的一定时间内还会成为信息化建设和共享的障碍。因此，建议对社区矫正的信息化建设应在社区矫正实施细则中进一步细化，成为各个参与主体的刚性规定。

（五）参与主体分工协调增加了新的内容

首先，《社区矫正法》关于职责、权力（权利）义务的规定，特别强调：一是《社区矫正法》是规范司法行政部门开展社区矫正工作的法。不仅仅是“管社区矫正的法”和“管社区矫正工作人员的法”，同时也是“保障社区矫正依法开展的法”和“保护社区矫正机构公正执法的法”。客观实践证明，只要社区矫正机构和社区矫正工作人员切实地按照《社区矫正法》的要求行使自己的权利和履行自己的义务，就会受法律的保护。二是《社区矫正法》是规范所有参与者的法。司法行政部门主管社区矫正工作，人民法院、人民检察院、公安机关和其他有关部门依照各自职责，分工负责、相互配合、相互制约，依法开展社区矫正工作。三是在社区矫正实施程序中明确了社区矫正执行地，明确了调查评估程序，对法律文书送达，社区矫正对象报到、接收等程序作了细化规定。四是明确规定了对社区矫正对象实施考核奖惩，以及提请减刑、撤销缓刑、撤销假释、执行收监等情形时的衔接配合程序。五是在监督管理中，也明确了社区矫正机构、公安机关和有关单位和个人的衔接配合。

其次，关于衔接配合的新内容。一是逮捕。《社区矫正法》第 47 条规定：“被提请撤销缓刑、假释的社区矫正对象可能逃跑或者可能发生社会危险的，社区矫正机构可以在提出撤销缓刑、假释建议的同时，提请人民法院决定对其予以逮捕。人民法院应当在四十八小时内作出是否逮捕的决定。决定逮捕的，由公安机关执行。逮捕后的羁押期限不得超过三十日。”这是收监执行之前最严厉的强制措施。二是设立社区矫正委员会。《社区矫正法》第 8 条第 3 款规定：“地方人民政府根据需要设立社区矫正委员会，负责统筹协调和指导本行政区域内的社区矫正工作。”设立的目的是组织、协调、指导本行政区域内的社区矫正工作，它是地方人民政府设立的、由社区矫正相关部门负责人参加的综合协调机构。笔者认为，社区矫正委员会应由本级人民政府或党的机构有关负责人、人民法院、人民检察院，公安、司法行政、财政、民政、教育、人力资源社会保障等部门，工会、共青团、妇联等单位代表组成，负责制定社区矫正工作规划，研究解决社区矫正工作的重大问题。三是禁止令的执行。《社区矫正法》第 31 条对禁止令执行的规定，进一步进行了规范，具有较强的可操作性。社区矫正机构根据执行禁止令的需要，可以要求有关的部门、单位、场所协助配合执行禁止令。同时作了例外规定：对人民法院禁止令确定需经批准才能进入的特定区域或者场所，矫正对象确需进入的，应当经县级社区矫正机构批准，并通知原判人民法院和执行地县级人民检察院。使《社区矫正法》更加人性化。四是社区矫正机构进一步在法律层面固定下来，使司法行政机关的“社区矫正中心”成为社区矫正机构的法定符号。

（六）社区矫正对象权利义务保障问题

《社区矫正法》第10条和第34条等规定了社区矫正对象的权利和义务，把尊重和保障人权作为社区矫正工作的基本原则。社区矫正对象的法定权利包括：依法享有的人身权，财产权，就业权，就学权，享受社会保障权，不受歧视权，申诉、控告和检举权，以及其他权利等。法定义务包括：社区矫正对象必须严格遵守法律、法规和监规纪律，服从管理，接受教育等。另外，在日常管理、执行地变更、电子定位、禁制令执行等方面规定了矫正对象的应尽义务。

在这里，在社区矫正对象的权利义务理解上，还应该在更高的层面上和《宪法》《民法》《知识产权法》等法律法规结合起来。从理论上讲，社区矫正对象的法定权利包括了两大部分：一是社区矫正对象的一般权利，包括生命健康权，人身自由权，人格权，住宅权，通信权，婚姻家庭权，财产权和继承权，知识产权，政治权，宗教信仰自由，获得国家赔偿权，获得物质帮助权，批评、建议、申诉、控告、检举的权利等。除此之外，社区矫正对象依照宪法和法律还享有劳动的权利、教育的权利、文化娱乐的权利，以及各种诉讼的权利等。总之，凡是社区矫正对象未被依法剥夺或者限制的权利都是应该享有的权利。二是社区矫正对象的特殊权利，是指社区矫正对象在社区矫正过程中特别享有的权利，包括社区矫正对象享有依法接受刑事处罚的权利，在社区矫正过程中的知情权和有依法获得减刑的权利。① 在这里特别强调的是社区矫正对象的辩护权、就学和就业权、享受社会保障权、不受歧视权、依法获得减刑权、未被依法剥夺或者限制的权利等权利。社区矫正对象的义务可以概括为9项基本义务：社区矫正对象有遵守国家法律法规的义务；社区矫正对象有遵守社区矫正规章制度和纪律的义务；社区矫正对象有服从社区矫正机构依法管理的义务；有劳动能力的社区矫正对象有参加公益活动的义务；社区矫正对象有接受思想、文化和技术教育的义务；社区矫正对象有爱护国家财产、保护公共设施的义务；社区矫正对象有维护正常矫正教育秩序、自觉接受改造的义务；社区矫正对象有检举违法犯罪活动的义务；社区矫正对象有法律法规规定的其他义务等。

（七）关于时效的规定

由于《社区矫正法》是刑事执行中实体法和程序法的统一，因此，社区矫正工作的各个环节就必然涉及时效的规定。在《社区矫正法》出台之前，关于社区矫正的时效规定得特别混乱，不仅存在省、自治区、直辖市之间规定得不一致的情况，也存在地方文件的规定与最高人民法院、最高人民检察院、公安部、

① 吴宗宪主编：《社区矫正导论》，中国人民大学出版社2011年版，第139~140页。

司法部的规定冲突的情况。在具体执行中，常常产生矛盾甚至各行其是的问题。这次出台的《社区矫正法》统一进行了规范，可以说这也是《社区矫正法》的亮点之一。《社区矫正法》第 20 条将通知和文书送达的时间分别规定为 5 日和 10 日，“社区矫正决定机关应当自判决、裁定或者决定生效之日起五日内通知执行地社区矫正机构，并在十日内送达有关法律文书，同时抄送人民检察院和执行地公安机关”；第 21 条将社区矫正对象报到移送的时效规定为 10 日；第 33 条将人民法院裁定是否减刑的时效规定为 30 日；第 47 条规定人民法院对提请逮捕的社区矫正对象作出是否逮捕的决定时效是 48 小时，逮捕后的羁押期限不得超过 30 日；第 48 条规定人民法院对于撤销缓刑、假释作出裁定的时间是 30 日；第 49 条规定社区矫正决定机关对于暂予监外执行的社区矫正对象作出决定的时间是 30 日等。这些规定对社区矫正参与主体起到了统一的规范作用。

（八）关于电子定位的限制性规定

《社区矫正法》第 29 条对社区矫正对象需要电子定位的五种情形、装置的期限、电子定位的程序、信息保密等进行了规定。和《社区矫正法》出台前相比，出现了新的变化：一是由过去电子定位对社区矫正对象的普及化控制，转变为限制性、选择性控制。二是规定了电子定位适用的条件、批准程序和期限等情形。在规定的使用电子定位的五种情形中，使用时必须经县级司法行政部门负责人批准，对于期限届满后，经评估仍有必要继续使用的，经过批准期限可以延长，每次不得超过 3 个月。三是电子定位的限制性，昭示着《社区矫正法》在法律的价值目标上，主要方向趋向于柔性的监督管理和矫正教育，以及恢复被犯罪所破坏的社会关系，而不是单纯的刑罚执行，或者在刑罚执行中的教育改造。同时，电子定位是限制人身自由措施，按照《立法法》之规定只能是立法机关才有权规定。如果在本法中规定，虽未违反《立法法》，但是和全国人大制定的“前位法”即《刑法》《刑事诉讼法》相冲突。在“前位法”没有相关规定的前提下，电子定位的普遍使用势必违背罪刑法定的原则，有法外加刑之嫌。

当然，不否认这一规定还存在诸多漏洞，在矫正对象的人身控制上将带来新的问题。一是对于期限届满后经评估仍有必要继续使用的，经过批准期限可以延长，每次不得超过 3 个月。那么，由谁来评估？评估的依据和指标体系是什么？二是电子定位都包括哪些电子设备？就目前来看，除了腕带 GPS 之外，是否包括手机信号定位？如果包括，那么第 26 条中的“通信联络、信息化核查”是否也包括手机定位模式？三是将给社区矫正工作对矫正对象的有效管控带来新的冲击。《社区矫正法》出台前，一直追求电子定位率 100%，也确实使社区矫正的管控工作落到了实处。但是，《社区矫正法》的这一新规定，对社区矫正的管控工作提出越来越高的工作要求，将不得不抽调更多的人来对矫正对象进行联系、走访，以确保不出现脱管失控甚至重新犯罪的情形。

基于我国国家治理体系和治理能力现代化建设，社区矫正工作在《社区矫正法》的规范之下，总的发展目标必然是社区矫正工作现代化，构建社区矫正治理体系、提升社区矫正治理能力，将是社区矫正工作的核心任务，也是社区矫正工作深化改革和转型提质的要求。在《社区矫正法》的规范和主导下，以社区矫正法治化为目标，构建"党委领导、政府主导、多元合作"的参与主体间的合作共治共享的结构体系，构建法律规则和道德规范相结合的社区矫正教育方法体系，构建以法治化为核心的社区矫正功能体系、制度体系、运行体系和监督体系，将成为社区矫正工作的主要任务。

第六章　社区矫正对象及其法律地位

2011 年 2 月 25 日通过公布的《刑法修正案（八）》和 2012 年 3 月 14 日第二次修正、2018 年 10 月 26 日第三次修正的《刑事诉讼法》，都对社区矫正对象作了明确规定。尤其是《刑事诉讼法》第 269 条规定："对被判处管制、宣告缓刑、假释或者暂予监外执行的罪犯，依法实行社区矫正，由社区矫正机构负责执行。"这是法定的社区矫正对象的适用范围。《社区矫正法》第 2 条规定："对被判处管制、宣告缓刑、假释和暂予监外执行的罪犯，依法实行社区矫正。"对社区矫正对象的范围进行了规范。

第一节　判处管制的罪犯

一、管制的概念

管制是由人民法院判决后，对犯罪人不实行关押，但限制其人身自由，由社区矫正机构负责执行的刑罚方法。

管制是一种自由刑，是我国刑罚体系中最轻的主刑，其主要特点表现在三个方面：一是对犯罪人不实行关押，不剥夺其人身自由，只限制其一定的人身自由；二是被管制的犯罪分子虽然有人身自由，但其活动应受到社区矫正机构的管束和人民群众的监督，人身自由受到一定的限制；三是管制由人民法院依法判处，交由社区矫正机构执行。

二、管制的适用对象

管制是我国刑罚体系主刑中的一种轻刑，它的适用对象是虽然实施了犯罪行为，但根据其犯罪的事实、性质、情节、后果、对社会的危害程度以及认罪悔罪的态度，不予关押也不至再对社会造成损害的犯罪人。或者说，管制的适用对象只能是罪行较轻的犯罪人。

三、管制的期限

按照我国《刑法》第 38 条的规定："管制的期限，为三个月以上二年以下。判处管制，可以根据犯罪情况，同时禁止犯罪分子在执行期间从事特定活动，进入特定区域、场所，接触特定的人。对判处管制的犯罪分子，依法实行社区矫正……"第 69 条规定，在数罪并罚时，管制的期限最高不超过 3 年。第 41 条规定："管制的刑期，从判决执行之日起计算；判决执行以前先行羁押的，羁押一日折抵刑期二日。"

四、管制的执行

《刑法》第 38 条第 3 款规定，对判处管制的犯罪分子，依法实行社区矫正。《刑法》第 40 条规定，被判处管制的犯罪分子，管制期满，执行机关应即向本人和其所在单位或者居住地的群众宣布解除管制。管制是一种轻刑，又是对罪犯不予关押而放在社会上执行的刑罚，这就对判处管制的罪犯提出了必须遵守的特殊规定。按照我国《刑法》第 39 条的规定，被判处管制的犯罪分子在管制期间必须遵守以下规定：

1. 遵守法律、行政法规，服从监督；
2. 未经执行机关批准，不得行使言论、出版、集会、结社、游行、示威自由的权利；
3. 按照执行机关规定报告自己的活动情况；
4. 遵守执行机关关于会客的规定；
5. 离开所居住的市、县或者迁居，应当报经执行机关批准。

判处管制，可以根据犯罪情况，同时禁止罪犯在执行期间从事特定活动，进入特定区域、场所，接触特定的人。违反《刑法》第 38 条第 2 款规定的禁止令的，由公安机关依照《治安管理处罚法》的规定处罚。2011 年 4 月 28 日，最高人民法院、最高人民检察院、公安部、司法部联合发布了《关于对判处管制、宣告缓刑的犯罪分子适用禁止令有关问题的规定（试行）》，对判处管制的罪犯的管理进行了更为具体的规范。

五、对管制犯实施社区矫正的意义

管制刑是具有中国特色的主刑轻刑，其实现既符合刑罚就近原则，也符合罪刑相当原则和区别对待的刑事政策；既符合我国行刑目的，又符合行刑社会化原则和刑罚的发展方向。但长期以来，管制刑的适用率极低，一个很重要的原因就是在《刑法修正案（八）》之前的刑法规定中，被判处管制的犯罪分子由公安机关管束，由于公安机关维护社会治安的职能繁杂，因而在司法实践中出现了管制犯监督失控现象，使管制刑成为“不管不制”。如果按照修订后的刑法规定，对判处管制的犯罪分子依法实施社区矫正，不仅克服了管制刑目前所处的尴尬处境，使其日臻完善，而且实现了管制刑的价值。因而，管制刑是最适合社区矫正的一种刑罚。

第二节　宣告缓刑的罪犯

一、缓刑的概念

缓刑是对判处一定刑罚的犯罪分子，在其具备法定条件时，在一定期间附条件地不执行原判刑罚的一种制度。我国是指对判处拘役、3 年以下有期徒刑的犯罪分子，根据其犯罪情节和悔罪表现，认为暂时不执行原判刑罚，确实不致再危害社会的，规定一定的考验期；如果在缓刑考验期限内，依法实行社区矫正，没有《刑法》第 77 条规定的情形，缓刑考验期满，原判的刑罚就不再执行的刑罚制度。

缓刑本身不是一种独立的刑种，而是依附于原判刑罚而存在的一种缓用刑罚的制度。它的实行有利于犯罪分子的改造，因为对犯罪分子宣告缓刑，本身就体现了法律的宽大，既有利于避免罪犯可能产生的对抗心理，调动其自我改造的主动性；也由于保持继续执行原判刑罚的可能性，对罪犯起到了约束作用，避免其重新犯罪。同时，被宣告缓刑的罪犯可以不离开家庭和原工作单位，如果没有被宣告剥夺政治权利，在缓刑期间可以连续计算工龄，退休职工可以继续享受退休待遇。因此，缓刑有利于家庭和社会，有利于国计民生。

二、缓刑的适用条件

被判处缓刑的犯罪分子被纳入社区矫正的对象范围，是由其自身的适用条件所决定的。根据《刑法修正案（八）》第 11、12 条和《刑法》第 72、74、449 条的规定，缓刑分为一般缓刑和战时缓刑两种。

（一）一般缓刑

一般缓刑是指人民法院对于被判处拘役、3 年以下有期徒刑的犯罪分子，根据其犯罪情节较轻、有悔罪表现、没有再犯罪的危险、宣告缓刑对所居住社区没有重大不良影响的，规定一定考验期，暂不执行原判刑罚的制度。一般缓刑的适用，应当具备以下条件：

第一，犯罪分子被判处的刑罚是拘役、3 年以下有期徒刑。这是适用一般缓刑的前提条件。这里的刑罚，指的是宣告刑。

第二，犯罪分子同时符合犯罪情节较轻、有悔罪表现、没有再犯罪的危险、宣告缓刑对所居住社区没有重大不良影响 4 个条件，这是适用一般缓刑的实质条件。有的犯罪分子虽然被判处拘役或者 3 年以下有期徒刑，但犯罪情节恶劣，或者没有悔罪表现，或者有再犯罪的危险，或者宣告缓刑对所居住社区有重大不良影响的，仍然不能宣告缓刑。“犯罪情节较轻”，是指犯罪人的行为性质不严重、犯罪情节不恶劣。“有悔罪表现”，是指犯罪人对于其犯罪行为能够认识到错误，真诚悔悟并有悔改的意愿和行为，比如积极向被害人道歉、赔偿被害人的损失、获取被害人的谅解等。“没有再犯罪的危险”，是指对犯罪人适用缓刑没有再犯罪的可能，这是对犯罪分子将来再犯的预测，可根据其罪前的一贯表现，罪中的犯罪情节，罪后的认罪、悔罪表现，综合判断其社会危险性。“宣告缓刑对所居住社区没有重大不良影响”，是指对犯罪人适用缓刑不会对其所居住的社区的安全、秩序和稳定带来重大的、现实的不良影响，具体情形由法官根据个案情况来判断。适用缓刑的上述 4 项条件必须同时具备，缺一不可。

第三，犯罪分子不是累犯和犯罪集团的首要分子，这是适用缓刑的排除条件。此类罪犯屡教不改，主观恶性较深，有再犯可能性，适用缓刑难以防止其再危害社会等。犯罪集团的首要分子，是指在犯罪集团中起组织、策划、指挥作用的犯罪分子，没有这种首要分子，也就不可能有犯罪集团。所以这种首要分子社会危害性极大，是我国刑法打击的重中之重，排除适用缓刑。

第四，对宣判时不满 18 周岁的人、怀孕的妇女和已满 75 周岁的人，只要符合缓刑条件的，应当宣告缓刑。这是《刑法修正案（八）》第 11 条的补充规定，其目的是发扬人道主义精神，更好地保护未成年人、怀孕的妇女和老年人的利益。这是硬性规定，只要以上 3 类人符合缓刑的条件，就必须适用缓刑，无一例外。

（二）战时缓刑

战时缓刑是指在战时，对于被判处 3 年以下有期徒刑没有现实危险宣告缓刑的犯罪军人，暂缓其刑罚执行，允许其戴罪立功，确有立功表现时，可以撤销原判刑罚，不以犯罪论处的制度。适用战时缓刑，必须具备以下条件：

第一，时间条件。必须是在战时适用。战时，是指国家宣布进入战争状态、部队领受作战任务或者遭敌突然袭击时，以及部队执行紧急状态任务或者处置突发性暴力事件时。

第二，对象条件。只能是被判处三年以下有期徒刑的犯罪军人。不是犯罪军人，或者虽是犯罪军人，但被判处的刑罚为 3 年以上有期徒刑的，不能适用战时缓刑。

第三，实质条件。必须是在战争条件下没有现实危险。是否有现实危险，应根据犯罪军人所犯罪行的性质、危害程度、情节、犯罪军人的悔罪表现和一贯表现综合评判。

三、缓刑的考验期限

我国《刑法》第 73 条规定："拘役的缓刑考验期限为原判刑期以上一年以下，但是不能少于二个月。有期徒刑的缓刑考验期限为原判刑期以上五年以下，但是不能少于一年。缓刑考验期限，从判决确定之日起计算。"

四、对缓刑犯的考察和处理

（一）对缓刑犯的考察

按照我国《刑法》第 75 条的规定，被宣告缓刑的犯罪分子，在缓刑考验期内，应当遵守下列规定：

1. 遵守法律、行政法规，服从监督；
2. 按照考察机关的规定报告自己的活动情况；
3. 遵守考察机关关于会客的规定；
4. 离开所居住的市、县或者迁居，应当报经考察机关批准。

按照《刑法》第 72 条的规定，可以根据犯罪情况，同时禁止犯罪分子在执行期间从事特定活动，进入特定区域、场所，接触特定的人。2011 年 4 月 28 日，最高人民法院、最高人民检察院、公安部、司法部联合发布了《关于对判处管制、宣告缓刑的犯罪分子适用禁止令有关问题的规定（试行）》，对宣告缓刑的罪犯的管理进行了规范。

（二）对缓刑犯的处理

1. 根据缓刑犯在缓刑考验期内的不同表现，对其作出下列不同处理：

（1）被宣告缓刑的犯罪分子，在缓刑考验期内，犯新罪或者发现判决宣告以前还有其他罪没有判决的，应当撤销缓刑，对新犯的罪或者新发现的罪作出判决，把前罪和后罪所判处的刑罚，依照《刑法》第 69 条的规定数罪并罚。

（2）被宣告缓刑的犯罪分子，在缓刑考验期内，违反法律、行政法规或者国务院有关部门关于缓刑的监管规定，或者违反人民法院判决中的禁止令，情节严重的，应当撤销缓刑，执行原判刑罚。

（3）被宣告缓刑的犯罪分子，在缓刑考验期内，没有上述情形，缓刑考验期满，原判的刑罚不再执行，并公开予以宣告。而战时缓刑考验的内容就是犯罪军人戴罪立功，确有立功表现时，可以撤销原判刑罚，不以犯罪论处。

这里应当注意的是，缓刑的效力只及于主刑。《刑法》第72条第3款规定，被宣告缓刑的犯罪分子，如果被判处附加刑，附加刑仍须执行。

2. 被宣告缓刑的犯罪分子违反禁止令的处理：

（1）被宣告缓刑的犯罪分子违反禁止令尚不属情节严重的，由负责执行禁止令的社区矫正机构所在地的公安机关依照《治安管理处罚法》第60条的规定处罚。

（2）被宣告缓刑的犯罪分子违反禁止令，情节严重的，应当撤销缓刑，执行原判刑罚。原作出缓刑裁判的人民法院应当自收到当地社区矫正机构提出的撤销缓刑建议书之日起1个月内依法作出裁定。人民法院撤销缓刑的裁定一经作出，立即生效。

这里应当认定为“情节严重”的情形包括：①3次以上违反禁止令的；②因违反禁止令被治安管理处罚后，再次违反禁止令的；③违反禁止令，发生较为严重危害后果的；④其他情节严重的情形。

《刑法》第76条规定：“对宣告缓刑的犯罪分子，在缓刑考验期限内，依法实行社区矫正，如果没有本法第七十七条规定的情形，缓刑考验期满，原判的刑罚就不再执行，并公开予以宣告。”

五、缓刑犯适用社区矫正的意义

对缓刑犯依法实施社区矫正，具有多方面的意义。

（一）考察监督机构具体化

对缓刑犯的考察是一项十分严肃的执行刑罚的工作，需要有充分的人力、物力和机构来保障。由社区矫正机构对缓刑犯进行考察，确定缓刑犯是否具备撤销的条件，一旦缓刑犯出现了撤销缓刑的情形，就可以对已宣告的缓刑及时撤销，既确保了刑罚的严肃性，也保障了在缓刑考验期限内刑罚对于缓刑犯的威慑作用。

（二）完善了对缓刑犯的实际执行程序，使刑罚惩罚得到了具体落实

将缓刑犯纳入社区矫正机制后，不仅在机构、人员上对其刑罚的执行得到具体落实，而且可以以立法的形式对缓刑犯的执行程序、考察措施、考察方式、文书制作进行规范；对缓刑犯所在单位、基层组织、社区应承担的职责，缓刑犯在考察期间内的权利义务等作出具体规定。

（三）符合刑罚经济原则

对缓刑犯依法实施社区矫正，可以以最少的投入，实现惩罚犯罪和改造罪犯的效益最大化，可以减少对其进行监狱行刑的许多环节和投入，节省大量的人力、物力和财力。对于这些罪犯，既实现了对其教育改造的目的，也体现了刑罚的严肃性和规范性。

（四）可以促进缓刑犯再社会化，避免其人格的“监狱化”

监狱的封闭性虽然实现了刑罚惩罚的功能，但是往往带来的副作用是罪犯人格的“监狱化”。刑罚执行完毕以后，由于罪犯长期脱离社会生活，往往变得与社会格格不入。实践证明，罪犯刑满释放回归社会后，又重新犯罪的原因之一，就是对社会生活的不适应。为此，在联合国所通过的诸多决议中，包括为了促进罪犯的再社会化，要求使用监禁刑的替代措施和其他不用直接剥夺人身自由而采取非监禁措施的中间刑罚。而社区矫正作为监禁刑的主要替代措施，对罪行轻微、人身危险性小、不需要监禁或不需要继续监禁的罪犯进行教育矫正，将极大地促进罪犯再社会化，促使罪犯早日融入社会。

第三节　裁定假释的罪犯

一、假释的概念

我国刑法规定的假释，是指对于被判处有期徒刑或者无期徒刑的犯罪分子，在执行一定的刑期之后，因其认真遵守监规、接受教育改造，确有悔改表现，不致再危害社会，而附条件地将其提前释放的制度。

简单地说，假释就是有条件地将罪犯提前释放。至于有什么条件，和缓刑一样，即规定一定的考验期，暂时离开监狱，被裁定假释的犯罪分子，在考验期内如果不再犯新罪，未被发现漏罪，也没有违反法律、行政法规或者国务院有关部门有关假释的监督管理规定，就认为原判刑罚已全部执行完毕。

假释在我国刑法中是一项重要的刑罚执行制度，正确地适用假释，把那些经过一定服刑期间，确有悔改表现、没有必要继续关押改造的罪犯放到社会上进行改造，可以有效地鼓励犯罪分子服从教育和改造，使之早日复归社会，有利于化消极因素为积极因素。

二、假释的适用条件

（一）对象条件

假释只适用于被判处有期徒刑或者无期徒刑的犯罪分子，并不是所有的罪犯都可以适用假释。根据我国《刑法》的规定，被判处有期徒刑的犯罪分子、被判处无期徒刑的犯罪分子可以假释。

（二）时间条件

假释只适用于已经执行了一定期限刑罚的犯罪分子。根据《刑法》第 81 条第 1 款的规定："被判处有期徒刑的犯罪分子，执行原判刑期二分之一以上，被判处无期徒刑的犯罪分子，实际执行十三年以上，如果认真遵守监规，接受教育改造，确有悔改表现，没有再犯罪的危险的，可以假释。"当然，这个规定有一定的灵活性，该款同时规定："如果有特殊情况，经最高人民法院核准，可以不受上述执行刑期的限制。"2017 年施行的《最高人民法院关于办理减刑、假释案件具体应用法律的规定》第 24 条规定："刑法第八十一条第一款规定的'特殊情况'，是指有国家政治、国防、外交等方面特殊需要的情况。"

（三）实质条件

假释只适用于认真遵守监规、接受教育改造，确有悔改表现，没有再犯罪的危险的犯罪分子。这是适用假释的关键性条件。依据 2017 年施行的《最高人民法院关于办理减刑、假释案件具体应用法律的规定》第 22 条的规定："办理假释案件，认定'没有再犯罪的危险'，除符合刑法第八十一条规定的情形外，还应当根据犯罪的具体情节、原判刑罚情况，在刑罚执行中的一贯表现，罪犯的年龄、身体状况、性格特征，假释后生活来源以及监管条件等因素综合考虑。"第 26 条规定："对下列罪犯适用假释时可以依法从宽掌握：（一）过失犯罪的罪犯、中止犯罪的罪犯、被胁迫参加犯罪的罪犯；（二）因防卫过当或者紧急避险过当而被判处有期徒刑以上刑罚的罪犯；（三）犯罪时未满十八周岁的罪犯；（四）基本丧失劳动能力、生活难以自理，假释后生活确有着落的老年罪犯、患严重疾病罪犯或者身体残疾罪犯；（五）服刑期间改造表现特别突出的罪犯；（六）具有其他可以从宽假释情形的罪犯。罪犯既符合法定减刑条件，又符合法定假释条件的，可以优先适用假释。"第 31 条规定："年满八十周岁、身患疾病或者生活难以自理、没有再犯罪危险的罪犯，既符合减刑条件，又符合假释条件的，优先适用假释；不符合假释条件的，参照本规定第二十条有关的规定从宽处理。"第

20条是关于病残罪犯减刑的规定，按照立法的实质精神，要求对患严重疾病的罪犯或者身体残疾的罪犯在假释时，应当主要考察其认罪悔罪的实际表现。对基本丧失劳动能力、生活难以自理的，假释幅度可以适当放宽，或者假释起始时间、间隔时间可以适当缩短，但放宽的幅度和缩短的时间不得超过本规定中相应幅度、时间的1/3。

（四）程序条件

法律对适用假释规定了严格的司法程序，非经法定程序不得假释。《刑法》第82条规定："对于犯罪分子的假释，依照本法第七十九条规定的程序进行。非经法定程序不得假释。"《监狱法》第32条规定："被判处无期徒刑、有期徒刑的罪犯，符合法律规定的假释条件的，由监狱根据考核结果向人民法院提出假释建议，人民法院应当自收到假释建议书之日起一个月内予以审核裁定；案情复杂或情况特殊的，可以延长一个月。假释裁定的副本应当抄送人民检察院。"第33条第1款规定："人民法院裁定假释的，监狱应当按期假释并发给假释的证明书。"

（五）限制条件

我国《刑法》同时对假释的适用对象进行了限制性规定。根据《刑法》第81条第2款的规定，2017年施行的《最高人民法院关于办理减刑、假释案件具体应用法律的规定》第23条、第25条、第27条、第28条的规定，罪犯假释的限制条件包括：

1. 重大犯罪的罪犯不得假释。《刑法》第81条第2款规定，对累犯以及因故意杀人、强奸、抢劫、绑架、放火、爆炸、投放危险物质或者有组织的暴力性犯罪被判处十年以上有期徒刑、无期徒刑的犯罪分子，不得假释。《最高人民法院关于办理减刑、假释案件具体应用法律的规定》第25条规定："对累犯以及因故意杀人、强奸、抢劫、绑架、放火、爆炸、投放危险物质或者有组织的暴力性犯罪被判处十年以上有期徒刑、无期徒刑的罪犯，不得假释。因前款情形和犯罪被判处死刑缓期执行的罪犯，被减为无期徒刑、有期徒刑后，也不得假释。"

2. 重大犯罪的罪犯在假释时服刑时间的限制。《最高人民法院关于办理减刑、假释案件具体应用法律的规定》第23条第2、3款规定："被判处无期徒刑的罪犯假释时，刑法中关于实际执行刑期不得少于十三年的时间，应当从判决生效之日起计算。判决生效以前先行羁押的时间不予折抵。被判处死刑缓期执行的罪犯减为无期徒刑或者有期徒刑后，实际执行十五年以上，方可假释，该实际执行时间应当从死刑缓期执行期满之日起计算。死刑缓期执行期间不包括在内，判决确定以前先行羁押的时间不予折抵。"

3. 对服刑罪犯履行财产性判项的限制。《最高人民法院关于办理减刑、假释案件具体应用法律的规定》第27条规定："对于生效裁判中有财产性判项，罪犯确有履行能力而不履行或者不全部履行的，不予假释。"

4. 对服刑罪犯假释的间隔时间限制。《最高人民法院关于办理减刑、假释案件具体应用法律的规定》第28条规定："罪犯减刑后又假释的，间隔时间不得少于一年；对一次减去一年以上有期徒刑后，决定假释的，间隔时间不得少于一年六个月。罪犯减刑后余刑不足二年，决定假释的，可以适当缩短间隔时间。"

5. 法定概念限制。《最高人民法院关于办理减刑、假释案件具体应用法律的规定》第39条规定："本规定所称'老年罪犯'，是指报请减刑、假释时年满六十五周岁的罪犯。本规定所称'患严重疾病罪犯'，是指因患有重病，久治不愈，而不能正常生活、学习、劳动的罪犯。本规定所称'身体残疾罪犯'，是指因身体有肢体或者器官残缺、功能不全或者丧失功能，而基本丧失生活、学习、劳动能力的罪犯，但是罪犯犯罪后自伤致残的除外……"该条文对这3类罪犯在适用范围上进行了限制。

三、假释的考验期限

我国《刑法》第83条规定："有期徒刑的假释考验期限，为没有执行完毕的刑期；无期徒刑的假释考验期限为十年。假释考验期限，从假释之日起计算。"被假释的罪犯，除有特殊情况外一般不得减刑，其假释考验期也不能缩短。确定罪犯被假释时，还应考虑下列因素：

1. 被判处有期徒刑的罪犯假释时，执行原判刑期1/2的时间，应当从判决执行之日起计算。判决执行以前先行羁押的，羁押1日折抵刑期1日。

2. 被判处无期徒刑的罪犯假释时，刑法中关于实际执行刑期不得少于13年的时间，应当从判决生效之日起计算。判决生效以前先行羁押的时间不予折抵。

3. 被判处死刑缓期执行的罪犯减为无期徒刑或者有期徒刑后，实际执行15年以上，方可假释，该实际执行时间应当从死刑缓期执行期满之日起计算。死刑缓期执行期间不包括在内，判决确定以前先行羁押的时间不予折抵。

四、假释犯的行为规则

根据现行《刑法》第84条的规定，假释犯在假释考验期内应当遵守下列规定：

1. 遵守法律、行政法规，服从监督；
2. 按照监督机关的规定报告自己的活动情况；
3. 遵守监督机关关于会客的规定；
4. 离开所居住的市、县或者迁居，应当报经监督机关批准。

五、假释的撤销

假释是附条件提前释放，如果罪犯在假释考验期内不符合所附的条件要求，就要被撤销假释。《刑法》第 86 条对撤销假释作了具体规定。

（一）被假释的罪犯，在假释考验期内又犯新罪

依照《刑法》第 86 条第 1 款的规定："被假释的犯罪分子，在假释考验期限内犯新罪，应当撤销假释，依照本法第七十一条的规定实行数罪并罚。"假释犯在假释考验期间再犯新罪，说明其并没有真正悔罪，其人身危害性并没有消除，也就不具备"没有再犯罪的危险"的假释实质条件，当然应当撤销假释。至于在假释期满之后才发现假释犯在假释考验期内犯有新罪的，只要没有超过追诉时效期限，仍然撤销假释，将前罪没有执行的刑罚与新罪所判的刑罚，按照数罪并罚的规定，决定应当判处的刑罚。

（二）发现漏罪

《刑法》第 86 条第 2 款规定："在假释考验期限内，发现被假释的犯罪分子在判决宣告以前还有其他罪没有判决的，应该撤销假释，依照本法第七十条的规定实行数罪并罚。"罪犯有意隐瞒自己的罪行，说明其并未有悔改表现，也说明其人身危险性并没有消失，当然应该撤销假释。

（三）罪犯在假释考验期内有违法行为，也应撤销假释

《刑法》第 86 条第 3 款规定："被假释的犯罪分子，在假释考验期限内，有违反法律、行政法规或者国务院有关部门关于假释的监督管理规定的行为，尚未构成新的犯罪的，应当依照法定程序撤销假释，收监执行未执行完毕的刑罚。"《监狱法》第 33 条第 2 款规定："对被假释的罪犯，依法实行社区矫正，由社区矫正机构负责执行。被假释的罪犯，在假释考验期限内有违反法律、行政法规或者国务院有关部门关于假释的监督管理规定的行为，尚未构成新的犯罪的，社区矫正机构应当向人民法院提出撤销假释的建议，人民法院应当自收到撤销假释建议书之日起一个月内予以审核裁定。人民法院裁定撤销假释的，由公安机关将罪犯送交监狱收监。"

六、假释犯纳入社区矫正对象范围的意义

与管制一样，《刑法修正案（八）》之前的《刑法》规定对假释犯的监督和

考察主要是由公安机关进行，而公安机关的主要职能并不具有监督考察的条件，因此，罪犯一旦被假释后，就形成了实质上的“刑满释放”。一旦进入社会就等于放任自流，即使违反了法律、行政法规和国务院公安部门有关假释的规定，也无人过问。至于是否有漏罪更无从考证，甚至有了犯罪行为，只要情节不是很严重，也常常被忽略。只有假释犯有了严重的犯罪行为，在社会上引起极大反响，才会引起公安部门的重视。同时，根据法律的规定，罪犯假释的决定权在罪犯服刑所在地的中级以上人民法院，而人民法院对假释罪犯的情况可以说是一无所知，其是否具备假释的条件，中级以上的人民法院也只能依据罪犯服刑监狱所呈报的材料进行书面审理。从某种意义上说，决定某一罪犯是否假释，完全取决于监狱是否呈报以及呈报的材料，人民法院对假释的审理完全流于形式。一旦被假释的罪犯在社会上又犯罪，人民法院往往把责任推给监狱。在这种情况下，监狱为了避免因假释罪犯而承担风险，只好减少假释罪犯的呈报数量，宁肯将符合条件的罪犯关押在监狱中，也不愿承担无谓的责任，这也是近几年来假释罪犯所占比例越来越少的主要原因之一。

针对以上情况，《刑法》第 85 条已明文规定将假释犯纳入社区矫正体系。“对假释的犯罪分子，在假释考验期限内，依法实行社区矫正，如果没有本法第八十六条规定的情形，假释考验期满，就认为原判刑罚已经执行完毕，并公开予以宣告。”该规定具有以下实践意义：

（一）明确了对假释犯的监督考察机构

公安机关对假释犯进行监督考察之所以存在诸多问题，其中一个关键的因素就是混淆了公安机关的法定职能，导致其职能不清，不能有效地将监督考察工作落到实处。反之，如果将公安机关对假释犯的监督考察职能分离出来，赋予社区矫正机构，就实现了专门机关的职能明晰化，使权利义务达到有机和谐的统一，社区矫正机构就能充分有效地利用自身的资源全面地监督考察假释犯。

（二）体现了刑事司法一体化，加大了监督考察力度

《监狱法》规定：“监狱是国家的刑罚执行机关。”《刑事诉讼法》也赋予社区矫正机构对假释犯的执行权。这样，罪犯假释后，监狱机关就有了相应的联络部门，将假释犯直接交由当地的社区矫正机构进行教育、监督和考察，对假释犯的监督考察工作就能够落实到位，使监督考察的内容、形式、方法更加充实和丰富多彩，其监督考察结果更具可信性。

（三）可以扩大刑事执行中假释使用的数量

由于法律规定的缺陷和司法实践中的弊端，使监狱机关不敢也不愿意去大胆

地使用假释制度，使这种极具社会积极意义的刑罚制度发挥不了应有的作用。社区矫正制度进入刑罚执行体系后，就克服了以往假释执行中的弊端，加快了刑罚社会化进程。监狱机关可以克服顾虑，放下包袱，大胆适用假释制度，优化监狱资源，促进假释犯的社会化和社会适应能力，真正体现假释这一刑罚执行制度的优越性。

（四）可以有效完善对假释的执行、监督内容，使对假释犯的监督考察法治化、规范化和制度化

在以往对假释犯的监督考察的法律规定中，只是一些原则规定，对假释犯如何执行，如何进行管理、监督和教育改造，缺乏相应的法律规范，甚至假释犯应该如何遵守假释考验期间的规定，也没有一个具体措施，这就造成了对假释犯监督考察人员机构不落实，使大部分假释犯处在无人监督的管理失控状态，至于监督管理制度就更无从谈起。反之，如果将其纳入社区矫正机制之后，不仅从人员、机构上得以落实到位，而且在未来的社区矫正立法中，必将假释犯在社区矫正中的地位、权利与义务、监督考察的方式、管理制度、档案的建立等问题予以确认，这样，就使社区矫正机构对假释犯的管理真正实现了法治化、制度化和规范化。

第四节　暂予监外执行的罪犯

一、暂予监外执行的概念

暂予监外执行，是指对依照法律规定不适宜在监狱或者其他执行机关执行刑罚的罪犯，暂时采用不予关押的方式执行原判刑罚的变通方法。《刑事诉讼法》第 265 条至第 269 条对暂予监外执行做了详细而系统的规定。根据我国《刑事诉讼法》的规定，暂予监外执行包括两种：一是在交付执行前，由人民法院决定的暂予监外执行；二是在交付执行后，由省级以上监狱管理机关或者设区的市一级以上公安机关批准的暂予监外执行。

暂予监外执行是一项重要的刑罚执行制度。这一制度的设立体现了中国惩罚罪犯与改造罪犯相结合和人道主义的刑事政策，有利于对罪犯的教育、感化、挽救。

二、暂予监外执行的适用对象

适用暂予监外执行的对象，是被判处有期徒刑或者拘役的罪犯。其中“被判处有期徒刑”也包括罪犯从无期徒刑减刑为有期徒刑的情形。由于被判处无期徒刑的罪犯所犯罪行一般较被判处有期徒刑或拘役的罪犯更为严重，可能导致的社会危害性更大，因此，根据《刑事诉讼法》的规定，被判处无期徒刑的罪犯，只有怀孕或者正在哺乳自己婴儿的妇女可以暂予监外执行，这一规定体现了人道主义的行刑原则。

三、暂予监外执行的适用条件

根据《刑事诉讼法》第265条的规定，被判处有期徒刑、拘役的罪犯有下列情形之一的，被判处无期徒刑的罪犯有下列情形的，可以暂予监外执行：

（一）有严重疾病需要保外就医

对于罪犯确有严重疾病，必须保外就医的，可由省级人民政府指定的医院诊断并开具证明文件，依照法律规定的程序审批。对于适用保外就医可能有社会危险性的罪犯，或者自伤自残的罪犯，不得保外就医。其中“严重疾病”是指按照医学界通行的标准所界定的病情严重程度、继续监禁服刑难以维系其生命或将对其身体健康带来不可逆转的重大损害的疾病。“省级人民政府指定的医院”是指省级人民政府事先指定对罪犯是否符合保外就医条件进行诊断并出具证明的医院，并非针对某一具体罪犯临时指定的医院。受指定的医院应当按照规定的诊断程序对受检罪犯进行检查，认为其患有符合需要保外就医的严重疾病的，应予开具相关证明。最高人民法院、最高人民检察院、公安部、司法部、国家卫生计生委制定的《暂予监外执行规定》第5条规定，暂予监外执行罪犯“患有属于本规定所附《保外就医严重疾病范围》的严重疾病，需要保外就医的……”，其中的《保外就医严重疾病范围》从医学的角度对疾病进行了严格的界定。

（二）怀孕或者正在哺乳自己婴儿的妇女

这一规定是对怀孕妇女和哺乳期婴儿的保护。我国立法以刑罚执行变更的方式来保障女犯罪人的健康权、女犯罪人的生育权和无辜婴儿的健康权，这既是人道主义的要求，也是刑法谦抑性的人文关怀。

依照《暂予监外执行规定》第9条的规定，对罪犯妊娠检查，应当委托省级人民政府指定的医院进行。医院出具的检查证明文件，应当由两名具有副高以上专业技术职称的医师共同作出，经主管业务院长审核签名，加盖公章，并附化验单、影像学资料和病历等有关医疗文书复印件。

在这里，哺乳期限按婴儿出生后1年计算，即罪犯哺乳自己出生后未满1周岁的婴儿。

（三）生活不能自理，适用暂予监外执行不致危害社会

《监狱法》第25条规定："对于被判处无期徒刑、有期徒刑在监内服刑的罪犯，符合刑事诉讼法规定的监外执行条件的，可以暂予监外执行。"《暂予监外执行规定》第9条的规定，对罪犯的病情诊断，应当委托省级人民政府指定的医院进行。医院出具的病情诊断，应当由两名具有副高以上专业技术职称的医师共同作出，经主管业务院长审核签名，加盖公章，并附化验单、影像学资料和病历等有关医疗文书复印件。对罪犯生活不能自理情况的鉴别，由监狱、看守所组织有医疗专业人员参加的鉴别小组进行。鉴别意见由组织鉴别的监狱、看守所出具，参与鉴别的人员应当签名，监狱、看守所的负责人应当签名并加盖公章。

四、适用暂予监外执行的情形、决定或批准机关及程序

《刑事诉讼法》第265条第1款是对被判处有期徒刑或者拘役的罪犯可以暂予监外执行的规定。其中，"暂予监外执行"指的是对依照法律规定不适宜在监狱或其他执行机关执行刑罚的罪犯，暂时采用不予关押的方式执行原判刑罚的变通方法。根据本款规定，对于被判处有期徒刑或者拘役的罪犯，如果该罪犯属于患有严重疾病符合保外就医条件的，或者该罪犯是正在怀孕或正在哺乳自己婴儿的妇女，或者生活不能自理、适用暂予监外执行不致危害社会这三类情形的，可以暂予监外执行。"正在哺乳自己婴儿"，指的是罪犯哺乳自己出生后未满1周岁的婴儿。"被判处有期徒刑"，也包括罪犯从无期徒刑减刑为有期徒刑后的情形。同时，本款的表述是"可以暂予监外执行"，而不是"应当"。也就是说，即使罪犯符合本款规定的条件之一，决定或批准机关也可以在综合考虑之后，作出不予暂予监外执行的决定或不批准暂予监外执行。

《刑事诉讼法》第265条第2款是关于对被判处无期徒刑的罪犯可以暂予监外执行的规定。根据本款规定，由于被判处无期徒刑的罪犯所犯罪行一般较被判处有期徒刑或拘役的罪犯更为严重，可能导致的社会危害性更大，因此本款规定只有正在哺乳自己婴儿的妇女，才可适用暂于监外执行。同样，本款规定的也是"可以"暂予监外执行。

《刑事诉讼法》第265条第3款是关于不得保外就医的两种情形的规定。对于适用保外就医可能有社会危险性的罪犯，或者自伤自残的罪犯，不得保外就医。其中"可能有社会危险性"，包括可能重新犯罪或者有打击报复等严重违法犯罪行为。"自伤自残"指的是罪犯为逃避服刑，故意伤害自己肢体、吞食异物等情形。

《刑事诉讼法》第265条第4款是关于保外就医的规定。被判处有期徒刑或者拘役的罪犯是否患有严重疾病，需要保外就医，由指定的医疗机构予以诊断并

出具证明书。指定的医疗机构为“省级人民政府指定的医院”，即省级人民政府事先指定对罪犯是否符合保外就医条件进行诊断并出具证明的医院，并非针对某一具体犯罪临时指定的医院。受指定的医疗机构应当按照规定的诊断程序对受检罪犯进行检查，认为其患有符合需要保外就医的严重疾病时，应予开具相关证明。其中“严重疾病”指的是按照医学界通行的标准所界定的病情程度严重、继续监禁服刑难以维系其生命或对其身体健康带来不可逆转的重大损害的疾病。

《刑事诉讼法》第265条第5款是关于暂予监外执行的决定或批准机关做出决定或批准程序的规定。根据该款规定，在将被判处有期徒刑或者拘役的罪犯交付执行前，由人民法院在判处刑罚的同时决定暂予监外执行；在交付执行后，暂予监外执行由执行机关提出书面材料和意见，在监外执行的报省级以上监狱管理机关批准，在看守所执行的报设区的市一级以上公安机关批准。《暂予监外执行规定》第2条规定，对罪犯适用暂予监外执行，在交付执行前，由人民法院决定；在监狱服刑的，由监狱审查同意后提请省级以上监狱管理机关批准；在看守所服刑的，由看守所审查同意后提请设区的市一级以上公安机关批准。对有关职务犯罪罪犯适用暂予监外执行，还应当依照有关规定逐案报请备案审查。

应当指出，对于不符合暂予监外执行条件的罪犯，并非不予治疗或照顾。对于有疾病的罪犯，应当在监狱等执行机关设置的医院得到治疗；病情复杂严重的，可以聘请专家前往诊治，对其饮食起居也应给予适当的照顾。

五、关于暂予监外执行的决定或批准的检察监督

《刑事诉讼法》第266条规定：“监狱、看守所提出暂予监外执行的书面意见的，应当将书面意见的副本抄送人民检察院。人民检察院可以向决定或者批准机关提出书面意见。”第267条规定：“决定或者批准暂予监外执行的机关应当将暂予监外执行决定抄送人民检察院。人民检察院认为暂予监外执行不当的，应当自接到通知之日起一个月以内将书面意见送交决定或者批准暂予监外执行的机关，决定或者批准暂予监外执行的机关接到人民检察院的书面意见后，应当立即对该决定进行重新核查。”由此，暂予监外执行分为交付执行前和交付执行后两种情况。根据上述规定，除人民法院在交付执行前决定的暂予监外执行外，对于监狱和看守所提出的暂予监外执行书面意见书，在报请省级监狱管理机关设区的市一级以上公安机关批准的同时，还应将书面意见抄送人民检察院。这里的“人民检察院”，不应当理解为与省级监狱机关或设区的市一级以上公安机关同级的人民检察院，而应当是与提出书面意见书的监狱和主管看守所的公安机关同级的人民检察院。人民检察院基于法律监督机关职权，在对该暂予监外执行书面意见书副本进行初步审查后，认为该案罪犯不具备适用暂予监外执行法定条件，或者报送过程没有完备的法定程序的，可以提出书面意见。当然，为了确保所提意见

的正式性和规范性，应当采用书面意见书的形式。

人民检察院要严格履行法律监督职权，依照本条规定对暂予监外执行意见书内容进行审查，发现不符合相关法律规定的，应当及时向批准机关提出书面意见，具体可通过将书面意见呈送上级人民检察院，由其转送与之同级的批准机关来完成。根据2019年12月施行的《人民检察院刑事诉讼规则》第629条规定："人民检察院发现人民法院、监狱、看守所、公安机关暂予监外执行的活动具有下列情形之一的，应当依法提出纠正意见：（一）将不符合法定条件的罪犯提请、决定暂予监外执行的；（二）提请、决定暂予监外执行的程序违反法律规定或者没有完备的合法手续，或者对于需要保外就医的罪犯没有省级人民政府指定医院的诊断证明和开具的证明文件的；（三）监狱、看守所提出暂予监外执行书面意见，没有同时将书面意见副本抄送人民检察院的；（四）罪犯被决定或者批准暂予监外执行后，未依法交付罪犯居住地社区矫正机构实行社区矫正的；（五）对符合暂予监外执行条件的罪犯没有依法提请暂予监外执行的；（六）人民法院在作出暂予监外执行决定前，没有依法征求人民检察院意见的；（七）发现罪犯不符合暂予监外执行条件，在暂予监外执行期间严重违反暂予监外执行监督管理规定，或者暂予监外执行的条件消失且刑期未满，应当收监执行而未及时收监执行的；（八）人民法院决定将暂予监外执行的罪犯收监执行，并将有关法律文书送达公安机关、监狱、看守所后，监狱、看守所未及时收监执行的；（九）对不符合暂予监外执行条件的罪犯通过贿赂、欺骗等非法手段被暂予监外执行以及在暂予监外执行期间脱逃的罪犯，监狱、看守所未建议人民法院将其监外执行期间、脱逃期间不计入执行刑期或者对罪犯执行刑期计算的建议违法、不当的；（十）暂予监外执行的罪犯刑期届满，未及时办理释放手续的；（十一）其他违法情形。"

根据《刑事诉讼法》第265条第5款的规定，有权决定或批准暂予监外执行的机关包括交付执行的人民法院、省级以上监狱管理机关和设区的市一级以上公安机关。根据本条规定，决定或批准暂予监外执行的机关，应当将暂予监外执行决定抄送该法第266条中依法对暂予监外执行活动行使监督权的人民检察院。该人民检察院认为暂予监外执行不当，不符合该法第265条规定条件的，应当自接到通知之日起1个月以内将书面意见呈报决定或批准暂予监外执行机关的同级人民检察院，由其送交批准或者决定暂予监外执行的机关。决定或批准暂予监外执行的机关在接到人民检察院的书面意见后，应当立即对暂予监外执行决定进行重新审查，对于确属决定或批准暂予监外执行不当的，应当及时予以纠正。《监狱法》第26条规定："暂予监外执行，由监狱提出书面意见，报省、自治区、直辖市监狱管理机关批准。批准机关应当将批准的暂予监外执行决定通知公安机关和原判人民法院，并抄送人民检察院。人民检察院认为对罪犯适用暂予监外执行不当的，应当自接到通知之日起一个月内将书面意见送交批准暂予监外执行的机关，批准暂予监外执行的机关接到人民检察院的书面意见后，应当立即对该决定进行重新核查。”

在司法实践中，由于决定或批准机关适用法律不当等方面的原因，有些不符合暂予监外执行条件的罪犯被错误地适用了暂予监外执行，有些罪犯则想方设法地试图通过暂予监外执行逃避执行机关对其执行刑罚。《刑事诉讼法》第266条所规定的人民检察院对暂予监外执行决定的法律监督，在时间上涵盖罪犯被交付执行前后，在对象上包括作出暂予监外执行决定的人民法院和批准暂予监外执行的监狱管理机关和公安机关。有关人民法院、监狱管理机关和公安机关对其决定或批准暂予监外执行的行为应自觉接受人民检察院的监督，在严格依法对罪犯适用暂予监外执行的同时，高度重视人民检察院就暂予监外执行决定提出的书面意见，按照本条要求及时对所作决定进行重新核查。对于确实存在适用暂予监外执行不当的，应当及时予以纠正，并将处理结果通报人民检察院。

六、关于终止暂予监外执行的情形和程序

《刑事诉讼法》第268条第1款规定：“对暂予监外执行的罪犯，有下列情形之一的，应当及时收监：（一）发现不符合暂予监外执行条件的；（二）严重违反有关暂予监外执行监督管理规定的；（三）暂予监外执行的情形消失后，罪犯刑期未满的。”此款明确规定了对暂予监外执行的罪犯应予及时收监的3种情形，具体包括：

第一，发现不符合暂予监外执行条件的。原决定暂予监外执行的人民法院、原批准暂予监外执行的监狱管理机关和公安机关，或者负有法律监督职责的人民检察院，发现原来作出的适用暂予监外执行的决定不当，存在不符合该法第254条所规定的暂予监外执行条件的情况，应当终止对罪犯的暂予监外执行，按照该条第2款及相关法律规定予以收监。

第二，严重违反有关暂予监外执行监督管理规定的。“严重违反有关暂予监外执行监督管理规定”的行为，指的是被暂予监外执行罪犯从事相关法律规范及司法解释中规定的禁止性行为，如不遵守社区矫正机构的监督管理，或者擅自离开居住地外出经商且达到严重程度的行为。

第三，暂予监外执行的情形消失后，罪犯刑期未满的。如果被暂予监外执行的情形消失，如罪犯身体恢复健康、规定的婴儿哺乳期已满，且刑期未满的，应当及时收监。

《刑事诉讼法》第268条第2款规定：“对于人民法院决定暂予监外执行的罪犯应当予以收监的，由人民法院作出决定，将有关的法律文书送达公安机关、监狱或者其他执行机关。”这是关于对人民法院决定暂予监外执行的罪犯应当予以收监且应当如何处理的情形。由于该法第265条第5款增加规定了人民法院对交

付执行前应予暂予监外执行的罪犯的决定程序，本款相应地增加规定在暂予监外执行消失且罪犯刑期未满的情况下，应由人民法院作出决定，将有关的法律文书送达公安机关、监狱或者其他执行机关。其中，“其他执行机关”指的主要是负责暂予监外执行的社区矫正机构。另外，如果该罪犯的暂予监外执行决定是由罪犯居住地的社区矫正机构通知原执行该罪犯刑罚的监狱或看守所，应及时将该罪犯收监。

《刑事诉讼法》第268条第3款规定：“不符合暂予监外执行条件的罪犯通过贿赂等非法手段被暂予监外执行的，在监外执行的期间不计入执行刑期。罪犯在暂予监外执行期间脱逃的，脱逃的期间不计入执行刑期。”根据本款规定，为确保刑罚执行的严肃性，确保暂予监外执行制度预期目的的实现，不符合暂予监外执行条件的罪犯通过贿赂等非法手段被暂予监外执行的，在监外执行的期间不计入执行刑期，应按照原判刑期在原执行场所予以执行；罪犯在暂予监外执行期间逃脱的，逃脱的期间不计入执行刑期，执行刑期从其被抓获或主动投案之日起继续计算。

《刑事诉讼法》第268条第4款规定：“罪犯在暂予监外执行期间死亡的，执行机关应当及时通知监狱或者看守所。”这是关于罪犯在暂予监外执行期间死亡应如何处理的规定。根据本款规定，负责暂予监外执行的机关、社区矫正机构应当及时通知原执行该罪犯刑罚的监狱或看守所，并向其告知罪犯死亡的原因及经过。其中，“死亡”既包括自然死亡，如年老衰亡、病亡等，也包括非正常死亡，如自杀、他杀、事故死亡等。

《监狱法》第28条规定：“暂予监外执行的罪犯具有刑事诉讼法规定的应当收监的情形的，社区矫正机构应当及时通知监狱收监；刑期届满的，由原关押监狱办理释放手续。罪犯在暂予监外执行期间死亡的，社区矫正机构应当及时通知原关押监狱。”

七、限制性规定和从宽条件

（一）限制性规定

在对罪犯暂予监外执行时，对部分罪犯进行了限制性规定。

1. 有社会危险性，或者自伤自残，或者不配合治疗的罪犯，不得暂予监外执行。《暂予监外执行规定》第6条第1款规定：“对需要保外就医或者属于生活不能自理，但适用暂予监外执行可能有社会危险性，或者自伤自残，或者不配合治疗的罪犯，不得暂予监外执行。”

2. 特定罪犯的限制性规定。《暂予监外执行规定》第6条第2款规定：“对职务犯罪、破坏金融管理秩序和金融诈骗犯罪、组织（领导、参加、包庇、纵容）黑社会性质组织犯罪的罪犯适用保外就医应当从严审批，对患有高血压、糖尿病、心脏病等严重疾病，但经诊断短期内没有生命危险的，不得暂予监外执行。”第7条第1款规定：“对需要保外就医或者属于生活不能自理的累犯以及故意杀人、强奸、抢劫、绑架、放火、爆炸、投放危险物质或者有组织的暴力性犯罪的罪犯，原被判处死刑缓期二年执行或者无期徒刑的，应当在减为有期徒刑后执行有期徒刑七年以上方可适用暂予监外执行；原被判处十年以上有期徒刑的，应当执行原判刑期三分之一以上方可适用暂予监外执行。”

（二）从宽条件

《暂予监外执行规定》第7条第2、3款规定，“对未成年罪犯、六十五周岁以上的罪犯、残疾人罪犯，适用前款规定可以适度从宽。对患有本规定所附《保外就医严重疾病范围》的严重疾病，短期内有生命危险的罪犯，可以不受本条第一款规定关于执行刑期的限制”。

八、暂予监外执行的罪犯实行社区矫正的意义

《刑事诉讼法》第269条规定：“对被判处管制、宣告缓刑、假释或者暂予监外执行的罪犯，依法实行社区矫正，由社区矫正机构负责执行。”《监狱法》第27条规定：“对暂予监外执行的罪犯，依法实行社区矫正，由社区矫正机构负责执行。原关押监狱应当及时将罪犯在监内改造情况通报负责执行的社区矫正机构。”这是暂予监外执行的罪犯依法实行社区矫正的主要法律依据。

暂予监外执行的矫正对象作为社区矫正对象，具有以下几个方面的意义：

（一）使执行和审批能够达到无缝对接

无论是人民法院决定暂予监外执行的矫正对象，还是监狱管理机关或其他刑罚执行机关决定暂予监外执行的矫正对象，其交付均有了明确的对象、有了固定的机构，克服了当前实践中存在的审批机关和执行机关关系不畅、互相扯皮、无专门机构管理的缺陷。

（二）对暂予监外执行矫正对象的管理工作将进一步具体化

由社区矫正机构按照法定程序对暂予监外执行的矫正对象进行矫正教育、监督管理以及帮困救助，将使对暂予监外执行矫正对象的执行有效化、具体化，克服了长期以来对暂予监外执行矫正对象的管理失控状态。而且随着社区矫正工作法治化不断健全和完善，对这部分矫正对象的管理监督、教育矫正工作将会出现质的飞跃。

（三）对保外就医矫正对象的保证人起到了督促作用，强化了其担保职责

长期以来，无论是人民法院还是监狱管理机关或其他刑罚执行机关，对于保外就医矫正对象的保证人很少监督落实其是否尽到了担保职责。尤其是经由监狱决定保外就医的矫正对象，有些监狱距离罪犯居住地上百甚至上千公里，对保证人是否尽到了担保责任，无力进行考察。反之，社区矫正机构均在矫正对象居住地，具有地理优势，除了能直接对保外就医人员进行监督考察外，还可以有效地督促保证人尽到担保责任，对于未尽到担保责任的保证人，可以依法给予制裁。

第五节　社区矫正对象的法律地位

社区矫正对象是相对于监狱服刑人员、监狱服刑罪犯等概念而产生的一个新概念，我国自开展社区矫正试点工作以来，曾先后使用“罪犯”“犯罪分子”“社区矫正人员”“社区矫正对象”“社区服刑人员”等概念，但相较于社区矫正的实质内涵而言，“社区矫正对象”具有合理性和科学性，是社区矫正工作中最为恰当的概念。《社区矫正法》将这一概念法定化。

一、社区矫正对象的概念和特征

社区矫正对象是指实施了犯罪行为被法院依法判处一定的刑罚，由于符合社区矫正的法定事由，在社区接受监督管理和矫正教育的罪犯。社区矫正对象具有以下特点：

第一，社区矫正对象是实施了一定犯罪行为，并应受到刑罚惩罚的人。社区矫正对象实施了一定的犯罪行为，构成了犯罪，并受到了刑罚惩罚。但是，社区矫正对象首先是作为法律上的一个自然人而出现的，因此，按照宪法和相关法律法规的规定，尊重社区矫正对象的人格，满足社区矫正对象的基本需要，保障社区矫正对象的合法权益，是对社区矫正对象实施社区矫正的前提条件和基本保障。

第二，社区矫正对象是被法院判处一定刑罚的人。社区矫正对象是“受刑之人”，这是社区矫正对象的法律属性。从社区矫正对象的4种类型来看，要么是犯罪情节相对较轻，人身危险性较小；要么是在服刑过程中表现良好，被依法假释；要么是出现了法定事由而被暂予监外执行。但是，不论是哪种情形，都是被法院判处一定刑罚的人，即法律意义上的法律身份是罪犯。这是认知社区矫正对象的法律前提。

第三，社区矫正对象是在社区被矫正教育的人。从服刑空间上来看，社区矫正对象和监狱服刑罪犯的最大不同在于，服刑场所由封闭的监狱转换为开放的社

区；从价值取向上来看，在于从以惩罚犯罪行为为核心转换为以矫正教育犯罪人为核心。这一转换代表了现代刑罚的发展趋势，追求社区矫正对象的回归社会成为现代刑事执行的价值追求。在社区被矫正教育更有利于刑罚目的的实现。

第四，社区矫正对象是被限制人身自由的人。现代自由刑的突出特征，是将罪犯关押在监狱服刑，以剥夺罪犯的人身自由，使罪犯承受被剥夺自由之苦，达到刑罚的报应之目的。社区矫正在制度设计上，力图改变现代自由刑的弊端，将社区矫正对象置于社区之中，通过限制自由、监督管理、矫正教育，达到社区矫正对象改过从善、回归社会的目的。因此，社区矫正对象虽身处社区之中，但刑罚惩罚的“利剑”始终高悬于头顶之上，罪犯的法定身份并未改变，其行为被限定在法定的范围之内，必须遵守法定的规范。

二、社区矫正对象的法律地位及其特点

社区矫正对象的法律地位，是指社区矫正对象在国家确立的特定法律关系中所处的位置。具体是指其在社区矫正期间是否享有权利、承担义务，以及其权利和义务的范围和程度。① 也就是说，社区矫正对象的法律地位决定了其具有的法律确认的社区矫正法律关系主体的资格。不同的国家基于不同的法律理念，赋予社区矫正对象的法律地位是有很大差别的。我国宪法和法律所确认的社区矫正对象的权利包括了社区矫正对象作为一般公民所享有的基本权利，作为受刑者所享有的特殊法律权利，还包括了享有受到一定限制和调节的权利。《社区矫正法》第 4 条第 2 款规定：“社区矫正工作应当依法进行，尊重和保障人权。社区矫正对象依法享有的人身权利、财产权利和其他权利不受侵犯，在就业、就学和享受社会保障等方面不受歧视。”第 34 条规定：“开展社区矫正工作，应当保障社区矫正对象的合法权益。社区矫正的措施和方法应当避免对社区矫正对象的正常工作和生活造成不必要的影响；非依法律规定，不得限制或者变相限制社区矫正对象的人身自由。社区矫正对象认为其合法权益受到侵害的，有权向人民检察院或者有关机关申诉、控告和检举。受理机关应当及时办理，并将办理结果告知申诉人、控告人和检举人。”因此，社区矫正对象的权利和一般公民相比较具有以下特点：

（一）权利的不完整性

按照宪法和法律的规定，社区矫正对象虽享有广泛的公民权利，但是这些权利是应然权利，而不是实然的权利。由于社区矫正对象受到法律的惩罚，处在社区矫正期间，因而所享受的公民权利处于缺损状态。有些权利被依法剥夺，比如

① 吴宗宪主编：《社区矫正导论》，中国人民大学出版社 2011 年版，第 129 页。

被剥夺政治权利的社区矫正对象在社区矫正期间就不能享有选举权、被选举权等宪法规定的各项政治权利，再如参加教师、警察、律师、公证员、公务员等考试的权利。有些权利被限制，或者是被禁止在一定时间内不得行使，如担任保险公司的董事、监事、高级管理人员，担任国有独资企业、国有独资公司、国有资本控股公司的董事、监事、高级管理人员，担任会计和注册会计师等。所以说，社区矫正对象所享有的法定权利具有不完整性。

（二）权利义务的不对等性

主要指社区矫正对象所享有的权利和应尽的义务不对等。在社区矫正期间，社区矫正对象要按照法律规范的规定，履行特定的义务，比如有劳动能力的社区矫正对象有参加公益活动的义务，社区矫正对象有接受思想、文化和技术教育的义务。按照社区矫正的规定定期报告自己活动状况的义务等，这些义务和享受权利之间具有不对等性。

（三）权利行使的局限性

社区矫正对象是被限制自由的，因此在行使权利时，无论是行使权利的范围还是行使权利的方式，都具有极大的局限性。比如，社区矫正对象有会客、迁徙、外出、娱乐等权利，但是在行使会客权利时，必须遵守会客的规定，对特定客人不经社区矫正机构或者管理人员同意不得会见；社区矫正对象必须接受分级管理、接受科技监管、遵守禁止令、外出请假等，才享有迁徙、外出、娱乐等人身自由权利。

（四）义务履行的强制性

对社区矫正对象来说，在社区矫正期间所要履行的特定义务是法律法规强制附加的，是必须无条件履行的。一旦不履行法定义务，则要承担相应的法律责任，会带来对社区矫正对象不利的法律后果。比如，社区矫正对象具有的按时报到、服从管理、接受宣告、接受科技监管、遵守禁止令等义务，都必须在强制的前提下完成，社区矫正对象如果不按规定履行义务，出现脱管漏管、违反遵守禁止令的规定、拒不接受科技监管等，都有可能面临被收监执行刑罚的后果。

三、社区矫正对象的权利

我国《宪法》第 33 条规定：“凡具有中华人民共和国国籍的人都是中华人民共和国公民。中华人民共和国公民在法律面前一律平等。国家尊重和保障人权。任何公民享有宪法和法律规定的权利，同时必须履行宪法和法律规定的义务。”社区矫正对象作为中华人民共和国的公民，凡是未被法律依法剥夺的权利，都是依法享有的权利，同样履行相应的法定义务。社区矫正对象的权利是指法律对社区矫正对象能够作出或者不作出一定行为，以及其要求他人相应作出或者不作出一定行为的许可与保障。① 依照社区矫正对象所处的法律地位，其享有的法定权利可以分为宪法和法律赋予的一般权利以及社区矫正期间所享有的特殊权利。

（一）社区矫正对象的一般权利

1. 生命健康权。这是社区矫正对象最基本的生存权。我国法律和有关国际刑事司法准则对这一权利都有明确的规定。

2. 人身自由权。我国《宪法》第 37 条规定：“中华人民共和国公民的人身自由不受侵犯。任何公民，非经人民检察院批准或者决定或者人民法院决定，并由公安机关执行，不受逮捕。禁止非法拘禁和以其他方法非法剥夺或者限制公民的人身自由，禁止非法搜查公民的身体。”社区矫正对象的人身自由权包括不受非法逮捕、拘禁，不被非法剥夺、限制自由，不受非法搜查等。对社区矫正对象的人身自由的剥夺或限制必须符合法定的程序并在法律规定的范围内。

3. 人格权。我国《宪法》第 38 条规定：“中华人民共和国公民的人格尊严不受侵犯。禁止用任何方法对公民进行侮辱、诽谤和诬告陷害。”社区矫正对象的人格权包括人格尊严、姓名、肖像、名誉、荣誉、隐私等方面的权利。

4. 住宅权。我国《宪法》第 39 条规定：“中华人民共和国公民的住宅不受侵犯。禁止非法搜查或者非法侵入公民的住宅。”社区矫正对象的住宅权包括享有住宅不受侵犯的权利和享有提供帮助的权利，如对居无定所的社区矫正对象安排居住在“中途之家”“社区矫正基地”等。

5. 通信权。我国《宪法》第 40 条规定：“中华人民共和国公民的通信自由和通信秘密受法律的保护。除因国家安全或者追查刑事犯罪的需要，由公安机关或者检察机关依照法律规定的程序对通信进行检查外，任何组织或者个人不得以任何理由侵犯公民的通信自由和通信秘密。”社区矫正对象的通信权包括通信自由和通信秘密。但是，对社区矫正对象通信的科技监管不包括在内。

6. 婚姻家庭权。我国《宪法》第 49 条第 1 款规定：“婚姻、家庭、母亲和儿童受国家的保护。”社区矫正对象的婚姻家庭权包括婚姻权和家庭权。

7. 财产权和继承权。我国《宪法》第 13 条规定：“公民的合法的私有财产不受侵犯。国家依照法律规定保护公民的私有财产权和继承权……”社区矫正对象的财产权和继承权是指合法财产和继承权受到法律的平等保护，禁止任何组织和个人非法侵犯。

---

① 吴宗宪主编：《社区矫正导论》，中国人民大学出版社 2011 年版，第 132 页。

8. 知识产权。社区矫正对象同社会的普通公民一样，依法享有智力成果的知识产权。但是，如果社区矫正对象被剥夺了政治权利，则著作权受到一定的限制。

9. 政治权利。我国《宪法》第 34 条规定："中华人民共和国年满十八周岁的公民，不分民族、种族、性别、职业、家庭出身、宗教信仰、教育程度、财产状况、居住期限，都有选举权和被选举权；但是依照法律被剥夺政治权利的人除外。"第 35 条规定："中华人民共和国公民有言论、出版、集会、结社、游行、示威的自由。"社区矫正对象的政治权利包括选举权和被选举权；言论、出版、集会、结社、游行、示威的自由的权利。但是，如果社区矫正对象被剥夺了政治权利，则不享有该项权利。

10. 宗教信仰自由。我国《宪法》第 36 条规定："中华人民共和国公民有宗教信仰自由。任何国家机关、社会团体和个人不得强制公民信仰宗教或者不信仰宗教，不得歧视信仰宗教的公民和不信仰宗教的公民……"社区矫正对象的宗教信仰自由是指其既有信仰宗教的自由，也有不信仰宗教的自由；有信仰这种宗教的自由，也有信仰那种宗教的自由；有过去不信教而现在信教的自由，也有过去信教现在不信教的自由。

11. 批评、建议、申诉、控告、检举的权利。我国《宪法》第 41 条第 1 款规定："中华人民共和国公民对于任何国家机关和国家工作人员，有提出批评和建议的权利；对于任何国家机关和国家工作人员的违法失职行为，有向有关国家机关提出申诉、控告或者检举的权利，但是不得捏造或者歪曲事实进行诬告陷害。"社区矫正对象的批评、建议、申诉、控告、检举的权利包括批评建议权、申诉权、控告权和检举权，每项权利针对的行为和人员、事件性质、违法犯罪的程度等是不一样的。

12. 获得国家赔偿权。我国《宪法》第 41 条第 3 款规定："由于国家机关和国家工作人员侵犯公民权利而受到损失的人，有依照法律规定取得赔偿的权利。"社区矫正对象的合法权益受到国家机关及其工作人员违法行使职权遭受损害的，有权获得国家赔偿。

13. 获得物质帮助权。我国《宪法》第 45 条第 1 款规定："中华人民共和国公民在年老、疾病或者丧失劳动能力的情况下，有从国家和社会获得物质帮助的权利。国家发展为公民享受这些权利所需要的社会保险、社会救济和医疗卫生事业。"社区矫正对象和普通社会公民一样享有这一项权利。

除此之外，社区矫正对象依照宪法和法律还享有劳动的权利、受教育的权利、文化娱乐的权利，以及各种诉讼的权利等。总之，凡是社区矫正对象未被依法剥夺或者限制的权利都是应该享有的权利。

（二）社区矫正对象的特殊权利

社区矫正对象的特殊权利是指社区矫正对象在社区矫正过程中特别享有的权利。有学者将其归纳为社区矫正对象享有依法接受刑事处罚的权利、在社区矫正过程中的知情权和有依法获得减刑的权利。① 在这里特别强调的是，社区矫正对象的辩护权、就学和就业权、享受社会保障权、不受歧视权、依法获得减刑权以及其他未被依法剥夺或者限制的权利等，对社区矫正对象而言具有特殊意义。

四、社区矫正对象的义务

本书在“社区矫正法律关系的构成”中曾对社区矫正对象的义务进行了归类阐述。

① 吴宗宪主编：《社区矫正导论》，中国人民大学出版社 2011 年版，第 139~140 页。

第七章　社区矫正机制

社区矫正工作作为对社区矫正对象进行的一种有目的、系统的刑事执行活动，必须科学地、严密地进行组织实施。尤其是在目前的状态下，依照《社区矫正法》的规定，设置和完善科学的社区矫正机制就显得尤为重要。只有建立起科学的社区矫正机制，才能有效地发挥机制的功能，才能使社区矫正工作达到理想的结果。

第一节　社区矫正机制概述

一、我国司法行政机关的设置和体制

（一）司法行政机关的机构设置

新中国成立初期，我国的司法行政机关仅设至省、自治区、直辖市。1979年恢复重建司法行政机关后，根据《中共中央、国务院关于迅速建立地方司法行政机关的通知》，全国县以上人民政府都设立了司法行政机关，逐步形成了一个具有中国特色的较为完善的司法行政系统。

1. 中央司法行政机关——司法部。司法部是国务院主管司法行政工作的职能部门，是全国司法行政工作的最高管理机关。司法部的机构随着工作职能的调整有过较大的变动：1949 年司法部创建初期仅内设 1 厅 6 司 1 处 1 室；1980 年恢复重建后内设 1 厅 1 室 1 局 7 司；1988 年机构调整为 1 厅 1 部 3 局 9 司；1994年调整为 1 厅 1 部 3 局 8 司；1998 年在机构改革中又进行了相应调整，内设 1 厅 1 部 2 局 7 司 1 室。2008 年，根据第十一届全国人民代表大会第一次会议批准的国务院机构改革方案和《国务院关于机构设置的通知》（国发〔2008〕11 号），司法部内设职能机构调整为：办公厅、政治部、监狱管理局、劳动教养管理局、法制宣传司、律师公证工作指导司、法律援助工作司、基层工作指导司、国家司法考试司、司法鉴定管理局、法制司、司法协助外事司、计财装备司、离退休干部局等。归口管理的社会团体有：中华全国律师协会、中国公证员协会、中华全

国人民调解员协会、中华全国法制新闻工作者协会等。

2018 年 3 月 17 日，第十三届全国人大一次会议表决通过了关于国务院机构改革的方案。方案提出，重新组建司法部，不再保留国务院法制办公室。根据方案重新组建的司法部，主要职责增加了负责有关法律和行政法规草案起草，负责立法协调和备案审查、解释，综合协调行政执法，指导行政复议应诉，承担国家司法协助等。

据 2019 年 1 月司法部网站公示的内设机构信息，司法部现机构设置为：中央依法治国办秘书局、办公厅、政治部、法治调研局、法治督察局、立法一局、立法二局、立法三局、立法四局、监狱管理局、社区矫正管理局、戒毒管理局、行政复议与应诉局、行政执法协调监督局、普法与依法治理局、人民参与和促进法治局、公共法律服务管理局、律师工作局、法律职业资格管理局、国际合作局、装备财务保障局、机关党委、离退休干部局。另有直属单位：司法研究所（研究室）、信息中心、机关服务中心、燕城监狱、法律援助中心、直属煤矿管理局、预防犯罪研究所、法制日报社①、法律出版社、中国法制出版社、中华全国律师协会、中国公证协会、中国监狱工作协会、中国司法行政戒毒工作协会、中央司法警官学院、司法行政学院、国家司法考试中心、中国法律援助基金会、司法协助交流中心、司法鉴定科学研究院、中华全国人民调解员协会等。

根据党的十九届三中全会审议通过的《中共中央关于深化党和国家机构改革的决定》《深化党和国家机构改革方案》和第十三届全国人民代表大会第一次会议批准的《国务院机构改革方案》，司法部机构职能、主要职责有：

（1）司法部是国务院组成部门，为正部级。

（2）中央全面依法治国委员会办公室设在司法部。

（3）司法部负责贯彻落实党中央关于全面依法治国的方针政策和决策部署，在履行职责过程中坚持和加强党对全面依法治国的集中统一领导。主要职责是：

第一，承担全面依法治国重大问题的政策研究，协调有关方面提出全面依法治国中长期规划建议，负责有关重大决策部署督察工作。

第二，承担统筹规划立法工作的责任。负责面向社会征集法律法规制定项目建议。

第三，负责起草或者组织起草有关法律、行政法规草案。负责立法协调。

第四，承办行政法规的解释、立法后评估工作。负责地方性法规、规章的备案审查工作，组织开展规章清理工作。

第五，承担统筹推进法治政府建设的责任。承办申请国务院裁决的行政复议案件工作。指导、监督全国行政复议和行政应诉工作，负责行政复议和应诉案件办理工作。

---

① 2020 年 8 月 1 日，《法制日报》更名为《法治日报》。

第六，承担统筹规划法治社会建设的责任。负责拟订法治宣传教育规划，组织实施普法宣传工作，组织对外法治宣传。推动人民参与和促进法治建设。指导依法治理和法治创建工作。指导调解工作和人民陪审员、人民监督员选任管理工作，推进司法所建设。

第七，负责全国监狱管理工作，监督管理刑罚执行、罪犯改造的工作。指导、管理社区矫正工作。指导刑满释放人员帮教安置工作。

第八，负责司法行政戒毒场所管理工作。

第九，负责拟订公共法律服务体系建设规划并指导实施，统筹和布局城乡、区域法律服务资源。指导、监督律师、法律援助、司法鉴定、公证、仲裁和基层法律服务管理工作。负责香港、澳门的律师担任委托公证人的委托和管理工作。

第十，负责国家统一法律职业资格考试的组织实施工作。

第十一，负责国家法治对外合作工作。履行国际司法协助条约确定的对外联系机关（中央机关）职责，参与有关国际司法协助条约谈判。承担报送国务院审核的我国缔结或者参加的国际条约法律审查工作。组织开展法治对外合作交流。承办涉港澳台的法律事务。

第十二，负责本系统枪支、弹药、服装和警车管理工作，指导、监督本系统财务、装备、设施、场所等保障工作。

第十三，规划、协调、指导法治人才队伍建设相关工作，指导、监督本系统队伍建设。负责本系统警务管理和警务督察工作。协助省、自治区、直辖市管理司法厅（局）领导干部。

第十四，完成党中央、国务院交办的其他任务。

2. 省级司法行政机关——省、自治区、直辖市司法厅（局）。省、自治区、直辖市司法厅（局）为本级人民政府主管司法行政工作的职能部门。新中国成立初期，地方司法行政机关仅设到大行政区一级。1954 年各大行政区被撤销后，地方司法行政机关才设到省一级。目前，我国各省、自治区、直辖市人民政府普遍设立了司法厅（局）。新疆生产建设兵团作为一种特殊情况，也设立了相当于省一级的司法局。至于各省、自治区、直辖市司法厅（局）的内设机构，随着工作职能的调整在各个时期也有相应的变化。特别是 2019 年重新组建的省级司法厅（局），内设机构变化较大。以中部某省司法厅网站公布的内设机构为例，其内设机构有 25 个：办公室、法制调研督察处、依法行政指导处、经济生态立法处、社会文化立法处、行政执法责任制推进处、法制审核处、规范性文件管理处、行政执法协调监督处、普法与依法治理处、人民参与和促进法治处、律师工作处、法律援助工作处、司法鉴定管理局、公证仲裁管理处、法律职业资格管理处、基层工作指导处、社区矫正管理局、戒毒管理局、计财装备处、信息化工作处、政治部、宣传处、机关党委、老干部处。另有全面依法治省办公室、监狱管理局、司法警官职业学院等。

3. 基层司法行政机关——市（地）、县（区）司法局和乡镇司法所（办）。市（地）、县（区）司法局为本级人民政府主管司法行政工作的职能部门，是我国司法行政工作的基层管理机关。将司法行政机关延伸到基层政权组织，这是我国司法行政制度1979年恢复重建后的重大发展。但从省（自治区、直辖市）至省辖市（地区）到县级市（市辖区）到乡镇（街道），由于司法行政机关越往基层，其管理职能越薄弱，则其内设机构也越少。

省辖市人民政府和地区行政公署普遍设立了司法局（处）。管理律师、公证、法制宣传、人民调解、安置帮教等司法行政业务。

县（县级市、市辖区）人民政府设立了司法局。由于县级司法行政机关处于第一线，虽然其司法行政管理职能更为单纯，但其承担的具体工作任务较为繁重，是我国司法行政体系的重要基础。

乡镇人民政府和街道办事处部分设立了司法所（司法办公室），普遍配备了司法助理员。司法所（办）既是同级政府具体承办司法行政事务的职能机构，也是上级司法行政机关派出机构。司法所（办）和司法助理员的主要任务是：参与社会治安综合治理，开展法制宣传和普及法律常识，组织管理辖区内的人民调解工作，代表基层政府处理重大疑难的民间纠纷。在越来越多的建有乡镇法律服务所的地方，乡镇（街道）司法所（办）与法律服务所基本上是两块牌子、一套人马，同时担负着面向农村、面向群众提供法律服务的具体事务。自2003年7月开展社区矫正试点工作以来，司法所还承担了社区矫正工作。

（二）司法行政机关的管理体制

1. 司法行政机关的业务管理体制。国务院1988年10月批准的《司法部“三定”方案》明确规定，司法部是国务院管理全国司法行政工作的职能部门，在党中央、国务院的领导下，指导地方各级司法行政工作。此后，国务院又于1994年、1998年在批准司法部职能配置、内设机构和人员编制方案中，先后重申了司法部的各种业务管理职能。根据国务院对司法部业务管理职能的规定，地方各级人民政府也相应规定：地方各级司法行政机关作为同级政府管理司法行政工作的职能部门，既受本级党委和政府的领导，同时在业务上又受上级司法行政机关的指导和监督。这就在全国上下形成了一个适合中国国情的司法行政业务管理体制。这种管理体制既有利于加强各级党委和政府对司法行政工作的组织领导，又有利于上级司法行政机关的业务管理。两者的有机结合，更有利于全国司法行政工作的统一组织和统一实施。

2. 司法行政机关的干部管理体制。我国司法行政机关曾长期处于业务管理与干部管理相脱离的状况，上级对下级司法行政机关只管业务，不管干部。1989年3月22日，中共中央组织部和司法部联合下发《关于加强司法行政机关领导干部考核管理工作的通知》。该通知明确规定：对司法行政机关领导干部的管理，实行双重领导、以地方党委为主的管理体制。司法部和地方各级司法行政机关要积极协助地方党委把协管范围内的干部管好。对这些干部，要全面深入地考核了解，经常向党委反映情况，主动提出任免、调动、奖惩的建议。党委在任免、调动、奖惩这些干部时，应事先征求上一级司法行政机关的意见。实行这种管理体制，提高了司法行政队伍的战斗力。对于不断强化司法行政业务的管理与监督，提供了有力的组织保证。

二、社区矫正机制的概念

机制一词在许多学科中被广泛地使用着。机制有时也叫机理，大体有三种含义：一是指机器的构造和工作原理，如计算机的机制。二是用来表述有机体的构造、功能和相互关系，如动脉硬化的机制。三是泛指一个复杂的工作系统和某些自然现象的物理、化学规律，如优选法中优化对象的机制等。

从系统论的观点分析，所谓机制，泛指一个工作系统或各个部分之间相互作用的过程和方式，也指其自身工作系统的组成、各个组成部分之间的关系机能、运作的过程和具体运作方式，如市场机制、竞争机制等。

社区矫正机制，是指司法行政机关在社区矫正战略思想指导下，适应国际刑罚发展的趋势和社区矫正对象社会化及社会适应的需要，在社区矫正中建立的一种监督管理和矫正教育工作系统。建立的目的是使社区矫正工作机构和司法资源合理配置，各个方面的工作运行协调，以较小的矫正成本投入获得较大的矫正绩效。① 社区矫正机制是实施社区矫正战略的重要保障。对社区矫正机制的理解，应从以下几个方面着手：②

（一）社区矫正机制是一个系统工程

对社区矫正对象实施社区矫正战略，并不是一般意义上的工作方式、方法的转变，而是要以系统论作为指导思想和方法论基础，从系统的观点出发，从客观的总体工作指导思想到工作格局的建立和具体工作操作的微观层面一并考虑，并作为一项系统工程来完成。因此，社区矫正机制的建立，涉及社区矫正机构的设立、社区矫正的监督管理、社区矫正工作者的调配、社区矫正工作的组织与协调、社会各方力量的参与等。从总体上看是一个大系统，其下又包括若干个子系统。同时，社区矫正机制又是社会治安综合治理系统的一个子系统。系统内各个

---

① 张峰：《论社区矫正机制的模式选择》，载《河南司法警官职业学院学报》2006 年第 1 期。

② 张峰：《论社区矫正机制的模式选择》，载《河南司法警官职业学院学报》2006 年第 1 期。

子系统之间必须协调、一致并有机地结合，形成良性运作，具有科学性、实用性、可操作性，切实符合社区矫正的实际，而不仅是教育改造工作名称和形式的改变，更重要的是促进社区矫正对象的适应能力，最终实现社会治安的稳定和良性循环。

（二）社区矫正机制是一种新型矫正理念的体现

实施社区矫正是司法行政机关在新的社会条件下，适应社会发展、进步的要求，对原有教育转化工作的升华，也是针对过去封闭监禁所存在的弊端而寻求的替代措施，是矫正工作文明化、人性化、人文化、科学化的体现。把解决社会治安问题作为全社会的共同任务，并从战略的高度树立让社会公众共同参与对社区矫正对象的社区矫正工作，依靠社会力量教育转化社区矫正对象的理念。在这一战略思想的指导下，在具体矫正工作方法、措施、手段的运用上，要摒弃那种“独家经营”、高墙电网、与社会隔离、神秘莫测的教育转化思路，让矫正工作走向社会，让社会公众了解社区矫正工作、参与社区矫正工作，让社区矫正对象走出高墙电网，直入社会现实，和社会公众面对面，提高社区矫正对象的社会适应能力和竞争能力，增强社区矫正对象的免疫力，正视社会现实，勇敢地面对社会生活。

（三）社区矫正机制是对司法资源的科学整合

建立社区矫正机制必须服从服务于社区矫正总体战略，要逐步改变以封闭监禁为主的刑罚模式，立足于社区矫正对象的社会化和社会适应能力，立足于发挥社会力量的积极作用，要以社区矫正机构为核心，公安机关、检察机关、审判机关、司法行政机关、监狱管理机关等部门之间通力合作，社会力量广泛参与，形成一个合力，共同做好社区矫正对象的矫正工作，实现社区矫正对象高质量的社会回归。

三、建立社区矫正机制的意义

社区矫正机制作为一个系统、一个体系，无论是对整个刑罚理念，还是对我国的矫正传统，都是一个变革、一个冲击，它的设置对我国法治建设和发展具有重要意义。

（一）社区矫正机制是社区矫正理论的具体化

社区矫正作为一种矫正教育理论，最终要体现在对社区矫正实践的指导上，先进的、科学的理论，必须要得到实践的检验。在我国的社会条件下，社区矫正理论的形成经历了一个十分曲折的过程，它是在我国矫正教育工作几十年实践的基础上，对国内外正反两方面经验进行认真总结和深刻反思之后，才逐步接受了国外比较完整的理论，并逐步探索适合我国国情的矫正理论。随着我国社区矫正工作逐步展开和实践经验的归纳总结，社区矫正工作必将得到全社会的认同。同时，我们也应看到，任何一种先进的、科学的理论或成功的经验，都不能束之高阁，最终都要付诸实践，在实践中取得社会效益。何况社区矫正工作在发达的资本主义国家已经得到了验证，已经取得了良好的社会效益。在我国，主要是借鉴国外的理论和经验，探索适合我国国情和具有中国特色的社区矫正机制，并在具体社区矫正实践中总结、提高和发展，再对实践进行指导。从这个意义上讲，社区矫正的实施不仅是一个理论问题，更重要的是一个实践问题。如何把国内外的社区矫正理论应用到我国社区矫正实践中，这是摆在社区矫正机构面前的迫切任务。要建立起一整套科学、规范的社区矫正机制。从社区矫正机构设置、人员配置、岗位职责到公、检、法、司及社会各部门、各环节的运行机制都要具体化，这样，用社区矫正理论指导社区矫正机制的建立，而社区矫正机制的建立和运作，又使社区矫正理论更加具体化，更加体现理论对实践的指导作用和实践对理论的检验作用。二者相辅相成，使社区矫正活动规范、有序、良性运作，取得更大的社会效益，这才是建立社区矫正机制的目的。

（二）社区矫正机制是实施社区矫正战略的重要保障

社区矫正战略从最初的提出，到在北京、上海、天津、江苏、浙江、山东等6省、直辖市的试点，直到今天在全国施行，是一个总结、探索的过程，更是一个具体的实践过程。要实现社区矫正战略目标，并不是短时间内就能完成的简单的操作过程，而是一个学习国外理论、借鉴国外经验，从本国实际出发，为实现目标精心设计、勇于探索，科学、规范、有序的管理和运作过程。这一过程涉及社会团体、社会组织、社区、社会公众及公安机关、检察机关、审判机关、司法行政机关、监狱管理机关等方方面面，其中的组织、管理、协调是至关重要的，需要建立科学的社区矫正机制，以确保矫正教育和转化活动的科学性、有效性和矫正效益最大化。社区矫正机制直接体现了现代刑罚理念，是实现社区矫正战略的重要条件。从这个意义上说，社区矫正机制是实施社区矫正战略的重要保障。实践证明，良好的工作机制对实现工作目标能起到事半功倍的效果。反之，如果工作机制不能适应社区矫正工作的要求，将会制约、影响和阻碍社区矫正工作的正常运行。良好的机制能起到激活作用，不良的机制能起到抑制作用，因此，建立科学的社区矫正机制，是实施社区矫正战略的前提条件。

（三）社区矫正机制是依法规范矫正行为的根本措施

社区矫正机制围绕着社区矫正战略目标，对社区矫正工作和各部分的运作过程、方式应作出明确规定。这种机制一旦形成，对社区矫正机构、社区矫正对象的矫正行为将起到规范作用。这种规范作用也将与社区矫正相关的法律、法规、规章制度相配套，使社区矫正工作者在开展对社区矫正对象的日常管理、矫正教育、风险防范、危机干预等方面的业务活动中，指导思想明确，职责权限清晰，自我定位准确，内部分工具体，工作关系协调。大家都清楚自己的责任和义务，知道该干什么、怎么干，该管什么、怎么管，哪些是职责范围内的行为，哪些是非职责范围内的行为等，使每一个社区矫正工作者都将自己的矫正活动规范于社区矫正机制这个大系统中，与整个社区矫正机制协调运作，在各自的岗位上发挥作用，形成协同联动的合力，克服和避免越权操作、违规操作，甚至违法操作的行为。

（四）社区矫正机制是促进司法行政工作改革的重要动力

社区矫正战略是一种以治本为主、治标为辅的矫正教育发展战略，其核心是矫正教育社区矫正对象的犯罪心理和行为恶习，并促进其再社会化，提高社会适应性。通过对社区矫正对象的主动矫治和教育转化，使其在回归社会后，最大限度地减少重新犯罪。在形式上充分调动社会力量，使其广泛参与矫正活动。在这种战略思想指导下建立的社区矫正机制，必然会对公安机关、社区矫正机构、检察机关、审判机关、监狱管理机关等部门在工作机构设置、人员配置、组织管理、业务分工、工作方式、职权划分、义务设定等诸多方面产生影响。随着社区矫正战略的实施、社区矫正机制的完善，将会推动我国司法改革的进一步深化。同时，随着新的刑罚理念、矫正理论的确立，作为各级社区矫正机构的职能部门，都会逐步转变组织、管理工作方式，善于从实际出发，摈弃陈旧落后的观念和做法。在工作侧重点，财力、物力的使用，对社区矫正队伍的管理与教育训练，机构设置等诸多方面适应社区矫正战略的需要。另外，随着社区矫正机制中对社区矫正工作者的考核、监督、激励机制的完善，将会形成一种优胜劣汰的局面，极大地调动社区矫正工作者的工作、学习积极性，增强遵纪守法、严格自律、无私奉献的自觉性，提高社区矫正工作者的整体素质，提高工作效率，使社区矫正工作得到社会公众广泛的支持，变得更加主动。从这个意义上来说，社区矫正机构在搞好社区矫正机制建设的同时，应当把社区矫正机制建设与深化司法行政工作改革同步进行，使我国司法行政工作与时俱进，适应社会变革的需要，不断持续发展。

第二节 我国社区矫正机制

一、我国社区矫正机制的演变

我国的社区矫正工作是建立在试点基础上开展起来的，因此，社区矫正的机制从组建之初就带有明显的“组合”特色。首先，从中央层面来看，2003 年 7 月 10 日《关于开展社区矫正试点工作的通知》就是以最高人民法院、最高人民检察院、公安部、司法部的名义联合下发的，要求由所属相关部门具体实施。在试点省份，都是以政法委员会牵头成立社区矫正工作办公室，主要目的就是便于协调各个部门的工作。在通知之中，明确规定了公安机关的执法主体和司法行政部门的工作主体地位。同时，规定人民法院、人民检察院、监狱、人力资源与社会保障部门、卫健委等部门是社区矫正的协作机构。

在机构设置上，中央执行机构是司法部，社区矫正工作办公室设在司法部基层工作指导司。在各个试行社区矫正工作的省、自治区、直辖市，以政法委员会牵头成立的社区矫正工作办公室一般设在司法厅（局）的基层工作处，个别省份是作为司法厅（局）的独立机构。在地市级司法局和县级司法局，社区矫正工作分别隶属于基层工作处和基层工作科，有些是隶属于安置帮教科。

这种机构设计，虽然在社区矫正由试点到试行的整个过程中起到了积极的作用，但不可否认的是，正是社区矫正机构设置的不合理性，影响甚至阻碍了社区矫正功能的发挥。为了克服这一弊端，司法部已于 2010 年 11 月设立了社区矫正管理局，主管全国的社区矫正工作。

目前，在我国的法律框架下，依照《刑法》《刑事诉讼法》《监狱法》《社区矫正法》等法律规定，社区矫正机制包括社区矫正的决定机构、管理机构、执行机构、监督机关和协作机构。对社区矫正对象实施社区矫正的决定机构包括人民法院、公安机关和监狱管理部门。这些部门通过判决、决定、裁定的形式，对宣告缓刑的罪犯、判处管制的罪犯、裁定假释的罪犯、决定暂予监外执行的罪犯实行社区矫正，同时在社区矫正中又是协作机构。各级司法行政机关是社区矫正的管理机关，社区矫正机构是社区矫正的具体执行机构。

二、社区矫正管理机构

《社区矫正法》第 8 条规定：“国务院司法行政部门主管全国的社区矫正工作。县级以上地方人民政府司法行政部门主管本行政区域内的社区矫正工作。人民法院、人民检察院、公安机关和其他有关部门依照各自职责，依法做好社区矫正工作。人民检察院依法对社区矫正工作实行法律监督。地方人民政府根据需要设立社区矫正委员会，负责统筹协调和指导本行政区域内的社区矫正工作。”这就意味着社区矫正管理机构分为管理部门、协作部门和监督部门。管理部门是国务院司法行政部门和县级以上地方人民政府司法行政部门，分工负责部门是人民法院、人民检察院、公安机关和其他有关部门，监督部门是人民检察院。《社区矫正法实施办法》第2条规定：“社区矫正工作坚持党的绝对领导，实行党委政府统一领导、司法行政机关组织实施、相关部门密切配合、社会力量广泛参与、检察机关法律监督的领导体制和工作机制。”在这里，主要介绍司法行政机关的社区矫正管理机构。

1. 中央管理机构。修订后的《刑事诉讼法》第269条规定，“对被判处管制、宣告缓刑、假释或者暂予监外执行的罪犯，依法实行社区矫正，由社区矫正机构负责执行”。该条从法理上明确了社区矫正机构是社区矫正的执行机构。《社区矫正法》第8条规定国务院司法行政部门主管全国的社区矫正工作，正式确立了中央管理机构是司法部，是全国社区矫正工作的最高管理机关。司法部2010年11月设立了社区矫正管理局，但和基层工作司是“两块牌子，一套人马”，并未真正成为司法部的内设机构。据2019年1月司法部网站公示内容，“社区矫正管理局”已经成为司法部的内设机构。因此，司法部的社区矫正管理局是中央一级的管理机构，“负有对全国范围内开展社区矫正工作的主管职责，包括制定社区矫正工作的方针、政策和规范性文件；拟定社区矫正工作发展规划、管理制度；制定社区矫正对象需要遵守的有关报告、会客、外出、迁居、保外就医等监督管理规定；出台相关政策鼓励、支持社会力量参与社区矫正工作；推进高素质的社区矫正工作队伍建设；支持社区矫正机构提高信息化水平；监督检查社区矫正法律法规和政策的执行情况；指导各地方司法行政部门依法开展社区矫正工作等”。① 《社区矫正法实施办法》第2条规定“司法行政机关组织实施”社区矫正工作，确立了司法行政机关在社区矫正工作中的主体地位。

2. 各省、自治区、直辖市司法厅（局）社区矫正管理部门。这一部门直接设在各省、自治区、直辖市的司法厅（局）内，是省级司法厅（局）的内设机构，称作社区矫正管理局，作为省级社区矫正管理机构的职能部门，统管全省、自治区、直辖市的社区矫正工作。“负有指导管理本行政区域内的社区矫正工作，包括拟定本行政区域内的社区矫正工作发展规划、管理制度；推进本行政区域内社区矫正机构建设；加强对社区矫正机构和司法所工作人员的管理、监督、培训和职业保障；推动社会力量参与本行政区域内社区矫正工作；支持本行政区域内社区矫正机构运用现代信息技术开展监督管理和教育帮扶；监督检查本行政区域

---

① 王爱立、姜爱东主编：《中华人民共和国社区矫正法释义》，中国民主法制出版社2020年版，第52页。

内社区矫正法律法规和政策的执行情况；指导本区域内下级司法行政部门社区矫正工作等。”①

其主要负责指导监督全省、自治区、直辖市社区矫正对象的刑事执行工作，组织开展社区矫正对象管理、教育和社会适应性帮扶工作，指导社会力量和志愿者参与社区矫正工作等。

3. 各地、市司法局、处的社区矫正管理部门。该部门设在各地、市司法局、处内，具体职责是起承上启下的中介作用，是基层的社区矫正管理机构。同时，对辖区内各区县的社区矫正工作进行管理和指导。按照《社区矫正法》第 8 条的规定，在本级人民政府可以设立社区矫正委员会，负责组织、协调、指导本行政区域内的社区矫正工作。《社区矫正法实施办法》第 4 条规定：“司法行政机关依法履行以下职责：(一) 主管本行政区域内社区矫正工作；(二) 对本行政区域内设置和撤销社区矫正机构提出意见；(三) 拟定社区矫正工作发展规划和管理制度，监督检查社区矫正法律法规和政策的执行情况；(四) 推动社会力量参与社区矫正工作；(五) 指导支持社区矫正机构提高信息化水平；(六) 对在社区矫正工作中作出突出贡献的组织、个人，按照国家有关规定给予表彰、奖励；(七) 协调推进高素质社区矫正工作队伍建设；(八) 其他依法应当履行的职责。”这明确规定了社区矫正管理机关的职责。

这样，就从中央到地方对社区矫正机构形成了一个网络体系，构成了一个有机整体，形成了完善的社区矫正机制。②

三、社区矫正执行机构

社区矫正具体工作执行机构，以县级司法局为依托，根据各地的实际情况而设立。《社区矫正法》第 8 条规定，县级以上地方人民政府司法行政部门主管本行政区域的社区矫正工作。第 9 条规定：“县级以上地方人民政府根据需要设置社区矫正机构，负责社区矫正工作的具体实施……”因此，县级司法行政机关的社区矫正机构是社区矫正的执行机构。《社区矫正法实施办法》第 9 条规定：“社区矫正机构是县级以上地方人民政府根据需要设置的，负责社区矫正工作具体实施的执行机关。社区矫正机构依法履行以下职责：(一) 接受委托进行调查评估，提出评估意见；(二) 接收社区矫正对象，核对法律文书、核实身份、办理接收登记，建立档案；(三) 组织入矫和解矫宣告，办理入矫和解矫手续；(四) 建立矫正小组、组织矫正小组开展工作，制定和落实矫正方案；(五) 对

① 王爱立、姜爱东主编：《中华人民共和国社区矫正法释义》，中国民主法制出版社 2020 年版，第 53 页。

② 张峰：《论社区矫正机制的模式选择》，载《河南司法警官职业学院学报》2006 年第 1 期。

社区矫正对象进行监督管理，实施考核奖惩；审批会客、外出、变更执行地等事项；了解掌握社区矫正对象的活动情况和行为表现；组织查找失去联系的社区矫正对象，查找后依情形作出处理；（六）提出治安管理处罚建议，提出减刑、撤销缓刑、撤销假释、收监执行等变更刑事执行建议，依法提请逮捕；（七）对社区矫正对象进行教育帮扶，开展法治道德等教育，协调有关方面开展职业技能培训、就业指导，组织公益活动等事项；（八）向有关机关通报社区矫正对象情况，送达法律文书；（九）对社区矫正工作人员开展管理、监督、培训，落实职业保障；（十）其他依法应当履行的职责。设置和撤销社区矫正机构，由县级以上地方人民政府司法行政部门提出意见，按照规定的权限和程序审批。社区矫正日常工作由县级社区矫正机构具体承担；未设置县级社区矫正机构的，由上一级社区矫正机构具体承担。省、市两级社区矫正机构主要负责监督指导、跨区域执法的组织协调、与同级社区矫正决定机关对接的案件办理工作。”这一规定说明，县级司法行政机关的社区矫正机构是社区矫正工作的执行机构。而乡镇街道办事处的司法所，只是根据《社区矫正法》第 9 条和《社区矫正法实施办法》第 8 条的规定，根据社区矫正机构的委托，承担社区矫正相关工作。

总之，社区矫正执行机构是司法行政机关的基层基础机构，植根于社区，直接面对社区公众，直接开展社区矫正对象的监督管理、教育矫正、社会帮扶等工作，是社区矫正机关的“终端”组织。

四、社区矫正的监督机制

社区矫正的监督机制，是指法律授权的机关、公民、社会组织及社区矫正机构内部对社区矫正机关依法履行职责及行使职权的活动和遵守纪律的情况实施监督的相互作用过程和方式。对社区矫正活动实施监督是实现社区矫正机关职能的重要条件，是保障社区矫正工作者依法履行职责、行使职权的重要手段，也是维护社区矫正对象合法权益的重要保障。对于加强社区矫正工作的执法监督、强化对权力的制约、更好地实施社区矫正战略，都具有十分重要的意义。

按照社区矫正监督机制的表现形式，可将其分为检察监督、国家权力机关的监督、监察监督和社会监督。

（一）检察监督

检察监督，是指人民检察院通过行使检察权，依法对社区矫正机关及其社区矫正工作者遵守和执行法律情况进行的监督。从法律法规和规范性文件的规定看，检察机关的监督主要有：

第一，《社区矫正法》的规定。《社区矫正法》第 62 条规定：“人民检察院发现社区矫正工作违反法律规定的，应当依法提出纠正意见、检察建议。有关单位应当将采纳纠正意见、检察建议的情况书面回复人民检察院，没有采纳的应当说明理由。”

第二，《人民检察院刑事诉讼规则》的规定。2019 年 12 月 2 日最高人民检察院修订的《人民检察院刑事诉讼规则》在第十四章“刑罚执行和监管执法监督”中，单列了第四节“社区矫正监督”。

第三，《社区矫正法实施办法》的规定。《社区矫正法实施办法》第 6 条关于人民检察院职责中，规定人民检察院依法履行的监督职责有：(1) 对社区矫正决定机关、社区矫正机构或者有关社会组织的调查评估活动实行法律监督；(2) 对社区矫正决定机关判处管制、宣告缓刑、裁定假释、决定或者批准暂予监外执行活动实行法律监督；(3) 对社区矫正法律文书及社区矫正对象交付执行活动实行法律监督；(4) 对监督管理、教育帮扶社区矫正对象的活动实行法律监督；(5) 对变更刑事执行、解除矫正和终止矫正的活动实行法律监督；(6) 受理申诉、控告和举报，维护社区矫正对象的合法权益；(7) 按照刑事诉讼法的规定，在对社区矫正实行法律监督中发现司法工作人员相关职务犯罪，可以立案侦查直接受理的案件；(8) 其他依法应当履行的职责等。

人民检察院实施法律监督，主要是对社区矫正机构和矫正工作者监督管理活动的合法性、社区矫正对象行为合法性、刑罚变更及惩罚活动进行监督。明确检察机关监督的介入程序和实施程序，特别是在监禁刑改变成非监禁刑时，将其作为检察机关监督的重点。[①] 人民检察院实施法律监督的内容和形式主要有：人民检察院发现社区矫正监督管理活动违反法律和社区矫正法规规定的，可以区别情况提出口头纠正意见、制发纠正违法通知书或者检察建议书。

（二）国家权力机关监督

国家权力机关监督，是指各级人民代表大会及其常务委员会对社区矫正机关监督管理活动的监督。人民代表大会是我国立法机关和国家权力机关，它们对社区矫正工作的监督以宪法和法律为依据，代表人民的意志，能得到广大人民群众和社会舆论的广泛支持，并具有撤销法规、规章等规范性文件和人事罢免的权力，具有极大的权威性。这种监督主要通过以下途径来实现：一是通过立法对社区矫正机关及其工作者行使职权的活动进行制约。二是对各级政府制定的有关社区矫正工作的经费预决算进行审查，作出批准与否的决定。三是各级人民代表大会通过听取司法行政机关社区矫正机构的报告，对法律实施情况进行检查。[②]

---

① 韩东升：《社区矫正监督工作中存在的问题及建议》，载《中国检察官》2010 年第 4 期。

② 张峰：《论社区矫正机制的模式选择》，载《河南司法警官职业学院学报》2006 年第 1 期。

（三）监察监督

《监察法》第11条规定："监察委员会依照本法和有关法律规定履行监督、调查、处置职责：（一）对公职人员开展廉政教育，对其依法履职、秉公用权、廉洁从政从业以及道德操守情况进行监督检查；（二）对涉嫌贪污贿赂、滥用职权、玩忽职守、权力寻租、利益输送、徇私舞弊以及浪费国家资财等职务违法和职务犯罪进行调查；（三）对违法的公职人员依法作出政务处分决定；对履行职责不力、失职失责的领导人员进行问责；对涉嫌职务犯罪的，将调查结果移送人民检察院依法审查、提起公诉；向监察对象所在单位提出监察建议。"社区矫正工作人员属于公职人员，属于《监察法》的监督对象，对其依法行使的社区矫正刑事执行权力进行监督。

（四）社会监督

社会监督，是指来自国家机关以外的社会组织和公民个人，对社区矫正机关的执法活动所进行的监督。社会监督是一种非国家性质的监督，监督的方式主要是对社区矫正机关所采取的矫正措施提出批评建议，对矫正活动中的违法违纪行为控告检举等，不直接产生法律后果，不具有法律上的强制性。但是，这种监督是国家机关监督的重要来源和重要补充，是社区矫正监督机制中十分重要的监督形式。它主要来自以下几个方面：

1. 人民政协对社区矫正机关监督管理活动的监督。主要是通过提出批评、建议等方式进行。

2. 人民团体、企事业单位等社会组织对社区矫正机关监督管理活动的监督。主要是通过批评、建议、控告、检举等方式进行。

3. 公民个人对社区矫正机关社区矫正活动的监督。主要是通过检举、控告、申诉等方式进行。

4. 舆论的监督。主要是新闻机构通过新闻媒介的监督作用，以及广大网民通过网络媒介，反映广大人民群众的意见和要求，揭露社区矫正机关及工作人员可能存在的违法违纪行为。

五、社区矫正的协作机制

依照《社区矫正法》第8条第2款的规定："人民法院、人民检察院、公安机关和其他有关部门依照各自职责，依法做好社区矫正工作。人民检察院依法对社区矫正工作实行法律监督。"同时，《刑法》《刑事诉讼法》《监狱法》等法律法规对在社区矫正过程中，人民法院、人民检察院、公安机关、监狱管理机关和其他有关部门对于社区矫正对象调查评估、居住地认定、法律文书的送达、治安管理处罚、逮捕、禁止令的执行、社区矫正对象的收监执行、社区矫正对象脱逃的追捕，以及其他相关事项的相互配合和衔接等工作都进行了规定。这样，公安机关、人民法院、监狱管理机关既是社区矫正的决定机关，又是社区矫正的协作机关。

第一，公安机关的协作。公安机关是社区矫正工作的主体之一，不仅是社区矫正的决定机关，而且是社区矫正的刑罚执行机关，还是社区矫正的行政处罚机关。因此，公安机关在社区矫正工作中，行使社区矫正决定权、调查评估委托权、行刑权、行政管理处罚权等。依照《社区矫正法实施办法》第 7 条的规定，公安机关依法履行以下职责：（1）对看守所留所服刑罪犯拟暂予监外执行的，可以委托开展调查评估。（2）对看守所留所服刑罪犯拟暂予监外执行的，核实并确定社区矫正执行地；对符合暂予监外执行条件的，批准暂予监外执行；对符合收监执行条件的，作出收监执行的决定。（3）对看守所留所服刑罪犯批准暂予监外执行的，进行教育，及时通知并送达法律文书；依法将社区矫正对象交付执行。（4）对社区矫正对象予以治安管理处罚；到场处置经社区矫正机构制止无效，正在实施违反监督管理规定或者违反人民法院禁止令等违法行为的社区矫正对象；协助社区矫正机构处置突发事件。（5）协助社区矫正机构查找失去联系的社区矫正对象；执行人民法院作出的逮捕决定；被裁定撤销缓刑、撤销假释和被决定收监执行的社区矫正对象逃跑的，予以追捕。（6）对裁定撤销缓刑、撤销假释，或者对人民法院、公安机关决定暂予监外执行收监的社区矫正对象，送交看守所或者监狱执行。（7）执行限制社区矫正对象出境的措施。（8）其他依法应当履行的职责。

第二，人民法院的协作。人民法院是社区矫正工作的又一重要参与主体，在社区矫正中具有社区矫正决定权，调查评估委托权，撤销缓刑、假释收监执行权，减刑权，逮捕权等。依照《社区矫正法实施办法》第 5 条的规定，人民法院依法履行以下职责：（1）拟判处管制、宣告缓刑、决定暂予监外执行的，可以委托社区矫正机构或者有关社会组织对被告人或者罪犯的社会危险性和对所居住社区的影响，进行调查评估，提出意见，供决定社区矫正时参考。（2）对执行机关报请假释的，审查执行机关移送的罪犯假释后对所居住社区影响的调查评估意见。（3）核实并确定社区矫正执行地。（4）对被告人或者罪犯依法判处管制、宣告缓刑、裁定假释、决定暂予监外执行。（5）对社区矫正对象进行教育，及时通知并送达法律文书。（6）对符合撤销缓刑、撤销假释或者暂予监外执行收监执行条件的社区矫正对象，作出判决、裁定和决定。（7）对社区矫正机构提请逮捕的，及时作出是否逮捕的决定。（8）根据社区矫正机构提出的减刑建议作出裁定。（9）其他依法应当履行的职责。

第三，监狱管理机关的协作。依照《社区矫正法实施办法》第 8 条的规定：“监狱管理机关以及监狱依法履行以下职责：（一）对监狱关押罪犯拟提请假释的，应当委托进行调查评估；对监狱关押罪犯拟暂予监外执行的，可以委托进行调查评估；（二）对监狱关押罪犯拟暂予监外执行的，依法核实并确定社区矫正执行地；对符合暂予监外执行条件的，监狱管理机关作出暂予监外执行决定；（三）对监狱关押罪犯批准暂予监外执行的，进行教育，及时通知并送达法律文书；依法将社区矫正对象交付执行；（四）监狱管理机关对暂予监外执行罪犯决定收监执行的，原服刑或者接收其档案的监狱应当立即将罪犯收监执行；（五）其他依法应当履行的职责。”

第八章　社区矫正工作者

社区矫正工作者的素质，不仅直接关系到社区矫正质量的高低，而且决定着社区矫正运行的成效。因此，只有建设一支高质量的社区矫正队伍，才能实现社区矫正的价值追求。

第一节　社区矫正工作者的构成与职责

《社区矫正法》第16条规定，“国家推进高素质的社区矫正工作队伍建设。社区矫正机构应当加强对社区矫正工作人员的管理、监督、培训和职业保障，不断提高社区矫正工作的规范化、专业化水平。”因此，只有选拔高质量的、高水平的、具有专业水准的社区矫正工作者，才能保证社区矫正工作高效率运行。

由于我国开展社区矫正工作只有十几年的时间，因而对一些概念的界定还不十分明确，所以关于社区矫正工作者的名称问题存在不同的看法和观点，不仅名称不统一，而且各种名称之间所具有的内涵和外延也不一致。主要名称有“社区矫正工作者”“社区矫正官”“矫正人员”“社区矫正工作人员”“司法所工作人员”等。根据社区矫正的工作性质和内容，本书认为统一使用“社区矫正工作者”比较合适。

一、关于社区矫正工作者的名称问题

在社区矫正工作开展的十几年中，社区矫正工作者的名称出现了多种，比较混乱。

根据司法部2004年7月1日实施的《司法行政机关社区矫正工作暂行办法》第22条的规定，“社区矫正工作者”是规范的名称，它是由“司法所工作人员，有关社会团体成员和社会志愿者组成的”。这个规定想把直接从事社区矫正工作的基层管理人员界定为社区矫正工作者，意图十分明确，但是存在的问题也十分突出。首先，它仅规定了“司法所工作人员”属于社区矫正工作者，把司法部、省级司法厅（局）、各地市级司法局从事社区矫正领导工作的人员排除在了“社区矫正工作者”之外，这显然是不合适的。其次，将参与到社区矫正工作中的

"有关社会团体和社会志愿者"规定为"社区矫正工作者"，其目的是突出社区矫正管理人员的广泛参与性。但是，我们知道公安机关、检察机关、审判机关、监狱管理机关、共青团、人力资源与社会保障、卫健委、民政等部门都直接或间接地参与了这一工作，有些部门还指派了专门人员来协助这项工作，应该说这部分人员已经具有了"社区矫正工作者"的特征，但在规定中却被排除在"社区矫正工作者"之外，只将"社会团体和社会志愿者"这一部分人员纳入其中，显然是不合适的。最后，从我国社区矫正工作的实践来看，大多省、自治区和直辖市为了解决社区矫正工作者的执法权问题，抽调了一部分监狱、强制隔离戒毒所的人民警察，由公安机关指派了公安派出所的一部分民警，专门从事社区矫正工作，这部分人员是社区矫正工作的专职管理人员，但也未在规定的范围之内。综上所述，司法部这一规定是有缺陷的，不利于在实践中对"社区矫正工作者"进行界定。

除此之外，还有一些省、直辖市的规定也不一样。吴宗宪教授曾进行研究并做了以下归纳：①

（1）使用了不同的名称。2004 年 3 月发布的《浙江省社区矫正试点工作意见》，使用了"专业社区矫正工作者"的名称，用来指从事社区矫正工作的国家公职人员。2003 年 5 月发布的《北京市社区矫正工作实施细则（试行）》，使用了"专业社区矫正人员"的名称，用来指司法所干部和抽调的监狱、强制隔离戒毒所人民警察。

（2）人员范围有所不同。在一些省市的规范性文件中，虽然使用了与司法部《司法行政机关社区矫正工作暂行办法》相同的名称，但是所包括的具体人员并不相同。有些规范中包括的人员范围比司法部的《司法行政机关社区矫正工作暂行办法》宽泛。例如，2004 年 10 月印发的《天津市司法行政机关开展社区矫正工作实施细则》，也使用了"社区矫正工作者"的名称，但是具体包括的人员与司法部的《司法行政机关社区矫正工作暂行办法》有差别。根据该细则第 14 条的规定，"社区矫正工作者应当由司法所、公安派出所专职人员、有关社会团体成员和民间组织以及社会志愿者组成"。这个名称包括的人员范围和司法部《司法行政机关社区矫正工作暂行办法》相比，增加了"公安派出所专职人员"。又如，2004 年 8 月发布的《山东省社区矫正试点工作意见》指出，"社区矫正工作者应是从事社区矫正工作的司法所工作人员、各级社区矫正组织的专门工作人员和公安派出所民警等国家公职人员"。

同时，也有一些规范中包括的人员范围比司法部的《司法行政机关社区矫正工作暂行办法》狭窄。例如，《上海市社区矫正工作者守则（试行）》规定，

---

① 吴宗宪：《社区矫正工作人员的种类与名称》，载《中国司法》2005 年第 12 期。以下内容是以本文为蓝本整理。

“社区矫正工作者是探索刑罚执行制度改革，采取开放式教育改造罪犯的社区矫正机关的专职工作人员。它承担着对矫正对象的执法任务，并根据矫正对象的情况，开展针对性的个别矫正工作”。按照这个表述，社区矫正工作者仅仅指司法部《司法行政机关社区矫正工作暂行办法》中的第一类人员，也就是司法所工作人员。

又如，2003 年 10 月发布的《江苏省社区矫正试点工作方案》指出，“社区矫正工作者是指司法所工作人员和社区公安民警（监狱民警）”。

（3）明确将志愿者从社区矫正管理人员中划分出去。在参与社区矫正工作的省市发布的规范性文件中，都将志愿者从社区矫正管理人员中划分出去。

值得注意的是，使用名称上的混乱现象，并不是完全由于地方性规范在司法部《司法行政机关社区矫正工作暂行办法》颁布之前发布的事实造成的。实际上，有些地方的规范性文件是在司法部《司法行政机关社区矫正工作暂行办法》颁布之后发布的，在这种情况下出现差别和混乱，是法治国家的基本原则所不允许的。这种混乱现象的出现，一方面，说明地方性规范的制定者并不重视国家司法行政机关的规范性文件的权威性，缺乏法制统一的意识；另一方面，可能也意味着国家司法行政机关制定的规范性文件缺乏科学性，导致地方政府部门不愿意遵从这样的规范性文件。但是，必须认识到，在中国这样一个单一制结构的国家中，基本的法制应当统一，地方政府在法律方面的创新余地是有限的。因此，在社区矫正规范性文件中，应当统一使用基本的名称。

《社区矫正法》第 10 条、第 11 条、第 12 条、第 13 条把参与社区矫正工作的人员分为两大类：一类是专门国家工作人员，即社区矫正机构工作人员；另一类是协助工作的社会力量，包括社会工作者、居民委员会、村民委员会、企业事业单位、社会组织、志愿者、社区矫正对象的监护人、家庭成员，社区矫正对象所在单位或者就读学校等人员。

二、社区矫正工作者的基本构成

要明确社区矫正工作者的构成，首先应确立社区矫正工作者的标准，然后依据标准确定人员范围。其次，以在社区矫正工作中的法定地位、作用、身份特征、权利义务、职责范围将其归为不同的类别。为此，社区矫正工作者有广义和狭义之分：广义的社区矫正工作者是指所有参加社区矫正工作的人员；而狭义的社区矫正工作者是指依照法律法规的规定，在社区矫正工作机构工作的具有法定身份的公职人员，以及受社区矫正机构委托从事社区矫正工作管理的人员。只有这样区分和界定，才能对社区矫正工作者进行层次划分。①

---

① 连春亮、张峰主编：《社区矫正概论》，法律出版社 2006 年版，第 298~299 页。

（一）社区矫正机构工作人员

《社区矫正法》第10条规定："社区矫正机构应当配备具有法律等专业知识的专门国家工作人员（以下称社区矫正机构工作人员），履行监督管理、教育帮扶等执法职责。"这是关于社区矫正工作者的法律规定。社区矫正机构工作人员实质就是指狭义的社区矫正工作者。这类人员的身份具有法定性，按照法律法规和政策的规定，在享有权利的同时，必须履行法定义务，包括我国社区矫正中的"执法主体"和"工作主体"。根据《社区矫正法》《社区矫正法实施办法》等相关规定，以及各省、自治区、直辖市的实践，社区矫正工作者是指具有公职人员身份，在社区矫正工作中的直接领导者、管理者和参与者。应包括下列人员：

1. 省级、市级、县级司法行政机关所设立的社区矫正机构中从事领导、管理工作的人员。

2. 受委托从事社区矫正工作的司法所工作人员。

3. 参与社区矫正工作的社区公安民警。

4. 参与社区矫正工作的监狱、强制隔离戒毒所人民警察。

（二）社区矫正协助管理人员

社区矫正的协助管理人员，不是具有法定职责的专职从事社区矫正工作的管理人员，而是热心于公益事业的社会人士和社会团体中的人员。他们主要从事的工作是协助专业社区矫正工作人员对社区矫正对象进行矫正教育、危机干预、社会救助和恢复秩序等活动。《社区矫正法》第11条、第12条、第13条规定了社区矫正协助管理人员和参与组织的范围。据此，社区矫正协助管理人员和参与组织包括：

1. 社区矫正社会工作者。社区矫正社会工作者是指经政府公开招聘，专门协助社区矫正工作者对社区矫正对象进行监督管理、教育疏导、生活救助等日常事务性管理的专职人员。主要在司法局社区矫正机构工作，接受社区矫正机构的工作安排、指导和考核。从社区矫正机构招录社区矫正社会工作者的情况来看，虽然各地有不同的规定，但这类人员应基本具备下列条件：（1）拥护党的领导；（2）遵守法律，品行端正，没有违法犯罪记录；（3）热爱社区矫正工作，工作责任心强；（4）具有大专以上法学、社会学、心理学学历；（5）具有一定的文字写作能力，并可熟练操作和使用计算机；（6）身体健康，年龄应在40岁以下。

2. 社会志愿者。社区矫正社会志愿者是指热心社区矫正工作，有一定的法律政策水平和专业知识，并经司法行政部门和志愿者组织登记，自愿无偿协助开展社区矫正工作的人员。社区矫正工作志愿者应当具备下列条件：拥护宪法、遵守法律、品行端正，热心社区矫正工作，有一定的法律政策水平、文化素质和专业知识。

一般来说，社区矫正中的志愿人员具有下列特点：第一，他们不一定具备开展社区矫正工作的专业技能，也不要求他们人人都有从事社区矫正工作所需要的专业技能。第二，他们并不是专职的社区矫正工作人员，而是真正的兼职人员；他们仅仅在自己的主业之外或者在退休之后，利用一定时间从事社区矫正工作。第三，他们不是领取薪水的工作人员。他们只能根据开展工作的情况，领取一定的工作津贴。第四，与获得的报酬相适应，志愿人员承担的义务和责任也要比准专业人员少。第五，志愿人员的工作时间不固定，他们根据社区矫正机构的需要和自己的情况，从事一定时间的社区矫正工作，但是这种“工作时间”是不固定的。第六，志愿人员的流动性较大，“可持续性”差。他们是否继续从事社区矫正工作，完全取决于自己的情况，而不受社区矫正机构的制约，不接受社区矫正机构的强制性管理。①

这些人员主要包括专家学者、知名人士、退休干部和教师、村（居）委员会成员、高等院校学生等。具体做法是：

（1）社区矫正机构可以动员、邀请那些退休的老干部、老职工、老教师，担任未成年社区矫正对象的学业辅导员、思想辅导员。老干部、老职工、老教师具有丰富的人生经验和实践智慧，邀请他们参与社区文化建设，能够发挥重要作用。

（2）社区矫正机构可以邀请一些热心社会公益事业的教育学、心理学、医学、法学、社会学专业的大学生参与比较专业的矫正工作。社区矫正对象在矫正过程中可能遇到各种各样的困扰，包括自身的心理矛盾、身心不健康等情况。社区矫正机构由于经费、编制的缺乏，不太可能为社区矫正对象提供比较完善的帮助、保护措施，此时，学有所长的大学生可以一展才华，参与社区矫正工作。

3. 社区基层自治组织的协助人员。《社区矫正法》第12条第1款规定：“居民委员会、村民委员会依法协助社区矫正机构做好社区矫正工作。”这是社区基层自治组织必须协助社区矫正机构做好社区矫正工作的法律规定。此类人员我们可以理解为居民委员会、村民委员会的所有成员。社区基层自治组织参与社区矫正工作，可以凝聚社区民众的向心力，增强对社区的关怀度，提高自身的号召力。

4. 企事业单位、社会组织的协助人员。《社区矫正法》第13条规定：“国家鼓励、支持企业事业单位、社会组织、志愿者等社会力量依法参与社区矫正工作。”社区发展需要培育成熟的社会中介组织、企事业单位、社会组织、社会团体等，社区的公益事业不仅要组织政府资源进行，还要利用社区资源进行。社区矫正将社区矫正对象置于社区进行教育改造，如果不充分发动社区力量参与教育

① 吴宗宪：《社区矫正工作人员的种类与名称》，载《中国司法》2005年第12期。

改造，不仅社区矫正的质量无法得到保证，而且社区矫正对象的人身危险性也无法得到有效控制，更难以实现社区矫正的目的。

尽管社会团体参与社区矫正工作的可能性比较小，但是社区内的“其他单位”却能够填补由于社会团体缺位留下的空白。社区矫正工作的内容具有复杂性，手段具有多样性，因此，社区矫正工作需要多方面的参与。例如，社区内的医疗卫生机构，可以参与社区矫正对象的心理矫治过程；社区内的教育机构，可以参与社区矫正对象的文化知识学习、职业技能学习等过程；社区内的企业，可以为社区矫正对象提供职业技能培训、学习机会，甚至提供就业机会。因此，不能单纯地将社区矫正工作看成惩罚、监督、管理，更重要的是把社区矫正工作看成帮助社区矫正对象恢复与社区共存的和谐状态。从这种角度来理解，我们的视野就会非常开阔，就会发现社区内可供开发用以参与社区矫正的资源非常丰富。

5. 社区矫正对象的监护人或者家属等人员。《社区矫正法》第 12 条第 2 款规定：“社区矫正对象的监护人、家庭成员，所在单位或者就读学校应当协助社区矫正机构做好社区矫正工作。”这是以法律的形式，规定了社区矫正对象的监护人、家庭成员，所在单位或者就读学校应当协助社区矫正机构做好社区矫正工作的法定义务。

在这里，社区矫正对象的监护人或者家属在社区矫正对象的矫正教育中，具有特殊的地位和作用，社区矫正工作应当充分重视他们。首先，社区矫正机构要组织社区矫正的其他辅助力量对社区矫正对象的家庭关系进行危机干预，避免社区矫正对象的监护人或者家属对社区矫正对象产生蔑视、排斥等不良反应。其次，要对社区矫正对象的家庭互动模式进行适当干预，防止社区矫正对象受到不良家庭互动模式的干扰和影响。最后，要努力争取将社区矫正对象的监护人或者家属发展成社区矫正辅助力量的重要成员。如果社区矫正工作能够取得社区矫正对象监护人或者家属的支持，矫正工作成功的可能性将大大增加。这是因为：(1) 社区矫正对象的监护人或者家属对社区矫正对象犯罪的心理动因结构、犯罪道路的选择等非常了解。因此，获得社区矫正对象家属的支持，将帮助社区矫正机关制订更有针对性的矫正方案。(2) 社区矫正对象生活在特定的家庭之中，社区矫正对象的家属对社区矫正对象的行为模式、生活习惯、社会交往、生活动态、心理变化等非常了解，如果将社区矫正对象的家属发展成矫正力量，将及时获取社区矫正对象的矫正信息，便于调整矫正方案，或者应对可能出现的危机。(3) 社区矫正对象的家属成为矫正力量之后，对其进行适当的培训、掌握一定的矫正技能，在亲情、关爱的支持下，社区矫正工作取得成功的可能性无疑将大大增加。①

---

① 何显兵：《社区矫正辅助力量建设研究》，载《犯罪与改造研究》2007 年第 2 期。

三、社区矫正工作者的职责

（一）社区矫正机构工作人员的职责

社区矫正机构工作人员负责辖区内所有的社区矫正事务，主要依法履行下列职责：（1）接受委托进行调查评估，提出评估意见；（2）接收社区矫正对象，办理登记；（3）组织入矫和解矫宣告，办理入矫和解矫手续；（4）对社区矫正对象进行监督管理；（5）审批考核奖惩有关事项；（6）提出刑罚执行变更等建议；（7）组织实施对社区矫正对象的教育帮扶；（8）法律、法规规定的其他职责。

总之，不仅要负责社区刑罚的协助执行，组织、协调社区参与宣告缓刑、判处管制、裁定假释、决定暂予监外执行的调查评估、登记接受、监督管理、矫正教育、考核奖惩等事务，而且要组织政府资源和社区资源开展社区矫正工作。不仅要负责宏观的、微观的社区矫正事务，还要充分重视对社区志愿者组织及个人的培育以及这些组织活动的协调。其工作任务是对社区矫正对象协助执行刑罚、监督管理、矫正教育、危机干预、社会救助等。

（二）社会工作者的职责

社会工作者在社区矫正机构、司法所的组织下，协助开展社区矫正工作。社会工作者依法履行下列职责：（1）参加社区矫正小组，协助制订矫正方案；（2）协助做好对社区矫正对象的日常管理工作；（3）参与组织社区矫正对象进行教育学习、公益活动和技能培训；（4）运用社会工作方法，提供专业化服务，帮助解决社区矫正对象在就学就业、工作生活和心理健康等方面的困难和问题。

很明显，社会工作者要协助制订个性化矫正方案，运用社会工作理念和方法开展矫正教育工作；参与组织社区矫正对象学习、公益活动和技能培训；掌握和记载社区矫正对象现实表现，为社区矫正对象的日常管理、司法奖惩及期满鉴定提供基本依据；帮助社区矫正对象解决心理、生活、就业等方面的实际问题和困难等。

（三）社会志愿者的职责

志愿者在社区矫正机构、司法所的组织下，协助开展社区矫正工作。志愿者可以向执行地县级社区矫正机构或司法所申请，经县级社区矫正机构审核，符合条件的，向其颁发聘书或资格证书，与其签订协议，组织其开展工作。志愿者依法履行下列职责：（1）协助对社区矫正对象进行走访谈话、实施心理测评和个案矫正；(2) 协助开展对社区矫正对象的教育学习和公益活动；(3) 记载社区矫正对象的心理测评、个案矫正、走访谈话、公益活动、教育学习等活动情况；(4) 及时向社区矫正机构或司法所反馈社区矫正对象的表现情况。

社区矫正志愿者通过开展各种专业辅导、咨询，“一帮一”“多助一”结对帮教等形式，参与监督、管理和教育工作，促进社区矫正对象的矫正教育。

(四) 其他参与者的职责

根据《社区矫正法》和司法部的相关规定，有关部门、村（居）民委员会、社区矫正对象所在单位、就读学校、家庭成员或者监护人、保证人等协助社区矫正机构进行社区矫正。社会团体对社区矫正对象开展经常性的帮教活动，并通过社区矫正对象的亲属加强对社区矫正对象的矫正教育。

第二节 社区矫正工作者素质

一、社区矫正工作者的基本工作理念

依据社区矫正工作者的工作性质和职业要求，我们认为，作为一个社区矫正工作者，做好工作必须具备以下基本理念：

(一) 人本主义理念

以人为本是科学发展观的本质和核心。坚持以人为本就是要以人为中心，服务人的发展，突出人的价值。人本观念在社区矫正中的特定意义是：社区矫正的终极目标指向是培养人、造就人，实现社区矫正对象的全面回归；社区矫正的过程应当充分发挥社区矫正工作者和社区矫正对象的聪明才智和主观能动性；社区矫正的程序和方法应当维护社区矫正对象的人格尊严。首先，在人本观念指导下，对社区矫正对象要进行做人的德育。坚持德育为先，让社区矫正对象首先学会做人，这是对社区矫正对象进行矫正教育的前提和基础，不仅关系着社区矫正工作的成败，而且关系着社区矫正对象的未来发展。所以，要充分认识德育工作在社区矫正中的地位和作用，增强做好德育工作的自觉性和坚定性。其次，社区矫正工作必须坚持以社区矫正对象为主体。要把关心社区矫正对象、理解社区矫正对象、尊重社区矫正对象、开发社区矫正对象的潜能等思想观念贯穿于社区矫正工作的始终，致力于培养社区矫正对象的自尊、自信、自爱、自立、自强等意识，要构建平等、关爱、助人自助的矫正模式。在社区矫正工作中，要以平等民主的态度对待社区矫正对象，坚持以理服人、以情动人的矫正教育原则；坚持个案矫正、因材施教、分类矫治、社会矫治的原则；坚持以社区矫正对象为主体，

社会公众多方参与，监督管理、矫正教育、危机干预、社会救助等共同扶助的原则。最后，要营造和谐民主的氛围。在科学发展观指导下，根据中央政法委、司法部等关于开展社区矫正工作的要求，一方面要明确告知社区矫正对象所享有的权利和应尽的义务，另一方面要依照法律的规定对社区矫正对象的合法权益予以维护。对社区矫正对象的奖惩要做到程序正当，证据充分，公开、公正、公平。

（二）全员参与的理念

社区矫正的应有之义就在于社区的参与性，社区的参与就在于充分利用社会资源来达到转化社区矫正对象的结果。因此，全员参与的理念是社区矫正工作者必须具有的理念。在全员参与过程中，必须按照参与者的不同身份准确界定其职责，行使不同的权利，履行不同的义务。主要可分为以下几个层次：一是参与社区矫正工作的人民警察具有行刑权。人民警察因其在不同的环境条件下具有不同的权力，所以其职权是比较全面的，突出的是其他参与者所没有的权力。因为这是国家以法律的形式赋予人民警察的专属权，为其他参与者所不具有。因此，执行刑罚的职责就成为参与者中独有的一项权能。二是省级、市级、县级社区矫正机构中从事领导、管理工作的人员以及受委托从事社区矫正工作的司法所工作人员。这些人员从目前我国的法律规定看，是社区矫正工作的执行者，因此其工作职能主要是监督管理、矫正教育、危机干预和社会救助，协助执行刑罚。三是社区矫正辅助人员，包括社区基层自治组织、社会团体、其他单位、社会志愿者、社区矫正对象的监护人或者其家属等。这些参与者的职责就是辅助做好社区矫正对象的矫正教育工作。

（三）服务的理念

在我们传统的观念里，社区矫正对象的法定身份是罪犯，就应该受到社区矫正工作者的严格规范管理，强调社区矫正对象的服从，要求社区矫正对象按照规则约束自己的行为，而这种管理又是权力甚至是特权的象征。其实，在现代社会，管理者拥有公共行政资源，就应该利用公共资源优化管理权限，在行使管理权限的同时，更多的是履行服务职能。社区矫正的价值最重要的一点就在于，社区矫正工作者为社区矫正对象提供服务、提供帮助，为社区矫正对象解决困难。因此，社区矫正的工作之一，就是要为社区矫正对象搭建起开发潜能、自我发展的平台，为社区矫正对象的成长提供全方位的服务；要为社区矫正对象的成长创造各种有利条件，优化社区软硬环境，最大限度地激发社区矫正对象成长的内在动力。这就需要做到：一是要有爱心，真情关爱。要善于把社区矫正对象当成自己的亲人来对待，以爱心换知心，以热心止怨心，以宽心换畏心，以耐心换信心，取得社区矫正对象的接纳和信任。二是以身示范。关爱和服务社区矫正对象，要从细微处做起，不能因善小而不为。社区矫正工作者的言谈举止，都对社区矫正对象具有示范作用。三是要树立超前服务意识。要把服务做到社区矫正对象提出之前，想之所想，做之未做。

（四）系统工程理念

社区矫正工作本身就是国家治理体系和治理能力现代化的有效组成部分，也是创新社会治理的主要内容。为此，就社区矫正工作本身和社会的联系，以及涉及的部门、参与的人员等情况来看，其是一个系统工程，有着特定的、丰富的内容和严格的规范。在这个系统工程中，法治是前提和基础，发育成熟的、优美的、完善的、和谐的社区环境是必备的物质基础，良好的社区文化、规范的社会制度、健康向上的人文精神是社区矫正潜移默化的内在因素。所以，把社区矫正看作系统工程，至少要做好以下几个方面的工作：一是要对社区矫正工作进行整体性的全面规划，有效配置社区资源，充分发挥系统内各个子系统或子因素的协调作用；二是要保证社区矫正对象矫正教育工作的连续性、稳定性，即实现对社区矫正对象“矫正处遇一体化”，使各个环节之间实现无缝连接；三是要丰富和深化社区矫正工作的内容，不能只停留于表面的常规管理；四是要用系统论的观点来认识和看待社区矫正工作，把它置于创新社会治理的层面来对待。

（五）消除犯因性问题的理念

消除犯因性问题，使社区矫正对象成为守法公民，是我国社区矫正的根本任务，也是社区矫正的价值所在。使社区矫正对象成为守法公民，从广义上说，就是使社区矫正对象成为遵守国家一切法律的公民。那么，这一要求无论是对社区矫正机构也好，还是对社区矫正对象也好，显然要求过高，也是不现实的。这里只能狭义理解，使社区矫正对象成为守法公民，即使社区矫正对象不因同样的问题再次犯罪或不因社区矫正产生新的可能引发犯罪问题而再次犯罪。一名社区矫正对象即使在社区矫正期间受到良好有效的矫正，也难以确保其在回归社会后，由于各种生命历程中的生物生理、心理和环境变量的影响，以及面对复杂的社会生活而不再次犯罪。社区矫正机构受权力边界的限定，只能在社区矫正期间对社区矫正对象进行矫正教育，对社区矫正对象回归社会后的社会生活则无权进行矫正或改变，而只能通过社会化的机构或组织，在他们自愿的基础上进行。基于狭义的守法公民的定义，社区矫正机构通过沟通分析技术，正确认识每名社区矫正对象引发其犯罪的问题，通过对这些问题的矫正教育，使社区矫正对象生理健康、人格健全并具有适应社会生活的能力，从而防止社区矫正对象因同样的问题再次犯罪，实现刑罚预防犯罪的目的，维护社会的安全和秩序。这是社区矫正的根本任务，也是核心任务，更是社区矫正机构的基本价值。

预防犯罪是我国刑罚的目的。刑罚特殊预防目的的实现，则是通过社区矫正机构的社区矫正实现的。就社区矫正而言，除要通过矫正消除已知的引发社区矫正对象犯罪的犯因性问题，防止其解矫后再次犯罪外，还要对在社区矫正期间可能出现的生物生理、心理和环境问题进行矫正教育，防止这些问题成为社区矫正对象解矫后可能引发犯罪的新的犯因性问题。通过对社区矫正对象的社区矫正，防止社区矫正对象产生新的可能引发犯罪的犯因性问题，同样是社区矫正机构的一项重要任务。

（六）安全和秩序理念

社区矫正对象在社区矫正期间，必然会遇到各种各样的生活事件或生活变量的影响，诸如生物生理危险、环境影响和心理困惑、困难及困境等，使社区矫正对象产生新的不良应激行为反应。这些应激性反应，往往以打架斗殴、不服管理、自杀、行凶等方式表现出来。显然，这些应激性反应一方面会影响社会的安全和正常的秩序，另一方面可能由此形成新的引发社区矫正对象犯罪的犯因性问题。安全和秩序是社区矫正机构执行刑罚和正常矫正教育的前提和保障。因此，社区矫正机构针对社区矫正对象在矫正期间出现的生物生理、心理和环境问题，要进行必要的治疗、干预、调适和教育等，防止社区矫正对象产生不良应激行为反应，以维护社会的安全和秩序。这是社区矫正机构对社区矫正对象进行社区矫正的一项首要任务。

（七）发展的理念

社区矫正是以社区矫正对象再社会化为内容的。“再社会化是指改变原已习得的价值标准和行为规范，建立新的价值标准和行为规范，确立新的生活目标的过程。”① 再社会化同样属于人的社会化过程，“其目标是人的改造，而不是人的形成”。② 对社区矫正对象进行再社会化，是基于社会化的失败，表现为生命发展历程与社会化过程的不一致，导致社会功能的缺陷。社会功能的缺陷的变量，是因为人的生物、心理和社会需要不能得到有效回应，从而把犯罪行为作为了有效回应的方式。社区矫正就是要通过相应的知识和技术，完善社区矫正对象的人格，激发其自身潜能，改善资源利用，进而改变其行为方式。社区矫正对象的再社会化，实质上就是社区矫正对象在多样化的背景中，能以新的价值标准、行为规范和新的生活目标，有效地回应生物、心理和社会需要。显然，对社区矫正对象的矫正教育，是促使其发展的过程。只有促使其发展，才能有效地改善引发其犯罪的犯因性问题，防止产生新的能引起其犯罪的犯因性问题，进而达到使其成为守法公民的目的。促使社区矫正对象的发展，可以说是社区矫正工作者的核心任务。

---

① 周晓虹：《现代社会心理学》，上海人民出版社 1997 年版，第 161 页。

② 周晓虹：《现代社会心理学》，上海人民出版社 1997 年版，第 161 页。

（八）构建和谐社区的理念

我国的社区矫正是社区工作的一个重要组成部分，是社区一项全新的工作。社区工作是一个社会学概念，不具有刑事执法属性；而社区矫正是一个刑事执行学概念，具有刑事执行性质。社区矫正中有大量的社区工作，也需要大量的社区志愿者参与。这些社区工作及社区志愿者的参与只是辅助性事务，对社区矫正对象的管理、考核、矫正活动的组织落实，还要由专门的社区矫正机构及社区矫正工作者运用行政权力来组织实施。然而，社区矫正建立在社区，实质上并不隶属于社区。这种机构性的社区矫正活动仍然属于国家司法行政活动的范畴，并不是社区的非政府的自治性活动。① 和谐社区与社区矫正的理念对我们研究社区矫正在社区里的地位和作用有着重大指导意义和现实意义，社区矫正在和谐社区中的作用是多重性的。

一般说来，和谐社区的标准有六方面的内容：社区服务、社区环境、社区文化、社区稳定、居民自治、党的领导。② 在这六个内容中，我们认为社区稳定和谐应该是放在第一位的。社区稳定和谐要求社区有警务室，自保组织健全，社区内无未成年人违法犯罪，有社区矫正对象档案，对刑满释放人员的帮教率达到90%以上。其中，社区稳定和谐与否，是现实社区矫正工作中占主导地位的因素。

社区矫正工作者必须深刻认识到，社区矫正的应有之义和最终目标还是要构建稳定和谐的社区。因此，社区矫正本身是构建社会主义和谐社会的有机组成部分。只有做好社区矫正工作，才会有效保障社区的稳定和有序，才能创建环境优美、文化健康、文明向上的社区；社区才能真正呈现人与人之间、各利益群体之间、社会各阶层之间、人与社会之间和睦相处，协调一致，使人与人之间在人格、权利、机会、规则、分配等方面得到真正的协和与法律意义上的平等；才能进一步使我们的社区乃至整个社会稳定祥和，充满想象力、充满创造力、充满活力，各种利益关系不断有效协调，基层社会管理体制不断创新健全，基层经济更加发展、民主更加健全、科教更加进步、文化更加繁荣、社会更加和谐、人民群众的生活更加殷实。

---

① 胡配军：《关于社区矫正的理性思辨》，法律图书馆论文资料库，载 http://www.law-lib.com/lw/lw_view.asp? no=4766，浏览时间：2012 年 12 月 28 日。

② 全国政协委员谭庆琏在人民网上与记者的对话。

二、社区矫正工作者的素质

在美国，社区矫正工作者要有效地开展工作必须做到:①（1）能够发展与社区矫正对象之间高质量的人际关系，并且有热情、真诚和灵活的品质；（2）能在具体工作中有模范的行为；（3）他们不仅需要采取惩罚的手段，而且需要对罪犯积极的正面行为给予支持和鼓励；（4）在是非面前要立场坚定，对罪犯的负面态度和行为敢于持否定的态度。

关于社区矫正工作者的素质，我国有学者也做出了总结。例如，刘强教授认为，社区矫正工作者应具有下列基本素质:②（1）掌握在社区中执法的基本内容和要求，社区矫正工作者应当准确把握法律法规的有关规定，以在合法的前提下开展工作。（2）把握在社区中对社区矫正对象进行改造和矫正的特点和规律，矫正工作者需要把社会学、犯罪学、心理学和有关学科的基本理论及常识运用于对社区矫正对象的改造和矫正，发现社区矫正对象犯罪的主客观原因，针对具体情况进行矫正。（3）学会社会工作者应该具有的工作能力和工作方法。社区矫正工作者需要更多了解社区的总体状况与基本特点，学会利用社区资源有效预防和控制犯罪；掌握个案社会工作、群体社会工作、社区社会工作以及其他间接社会工作方法。(4) 提高在社区矫正工作中的创新意识。

也有人曾经提出，社区矫正工作者具备的业务素质的内容是多方面的，可以大致分为业务知识素质、基础业务素质和具体业务素质三大类。同时，社区矫正工作者应具备特定条件。这里的“特定条件”，是指社区矫正工作者从事社区矫正对象心理咨询工作应具有的特别的素质要求，包括：（1）至少应具有必要的心理学知识；（2）至少对一种心理咨询或心理治疗的理论有较深刻的研究和了解；(3) 至少应掌握一些如谈话、问题解决等方面的基本技巧和方法；（4）至少应具有一定的实践经验。③

基于社区矫正工作的性质和任务，社区矫正工作者除了具备相应的政治素质、身体素质外，更重要的是要具备从事社区矫正工作的特别素质要求，以适应工作的需要。借鉴国外的做法，同时结合我国相关学者的观点，社区矫正工作者应具备下列素质:④（1）基本素质。热爱社区矫正工作，有爱心，具有奉献精神，忠于职守，在工作中具有创新意识。（2）工作素质。具备一定的社会个案

---

① ［美］克莱门斯·巴特勒斯：《罪犯矫正概述》，孙晓雷等译，群众出版社 1987 年版，第 43 页。

② 刘强：《社区矫正的定位及社区矫正工作者的基本素质要求》，载《法治论丛》2003 年第 2 期。

③ 连春亮、张峰主编：《社区矫正概论》，法律出版社 2006 年版，第 304、323~327 页。

④ 刘红霞：《关于社区矫正工作者队伍建设的思考》，2006 年 6 月 12 日网上论文。

工作知识和经验，包括洞察人的心理及情绪变化的能力，处理纠纷的能力；熟悉相关法律知识并能运用到实践中处理相关问题的能力；熟悉所在辖区内各机构及组织的工作内容，并充分运用这些资源的能力。（3）知识素质。全面理解并熟练运用法学理论与实务、心理学的基本理论与实务、社会行为学原理、管理学知识等。（4）责任素质。对社区矫正对象情况的保密责任、对社区矫正对象的帮助和服务责任，以及执行相关法律法规的责任等。

三、社区矫正工作者的选拔

（一）社区矫正工作者队伍组建的依据

关于社区矫正工作者队伍的组建，首先应明确哪些人员的参与是开展社区矫正工作所必需的。这是由社区矫正的性质及其任务和工作内容决定的。

1. 依照社区矫正的性质组建社区矫正队伍。对于社区矫正的性质，一般认为，社区矫正是一项严肃的刑事执行工作，与一般的社会工作是不同的。我国的社区矫正工作首先被界定为一项非常严肃的刑事执行活动，需要专门机关和人员严格依照法律来执行。然而，社区矫正毕竟与传统的监禁矫正存在区别，它将社区矫正对象放在社区而非置于监狱等传统的监禁机构，其最终目的是帮助社区矫正对象顺利回归社会，成为一个社会正常之人，因此必然要求充分利用社区的各种资源，动员社区内的各种力量参与矫正工作。可见，社区矫正除了其刑事执行的一面，还有社会充分参与的一面。因而，社区矫正应是刑事执行和社会参与的结合体，在管理人员组建上应是专门人员和相关社会力量的结合体。

2. 依照社区矫正的工作内容组建社区矫正队伍。要科学组建社区矫正管理队伍，还应明确社区矫正的工作内容。依据《社区矫正法》《社区矫正法实施办法》的规定，社区矫正的工作内容有对社区矫正对象的调查评估、危险性评估、监督管理、组织公益活动、帮困解难、矫正教育、危机干预等。由工作内容可以看出，社区矫正是一项法律性、专业性和社会性很强的工作，既需要有刑罚执行权的公安机关、人民法院、监狱管理机关等的配合，也需要整合各种社会力量协助社区矫正工作的开展。

（二）社区矫正工作者的资格

如前所述，社区矫正工作者包括社区矫正机构工作人员和社区矫正协助人员。其中社区矫正机构工作人员作为社区矫正工作的主导力量，各国对其准入资格一般都作了比较严格的规定，而对于社区矫正协助人员一般比较注重对其任职能力的培训。

20 世纪 50 年代，美国缓刑和假释协会建议所有的缓刑和假释工作者应该至少具有学士学位，最好具有至少 1 年的研究生学习经历或全日制矫正领域的经历，以利于在这一岗位上有效地履行缓刑和假释工作的职能。专业要求一般是刑事司法执法、犯罪学、社会学、心理学等方面。

同时，我国学者也提出了社区矫正机构工作人员任职资格的建议，如大部分学者认为：社区矫正机构工作人员应当具有社会学、教育学、心理学、法学等专业知识，具有大学本科学历和学士学位，有一定的社会个案工作经验，操行良好等。

为此，社区矫正机构工作人员至少应具备以下条件：（1）需具备大学本科学历和学士学位，并具有在大学社会科学领域如社会学、心理学、法学、教育学、精神病学等专业的学习经历；（2）有 1 年以上在社会机构从事工作的经历；（3）社区矫正机构工作人员上岗之前应接受过社区矫正机构一定期限的培训；（4）社区矫正机构工作人员需无违法犯罪记录，品行良好。

四、社区矫正工作者的培训

对于社区矫正对象的矫正是一项非常复杂的专业性工作，而且，社区矫正对象的再社会化也是一件困难的事情，对社区矫正对象的各种矫正活动无不涉及法学、犯罪学、心理学、社会学、教育学等各学科知识。因此，矫正工作要获得成功，必须对社区矫正工作者进行科学规范的培训。

（一）社区矫正机构工作人员的培训

在我国台湾地区，社区矫正公职人员的培训已经走上专门化的轨道。它设有培训公职人员的专门机构，即我国台湾地区“法务部”公职人员训练所。该机构在行政架构、培训安排、课程设置以及规章制度等方面都很有特色。我国台湾地区公职人员的培训分为职前培训、在职培训、升职培训。职前培训是公职人员正式参加工作前的培训，通常在任职后的第一年内实施；在职培训由公职人员训练所负责，基层管理人员 2 年至少接受 1 周的在职训练，以达到“训用合一”的目的；较有特色的是升职培训，即后备干部的培训，其培训课程包括一般法律课程、辅导与咨询课程、通识课程、矫正理论课程、矫正法规课程、监所实务课程和技能课程。① 可见，我国台湾地区的公职人员培训制度已经相当完备，值得我们借鉴。

当前，我国社区矫正工作中的社区矫正机构工作人员在上岗前大多都要经过一定时间的培训，但社区矫正机构工作人员素质的提高不是通过“扫盲班”“速成班”所能解决的。而且，随着社区矫正工作的深化，不断有新的规章制度出

---

① 孙平：《台湾的矫正人员培训工作》，载《中国监狱学刊》2004 年第 4 期。

台，新挑战、新问题也会层出不穷，因此培训工作应当制度化、专门化。我们可借鉴我国台湾地区的做法。（1）在社区矫正机构内设立专门的培训组织，负责培训的各项事宜，包括制订具体的培训计划。例如，组织培训教师，设定培训内容，安排培训的时间、地点以及对培训的效果进行评估，进而改进培训计划等工作。（2）依据培训对象和培训目的的不同，分为岗前培训和在职培训。社区矫正机构工作人员在正式工作前，必须接受至少3个月的岗前培训，必须通过培训内容的测试，测试合格再经过至少6个月的工作实习。实习期满后，通过对实际完成工作能力的测验，方可正式上岗。由于社区矫正具有很强的挑战性，仅仅岗前培训难以适应日新月异的社区矫正工作，因而还要进行在职培训。我们应根据需要确定在职培训的周期，形成制度。同时也可依突发状况进行临时的在职培训，以适应我国不断发展变化的实际情况。此外，从基层社区矫正机构工作人员开始，社区矫正机构工作人员每晋升一个级别都要进行培训。（3）设置科学的培训课程。因培训对象不同，课程的设置也应有所不同，但一些基本的课程是固定的。具体我们可根据需要设置以下类别的课程：一般法律课程、社区矫正法规课程、社区矫正理论与实务课程、社会工作课程、管理学课程、人际关系课程、一般技能课程等。①

授课教师的来源可以是大学相关专业教师、实务部门的工作人员以及社区矫正管理机构的人员。

（二）社区矫正辅助工作人员的培训

对社区矫正辅助工作人员的培训，在程序和形式上可参照对社区矫正机构工作人员的培训，建立健全教育培训制度。具体而言，要建立专职社区工作者的岗前培训和执业培训制度，要坚持系统培训与重点培训相结合、业务培训与实地考察相结合，定期对专职社区工作者进行政策理论、法律法规、业务技能的培训。对于此类专职工作人员的培训，有学者指出，应注意下列问题：②

1. 通过任务分析证实对准专业人员进行培训的必要性。

2. 进行培训工作的人员本身必须是合格的人员，只有这样，他们才能对社会团体、民间组织成员进行正确有效的培训。

3. 应当用书面形式规定必要的培训内容和恰当的培训方式。

4. 培训的内容应当是新颖的、先进的。

5. 应当书面规定熟练掌握培训内容的具体措施。

6. 那些不满足于仅仅从培训课程中学习的人员，应当有机会得到额外的培训。

---

① 刘红霞：《关于社区矫正工作者队伍建设的思考》，2006年6月12日网上论文。

② 郭建安、郑霞泽：《社区矫正通论》，法律出版社2004年版，第119页。

7. 在培训过程中，应当对培训活动进行密切的监督，以便准确了解他们在培训中的进步情况。

此外，当前我国社区矫正工作尽管大都组建了社会志愿者队伍，但对志愿人员的培训几乎处于空白。社区矫正是一项严肃的事业，它不仅需要人们的奉献精神和对社区矫正事业的巨大热忱，而且需要良好的专业工作能力和知识。因此，社区矫正机构要想充分利用兼职的志愿人员开展矫正工作，就必须对其进行培训。

第九章 社会支持系统

社区矫正区别于监禁矫正的最显著之处在于社会公众的参与性。因此，社区矫正是和社区、社会、社会公众融为一体的，是依靠社会力量实现社区矫正目的的。从这种意义上说，社会支持系统的完善与否直接影响或决定着社区矫正工作的成败。2019 年 12 月 28 日通过的《社区矫正法》第 11 条、第 12 条、第 13 条、第 40 条、第 41 条、第 42 条，对社会力量参与社区矫正工作人员和参与范畴进行了规定，为社会力量参与社区矫正奠定了法律基础。

第一节 社会支持系统的构成和作用

一、社会支持系统的概念和特点

社会支持系统是指为开展社区矫正工作和实现社区矫正目标提供支持的各类相互联系和相互作用的构成要素或子系统的总和，是为社区矫正工作提供支持、协助和配合的社会人员、组织和设施、技术、资金、社会资源的总称。

社区矫正的社会支持系统对于社区矫正工作而言，是主观接受和客观提供的双向互动过程，是社区矫正机构主观接受社会支持以及社会支持系统对社区矫正工作客观提供支持的互动和促进。社区矫正工作在寻求支持时，不是单纯地被动接受，而是主动地拓展。因此，社会支持系统具有自身的特点。

（一）开放性

社区矫正本身就是一个开放的系统，在制度设计之初就是基于“开放”而发动的。社会支持系统介入社区矫正工作是双向开放的有机融合。原因在于，社会支持系统本身是相对松散的、开放的系统，介入社区矫正工作时是由于道德义务要求，或者是自身的社会责任感驱使，具有主动性，并非外在强制力的强制行为。因此，在这个系统中，各个子因素或子系统可以自由地选择为或者不为，可以自由地选择在哪一方面作为和做出什么样的行为。这就是这一系统的开放性。

（二）义务性

社会支持系统介入社区矫正工作大多是义务性的，这种义务可分为法定义务和道德义务两个方面。从目前来看，社会支持系统对社区矫正工作的法定义务只占极少的一部分，而大多是道德义务，或者是出于社会责任感而介入社区矫正工作，只有少部分的行为是由于法律上的规定或要求。因此在大多情况下，社会支持系统对社区矫正付出的劳动是无偿的，没有物质方面的回报。所以，义务性是社会支持系统的又一特性。

（三）主动性

社区矫正社会支持系统具有主动性。传统的封闭式矫正教育，强调的是惩罚性和灌输性，只是关注了判决、裁定和决定的时间性，而未解决作为人产生违法犯罪及回归社会的根源性问题和本源性问题，没有充分发挥矫正对象对于矫正内容和矫正过程的主观能动性。而社区矫正社会支持系统强调的是预防和制裁相结合，进行社会适应性训练。因此，一方面是充分发挥社会公众的主动参与性，调动和利用社区内及全社会的一切有效资源提高社区矫正质量；另一方面，由于创建了宽松和谐的社区矫正环境，社区矫正对象能够有效地发挥主观能动性，去适应社会生活和社会环境。

社区矫正社会支持系统主动性的另一表现形式是有针对性，是指社区矫正社会支持系统始终针对社区矫正对象的不同类型和特点，采取个别教育和分类教育之策略，贯彻“对症下药”“因人施教”“因势利导”的原则。个别教育就是针对社区矫正对象的个体进行有组织、有计划、有目的的矫正活动，是社区矫正社会支持系统的基本形式和主要手段之一，是促使社区矫正对象消除犯罪心理和其他消极心理因素、矫正其行为恶习的有效方法。个别教育要针对社区矫正对象自身的问题及不同的心理障碍，有的放矢地采取不同的教育方式、方法和心理矫正策略，包括针对不同的年龄、不同的性别、不同的案情、不同的主观恶性程度、不同的心理特征采取的个别矫正。分类教育就是在进行共同的思想道德矫正基础上，对不同类型的社区矫正对象实行类别矫治。

（四）社区参与性

社区矫正社会支持系统的社区参与性主要表现在它的区域性和参与手段的综合性。

社区矫正社会支持系统具有区域性。社区矫正的战略构想，就是强调在特定的社区区域范围内通过有效的矫正工作，在专门国家机关的管理下，最大限度地调动和组织民间团体、社会组织和社会志愿者参与社区矫正工作，控制违法犯罪，矫正犯罪行为，强化社会适应性训练，学习社会规范，构建和谐的、安全的社区环境。作为推行社区矫正战略的指导思想，提出并强调社区矫正社会支持系统必须立足社区，作为整个社区管理和服务系统的有机组成部分。因此，立足社区既是社区矫正社会支持系统的特点，也是社区矫正的核心思想。

社区矫正社会支持系统的参与手段具有综合性。社区矫正社会支持系统的提出和实施，要求社区矫正社会支持系统融入社区工作和生活中，成为社区或社会治安综合治理的一部分，社区矫正社会支持系统所产生的是综合的社会效应。一是社区矫正社会支持系统会产生双向性的结果，社区矫正社会支持系统的实施会给社区建设和社区生活质量的改善及提高提供保障，社会治安得到有效改善，使整个社区的安全防范网络得以构筑。二是社区矫正中矫正任务和职责更具有综合性，不仅要使社区矫正对象的违法犯罪行为和恶习得以矫正，而且要提供社会服务，学习社会规范，同时还要学习和掌握一定的社会技能，以便于强化回归社会后的适应性。这就要求我们的矫正支持系统要建立健全与矫正工作相适应的新的管理、训练、考核、保障、监督、奖惩制度，建立相应的内部组织，推动我国司法改革的进一步深化，以产生综合的社会效应。

二、社会支持系统的构成

社会支持系统作为社区矫正工作对社区矫正对象管理教育的重要力量，其参与社区矫正的深度和广度不仅充分体现着本源价值，而且也是国家刑事政策、法治理念、社区矫正管理理念在刑事执行方式中的充分体现，以及社区矫正功能的强化、职能的选择和社区矫正目标的实现。所以，社会支持系统是社区矫正工作的基础和保障。根据不同的标准，可将社会支持系统分为不同的类别。

（一）以参与社区矫正的社会要素划分

社区矫正的社会支持系统分为：社区环境、社会舆论、社区资源、社区文化、社会保障、社区服务、社区控制、家庭等。

社区环境是指相对于社会大环境而言的人们生活的小环境所包容的自然的和社会的多种因素构成的氛围，包括社区建筑、气候、交通、娱乐、人际关系等要素。社区环境对人的社会化产生直接影响，同时对人的非社会化、反社会化也产生作用。每个人都生活在特定的社区内，其周围特定的环境通过社区文化和社会整合，直接、具体地影响个体的社会化进程。

社会舆论是社会公众的意见和看法，是社会全体或大多数人的共同信念，也可以说是信息沟通后的一种共鸣。社会舆论掌握着影响社会公众的话语权，是社会控制的一种重要工具，起着一种评论的作用，决定着社会公众的社会心理，决定着社会意识的发展方向，衡量着社会公众的心理承受能力。

社区资源是指为一个社区掌握和动员的可用于社区服务的人力、物力、财力等条件，主要包括社区的组织资源、人力资源、物质资源和财力资源，也可分类成社区有形资源与无形资源。社区资源具有多样性、丰富性、分散性、动态性、独立性等特点。在这里，我们需要强调的是，从目前我国社区的发展状况看，经济基础还十分薄弱，财力不足、物资匮乏，社区矫正可以充分利用的资源主要是组织资源和人力资源，突出的是社区无形资源（精神伦理方面）。具体言之是指社区居民的参与感、责任感、荣誉感及人伦责任，主要指社区人力资源中的社会团体、民间组织、社会志愿者等。

社区文化指一定区域、一定社会历史条件下社区人共同创造、共同享有的精神财富及其物质形态的总和。它包括心理文化、价值观念、社区精神、道德规范、行为准则、公众制度、人文环境等。社区文化是社区成员在社会实践中所构建的各种成果、各种生活方式或样式，社区是社区文化的生存地、生产地和传播地。

社会保障是指政府通过立法，社会团体、社区等通过政府授权，以现金、物质、服务等形式向患精神或生理疾病、年老力衰、意外伤亡、失业、多子女负担人员以及他们的家属，提供旨在维持他们最基本生活水平的保障，包括社会保险、社会救济和社会福利等。①

社区服务以社会福利性质或社会公益性质为基本属性。我国的社区服务“就是在政府的指导和扶持下，为满足社区居民的多种生活需要，由政府、社区组织以及其他法人、组织、个人提供的以面向社区弱势群体的，具有社会福利、公益性质的社会服务为主的并包括其他便民利民服务的各种增进社会福利、提高社区居民生活质量的区域性社会服务”。② 很明显，社区服务具有福利性、群众性、综合性和社区性等特征。

社区控制是指社区组织体系运用法律法规和社会规则规范、社会伦理道德等手段和方式，对社区成员、社区组织、社区群体等的社会行为、价值观念进行指导和约束，对社区各类社会关系进行调节和制约的过程。社区控制包括组织控制、制度控制、文化控制、法律控制、道德控制等，是社会控制中基本的控制单位。

家庭是指以婚姻和血统关系为基础的社会单位，包括父母、子女和其他共同生活的亲属在内。③

---

① 郑杭生：《社会学概论新修》，中国人民大学出版社 2003 年版，第 435 页。

② 廖斌、何显兵：《社区建设与犯罪防控》，人民法院出版社 2003 年版，第 102 页。

③ 中国社会科学院语言研究所词典编辑室：《现代汉语词典（修订本）》，商务印书馆 1998 年版，第 606 页。

（二）以参与社区矫正的系统结构划分

运用系统论的观点，把社区矫正的社会支持系统作为一个宏观的相互连接的系统，可分为6大子系统。

1. 现代科学技术支持系统。现代科学技术支持系统在社区矫正中的应用主要体现在科学评估技术体系、分类操作技术体系和信息化技术支持体系三大方面。

首先，科学评估技术体系。我国现有的社区矫正对象评估技术体系主要应用于社区矫正前的调查评估、矫正中的评估和解矫前的再犯危险性评估。社区矫正前的调查评估目的在于判断矫正对象是否适合于社区矫正，并作为社区矫正决定机关在决定社区矫正时的参考。矫正中的评估是对社区矫正对象的评估，包括危险程度评估、分类评估、项目矫正评估等，目的是为分类风险控制、管理处遇、教育处遇等提供科学的依据。解矫前的再犯危险性评估是对社区矫正对象的矫正教育状况进行评估，目的是通过社区矫正对象犯因性问题的改造程度，对其未来回归社会后的风险进行预测，并据以作为社会风险控制的参考依据。所有这些，都需要有更具科学技术含量的评估手段。从当前的社区矫正对象评估实践看，通过医学技术对社区矫正对象是否患有传染病、精神疾病以及其他慢性病进行诊断，并由此将社区矫正对象分类处遇等，实施区别化管理和针对性治疗，体现了医学技术对社区矫正对象在社区矫正中的支持。而运用心理学原理对社区矫正对象进行心理人格特质分析并进行相应的分类矫治，提供心理支持，予以心理干预，也是心理科学技术支持的必要内容。

其次，分类操作技术体系。科学的社区矫正对象分类技术体系是依据分类原则、标准，确定不同层级的具体指标体系、操作要求、计量方式、实施流程等操作技术对社区矫正对象进行分类的技术系统。从当前我国社区矫正的时间看，基本沿袭了监狱对罪犯监禁分类的理论和实践，主要按照性别、年龄、犯罪类型等粗放式、形式化的分类方式，一般也是将社区矫正对象分为严格管理级、普通管理级、宽松管理级三级。但是，从社区矫正对象分类的技术支持系统角度看，应加强技术指标体系的细化，全面强化并体现艺术性、人文色彩，这才是矫正对象分类发展的更高追求和远景目标。

最后，信息化技术支持体系。信息化技术是改进社区矫正管理方式、提升社区矫正管理效率、丰富社区矫正教育内容、满足社区矫正对象项目矫正需求的最强有力支撑。应用范围包括对社区矫正对象在社区矫正中的远程控制和监督、精细化管理、针对性教育等。进入新时代，社区矫正工作要善于运用现代信息化技术提高社区矫正的整体水平。比如在对社区矫正对象的法治教育、文化知识教育、社会认知教育等方面，就可应用网络培训的方式予以进行。目前，正在建设的社区矫正管理系统，就是要实现“管理信息网上录入、管理流程网上管理、管理活动网上监督、管理卷宗网上生成、管理质量网上考核、管理档案网上形成”的社区矫正管理机制，促进管理规范，保障管理公正，通过计算机程序来控制权力行使过程，最大限度地防止人为因素的干扰，降低管理风险。

2. 人文理念支持系统。人文理念支持系统包括适合于现代国际行刑发展趋势的刑罚理念、现代的社会管理理念和社会公众以宽容的心态对社区矫正对象的包容等。

首先，在现代刑罚理念的培育上，要摒弃传统的重刑主义思想，倡导宽严相济的刑罚理念。传统的重刑主义认为，只有严刑峻法才能威慑犯罪，只有对罪犯监禁才能保卫社会。历史的经验证明，严刑峻法只能在短时间内控制犯罪现象，无法长期地控制犯罪行为。正是基于这样的历史教训，世界行刑的发展趋势才逐步走向了轻刑化、非刑化、非监禁化，在对罪犯的矫正教育中，才倡导社会化、科学化、人文化等。特别是在对罪犯改造过程中，具有现代价值的法治、民主、自由、科学、秩序、公正等现代思想被广为接受。因此，现代刑罚理念已从传统的复仇刑、报复刑、惩罚刑、报应刑等转向了教育刑、矫治刑、矫正刑等。社区矫正也必须顺应新时代的发展，在刑罚理念上进行革命性的变革。

其次，社区矫正属于社会管理和社会治理的范畴，只有应用现代的社会管理理念作为支撑，才能做好社区矫正工作。社区矫正应引入科学管理理论，如目标管理、过程管理、绩效管理、精细化管理、规范化管理、人性化管理等，只有用先进的管理理念支撑，对社区矫正对象的管理才会更科学合理。

最后，培育社会公众的宽容心和包容心。宽容是一个社会的良好品质，从一定意义上来说，社区矫正的实施是法律对犯罪的宽容，是社会公众对犯罪人的宽容。正是有了宽容心，才会将法定意义上的罪犯置于社区之内进行矫正教育，阻却了监禁矫正教育的弊端，最终使其能够回归社会，成为社会的守法公民。因此，无论是社会公众还是社区矫正执法者，都应培育海纳百川的包容心，共同面对社区矫正对象的犯罪问题，寻求矫正对象犯罪的内源性因素，共同承担起治理社会犯罪的责任，共同参与到社区矫正工作中。这也是一个成熟社会所具有的品质。

3. 物质设施支持系统。社区矫正的物质设施支持系统包括社区矫正管理所使用的社区矫正远程管理平台、电子手环、手机定位等；社区矫正对象矫正教育所使用的宣告室、矫正教育场所，矫正教育需要的电子设施等；社会帮扶和公益活动所需要的中途之家、社区矫正帮教基地等。这些是社区矫正工作的必备基础设施支持系统。

4. 家庭社会支持系统。首先，家庭的支持系统。在社区矫正对象犯因性问题中，家庭相关因素是极为重要的关键因素。因此，不论是从深度全景了解社区矫正对象的成长经历、特性分析看，还是从促进其在社区矫正期间的改造和预防其回归社会后再犯罪方面看，社区矫正机构都需要加强与社区矫正对象家庭成员的沟通与合作。只有与社区矫正对象家属达成共识，形成长期稳定的协作关系，才能充分发挥出社区矫正对象家庭因素对于社区矫正对象的正向积极作用，社区矫正机构对社区矫正对象的亲情感化教育等才会效果更好、效率更高。

其次，专业组织支持系统。社区矫正机构对社区矫正对象的教育矫正是一个复杂的工程，由于不同的社区矫正对象犯因性问题不同、社会需求不同，因此在针对性矫正教育中就需要不同的专业组织予以实施。包括：一是政府购买服务，由专业的社会工作组织参与社区矫正工作；二是签订帮教协议，由专业组织的专业人员对社区矫正对象进行具体矫正项目的实施，比如职业技能教育、文化知识教育、心理咨询与心理健康教育、法治教育等；三是与社会组织建立合作关系，在社区矫正对象就业、职业技能培训等方面提供帮助。

最后，社会公众支持系统。主要是社会公众能以志愿者的身份参与到社区矫正中。社区矫正本身就是社会公众共同参与社会治理的一部分，尤其是在犯罪治理中，没有社会公众的广泛参与，社区矫正就难以达到保卫社会的目的。

5. 人力资源支持系统。人力资源支持系统主要包括两个层面：一是社区矫正机构可资利用的专业人员的开发，包括与社区矫正对象矫正教育紧密相关的心理咨询师、医生、法学专家、教师、律师等，以及职业技术教育所需要的各类专业人员。二是社区矫正理论研究的专业人才，社区矫正实务离不开社区矫正的理论指导，只有在科学理论的指导下，社区矫正才能发展得更好。因此，社区矫正机构和高等院校、科研院所等的专业人员的广泛合作就成为深层次的人力资源支撑体系。

6. 法律法规、规范性文件等支持系统。社区矫正的法律法规、规范性文件等支持系统可分为三个层次：一是法律法规层次，主要是《刑法》《刑事诉讼法》《监狱法》《社区矫正法》等法律法规关于社区矫正的规定和司法解释；二是规范性文件和部门规章层次，主要有《最高人民法院、最高人民检察院、公安部、司法部关于全面推进社区矫正工作的意见》《最高人民法院关于办理减刑、假释案件具体应用法律的规定》《最高人民法院、最高人民检察院、公安部、司法部关于进一步加强社区矫正工作衔接配合管理的意见》《暂予监外执行规定》《社区矫正法实施办法》等；三是各省、自治区、直辖市制定的有关社区矫正的地方性法规和文件。

三、社会支持系统的作用

（一）社区环境的熏陶作用

社区矫正开展的一个前提条件，就是具备发育成熟的社区环境。那么，什么是成熟的社区环境？它除了要求社区组织机构健全，社会成员具有较高的适应现代社会要求的素质，接受过现代教育，社区设置符合人们社会生活的基本需要等，还必须具备社会结构均衡、社会系统良性运行、民主法治、公平正义、诚实友爱、充满活力、安定有序、互相协调等特点，人与人之间相互友爱、相互帮助，社会成员各尽其能、各得其所，人与自然协调发展，和谐相处。这是成熟社区环境的中心问题，也是问题的中心环节。这样的社区环境是构建社区矫正社会支持系统的基础。其中，最为关键的就是作为社区组织的居民委员会和社区人际关系的优化。

根据现行《宪法》和 1989 年颁布、2018 年修订的《城市居民委员会组织法》的规定，居民委员会是居民自我管理、自我教育、自我服务的基层群众性自治组织。居民委员会的任务主要是：宣传宪法、法律、法规和国家的政策，维护居民的合法权益，教育居民履行依法应尽的义务，爱护公共财产，开展多种形式的社会主义精神文明建设活动；办理本居住地区居民的公共事务和公益事业；调解民间纠纷；协助维护社会治安；协助人民政府或者它的派出机关做好与居民利益有关的公共卫生、计划生育、优抚救济、青少年教育等项工作；向人民政府或者它的派出机关反映居民的意见、要求和提出建议。① 从居民委员会的性质以及法定职责看，其协助进行社区矫正工作、帮助教育转化社区矫正对象是其应有之义。在社区矫正实际工作中，紧紧依靠街道（乡镇）党组织，充分发挥居委会干部、社区民警和社区广大群众的力量，组建有较高素质的志愿者队伍，发挥社区矫正对象家属的作用，共同做好社区矫正工作。

社区人际关系主要体现在：弘扬“奉献、友爱、互助、进步”的志愿精神，真正实现人与人之间的相互关爱、人与社会之间的相互融合。因为人与人之间的和谐是基础，所以成熟社区的人际关系应该是：个人自身的和谐，人与人之间的和谐，社区居民之间的和谐，个人、社区、自然之间的和谐，社区与社区之间的和谐。其中最重要的是人与人之间的和谐相处。和谐的人际关系是社区矫正社会支持系统中最为重要的因素。

① 详见《宪法》第 111 条，以及《城市居民委员会组织法》第 2 条、第 3 条。

（二）社会舆论的导向作用

社会舆论作为社会多数人的意见，所反映的思想观念和行为方式较其他意见具有压倒性效力。它常常有形无形地构成公众看待问题的“正常的”价值规范和行为规范，并可能进而形成相应的社会风气。它对公众心理的影响主要表现在压力作用和强化作用两个方面。社会舆论往往会对公众个体形成强大压力，导致公众心理趋同倾向。在心理上与社会舆论保持一致，是适应社会环境的有效方式，反之则被视为“反常”，导致与周围人的格格不入或社会冲突，甚至遭受社会各方面的抨击。社会舆论对社区矫正工作的影响作用体现在：一是社会舆论体现的是公民意识，即公民的权利和义务意识。人是社会的主体，社会舆论的健康发展依靠成熟的公民意识的支持，成熟的公民意识离不开健全的社会主体——合格公民的支撑。离开了人们的积极努力，健全的社会舆论不会自动形成。社区矫正工作的开展，首要任务是要得到社会公众的支持，被社会公众所理解、所认可、所认同、所接纳，社区矫正工作才能开展下去。二是社会舆论是大多数人共同的看法，但它不一定就是公众行为的现实形式。社会舆论在特殊时候容易被一种不确定的情绪化倾向所取代，特别是被一些重大事件所左右。这种情绪化的倾向影响着社会公众对社区矫正工作的信心，更影响着社会公众参与的主动性和积极性。三是社会舆论使社区矫正工作获得社会认可和社会支持，构建社会支持系统工具。

（三）社区资源的保障作用

社区人力资源将人的体能、知识、技能、行动视为一种“活”性的资源。人力资源最基本的方面，包括体力和智力，从现实应用的状态看，包括体质、智力、知识、技能四个方面。人力资源是经济性的资源和战略性的资源。人力资源对社区矫正工作具有可用性，即通过对社区中人的体能、知识、能力、个性行为特征与倾向的使用，可以为社区矫正对象的矫正教育创造更大的价值。

1. 社会团体。社区发展需要培育成熟的社会中介组织、社会团体，社区的公益事业不仅要组织政府资源进行，还要利用社区资源积极参与。社区矫正将社区矫正对象置于社区进行教育改造，如果不充分发动社区力量参与教育改造，不仅社区矫正的质量无法得到保证，而且社区矫正对象的人身危险性也无法得到有效控制，也就无法保障社会的安全和秩序。

社会团体是指在宪法规定的人民享有广泛结社自由的政治权利下，通过合法程序而建立起来的组织集体。一是人民团体，如我国现在众所周知的八大人民团体：工会、工商联、台联、侨联、妇联、共青团、科协、文联。二是由公民自愿组成的，为实现会员共同意愿，按照其章程开展活动的非营利组织。它主要指行业协会、联合会、商会、基金会、促进会、学会、研究会、联谊会等社会团体。

三是“社会团体的称谓实质上仅仅是指介乎于政治国家与市场体系之间一类组织的核心构成与代表，在更广泛的意义上，社会科学多使用诸如第三部门、非政府组织、非营利组织、社会中介组织等概念，名目繁多，表述不一，内涵不定”。① 社会团体在社区中的功能主要表现在社会稳定、社会服务和社区建设上。在此意义上，社会团体在社区矫正中能起主要作用的是上文所言的“人民团体”的范畴。

2. 民间组织。我国民间组织主要由两类组成，一类是社会团体，另一类是民办非企业单位。这里主要研究民办非企业单位。

民办非企业单位是由企业单位、社会团体和其他社会力量以及公民个人利用国有资产举办的、从事非营利社会服务活动的社会组织。它主要包括：民办的学校、医院、福利院（敬老院）、研究所（院）、文化馆（所）、体育机构等。民办非企业单位的功能主要是面向社会、为满足社会某种需求而开展服务；其社会定位是凭借专业知识和技能，服务于社会，满足人民需求的社会中介组织；其组织形式是具有一定专长的单位成员，根据双向选择的原则和一定组合形式，组成稳定型的单位实体；其管理方式是实行岗位责任制；其工资报酬形式是实行按劳取酬。②

民办非企业单位在社区矫正中的作用是非常积极的，如医院、福利院（敬老院）以及文化馆和体育机构等，都将在社区矫正中对罪犯生活恶习的改造起着不可替代的作用。

3. 社会志愿者。社会志愿者是指在社区矫正中自愿或者由专业力量之工作人员邀请参与社区矫正工作，无偿为社区矫正工作提供一定服务的人。从我国开始试点社区矫正工作以来，社会志愿者就在社区矫正中起着不可或缺的作用，许多社区矫正的实例都有社会志愿者的参与。

4. 单位。主要指用人单位或者社区矫正对象原单位。社区矫正对象离开监狱后，承受着经济上和生活上的压力，适当的就业是首先面临的问题。社区中的用人单位或者社区矫正对象原单位能否接纳是社区矫正工作实施效果理想与否的必要条件之一。当然，用人单位或者社区矫正对象原单位在接纳社区矫正对象时，不得违反其他法律的强制性规范，用人单位或社区矫正对象原单位也当然地享有《劳动法》赋予其应有的权利。但是，为了社区矫正对象的积极有效的改造，用人单位或者社区矫正对象原单位应该在一定条件下积极配合社区矫正工作，作为社区矫正工作的社会支持力量之一。

---

① 雷兴虎、陈虹：《社会团体的法律规制研究》，载《法商研究》2002 年第 2 期。

② 陈光耀：《中国民间组织的现状及发展》，载《中国民政》1999 年第 9 期。

（四）社区文化的示范与教化作用

社区文化包括文化观念、价值观念、社区精神、道德规范、行为准则、公众制度、文化环境等，其中，价值观是社区文化的核心。社区文化不可能离开一定的形态而存在，这种形态既可以是物质的、精神的，也可以是物质与精神的结合。具体来说，社区文化对社区矫正工作的作用表现在 4 个方面。

1. 环境文化的潜移默化作用。社区环境是社区文化的第一个层面。它是由社区成员共同创造、维护的自然环境与人文环境的结合，是社区精神物质化、对象化的具体体现。它主要包括社区容貌、休闲娱乐环境、文化设施、生活环境等。通过社区环境，社区矫正对象可以感知社区成员的理想、价值观、精神面貌等外在形象，如残疾人无障碍通道设施可以充分体现社区关怀、尊重生命、以人为本的社区理念。当然，怡人的绿化园林、舒心的休闲布局、写意的小品园艺等环境文化氛围都可以对社区矫正对象产生潜移默化的作用。

2. 行为文化的示范作用。行为文化也被称为活动文化，是社区成员在交往、娱乐、生活、学习、经营等过程中产生的活动文化。通常所说的社区文化都是指这一类的社区文化活动。这些活动实际上反映出社区风尚、精神面貌、人际关系范式等文化特征，它如社区之“手”，动态地勾勒出社区精神、社区理想等。行为文化展现的是社区的整体精神风貌，是社区矫正对象的行为典范。

3. 制度文化的约束作用。制度文化是社区成员在生活、娱乐、交往、学习等活动过程中形成的，与社区精神、社区价值观、社区理想等相适应的规章制度、组织机构等。它们对保障社区文化持久、健康地开展具有一定的约束力和控制力。制度文化可以粗略地分为两大类：一类是社区管理的各种规章制度，另一类是社区的公共制度。管理规章制度和社区的公共制度都可以反映出社区价值观、社区道德准则、生活准则等，如奖罚分明可以体现出社区的严谨风格，规劝有加可以体现出社区的人性感悟，条分缕析可以反映出社区的细腻规矩等。所有这些都是社区矫正对象必须遵守的基本规范，对社区矫正对象具有约束作用。

4. 精神文化的内化作用。精神文化是社区文化的核心，是社区独具特征的意识形态和文化观念，包括社区精神、社区道德、价值观念、社区理想、行为准则等。这是社区成员价值观、道德观生成的主要途径。在这里，特别将那些指向性强烈、精神性突出的活动也算作精神文化建设的范畴，如社区升旗仪式、评选文明户、学雷锋演讲等。由于精神文化具有明显的社区特点，所以往往要多年积累，逐步形成。社区矫正对象生活在社区中，在社区成员的感染下，无形之中会被社区的精神文化所同化，最后内化为自身的需要。

（五）社会保障的救济作用

社会保障指国家和社会通过立法对国民收入进行分配和再分配，对社会成员特别是生活有特殊困难的人的基本生活权利给予保障的社会安全制度。社会保障是以国家或政府为主体，依据法律，通过国民收入的再分配，对公民在暂时或永久丧失劳动能力以及由于各种原因而导致生活困难时给予物质帮助，以保障其基本生活的制度。

目前，对于在社区进行矫正教育的社区矫正对象，实现社会保险和社会福利的主要做法是政府的民政部门、人力资源和社会保障部门应将其放在和社会成员同等的位置，为其提供社会保障方面的服务。其中主要体现在社区矫正救济制度，它是建立在社区矫正目的之上而派生的一种制度，社区矫正的目的之一就是要帮助社区矫正对象增强社会适应性，与社会重新结合。那么，要达到这个目的，对社区矫正对象这个弱势群体而言，有必要建立矫正救济制度，对社区矫正对象实施救济。本质上，社区矫正救济制度的责任主体是国家或政府。社区矫正救济是对社区矫正对象提供最低生活保障，追求社会的公平正义，目标是满足社区矫正对象基本生活水平的需要。

（六）家庭的亲和作用

家庭在我国有其特殊的含义，在许多罪犯的犯罪的原因中，除了个人因素、社会因素外，家庭因素也往往是主要因素之一，如父母离异、过分溺爱等，促使罪犯犯罪心理的形成。在社区矫正中，家庭也起着很重要的作用。因为我国浓厚的“家庭”观念，也同时给予了社区矫正对象因其犯罪极易产生的内疚心理，如果家庭不给予社区矫正对象相应的家庭帮助或者家庭温暖，则极易导致社区矫正对象改过自新的心理障碍。因此，家庭是社区矫正中最直接的社会力量之一。

第二节　社会力量参与模式

社区矫正模式的结构形态决定了社会力量参与模式的结构形态。社会力量参与模式只是社区矫正模式的内在结构之一。

一、社会力量参与模式的构成要素

社会力量参与，是指以公共参与精神为基础，以社区发展和人的全面发展为目标，社会力量主体通过一定的组织或渠道依法参与公共事务，增进社区福利的社会实践活动和过程。

社会力量参与模式，是指在一定的社会环境中，社会力量参与主体在参与社区矫正事务的过程中形成的较为稳定的具有可模仿性的结构形态，它是内容与形式、结果与过程、主观与客观的有机统一。①

社会力量参与模式构成要素有：参与目标、参与主体、参与对象、参与客体、参与质量等。社会力量参与模式的参与目标占据统领地位，只有明确的目标，才使社会力量参与社区矫正工作有了方向。

(一) 参与目标

参与目标是指在社区矫正过程中的社会力量参与所要达到的境地或标准，也是促使社会力量参与社区矫正原始动力的指向和标靶。② 依据不同的标准，参与目标可有多种分类，包括社区矫正总目标、社会力量参与总目标、社会力量参与分目标、社会力量参与子目标、社会力量参与阶段性目标等目标体系。

(二) 参与主体

参与主体是指在社区矫正的具体运作过程中，受法律法规保护，依法享有参与社区矫正决策和管理，自主处理社区矫正事务，并承担相应责任的有关自然人和单位。③ 社会力量参与主体主要是两个群体，依照《社区矫正法》的规定：社区矫正机构对社区矫正对象进行监督管理和教育帮扶。司法所接受委托承担社区矫正日常工作。社会工作者和志愿者在社区矫正机构的组织指导下参与社区矫正工作。有关部门、村（居）民委员会、社区矫正人员所在单位、就读学校、家庭成员或者监护人、保证人等协助社区矫正机构进行社区矫正。因此，社会力量参与社区矫正工作是 2+N 模式："2" 是指社会工作者和志愿者，"N" 是指村（居）民委员会、单位、就读学校、家庭成员或者监护人、保证人等。

在这种参与模式下，各地形成了颇具特色的地方模式。目前，社区矫正社会力量两大参与主体群体在我国已初具规模。据司法部发布的信息，2018 年全国共招聘从事社区矫正工作的社会工作者 8 万余人，招募社会志愿者 66.3 万人，④ 包括社会团体、科研机构、高等院校等人员与组织的参与。

(三) 参与对象

参与对象是指在社会力量参与社区矫正模式中与参与主体相对的一方，即社区矫正对象。目前，我国的参与对象是管制犯、缓刑犯、暂予监外执行犯、假释犯。

---

① 田兴洪：《社区矫正中的社区参与模式研究》，法律出版社 2017 年版，第 60 页。

② 田兴洪：《社区矫正中的社区参与模式研究》，法律出版社 2017 年版，第 117 页。

③ 田兴洪：《社区矫正中的社区参与模式研究》，法律出版社 2017 年版，第 122 页。

④《司法部关于政协十三届全国委员会第一次会议第 0864 号提案答复的函》，载司法部政府网，发布时间：2018 年 12 月 21 日。

（四）参与客体

参与客体是指社区矫正中的社会力量参与主体认识和实践的对象，即在社区矫正中具体参与的任务。[①] 我国社区矫正中社会力量参与的领域包括监督管理（危险管理）、矫正教育、危机干预、社会救助、恢复秩序。这里排除了执行刑罚内容。

（五）参与质量

参与质量是指参与目标的实现程度，包括社会力量参与的实际效果。衡量指标是参与目标的达成状况。具体考核标准是社区矫正对象重新犯罪率、再社会化程度等。考核方式是社区矫正效果评估，即对社区矫正监管改造情况以及整个社区矫正环境等进行的全方位检验与评判。

二、国外社会力量参与模式的类型

世界各国在社区矫正实践中都形成了适合自己国情的模式。例如，美国是典型的私营化模式。美国社会力量参与社区矫正的最大亮点就是市场化运作，允许私营。私立的社区矫正机构既收押法院判令到社区矫正机构中服刑的缓刑犯，又为监狱的假释犯提供帮助和服务。资金来自各方面，包括联邦、州、地方以及基金会。除了为缓刑犯和假释犯服务之外，它们有时也为吸毒者、犯过罪的人和被害人提供帮助。美国社会力量参与主体有三种：一是私营机构。美国政府允许私人企业从事社区矫正，将开办企业与解决犯人的问题联系起来，将文化知识教育、劳动技能培训与改造罪犯紧密结合起来。美国《明尼苏达州社区矫正法》以法律形式予以确认。明尼苏达州社区矫正事业更像是一种产业。在这一产业中，有市场准入和退出、投入和产出的效益比，财政援助和费税支付，有产业协会，有监管的购买、租赁和转让，有固定资产投入、购买服务等。美国90%以上的中途之家是私营的，而且私营中途之家中的犯罪人占全部中途之家中犯罪人总数的60%。二是社会团体。美国《亚拉巴马州社区矫正法》规定，社区矫正机构的设立不限于县政府下设的社区惩治和矫正中心，也可以由符合一定条件的非营利性机构主办。这类机构设在社区环境中，除了拥有办公室之外，还拥有自己的住宿、教育、培训等建筑和其他相关设施。承担具体监督犯罪人和对犯罪人提供有关服务等职能，承担大量社区矫正工作。三是志愿者。美国制定了社区矫正法的州都规定了市民应参与社区矫正。目前在美国的3000多个司法管辖区中，

---

① 田兴洪：《社区矫正中的社区参与模式研究》，法律出版社2017年版，第196页。

活跃着数以千计的社区矫正志愿者。这些志愿者还在工作中形成了一对一模式等多种服务模式。①

在其他国家，俄罗斯是社会团体模式、日本是志愿者（保护司）模式、新加坡是社区组织模式、英国是社区多元参与模式等。

三、我国社会力量参与社区矫正的模式类型

从现有的资料和实务工作考察看，关于社区矫正中社会力量如何参与的问题，全国各地探索了很多的所谓模式或范式，但是仔细研究之后发现，有些地方所谓的模式或范式，并不具有模式或范式的基本特征，有的就是一些具有地方特色的经验总结，并不具有可复制性。“模式指的是某种事物的标准形式或可以照着做的标准样式。它是对客观事物的内外部机制的直观而简洁的描述，可以向人们提供客观事物的整体内容。其隐藏了事物内部的规律，既可以使用图像、图案，也可以使用数字、抽象的关系来描述事物发展的模式，它强调的是形式上的规律。”② 社会力量参与社区矫正模式，是指在一定的社会环境中，社会力量参与主体在参与社区矫正事务的过程中形成的较为稳定的具有可模仿性的结构形态，它是内容与形式、结果与过程、主观与客观的有机统一。③ 社会力量参与模式有参与目标、参与主体、参与对象、参与客体、参与质量等构成要素。其中，社会力量参与模式的参与目标占据统领地位，只有明确的目标，才使社会力量参与社区矫正工作有了方向。依照模式的这一基本框架，应用不同的标准，可将目前我国社会力量参与社区矫正的模式大致进行以下分类。

（一）以参与的外在形式为标准进行分类

以参与的外在形式为标准，可以分为个人自愿型、社区主导型、社会动员型、政府主导型（行政推动型）、企业主导型、公益自发型、互助合作型、精英主导型等模式。

个人自愿型，是指公民个体以个人的名义，自愿参与社区矫正工作的参与方式。在这一类型是公民出于对社会公益的责任而自愿奉献的行为。

社区主导型，是指在社区基层组织的主导下，发动社会组织、社会公众、社会团体等社会力量参与社区矫正工作，运用自己的优势资源，为社区矫正对象提供服务的参与方式。

社会动员型，是指基层政府或者以村（居）民委员会为主导的基层自治组

① 依据上海政法学院武玉红教授授课课件整理。

② 连春亮、张峰：《罪犯矫正模式论》，群众出版社 2014 年版，第 1 页。

③ 田兴洪：《社区矫正中的社区参与模式研究》，法律出版社 2017 年版，第 60 页。

织等，通过社会动员的形式，组织社会力量参与社区矫正工作的参与方式。

政府主导型，又称行政推动型，主要是指由政府利用行政资源优势，号召、发动社会力量参与社区矫正工作的参与方式。这一模式具有明显的行政推动力。

企业主导型，是指社会企业出于公益性质或者互利性质，由企业承担社区矫正的一部分工作，为社区矫正提供支持的参与方式。这一类型中，社会企业有些完全是出于社会责任感，无偿为社区矫正工作提供支持；有些则是按照政府机关的规定或者承诺，参与社区矫正工作或者为社区矫正工作提供支持，可以获得政府为企业提供的优惠政策。比如企业为社区矫正对象提供职业培训服务，或者为社区矫正对象提供工作岗位，政府给予一定的税收减免等。

公益自发型，是指在政府基层组织、社会团体或者社会公益组织等号召下，由公益人士自愿参加社区矫正辅助工作的参与方式，如心理咨询师定期或者不定期为社区矫正对象提供心理咨询服务的行为，职业医生免费为社区矫正对象提供健康诊疗的行为等。

互助合作型，一般是指行政机关和社会企业、非营利组织、社会团体等相关机构，按照双方达成的协议，形成一定的权利（权力）义务关系，共同为社区矫正工作提供支持的参与方式，如社会企业在政府的资助下建设经营社区矫正基地、技术培训基地等。

精英主导型，是指社会精英应用自身所具有的资源，为社区矫正工作提供支持的参与方式，如社会知名企业家对家庭困难的社区矫正对象的帮扶行为、安置就业行为、捐助行为等。

（二）以参与内容的性质为标准进行分类

以参与内容的性质为标准，可以分为政治参与型、经济参与型、文化参与型、决策参与型、监督参与型、信息技术参与型、事件参与型、维权参与型等模式。

政治参与型，是指出于政治制度的安排或者政治需求等目的，社会参与主体参与社区矫正工作的方式。相关社会组织和社会团体为了社会的安全稳定，或者为了社会治安的综合治理参与社区矫正的行为，大多属于政治参与型。

经济参与型，是指为了获取经济利益而参与到社区矫正工作中，为社区矫正工作提供支持的方式，如社会企业按照政府的政策参与社区矫正工作获得税收减免、土地使用、就业补贴等方面的经济利益。

文化参与型，主要包括两种亚类型：一是为了文化传播的目的参与社区矫正工作，如利用电视、电影、多媒体等制作社区矫正的相关影视资料，传播社区矫正的思想、理念、目的、价值等；二是以文化资源的形式参与到社区矫正工作中，将文化作为工具对社区矫正对象进行教化，如学校、文化传播部门等开展的对社区矫正对象的国学教育、美学教育、道德教育等活动。

决策参与型，是指参与主体运用自身所拥有的智力资源，对社区矫正工作在宏观制度设计、具体实施方案、矫正项目规划、体制机制建设等方面提供支持的参与方式，如上海新航社区矫正服务总站对上海市的社区矫正工作进行总体策划、专家学者对《社区矫正法》提出立法建议等。

监督参与型，是指为了使社区矫正工作合法、规范运行，社会公民和社会组织、社会团体等对社区矫正工作的合法性、规范性实施监督的参与方式，如社会组织的监督、社会公众的自发监督等。

信息技术参与型，是指参与主体利用自身的信息资源优势，参与到社区矫正工作中，为社区矫正工作提供信息支持的方式，如信息技术公司为社区矫正监督管理提供远程监督平台、电子手环等现代信息技术设备的行为。

事件参与型，是指为了处理、解决社区矫正工作中的特定事件而参与社区矫正工作的方式，如为解决社区矫正对象的就业、就学，社会参与主体的参与行为。

维权参与型，是指为了维护社区矫正对象的合法权益，相关专业部门参与社区矫正工作，利用专业优势为社区矫正工作提供支持的方式，如律师服务机构为社区矫正对象提供的法律服务、法律援助等。

（三）以参与主体的构成为标准进行分类

以参与主体的构成为标准，可以分为依附型、自治型、单元型、多元型等模式。

依附型，是指参与主体在社区矫正工作中处于附属的地位，是依附于主导主体开展工作的参与方式，如社会志愿者的参与行为就是依附于司法行政机关而展开的。

自治型，是指参与主体在性质上是自我管理、自我教育、自我服务的群众自治组织，以此参与社区矫正的行为方式。主要是区别于基层政府机关、社会团体、社会经济组织等社会组织的参与方式。

单元型，是指参与主体具有单一的组织性质，如医疗卫生组织对社区矫正对象的医疗服务行为，心理咨询服务机构对社区矫正对象的心理服务行为。

多元型，是指参与社区矫正工作的主体在构成上具有多元化。

（四）以参与主体的工作内容为标准进行分类

以参与主体的工作内容为标准，可以分为矫正教育型、监督管理型、社会帮扶型、健康矫治型、危机干预型等模式。

矫正教育型，是指参与主体主要是应用自身所具有的矫正教育方面的特长，在社区矫正中对社区矫正对象的需求以及所存在的问题提供矫正和教育方面的服务，以期社区矫正对象发生改变、得以成长的参与方式。

监督管理型，是指参与主体依据职权要求或者职能分工，对社区矫正对象的社区矫正过程实施监督和规范化管理的参与方式。

社会帮扶型，是指参与主体依照职能分工或者自身所具有的资源，对社区矫正对象所遇到的困难、问题等，进行有针对性的帮扶行为。

健康矫治型，是指参与主体依据自身所具有的专业知识和技能，有针对性地对社区矫正对象进行生理治疗、生理健康教育、心理咨询、心理治疗、心理健康教育等方面的服务行为。

危机干预型，是指参与主体在社区矫正对象遇到危机事件时，运用自身的专业知识和技能，为社区矫正对象提供服务，以便于及时化解危机，使社区矫正对象回归常态社会生活的参与方式。

四、我国社会力量参与社区矫正的典型模式

社区矫正的核心工作最终还是要落实到社会力量对社区矫正对象的矫正教育上，这是社区矫正对象得以改变和成长的基础，也是提高改造质量，使社区矫正对象顺利回归社会的保证。首先，如何组织社会力量参与社区矫正，这是开展社区矫正的前提。其次，社会力量选择什么样的模式参与社区矫正，则是社区矫正教育改造质量的保证。因为只有选择适合不同地区经济发展状况、社会文化特色的模式，才能使社区矫正效益最大化。“善治的本质特征就在于它是政府与公民对公共生活的共同合作管理，是政治国家与市民社会的一种新颖关系，是两者的最佳状态。”① 这里的“善治”之于社区矫正而言，就是政府对社会力量的有效开发和利用。“善治要求运用法律和道义的双重手段增大个人及机构的责任性。”② 将社会力量充分开发利用起来，社区矫正的效果就会成倍增加。依据我国的社会结构、社会形态、社会文化特征，以参与主体的社会形态进行区分，社会力量参与社区矫正的模式的最佳选择可以分为职业主导型、政府主导型、职能参与型、志愿参与型、互利合作型5种。

（一）职业主导型模式

职业主导型模式，主要是指政府通过购买以提供社会服务为主营业务的民办非企业单位的社区矫正服务，由民办非企业单位的社会工作者参与到社区矫正工作中，双方以依据协议约定的权利义务关系作为基本内容，民办非企业单位为社区矫正工作提供相关服务的参与方式。其中，民办非企业单位中的社会工作者从

① 俞可平：《权利政治与公益政治》，社会科学文献出版社2000年版，第117页。

② 俞可平：《权利政治与公益政治》，社会科学文献出版社2000年版，第118页。

事社区矫正工作是以从事这一职业为目的的。①

目前，在我国职业主导型参与社区矫正模式中，上海模式为典型代表。上海社区矫正模式的总体思路是“政府主导推动、社团自主运行、社会多方参与”。在这里，政府从宏观上对社区矫正工作进行主导推动，在社会力量参与到社区矫正工作中时，社团是自主运行者，其他社会力量是广泛参与者。在培育社会工作者参与社区矫正方面，主要体现在成立了民办非企业单位“上海市新航社区服务总站”，作为为社区矫正工作提供社工服务的专业社会组织。目前，上海市录用社区矫正社会工作者635名，分布在新航社区服务总站在上海15个区县的社区矫正社工分站、各街道乡镇的工作站点，按照上海市司法局和新航社区服务总站所签订的服务协议内容，从事社区矫正服务。

（二）政府主导型模式

政府主导型模式，是指政府成立社区矫正中心，通过合同的形式招录聘用社会工作者，或者通过成立协会的形式，组织社会志愿者参与社区矫正工作。在社工的培育使用上，这一模式以北京市为代表。

北京市社区矫正的总体思路为：“政府出资，团体运作，面向社会招聘，购买专业服务，实行资源共享。”先后成立了阳光社区矫正服务中心、社区矫正职业技能培训基地、惠泽心理矫正工作室、阳光中途之家等，为社区矫正对象提供服务。注重通过行政化的教育来实现对社区矫正对象的心理矫正。北京模式具有中国传统的行政资源优势，也为全国大多省、自治区、直辖市所借鉴。据2018年12月21日《司法部关于政协十三届全国委员会第一次会议第0864号提案答复的函》提供的数据，“全国共招聘从事社区矫正工作的社会工作者8万余人”。

在社会志愿者参与社区矫正方面，这一模式的代表是上海市。上海市成立了“上海市社会帮教志愿者协会”，业务主管单位是上海市社区矫正管理局，主要组织社会志愿者参与社区矫正、社会帮教等工作。社会帮教志愿者是指“在社区矫正和安置帮教工作中自愿无偿地提供帮助和服务的社会群体”，帮教志愿者来自民间，具有亲和力，是一支编外力量。志愿者协会的宗旨是：团结全市社会帮教志愿者参与对服刑和刑释人员的帮教工作，促进他们融入社会，预防和减少违法犯罪，为构建社会主义和谐社会作出积极贡献。工作理念是“帮教一个对象，挽救一个家庭，平安一个社区”，工作思路是“有力出力，有钱出钱，有岗位出岗位”。动员和组织会员单位以及全市志愿者，配合上海市司法行政机关适时做好社区矫正对象和刑释解教人员的帮教工作，从而促进上海预防和减少犯罪工作

---

① 以职业为目标为社区矫正提供服务的形式有很多，在这里所说的职业型模式主要是指民办非企业单位为社区矫正工作提供服务的形式。

体系的建设。[①] 上海市的社会志愿者参与社区矫正工作由上海市社会帮教志愿者协会统一组织安排，政府一直处于主导地位。目前，这一模式也为全国其他省、自治区、直辖市所效仿。据 2018 年 12 月 21 日《司法部关于政协十三届全国委员会第一次会议第 0864 号提案答复的函》提供的数据，全国共“招募社会志愿者 66.3 万人”。

在我国社会管理结构以政府为主导的格局下，政府主导型模式具有自身的合理性。由于存在公民社会发育不全、社区矫正的社会认知度不高、社会力量参与的动力不足、参与主体缺乏专业素养等问题，只有依托政府的强势公权力和政府掌握的充足的公共资源，才能为社会力量的参与提供人力、物力、财力和技术支撑。因此，这一模式目前也被许多省、自治区、直辖市所采用。

（三）职能参与型模式

职能参与型模式，主要是指依附于政府参与社会管理活动的社会组织和社会团体，依照自身职能要求参与到社区矫正工作中，为社区矫正工作提供一定支持的方式。就目前而言，我国职能型基层组织包括村（居）民委员会、司法所法律服务机构、人民调解机构的调解员协会、关心下一代协会、共青团、妇联等。

这一模式的典型代表是浙江省湖州市的吴兴模式。吴兴区司法局为了强化对女性矫正对象的矫正教育，与吴兴区妇联签订《关于整合资源推进社会管理创新的战略合作》协议，以妇联组织为核心创设“巾帼助矫”，实施专门针对女性社区矫正对象的帮教计划。妇联是女性包括女性社区矫正对象的“娘家人”，在妇女工作方面有着丰富的工作经验，更懂得妇女和了解妇女。“巾帼助矫”借助妇联的职能平台和资源优势，让女性社区矫正对象像其他女性一样参加妇联活动，一同听相关讲课，一同开展“寓教于乐”的活动，培育女性社区矫正对象积极、健康的心态。基于妇联平台的“巾帼助矫”行动，维护了女性矫正对象的合法权益，及时地纠正了对女性社区矫正对象的侵害。对女性社区矫正对象的特殊要求方面，能起到更好的帮扶作用。[②]

职能型模式具有自身特点：一是政府充分利用具有社会帮教职能的社会团体、社会组织，以协议或者协作的方式参与社区矫正工作。二是专业社团是基于特定团体而设立的，具有专业优势，这些社团的介入使专业优势得以充分发挥，对社区矫正对象的矫正教育和帮扶更具有针对性。三是专业社团大多以政府部门为后盾，人力和财力资源充沛，在对社区矫正对象的矫正教育和帮扶活动中，不

---

① 这部分内容根据上海政法学院武玉红教授 2018 年 8 月在哈尔滨培训班上的讲课内容整理。

② 这部分内容根据上海政法学院武玉红教授 2018 年 8 月在哈尔滨培训班上的讲课内容整理。

存在资金障碍。四是专业社团人员相对固定，易于组织和管理。

专业的社会团体、社会组织一般具有官方或半官方的背景，具有从事社会帮教、社会治安综合治理、犯罪预防、青少年教育等方面的职责，参与社区矫正工作成为职责范围内的工作，这就使得这一模式具有了合理性和法定性。

（四）志愿参与型模式

志愿参与型模式，主要是指以公民个人或者由志愿者团体组织的以志愿者身份参与社区矫正工作的方式。一般来说，以志愿者身份参与社区矫正工作是无偿的。据2014年司法部、中央综治办、教育部、民政部、财政部、人力资源社会保障部印发的《关于组织社会力量参与社区矫正工作的意见》公布的数据："目前全国从事社区矫正工作的社会工作者7.9万人，社会志愿者64.2万人。"从形式上看，我国志愿者组织和志愿者服务场所，规模宏大，"截至2013年11月底，全国各省、自治区、市、县及2000多所高校均建立了青年志愿者协会，并建立了13万个志愿服务阵地，注册的青年志愿者达4043万人"。① 总体来看，志愿者参与社区矫正工作是公民、社会组织、社会团体承担社会责任的一种方式，是公民社会逐步发育成熟的标志。因此，志愿者参与社区矫正工作具有自身特点：一是公民个人、社会团体等从事公益活动的一种形式。二是参与主体专业知识面比较广泛，涉及对社区矫正对象实施教育和矫正的各个方面。三是组织形式松散，成员随机召集，活动目的大多单一，没有长远的活动规划。四是没有统一的规范和相对固定的活动目标。

（五）互利合作型模式

除上述社会力量之外，以互利共赢为目的参与社区矫正的社会力量形成的模式，我们称为互利合作型模式，此类社会力量如社区矫正对象家属、参与社区矫正的企业、对社区矫正对象实施法律援助的律师等。互利合作型模式在为社区矫正提供服务的同时，也为提供服务者带来一定的利益。因此，这一模式是以利益为纽带建立起来的，最早的代表是上海的"中途驿站"。这是以荣伸公司为主导建立起来的、全国唯一一家被司法部命名为"中途驿站"的民营企业。荣伸公司主要是提供工作岗位，接纳社区矫正对象到公司工作。目前，这一模式在全国发展迅速。据2018年12月21日《司法部关于政协十三届全国委员会第一次会议第0864号提案答复的函》提供的数据，"全国已累计建立县（区）社区矫正中心2351个，占全国县（市、区）建制数的82.4%。建成社区服务基地25366个，教育基地9326个，就业基地8232个"。在这些基地中，有相当一部分属于

① 叶小琴、郁小波：《社会志愿者参与社区矫正模式的反思》，载《湖北警官学院学报》2017年第5期。

互利合作型模式。

这一模式的特点：一是双方建立在共同利益基础之上，参与主体是依据双方协议所约定的权利义务内容参与社区矫正的具体活动，参与目的明确。二是参与主体大多是社会企业或者是社会服务机构，其参与过程也是自身业务的一部分，参与主体和其他社会力量单纯地为公共利益作“奉献”相比，所获得的是“名利双收”，具有更高的参与积极性。

从宏观上看，我国社会的发展存在严重的不平衡现象，在社会发育程度、社会经济水平、社会文化结构、社会治理形式等方面都有着巨大的差异，这就要求在社会力量参与社区矫正的模式选择上，首先要依据社会的整体发展状况，尊重当地的社会文化传统，培育社会组织和社会团体参与到社区矫正中，科学界定权利义务关系，制定社会力量参与社区矫正的行为规范，使社区矫正工作在广泛的社会力量参与下规范运行，达到维护社会安全和秩序的目的。

第十章　社区矫正基本制度

制度是"要求大家共同遵守的办事规程或行动准则"。[①] 社区矫正基本制度是社区矫正工作的基础，社区矫正工作只有在制度的框架下规范运作，才会保障其规范性和合法性。

所谓社区矫正基本制度，是指社区矫正工作共同遵守的工作规程或行动规则。在这里，社区矫正基本制度就其内涵而言有狭义和广义之分。狭义的社区矫正基本制度，包括矫正调查制度、矫正工作制度、矫正管理制度、矫正救济制度四部分内容。而广义的社区矫正基本制度，除了狭义的社区矫正基本制度，还包括矫正前的转处制度和行刑转处制度。而矫正前的转处制度包括缓刑制度、管制制度、拘役制度、刑罚易科制度等。行刑转处制度包括假释制度、暂予监外执行制度、劳动释放制度、学习释放制度、特赦制度等。本章所研究的社区矫正基本制度采用狭义说。这是因为，作为社区矫正工作而言，主要应集中于社区矫正前调查制度、社区矫正工作制度、社区矫正管理制度和社区矫正救济制度。

第一节　社区矫正前调查评估制度

一、社区矫正前调查评估制度的概念

社区矫正前调查评估制度，是指社区矫正决定机关在对拟适用社区矫正的对象作出判决、裁定或决定前，委托社区矫正机构、有关社会组织，对拟适用社区矫正的对象所进行的全面调查和综合分析评估的制度。

2016 年最高人民法院、最高人民检察院、公安部、司法部联合发布的《关于进一步加强社区矫正工作衔接配合管理的意见》第 1 条规定："人民法院、人民检察院、公安机关、监狱对拟适用或者提请适用社区矫正的被告人、犯罪嫌疑人或者罪犯，需要调查其对所居住社区影响的，可以委托其居住地县级司法行政

---

① 中国社会科学院语言研究所词典编辑室：《现代汉语词典》，商务印书馆 1980 年版，第 1478 页。

机关调查评估。对罪犯提请假释的，应当委托其居住地县级司法行政机关调查评估。对拟适用社区矫正的被告人或者罪犯，裁定或者决定机关应当核实其居住地。委托调查评估时，委托机关应当发出调查评估委托函，并附下列材料：(1) 人民法院委托时，应当附带起诉书或者自诉状；(2) 人民检察院委托时，应当附带起诉意见书；(3) 看守所、监狱委托时，应当附带判决书、裁定书、执行通知书、减刑裁定书复印件以及罪犯在服刑期间表现情况材料。”这些规定确立了矫正前调查评估制度。这一调查评估制度是准刑事执行行为。

《社区矫正法》第 18 条规定：“社区矫正决定机关根据需要，可以委托社区矫正机构或者有关社会组织对被告人或者罪犯的社会危险性和对所居住社区的影响，进行调查评估，提出意见，供决定社区矫正时参考。居民委员会、村民委员会等组织应当提供必要的协助。”这一规定确立了社区矫正前调查评估制度，为进一步完善刑事执行制度，推进刑事执行一体化建设，健全社会管理创新体制奠定了坚实的基础。《社区矫正法实施办法》第 13 条规定：“社区矫正决定机关对拟适用社区矫正的被告人、罪犯，需要调查其社会危险性和对所居住社区影响的，可以委托拟确定为执行地的社区矫正机构或者有关社会组织进行调查评估。社区矫正机构或者有关社会组织收到委托文书后应当及时通知执行地县级人民检察院。”这是对这一制度更加细化的规定。

对于这一制度，有人将其界定为人格调查制度，我们认为该界定过于狭隘。因为对被调查人的调查仅仅局限于其人格调查是不够的，人格调查制度仅是社区矫正前调查制度的一部分。从调查的内容看，包括被调查人家庭状况调查、受教育状况调查、社会交往状况调查、人格状况调查、生活环境调查、违法犯罪过程调查等，远远超出了人格调查的范围。但是，人格调查是社区矫正前调查评估的核心，其他相关内容的调查都是为评估被调查人的人格状况服务的。

二、社区矫正前调查评估制度的原则

社区矫正工作对社区矫正对象的适用水平，在很大程度上取决于再犯预测水平，而提高预测结果的准确性，有赖于建立科学的调查方法和评估方法。

矫正前调查评估是带着明确的考察目的，以一定的理论为指导，采用一套科学的方法、技术程序，对被调查人所确定的范围进行客观准确的实地考察，系统地收集各类有关被调查人的真实材料，并加以分析、研究等。在矫正前调查评估的全过程中，调查人员应努力使调查具有目的性、客观性、真实性、系统性、完整性、灵活性、细致性、深刻性、准确性、应用性。这就是对矫正前调查评估活动的基本要求，也可以说是对矫正前调查评估活动的科学水平进行衡量的一套指标体系。为了达到这一目的，矫正前调查评估活动应坚持五条原则：

（一）客观全面原则

必须坚持在调查中以辩证的、整体的、综合的观点，客观地考察问题，善于对所调查的各个事项从多角度进行分析研究，善于排除假象干扰，不被假象迷惑，能够准确、严谨地考察细节，透过现象看本质，正确抓住那些看起来好像是偶然发生的意外的现象或事件，从中发现潜藏着的某种人们尚未发现的必然规律。

（二）系统性原则

系统性原则是全面贯彻系统论的核心思想和基本方法，就是把所调查评估的对象当作一个系统，分析系统的结构和功能，研究系统、要素、环境三者的相互关系和变动的规律性，并优化系统观点看问题。调查人员在调查过程中注重系统的研究分析，将调查与研究紧密地联系在一起，使两者相互作用、相辅相成、相互贯通，统一构成科学调查和研究分析的系统的完整过程。

（三）科学性原则

科学性原则是指决策活动必须在科学决策理论的指导下，遵循科学决策的程序，运用科学思维方法来进行决策的行为准则。社区矫正前的调查评估所坚持的科学性原则，是指必须坚持在调查中科学有效地使用一整套有机配置的科学方法与技术，并严格按照既定总体方案和调查程序及行为规范办事。要求必须做到：一是信息全面、迅速、准确。二是预测科学、及时、正确。三是方向正确、目标明确。四是方案齐全，相互独立。五是论证充分，分析恰当。六是实施步骤清晰、有度。七是责任明确，要求具体。

（四）权益保护原则

在调查评估过程中，坚持时刻维护被调查人的利益。客观公正地调查评估并作出评判，是实施社区矫正的前提，因此，调查人员不仅要着眼于调查被调查人违法犯罪的事件，而且应维护被调查人的利益，不应对他们有任何损害和欺骗。这不仅仅是调查评估的道德要求，也是使调查评估有成效的前提保证。

（五）相关性原则

在对调查结果研究和下结论时，坚持牢记调查的条件、范围、情势的相对性与多变性；在运用调查评估结果下结论时，尤其是作出超越原调查范围、条件、情势等结论时应该十分谨慎，以免使正确的考察导致错误的结论。

三、社区矫正前调查评估制度的内容

社区矫正决定机关委托调查评估时，应当告知犯罪嫌疑人、被告人、罪犯的户籍所在地、执行地、案情、家庭关系及服刑期间表现等基本情况。社区矫正机构接受委托后，应当对犯罪嫌疑人、被告人或者罪犯的居所情况、家庭和社会关系、一贯表现、犯罪行为的后果和影响、居住地村（居）民委员会和被害人意见、拟禁止的事项等进行调查了解，形成评估意见，在规定的期限内提交委托机关。《社区矫正法实施办法》第14条规定："社区矫正机构、有关社会组织接受委托后，应当对被告人或者罪犯的居所情况、家庭和社会关系、犯罪行为的后果和影响、居住地村（居）民委员会和被害人意见、拟禁止的事项、社会危险性、对所居住社区的影响等情况进行调查了解，形成调查评估意见，与相关材料一起提交委托机关。调查评估时，相关单位、部门、村（居）民委员会等组织、个人应当依法为调查评估提供必要的协助。社区矫正机构、有关社会组织应当自收到调查评估委托函及所附材料之日起十个工作日内完成调查评估，提交评估意见。对于适用刑事案件速裁程序的，应当在五个工作日内完成调查评估，提交评估意见。评估意见同时抄送执行地县级人民检察院。需要延长调查评估时限的，社区矫正机构、有关社会组织应当与委托机关协商，并在协商确定的期限内完成调查评估。因被告人或者罪犯的姓名、居住地不真实、身份不明等原因，社区矫正机构、有关社会组织无法进行调查评估的，应当及时向委托机关说明情况。社区矫正决定机关对调查评估意见的采信情况，应当在相关法律文书中说明。对调查评估意见以及调查中涉及的国家秘密、商业秘密、个人隐私等信息，应当保密，不得泄露。"归纳起来包括下列事项：

（一）犯罪与违法行为的调查

第一，被调查人的主体情况，包括其年龄、身份、生理功能、精神状态等。在同等情况下，少年犯罪人由于认识事物能力和控制自己行为能力较差，可塑性大，可优先考虑适用社区矫正。

第二，犯罪的主观方面，包括犯罪目的、犯罪动机、认识错误等情况。故意犯罪的主观恶性大于过失犯罪的主观恶性。在同等情况下，优先考虑对后者适用社区矫正。

第三，犯罪客观方面的情况，包括犯罪的手段、犯罪的结果、犯罪时的环境、时间和条件等。例如，犯罪人的手段残酷、狡猾，表明其人身危险性较大，不宜适用社区矫正。一般来说，犯罪危害结果大的不适用社区矫正。

第四，犯罪形态、防卫过当、避险过当等。在同等情况下，对犯罪中止者可以考虑适用社区矫正，对从犯、胁从犯也可适用社区矫正。

第五，认罪悔罪表现。悔罪表现是调查对象对自己所犯罪行悔悟的具体表现。认罪态度好、悔罪表现突出，表明行为人主观恶性和人身危险性相对较小。具体可从自首、立功情节，被告人积极退赃、积极抢救、赔偿损失情况来进行判断。

第六，调查对象的罪前表现。罪前表现反映调查对象犯罪意识的顽固程度及对其改造的可能性。罪前有过违法犯罪行为的，改造较困难，不宜纳入社区矫正。

（二）社会调查

第一，了解调查对象家庭、父母和兄弟姐妹的情况，包括住址、职业、资产、健康状况、父母的个性、家庭和睦情况、家人生活规律、家庭的理想程度。

第二，调查对象学历、学习成绩、嗜好、对学校老师的态度、退学理由与升学愿望。

第三，居住地和近邻的情况、近邻对调查对象的信任和感情程度，以及家庭迁移的情况、调查对象过去及现在的交友情况。

第四，就业历史，转退职业和理由、出勤状况、工作成绩、对工作抱有的希望和态度、与同事的关系。

第五，调查对象过去与现在的经济收支情况、资产、负债的理由、偿还的能力与计划。

第六，调查对象的道德品质、宗教信仰、娱乐、习惯、兴趣。

第七，婚姻与性生活情况。

（三）医学和心理学检查

医学和心理学检查可以委托由精神医学、神经医学、法医学、心理学等方面的专家组成的鉴定机构对调查对象的身心进行鉴别。

1. 医学检查。医学检查主要通过医学检查手段诊断调查对象的健康状况，较准确地判断其健康程度。有身体残疾的调查对象，其危害社会的能力相对较低，而患有精神疾病的调查对象宜监禁关押；对患有慢性疾病和传染疾病的调查对象采取社区处遇的办法可能更有利于他们矫治。医学检查的准确性非常重要，特别要避免人为因素的干扰。为此，应当建立医疗诊断机构责任制度和社区矫正执行机构确认制度，相互监督，相互制约，共同把关。

2. 心理学检查。心理学检查是对调查对象心理现状和行为倾向的判断，其目的是为调查对象适用刑罚处遇提供合适的社区矫正环境，获得满意的社区矫正效果。郑昭平撰文指出，心理学检查包括危险性预测和心理发展预测。①

（1）危险性预测。根据心理测试结果以及调查对象在社会和监内期间的现实表现、监内外刺激因素等，预测调查对象的现实危险大小，从而为确立防范的重要方面提供依据。危险性预测的判断方法，主要有以下方面：

第一，调查对象的犯罪成因和动机分析。比如，同样是伤害罪，有的调查对象是因为讲义气，为朋友参与斗殴致人伤残；有的调查对象则是因恶意报复而致人伤残。显然，后者比前者更具有危险性。

第二，自律性和稳定性分析。属于暴力型犯罪或者有过暴力犯罪历史，经卡特尔16PF测试，其“恃强性”“敢为性”指标偏高，这样的调查对象危害社会的可能性大于其他调查对象。

第三，调查对象虚荣心和劳动观分析。在日常改造表现或过去的生活史中，有明显的虚荣心、攀比心和高消费观念，害怕吃苦、畏惧劳动、家庭经济状况较差的调查对象，有继续危害社会的可能性。

第四，有无犯罪前科、劣迹或恶习的深浅程度分析。有犯罪前科劣迹与无前科劣迹的，恶习深与恶习浅或无恶习的调查对象相比，前者的危险性大于后者。

第五，调查对象的年龄，家庭综合状况分析。年龄较大、家庭关系相对稳定的比年龄小、家庭成员关系淡漠的危险性小。

第六，涉及的社会范围、对象分析。社交范围广、社交层次低的，比社交范围小、社交层次高的危险性大。

第七，职业技能状况分析。不具备一技之长，或择业观不正确、不能自食其力的，比有技能特长、能自我谋生的危险性大。

对以上因素应当是综合考察，再加以推断，而不能只凭一两个方面推断，片面得出结论。

（2）心理发展预测。根据调查对象不同年龄、不同刑期、不同经历、不同犯罪类型的不同特点，预测他们共性和个性的心理发展问题，确定处遇矫正活动的内容。例如，同样是经济型职务犯罪，担任过较高领导职务的调查对象与一般职务的调查对象相比，前者后悔心理比后者强烈，但由于过去接触的社会人群层次较高，生活水平和生活环境较富裕，适应监禁矫治场所能力相对较差、适应周期长，在狱内矫正期间会更加盼望回归社会和改善目前生活状况，一旦投入社区矫正最关心的是家庭安定和自身健康。这一类型调查对象的社区矫正内容应当是人生观、价值观等方面的教育，多让他们了解社会底层百姓的生活工作状况，为他们创造各种劳动条件，鼓励其多参加社会公益活动。再如，抢劫犯罪人与诈骗犯罪人相比，其义气心理、从众心理较强，外部环境一旦具备，就有可能诱导他

---

① 郑昭平：《罪犯社区矫正的标准及管理措施》，载中国律师网。下列内容依据该文部分内容整理。

们产生冲动欲望；而诈骗犯罪人的性格一般外向，结交能力强，当没有正当职业作为生活来源时，极容易“重操旧业”。为此，对前者在矫正时要强化法律意识教育，注意控制所接触的特殊人群；对后者的矫治，主要是加强劳动观教育，为其提供正当的谋生手段。

（四）人格调查

1. 人格调查的概念。人格调查是社区矫正前调查评估制度的核心内容。所谓人格调查，是指社区矫正决定机关在对调查对象拟决定实施社区矫正前，委托社区矫正机构、有关社会组织，对调查对象的人格状况所进行的专门调查，并对其人身危险性和再犯可能性进行系统评估，作出科学分析的活动。①

这一制度起源于美国的缓刑资格调查制度。1956 年在海牙召开的第 12 届国际刑法及监狱会议积极倡导判决前的人格调查制度，目前已有不少国家和地区采用了这一制度。现在，这一制度被进一步引申到其他领域，其中包括社区矫正机构。例如，在我国香港地区，惩教署的职能之一就是向法庭提供判决前评估服务，即对有关犯罪人是否适合羁留在特定的行刑机构向法庭提出建议。从多数国家的做法看，人格调查一般是由社区刑罚执行机构来完成的，因该机构及其工作人员植根于社区，在调查的开展上有其他机构不具备的诸多便利。英美国家的缓刑官其职责之一，就是为法官提供判决前的报告，对犯罪人适用监禁还是社区方案提出意见。我国只是对未成年的人格调查作了法律规定。2001 年 4 月最高人民法院颁布的《最高人民法院关于审理未成年人刑事案件的若干规定》第 21 条规定：“开庭审理前，控辩双方可以分别就未成年被告人性格特点、家庭情况、社会交往、成长经历以及实施被指控的犯罪前后的表现等情况进行调查，并制作书面材料提交合议庭。必要时，人民法院也可以委托有关社会组织就上述情况进行调查或自行进行调查。”这可以视为我国人格调查的法律规定。

2. 人格调查的主体。关于人格调查制度的主体，我国已实施人格调查评估制度的基层法院在社会调查主体的配置上呈现多元化的趋势，归纳起来大致有四种形式：②

第一种形式是由控方或者辩方以访谈的形式形成规范性的社会调查报告。这种方案由最高人民法院的司法解释提出，具有相当的权威性。但是，众所周知，在刑事诉讼中控辩双方所持立场是对立的，公诉机关着力对犯罪嫌疑人进行有罪指控，辩护人力争维护犯罪嫌疑人的利益。立场的对立性和利益的冲突性，难以

① 连春亮：《论社区矫正前的调查制度》，载《四川警官高等专科学校学报》2006 年第 2 期。

② 周国强：《人格调查制度的中国境遇》，载《社区矫正理论与实务研究文集》，中国人民公安大学出版社 2009 年版，第 231~233 页。

保证调查结论的客观性。

第二种形式是由审判机关以问卷或访谈形式，形成问卷调查表。这种形式受到我国学者的肯定，理由是：从法理上来说，人格调查结论对于量刑具有重大影响，委托他人调查难以确保其结论的真实性。法官作为量刑的主体，亲自进行调查，结果必然具有真实性。但是因为现代司法制度要求法官独立，居中裁判，保持一种“超然”的姿态。而人格调查制度要求的却是一种“介入”的态势，由法官亲自调查，显然与法官的裁判职能和中立地位不符。

第三种形式是建立一支特邀社会调查员队伍，这些社会调查员由熟悉青少年特点、热心青少年帮教工作的社会人士组成。但是，存在的问题是这些人员欠缺调查的专业性，难以胜任实际调查任务，调查主体的合法性也令人质疑。因此，这种形式的社会力量的参与，并非理想方案。

第四种形式是由社区矫正机构担当社会调查主体。在第一批开展社区矫正试点工作的江苏省和北京市，把人格调查的任务交由社区矫正机构或基层司法所承担。这是相对科学合理的一种形式。

根据《社区矫正法实施办法》的规定可以看出，人民法院、公安机关、监狱管理机关均可以委托县级社区矫正机构或者有关社会组织进行调查评估。同时，我们认为，按照刑罚个别化原则的要求，人格调查应适用于所有可能被判处刑罚的被告人。

3. 人格调查的内容。社区矫正前的人格调查主要是对调查对象人身危险性和再犯可能性的调查，通过调查，判断社区矫正对于其可能具有的改造效果和其对社会所具有的危险性程度。人格调查的内容和矫正前调查的内容基本雷同，只是在分析犯因性问题时侧重点和方法论存在差异。

（五）调查确认

调查人员通过访问被调查人的家庭、近邻、学校、单位以及会见其家人、邻居、雇主、同事等人员，或采用电话、微信等手段了解其周围的环境，确认调查的真实性。

第二节　社区矫正工作制度

社区矫正工作制度主要包括两方面的内容：一是社区矫正机构及社区矫正工作者在社区矫正工作中应遵循的规则和行为规范；二是社区矫正机构、社区矫正工作者及社区矫正对象在社区矫正工作中的程序规范。社区矫正机构应当建立突发事件处置机制，发现社区矫正对象非正常死亡、实施犯罪、参与群体性事件的，应当立即与公安机关等有关部门协调联动、妥善处置，并将有关情况及时报告上级司法行政机关、上级社区矫正机构和有关部门。社区矫正机构和公安机关、人民检察院、人民法院建立社区矫正对象的信息交换平台，实现社区矫正工作动态数据共享。为保证社区矫正工作的规范化运行，社区矫正机构经过多年的探索与实践，主要建立了联席会议制度、档案管理制度、请示报告制度、业务培训制度、责任追究制度、信息管理制度等。

一、联席会议制度

社区矫正工作是以社区矫正机构为主导的工作系统，需要公安机关、检察机关、审判机关、监狱管理机关等部门的通力协作。2016 年最高人民法院、最高人民检察院、公安部、司法部联合发布的《关于进一步加强社区矫正工作衔接配合管理的意见》规定："司法行政机关应当会同人民法院、人民检察院、公安机关健全完善联席会议制度、情况通报制度，每月通报核对社区服刑人员人数变动、漏管脱管等数据信息，及时协调解决工作中出现的问题。"《社区矫正法》第 8 条第 3 款规定："地方人民政府根据需要设立社区矫正委员会，负责统筹协调和指导本行政区域内的社区矫正工作。"《社区矫正法实施办法》第 3 条规定："司法行政机关向社区矫正委员会报告社区矫正工作开展情况，提请社区矫正委员会协调解决社区矫正工作中的问题。"社区矫正委员会一般由本级人民政府或党的机构有关负责人、人民法院、人民检察院，公安机关、司法行政机关、财政、民政、教育、人力资源与社会保障等部门，工会、共青团、妇联等单位代表组成。社区矫正委员会办公室设在本级司法行政机关内，负责日常工作。

社区矫正委员会主要负责贯彻落实党中央、国务院关于社区矫正工作的方针政策，贯彻落实上级部门关于社区矫正工作的重要部署；研究提出本级政府社区矫正工作发展规划、政策和制度；协调、研究解决社区矫正工作的困难、问题及重大案事件；督促、检查、指导本级政府社区矫正工作。

社区矫正委员会要定期召开联席会议，司法行政部门向本级社区矫正委员会报告社区矫正工作开展情况，提请社区矫正委员会协调解决社区矫正工作中的重大问题。

二、档案管理制度

社区矫正对象的档案管理工作是为了满足社区矫正机构矫正教育社区矫正对象的需要，为做好个性化的矫正教育和管理建立的基础资料库。通过收集、保管和提供档案材料这种特定的方式，为社区矫正工作总结经验、研究工作、制定方针政策提供必要的依据和条件。县级社区矫正机构建立社区矫正档案，一般包括以下内容：适用社区矫正的法律文书；接收、监管审批、处罚、收监执行、解除矫正、终止矫正等有关社区矫正执行活动的法律文书。在社区矫正期间，县级社区矫正机构委托司法所为社区矫正对象建立社区矫正工作档案，包括以下内容：司法所和矫正小组进行社区矫正的工作记录，社区矫正对象接受社区矫正的其他相关材料，社区矫正执行档案副本。在管理过程中，本着集中统一、专人负责、科学管理的原则进行管理，主要包括以下六个环节：

（一）收集

这是社区矫正对象档案管理工作的首要环节。社区矫正对象进入社区矫正机构后，要立即建立单人档案，将所有法定文件收集归档，将所有文书收集归档；将社区矫正对象在社区矫正中形成的有存查价值的材料收集归档。在收集资料的过程中，要检查各类文件的记载与实际情况是否相符合、是否完备。社区矫正对象档案的内容主要包括：

第一，管制、缓刑的社区矫正对象的判决（裁定）书、起诉书副本、结案登记表、执行通知书；假释的社区矫正对象的原判法律文书、假释裁定书、罪犯出监鉴定表；暂予监外执行的社区矫正对象的判决（裁定）书、起诉书副本、结案登记表、执行通知书、暂予监外执行审批表、具保书。

第二，假释、监狱暂予监外执行的社区矫正对象在监狱服刑期间接受教育改造的相关材料、奖惩考核材料、心理档案等。

第三，社区矫正对象登记表。

第四，社区矫正对象社区矫正情况月汇报。

第五，社区矫正对象接受社区矫正保证书、帮教协议。

第六，社区矫正对象外出请假申请审批表。

第七，社区矫正方案。

第八，社区矫正情况记录簿，其中包括学习教育记载、参加公益活动记载、心理矫正记载、谈话记录等。

第九，社区矫正对象社区矫正考察表、评审鉴定表。

第十，社区矫正对象奖惩审批表及相关材料。

第十一，社区矫正对象社区矫正期满鉴定表。

第十二，社区矫正对象解除管制通知书、假释考验期满证明书、缓刑期满证明书。

第十三，其他应该归档的重要材料。

另外，社区矫正对象死亡的，死亡证明、法医鉴定等有关材料应当归档。

（二）整理

对社区矫正对象档案的整理，就是按照建立档案的原则和要求，采取比较科学的方法，对档案进行分门别类的处理。档案整理后，要按照要求装订成册。

（三）鉴定

对整理好的材料，还要审查与鉴别。一般由社区矫正机构组成专门鉴定小组，定期对保管期限已满的档案进行鉴定。

（四）保管

社区矫正机构在社区矫正对象被决定执行社区矫正之日起建立档案，一人一档。社区矫正对象档案必须由专人妥善保管。一是按照档案管理的编排方法把社区矫正对象个人档案排列在档案柜中；二是制作社区矫正对象档案索引卡片；三是做好防火、防霉、防潮、防遗失、保密、防蛀等工作，保证档案安全；四是运用现代信息技术，对档案进行技术处理，形成电子档案予以保存。

（五）统计

社区矫正对象档案中各种材料所反映的情况，只有经过具体的数据汇总与综合，才能向相关部门提供直观、准确和快速的服务。档案管理部门应准确掌握社区矫正对象变动的实际情况，及时准确地填写有关档案的统计报表，并根据需要制作相关的统计图。

（六）提供利用

社区矫正对象档案管理工作的根本目的就是提供档案，为社区矫正工作服务。有关提供利用的程序和注意事项如下：

第一，社区矫正对象矫正地址变更时，档案应随社区矫正对象移交变更地的社区矫正机构。社区矫正对象重新犯罪、收监执行的，档案应移交给侦查机关、监狱管理机关。档案移交双方均应做好交接手续。

第二，外调人员查阅档案，凭县级以上政府或政法机关外调介绍信，经县级社区矫正机构批准，在指定地点阅卷，并填写《社区矫正对象档案借阅登记表》备查。

第三，社区矫正对象档案输入计算机的，计算机不得直接或间接与国际互联网或其他网络连接。

第四，社区矫正对象解除社区矫正后，档案交社区矫正对象期满时所在县级社区矫正机构或司法行政机关集中统一保管。

总之，在社区矫正对象档案管理的具体工作中，管理人员收集要用心，整理要细心，鉴定要精心，保管要尽心，提供利用要热心。在这几个相辅相成的工作环节中，既要层层把关、明确职责，又要目的明确、相互促进。

三、请示报告制度

社区矫正机构应当建立请示报告制度。对社区矫正工作中出现的重大问题及时逐级上报，不得隐瞒不报，突发紧急情况应当边处置边报告。

各级社区矫正机构对工作中的重大问题和紧急情况，应在报告同级领导工作机构的同时，向上一级社区矫正机构报告；遇到超越现行规定的事项，必须报请上级社区矫正机构批准后方可实施。

各级社区矫正机构对下一级社区矫正机构的请示报告事宜，应及时予以答复；超越职权范围的，应向上一级社区矫正机构请示。上级部门对请示的问题要及时研究，尽快批复。凡请示报告事项和上级批复均要登记备案，存入档案，以便查阅。

请示报告的主要事项有：

1. 社区矫正工作中出现的有关法律、法规、规定及配套制度中没有明确规定的重大事项；

2. 社区矫正工作的重要活动；

3. 社区矫正对象发生脱管、漏管、非正常死亡及重新违法犯罪等重大问题的；

4. 社区矫正工作者在行政执法管理中发生违法违纪问题；

5. 涉及社区矫正工作内容的新闻宣传、媒体采访及外界参观等事项；

6. 其他重大紧急情况。

请示报告的方法是：（1）电话报告。对社区矫正对象发生脱管、漏管、非正常死亡及违法犯罪问题，社区矫正工作人员发生重大违法违纪问题，社区矫正工作中发生其他重大紧急情况的，可先行用电话报告，随后写出书面报告上报。（2）书面请示报告。新闻宣传、媒体采访、外界参观等事项，必须在拟办活动之前行文报批。

四、业务培训制度

依照社区矫正工作者专业化、规范化的要求，社区矫正机构要定期对社区矫正工作者进行培训，提高社区矫正工作者的工作技能和水平。

培训内容包括政治理论、法律法规、规章制度及社会学、心理学、教育学、管理学等相关知识，学习培训可采取集中培训、以会带训、参观考核等多种形式。

培训工作由各级社区矫正培训组织分级实行。社区矫正工作者每年接受培训的时间不少于40学时，培训情况作为社区矫正工作者年度考核的依据。

五、责任追究制度

《社区矫正法》第61条规定："社区矫正机构工作人员和其他国家工作人员有下列行为之一的，应当给予处分；构成犯罪的，依法追究刑事责任：（一）利用职务或者工作便利索取、收受贿赂的；（二）不履行法定职责的；（三）体罚、虐待社区矫正对象，或者违反法律规定限制或者变相限制社区矫正对象的人身自由的；（四）泄露社区矫正工作秘密或者其他依法应当保密的信息的；（五）对依法申诉、控告或者检举的社区矫正对象进行打击报复的；（六）有其他违纪违法行为的。"根据《社区矫正法实施办法》的规定，责任追究包括行政责任和法律责任。

社区矫正工作者要严格遵守各项规章制度，恪尽职守。社区矫正对象出现擅自离开所在地域、重新犯罪等情况，属社区矫正工作人员失职导致的，实行责任追查，追究其行政乃至法律责任。

各级社区矫正机构工作人员被发现有如下行为的，要根据不同的情节，追究行为人的相应责任：滥用职权，弄虚作假；隐瞒案情，包庇、纵容社区矫正对象违法犯罪；刑讯逼供或者体罚、虐待社区矫正对象；玩忽职守，泄露社区矫正工作秘密；非法侵害社区矫正对象身体；侮辱社区矫正对象的人格；非法剥夺社区矫正对象的人身自由；非法搜查社区矫正对象的身体、物品或住所；利用公益活动实施变相体罚；殴打或纵容他人殴打社区矫正对象；利用社区矫正对象从事营利性的活动或者谋取其他私利；向社区矫正对象及其亲属索取财物，谋取私利；收受社区矫正对象及其亲属的贿赂和馈赠；非法将社区矫正对象的监管权交予他人行使等。

六、信息管理制度

信息管理制度是指为了有效地掌握社区矫正对象的思想和行为动态，社区矫正机构运用科学方法，全面收集社区矫正对象的各种信息，并进行分析和研究，将有效信息及时反馈社区矫正机构，强化社区矫正管理科学性的一种工作规程。信息管理包括信息收集、信息研判和信息反馈等环节。

信息收集的范围主要是社区矫正对象生活的家庭状况、学习和劳动的情况、单位工作情况、社区矫正的情况等。信息的内容主要是与社区矫正对象有关的行为信息、心理信息及其他相关资料。信息收集的手段可以向前延伸，即社区矫正对象进入社区矫正机构前的所有情况，尤其是与其违法犯罪密切相关的资料；也可以向外延伸，即和社区矫正对象相关的外部环境；还可以通过访谈、调查、察看档案记录等方式进行收集。

信息反馈，是指社区矫正机构把输出的社区矫正对象的信息与作用对象相比较的结果再输送回来，作为新的社区矫正信息重新进行加工处理，然后再输出，使社区矫正部门对社区矫正对象的信息处理形成一个循环往复的过程。通过信息收集，掌握社区矫正对象全面的信息资料，将信息资料分析加工处理之后，对社区矫正对象作出全面的评价，然后将有效信息反馈给社区矫正机构和社区矫正工作者，促成社区矫正对象改造动机转化为外在行为，这就是信息的反馈过程。

只有这样，社区矫正机构才能有效地控制和监督社区矫正对象，并加强对他们的教育和改造，最终达到圆满完成社区矫正工作任务的目标。

（一）社区矫正信息管理的原则

社区矫正信息管理应当坚持储存安全、内容准确、信息共享、报送及时、传递规范的原则。同时，应不断加强社区矫正信息化建设。

《关于进一步加强社区矫正工作衔接配合管理的意见》第 14 条规定："司法行政机关应当建立完善社区服刑人员的信息交换平台，推动与人民法院、人民检察院、公安机关互联互通，利用网络及时准确传输交换有关法律文书，根据需要查询社区服刑人员脱管漏管、被治安管理处罚、犯罪等情况，共享社区矫正工作动态信息，实现网上办案、网上监管、网上监督。对社区服刑人员采用电子定位方式实施监督，应当采用相应技术，防止发生人机分离，提高监督管理的有效性和安全性。"《社区矫正法》第 5 条规定："国家支持社区矫正机构提高信息化水平，运用现代信息技术开展监督管理和教育帮扶。社区矫正工作相关部门之间依法进行信息共享。"这是关于社区矫正信息化建设和信息共享的规定。在实务工作中，要求社区矫正工作相关部门之间依法进行信息共享，人民法院、人民检察院、公安机关、司法行政机关依法建立完善社区矫正信息交换平台，实现业务协同、互联互通，运用现代信息技术及时准确传输交换法律文书，根据需要实时查询社区矫正对象交付接收、监督管理、教育帮扶、脱离监管、被治安管理处罚、被采取强制措施、变更刑事执行、办理再犯罪案件等情况，共享社区矫正工作动态信息，提高社区矫正信息化水平。

（二）社区矫正信息的内容和管理

1. 社区矫正业务基本内容。主要包括社区矫正对象数据、社区矫正工作机构数据、社区矫正工作者（志愿者）数据、社区矫正工作数据。

2. 社区矫正工作信息。主要包括社区矫正工作报告、社区矫正对象思想行为动态、社区矫正重要活动、经验总结、调研文章、个案剖析以及工作中遇到的矛盾和问题。

3. 社区矫正重要事件信息。主要包括社区矫正工作中的重大突发事件。

4. 社区矫正对象信息。对社区矫正对象信息，要求电子档案数据 1 个月更新一次，动态工作数据根据本辖区、本层级工作实际情况适时更新。对入矫的社区矫正对象，司法所在5个工作日内建立电子档案，主要内容有：

第一，社区矫正工作记载和电子档案内容。主要包括入矫登记、日常管理、计分考核、奖励惩处、季度鉴定、不良记录、期满解矫、终止矫正等信息，县级社区矫正部门指导、督促司法所建立并管理社区矫正对象的相关信息。

第二，网上办公内容。主要包括请销假审批、行政奖励审批、行政惩处审批、社区矫正对象迁转审批等信息。司法所具体负责网上办公项目社区矫正对象个案的录入、提交。

第三，短信指令功能内容。主要包括信息查询和交互空间。社区矫正机构向社区矫正对象发送思想教育、心理引导、公益活动、技能培训、就业信息、违规告警等工作信息，社区矫正对象向基层矫正机构汇报思想和近期状况。

第四，数据分析内容。主要包括社区矫正对象统计表、矫正工作情况统计表、图表统计、登录分析、汇总统计、工作数据统计表等，各级社区矫正机构在规定时限内对社区矫正对象电子档案数据进行提取、分析并自动生成报表。

第五，心理咨询内容。主要包括社区矫正风险评估表、心理咨询自评量表、心理咨询方案等。司法所定期对社区矫正对象进行风险评估、心理测试，测试结果系统自动生成曲线图，并以规范的格式给出定性分析，提出心理矫治建议，制订一人一档矫正个案。

第六，手机定位监管内容。主要包括实时监管、跟踪管理、历史轨迹、边界设置，对普管和严管级社区矫正对象活动方位、行动轨迹进行监控和跟踪管理及社区矫正对象违反监管规定实时告警和应急处置。

（三）保密和安全管理

社区矫正工作机构要加强社区矫正信息安全保密工作，要求明确专人负责管理系统的使用和维护。接入管理系统的计算机，要安装杀毒软件和病毒防火墙等软件，妥善保管管理系统登录用户名、登录密码以及登录加密设备。社区矫正信息管理计算机不得与国际互联网连接。

社区矫正工作信息管理系统内的信息由各级社区矫正机构及工作人员使用，不得对外传播和泄露。非社区矫正机构工作人员查阅社区矫正信息，必须持县级以上政府或人民法院、人民检察院、公安机关、司法行政机关的介绍信，经县级以上社区矫正机构批准，并做好记录。

第三节　社区矫正管理制度

增强社区矫正对象的社会适应性，成功地重新与社会结合，是社区矫正的目的之一。在社区矫正的适用方式上，要监督、管理、教育、矫正、处遇、帮扶等多种形式并举。要达到社区矫正目的，就必须有相应的管理制度加以规范和约束。这里所讲的社区矫正管理制度，是社区矫正机构对社区矫正对象在社区矫正实施过程中所贯彻执行的主要制度。

一、累进处遇制度

累进处遇制度是指社区矫正机构将社区矫正对象的社区矫正时间分为几个阶段，每个阶段享有不同的待遇和权利，并依照社区矫正对象改善的程度，逐渐由下级进到上级并享有更多权利和更优厚待遇的制度。随着级别的递增，逐渐缓和其处遇，以鼓励社区矫正对象改过自新，使其成功地重新与社会结合的社区矫正制度。传统的累进处遇制度只是在监狱内适用，主要包括三方面的内容：一是罪犯由于改造良好而获得生活待遇方面的好转；二是获得警戒等级的降低，从而得到更多的自由；三是得到假释，离开监狱环境，进入社会服刑，得到更大程度的自由。① 那么，这一制度适用到社区矫正中，同样会激励社区矫正对象，强化社区矫正效果。

累进处遇制的适用方式，可参照监狱的适用模式加以改造，结合社区矫正实践经验和社区矫正对象的特点，制定出社区矫正的级别和待遇。具体来说，根据社区矫正对象改造表现、犯罪类型、危险程度、性格特点、矫正难度及重新犯罪的可能性，结合社区矫正执行情况、奖惩情况，对社区矫正对象可分为从严管理、普通管理、从宽管理三个等级进行矫正，每一等级的管理对象和处遇，设置不同的条件。社区矫正的累进处遇制可设置为如下几个等级：②

（一）从严管理等级

从严管理的社区矫正对象，一般是被裁定假释和暂予监外执行的社区矫正对象。这类社区矫正对象具有相对较强的人身危险性，而且一旦离开监狱环境，突然转入自由度较高的社会生活，难免存在“如自楼至地，因为没有阶梯，致肇非死即伤的惨况”③ 的危险。对假释的社区矫正对象在社区矫正开始时实施从严管理，待其逐步适应正常社会生活后再转入普通管理，防止社区矫正对象突然面对自由度较高的社会生活而再次产生犯罪的冲动。对于暂予监外执行的社区矫正对象，因其狱内改造尚未完成，主要是由于生理原因而进入社区矫正机构，仍然存在相当大的人身危险性，因此在社区矫正期间必须始终对其进行严格管理，没有改变其处遇的余地，直到社区矫正对象重新入狱服刑。

---

① 蒋建宇：《社区矫正中适用累进处遇制的构想》，载《中国司法》2004年第8期。

② 蒋建宇：《社区矫正中适用累进处遇制的构想》，载《中国司法》2004年第8期。

③ 林纪东：《监狱学》，台湾三民书局1977年版，第53页。

在社区矫正的实务工作中，对社区矫正对象是否从严管理或是重点管理，还要考虑下列情形：（1）入矫报到之日起第一个月内；（2）抵触、抗拒或者不服从监管；（3）经排查确定为重点控制的社区矫正对象；（4）风险评估被评定为高风险等级的社区矫正对象；（5）无稳定住所和收入，个人情绪低落或行为异常，再犯罪可能性较大的社区矫正对象；（6）因违规受到训诫以上处罚的社区矫正对象。

在处遇上，应依法严格限制该等级社区矫正对象的活动区域，外出请假审批从严限制；每日生物验证不少于三次；每周电话报告一次，每半月到社区矫正机构或者受委托的司法所报到一次，每月书面报告一次思想和活动情况，便于社区矫正机构掌握社区矫正对象动态；每月个别谈话教育不少于一次；遵守县级社区矫正机构参加集中教育学习活动、公益活动、社会活动的相关规定等。

（二）普通管理等级

普通管理的社区矫正对象是开始进入社区矫正的被判处管制、宣告缓刑的社区矫正对象，以及由其他管理等级转入的假释社区矫正对象。这类社区矫正对象或者是罪行轻微，危险性本来就较小，或者是改造情况良好，对他们适用普通程度的管理即可。

在社区矫正的实务工作中，对社区矫正对象是否适用普通管理还要考虑下列情形：（1）主动接受监管教育，日常表现良好；（2）风险评估被评定为中、低度风险等级；（3）有稳定住所和收入，情绪稳定，行为正常；（4）遵守法律法规规定，服从监管教育。

在处遇上，相对于从严管理，应当适度放松。例如，每日不少于一次生物验证；每半月电话报告一次，每月到社区矫正机构或者受委托的司法所报到一次，每两个月书面报告一次思想和活动情况；根据需要适时进行个别谈话教育；遵守县级社区矫正机构参加集中学习、公益活动、社会活动的相关规定等。

（三）从宽管理等级

从宽管理的社区矫正对象是经过普通管理阶段，表现良好，而且在社区内的矫正时间已超过社区矫正总限期一半以上的社区矫正对象。这类矫正对象经过长时间的矫正，不良人格已有明显改善，可以适用更为宽松的矫正手段，赋予其更大程度的自由。在处遇上，报告的时间间隔更长，对其要求离开居住地的申请一般均可批准，可以自愿参加公益活动等。对这类社区矫正对象，应主要通过法治教育、社会道德规范教育、公民意识教育来塑造其健全的人格。社区矫正工作者应着重帮助他们解决在重新融入社会过程中遇到的新问题，以利于他们顺利适应社会生活，巩固已经取得的改造成果。

此外，累进处遇是一种动态管理。社区矫正对象积极接受社区矫正，改造效果良好，方可获得晋级；相反，社区矫正对象不积极接受社区矫正，甚至抗拒矫正的，则会受到降级的惩罚。对个别情节严重者甚至会被依法撤销社区矫正资格，重新收监执行刑罚。在社区矫正的实务工作中，对社区矫正对象的管理级别一般实行季度动态调整，根据考核结果每季度调整一次。从严管理等级的社区矫正对象具有良好行为表现，可以降低管理级别。例如，日常行为表现良好，三个月内无任何违反监管规定行为的社区矫正对象；连续两次获得表扬的社区矫正对象；有揭发、制止他人犯罪行为等立功表现的社区矫正对象等。反之，普通管理或者从宽管理的社区矫正对象，如果违反规定，社会危险性上升，也可以提升为严格管理级别。比如，在社区矫正中被训诫两次或者被警告一次的社区矫正对象；两次出现消极对待、拒不接受监督管理的社区矫正对象；两次不按规定报告本人活动情况的社区矫正对象；两次电子定位巡查出现异常情况的社区矫正对象；不按规定履行请销假手续的社区矫正对象；两次不遵守集中学习或者公益活动或者社会活动规定的社区矫正对象。只要有其中的一项情形出现，即可以提升管理级别。

在社区矫正中实行累进处遇制，符合社区矫正的本质要求。它是一种动态的矫正教育方式，给不同社区矫正对象以不同处遇。对同一社区矫正对象，根据其不同阶段的矫正情况给予不同处遇，能够有针对性地运用适当程度的监管处遇矫正教育社区矫正对象，而不是盲目地、不加区别地搞“一锅端”，这也符合行刑个别化原则的要求。

累进处遇是一种社区矫正过程中的有效激励机制。在累进制中，社区矫正对象表现好就能获得优越处遇，表现不好则会受到降级处罚，丧失一些权利。依行为修正激励理论，当一种行为受到奖励时，行为人会受到激励，会重复这种行为；当一种行为受到处罚时，行为人会感到挫折，会避免重复这种行为。[①] 在不断地激励下，社区矫正对象自觉追求进步，最终达到成为正常社会人的目的。同时，对表现好的社区矫正对象给予优越处遇，也在社区矫正对象群体中树立了学习的榜样，带动其他社区矫正对象共同积极改造。累进处遇具有目标渐次性的特点，社区矫正对象的社区矫正时间被划分为若干阶段，每个阶段社区矫正对象的处遇都不相同，且渐次提高。这样，就使社区矫正对象在社区矫正过程中有了阶段性目标。目标的阶段化大大提高了社区矫正对象对社区矫正活动的新鲜感，总有新的目标在不断激励其进步，而不是被动、麻木地参加社区矫正。此外，在社区矫正过程中分阶段改善社区矫正对象处遇，令其在不同程度的社区矫正环境下生活，也可防止其心理疲劳，避免产生厌倦乃至抗拒改造的情绪。

---

① 张全仁主编：《监狱行刑学》，中国物价出版社 2003 年版，第 211 页。

二、分管分矫制度

（一）分管分矫制度及其法律法规的规定

1. 分管分矫制度。分管分矫制度，是指我国社区矫正机构根据一定的标准，将不同类型的社区矫正对象分类管理、分类矫治的矫正方式和管理制度。这一制度的实施，对社区矫正机构教育和转化社区矫正对象，预防和减少犯罪，具有重要作用。

社区矫正中的分管分矫在实践中是一个非常复杂的问题，因为社区矫正对象的成分错综复杂，难以科学地统一划分归类，所以具体到如何针对社区矫正对象的特点进行最有效的监管，或采用什么样的措施适应、满足社区矫正对象的需要，以及如何对社区矫正对象提供适当的帮助，就成为社区矫正工作必须要解决的问题。

在美国，社区矫正的分类一般包括三个要素：一是确立分类标准，说明什么样的社区矫正对象应进入什么样的监管、矫正项目；二是确立评价程序，评价程序涉及如何使用分类方法，或用什么样的分类标准对社区矫正对象当前状况和过去的行为进行评价；三是让社区矫正对象接受这种分类，通过将社区矫正对象安置在适合于他们的项目之中，以达到分类的实现。①

一般来说，社区矫正机构的首要任务是对社区矫正对象进行监督管理，同时在社区矫正过程中承担对社区矫正对象提供服务并实施矫正措施和方案。但是在实践中，由于社区矫正对象存在很大的差异，要完成任务往往有一定的难度，对社区矫正对象而言也存在家庭困难、精神疾病、就业就学等方面的问题。因此，做好社区矫正工作的前提是对社区矫正对象进行适当的分类，分别采取相应的管理措施和矫治方案。

2. 分管分矫制度的法律法规的规定。《社区矫正法》第 3 条规定："……采取分类管理、个别化矫正，有针对性地消除社区矫正对象可能重新犯罪的因素……"第 24 条规定："社区矫正机构应当根据裁判内容和社区矫正对象的性别、年龄、心理特点、健康状况、犯罪原因、犯罪类型、犯罪情节、悔罪表现等情况，制定有针对性的矫正方案，实现分类管理、个别化矫正。矫正方案应当根据社区矫正对象的表现等情况相应调整。"第 52 条第 1 款规定："社区矫正机构应当根据未成年社区矫正对象的年龄、心理特点、发育需要、成长经历、犯罪原因、家庭监护教育条件等情况，采取针对性的矫正措施。"同时，《社区矫正法》

① 刘强：《美国社区矫正的理论与实务》，中国人民公安大学出版社 2003 年版，第 191 页。

第52条至第58条规定，对未成年社区矫正对象实施社区矫正，应当遵循教育、感化、挽救的方针，按照下列规定执行：（1）对未成年社区矫正对象的社区矫正应当与成年人分开进行。（2）对未成年社区矫正对象给予身份保护，其矫正宣告不公开进行，其矫正档案应当保密。（3）未成年社区矫正对象的矫正小组应当有熟悉青少年成长特点的人员参加。（4）针对未成年社区矫正对象的年龄、心理特点和身心发育需要等特殊情况，采取有益于其身心健康发展的监督管理措施。（5）采用易为未成年社区矫正对象接受的方式，开展思想、法治、道德教育和心理辅导。（6）协调有关部门为未成年社区矫正对象就学、就业等提供帮助。（7）督促未成年社区矫正对象的监护人履行监护职责，承担抚养、管教等义务。（8）采取其他有利于未成年社区矫正对象改过自新、融入正常社会生活的必要措施。（9）未成年社区矫正对象在社区矫正期间年满18周岁的，继续按照未成年社区矫正对象社区矫正有关规定执行。《社区矫正法实施办法》第21条规定："社区矫正机构应当根据社区矫正对象被判处管制、宣告缓刑、假释和暂予监外执行的不同裁判内容和犯罪类型、矫正阶段、再犯罪风险等情况，进行综合评估，划分不同类别，实施分类管理。社区矫正机构应当把社区矫正对象的考核结果和奖惩情况作为分类管理的依据。社区矫正机构对不同类别的社区矫正对象，在矫正措施和方法上应当有所区别，有针对性地开展监督管理和教育帮扶工作。"

（二）分管分矫制度的作用

分管分矫制度是我国社区矫正工作最基本的矫正管理制度。其作用主要体现在：

1. 有利于对社区矫正对象采取有针对性的矫治措施。分管分矫制度为社区矫正对象的管理和矫治打下了坚实的基础。不同类型、不同层次的社区矫正对象实行分类管理后，其群体的思想、心理和行为等特点就会集中反映出来，在分类矫治中，有利于根据不同的特点采取更有针对性的矫治措施，做到对症下药。

2. 有利于体现区别对待的政策。将各种类型、不同情况的社区矫正对象，不加区分地混在一起管理和矫治，既不利于适应不同类型社区矫正对象的生理、心理特点和犯因性问题，也不利于激励社区矫正对象的积极性。而分管分矫将不同类型、不同层次、不同惩罚种类、不同矫正期限、不同主观恶习的社区矫正对象分类管理、分类矫治，既体现了区别对待的政策，保护了社区矫正对象的合法权益，又可以根据不同类型、不同层次社区矫正对象的特点，采取不同的管理和矫正形式。可以说分管分矫体现了党的政策和国家法律的要求，是社区矫正工作法治化、规范化、科学化运行的基础。

3. 有利于调动社区矫正对象的矫正积极性。分管分矫制度的核心是对社区矫正对象实行分级处遇，体现累进处遇制度的精神实质，不同类型的社区矫正对象处在不同的管理级别中，享有社区矫正机构所赋予的不同的待遇。社区矫正对象要想享有较好的待遇或享有更多的权益，就必须付出相应的努力，争取进入管理更为宽松的级别中，这就促使社区矫正对象充分发挥主观能动性，用实际行动为自己争取权益。

综上可以看出，分管分矫制度的实质动因，应该是试图把相同或相近的社区矫正对象，通过重复度高的矫正措施予以“类型化”，建立“矫正类型”和“矫正措施类型”，以“类型化”来使社区矫正工作集约化。① 从某种意义上来说，这是一种“类群”的个别化，它补充和完善了个体个别化，② 实际上丰富了社区矫正个别化的内涵，增大了社区矫正个别化的领域和作用。

（三）矫正分类

矫正分类是分管分矫制度的直接目的和要求之一，它是指根据各类社区矫正对象的自身特点和人身危险性程度等因素，对不同类型的社区矫正对象采取不同的分类办法和管理措施，以期取得最佳管理效果的制度。

矫正分类体现了现代管理理念，不同性别、不同年龄的社区矫正对象有不同的生理、心理特点和犯因性问题，不同违法犯罪类型的社区矫正对象也有不同的个性特点。矫正分类正是体现了管理教育个别原则，对不同类型的社区矫正对象采用不同的管理方式和强度。

在美国的社区矫正中，对社区矫正对象的分类通常有三种尺度：一是社区矫正对象的危险性，主要考虑社区矫正对象今后犯罪的可能性；二是社区矫正对象的需要，主要是考虑社区矫正对象与犯罪有关联的需要结构；三是矫正项目与社区矫正对象的适应，主要是考虑社区矫正的处遇项目是否适应社区矫正对象的需要和情况。③ 结合我国社区矫正的情况，对社区矫正对象的分类管理，可结合累进处遇制的要求予以划分。在管理措施和方法上，应采取宽严不等的手段，并使之享有不同的待遇。

（四）分类管理

社区矫正管理中的核心问题是预防社区矫正对象的重新犯罪。如果社区矫正对象在社区矫正中重新犯罪或重犯率过高，就会使社会公众丧失对社区矫正的信心，引起社会公众的不满和指责。因此，分类管理的首要任务是对社区矫正对象的危险控制。

---

① 王泰主编：《现代监狱制度》，法律出版社 2003 年版，第 121 页。

② 王泰主编：《现代监狱制度》，法律出版社 2003 年版，第 121 页。

③ 刘强：《美国社区矫正的理论与实务》，中国人民公安大学出版社 2003 年版，第 191 页。

根据上述对社区矫正对象的分类，我们可以看出，不同类型的社区矫正对象具有不同的社会危险性，我们必须对社区矫正对象外在的和潜在的危险因素进行测定，在测定的基础上采用不同的管理措施。根据社区矫正对象犯罪事实、犯罪性质和主观恶意程度、社会危害程度，我们可以将其划分为过失犯罪与故意犯罪、经济犯罪与刑事犯罪等不同类型，针对不同类型采取不同的管理教育办法，实行分类矫正。第一，对过失犯罪等没有犯罪故意的社区矫正对象，一般可采用宽管矫正的模式。第二，对贪污、受贿、挪用公款、虚开增值税发票等有犯罪故意，但失去条件后无法重新犯罪的职务犯罪类社区矫正对象，一般可采取普管矫正模式。第三，对盗窃、抢劫、诈骗等犯罪主观故意十分明显、社会危害性大、改造难度大的社区矫正对象，一般采取严管矫正模式。

（五）分类矫治

分类矫治是分管分矫制度的核心内容之一。现代刑罚理论认为，刑罚具有教育性，是一种教育刑。教育刑认为，违法犯罪人的犯罪原因基于个人素质和社会环境，人在决定是否犯罪的问题上属于个人意志，意志本身也不过是人的素质，因人而有差别。人可以为善，也可以为恶，往往在很大程度上取决于环境条件。因此，教育刑论主张在矫治中主动发挥教育功能，以达到抑恶扬善的效果。按照教育原理，所有的教育都应是分类实施的，体现个别差异原则，唯此才能达到教育和矫治效果。社区矫正的分类矫治作为一种特殊的人格教育手段，同样要遵循这一规律。针对不同类型、不同层次的社区矫正对象，采用不同的矫治手段和方法，施以不同的矫治内容。

分类矫治最突出的特点是社区矫正工作者的专业化和对社区矫正对象监督、控制的专门化。运用专门技术来发展专门化的监督管理去对付特定的社区矫正对象。尤其是在使用一般的咨询和帮助的矫治项目不能对社区矫正对象进行有效矫治时，采用专门化的矫治项目会产生良好的效果。

三、亲属担保制度

亲属担保制度是指对符合条件的社区矫正对象，在实施社区矫正时，为了对社区矫正对象起到限制作用和强化亲属对社区矫正对象的帮教作用，由社区矫正对象亲属向社区矫正机构出具担保书，对社区矫正对象在社区矫正中的行为提供担保的一种制度。

关于担保的规定，从现有的法律、法规和规范性文件的规定来看，不是十分明确。只在一些省、自治区、直辖市的规定中有与担保制度相类似的规定，如《江苏省社区矫正对象管理工作规定（试行）》第 8 条规定，司法所应当在社区矫正对象办理登记手续之日起 7 日内，对其单位、家庭情况进行走访了解，确定监督人，组成监督考察小组，与监督人签订监督协议，制定和落实监督管理措施。监督人由社区矫正对象具有监督管理能力的直系亲属或所在单位、居（村）委会工作人员和愿意承担监督管理责任的亲友担任。第9条规定，监督人应当对社区矫正对象进行监督、管理和教育，每月向司法所报告社区矫正对象的情况。遇有特殊情况，应当及时报告。从这些规定看，“监督人”的角色基本体现了担保人的角色。

社区矫正工作的有效开展在很大程度上要取得社区矫正对象家属亲友的支持与配合，家庭的亲情关系有利于社区矫正对象的身心健康，有助于他们顺利地重新融入社会、适应社会。社区矫正机构与社区矫正对象的家属签订担保书，实质上是对社区矫正对象矫正责任的分担，是有效整合社会力量的一个组成部分。它既强化家庭在社区矫正工作中的责任意识，也可以预防一些社区矫正对象在矫正过程中可能出现的无法控制的情况。

亲属担保书的内容，分为亲属范畴的界定、担保的主要事项、担保人的权利和义务及当被担保事项出现时担保人应承担的责任等。

亲属的范围以《民法典》所界定的近亲属为主线，可在此基础上拓展至亲朋好友，因为社区矫正是社会公众共同参与的一项工作，而社区矫正对象亲朋好友的参与，只会强化社区矫正对象的矫正教育力度，提高社区矫正对象亲属参与矫正的积极性。同时，亲属担保书的签订，规范了社区矫正对象亲属参与社区矫正的行为，使亲属的行为由松散的社会公众责任成为有约束力的个人私有责任。

至于担保的事项，主要是与社区矫正对象密切相关的事宜：包括遵守社区矫正机构的规章制度，不私自脱离社区矫正机构限定的区域，服从管理，积极参加社区矫正机构组织的公益活动、学习和其他社会活动，社区矫正对象归假期间亲属应尽到监督责任，社区矫正对象在社区矫正期间因违法乱纪甚至是犯罪造成损失时应承担的责任等。

亲属担保人的权利义务，主要包括对社区矫正对象应负有的责任，定期帮教、监督、管理，以及发现社区矫正对象不轨行为和违法犯罪行为的报告等。

亲属担保制度把社区矫正对象、社区矫正对象的亲属、社区矫正机构有机地结合为一体，为社区矫正对象的有效矫正教育提供了一个外围防护网络，必然会对社区矫正对象产生良性影响。

四、归假制度

归假制度亦称为休假制度、暂离制度、短期释放制度等。它是指对于符合条件的社区矫正对象，经社区矫正机构允许，可以暂时离开社区矫正对象所在的矫正执行地，到外地去办理特定事务的一种制度。在累进处遇中，是否准许社区矫正对象归假，是作为社区矫正对象善行表现的一种奖励方式。

《社区矫正法》第23条规定：“社区矫正对象在社区矫正期间应当遵守法律、行政法规，履行判决、裁定、暂予监外执行决定等法律文书确定的义务，遵守国务院司法行政部门关于报告、会客、外出、迁居、保外就医等监督管理规定，服从社区矫正机构的管理。”《社区矫正法实施办法》第26、27、28、29条对归假的相关问题进行了规定：一是要有归假的正当理由。社区矫正对象未经批准不得离开所居住的市、县。社区矫正对象确因就医、学习、诉讼、处理家庭重要事务等正当理由，需要离开所居住的市、县的，应当经社区矫正机构或受委托的司法所批准。二是必须经过法定程序的审批。社区矫正对象确需离开所居住的市、县，应当提前3日提交书面申请，并如实提供诊断证明、录取通知书、法律文书等材料。申请离开时间在7日内的，由受委托的司法所批准；超过7日的，由受委托的司法所审核后报县级社区矫正机构批准。县级社区矫正机构每次批准离开的时间不超过30日。因特殊情况，确需超过30日的，应当由上一级社区矫正机构审批。三是特定情况的要求。在重点时段、重大活动期间或者遇有特殊情况时，一般不批准社区矫正对象前往重大活动举办地或重点地区。社区矫正对象确需到重大活动举办地或重点地区的，由县级社区矫正机构审批。四是请假外出的管理。在社区矫正对象外出期间，社区矫正机构应当通过信息化核查等方式实施监督管理。根据需要，可以委托外地社区矫正机构协助对社区矫正对象进行监督管理。社区矫正对象应在外出期限届满前返回居住地，并向社区矫正机构或受委托的司法所报告，办理销假手续。因特殊原因无法按期返回的，应及时向社区矫正机构或受委托的司法所报告情况。发现社区矫正对象违反外出管理规定的，社区矫正机构或受委托的司法所应当责令其立即返回，并视情节予以处罚。

据此，在司法实践中形成了社区矫正对象的归假制度，即社区矫正对象外出时必须向社区矫正机构或受委托的司法所请假，返回后必须立即向社区矫正机构或受委托的司法所报告并及时销假的一种管理制度。

归假制度开始施行于20世纪60年代后期的美国。在1973~1974年，这项制度发展迅猛。社区矫正对象在无人监管的情况下归假的人数超过25万人次。休假一般是在周末，时间为48~72小时。享受归假处遇的罪犯中，有一半以上是劳动释放中心或中途之家中的囚犯。

在美国，归假制度曾受到许多人的质疑，认为该制度增加了社会危险程度。但是，归假制度在罪犯中所产生的积极效应却十分明显。美国宾夕法尼亚州矫正官员威廉·B.鲁宾逊对该州的归假制度表达了自己的看法：“我们很赞成社区矫正制度，去年的圣诞节和新年，我们释放了964名囚犯回家休假，有963名按时返回。"① 从美国实施这一制度的几个报告来看，归假制度的成功率是 91% 到 99%。②

虽然我国的社会制度和人文背景与美国相比有很大差异，但是，我国的社会条件更适合归假制度的实施。这一制度不仅能激励社区矫正对象的自身改造，更重要的是进一步强化了社会、家庭对社区矫正对象的帮教功能。

五、参加学习和公益活动制度

参加学习和公益活动制度，是指社区矫正对象按照社区矫正的法律法规的规定和社区矫正机构的安排，按时参加集中学习和公益活动的制度。集中学习和公益活动都是社区矫正的基本手段，但是社区矫正的集中学习和公益活动具有开放性，只有规章制度、法规的约束力，而不具有法律的惩罚性质，这也是社区矫正和监狱强制罪犯参加学习和劳动的根本区别。

《社区矫正法》第 42 条规定："社区矫正机构可以根据社区矫正对象的个人特长，组织其参加公益活动，修复社会关系，培养社会责任感。"《社区矫正法实施办法》第 43 条规定了对社区矫正对象进行教育帮扶，要求"社区矫正机构、受委托的司法所应当充分利用地方人民政府及其有关部门提供的教育帮扶场所和有关条件，按照因人施教的原则，有针对性地对社区矫正对象开展教育矫正活动。社区矫正机构、司法所应当根据社区矫正对象的矫正阶段、犯罪类型、现实表现等实际情况，对其实施分类教育；应当结合社区矫正对象的个体特征、日常表现等具体情况，进行个别教育。社区矫正机构、司法所根据需要可以采用集中教育、网上培训、实地参观等多种形式开展集体教育；组织社区矫正对象参加法治、道德等方面的教育活动；根据社区矫正对象的心理健康状况，对其开展心理健康教育、实施心理辅导。社区矫正机构、司法所可以通过公开择优购买服务或者委托社会组织执行项目等方式，对社区矫正对象开展教育活动"。第 44 条对社区矫正对象参加公益活动作了"柔性"规定："执行地县级社区矫正机构、受委托的司法所按照符合社会公共利益的原则，可以根据社区矫正对象的劳动能力、健康状况等情况，组织社区矫正对象参加公益活动。"这和原规定必须参加 8 小时公益劳动相比，是一个大的变化。

社区矫正对象参加集中学习，以提高素质、掌握技能为主体，辅助学习其他知识。社区矫正机构在组织社区矫正对象集中学习时，要打破常规、拓宽学习渠道，以喜闻乐见的形式和载体，为社区矫正对象开展学习活动提供服务，对学习

---

① ［美］克莱门斯·巴特勒斯：《矫正导论》，孙晓雳等译，中国人民公安大学出版社 1991 年版，第 138~139 页。

② ［美］克莱门斯·巴特勒斯：《矫正导论》，孙晓雳等译，中国人民公安大学出版社 1991 年版，第 138~139 页。

的时间、内容、效果提出明确的要求，重点帮助他们树立正确的世界观、人生观和价值观，尤其在条件具备的情况下，可帮助社区矫正对象到工厂、农场、矿山、养殖场等进行技能学习和训练，使集中学习和将来的就业紧密结合在一起，监督社区矫正对象在遵纪守法的前提下按规定完成学习任务。

按照《社区矫正法》和《社区矫正法实施办法》的规定，社区矫正对象参加的公益活动只是社区矫正的主要体现形式之一。在组织社区矫正对象参加公益活动时，重在树立正确的活动观念，锻炼意志，养成良好品质，从公益活动中认识自我和改变自我。在这里，社区矫正对象所参加的公益活动，是作为世界观、人生观改造的组成部分。另一部分是为了使社区矫正对象适应社会就业的需要，在社区矫正机构的安排下，在社会志愿者或社会组织的帮助下，让社区矫正对象参加习艺劳动，即让社区矫正对象参加工厂、农场、果园、养殖场等单位学习技艺的劳动。这类劳动重在习艺，属技能的训练。

不管是集中学习还是公益活动，社区矫正机构都要求社区矫正对象规范进行，并为每个社区矫正对象建立台账，作为对社区矫正对象综合考察和评审的依据。

六、监督评估制度

监督评估制度包括了监督考察和测量评估两个过程。监督考察是对社区矫正对象的社区矫正整体状况的监督、记录的过程，它是测量评估的基础，为测量评估提供第一手资料。而测量评估则是监督考察的结果。二者是相辅相成、缺一不可的。

社区矫正中的监督考察，是社区矫正工作者对社区矫正对象的社区矫正状况的监督、记录并进行指导、评议的活动，也是社区矫正体现强制性的前提，它是通过建立量化的检查督促机制，在指定的时间和地点以不定时抽查的办法，掌握社区矫正对象在社区矫正中的动态和信息。

评估是指对事物或人物及其活动的一种估量性的价值判断，是一种模糊定量式的评价和判断，评估之前有一个测量的过程。所谓测量是依据一定的规则用数字对事物加以确定，也就是用定量的方法确定事物的属性。社区矫正中的评估是根据特定国家和社会所信奉的社区矫正的价值观或社区矫正目标，运用可操作性和科学的手段，通过系统地收集有关信息、数据资料，进行筛选、整理、统计分析，对社区矫正对象、社区矫正过程和社区矫正结果给出评价结论，不断改进并完善社区矫正工作，为社区矫正决策提供依据的过程。

据此，社区矫正中监督评估的实质，是对社区矫正对象、社区矫正工作及社区矫正的效果所作出的价值判断。监督评估的过程，实质上是对社区矫正活动中的事物或人物的现实的或潜在的价值作出判断的过程。它参照既定的社区矫正目标，通过监督考察活动系统地收集信息，并作出综合的价值分析和判断，其目的在于提高社区矫正质量、推动社区矫正政策、改善社区矫正的管理与决策。

监督评估是一种综合性的、多功能的活动，因而在评估之前必须有一个有针对性的、切实可行的、能付诸实施的评估方案，即包括评估的目的、评估的依据、评估的项目、评估的标准、评估的方法、评估的组织和结果。

（一）监督评估的机构和人员

社区矫正监督评估机构是社区矫正机构及其受委托的司法所；监督评估的人员主要是社区矫正工作者和其他监督考察人员，也可以是委托的第三方专业评估机构。监督评估的机构和人员主要是依据评估的内容和要求而定。

（二）监督评估的方式

在监督评估的方式上，依照不同的监督评估内容和要求，监督评估的方式也不一样。社区矫正机构对社区矫正对象的监督评估，主要是通过对社区矫正对象在社区矫正中的综合考核得出评估结论。委托第三方专业评估机构对社区矫正工作的整体评估，主要是通过大数据、云计算、统计调查等专业方法得出评估结论。

（三）监督评估的内容

监督评估的内容包括行为评估、心理评估、再次违法犯罪评估、社会适应性评估、人际关系状况评估、自我意识评估、自制力评估等。由于评估的项目不同，评估的内容也不一样。按照司法部的相关规定，监督评估的内容包括：遵守法律、行政法规和社区矫正有关规定，服从监督管理；未经批准，不得行使言论、出版、集会、结社、游行、示威自由的权利；定期报告自己的活动情况；遵守关于会客的规定；离开所居住的市、县或者经常性跨市县活动、变更执行地，应当报告受委托的司法所，并经县级社区矫正机构批准；遵守其他具体监督管理措施等。

对暂予监外执行的社区矫正对象，在社区矫正期间除遵守上述规定之外，还应当遵守在指定的医院接受治疗；确因治疗、护理的特殊要求，需要转院或者离开居住区域在 7 日以内的，应当报经受委托的司法所批准；超过 7 日的，应当由受委托的司法所签署意见后报经县级社区矫正机构批准等规定。返回居住地时，应当立即向受委托的司法所报告。社区矫正对象离开所居住市、县（旗）不得超过 1 个月。

对于人民法院禁止令确定需经批准才能进入的特定区域或者场所，社区矫正对象确需进入的，应当经县级社区矫正机构批准，并告知人民检察院。

（四）监督评估的程序

按照《社区矫正法实施办法》和一些省、自治区、直辖市的规定，社区矫正机构在监督管理中的一些具体程序有：

1. 受委托的街道（乡镇）司法所应当根据国家法律、法规、规章和监督管理规定，落实日常监督管理措施。

2. 社区矫正对象应当定期向受委托的司法所报告自己的思想、活动等情况。

3. 社区矫正对象外出、经常性跨市县活动、变更执行地时应当经县级社区矫正机构批准，同时履行相关手续。

4. 保外就医的社区矫正对象还必须遵守在指定医院就医、转院或进行治疗疾病以外的社会活动须经批准等规定。

5. 县级社区矫正机构应当定期将新增社区矫正对象的名单、基本情况、社区矫正对象考核情况送检察机关监所检察部门，接受检察监督。

（五）监督评估的结论

在社区矫正对象解矫之前，社区矫正机构应当根据社区矫正对象在矫正期间的考核情况、奖惩情况、心理测验情况，对其矫正效果进行综合评估。评估结果填入《社区矫正期满鉴定表》。

七、归监制度

归监制度是指假释的社区矫正对象、被宣告缓刑的社区矫正对象、暂予监外执行的矫正对象，按照规定或者在社区矫正中出现了法定事由，收监执行或重新收监的制度。

这项制度的使用，可在无形中对社区矫正对象形成心理上的压力，使其规范自己的行为，否则就面临着被收监执行或重新回监狱服刑的不利后果。《社区矫正法》第 45 条、第 46 条、第 47 条、第 48 条、第 49 条对撤销缓刑、假释，暂予监外执行收监执行、逮捕等进行了规定。《社区矫正法实施办法》对收监执行进行了具体规定。当然，这一制度的使用，其对象具有特定性，只能对被判缓刑的社区矫正对象、暂予监外执行的矫正对象和假释的矫正对象使用。

第一种情况是指按照《社区矫正法实施办法》第 46 条的规定，社区矫正对象在缓刑考验期内，有下列情形之一的，由执行地同级社区矫正机构提出撤销缓刑建议：（1）违反禁止令，情节严重的；（2）无正当理由不按规定时间报到或者接受社区矫正期间脱离监管，超过一个月的；（3）因违反监督管理规定受到治安管理处罚，仍不改正的；（4）受到社区矫正机构两次警告，仍不改正的；（5）其他违反有关法律、行政法规和监督管理规定，情节严重的情形。社区矫正机构一般向原审人民法院提出撤销缓刑建议。如果原审人民法院与执行地同级社区矫正机构不在同一省、自治区、直辖市的，可以向执行地人民法院提出建议，执行地人民法院作出裁定的，裁定书同时抄送原审人民法院。社区矫正机构撤销缓刑建议书和人民法院的裁定书副本同时抄送社区矫正执行地同级人民检察院。此时，归监是对矫正对象最严厉的处分措施。第 47 条规定，社区矫正对象在假释考验期内，有下列情形之一的，由执行地同级社区矫正机构提出撤销假释建议：(1) 无正当理由不按规定时间报到或者接受社区矫正期间脱离监管，超过一个月的；(2) 受到社区矫正机构两次警告，仍不改正的；(3) 其他违反有关法律、行政法规和监督管理规定，尚未构成新的犯罪的。社区矫正机构一般向原审人民法院提出撤销假释建议。如果原审人民法院与执行地同级社区矫正机构不在同一省、自治区、直辖市的，可以向执行地人民法院提出建议，执行地人民法院作出裁定的，裁定书同时抄送原审人民法院。社区矫正机构撤销假释的建议书和人民法院的裁定书副本同时抄送社区矫正执行地同级人民检察院、公安机关、罪犯原服刑或者接收其档案的监狱。

第二种情况是指按照《社区矫正法实施办法》第 49 条的规定：暂予监外执行的社区矫正对象有下列情形之一的，由执行地县级社区矫正机构提出收监执行建议：(1) 不符合暂予监外执行条件的；(2) 未经社区矫正机构批准擅自离开居住的市、县，经警告拒不改正，或者拒不报告行踪，脱离监管的；(3) 因违反监督管理规定受到治安管理处罚，仍不改正的；(4) 受到社区矫正机构两次警告的；(5) 保外就医期间不按规定提交病情复查情况，经警告拒不改正的；(6) 暂予监外执行的情形消失后，刑期未满的；(7) 保证人丧失保证条件或者因不履行义务被取消保证人资格，不能在规定期限内提出新的保证人的；(8) 其他违反有关法律、行政法规和监督管理规定，情节严重的情形。社区矫正机构一般向执行地社区矫正决定机关提出收监执行建议。如果原社区矫正决定机关与执行地县级社区矫正机构在同一省、自治区、直辖市的，可以向原社区矫正决定机关提出建议。社区矫正机构的收监执行建议书和决定机关的决定书，应当同时抄送执行地县级人民检察院。

第三种情况是对于暂予监外执行的社区矫正对象，由于暂予监外执行的法定事由消失或暂予监外执行的期限届满而重新收监服刑。

第四节 社区矫正救济制度

社区矫正救济制度是在社区矫正目的之上而派生的一种制度。对社区矫正对象的救济分为公力救济和私力救济，在有些情况下又是公力救济和私力救济的融合。《社区矫正法》第 43 条规定："社区矫正对象可以按照国家有关规定申请社会救助、参加社会保险、获得法律援助，社区矫正机构应当给予必要的协助。"

《社区矫正法》第五章专门规定了对社区矫正对象的就业帮助、教育帮扶、社会救助等。社区矫正机构可以根据社区矫正对象的需要，协调有关部门、单位和个人合理解决社区矫正对象生活、入学、就业、心理等方面的困难和问题，帮助其融入社会。

一、社会救助制度

社会救助制度是公力和私力相结合救济的一种形式。它是指由于社区矫正对象在生活安置、就业、就学、医疗、住房、职业教育等方面产生困难，社区矫正机构利用社会志愿人员、社会组织以及社区矫正机构整合的其他社会资源，对社区矫正对象给以帮助、救济、安置的活动。这一制度的突出特点是政府和社会力量的有效融合，社区矫正机构在其中扮演的只是中介和整合角色。

这一制度产生于 20 世纪 70 年代的美国。当时，美国制订了各种各样的方案去帮助罪犯更好地适应从监狱向社会的过渡，特别是制定了为刑满释放人员寻找工作的措施。这种活动遍布美国各地，有的与负责假释的部门相配合完成这些事情，有的把这一活动归属到州立就业服务部门之下，还有一些是按照“综合就业和培训法”的规定施行。①

美国有学者通过对 257 项这类活动的研究发现，大约 80%的情况是受助者与帮助者平均接触时间为 1 年或更少。在大约 80%的活动中，帮助者与受助者平均每周联系 1 次。约有一半的活动坚持了 4 年或 4 年多。大部分活动都有刑释人员充任职员。36%的活动的平均预算不到 10 万美元。60%的活动的职员少于 10 名。联邦政府是主要的奖金来源，其次是州政府。

还有不少团体受托帮助刑释者。这些具有缓冲性的组织常常对处于假释成功和重返监狱之间的假释犯发挥很重要的作用。纽约市的“幸运社”帮助刑释者适应社会生活，享誉颇高。这个组织为国内大部分刑释人员服务，在该组织的通信录上列有 38000 人的姓名，并收到了 2 万多笔捐款。每年都有 4000 至 5000 人前来求助，并大约有 1500 人最终得到了一些实质性的帮助。②

目前，我国的社会救助制度还没有完全建立，除了《社区矫正法》作了原则性规定之外，主要的依据就是国务院 2014 年发布、2019 年修订的《社会救助暂行办法》。在社区矫正的一些地方性规定中也有体现，如《河南省社区矫正工作细则》就对这一问题进行了具体规定，要求民政部门应当孵化培育能够承接社区矫正社会服务的专门社会组织，加强社区矫正专职社会工作者队伍建设，对有

---

① ［美］克莱门斯·巴特勒斯：《矫正导论》，孙晓雳译，中国人民公安大学出版社 1991 年版，第 140 页。

② ［美］克莱门斯·巴特勒斯：《矫正导论》，孙晓雳译，中国人民公安大学出版社 1991 年版，第 140 页。

需要的社区矫正对象进行临时性救济；人力资源和社会保障部门应当将符合条件的社区矫正对象纳入职业技能培训规划，社区矫正机构协助、配合人力资源和社会保障部门对就业困难的社区矫正对象进行职业技能培训和就业指导；居民委员会、村民委员会应当本着自愿原则引导志愿者和社区群众走访探望特殊困难的社区矫正对象，可以通过财物募捐等形式，对其进行必要的教育帮扶。特殊困难的社区矫正对象是指除通过合理渠道享有社会保障外，基本生活仍需救助的社区矫正对象，包括丧失劳动能力的残疾人、患有严重传染病、患有精神疾病丧失劳动能力等社区矫正对象。在目前的情况下，我国社区矫正机构对社区矫正对象的社会救助主要有如下几种：

（一）生活安置救济制度

社区矫正机构对生活困难的社区矫正对象，通过政府救济、社会捐助、社会扶助的形式，帮助其解决困难。一是对生活困难、符合最低生活保障条件的社区矫正对象，社区矫正机构可以协调民政、人力资源与社会保障等部门，依法将其纳入最低生活保障范围。二是对生活存在严重困难且难以在短期内落实社会保障措施的社区矫正对象，即无劳动能力、无生活来源且无法定赡养、抚养、扶养义务人或者其法定赡养、抚养、扶养义务人无赡养、抚养、扶养能力的老年人、残疾人以及未满16周岁的未成年人，社区矫正机构可以协调民政等部门给予特困人员供养等临时生活救助。三是对受灾社区矫正对象救助，依照国家的自然灾害救助的规定，对基本生活受到自然灾害严重影响的社区矫正对象，提供生活救助。四是临时救助，即对火灾、交通事故等意外事件，社区矫正对象及其家庭成员突发重大疾病等原因，导致基本生活暂时出现严重困难，或者因生活必需支出突然增加超出家庭承受能力给予临时救助。五是医疗救助。如果社区矫正对象属于最低生活保障人员、特困供养人员、县级以上人民政府规定的其他特殊困难人员，可以申请相关医疗救助。六是住房救助。如果社区矫正对象属于符合国家规定标准的住房困难的最低生活保障家庭、分散供养的特困人员，可以获得住房救助。

（二）就业就学救济制度

主要包括：一是社区矫正机构对社区矫正对象或社区矫正对象的子女在就学方面有困难的，主动与有关部门、学校联系，安排社区矫正对象或社区矫正对象的子女就学以解决社区矫正对象的困难。或者是由社会企业、学校主动承接社区矫正对象或社区矫正对象的子女就学问题。二是社区矫正机构可以根据社区矫正对象的需要，协调人力资源与社会保障部门或教育部门开展职业技能培训和就业指导，帮助落实社会保障措施，为其就业提供帮助。在有条件的地方，社区矫正机构可以协调民政等部门或者有关单位建立社区矫正对象就业基地，或者为社区矫正对象的创业提供必要的资金支持。三是对最低生活保障的社区矫正对象家庭，社区矫正对象有劳动能力并处于失业状态的，政府通过贷款贴息、社会保险补贴、岗位补贴、培训补贴、费用减免、公益性岗位安置等办法，给予就业安置。

社会救助制度不仅是对社区矫正对象的一种帮助制度，更重要的是作为感化教育社区矫正对象的手段，把救助活动作为教育感化的切入点。

二、社会保险制度

依据社会保险法的规定，社区矫正对象可以参加基本养老保险、基本医疗保险、工伤保险、失业保险、生育保险等，保障社区矫正对象在年老、失业、疾病、工伤、生育等情况下，依法从国家和社会获得物质帮助的权利。社区矫正对象参加工作的，依法享受社会保险待遇，有权监督用人单位为其缴费。其中，基本养老保险、基本医疗保险、失业保险的保险费由用人单位和社区矫正对象本人按照国家规定共同缴纳；工伤保险、生育保险的保险费由用人单位按照国家规定缴纳，社区矫正对象本人不缴纳。

三、法律援助制度

法律援助也称法律扶助，是指对需要专业性法律帮助而又无力承担诉讼费用以及无力支付律师费用的公民予以援助，以维护其合法权益。法律援助有广义和狭义之分。广义的法律援助既是一项国家责任、政府行为，又是一项社会公益事业；既包括在整个法律程序的各个环节为当事人提供法律帮助，也包括法院对诉讼费用的减免等。受援对象涵盖全社会需要法律帮助的一切公民，不分民族、种族、性别、职业、年龄，不分一般群体和特殊群体，援助范围涉及法律事务的各个领域，包括诉讼和非诉讼的方方面面。广义的法律援助就是法律服务。而狭义的法律援助是指律师对公民的法律援助义务。主要表现为律师为社会有特殊需要的成员免费或减费提供法律服务，其目的是保障那些因为经济困难请不起律师或其他原因得不到律师帮助的刑事被告人同样能得到律师的帮助。

这里所说的法律援助是广义的法律援助，其实质上是一种法律帮助，是社会相关部门及社区矫正机构对社区矫正对象所提供的法律服务。这种法律援助只是在对象上具有特定性，即社区矫正对象及其家庭成员。

为社区矫正对象提供法律援助的机构和人员主要是律师事务所、法律服务机构和提供法律服务的法律工作者。服务的内容包括社区矫正对象及其家庭成员所需服务的各种法律事项：有诉讼的，也有非诉讼的；有民事的、经济的、行政的等。法律服务的形式包括解答法律咨询、代拟法律文书、参加刑事辩护、民事代理、进行公证证明、代为处理法律事务等。

社区矫正对象在社区矫正过程中，无论是自己还是其家庭成员，不可避免地会遇到各种各样的矛盾或纠纷，并由此而产生法律问题。社区矫正机构应当根据社区矫正对象的申请，协调法律援助机构等单位，为符合条件的社区矫正对象依法提供法律咨询、诉讼代理等法律援助。因此，对社区矫正对象提供法律帮助不仅是社区矫正对象的自身需求，更是社区矫正工作教育转化社区矫正对象的需要，也是社区矫正的措施之一。

关于对社区矫正对象法律援助的范围。国务院 2003 年发布的《法律援助条例》第 10 条规定："公民对下列需要代理的事项，因经济困难没有委托代理人的，可以向法律援助机构申请法律援助：（一）依法请求国家赔偿的；（二）请求给予社会保险待遇或者最低生活保障待遇的；（三）请求发给抚恤金、救济金的；（四）请求给付赡养费、抚养费、扶养费的；（五）请求支付劳动报酬的；（六）主张因见义勇为行为产生的民事权益的。省、自治区、直辖市人民政府可以对前款规定以外的法律援助事项作出补充规定。公民可以就本条第一款、第二款规定的事项向法律援助机构申请法律咨询。"第 11 条规定："刑事诉讼中有下列情形之一的，公民可以向法律援助机构申请法律援助：（一）犯罪嫌疑人在被侦查机关第一次讯问后或者采取强制措施之日起，因经济困难没有聘请律师的；（二）公诉案件中的被害人及其法定代理人或者近亲属，自案件移送审查起诉之日起，因经济困难没有委托诉讼代理人的；（三）自诉案件的自诉人及其法定代理人，自案件被人民法院受理之日起，因经济困难没有委托诉讼代理人的。"第 12 条规定："公诉人出庭公诉的案件，被告人因经济困难或者其他原因没有委托辩护人，人民法院为被告人指定辩护时，法律援助机构应当提供法律援助。被告人是盲、聋、哑人或者未成年人而没有委托辩护人的，或者被告人可能被判处死刑而没有委托辩护人的，人民法院为被告人指定辩护时，法律援助机构应当提供法律援助，无须对被告人进行经济状况的审查。"

四、社会保障制度

社会保障制度是指政府的人力资源和社会保障部门应将社区矫正对象放在和社会成员同等的位置，为其提供社会保障方面的服务。社区矫正对象按照国家有关规定申请社会救助、参加社会保险、获得法律援助遇到困难和问题时，社区矫正机构可以提供必要的协助：告知社会救助、社会保险、法律援助有关法律法规，指导社区矫正对象向相关部门提出申请，告知其在个人权利受到侵害时的救济方式等。依据《社区矫正法》和相关法律法规、地方性规章的规定，主要体现在如下几个方面：

（一）政府提供必要的场所和条件

县级以上地方人民政府及有关部门应当通过多种形式为教育帮扶社区矫正对象提供必要的场所和条件；社区矫正机构应当协调、联系企事业单位，推进社区矫正对象就业基地、公益活动基地、教育基地的建设。

（二）政府购买服务项目

社区矫正机构可以通过公开择优购买或者项目委托的方式，组织社会组织提供社区矫正社会工作服务或者其他社会服务，为社区矫正对象在教育、心理辅导、职业技能培训、社会关系改善等方面提供必要的帮扶。

（三）对特殊困难的社区矫正对象提供救助

一是对有特殊困难的、没有自谋职业能力的社区矫正对象，即除通过合理渠道享有社会保障外，基本生活仍需救助的社区矫正对象，包括丧失劳动能力的残疾人和因患有严重传染病、患有精神疾病而丧失劳动能力的社区矫正对象。居民委员会、村民委员会本着自愿原则可以引导志愿者和社区群众，利用社区资源，采取多种形式，提供职业培训的费用、职业培训的场所和职业培训的机会。二是可以通过财物募捐等形式，对其进行必要的物质帮扶。三是人力资源和社会保障部门将符合条件的社区矫正对象纳入职业技能培训规划，社区矫正机构协助、配合人力资源和社会保障部门对就业困难的社区矫正对象进行职业技能培训和就业指导。

（四）给予参与企业优惠政策

鼓励企事业单位、社会组织为社区矫正对象提供就业岗位信息和职业技能培训。招用符合条件的社区矫正对象的企业，按照规定享受优惠政策。

五、申诉、控告、检举制度

根据《社区矫正法》第4条、第61条、第62条规定，社区矫正对象的人身安全、合法财产和辩护、申诉、控告、检举以及其他未被依法剥夺或者限制的权利不受侵犯。社区矫正对象在就学、就业和享受社会保障等方面不受歧视。

社区矫正工作人员应当认真听取和妥善处理社区矫正对象反映的问题，依法维护其合法权益。人民检察院发现社区矫正工作违反法律规定的，应当依法提出纠正意见、检察建议。

（一）申诉

申诉权是指公民对有关自身或他人的权益问题，享有向有关国家机关诉说理由，请求重新处理的行为权利。社区矫正对象可以就自己违法的事实或判决书中的事实认定和法律适用提出申诉，社区矫正机构对社区矫正对象的申诉材料应当及时传递，不得扣压。申诉不仅是公民正当权利和合法权利的有效保障，也是公民管理国家，对国家机关和工作人员行使监督权的主要形式。

申诉是社区矫正对象享有的合法权利，社区矫正对象可以依据自己的意愿直接提出，也可以委托其亲属、监护人或律师提出。社区矫正机构必须保障社区矫正对象申诉的权利，为社区矫正对象提供方便条件。在实践中，正确处理社区矫正对象申诉应做好以下几方面的工作：第一，设立社区矫正对象申诉箱，并指定专人管理，便于社区矫正对象递交申诉材料。社区矫正对象的申诉材料应当及时转递，不得扣压，并做好登记。第二，根据社区矫正对象的申诉，认为可能有错误的，按照规定应当提请人民检察院或者人民法院处理，或者是其他有关部门处理，并将处理结果通知社区矫正机构。第三，对无理申诉的社区矫正对象要进行法治教育，帮助其认识自己违法犯罪的社会危害性，服从人民法院的正确判决，接受社区矫正机构的教育改造。如果社区矫正对象以申诉为由无理取闹，蓄意破坏社区矫正秩序，屡教不改，查证属实的，应依法严肃处理。第四，社区矫正机构对社区矫正对象提出的申诉，应当具体情况具体分析，不应当一概认为是不认罪服法。对于被驳回申诉的，应当允许再次申诉。第五，社区矫正对象提出申诉，在相关机关作出处理之前，社区矫正机构不能停止对社区矫正对象的矫正活动。

（二）控告

社区矫正对象的控告权是社区矫正对象认为自己的合法权益受到侵犯时，向司法机关揭发要求处理的权利。

社区矫正对象向有关国家机关告发具有玩忽职守、徇私舞弊、滥用职权等违纪违法犯罪行为的社区矫正机构工作人员，是法律赋予社区矫正对象的基本权利，也是社区矫正对象合法权益自我保护的一种途径。因此，正确处理社区矫正对象的控告，对于社区矫正机构依法严格公正执法，确保教育改造工作依法实施，有着重要的意义。

社区矫正机构应当在适当的地方设置控告箱，控告箱由社区矫正机构所在地的人民检察院工作人员或社区矫正机构纪检监察部门的工作人员开箱处理。对社区矫正对象以口头形成提出的控告，接受控告的工作人员应当写成笔录，经宣读无误后，由控告人签名或盖章。同时要注意做好保密工作，切实保障社区矫正对象依法行使控告权利。

社区矫正机构要教育引导社区矫正对象正确行使控告权，讲清楚法律的有关规定。如果社区矫正对象故意捏造事实，诬告陷害他人，查证属实的，社区矫正机构要严肃查处；构成犯罪的，要依法追究刑事责任。如果社区矫正对象因不了解情况或者只是认识片面，并非有意诬告陷害而属于错告的，一般不予追究。

社区矫正对象也可以利用通信的方式，直接向有关部门提出控告。任何单位和个人都不得以任何形式、任何理由进行扣留、阻挠或者打击报复。

对社区矫正对象提出的控告，应按照法律规定的管辖范围分别予以处理。属于社区矫正机构管辖范围的，社区矫正机构应当及时查证处理；社区矫正机构无权处理的，则应当及时转报有关部门处理。社区矫正机构对控告作出处理或转报有关部门处理完毕后，应当将结果通知具名控告的社区矫正对象。

（三）检举

检举是对他人的违法犯罪行为向有关国家机关进行揭发、举报的行为。

社区矫正对象向社区矫正机构或者有关国家机关检举揭发社区矫正机构内外违法犯罪分子的活动，是他们接受教育改造、认罪服法、改邪归正的一种具体表现，也是培养公民意识和责任感，令其将功补过的一项制度。同时，社区矫正对象的检举可以为侦破监狱及社区矫正机构内又犯罪案件和社会上的违法犯罪案件提供线索。这对于及时打击各种违法犯罪活动、维护社会稳定有着重要意义。

关于检举的处理。社区矫正机构应当在合适的区域设立检举箱，方便社区矫正对象举报，并由社区矫正机构工作人员专人或派社区矫正机构所在地的人民检察院工作人员开箱处理。

社区矫正对象的检举材料要造册逐件登记，并依照法律规定的管辖范围分别予以处理。属于社区矫正机构管辖范围的，社区矫正机构应当及时查证处理；不属于社区矫正机构管辖范围的，则应当及时转报有关部门处理。对社区矫正对象直接向社区矫正机构检举现行犯罪或者预谋犯罪的，社区矫正应当立即处理或者转报有关部门处理。

第十一章 监督管理的基本流程

社区矫正本质上属于刑事执行活动，社区矫正对象是刑事执行的罪犯。监督管理是社区矫正工作的重要内容。社区矫正对象在开放的社区中矫正教育，存在多种诱发犯罪的因素，对社区矫正对象依法实施严格监督管理，既是刑事执行的必然要求，也是维护社区安全、预防社区矫正对象重新违法犯罪的前提和保障。

矫正对象的接收、日常监督管理、执法管理和社区矫正的解除，构成了社区矫正监督管理的基本工作流程。社区矫正对象的接收工作是矫正工作开展的初始程序，也是必经程序；而对社区矫正对象的入矫教育、危险性控制、考核奖惩、漏管、脱管、禁止令的执行、外出、迁居、出境管理等，则是对社区矫正对象的基本监督管理手段；执法管理则是在社区矫正过程中出现违法犯罪、训诫、警告、治安管理处罚、撤销缓刑、撤销假释、逮捕、脱逃、收监、减刑等法定情形时，对社区矫正对象采取的行政处罚和执行刑罚、变更刑罚等的特殊管理措施；解矫程序是社区矫正工作的终端程序。每个程序之间是相互联结、缺一不可的。

从我国目前的社区矫正情况来看，对社区矫正对象进行监督管理主要体现在两个层面上：一是根据《刑法》《刑事诉讼法》《社区矫正法》等法律法规的有关规定，对社区矫正对象的权利在一定程度上予以限制或剥夺，其行为要接受强制性的监督和管理。例如，《刑法》第 39 条、第 72 条、第 75 条、第 84 条的规定；《社区矫正法》第四章监督管理第 23 条至第 34 条、第六章解除和终止第 44 条至第 51 条的规定。这部分内容被纳入社区矫正刑罚执行和监督管理的范畴。二是依照《社区矫正法》及《社区矫正法实施办法》规定的精神，以及各省、自治区、直辖市结合地方实际情况，联合或单独制定社区矫正工作的规范。比如，《社区矫正法实施办法》第 17 条至第 31 条，规定了对社区矫正对象的报到接收、档案管理、入矫宣告、日常报告、禁止令审批、外出审批、居住地变更审批、日常检查与考核、分类管理等监督管理的内容；第 33 条至第 46 条对社区矫正对象在违规处理、警告处分的条件、提请治安处罚、撤销缓刑、假释的条件、暂予监外执行收监执行的条件、电子定位装置、禁止令执行、应急管理、逃跑处理、羁押处理保护等监督管理中所涉及的程序问题进行了规定。这些规定有助于对社区矫正对象失范的行为和心理进行监督、纠正，从而确保刑事执行的顺利实施。

第一节　入矫阶段的管理流程

入矫阶段主要是指社区矫正前的调查评估、社区矫正执行地的认定、社区矫正对象的接收、法律文书的送达和接收、矫正小组的设立和社区矫正的宣告等几个阶段。

一、调查评估

调查评估是社会调查评估的一种类型，社区矫正前调查评估是社区矫正工作的前移，目的是实现社区矫正机构与人民法院、监狱管理机关、公安机关的无缝对接，避免出现因衔接不畅而导致脱管、漏管问题的发生。同时也是为了提高社区矫正适用的准确性，以增加社区的安全性，避免因社区矫正对象的到来而给社区带来不良影响与不安定因素。所以对拟适用社区矫正的被告人或罪犯，由人民法院、公安机关或监狱管理机关委托被告人或罪犯居住地的县级社区矫正机构、社会组织对其进行社区矫正适用前的调查评估，并将调查评估的情况作为是否适用社区矫正的参考依据。

在实务工作中，人民法院、监狱管理机关、公安机关委托调查评估时，应出具调查评估委托函，并抄送被告人或者罪犯居住地县级人民检察院。调查评估委托函应当包括被告人或者罪犯及家属等有关人员的姓名、住址、联系方式、案由以及委托机关的联系人、联系方式等内容。同时，应将调查评估委托函直接送达或以邮寄、特快专递等适当方式送达县级社区矫正机构，不得通过案件当事人、法定代理人、诉讼代理人或者其他利害关系人转交居住地县级社区矫正机构。县级社区矫正机构不接收委托机关以外的其他单位和个人转递的委托调查函等材料。人民法院委托调查评估时，应附起诉书或者自诉状；监狱、公安机关委托评估时，应附判决书、裁定书、执行通知书复印件以及罪犯在服刑期间表现情况等材料。

（一）调查评估的程序

按照要求，县级社区矫正机构负责组织开展调查评估工作，依法全面调查了解情况，客观公正提出评估意见。调查评估应现场制作调查评估笔录，经被调查人核实无误后签字确认。调取的材料应由提供单位加盖公章予以确认。所有调查资料必须经被调查对象签字（盖章），被调查人拒绝签字的，应当在笔录中注明情况。必要时可进行录音、摄像。在调查评估过程中，开展调查评估的工作人员应当根据调查评估情况，如实填写《调查评估审核表》，连同调查笔录等有关材料一并报县级社区矫正机构集体审核。县级社区矫正机构应建立调查评估审核机制，听取调查评估情况反馈，对相关调查材料进行审核后，根据社会危险性高低、对所居住社区影响大小等因素，提出调查评估意见，出具《调查评估意见书》，附相关材料复印件一起提交委托机关，同时抄送当地县级人民检察院。

（二）调查评估的时间要求

一般来说，县级社区矫正机构应自收到调查评估委托函及所附材料之日起10个工作日内完成调查评估，提交评估意见。对于适用刑事案件速裁程序的，居住地县级社区矫正机构应在5个工作日内完成调查评估，提交评估意见。特殊情况需要延长调查时间的，县级社区矫正机构应及时与委托单位协商，并在协商确定的期限内完成调查评估。

（三）调查评估中特定情况的处理

一是收到调查评估委托函的县级社区矫正机构，查明被告人或者罪犯居住地不属于本行政区域或者有其他应当变更居住地情形的，或者因被告人、罪犯的姓名不真实、身份不明等原因导致无法开展调查评估的，应自收到委托函之日起3个工作日内向委托机关说明情况，并将相关材料退回。二是对调查事项没有发生重大变化的同一案件，社区矫正决定机关不得重复委托，县级社区矫正机构和相关社会组织不接受重复委托的调查评估。三是调查评估可以委托从事社区矫正相关工作的社会组织实施。社会组织开展调查评估的，由该社会组织组成调查评估小组，完成前期调查，形成调查评估报告，向委托机关提交调查评估报告，并通报县级社区矫正机构。

（四）调查评估采信

社区矫正决定机关对调查评估意见的采信情况，应当在相关法律文书中说明。

（五）调查评估保密

委托机关和接受委托的县级社区矫正机构或社会组织的工作人员不得泄露调查评估意见以及调查中涉及的国家秘密、工作秘密、商业秘密、未成年人信息、个人隐私以及被封存的犯罪记录。

二、社区矫正执行地的认定

社区矫正对象的执行地问题，一直是社区矫正实务工作中争议比较大的问题，一般认定居住地为社区矫正执行地。随着社会的发展，矫正对象居住地认定出现了复杂性，有户籍地、工作地、居住地、临时居住地、无居住地（外籍人员）等。从另一个层面看，居住地认定关系着社区矫正的程序合法性和工作效率问题。所以，社区矫正执行地的认定是社区矫正工作开展的前提。

《社区矫正法》和《社区矫正法实施办法》规定，对拟适用社区矫正的，社区矫正决定机关应当核实社区矫正对象的居住地，根据有利于社区矫正对象接受矫正、更好地融入社会的原则，确定社区矫正执行地。

确定执行地时，社区矫正对象应如实提供其居住、户籍情况，并提供必要的证明材料。这是根据有关法律规定，结合我国当前经济社会发展形势，总结各地社区矫正试点、试行工作经验作出的规定。《社区矫正法实施办法》所称居住地，一般是指社区矫正对象能够连续居住 6 个月以上的县（市、区）。居住地应当同时具备以下条件：一是社区矫正对象应当有固定居所，由其本人或者与亲友共有、承租，或者其他人、单位愿意为社区矫正对象提供，社区矫正对象能够在此居所连续居住 6 个月以上。二是社区矫正对象在居住地有固定的生活来源，或者有亲友、其他人、有关单位为其提供生活保障。不能确定居住地的，在户籍所在地接受社区矫正。三是无法确定居住地的，一般在户籍地执行社区矫正。

《社区矫正法》第 17 条规定：社区矫正执行地为社区矫正对象的居住地。社区矫正对象在多个地方居住的，可以确定经常居住地为执行地。社区矫正决定机关是核实社区矫正对象居住地的主体。在一般情况下，社区矫正执行地为社区矫正对象的居住地。但是，如果出现社区矫正对象的居住地无法确定或者居住地不适宜执行社区矫正的，社区矫正决定机关应当根据有利于社区矫正对象接受矫正、更好地融入社会的原则，确定社区矫正执行地。

同时，为了建立社区矫正执行地认定上的矛盾和纠纷解决机制，应在《社区矫正法实施细则》中规定：一是社区矫正决定机关在确定社区矫正执行地时，应与社区矫正机构协商，充分考虑实际执行条件。拟适用社区矫正的被告人、罪犯应如实提供居住、户籍、家庭、亲属、工作、生活等情况，并提供必要的证明材料。故意隐瞒居住地真实情况的，作为社区矫正机构进行调查评估和社区矫正决定机关的评价因素。二是在省、自治区、直辖市范围内，应当统一社区矫正执行地的认定标准。居住地是指社区矫正对象实际居住的县（市、区），包括社区矫正对象本人或共同生活的家庭成员有自有住房，或者以租赁、借住等方式，能够连续居住 6 个月以上的县（市、区）。只要符合下列情形之一，且在当地有生活来源的，可以认定为居住地：（1）在当地购有（自有）房产，并能出具产权证或者其他具有法律效力的房产所有权、使用权证明的；（2）在当地租用房子，能出具与产权人签订继续租赁 6 个月以上合同的；（3）在当地借用房子，能出具与产权人签订继续借用 6 个月以上书面承诺的；（4）就医的医院为其出具需要长期住院诊疗证明和就学的学校出具的录取通知书或学籍证明的；（5）其他能够认定为居住地的情形。三是对社区矫正执行地存在争议的，由省、自治区、直辖市社区矫正机构负责协调。由社区矫正决定机关商相关社区矫正机构确定。对有多处居所的，原则上以经常居住地为执行地；社区矫正决定机关也可以考虑有利于实行社区矫正以及社区矫正对象自身需要，选定其中一处作为社区矫正执行地。这样，就在一定程度上解决了社区矫正对象居住地和执行地相异时的矛盾。

三、社区矫正对象的接收

社区矫正对象的接收是社区矫正对象真正进入矫正的第一个工作环节，也是十分重要的一个工作环节。只有准确无误地完成了接收工作，社区矫正对象才能顺利地进入社区矫正，社区矫正机构也才可能开展监督管理、教育矫正、社会适应性帮扶等工作。

所谓社区矫正对象的接收是指符合社区矫正条件的社区矫正对象，在判决、裁定或决定确定之后，在法定期限内按时到执行地县级社区矫正机构报到，县级社区矫正机构依法为其办理社区矫正接收手续的活动。

（一）常规接收管理

对于不同类型的矫正对象，由于作出判决、裁定和决定的机关不同，因而履行的法定接收手续也不一样。按照《社区矫正法》《社区矫正法实施办法》等规定，① 接收程序主要有：

1. 书面告知。《社区矫正法》第19条第2款规定："社区矫正决定机关应当对社区矫正对象进行教育，告知其在社区矫正期间应当遵守的规定以及违反规定的法律后果，责令其按时报到。"《社区矫正法实施办法》第15条规定："社区矫正决定机关应当对社区矫正对象进行教育，书面告知其到执行地县级社区矫正机构报到的时间期限以及逾期报到或者未报到的后果，责令其按时报到。"在实务工作中，人民法院、监狱、公安机关要在适用社区矫正法宣判时或者在社区矫正对象离开监所前，对其进行教育，书面告知其报到时限以及逾期或不报到的后果，责令其作出接受社区矫正书面保证，按时报到。被告人或者罪犯是未成年人的，由其监护人作出书面保证。在一般情况下，社区矫正告知书应当包括以下内容：（1）社区矫正对象到执行地县级社区矫正机构报到的时间期限以及逾期报到的后果；（2）社区矫正对象应当遵守法律、行政法规，履行判决、裁定、暂予监外执行决定、禁止令等法律文书确定的义务，遵守国务院司法行政部门关于报告、会客、外出、迁居、保外就医等监督管理规定；（3）社区矫正对象违反法律、法规、规定需承担的法律后果；（4）服从社区矫正机构的管理。社区矫

① 规定中有冲突的部分以《社区矫正法》的规定为准，后边凡涉及该问题的处理方法相同。

正告知书、接受社区矫正保证书一式三份，社区矫正决定机关，被告人或者罪犯，执行地县级社区矫正机构各执一份。

2. 按时报到，接收矫正。社区矫正对象应按时到执行地县级社区矫正机构报到。在实际工作中，要求社区矫正对象应自人民法院判决、裁定、决定生效或者离开监所之日起10日内，到执行地县级社区矫正机构报到。县级社区矫正机构应当及时为其办理登记接收手续，并委托司法所对其进行日常管理，同时告知社区矫正对象到指定司法所接受社区矫正。

在一般情况下，适用社区矫正的判决、裁定、决定生效之日起5日内，社区矫正决定机关应当以电话、传真或其他信息共享方式通知执行地社区矫正机构，并在10日内以直接送达或邮寄、特快专递等适当方式，将有关法律文书送达执行地县级社区矫正机构，并注明联系人、联系方式；同时抄送执行地人民检察院和公安机关。社区矫正机构代为转送的，应在收到法律文书后5日内送达。社区矫正机构不接受社区矫正对象及其监护人、保证人等利害关系人自带的法律文书。

县级社区矫正机构应当设立集中统一的社区矫正对象登记接收场所，做好接收社区矫正决定机关送达的法律文书和材料、登记社区矫正对象基本信息、通知社区矫正对象报到、组织社区矫正宣告等工作。县级社区矫正机构在收到相关法律文书和材料后，应当对社区矫正对象姓名、身份、地址等基本信息进行核实，在5个工作日内送达回执。

3. 特殊情况处理。社区矫正对象存在行动不便、自行报到确有困难等特殊情况的，社区矫正机构可以派员到其居住地等场所办理登记接收手续。对在居住地以外社会医院住院治疗、脱离医疗监护会有生命危险的暂予监外执行罪犯，监狱、看守所应当书面说明情况，附相关住院医疗证明或视频资料，带领保证人到社区矫正机构报到，办理交付接收手续后，由保证人代为履行请假手续。

4. 违规处理。发现社区矫正对象未按规定时间报到的，县级社区矫正机构应当及时组织查找，并通报社区矫正决定机关和执行地县级人民检察院。《社区矫正法实施办法》第38条规定，发现社区矫正对象失去联系的，执行地县级社区矫正机构应当及时组织查找，公安机关等有关单位和人员要协助查找。社区矫正机构将有关情况书面通报社区矫正决定机关和执行地人民检察院。对被裁定假释的罪犯，应当同时抄送原服刑的监狱、看守所。

（二）不同类型社区矫正对象的接收管理

社区矫正对象的类别不同，因而其接收中涉及的国家机关、送达的法律文书和相关材料也不同。依照《社区矫正法》第21条的规定，对下列情况分别作了规定：一是管制刑、缓刑和假释三类社区矫正对象的接收。对于人民法院判处管制、宣告缓刑、裁定假释的社区矫正对象，应当自判决、裁定生效之日起10日内到执行地社区矫正机构报到。二是暂予监外执行的社区矫正对象的接收。对于人民法院决定暂予监外执行的社区矫正对象，由看守所或者执行取保候审、监视居住的公安机关自收到决定之日起10日内将社区矫正对象移送社区矫正机构。对于被监狱管理机关、公安机关批准暂予监外执行的社区矫正对象，由监狱或者看守所自收到批准决定之日起10日内将社区矫正对象移送社区矫正机构。《社区矫正法实施办法》第17条规定，对于暂予监外执行的社区矫正对象，由公安机关、监狱或者看守所依法移送至执行地县级社区矫正机构，办理交付接收手续。罪犯原服刑地与居住地不在同一省、自治区、直辖市，需要回居住地暂予监外执行的，原服刑地的省级以上监狱管理机关或者设区的市一级以上公安机关应当书面通知罪犯居住地的监狱管理机关、公安机关，由其指定一所监狱、看守所接收社区矫正对象档案，负责办理其收监、刑满释放等手续。对看守所留所服刑罪犯暂予监外执行，原服刑地与居住地在同一省、自治区、直辖市的，可以不移交档案。

在实际工作中，对以下三种情况要区别对待：（1）人民法院决定暂予监外执行的罪犯，交付执行前已被羁押的，人民法院应当书面通知负责羁押的看守所，自收到决定之日起10日内将罪犯移送至执行地县级社区矫正机构，并办理交接手续；交付执行前被执行取保候审、监视居住的，人民法院应当书面通知负责执行的公安机关自收到决定之日起10日内将社区矫正对象移送社区矫正机构。（2）监狱管理机关、公安机关决定暂予监外执行的罪犯，监狱、公安机关自收到批准决定之日起10日内将其移送至执行地县级社区矫正机构办理交付接收手续。（3）外省监狱管理机关、公安机关决定需要回本省居住地暂予监外执行的，原服刑地的省级以上监狱管理机关或者设区的市一级以上公安机关监所管理部门应当书面通知执行地省监狱管理机关、公安机关监所管理部门，由其指定省级一所监狱、公安机关看守所接收其档案，负责办理罪犯收监、刑满释放等手续，并及时书面通知执行地社区矫正机构。原羁押罪犯的监狱、公安机关自收到批准决定书之日起10日内将其移送至执行地县级社区矫正机构办理交付接收手续，执行地县级社区矫正机构应当及时将其信息录入省级社区矫正综合管理指挥平台。同时，监狱、公安机关在移交罪犯前，应当与执行地县级社区矫正机构取得联系，商定交付接收的时间、地点和方式。

（三）适用电子定位装置

《社区矫正法实施办法》第37条第1款对电子定位装置进行了界定：“电子定位装置是指运用卫星等定位技术，能对社区矫正对象进行定位等监管，并具有防拆、防爆、防水等性能的专门的电子设备，如电子定位腕带等，但不包括手机等设备。”

1. 适用电子定位装置的条件。依照《社区矫正法》第29条的规定，社区矫正对象有下列情形之一的，经县级司法行政部门负责人批准，可以使用电子定位装置，加强监督管理：（1）违反人民法院禁止令的；（2）无正当理由，未经批准离开所居住的市、县的；（3）拒不按照规定报告自己的活动情况，被给予警告的；（4）违反监督管理规定，被给予治安管理处罚的；（5）拟提请撤销缓刑、假释或者暂予监外执行收监执行的。对使用电子定位管理的社区矫正对象，告知其电子定位管理相关规定，向其送达《社区矫正对象定位告知书》。

2. 使用电子定位装置的程序。对社区矫正对象使用电子定位装置的，社区矫正机构应当向社区矫正对象宣读使用电子定位装置监管告知书，并由其本人签字确认。使用电子定位装置的期限不得超过 3 个月。使用期满后，社区矫正机构应当就监管效果进行评估，无需继续使用的，应当及时解除；确需延长使用期限的，经批准每次延长时间不得超过 3 个月。县级社区矫正机构应当定期对电子定位装置监管应用情况进行评估，使用电子定位装置监管的情形消失或者社区矫正对象期满解除、死亡、被依法收监执行的，应当解除电子定位装置监管。

3. 使用电子定位装置的监管事项。《社区矫正法》不仅对适用电子定位装置作出了严格的程序性规定，而且也对监管事项作了限制性规定。在实际工作中，所要监管的事项主要包括：（1）社区矫正对象遵守人民法院禁止令的情况；（2）遵守日常报告、请假外出有关规定的情况；（3）被判处管制的社区矫正对象遵守关于集会、结社、游行、示威等规定的情况；（4）社区矫正对象活动区域情况；（5）其他违反监督管理规定的情况。

4. 违规处罚。使用电子定位装置的社区矫正对象有下列情形之一的，视情节依法予以处罚：（1）拒不接受使用电子定位装置决定，拒绝佩戴电子定位装置的；（2）擅自拆卸电子定位装置导致人机分离逃避监管的；（3）故意丢弃、损毁、不及时充电或使用手段屏蔽电子设备信号逃避监管的；（4）电子定位装置因故关闭或无信号，未及时报告工作人员或未按照工作人员指令行事的；（5）接到越界、违反禁止令行为的报警后，未及时终止违规行为或状态、经工作人员提示仍不改正的；（6）其他违反电子定位装置监管规定的情况发生后，未及时按照工作人员指令行事的。同时，社区矫正对象损毁、丢弃、遗失电子定位装置的，应予赔偿。

（四）接收时办理边控报备手续

社区矫正对象在社区矫正期间一般不得出境。依据《社区矫正法实施办法》第 7 条的规定，公安机关执行限制社区矫正对象出境的措施。

在实际工作之中，要求社区矫正机构和公安机关、人民法院、监狱管理机关通力合作。一是社区矫正决定机关在作出社区矫正决定时，可以同时决定限制社区矫正对象出境。二是社区矫正对象在社区矫正期间不得出境，社区矫正机构应当自社区矫正对象入矫报到之日起对其进行不准出境通报备案。三是公安机关依据社区矫正决定机关的相关法律文书履行法定不批准出境报备工作职责。四是县级社区矫正机构对持有出入境证照或者具有出境高风险的社区矫正对象应当出具边控决定书，层报省级社区矫正机构办理交控。省级出入境边检总站接到社区矫正机构的边控法律文书后，应在24小时内完成录入、审批，及时办理报备、撤销、更改、续保等手续，执行边控措施。社区矫正对象的边控期限与社区矫正期限一致。

四、法律文书的送达和接收

2016年最高人民法院、最高人民检察院、公安部、司法部联合发布的《关于进一步加强社区矫正工作衔接配合管理的意见》第5条规定："对于被判处管制、宣告缓刑、假释的罪犯，人民法院、看守所、监狱应当书面告知其到居住地县级司法行政机关报到的时间期限以及逾期报到的后果，并在规定期限内将有关法律文书送达居住地县级司法行政机关，同时抄送居住地县级人民检察院和公安机关。社区服刑人员前来报到时，居住地县级司法行政机关未收到法律文书或者法律文书不齐全，可以先记录在案，并通知人民法院、监狱或者看守所在5日内送达或者补齐法律文书。"第6条规定："人民法院决定暂予监外执行或者公安机关、监狱管理机关批准暂予监外执行的，交付时应当将罪犯的病情诊断、妊娠检查或者生活不能自理的鉴别意见等有关材料复印件一并送达居住地县级司法行政机关。"

《社区矫正法》第20条规定："社区矫正决定机关应当自判决、裁定或者决定生效之日起五日内通知执行地社区矫正机构，并在十日内送达有关法律文书，同时抄送人民检察院和执行地公安机关。社区矫正决定地与执行地不在同一地方的，由执行地社区矫正机构将法律文书转送所在地的人民检察院、公安机关。"《关于进一步加强社区矫正工作衔接配合管理的意见》关于文书送达的规定和《社区矫正法》的规定不一致，应以《社区矫正法》规定的10日内送达有关法律文书为准。按照《社区矫正法实施办法》第16条的规定，社区矫正决定机关应当自判决、裁定或者决定生效之日起5日内通知执行地县级社区矫正机构，并在10日内将判决书、裁定书、决定书、执行通知书等法律文书送达执行地县级社区矫正机构，同时抄送人民检察院。收到法律文书后，社区矫正机构应当在5日内送达回执。社区矫正对象前来报到时，执行地县级社区矫正机构未收到法律文书或者法律文书不齐全，应当先记录在案，为其办理登记接收手续，并通知社区矫正决定机关在5日内送达或者补齐法律文书。

不同类型的社区矫正对象，应送达相应的法律文书。（1）人民法院判处管制、宣告缓刑的，送达的法律文书应包括：刑事判决书、执行通知书、起诉书（自诉书）副本、结案登记表、社区矫正告知书、接受社区矫正保证书。（2）人民法院、公安机关、监狱管理机关决定暂予监外执行的，送达的法律文书应包括：暂予监外执行决定书、刑事判决书、执行通知书、起诉书（自诉书）副本的原件或复印件、病残鉴定书原件或复印件（包括病情、妊娠检查、生活不能自理的鉴别意见）、暂予监外执行保证书、社区矫正告知书、接受社区矫正保证书。(3) 人民法院裁定假释的，监狱、看守所负责送达的法律文书应包括：假释裁定书、刑事判决书、起诉书（自诉书）副本原件或复印件、出监所鉴定表、心理评估表、社区矫正告知书、接受社区矫正保证书。

五、矫正小组的设立

按照《社区矫正法实施办法》第19条第1款的规定："执行地县级社区矫正机构、受委托的司法所应当为社区矫正对象确定矫正小组，与矫正小组签订矫正责任书，明确矫正小组成员的责任和义务，负责落实矫正方案。"一般来说，矫正小组由司法所工作人员担任组长，矫正小组成员不少于三人，由社会工作者、志愿者、有关部门、村（居）民委员会、社区矫正对象所在单位、就读学校、家庭成员或者监护人、保证人等组成。社区矫正对象是女性的，矫正小组应当有女性成员。社区矫正对象为未成年人的，矫正小组应当有熟悉青少年特点的人参加。

按照《社区矫正法》第25条规定："社区矫正机构应当根据社区矫正对象的情况，为其确定矫正小组，负责落实相应的矫正方案。根据需要，矫正小组可以由司法所、居民委员会、村民委员会的人员，社区矫正对象的监护人、家庭成员，所在单位或者就读学校的人员以及社会工作者、志愿者等组成。社区矫正对象为女性的，矫正小组中应有女性成员。"在实际工作中，执行地县级社区矫正机构为社区矫正对象确立矫正小组，同时根据社区矫正对象的情况和工作需要，与矫正小组签订社区矫正责任书，明确矫正小组成员的责任，确保各项矫正措施的落实。如果社区矫正对象为女性的，矫正小组必须有女性成员。矫正小组主要开展下列工作：(1) 按照矫正方案，开展个案矫正工作；(2) 督促社区矫正对象遵纪守法，遵守社区矫正规定；(3) 参与对社区矫正对象的考核评议和教育活动；(4) 对社区矫正对象定期走访谈话，了解其思想、工作和生活情况，及时向社区矫正机构或受委托的司法所报告；(5) 协助对社区矫正对象进行监督管理和教育帮扶；(6) 协助社区矫正机构或受委托的司法所开展其他工作。

在实务工作中，社区矫正机构或受委托的司法所应当与矫正小组签订责任书。矫正小组须定期向社区矫正机构或受委托的司法所报告工作开展情况。矫正小组成员不能履行责任、发挥作用的，应当及时予以调整。

六、社区矫正的宣告

《社区矫正法》第22条规定："社区矫正机构应当依法接收社区矫正对象，核对法律文书、核实身份、办理接收登记、建立档案，并宣告社区矫正对象的犯罪事实、执行社区矫正的期限以及应当遵守的规定。"《社区矫正法实施办法》第20条第1款的规定："执行地县级社区矫正机构接收社区矫正对象后，应当组织或者委托司法所组织入矫宣告。"入矫宣告由社区矫正机构或者司法所工作人员主持，矫正小组成员及其他相关人员到场，按照规定程序进行。

（一）宣告的主要内容

宣告的主要内容包括：（1）判决书、裁定书、决定书、执行通知书等有关法律文书的主要内容；（2）社区矫正期限；（3）社区矫正对象应当遵守的规定，被剥夺或者限制行使的权利、被禁止的事项以及违反规定的法律后果；（4）社区矫正对象依法享有的权利；（5）矫正小组人员组成及职责；（6）其他有关事项。

（二）权利告知

社区矫正对象在社区矫正期间依法享有以下权利：（1）人格尊严不受侮辱；（2）人身安全和合法财产不受侵犯；（3）在就学、就业和享受社会保障等方面不受歧视；（4）享有辩护、申诉、控告、检举以及其他未被依法剥夺或限制的权利。

（三）义务告知

社区矫正对象除了按照《刑法》《刑事诉讼法》等规定，履行法定义务外，还要依据《社区矫正法》《社区矫正法实施办法》等规定，履行以下义务：（1）严格遵守国家法律、法规、禁止令和有关管理规定。（2）积极参加学习、教育和公益活动。（3）定期报告思想、活动情况；发生居所变化、工作变动、家庭重大变故以及接触对其矫正产生不利影响人员的，应当及时报告。（4）迁居或离开居住区域时必须经社区矫正机构批准。（5）服从监督管理。被判处管制的社区矫正对象，未经批准不得行使言论、出版、集会、结社、游行、示威自由的权利。

（四）特别规定告知

1. 被决定保外就医的社区矫正对象。被决定保外就医的社区矫正对象在接受社区矫正期间，同时应当遵守下列规定：（1）在指定的医院接受治疗；（2）确因治疗需要，需要转院或者离开所居住区域时，应当经社区矫正机构批准；（3）治疗疾病以外的社会活动，应当经社区矫正机构批准；（4）定期向司法所报告本人身体情况和提交病情复查情况。

2. 被宣告禁止令的社区矫正对象。《关于对判处管制、宣告缓刑的犯罪分子适用禁止令有关问题的规定（试行）》第1条规定："对判处管制、宣告缓刑的犯罪分子，人民法院根据犯罪情况，认为从促进犯罪分子教育矫正、有效维护社会秩序的需要出发，确有必要禁止其在管制执行期间、缓刑考验期限内从事特定活动，进入特定区域、场所，接触特定人的，可以根据刑法第三十八条第二款、第七十二条第二款的规定，同时宣告禁止令。"禁止令的内容是：有针对性地决定禁止其在管制执行期间、缓刑考验期限内"从事特定活动，进入特定区域、场所，接触特定的人"的一项或者几项内容。

（1）禁止从事特定活动的内容。《关于对判处管制、宣告缓刑的犯罪分子适用禁止令有关问题的规定（试行）》第3条规定："人民法院可以根据犯罪情况，禁止判处管制、宣告缓刑的犯罪分子在管制执行期间、缓刑考验期限内从事以下一项或者几项活动：（一）个人为进行违法犯罪活动而设立公司、企业、事业单位或者在设立公司、企业、事业单位后以实施犯罪为主要活动的，禁止设立公司、企业、事业单位；（二）实施证券犯罪、贷款犯罪、票据犯罪、信用卡犯罪等金融犯罪的，禁止从事证券交易、申领贷款、使用票据或者申领、使用信用卡等金融活动；（三）利用从事特定生产经营活动实施犯罪的，禁止从事相关生产经营活动；（四）附带民事赔偿义务未履行完毕，违法所得未追缴、退赔到位，或者罚金尚未足额缴纳的，禁止从事高消费活动；（五）其他确有必要禁止从事的活动。"

（2）禁止进入特定区域、场所的范围。《关于对判处管制、宣告缓刑的犯罪分子适用禁止令有关问题的规定（试行）》第4条规定："人民法院可以根据犯罪情况，禁止判处管制、宣告缓刑的犯罪分子在管制执行期间、缓刑考验期限内进入以下一类或者几类区域、场所：（一）禁止进入夜总会、酒吧、迪厅、网吧等娱乐场所；（二）未经执行机关批准，禁止进入举办大型群众性活动的场所；（三）禁止进入中小学校区、幼儿园园区及周边地区，确因本人就学、居住等原因，经执行机关批准的除外；（四）其他确有必要禁止进入的区域、场所。"

（3）禁止接触特定的人。《关于对判处管制、宣告缓刑的犯罪分子适用禁止令有关问题的规定（试行）》第5条规定："人民法院可以根据犯罪情况，禁止判处管制、宣告缓刑的犯罪分子在管制执行期间、缓刑考验期限内接触以下一类或者几类人员：（一）未经对方同意，禁止接触被害人及其法定代理人、近亲属；（二）未经对方同意，禁止接触证人及其法定代理人、近亲属；（三）未经对方同意，禁止接触控告人、批评人、举报人及其法定代理人、近亲属；（四）禁止接触同案犯；(五) 禁止接触其他可能遭受其侵害、滋扰的人或者可能诱发其再次危害社会的人。”

宣告后，社区矫正对象应当在书面材料上签字或者盖章，确认已经了解所宣告的内容。

第二节　日常监督管理

一、建立矫正档案

《社区矫正法实施办法》第18条规定：“执行地县级社区矫正机构接收社区矫正对象后，应当建立社区矫正档案，包括以下内容：(一) 适用社区矫正的法律文书；(二) 接收、监管审批、奖惩、收监执行、解除矫正、终止矫正等有关社区矫正执行活动的法律文书；(三) 进行社区矫正的工作记录；(四) 社区矫正对象接受社区矫正的其他相关材料……”在矫正对象社区矫正期间，执行地县级社区矫正机构建立社区矫正档案，内容包括：(1) 适用社区矫正的法律文书；(2) 接收、监管审批、奖惩、收监执行、解除矫正、终止矫正等有关社区矫正执行活动的法律文书；(3) 进行社区矫正的工作记录；(4) 社区矫正对象接受社区矫正的其他相关材料。接受委托对社区矫正对象进行日常管理的司法所应当建立工作档案。

在社区矫正工作中，对社区矫正对象的档案要有专人做好管理工作，因为社区矫正对象的档案客观全面地反映了社区矫正机构内每个社区矫正对象或某个时期社区矫正对象的整体情况，不仅可以为国家有关部门制定社区矫正法规和政策，为社区矫正机构研究社区矫正对象改造的特点和规律提供重要的依据，而且可以直观地为社区矫正工作者教育转化社区矫正对象提供各种资料。因此，社区矫正对象档案在社区矫正工作中发挥着十分重要的作用。

二、制定矫正方案

在社区矫正中，矫正小组应当为社区矫正对象制定矫正方案。《社区矫正法》第24条规定：“社区矫正机构应当根据裁判内容和社区矫正对象的性别、年龄、心理特点、健康状况、犯罪原因、犯罪类型、犯罪情节、悔罪表现等情况，制定有针对性的矫正方案，实现分类管理、个别化矫正。矫正方案应当根据社区矫正对象的表现等情况相应调整。”《社区矫正法实施办法》第22条规定：“执行地县级社区矫正机构、受委托的司法所要根据社区矫正对象的性别、年龄、心理特点、健康状况、犯罪原因、悔罪表现等具体情况，制定矫正方案，有针对性地消除社区矫正对象可能重新犯罪的因素，帮助其成为守法公民。矫正方案应当包括社区矫正对象基本情况、对社区矫正对象的综合评估结果、对社区矫正对象的心理状态和其他特殊情况的分析、拟采取的监督管理、教育帮扶措施等内容。矫正方案应当根据分类管理的要求、实施效果以及社区矫正对象的表现等情况，相应调整。”

因此，矫正方案的制定主要是矫正小组根据社区矫正对象的性别、年龄、健康状况、犯罪原因、犯罪类别、主观恶性、心理行为特点、悔罪表现、家庭状况、成长经历及社会关系等，在对其危险程度、利益需求、素质缺陷等情况进行综合评估的基础上，制定的有针对性的监管、教育和帮助措施，并根据社区矫正对象的矫正表现实施动态化管理、科学化监管与教育。根据矫正方案的实施效果，适时予以调整。在实际工作中，矫正方案应包括以下内容：（1）社区矫正对象个人基本情况（姓名、性别、年龄、学历、婚姻状况、家庭情况、就业情况）、刑罚种类、矫正期限、居住地址等情况。（2）社区矫正工作者及矫正小组成员基本情况。（3）社区矫正对象的问题和需要。（4）社区矫正对象的心理状态、个性特点和其他特征分析；对社区矫正对象的犯罪情况、悔罪表现、个性特征、生活环境、安全风险等的综合评估结果。（5）拟采取的监督管理、教育矫正、帮困扶助措施，包括工作重点、预期目标、具体安排、变通措施、应急预案等。（6）宣告禁止令的，矫正方案中应增加禁止令执行内容、监管责任人、监管措施。

三、危险性控制

危险性控制是指社区矫正机构在对社区矫正对象进行全面的人身危险性评估的基础上，根据不同的潜在危险类别，采取相应的管理控制手段，以防止社区矫正对象潜在危险性危害社会的预防措施。

人身危险性是动态的而不是静态的，它会随着社区矫正对象的改造、各种主客观因素的变化而发生变化，所以，需要不断了解社区矫正对象的人身危险性的变化，以加强对社区矫正对象的危险控制，预防他们将危险性变成对社会的实际损害，提高社区矫正工作的质量和效果，促进其顺利回归社会。危险评估正是为满足这一需要而建立的工作机制。对社区矫正中的危险性进行控制，特别需要关注两个方面的内容，以便增强危险性控制的效果，即危险管理和个案管理。[①]

社区矫正中的危险管理就是根据社区矫正对象的危险程度分配矫正资源，并不断调整、修订分类矫正、个性化教育、心理矫正方案的活动。故危险管理应建立在对每个社区矫正对象危险性进行预测和评估的基础上。针对社区矫正对象的

① 吴宗宪：《论社区矫正中的危险控制》，载《中国司法》2005 年第 1 期。

不同危险程度，有针对性地、合理地分配矫正资源，制定矫正方案。具体来讲就是对人身危险性较高的社区矫正对象，应配置更多的社区矫正资源，制定更科学、合理、规范的社区矫正方案，包括实施严格的监督管理措施、规定更加频繁的监督活动间隔时间、经常与社区矫正对象进行直接接触等，以加强对他们的管理和控制。与此同时，也要向他们提供更多的、更有效的帮助或服务，如通过帮困扶助，帮助社区矫正对象解决生活困难；通过心理咨询，帮助社区矫正对象解决心理问题；通过走访、调查、谈话、调解等帮助社区矫正对象解决家庭问题、人际关系问题等。这种既管又帮的做法必将有助于减轻或者解决他们存在的问题，消除其犯罪心理和行为恶习，降低他们的人身危险性，预防其危害行为的再次发生。对人身危险性中等的社区矫正对象可以分配适当的矫正资源，按正常的监督管理措施对他们予以监督、管理，并安排相应的社工和志愿者帮助解决他们的就业、生活、心理等问题。通过教育矫正、心理矫正等措施降低其人身危险性，避免其再次走上违法犯罪的道路。对人身危险性较低的社区矫正对象可以分配较少的矫正资源，放宽对他们的监督管理，并给予较多的人身自由，可通过电话、通信等方式进行改造情况的汇报，包括思想汇报、学习、公益活动等情况的汇报，还可通过间接接触的方式了解其在社区矫正中的教育改造情况，并根据情况进行奖励或表扬，以促进其改造的积极性。总之，通过对不同危险等级的社区矫正对象的危险管理，加强对他们的危险控制，从根本上防止他们进行新的危害社会的行为。

社区矫正中的个案管理就是针对每一个社区矫正对象的情况采取个别化的管理措施，实施个案矫正。这种管理措施仍然建立在对社区矫正对象危险评估的基础之上。第一，对每一个社区矫正对象进行危险性和需要的评价，在开展社区矫正工作之前，做到对每一个社区矫正对象的情况心中有数，减少社区矫正工作的盲目性。第二，针对每一个社区矫正对象的情况合理分配社区矫正工作人员，做到矫正有人管、困难有人帮、出了问题有人负责，避免没人管或乱管现象的发生。第三，针对每一个社区矫正对象的情况制定科学、合理的社区矫正方案，对于危险性大小不同、需要不同的社区矫正对象，采取不同的危险控制方法、矫正方法和帮困扶助方法，真正实施个案矫正，做到矫正一个成功一个，切实按照“治本安全观”去改造社区矫正对象。

四、社区矫正对象会客、定期报告、外出审批与禁止令执行

2019 年 12 月 28 日通过的《社区矫正法》第 27 条、第 31 条，《社区矫正法实施办法》，对矫正对象会客、定期报告、外出审批、扩大活动范围审批、变更执行地审批以及被宣告禁止令后申请进入特定场所的审批都作出了较为具体的规定。

（一）会客

为保证社区矫正对象在社区矫正期间能够安心地接受矫正，不受外界的不良影响，必须对其会客情况予以严格监督、控制。

《社区矫正法实施办法》第 25 条规定：“未经执行地县级社区矫正机构批准，社区矫正对象不得接触其犯罪案件中的被害人、控告人、举报人，不得接触同案犯等可能诱发其再犯罪的人。”社区矫正对象在矫正期间，会客要求主要包括：

1. 社区矫正对象除会见亲属外，会见犯罪案件中的被害人、控告人、举报人，接触同案犯等可能诱发其再次犯罪的人，应当经县级社区矫正机构批准，经同意后方可会见。

2. 社区矫正对象未经县级社区矫正机构批准，社区矫正对象不得接受媒体采访。

3. 为了防止社区矫正对象受到社会上不良人员的教唆、鼓动，社区矫正对象会见同案犯、有违法犯罪的人员等可能诱发其再次犯罪的人的，应当经执行地县级社区矫正机构批准。

社区矫正机构接到社区矫正对象会客申请或提出接受媒体采访或会见境外人士申请后，应根据相关规定及时作出允许或不允许其会客或接受媒体采访或会见境外人士的决定，并通知社区矫正对象。

对于社区矫正对象未经批准擅自会客或接受媒体采访的，应按照相关规定进行处理或报有关部门处理。如果被宣告缓刑、裁定假释的社区矫正对象经过 3 次教育仍然拒不改正的，其居住地县级社区矫正机构应向作出原裁判的人民法院提出撤销缓刑、假释的建议书并附相关证明材料，人民法院应当自收到之日起 30 日内依法作出裁定。

（二）定期报告

《社区矫正法实施办法》第 24 条规定，“社区矫正对象应当按照有关规定和社区矫正机构的要求，定期报告遵纪守法、接受监督管理、参加教育学习、公益活动和社会活动等情况。发生居所变化、工作变动、家庭重大变故以及接触对其矫正可能产生不利影响人员等情况时，应当及时报告。被宣告禁止令的社区矫正对象应当定期报告遵守禁止令的情况。暂予监外执行的社区矫正对象应当每个月报告本人身体情况。保外就医的，应当到省级人民政府指定的医院检查，每三个月向执行地县级社区矫正机构、受委托的司法所提交病情复查情况。执行地县级社区矫正机构根据社区矫正对象的病情及保证人等情况，可以调整报告身体情况和提交复查情况的期限。延长一个月至三个月以下的，报上一级社区矫正机构批准；延长三个月以上的，逐级上报省级社区矫正机构批准。批准延长的，执行地县级社区矫正机构应当及时通报同级人民检察院。社区矫正机构根据工作需要，可以协调对暂予监外执行的社区矫正对象进行病情诊断、妊娠检查或者生活不能自理的鉴别。”从这一规定看，定期报告的范围是十分广泛的，涉及了监督管理和矫正教育的大部分内容。

在司法实践中，定期报告制度要求社区矫正对象发生居所变化、工作变动、家庭重大变故以及接触对其矫正可能产生不利影响人员等情况时，应当及时报告社区矫正机构或者受委托的司法所。被判处禁止令的社区矫正对象，到场报到和思想汇报时应如实报告遵守禁止令的情况。定期报告的形式，原则上要求用书面形式，但如果社区矫正工作人员认为口头、电话形式也能达到效果的，也可用口头汇报或电话汇报，但工作人员必须做好记录。报告可与社区矫正机构或者受委托的司法所工作人员见面，也可不与社区矫正机构或者受委托的司法所工作人员见面。未成年社区矫正对象需由监护人陪同前来汇报。

社区矫正对象确因下列情形不能到社区矫正机构或者受委托的司法所当面报告的，经司法所调查核实，并报县级社区矫正机构批准同意，可以委托其家属、监护人或保证人代为提交书面情况报告，社区矫正机构或者受委托的司法所应当将有关情况记录在案：（1）患严重疾病正在治疗或行动不便的；（2）在怀孕、哺乳期且行动不便的；（3）生活不能自理的；（4）年老体弱且行动不便的。

保外就医的社区矫正对象应当定期向社区矫正机构或者受委托的司法所报告本人身体状况，按要求提交县级以上治疗医院开具的检查化验单、影像学资料、病情诊断证明、就医诊治病历等相关材料；确因病情、治疗措施等特殊情况，无法到社区矫正机构或者受委托的司法所当面报告的，经司法所调查核实，并报县级社区矫正机构批准同意，可以委托家属、监护人或保证人按要求向社区矫正机构或者受委托的司法所书面报告身体情况。检查化验单、影像学资料、病情诊断证明、就医诊治病历等相关材料可由其家属、监护人或保证人送交社区矫正机构或者受委托的司法所。

社区矫正机构或者受委托的司法所及其社区矫正工作人员必须严格执行定期报告制度，并按规定的要求检查督促社区矫正对象遵守定期报告的规定，对汇报不及时或不汇报的人员要进行教育，保证电话汇报的经常性、严肃性。对经教育仍不改正的，社区矫正机构或者受委托的司法所应按规定作出处罚。同时，社区矫正机构或者受委托的司法所的工作人员应当做好定期报告的登记、备案工作，保证做到“周周闻其声，月月见其人”。

当然，在实践中为了体现人性化管理的原则，对不同情况的社区矫正对象也要规定不同的报告时间，如对上学的、已就业的社区矫正对象可以规定他们在放学后、下班后报到报告等。

（三）外出审批

《社区矫正法实施办法》第26条至第29条对社区矫正对象外出的理由、审批程序、外出管理、经常性跨市县活动等进行了规定。在这里，所居住的市是指直辖市的城市市区、设区的市的城市市区和县级市的辖区。在设区的同一市内跨区活动的，不属于离开所居住的市、县。

第一，社区矫正对象外出的法定事由。社区矫正对象未经批准不得离开所居住的市、县。社区矫正对象确因就医、学习、诉讼、处理家庭重要事务等正当理由，需要离开所居住的市、县的，应当经社区矫正机构或司法所批准。

第二，社区矫正对象外出的审批程序及限制性情形。社区矫正对象确需离开所居住的市、县，应当提前3日提交书面申请，并如实提供诊断证明、录取通知书、法律文书等材料。申请离开时间在7日内的，由受委托的司法所批准；超过7日的，由受委托的司法所审核后报县级社区矫正机构批准。县级社区矫正机构每次批准离开的时间不超过30日。因特殊情况，确需超过30日的，应当由市级社区矫正机构审批。在实际工作中，社区矫正对象因突发性重大变故等紧急情形确需立即外出的，应当根据拟外出时间，在外出之前取得执行地县级社区矫正机构同意，并保持通信畅通。紧急情形消失后，应当在24小时内补办请假手续，并在《社区矫正对象外出审批表》中注明情况。在重点时段、重大活动期间或者遇有特殊情况时，一般不批准社区矫正对象前往重大活动举办地或重点地区。社区矫正对象确需到重大活动举办地或重点地区的，由县级社区矫正机构审批。

第三，社区矫正对象外出管理的规定。在社区矫正对象外出期间，社区矫正机构应当通过信息化核查等方式实施监督管理。在实际工作中，根据需要，对社区矫正对象外出管理的常见做法有：一是社区矫正对象外出期间，不得超出请假目的地的市、县范围，不得从事与请假理由不相符的活动。社区矫正机构、受委托的司法所应当通过电话通信、手机定位、实时视频等方式实施监督管理。对已使用电子定位装置的社区矫正对象，采取电子定位装置进行监督管理。二是执行地县级社区矫正机构根据需要，可以联系外出目的地社区矫正机构协助监督管理，并要求社区矫正对象在到达和离开时向当地社区矫正机构报告，接受监督管理。外出目的地社区矫正机构接收社区矫正对象报到后，可以通过电话查询、实地查访等方式协助监督管理。三是社区矫正对象应于请假截止日期之前返回居住地，返回后24小时内到县级社区矫正机构或受委托的司法所办理销假手续，并提供相应的外出凭证（病历、收据、车船票、机票等）。社区矫正机构或受委托的司法所对其外出期间的活动情况进行核实后，办理销假手续，并将相关材料附卷。社区矫正对象因特殊原因无法按期返回的，应及时向社区矫正机构或者受委托的司法所报告情况。发现社区矫正对象违反外出管理规定的，社区矫正机构或者受委托的司法所应当责令其立即返回，受委托的司法所可以提出处罚建议，社区矫正机构视情节予以处罚。

第四，社区矫正对象经常性跨市、县活动的规定。严格地说，社区矫正对象经常性跨市、县活动超出了法律规定的活动范围，也属于“外出”情形。为了体现管理的人性化，对于确因正常工作和生活需要，经常性跨市、县活动的社区矫正对象，经县级社区矫正机构批准，其活动范围可以扩大至相邻市、县的合理活动范围。在实际工作中，社区矫正对象经常性跨市、县活动的，应当由本人提出书面申请，写明理由、经常性去往市县名称、频次等，同时提供相应证明，由执行地县级社区矫正机构批准，并报市级社区矫正机构备案，批准一次的有效期为 6 个月。经批准，在 6 个月内，社区矫正对象到批准市、县活动的，可以通过电话报告等形式简化批准程序和方式。到期后，社区矫正对象仍需要经常性跨市县活动的，应当重新提出申请，层报市级社区矫正机构审核后确定是否批准。

（四）变更执行地审批

《社区矫正法》第 27 条规定：“社区矫正对象离开所居住的市、县或者迁居，应当报经社区矫正机构批准。社区矫正机构对于有正当理由的，应当批准；对于因正常工作和生活需要经常性跨市、县活动的，可以根据情况，简化批准程序和方式。因社区矫正对象迁居等原因需要变更执行地的，社区矫正机构应当按照有关规定作出变更决定。社区矫正机构作出变更决定后，应当通知社区矫正决定机关和变更后的社区矫正机构，并将有关法律文书抄送变更后的社区矫正机构。变更后的社区矫正机构应当将法律文书转送所在地的人民检察院、公安机关。”这是关于矫正对象执行地变更的规定。《社区矫正法实施办法》第 30 条规定了变更执行地审批，第 31 条规定了变更执行地程序。

第一，变更执行地审批。因社区矫正对象工作、居所变化等原因需要变更执行地的，应当提前 1 个月提出书面申请，并提供相应证明材料，由受委托的司法所签署意见后报县级社区矫正机构审批。县级社区矫正机构收到申请后，应当在 5 日内书面征求新执行地县级社区矫正机构的意见。新执行地县级社区矫正机构接到征求意见函后，应当在 5 日内核实有关情况，作出是否同意接收的意见并书面回复。执行地县级社区矫正机构根据回复意见，作出决定。经审核，县级社区矫正机构不同意变更执行地的，应在决定作出之日起 5 日内告知社区矫正对象。同意变更执行地的，应对社区矫正对象进行教育，书面告知其到新执行地县级社区矫正机构报到的时间期限以及逾期报到或者未报到的后果，责令其按时报到。

第二，变更执行地程序。原执行地县级社区矫正机构应当在作出变更执行地决定之日起 5 日内，将有关法律文书和矫正档案移交新执行地县级社区矫正机构，并将有关法律文书抄送社区矫正决定机关和原执行地县级人民检察院和公安机关。新执行地县级社区矫正机构收到法律文书和档案材料后，在 5 日内送达回执，并将有关法律文书抄送所在地县级人民检察院和公安机关。经批准变更执行地的，社区矫正对象应当自收到变更执行地决定之日起7日内，到新执行地县级社区矫正机构报到。新执行地县级社区矫正机构应当核实身份、办理登记接收手续。

第三，漏管的处理。发现社区矫正对象未按规定时间报到的，新执行地县级社区矫正机构应当立即通知原执行地县级社区矫正机构，由原执行地县级社区矫正机构组织查找，新执行地县级社区矫正机构协助。未及时办理交付接收，造成社区矫正对象脱管漏管的，原执行地社区矫正机构会同新执行地社区矫正机构妥善处置。

（五）禁止令执行

禁止令制度是我国刑罚制度的重要创新。它是指对于特定的罪犯由法律规定不经过批准不得从事特定的活动，不得擅自进入某些特定的区域或者场所，不得接触特定的人。禁止令制度对于进一步贯彻宽严相济刑事政策、避免交叉感染、节约司法资源具有十分重要的意义。

《刑法修正案（八）》明确规定：对于被判处管制、缓刑的罪犯可以适用禁止令。2011年4月最高人民法院、最高人民检察院、公安部、司法部制订的《关于对判处管制、宣告缓刑的犯罪分子适用禁止令有关问题的规定（试行）》要求禁止令由社区矫正机构负责执行。《社区矫正法》第31条规定："社区矫正机构发现社区矫正对象正在实施违反监督管理规定的行为或者违反人民法院禁止令等违法行为的，应当立即制止；制止无效的，应当立即通知公安机关到场处置。"《社区矫正法实施办法》第39条规定："社区矫正机构根据执行禁止令的需要，可以协调有关的部门、单位、场所、个人协助配合执行禁止令。对禁止令确定需经批准才能进入的特定区域或者场所，社区矫正对象确需进入的，应当经执行地县级社区矫正机构批准，并通知原审人民法院和执行地县级人民检察院。"

在实际工作中，执行禁止令的常见做法是：一是社区矫正对象到社区矫正机构或者受委托的司法所报到和汇报思想时要如实报告遵守禁止令的情况。二是对人民法院禁止令确定需经批准才能进入的特定区域或者场所，社区矫正对象确需进入的，应当经县级社区矫正机构批准才能进入所需进入的特定区域或者场所，并通知原判人民法院和执行地县级人民检察院。三是社区矫正机构根据执行禁止令的需要，可以要求有关部门、单位、场所、个人协助配合执行禁止令。如果发现社区矫正对象正在实施违反监督管理规定或者违反禁止令行为，必须立即予以制止；如果社区矫正对象不听从劝阻，工作人员可以立即报警处理。

五、日常检查与定期走访

日常检查与定期走访是日常动态监督管理的主要方式，包括日常检查、电子监管、定期走访等。《社区矫正法》第 26 条第 1 款规定：“社区矫正机构应当了解掌握社区矫正对象的活动情况和行为表现。社区矫正机构可以通过通信联络、信息化核查、实地查访等方式核实有关情况，有关单位和个人应当予以配合。”第 29 条规定了电子定位的方式，对社区矫正对象出现法定情形的，经县级司法行政部门负责人批准，可以使用电子定位装置，加强监督管理。

（一）日常检查

根据《社区矫正法实施办法》的规定，日常检查包括：

第一，对社区矫正对象活动情况的监督检查和处理。社区矫正机构或受委托的司法所应当根据社区矫正对象的个人生活、工作及所处社区的实际情况，有针对性地采取通信联络、信息化核查、实地检查等措施，及时掌握社区矫正对象的活动情况。重点时段、重大活动期间或者遇有特殊情况，社区矫正机构或受委托的司法所可以要求社区矫正对象到指定场所报告、说明情况。对保外就医的社区矫正对象，应当到指定的医院接受检查治疗，定期向社区矫正机构提供病情复查情况。社区矫正机构及时掌握其身体状况及疾病治疗、复查结果等情况，并根据需要向社区矫正决定机关或者有关监狱、看守所反馈情况。

第二，对社区矫正对象执行禁止令情况的监督检查和处理。发现社区矫正对象有违反监督管理规定或者人民法院禁止令等违法情形的，执行地县级社区矫正机构应当调查核实情况，收集有关证据材料，提出处理意见。社区矫正机构发现社区矫正对象有法定收监执行情形的，应当依法组织开展调查取证工作，经集体评议等相关程序，提出提请收监执行建议，报社区矫正决定机关。

第三，对社区矫正对象脱管漏管的监督检查和处理。发现社区矫正对象失去联系的，社区矫正机构应当采取通信联络、信息化核查、实地查访等方式进行查找，查找时要做好记录，固定证据。查找不到的，社区矫正机构应当及时通知公安机关，公安机关接到通知后应当立即查找。查找到社区矫正对象后，社区矫正机构应当根据其脱离监管的情形，给予相应处罚。社区矫正对象下落不明，或者虽能查找到其下落但拒绝接受监督管理的，社区矫正机构应当视情节依法提请公安机关予以治安管理处罚，或者依法提请撤销缓刑、撤销假释、对暂予监外执行的收监执行。

（二）定期走访

定期走访是社区矫正工作人员为了摸清社区矫正对象的思想动态、生活状况、现实表现等，深入社区矫正对象的家庭、劳动和学习现场、所在单位、居住社区等，向知情人进行调查、询问的一种工作方式。

根据定期走访制度的要求，社区矫正机构或受委托的司法所要在社区矫正对象办理登记手续之日起，定期到社区矫正对象的家庭、所在单位、就读学校和居住的社区进行走访了解，并确定监督人，组成监督考察小组，与监督人签订监督协议，制定和落实监督管理措施。

社区矫正机构或者受委托的司法所社区矫正工作人员要每月走访家庭、单位、本人等，了解掌握社区矫正对象的情况，加强双方的沟通和理解，及时解决社区矫正对象面临的困难，有针对性地开展教育矫正工作。

元旦、春节、五一、国庆等法定节假日及其他重要时段、重要时期，社区矫正机构或者受委托的司法所社区矫正工作人员应当及时走访社区矫正对象的家庭及本人，掌握社区矫正对象的动态。社区矫正对象受到惩处、有重大思想问题或出现其他特殊情况时，社区矫正机构或者受委托的司法所社区矫正工作人员要及时走访社区矫正对象家庭及本人。必要时，社区矫正机构或者受委托的司法所社区矫正工作人员可以通过电话或其他形式询问了解情况。社区矫正工作人员应当根据走访情况及时调整矫正方案和矫正措施，增强矫正的针对性。

第三节　社区矫正执法管理

社区矫正执法管理分为两个层面：一是行政执法管理，即对于社区矫正对象违法违纪的行政处罚和表现良好的奖励。二是执行刑罚管理，即对于社区矫正对象在社区矫正中出现法定阻却刑罚执行的事由和良好的行为而采取的变更刑罚执行方式的管理活动。

《社区矫正法》第 28 条规定：“社区矫正机构根据社区矫正对象的表现，依照有关规定对其实施考核奖惩。社区矫正对象认罪悔罪、遵守法律法规、服从监督管理、接受教育表现突出的，应当给予表扬。社区矫正对象违反法律法规或者监督管理规定的，应当视情节依法给予训诫、警告、提请公安机关予以治安管理处罚，或者依法提请撤销缓刑、撤销假释、对暂予监外执行的收监执行。对社区矫正对象的考核结果，可以作为认定其是否确有悔改表现或者是否严重违反监督管理规定的依据。”

一、考核奖惩

依照有关法律法规和规范性文件，社区矫正机构或受委托的司法所对社区矫正对象认罪悔罪、遵守有关规定、服从监督管理、接受教育等现实情况，定期进行考核。考核结果，可以作为认定社区矫正对象是否确有悔改表现或者是否严重违反监督管理规定的依据，作为对其实施分类监管教育、给予奖惩的重要参考。社区矫正机构或受委托的司法所应当依据考核结果，及时调整社区矫正对象的矫正方案。

（一）考核与奖惩的关系

考核奖惩包括考核和奖惩两个过程。考核是社区矫正机构或受委托的司法所在对社区矫正对象实施矫正过程中，依照一定的标准和程序，对社区矫正对象接受监督管理、参加教育学习和公益活动等情况所进行的考察和评定。考核是社区矫正中的一项基础性工作。通过对社区矫正对象考核，可以显示社区矫正对象社区矫正的成效，可以对社区矫正对象的心理、行为、自制力、社会适应性、人际关系等进行监督与评价，使社区矫正对象明确自己与社区矫正目标的差距，从而实现社区矫正对象自我改造和转化的目的。

奖惩是社区矫正机构依照法律法规的有关规定，根据社区矫正对象在社区矫正中的良好表现或不良表现而实施的奖励和惩罚。对社区矫正对象实施奖惩，是区别对待政策的具体体现，也是促进社区矫正对象分化、转化，调动社区矫正对象改造积极性，稳定社区矫正秩序，提高社区矫正质量的有效手段。同时，由于对社区矫正对象的奖惩与其自身的利益密切相关，所以，对社区矫正对象的奖惩必须客观公正、实事求是，杜绝奖惩的随意性，使奖惩具有公正性和权威性，以达到惩恶扬善，促进社区矫正对象改造的目的。

考核与奖惩作为社区矫正的重要手段，虽然各有独立的含义和内容，但二者是密不可分的，二者互为条件、互为因果、相互依赖、相互结合，共同发挥激励社区矫正对象改造的积极作用。

考核是奖惩的前提和基础。对社区矫正对象进行奖惩，需要以社区矫正对象翔实准确的现实表现为依据，而这种依据就来自考核。因此，对社区矫正对象进行考核时，必须克服随意性，使考核结果真实可信，使社区矫正对象对自己的现实表现及是否达到奖惩的法定条件做到心中有数，并不断调整自己的心态和行为，为满足自我实现的需要而加速改造。所以说，没有对矫正对象的考核，对社区矫正对象的奖惩就成了“无源之水，无本之木”。

奖惩是考核的直接结果。对奖励的期盼，对自由的渴望，是社区矫正过程中绝大多数社区矫正对象的迫切需要。奖惩的实施，是奖优罚劣的重要手段，是积极改造的社区矫正对象满足一定需要的必要途径。通过奖惩，可以推动社区矫正对象改造的进程，弱化社区矫正对象的不良动机，强化社区矫正对象看到前途和希望。考核与奖惩只有密切配合，才能共同发挥惩罚和改造矫正对象的作用，才能使考核奖惩成为促进社区矫正对象积极改造的极大动力。

无论是考核还是奖惩都是执法管理中的重要内容以及刑罚执行的重要手段。

（二）考核奖惩的原则

对社区矫正对象的考核奖惩应以国家法律法规和社区矫正有关规定为标准。在实务工作中，必须坚持以下原则：

1. 坚持依法适用原则。首先，依照《刑法》《刑事诉讼法》《社区矫正法》《社区矫正法实施办法》的有关规定，对社区矫正对象依照法定程序和标准进行考核，防止考核工作的主观随意性，这是奖惩公平公正的前提和基础。其次，依照社区矫正奖惩考核办法所规定的程序和标准，对社区矫正对象作出奖励或惩罚。严禁社区矫正工作人员在考核奖惩过程中徇私舞弊，以保障考核奖惩工作的公正性。

2. 坚持实事求是的原则。在社区矫正考核奖惩工作中贯彻实事求是的原则，就是要遵循社区矫正的客观规律，要掌握社区矫正对象的实情，深入社区矫正工作实际，深入基层社区、深入群众，认真进行调查研究，并对调查结果进行综合分析、仔细鉴别、去粗取精、去伪存真。这是考核奖惩工作实事求是的实践基础。

3. 坚持准确及时的原则。在社区矫正考核奖惩工作中，要求制定细化具体的考核奖惩办法，要准确记录社区矫正对象的考核奖惩情况，及时公布考核结果，及时实施奖惩以激发社区矫正对象自觉矫正和自我矫正的积极性。

4. 坚持公开、公平、公正的原则。公开、公平、公正的原则既是社区矫正考核奖惩工作的生命线，也是保证社区矫正考核奖惩活动权威性和公信力的前提和保障。公开是指考核奖惩办法、考核奖惩依据、考核奖惩程序、考核奖惩结果等，对社区矫正对象、社会公众及社区矫正工作参与者公开，接受上级机关、专门机关和社会公众监督；公平、公正是指社区矫正考核奖惩工作要做到对所有社区矫正对象一视同仁、公平合理，公正对待每一个社区矫正对象。

5. 坚持考核、奖惩和教育相结合的原则。考核是奖惩的前提和基础，奖惩是考核的必然结果。但考核奖惩都是为达到教育转化社区矫正对象的目标服务的。不是为了单纯的考核奖惩而考核奖惩，考核奖惩的最终目的是促进社区矫正对象转化，最终顺利地融入社会。因此三者只有形成合力，才会实现社区矫正的目的。

（三）考核的内容和方式

根据《社区矫正法实施办法》第 32 条的规定，考核的内容包括社区矫正对象接受监督管理、参加教育学习等情况。

在实际工作中，要求社区矫正机构或受委托的司法所应当实时记录社区矫正对象认罪悔罪、遵守法律法规、服从监督管理、接受教育等情况，及时录入省级社区矫正综合管理指挥平台，为社区矫正对象考核提供事实依据。其具体程序是：

第一，考核的主要内容。社区矫正对象服从监督管理，遵守法律、法规和司法行政部门关于报告、会客、外出、迁居、保外就医等监督管理规定，以及履行判决、裁定、暂予监外执行决定等法律文书确定的义务等情况。

第二，考核的区间。对社区矫正对象的考核由执行地社区矫正机构或者受委托的司法所组织。考核自社区矫正对象到社区矫正机构报到登记之日起至社区矫正终止之日止，每季度进行一次。

第三，考核的方式。对社区矫正对象的考核主要包括日常考核和综合考核两大类。日常考核是指社区矫正机构采用一定的方法，在日常监管中，对社区矫正对象遵规守纪等方面的表现进行量化管理，并据此作为奖惩依据的行为。综合考核是对社区矫正对象的矫正效果和个人表现在一段时间内的一个总的评估和考核。综合考核是在日常考核的基础上进行的，它的基本特点就是探求社区矫正项目的各个部分、环节、因素和层次之间相互联系的方式，由此而形成一种新的整体性的认识。综合考核不是日常各项考核的简单相加，综合的成果往往导致科学上的新发现。

对社区矫正对象的考核采取月计分和季评价相结合的方式进行。省级社区矫正机构应当制定省级社区矫正综合管理指挥平台日常计分办法，作为月计分的依据。省级社区矫正综合管理指挥平台根据社区矫正对象的行为表现，每月自动生成月计分结果。社区矫正机构或者受委托的司法所综合分析社区矫正对象的月计分、现实表现、奖惩情况、矫正小组意见等，进行季评价，形成季度考核结果，并及时存入社区矫正对象档案。季度考核应当在三个工作日内完成。

第四，考核的计分方式。社区矫正对象受到处罚的，月计分为零分。本省级行政区域内变更居住地的，原执行地的月计分继续有效；外省市迁居转入本省的，月计分按新接收社区矫正对象执行。

第五，考核结果的应用。依据考核结果对社区矫正对象进行奖励或惩罚以及开展分类管理。要求执行地县级社区矫正机构根据考核结果，及时调整管理类别。不符合管理类别调整条件或者虽然符合调整条件但剩余矫正期限不足一个月的，按照原等级管理。执行地县级社区矫正机构根据考核结果需要对社区矫正对象给予奖惩的，可以按照规定条件和程序给予奖惩。

二、行政执法管理

社区矫正是在执行刑罚的前提下，社区矫正机构对社区矫正对象的行政管理活动。因此，社区矫正中，社区矫正机构对社区矫正对象的行政管理程序和具体事务，以行政执法管理的形式开展的活动，我们称之为行政执法管理。《社区矫正法》第 28 条规定，对社区矫正对象的行政奖励是表扬。对社区矫正对象违反法律法规或者监督管理规定，视情节依法给予训诫、警告、提请公安机关予以治安管理处罚三种行政惩处措施。

（一）行政奖励

这里的行政奖励是指在社区矫正中，社区矫正机构按照法律法规和社区矫正规范所要求的标准，通过对社区矫正对象的全面考核，认为社区矫正对象的行为表现达到给予奖励的条件，依法予以表彰的行为。依据《社区矫正法》第 28 条规定，对矫正对象行政奖励的形式是表扬，行政奖励的机构是执行地县级社区矫正机构。

执行地县级社区矫正机构给予表扬的条件，除了社区矫正对象接受社区矫正满六个月的时间要求外，依照《社区矫正法实施办法》第 33 条的规定，还包括：(1) 服从人民法院判决，认罪悔罪；(2) 遵守法律法规；(3) 遵守关于报告、会客、外出、迁居等规定，服从社区矫正机构的管理；(4) 积极参加教育学习等活动，接受教育矫正的。除此之外，社区矫正对象接受社区矫正期间，有见义勇为、抢险救灾等突出表现，或者帮助他人、服务社会等突出事迹的，执行地县级社区矫正机构可以给予表扬。对社区矫正对象的考核结果与行政奖励情况，除了以书面形式记载，做到准确及时、公开公平、记入档案之外，还可以作为分类管理的依据。

（二）行政惩处

这里的行政惩处是指在社区矫正中，社区矫正机构按照法律法规和社区矫正规范的要求，对社区矫正对象行政违法违纪行为，依照其情节，依法予以相应处罚的行为。按照《社区矫正法》第 28 条的规定，惩处的种类包括对矫正对象的训诫、警告、提请公安机关予以治安管理处罚三种措施。

1. 训诫。训诫，本义是教导和忠告。作为社区矫正处罚措施的训诫，是指社区矫正机构对于社区矫正对象违反法律法规或者监督管理规定的行为，由于情节轻微，提出批评教育的一种方式。

依照《社区矫正法实施办法》第 34 条的规定，社区矫正机构给予社区矫正对象训诫的情形主要有：(1) 不按规定时间报到或接受社区矫正期间脱离监管，未超过 10 日的；(2) 违反关于报告、会客、外出、迁居等规定，情节轻微的；(3) 不按规定参加教育学习等活动，经教育仍不改正的；(4) 其他违反监督管理规定，情节轻微的。有上述情形之一的，县级社区矫正机构应当给予训诫，并出具书面决定。

在实施训诫时，一方面指出社区矫正对象违反法律法规或者监督管理规定的行为，分析其危害性，责令矫正对象努力改正，不再重犯；另一方面讲明社区矫正对象违规行为尚属轻微，可不建议给予其他行政处罚。

训诫由社区矫正机构直接作出；也可以由受委托的司法所提出建议，填报《训诫、警告审批表》，报社区矫正机构审核，作出是否予以训诫决定。社区矫正机构在对社区矫正对象进行训诫之后，社区矫正对象应当在训诫决定书上签字确认。

2. 警告。警告是一种警戒性的、轻微的违规制裁方式，是指社区矫正机构对社区矫正对象违反法律法规或者监督管理规定的行为，向社区矫正对象提出告诫，要求及时纠正和警示。

依照《社区矫正法实施办法》第 35 条的规定，社区矫正机构给予社区矫正对象警告的情形主要有：(1) 违反人民法院禁止令，情节轻微的；(2) 不按规定时间报到或者接受社区矫正期间脱离监管，超过十日的；(3) 违反关于报告、会客、外出、迁居等规定，情节较重的；(4) 保外就医的社区矫正对象无正当理由不按时提交病情复查情况，经教育仍不改正的；(5) 受到社区矫正机构两次训诫，仍不改正的；(6) 其他违反监督管理规定，情节较重的。有上述情形之一的，县级社区矫正机构应当给予警告，并出具书面决定。

警告由社区矫正机构直接作出；也可以由受委托的司法所提出建议，填报《训诫、警告审批表》，报社区矫正机构审核，作出是否予以训诫、警告决定。社区矫正机构在对社区矫正对象进行警告之后，社区矫正对象应当在警告决定书上签字确认。

3. 提请公安机关予以治安管理处罚。治安管理处罚，是指公安机关依照治安管理法规对扰乱社会秩序，妨害公共安全，侵犯公民人身权利，侵犯公私财产，情节轻微尚不够刑事处罚的违法行为所实施的行政处罚。很显然，依照《治安管理处罚法》的规定，我国治安管理处罚权集中由公安机关行使。

这里所讲的“提请公安机关予以治安管理处罚”是指社区矫正机构对社区矫正对象的违法行为已涉嫌达到治安管理处罚程度，依法提请同级公安机关依法给予处罚的提请权，而不是治安管理处罚权。同时，提请公安机关予以治安管理处罚建议权只适用于被判处管制、宣告缓刑或者暂予监外执行的社区矫正对象。而对于假释的社区矫正对象，违法行为一旦达到了治安管理处罚的程度，就会被直接收监执行。

依照《社区矫正法实施办法》第 36 条的规定，社区矫正对象违反监督管理规定或者人民法院禁止令，依法应予治安管理处罚的，执行地县级社区矫正机构应当及时提请同级公安机关依法给予处罚，并向执行地同级人民检察院抄送治安管理处罚建议书副本，及时通知处理结果。实务工作中，社区矫正机构提请公安机关予以治安管理处罚的情形主要有：(1) 违反人民法院禁止令，尚不属情节严重的；(2) 不按规定时间报到或者接受社区矫正期间脱离监管，超过 15 日未超过 30 日的；(3) 扰乱社区矫正工作秩序的；(4) 对社区矫正工作人员和其他依法参与社区矫正工作的人员及其近亲属进行殴打、威胁、侮辱、骚扰、报复，尚不构成犯罪的；(5) 其他违反监督管理规定。有上述情形之一的，县级社区矫正机构就会提请同级公安机关依法给予处罚。

公安机关应当将处理结果通知执行地县级社区矫正机构。公安机关做出治安管理处罚决定的，社区矫正机构治安管理处罚建议书以及公安机关治安管理处罚决定书副本应当同时抄送执行地同级人民检察院。

三、刑务管理

社区矫正是我国的刑事执行方式，是以刑罚执行为前提的。因此，社区矫正中，涉及刑罚执行程序和具体事务，以管理的形式开展的活动，我们称之为刑务管理。

《社区矫正法》第 28 条规定，社区矫正对象违反法律法规或者监督管理规定的，应当视情节依法给予提请撤销缓刑、提请撤销假释、对暂予监外执行的收监执行等刑事处罚。第 33 条规定，社区矫正对象符合刑法规定的减刑条件的，社区矫正机构应当向社会矫正执行地的中级以上人民法院提出减刑建议。

社区矫正机构是司法行政机关所设立的社区矫正执行机构，从目前的法律规定看，不具有刑罚执行权，因此，我们这里所讲的刑罚执行事务，主要是指需要和公安机关、检察机关、人民法院、监狱等合作才能完成的管理活动。在刑务管理中，社区矫正机构所具有的只是建议权，有时也称之为司法奖惩建议权。而决定权和执行权则由公安机关、人民法院、监狱管理机关分别行使。

（一）撤销缓刑、假释

依照《社区矫正法》第 46 条规定："社区矫正对象具有刑法规定的撤销缓刑、假释情形的，应当由人民法院撤销缓刑、假释。对于在考验期限内犯新罪或者发现判决宣告以前还有其他罪没有判决的，应当由审理该案件的人民法院撤销缓刑、假释，并书面通知原审人民法院和执行地社区矫正机构。对于有第二款规定以外的其他需要撤销缓刑、假释情形的，社区矫正机构应当向原审人民法院或者执行地人民法院提出撤销缓刑、假释建议，并将建议书抄送人民检察院。社区矫正机构提出撤销缓刑、假释建议时，应当说明理由，并提供有关证据材料。"由此，撤销缓刑、假释，是指缓刑、假释的社区矫正对象有刑法规定的撤销缓刑、假释法定事由，由审理该案件的人民法院直接撤销缓刑、假释，或者由社区矫正机构向原审人民法院或者执行地人民法院提出撤销缓刑、假释建议并提供有关证据材料。这一管理活动也可称为社区矫正机构的撤销缓刑、假释建议权。

第一，撤销缓刑、假释的条件。依照《社区矫正法实施办法》第 46 条的规定，由社区矫正机构向人民法院提出撤销缓刑的情形主要有：（1）违反禁止令，情节严重的；（2）无正当理由不按规定时间报到或者接受社区矫正期间脱离监管，超过一个月的；（3）因违反监督管理规定受到治安管理处罚，仍不改正的；（4）受到社区矫正机构两次警告，仍不改正的；（5）其他违反有关法律、行政法规和监督管理规定，情节严重的情形。

《社区矫正法实施办法》第 47 条规定，由社区矫正机构向人民法院提出撤销假释的情形主要有：（1）无正当理由不按规定时间报到或者接受社区矫正期间脱离监管，超过一个月的；（2）受到社区矫正机构两次警告，仍不改正的；（3）其他违反有关法律、行政法规和监督管理规定，尚未构成新的犯罪的。

第二，撤销缓刑、假释的程序。依照《社区矫正法》第 48 条和《社区矫正法实施办法》第 46、47 条的规定，一是由执行地同级社区矫正机构向原审人民法院或者执行地人民法院提出撤销缓刑、假释建议书。如果原审人民法院与执行地同级社区矫正机构在不同省（区、市）的，可以报请执行地人民法院裁定。二是人民法院拟撤销缓刑、假释的，应当听取社区矫正对象的申辩及其委托的律师的意见。三是人民法院应当在收到社区矫正机构撤销缓刑、假释建议书后，作出撤销裁定的，将裁定书送达社区矫正机构和公安机关，并抄送人民检察院。四是人民法院裁定撤销缓刑、假释的，公安机关应当及时将社区矫正对象送交监狱或者看守所执行。执行以前被逮捕的，羁押一日折抵刑期一日。五是人民法院裁定不予撤销缓刑、假释的，对被逮捕的社区矫正对象，公安机关应当立即予以释放。

第三，工作要求及提交材料。对社区矫正对象的撤销缓刑、撤销假释等处罚，由县级社区矫正机构负责刑事执行的工作人员收集证据，可以征求矫正小组、管理教育人员及相关单位意见，提出处罚初步建议，填报《提请治安管理处罚、撤销缓刑、撤销假释建议审批表》并附相关证据材料，提交社区矫正机构评议审核后作出是否提请撤销缓刑、撤销假释的决定。社区矫正机构提出撤销缓刑、撤销假释建议的，应当附下列材料：（1）提请撤销缓刑、撤销假释建议书；（2）原社区矫正决定机关判决书、裁定书、执行通知书；（3）证明社区矫正对象构成撤销缓刑、撤销假释情形的证据；（4）社区矫正对象考核表，提请撤销缓刑、撤销假释审批表；（5）社区矫正机构评议审核意见及受委托的司法所建议；（6）社区矫正决定机关要求移送的其他材料。

（二）收监执行

社区矫正对象的收监执行，是指社区矫正中矫正对象具有法律规定的应予以收监执行刑罚的情形，依照法定程序将矫正对象收押入监执行刑罚的活动。主要包括撤销缓刑、假释收监执行和暂予监外执行收监执行。

《关于进一步加强社区矫正工作衔接配合管理的意见》第 16 条作出了具体规定，社区矫正对象符合收监执行条件的，居住地社区矫正机构应当及时按照规定，向原裁判人民法院或者公安机关、监狱管理机关送达撤销缓刑、撤销假释建议书或者对暂予监外执行的收监执行建议书并附相关证明材料。人民法院、公安机关、监狱管理机关应当在规定期限内依法作出裁定或者决定，并将法律文书送达居住地县级司法行政机关，同时抄送居住地县级人民检察院、公安机关。第21条规定，社区矫正对象被行政拘留、司法拘留、收容教育、强制隔离戒毒等行政处罚或者强制措施期间，人民法院、公安机关、监狱管理机关依法作出对其撤销缓刑、撤销假释的裁定或者收监执行决定的，居住地社区矫正机构应当将人民法院、公安机关、监狱管理机关的裁定书、决定书送交作出上述决定的机关，由有关部门依法收监执行刑罚。

1. 收监执行的原则。《关于进一步加强社区矫正工作衔接配合管理的意见》第17条规定了收监的原则，社区矫正对象因违反监督管理规定被依法撤销缓刑、撤销假释或者暂予监外执行被决定收监执行的，应当本着就近、便利、安全的原则，送交其居住地所属的省的看守所、监狱执行刑罚。

2. 收监执行的几种情况。

第一，人民法院裁定撤销缓刑、假释的社区矫正对象，决定收监执行的。依照《社区矫正法》第48条第3款规定："……公安机关应当及时将社区矫正对象送交监狱或者看守所执行……"

第二，暂予监外执行决定机关提出收监执行的。依照《社区矫正法》第49条规定，一是暂予监外执行的社区矫正对象具有刑事诉讼法规定的应当予以收监情形的，社区矫正机构应当向执行地或者原社区矫正决定机关提出收监执行建议，并将建议书抄送人民检察院。社区矫正决定机关应当在收到建议书后30日内作出决定，将决定书送达社区矫正机构和公安机关，并抄送人民检察院。二是人民法院、公安机关对暂予监外执行的社区矫正对象决定收监执行的，由公安机关立即将社区矫正对象送交监狱或者看守所收监执行。三是监狱管理机关对暂予监外执行的社区矫正对象决定收监执行的，监狱应当立即将社区矫正对象收监执行。

3. 暂予监外执行收监执行的条件。依照《社区矫正法实施办法》第49条的规定，由执行地县级社区矫正机构向执行地或者原社区矫正决定机关提出收监执行建议的条件是：（1）不符合暂予监外执行条件的；（2）未经社区矫正机构批准擅自离开居住的市、县，经警告拒不改正，或者拒不报告行踪，脱离监管的；（3）因违反监督管理规定受到治安管理处罚，仍不改正的；（4）受到社区矫正机构两次警告的；（5）保外就医期间不按规定提交病情复查情况，经警告拒不改正的；（6）暂予监外执行的情形消失后，刑期未满的；（7）保证人丧失保证条件或者因不履行义务被取消保证人资格，不能在规定期限内提出新的保证人的；（8）其他违反有关法律、行政法规和监督管理规定，情节严重的情形。只要矫正对象具备上述情形之一，即可向原社区矫正决定机关提出收监执行建议。

社区矫正机构一般向执行地社区矫正决定机关提出收监执行建议。如果原社区矫正决定机关与执行地县级社区矫正机构在同一省、自治区、直辖市的，可以向原社区矫正决定机关提出建议。

社区矫正机构的收监执行建议书和决定机关的决定书，应当同时抄送执行地县级人民检察院。

4. 收监执行的法律文书。《关于进一步加强社区矫正工作衔接配合管理的意见》第 18 条对收监执行应准备的法律文书分别做出了规定：

（1）裁定撤销缓刑的社区矫正对象。第 18 条第 1 款规定，社区矫正对象被裁定撤销缓刑的，居住地社区矫正机构应当向看守所、监狱移交撤销缓刑裁定书和执行通知书、撤销缓刑建议书以及原判决书、裁定书和执行通知书、起诉书副本、结案登记表以及社区矫正期间表现情况等文书材料。

（2）裁定撤销假释的社区矫正对象。第 18 条第 2 款规定，社区矫正对象被裁定撤销假释的，居住地社区矫正机构应当向看守所、监狱移交撤销假释裁定书和执行通知书，撤销假释建议书、社区矫正期间表现情况材料，原判决书、裁定书和执行通知书、起诉书副本、结案登记表复印件等文书材料。罪犯收监后，居住地社区矫正机构通知罪犯原服刑看守所、监狱将罪犯假释前的档案材料移交撤销假释后的服刑看守所、监狱。

（3）决定收监执行的暂予监外执行的社区矫正对象。第 18 条第 3、4 款规定，暂予监外执行社区矫正对象被人民法院决定收监执行的，居住地社区矫正机构应当向看守所、监狱移交收监执行决定书和执行通知书以及原判决书、裁定书和执行通知书、起诉书副本、结案登记表、社区矫正期间表现等文书材料。暂予监外执行社区矫正对象被公安机关、监狱管理机关决定收监执行的，居住地社区矫正机构应当向看守所、监狱移交社区矫正对象在接受矫正期间的表现情况等文书材料。

社区矫正机构收监执行建议书和决定机关收监执行决定书副本，应当同时抄送执行地同级人民检察院和公安机关。

5. 收监执行的追逃。《社区矫正法》第 50 条规定：“被裁定撤销缓刑、假释和被决定收监执行的社区矫正对象逃跑的，由公安机关追捕，社区矫正机构、有关单位和个人予以协助。”《关于进一步加强社区矫正工作衔接配合管理的意见》第 20 条规定，被裁定、决定收监执行的社区矫正对象在逃的，居住地社区矫正机构应当在收到人民法院、公安机关、监狱管理机关的裁定、决定后，立即通知居住地县级公安机关，由其负责实施追捕。撤销缓刑、撤销假释裁定书和对暂予监外执行罪犯收监执行决定书，可以作为公安机关网上追逃依据。公安机关根据案情决定是否实施网上追逃。社区矫正对象脱逃后的追逃工作，其主体是公安机关，社区矫正机构只是予以协助。

6. 收监执行的公示。《关于进一步加强社区矫正工作衔接配合管理的意见》第 19 条规定，撤销缓刑、撤销假释裁定书或者对暂予监外执行罪犯收监执行决定书应当在居住地社区矫正机构教育场所公示。属于未成年或者犯罪的时候不满 18 周岁被判处 5 年有期徒刑以下刑罚的社区矫正对象除外。

（三）逮捕

逮捕是指社区矫正对象被提请撤销缓刑、假释时，具有实施新的犯罪，危害国家安全、公共安全或者社会秩序的现实危险等情形的，社区矫正机构为了控制危险情形的发生，可以在提出撤销缓刑、假释建议的同时，提请人民法院决定对其先行实施逮捕的措施。

第一，逮捕的法律规定。依照《社区矫正法》第 47 条规定："被提请撤销缓刑、假释的社区矫正对象可能逃跑或者发生社会危险的，社区矫正机构可以在提出撤销缓刑、假释建议的同时，提请人民法院决定对其予以逮捕。人民法院应当在四十八小时内作出是否逮捕的决定。决定逮捕的，由公安机关执行。逮捕后的羁押期限不得超过三十日。"由此，逮捕是对特定危险情形的先行预防措施。在这一过程中，社区矫正机构所具有的是提请逮捕建议权，决定权属于人民法院，执行权属于公安机关。

第二，逮捕的程序。逮捕属于对危险的应急控制措施，被提请撤销缓刑、假释的社区矫正对象具备应予逮捕情形的，由执行地同级社区矫正机构向原裁判人民法院提出逮捕建议书并附相关证明材料。人民法院收到提请逮捕建议后，做出逮捕决定的，通知执行地公安机关执行，至迟不超过 48 小时。

第三，提请逮捕的条件。依照《社区矫正法实施办法》第 48 条的规定，社区矫正机构提请人民法院决定对矫正对象予以逮捕，必须具有下列情形之一：（1）可能逃跑的；（2）具有危害国家安全、公共安全、社会秩序或者他人人身安全现实危险的；（3）可能对被害人、举报人、控告人或者社区矫正机构工作人员等实施报复行为的；（4）可能实施新的犯罪的。社区矫正机构提请人民法院决定逮捕社区矫正对象时，应当提供相应证据，移送人民法院审查决定。社区矫正机构提请逮捕、人民法院作出是否逮捕决定的法律文书，应当同时抄送执行地县级人民检察院。

（四）减刑

1. 社区矫正对象减刑的规定。《刑事诉讼法》第 273 条第 2 款规定"被判处管制、拘役、有期徒刑或者无期徒刑的罪犯，在执行期间确有悔改或者立功表现，应当依法予以减刑、假释的时候，由执行机关提出建议书，报请人民法院审核裁定，并将建议书副本抄送人民检察院。人民检察院可以向人民法院提出书面意见。"《社区矫正法》第 33 条规定："社区矫正对象符合刑法规定的减刑条件的，社区矫正机构应当向社区矫正执行地的中级以上人民法院提出减刑建议，并将减刑建议书抄送同级人民检察院。人民法院应当在收到社区矫正机构的减刑建议书后三十日内作出裁定，并将裁定书送达社区矫正机构，同时抄送人民检察院、公安机关。"

社区矫正对象中管制犯、暂予监外执行犯和假释犯的减刑，提请对矫正对象减刑建议的主体是执行地县级社区矫正机构，对社区矫正对象是否予以减刑的裁定机关是社区矫正对象居住地的中级人民法院，需要提交的减刑材料包括减刑建议书和其他相关证明材料。

关于缓刑犯的减刑的规定，《最高人民法院关于办理减刑、假释案件具体应用法律若干问题的规定》第18条规定："被判处拘役或者三年以下有期徒刑，并宣告缓刑的罪犯，一般不适用减刑。前款规定的罪犯在缓刑考验期内有重大立功表现的，可以参照刑法第七十八条的规定予以减刑，同时应当依法缩减其缓刑考验期。缩减后，拘役的缓刑考验期限不得少于二个月，有期徒刑的缓刑考验期限不得少于一年。"从中可以看出，"宣告缓刑的罪犯"一般不适用减刑，只有重大立功表现，才予以减刑，同时应依法缩减其缓刑考验期限。可以看出对缓刑犯减刑的要求相对比较严格。

2. 减刑的条件。

第一，对社区矫正对象可以认定为有"立功表现"是指具有下列情形之一：（1）阻止他人实施犯罪活动的；（2）检举、揭发犯罪活动，或者提供重要的破案线索，经查证属实的；（3）协助司法机关抓捕其他犯罪嫌疑人的；（4）在生产、科研中进行技术革新，成绩突出的；（5）在抗御自然灾害或者排除重大事故中，表现积极的；（6）对国家和社会有其他较大贡献的。第（4）项和第（6）项中的技术革新或者其他较大贡献应当由罪犯在刑罚执行期间独立或者为主完成，并经省级主管部门确认。

第二，对社区矫正对象可以认定为有"重大立功表现"是指具有下列情形之一：（1）阻止他人实施重大犯罪活动的；（2）检举重大犯罪活动，经查证属实的；（3）协助司法机关抓捕其他重大犯罪嫌疑人（包括同案犯）的；（4）有发明创造或者重大技术革新的；（5）在日常生产、生活中舍己救人的；（6）在抗御自然灾害或者排除重大事故中，有突出表现的；（7）对国家和社会有其他重大贡献的。第（4）项中的发明创造或者重大技术革新应当是罪犯在刑罚执行期间独立或者为主完成并经国家主管部门确认的发明专利，且不包括实用新型专利和外观设计专利；第（7）项中的其他重大贡献应当由社区矫正对象在社区矫正期间独立或者为主完成，并经国家主管部门确认。

第三，上述涉及的"重大犯罪活动""重大犯罪嫌疑人"，一般是指犯罪嫌疑人、被告人可能被判处无期徒刑以上刑罚或者案件在全省或者全国范围内有较大影响等情形。

3. 社区矫正对象减刑的程序。《社区矫正法实施办法》第42条规定："社区矫正对象符合法定减刑条件的，由执行地县级社区矫正机构提出减刑建议书并附相关证据材料，报经地（市）社区矫正机构审核同意后，由地（市）社区矫正机构提请执行地的中级人民法院裁定。依法应由高级人民法院裁定的减刑案件，由执行地县级社区矫正机构提出减刑建议书并附相关证据材料，逐级上报省级社区矫正机构审核同意后，由省级社区矫正机构提请执行地的高级人民法院裁定。人民法院应当自收到减刑建议书和相关证据材料之日起30日内依法裁定。社区矫正机构减刑建议书和人民法院减刑裁定书副本，应当同时抄送社区矫正执行地同级人民检察院、公安机关及罪犯原服刑或者接收其档案的监狱。”

社区矫正对象符合法定减刑条件的，由执行地县级社区矫正机构提出减刑建议书并附相关证明材料，经地（市）级社区矫正机构审核同意后提请社区矫正对象执行地的中级人民法院裁定。人民法院应当自收到之日起30日内依法裁定。社区矫正机构减刑建议书和人民法院减刑裁定书副本，应当同时抄送社区矫正对象执行地同级人民检察院和公安机关。

实践中，社区矫正对象的减刑程序包括以下四个步骤：第一步，县级社区矫正机构根据社区矫正对象确有悔改或者立功、重大立功表现的具体事实，填写《社区矫正对象减刑建议书》和《提请减刑审核表》，连同其他材料报送地（市）级社区矫正机构。第二步，社区矫正机构拟对符合法定条件的社区矫正对象提请减刑的，应当在社区矫正机构的矫务公开栏进行公示。公示时间为7天。公示内容应当包括：（1）社区矫正对象的姓名；（2）原判认定的罪名、矫正类别和矫正期限；（3）社区矫正机构的减刑建议和依据；（4）公示期限；（5）意见反馈方式等。第三步，地（市）级社区矫正机构进行审核，认为符合法定减刑条件的，在《提请减刑建议审核书》上签署意见，向中级人民法院提请减刑，并移送下列材料：《社区矫正对象减刑建议书》；终审法院的裁判文书、执行通知书、历次减刑裁定书的复印件；矫正对象确有悔改或者立功、重大立功表现的具体事实的书面证明材料；奖惩审批表等；其他根据案件的审理需要移送的材料。第四步，社区矫正机构减刑建议书和人民法院减刑裁定书副本，应当同时抄送社区矫正对象居住地同级人民检察院和公安机关。

（五）漏管处理

漏管是指人民法院、公安机关、社区矫正机构在社区矫正对象交付接收工作中衔接脱节，或者社区矫正对象逃避监管、未按规定时间期限报到，造成没有及时执行社区矫正的情况。

对于漏管的查找和处理，《关于进一步加强社区矫正工作衔接配合管理的意见》第8条第1款规定，居住地社区矫正机构发现社区矫正对象漏管的，应当及时组织查找，并由居住地县级社区矫正机构通知有关人民法院、公安机关、监狱、居住地县级人民检察院。第8条第2款规定，社区矫正对象逃避监管、不按规定时间期限报到导致漏管的，居住地县级社区矫正机构应当给予警告；符合收监执行条件的，依法提出撤销缓刑、撤销假释或者对暂予监外执行收监执行的建议。这一规定明确了发现社区矫正对象漏管之后社区矫正机构应采取的处置措施，以及对社区矫正对象不按时报到导致漏管的处罚责任。同时，社区矫正对象居住地县级社区矫正机构依法应当接收社区矫正对象而未接收的，应当及时纠正，造成漏管的，应当承担相应责任。

实际工作中，要求社区矫正决定机关发现社区矫正对象漏管的，应及时通知社区矫正机构，送达法律文书，督促社区矫正对象报到。执行地县级社区矫正机构发现社区矫正对象漏管，应当及时组织查找、做好记录、固定证据，公安机关，村（居）委会，社区矫正对象的家庭成员、监护人、用工方、就读学校等有关单位和人员应当予以配合协助。社区矫正机构应当及时将有关情况书面通报社区矫正决定机关和执行地人民检察院。对被裁定假释的罪犯，应当同时抄送原服刑的看守所、监狱。

（六）脱管处理

脱管是指社区矫正对象在社区矫正期间脱离执行地县级社区矫正机构的监督管理下落不明，或者虽能查找到其下落但拒绝接受监督管理的情况。

《社区矫正法》第 30 条规定："社区矫正对象失去联系的，社区矫正机构应当立即组织查找，公安机关等有关单位和人员应当予以配合协助。查找到社区矫正对象后，应当区别情形依法作出处理。"《社区矫正法实施办法》第 38 条规定："发现社区矫正对象失去联系的，社区矫正机构应当立即组织查找，可以采取通信联络、信息化核查、实地查访等方式查找，查找时要做好记录，固定证据。查找不到的，社区矫正机构应当及时通知公安机关，公安机关应当协助查找。社区矫正机构应当及时将组织查找的情况通报人民检察院。查找到社区矫正对象后，社区矫正机构应当根据其脱离监管的情形，给予相应处置。虽能查找到社区矫正对象下落但其拒绝接受监督管理的，社区矫正机构应当视情节依法提请公安机关予以治安管理处罚，或者依法提请撤销缓刑、撤销假释、对暂予监外执行的收监执行。"从职责上来看，社区矫正机构只是组织查找，只有社区矫正对象下落不明或者虽能查找到其下落但拒绝接受监督管理的，社区矫正机构才能行使撤销缓刑、撤销假释或者对暂予监外执行的提请权。

对于脱管的查找和处理，《关于进一步加强社区矫正工作衔接配合管理的意见》第 11 条规定，居住地社区矫正机构发现社区矫正对象脱管，应当及时采取联系本人、其家属亲友，走访有关单位和人员等方式组织追查，做好记录，并由县级司法行政机关视情形依法给予警告、提请治安管理处罚、提请撤销缓刑、撤销假释或者对暂予监外执行的提请收监执行。一般来说，由于法律文书没有按规定送达县级社区矫正机构导致社区矫正对象脱管发生再犯罪的，相关经办人应承担责任。如果是县级社区矫正机构收到法律文书但发现社区矫正对象未在规定期间内报到的，应当及时组织查找，并书面通报原关押监狱、决定机关及居住地公安机关、人民检察院。因未通报及组织查找不及时导致矫正对象脱管的，社区矫正工作人员应当承担责任。如果由于监狱、人民法院、公安机关等未按规定送达法律文书导致社区矫正对象脱管，案件经办人应承担责任。

在实际工作中，不同机构的权限不同，行使的方式也不同。一是报告的义务。受委托的司法所发现社区矫正对象脱离监管，应当立即报告县级社区矫正机构，受委托行使社区矫正管理权的司法所具有向委托人报告的义务。二是社区矫正管理主体的查找职责。县级社区矫正机构发现社区矫正对象脱管的，应当及时采取联系本人、其家属亲友，走访有关单位和人员等方式组织追查，公安机关应当配合协助。三是行使提请权。社区矫正对象虽能查找到其下落但拒绝接受监督管理的，社区矫正机构应当视情节依法提请公安机关予以治安管理处罚，或者依法提请撤销缓刑、撤销假释、对暂予监外执行的收监执行。

（七）追逃

《社区矫正法》第50条规定："被裁定撤销缓刑、假释和被决定收监执行的社区矫正对象逃跑的，由公安机关追捕，社区矫正机构、有关单位和个人予以协助。"由此可以看出，追逃的主体是公安机关，社区矫正机构、有关单位和个人只是协助。依照《社区矫正法实施办法》第51条的规定，撤销缓刑、撤销假释的裁定和收监执行的决定生效后，社区矫正对象下落不明的，就可以认定为在逃。对于在逃的社区矫正对象，由执行地县级公安机关负责追捕。同时，撤销缓刑、撤销假释裁定书和对暂予监外执行罪犯收监执行决定书，可以作为公安机关追逃依据。

第四节　解矫管理

社区矫正的解矫管理是指由于社区矫正对象的社区矫正期限届满，或者由于法定事由而社区矫正归于终止或消灭的行为。《社区矫正法》第44条规定："社区矫正对象矫正期满或者被赦免的，社区矫正机构应当向社区矫正对象发放解除社区矫正证明书，并通知社区矫正决定机关、所在地的人民检察院、公安机关。"解矫管理是社区矫正工作的最后一个管理环节，主要包括对符合矫正解除、终止条件的社区矫正对象按照程序为其办理解除、终止的手续，完成社区矫正工作的最后一个刑罚执行环节并与安置帮教工作相衔接。

社区矫正对象矫正的解除，是指社区矫正对象因矫正期限届满或因暂予监外执行条件消失而引起的一种刑事执行的解除。

一、社区矫正解除的情形

（一）社区矫正期限届满

依照《社区矫正法》的规定，社区矫正对象矫正期满，社区矫正机构应当对社区矫正对象解除社区矫正；《社区矫正法实施办法》第 53 条第 1 款规定："社区矫正对象矫正期限届满，且在社区矫正期间没有应当撤销缓刑、撤销假释或者暂予监外执行收监执行情形的，社区矫正机构依法办理解除矫正手续。"据此，社区矫正对象矫正解除的情形之一就是社区矫正期限届满。

（二）暂予监外执行条件消失

主要包括：第一，监狱管理机关、公安机关决定暂予监外执行的社区矫正对象刑期届满的，由存放或者接收其档案的监狱、看守所依法办理刑满释放手续，并在法定时间内将相关法律文书送达执行地县级社区矫正机构。人民法院决定暂予监外执行的社区矫正对象社区矫正期满的，由执行地县级社区矫正机构发放解除社区矫正证明书，依法办理解除矫正手续。第二，暂予监外执行的情形消失是指符合暂予监外执行客观条件或法定情形消失。暂予监外执行情形消失主要有：一是因有严重疾病需要保外就医的社区矫正对象，经过治疗，疾病痊愈，符合收监条件的。二是因怀孕或者正在哺乳自己婴儿的妇女是被暂予监外执行的社区矫正对象，婴儿哺乳期结束的哺乳期限按婴儿出生后 1 年计算。三是根据《暂予监外执行程序规定》第 32 条规定："暂予监外执行罪犯刑期即将届满的，监狱收到县级司法行政机关社区矫正机构书面通知后，应当按期办理刑满释放手续。"

暂予监外执行是依照法律规定暂时采用不予关押的方式执行原判刑罚，当暂予监外执行的情形消失后，不宜继续社区矫正，所以社区矫正解除。

（三）社区矫正对象被赦免

这是一种特定形态的解除社区矫正的情形。《社区矫正法》第 44 条规定：社区矫正对象被赦免的，社区矫正机构应当对社区矫正对象解除社区矫正。《社区矫正法实施办法》规定，社区矫正对象被赦免的，社区矫正机构向社区矫正对象发放解除社区矫正证明书，依法办理解除矫正手续，并通知社区矫正决定机关、执行地县级人民检察院和公安机关。

（四）社区矫正终止

社区矫正对象矫正的终止主要是指社区矫正对象在社区矫正期间出现法定事

由而使刑事执行终止。社区矫正终止的法定事由主要有死亡、被决定收监（所）执行或者被判处监禁刑罚的。《社区矫正法》第 45 条规定：“社区矫正对象被裁定撤销缓刑、假释，被决定收监执行，或者社区矫正对象死亡的，社区矫正终止。”

（五）羁押终止

依照《社区矫正法》第 32 条规定：“社区矫正对象有被依法决定拘留、强制隔离戒毒、采取刑事强制措施等限制人身自由情形的，有关机关应当及时通知社区矫正机构。”《社区矫正实施办法》第 41 条规定，社区矫正对象被依法决定行政拘留、司法拘留、强制隔离戒毒等或者因涉嫌犯新罪、发现判决宣告前还有其他罪没有判决被采取强制措施的，要根据不同情况作出处理。决定机关应当自作出决定之日起三日内将有关情况通知执行地县级社区矫正机构和执行地县级人民检察院。

主要有：一是社区矫正对象被采取行政拘留、司法拘留、强制隔离戒毒等行政处罚或者强制措施期间，没有应当撤销缓刑、撤销假释或者暂予监外执行收监执行情形的，如矫正期满，社区矫正机构依法对其解除社区矫正。二是人民法院、公安机关、监狱管理机关依法作出对其撤销缓刑、撤销假释的裁定或者收监执行决定的，执行地县级社区矫正机构应当将人民法院、公安机关、监狱管理机关的裁定书、决定书送交作出上述决定的机关，由有关部门依法收监执行刑罚。三是社区矫正对象被采取行政拘留、司法拘留、强制隔离戒毒等行政处罚或者强制措施期间，没有应当撤销缓刑、撤销假释或者暂予监外执行收监执行情形的，矫正期未满应如何处理，目前的法律法规和规范性文件均未作出规定。我们认为，社区矫正对象被采取行政拘留、司法拘留、强制隔离戒毒等行政处罚或者强制措施期间，其措施要“重于社区矫正”，因此，社区矫正机构应依照“重罪吸收轻罪的原则”，将上述期间计算在社区矫正期间内。上述措施期满后未收监执行的，应当继续进行社区矫正的剩余期限。

二、社区矫正起止期限的计算

根据法律规定，不同类型的社区矫正对象其矫正期限的计算也不同，管制、缓刑、假释、暂予监外执行四类社区矫正对象的矫正期限如下：

1. 被判处管制的社区矫正对象，其矫正期限与管制的期限相等，矫正期从判决执行之日起计算，期限届满宣布执行期满，解除管制。

2. 被宣告缓刑的社区矫正对象，其矫正期限与缓刑考验期限相等，矫正期从判决确定之日起计算，期限届满宣布缓刑考验期满，原判刑罚不再执行。

3. 被裁定假释的社区矫正对象，其矫正期限与假释考验期限相等，矫正期从假释之日起计算，期限届满宣布考验期满，原判刑罚执行完毕。

4. 被裁定暂予监外执行的社区矫正对象，其矫正期限与暂予监外执行的期限相同，人民法院决定的，其矫正期从暂予监外执行决定生效之日起计算；公安机关、监狱管理机关决定的，其矫正期从出监所之日起计算，刑期届满的，由监狱、看守所依法为其办理刑满释放手续。

管制、缓刑、假释的社区矫正对象矫正期限届满，或者暂予监外执行的社区矫正对象，在社区矫正的期限届满，社区矫正机构必须依法按期解除矫正。

上述情形因为减刑而缩减矫正期限的，缩减后的矫正期限届满，也必须依法解除社区矫正。

三、矫正解除的程序

（一）做好解除矫正前的准备工作

根据《社区矫正法实施办法》第53条之规定，社区矫正期满前30日，社区矫正对象应当作出个人总结，执行地县级社区矫正机构应当根据其在接受社区矫正期间的表现等情况作出书面鉴定，并对安置帮教等内容提出建议，告知社区矫正对象安置帮教的有关规定，与安置帮教工作部门妥善做好交接。在实务过程中，社区矫正机构或受委托的司法所应当对矫正期满的矫正对象进行解除矫正前的谈话，巩固教育矫正效果，并督促社区矫正对象写出个人书面总结，社区矫正机构或受委托的司法所根据其在矫正期间的表现、考核结果、社区意见等情况作出书面鉴定，填写《社区矫正期满鉴定表》。

（二）制发解除矫正文书

根据《社区矫正法实施办法》第53条之规定，执行地县级社区矫正机构应当向社区矫正对象发放解除社区矫正证明书，并书面通知社区矫正决定机关，同时抄送县级人民检察院和公安机关。管制、缓刑、假释人员社区矫正期限届满当日，人民法院决定暂予监外执行罪犯刑期届满当日，社区矫正机构或受委托的司法所制作《解除社区矫正宣告书》；县级社区矫正机构应制作《解除社区矫正证明书》，上联存档，同时将上联复印件送达受委托的司法所，下联由受委托的司法所在解除社区矫正宣告后发放给社区矫正对象。同时制作《解除社区矫正通知书》，第一联县级社区矫正机构存档，第二联送原作出裁判、决定的人民法院，第三联送居住地人民检察院，第四联送居住地公安机关。

（三）公开进行解除宣告

根据《社区矫正法实施办法》第54条之规定，社区矫正对象矫正期满，执行地县级社区矫正机构或受委托的司法所可以组织解除矫正宣告。解除宣告应当庄重、严肃，由社区矫正机构或受委托的司法所工作人员主持，按照规定程序公开进行，参加人员包括有关部门、基层组织、群众代表、社区矫正对象所在单位有关人员、社区矫正对象的家庭成员或者监护人、保证人等，可邀请法官、检察官和公安民警参加解矫宣告。对未成年社区矫正对象的宣告不公开进行。解除宣告的内容应当具体明确。解矫宣告包括以下内容：(1) 宣读对社区矫正对象的鉴定意见。(2) 宣布社区矫正期限届满或者被赦免，依法解除社区矫正。(3) 对判处管制的，宣布执行期满，解除管制；对宣告缓刑的，宣布缓刑考验期满，原判刑罚不再执行；对裁定假释的，宣布考验期满，原判刑罚执行完毕；对人民法院决定暂予监外执行的，宣布刑罚执行完毕。(4) 发放解除社区矫正证明书。(5) 告知安置帮教有关规定。

(四) 通知有关部门

社区矫正对象期满解除矫正的，县级社区矫正机构要书面通知决定机关，送达《解除社区矫正通知书》，同时抄送县级人民检察院和公安机关。

(五) 做好与安置帮教的衔接工作

社区矫正机构或受委托的司法所要向社区矫正对象告知安置帮教有关规定，并与安置帮教部门提前沟通情况，及时转交相关材料，妥善做好交接，努力实现社区矫正与安置帮教的无缝对接。

四、解矫教育

(一) 解矫教育的概念

解矫教育是社区矫正机构对处于解矫前的社区矫正对象进行的，以适应社会生活为主题的，带有总结性、补课性的专项教育活动。它是教育矫正的最后一道工序，是针对即将解矫的社区矫正对象如何正确适应社会生活、防止重新违法犯罪而进行的强化措施。解矫教育时间通常为矫正期限届满前1个月。

(二) 解矫教育的内容

解矫教育主要包括以下内容：

1. 期满总结教育。期满总结教育是指辅导社区矫正对象回顾、总结接受社区矫正以来的思想转变、矫正表现、矫正效果等情况，进一步认识不足，明确方向。社区矫正机构或受委托的司法所应当在矫正期限届满前，指导社区矫正对象进行自我总结，填写《社区矫正期满鉴定表》。开展期满总结教育是为了教育引导社区矫正对象客观地总结过去取得的成绩和存在的问题，巩固矫正成果。在总结教育过程中，要教育社区矫正对象克服“松口气”的思想，消除浮躁心态，要求他们客观全面地总结教育矫正过程，重点总结在法治观念、思想道德、文化技术及纪律作风等方面的变化或收获，特别要注意目前存在的不足，以明确真正回归社会后的教育重点。在社区矫正对象自我总结过程中，要坚持实事求是的原则，不能夸大也不能缩小，更不得杜撰。社区矫正对象总结矫正生活主要运用对比和启发。所谓对比法，就是引导社区矫正对象进行自我矫正前后的对比，自己与同犯的矫正相对比，在比较中发现自己的进步和存在的各种不足。启发法，就是通过与罪犯个别谈话和组织罪犯的矫正总结座谈汇报会，启发罪犯做好总结。

2. 适应社会教育。适应社会教育主要指社区矫正对象如何顺利实现社会角色的转变。角色是对群体或社会中具有一定身份的人的行为期待。[①] 社会赋予不同社会角色以不同的期望。违法犯罪行为使社区矫正对象社会地位被贬降，被赋予“犯罪人员”“罪犯”“坏人”等社会角色，社会对他们的角色期望是认罪服法、遵规守纪，但大多数社区矫正对象希望通过努力，改变社会赋予角色，重获社会地位。解矫后，社区矫正对象由罪犯的角色转变为自由公民，社会要求他们遵纪守法，不再违法犯罪。这就要求社区矫正机构在解矫过程中进行必要的教育，如加强守法意识教育，帮助社区矫正对象确立自己的理想，教育他们正确看待生活中的挫折，学会处理人际关系紧张等社会排斥现象。

3. 心理健康辅导。通过心理健康教育、心理咨询、期满前心理测试等，了解社区矫正对象矫正初期和结束时的心理变化情况，肯定积极成果，提示其仍然存在的不足，给出抑扬良方，鼓励社区矫正对象做好正式回归社会的心理准备工作。

4. 安置帮教衔接教育。对于即将解矫的社区矫正对象，告知其安置帮教工作的性质及相关工作内容，引导其鼓足工作、生活信心，全面开始创造新的生活，坚决摒弃错误观点及不良心理、行为习性；放下包袱，一路向前向上，绝不重蹈覆辙；有困难、有疑惑及时与安置帮教部门沟通，请求帮助。

（三）解矫教育的组织实施

1. 组织撰写个人总结。根据司法部相关规定，被判处管制、宣告缓刑、裁定假释的社区矫正对象，应当在矫正期满 30 日由本人作出书面总结，由社区矫正机构或受委托的司法所出具相关考核鉴定材料，依照法定程序终止社区矫正。由此，社区矫正工作人员应当督促和指导社区矫正对象在矫正期满前 30 日内，

① ［美］戴维·波普诺：《社会学》（第十版），李强等译，中国人民大学出版社 1999 年版，第 97 页。

完成矫正期满书面总结。矫正总结主要包括“矫正收获”“存在问题”和“今后打算”等方面，对自身的思想观念、遵纪守法、接受管理、参加教育与公益活动等方面进行梳理总结。

2. 梳理矫正情况。社区矫正工作人员应当对即将解矫的社区矫正对象在矫正期间的情况进行全面调查，并对其矫正情况作出客观分析。社区矫正工作人员通过查阅社区矫正对象的执行档案与工作档案，如考核奖惩材料、思想汇报、社区服务与教育矫正记录、走访记录等，了解社区矫正对象的日常表现。此外，社区矫正工作人员可以通过个别谈话的方式，让社区矫正对象自述矫正体会，以达到对档案材料的印证。

3. 提出希望要求。在社区矫正对象提交书面总结后，社区矫正机构或受委托的司法所应当组织公安派出所民警、村（居委会、社区）干部、帮教小组代表、社区矫正志愿者、社区矫正对象及其家属等相关人员参加评议会，对社区矫正对象的社区矫正情况进行综合评议。

社区矫正期满评议会的基本程序为：社区矫正对象回顾总结自身矫正情况；社区矫正机构或受委托的司法所矫正责任人结合社区矫正对象的实际表现进行讲评，并介绍奖惩考核等方面的有关情况；与会的社区矫正机构或受委托的司法所工作人员、公安派出所民警、居委会（社区）干部、帮教小组代表以及社区矫正志愿者，对社区矫正对象的矫正表现进行评议；社区矫正对象对评议提出的意见或要求表态，其中如涉及对其家属的意见或要求时，家属也应当进行表态；社区矫正机构或受委托的司法所对评议情况进行小结，在此基础上形成明确的评议结果并当场宣读；公安派出所所长或民警对社区矫正对象提出希望和要求。

第十二章　社区矫正管理模式

任何法律或制度都是实践理性的产物，体现了人们的价值判断与理性选择。理性并非要否定所谓自生自发秩序的作用，而是强调现实中缺乏价值判断，法律将寸步难行。人们（立法者）在各种价值目标之间加以评判取舍，就是一个法律目的选择的过程。不同的目的选择指向了不同的价值：历史法学选择了民族的精神，法经济学派选择了效率优先，自由主义强调了个人的自由保障。为此，作为具体的社区矫正管理模式的选择，也需要在经验的基础上，先进行价值的判断，以使选择模式符合理性认识的最优考量。毫无疑问，监狱制度的封闭式行刑模式与社区矫正制度的开放式行刑模式在最终目的上是一致的，是统一于刑罚特殊预防目的之上的。只是在达成这一最终目的的途径上，各有不同的模式选择。也就是说，方法或途径成了次一级的目的。社区矫正管理模式的设计，同样面临这种次一级的目的选择问题。取舍之间，便极有可能造成面貌相同的制度，却有不同的结果。①

第一节　社区矫正管理模式的类型

一、社区矫正管理模式产生的思想基础

社区矫正管理模式产生的理论基础是复归主义思想。复归主义思想认为，监狱不是矫正教育罪犯的理想环境，罪犯被长期监禁在监狱中，生活环境、生活内容、生活方式等由监狱进行统一的设计和规划，罪犯在严密监视与控制下服刑，与现实社会严重脱节。并且常年处在监狱亚文化的消极影响中，受亚文化负面的熏陶，使罪犯在刑满释放时难以重返正常的社会生活。一般认为，监禁越久的人，重返社会也就越困难。美国伊利诺伊州矫正署署长查尔斯认为，“将一个人数年之久关押在高度警戒监狱里，告诉他每天睡觉、起床的时间和每日每分钟应

① 谭全万：《主体或空间：论社区矫正的模式选择》，载《成都行政学院学报》2007 年第 3 期。

做的事，然后再将其抛向街头并指望他成为一名模范公民，这是不可思议的”①。美国司法委员会矫正工作部在报告中进一步指出：“矫正的任务包括在犯人和社区之间建立或重新建立牢固的联系，使罪犯归入或重归社会生活中去，恢复家庭关系，获得职业的教育。就广泛的意义而言，即在于为犯人在社会正常生活中获得一席之地提供帮助。这不仅要求必须努力改变每一名罪犯——这一点曾经是复归模式的唯一目标，而且还需要发动和改造社会及其各类机构。”② 因此，复归思想主张刑罚应该积极采取措施，对罪犯在服刑期间进行矫正教育、技能训练，使罪犯掌握一技之长，促使罪犯顺利回归社会。要想达到这一目的：一是监狱在监禁罪犯过程中，要以罪犯回归社会为目的采取与社会结合的措施，在行刑过程中为罪犯安排多种形式的重新回归社会活动，如职业培训、提前释放、学习释放、工作释放、离监探亲等。二是应广泛适用社区矫正，充分发挥社区在矫正教育罪犯工作中的作用，通过强化罪犯与社区之间的联系，使罪犯重新适应社会生活。强调监禁只是无奈之举，只有在罪犯不适宜在社区矫正的情况下才对其适用监狱监禁。三是强调犯罪人与社区关系的修复，包括在罪犯和社区之间建立或重建牢固的联系，特别重视为犯罪人提供改过自新的机会。在社区矫正中，通过缓刑、假释、中途训练所等非监禁形式，使罪犯重新和他们的家庭生活在一起，而且他们有机会在社区中从事某种工作，同时用他们工作收入的一部分来补偿对犯罪受害人的赔偿责任、支付罚金和用于矫正工作所需的花费。另外，罪犯可以通过参加心理治疗以及文化和职业教育，来提高他们的工作技能和社会交往能力。当然，为了防止罪犯对被害人或社区居民可能带来的不利影响，在社区矫正中也要强化对罪犯的监督管理与控制，并要求其遵守一些强制性规定，如限制居住与活动场所、不得与品行不良人员交往等。四是鼓励社会公众和民间团体、社会组织、志愿者等积极参与帮助罪犯重归社会的实践活动，负责矫正的专业人员、控制的戒护人员、社会工作者与自愿服务者都是社区矫正的重要参加者。在西方国家，一些社区的志愿者经常从多方面为罪犯提供帮助，有的人经常帮助缓刑、假释工作人员做一些辅助性的文字工作；一些宗教人员为罪犯提供宗教学习的机会或辅导他们学习。由于社区的帮助和支持，使罪犯能有比较好的机会来适应社区的生活。

复归的理念构成了社区矫正的理论基础。由于复归思想支配下的矫正模式主要表现形式是社区矫正，因此，将其称为社区矫正管理模式。在复归思想的指导

---

① 克莱门斯·巴特勒斯：《矫正导论》，孙晓雳译，中国人民公安大学出版社 1991 年版，第 130 页。

② 克莱门斯·巴特勒斯：《矫正导论》，孙晓雳译，中国人民公安大学出版社 1991 年版，第 22 页。

下，带来了“矫正制度的黄金时代”。[①] 20 世纪 60 年代末 70 年代初社区矫正制度在美国得到了迅速的发展。

二、以价值取向为标准的社区矫正管理模式

以社区矫正的价值取向为标准，可将社区矫正分为公众保护模式、刑罚执行模式和更生保护模式。[②]

（一）公众保护模式

这是以美国、加拿大和澳大利亚为代表的一种模式。所谓公众保护模式，是指社区矫正的适用以保护公众安全为基本出发点，在社区矫正的适用及执行上都以公共安全为首要考虑因素，而不仅仅是着眼于罪犯的重返社会。例如，加拿大的矫正工作遵循三个原则：一是保护公众安全；二是尽可能少地限制犯罪人的自由；三是鼓励社会公众参与矫正工作。但在这三个原则中，保护公众安全是头等重要的、最基本的原则。加拿大矫正当局认为，保护公众安全的最佳办法是让犯罪人安全地回到社会，最大限度地降低其重新犯罪的可能性，使其成为守法公民。假释适用和开展社区矫正则被当作使犯罪人安全回归社会，实现再社会化的有效途径。但是，决定是否给予某个犯罪人假释，最重要的考虑因素是该犯罪人假释出去之后是否还会危及公众的安全。而美国在 1985 年制定的《综合犯罪控制法》中明确指出：刑罚目标不是复归社会，而是正当惩罚和控制犯罪。

公众保护模式的特点：一是从适用对象来看，判断是否适用社区矫正以是否会危害社会公众安全为标准。二是从社区矫正种类来看，比较丰富多样，以尽量适应不同的矫正对象。社区矫正种类主要有缓刑、假释、社区服务、罚款、赔偿、家庭监禁、电子监控、中途训练所、连续报告制度等。三是有统一的社区矫正决定和执行机关。在美国和加拿大，对于罪犯是否处以社区矫正，一般都是由法院决定。如果被适用社区矫正的罪犯在服刑期间重新犯罪或违反有关行为规则的，法院则可科以普通监禁刑。执行社区矫正的部门则一般是矫正局统一执行，而且都实行垂直领导。四是对社区矫正的执行人员要求高，经费纳入财政预算且经费来源渠道广。

---

① ［美］克莱门斯·巴特勒斯：《矫正导论》，孙晓雳等译，中国人民公安大学出版社 1991 年版，第 23 页。

② 李明：《国外主要社区矫正管理模式考察及其借鉴》，载《中国司法》2008 年第 1 期。本书下列三种模式依照该文整理，特此说明并感谢。

(二) 刑罚执行模式

这是以英国为代表的一种模式。所谓刑罚执行模式，是指社区矫正已融入其刑罚体系中，完全把社区矫正作为一个刑种予以广泛适用，而并不特别强调执行社区矫正要有回归社会的目的或者是对出狱人的特别保护。因此，社区矫正的决定多以法院命令的形式出现，要求服刑人员强制执行。社区矫正刑在英国不是单一的刑种，而是复合型的、多元化的刑种。现行英国法律根据刑罚轻重，把刑罚分成三种：罚款、社区矫正刑和监禁刑。社区矫正刑属于中等强度的刑种，适用于具有中等危害程度犯罪行为的罪犯。

英国的惩罚模式的特点：一是社区矫正以法院命令为主。最常见的社区矫正有：缓刑令、社区服务令、宵禁令、毒品治疗与检测令、出席中心令、监督令、假释等。二是社区矫正的决定机关：假释由假释委员会裁决其他社区矫正刑作为一个刑种主要由法院决定；执行机关由英国负责社区矫正执行的工作机构在中央一级为内政部国家缓刑局，接受内政大臣直接领导，统领各地方缓刑服务局。三是对社区矫正官员要求较高以保障刑罚的有效执行。

(三) 更生保护模式

这是以日本为代表的模式。所谓更生保护模式是指这种模式下的社区矫正制度除了有一般社区矫正制度的特点外，更加注重出狱人保护救济措施的完善。这一模式的主要特点：一是完善的社区处遇制度。20 世纪日本矫正制度的发展，是以罪犯社区处遇的广泛拓展为标志的。在日本，通常所说的罪犯社区处遇，或者称为更生保护，包括缓刑、假释以及罪犯释放后的安置等。更生保护的对象主要包括：受保护观察处分者；被刑事判决缓刑者；假释、保释出狱或者保外就医者；刑满释放者或者赦免出狱者；其他法定应予更生保护者等。更生保护的主要目的是最大限度减少监禁机构中的服刑者，让尽可能多的罪犯在社会和有关组织的监督下进行社区矫正，这样不仅能降低执行刑罚的成本，而且能使罪犯不与社会产生隔阂，有利于罪犯融入社区、重返社会。二是富有成效的非监禁刑措施。日本的假释、缓刑等非监禁刑措施运用得非常成功，罪犯的假释由监狱长向地方更生保护委员会提出申请，由该委员会决定是否假释，而无须报法院批准。三是完善的开放式监狱行刑制度。四是有完善的社区矫正执行机构。罪犯的矫正处遇问题由法务省主管，包括两个部门，狱内矫正属于矫正局主管，社区矫正属于更生保护局及其所管辖的机构负责。

三、以主导主体为标准的社区矫正管理模式

从社区矫正的发起方式、资金来源、目标设定等要素来看，大体上有三种主

导模式可供选择：以社区自治主导的社会改造模式，又称本源模式；以政府主导的行刑空间转换模式；以政府职能与社区优势相结合的复合主导模式。

（一）社区自治主导的社会改造模式

这一模式又称本源模式，本源的依据是社区矫正自产生就是以社区主导为主体的。

社区矫正的创始人，目前公认的是美国马萨诸塞州波士顿市的鞋匠约翰·奥古斯塔。他是世界缓刑的创始人，他的缓刑尝试始于1841年。他首先向波士顿违警法院提出了愿意为犯罪的酗酒者承担法律责任，交由他管理，保证其能改变恶习，如果不能实现承诺，他情愿自己承担经济上的损失。法院认可了他的请求，对每个被保释者法院收取奥古斯塔保释金30美元，并给予犯罪者30天的暂缓判决，将犯罪者交由奥古斯塔进行管理。1842年至1859年他以个人身份一共保释、监督、管理过1152个男性和794个成年女性违法者，以及3000个女孩。他千方百计为保释的犯罪者解决住房问题，帮助寻找工作。到期时，法官将犯罪者的监禁判决大都改为一般的罚款。在他最初保释和帮助的1100个犯罪者中，只有1人重新犯罪。在近20年间，奥古斯塔共花费了24万美元，主要用于交保释金和帮助犯罪人。资金来源主要是靠自己的生产经营和社会捐助。[①] 在当时，他的付出是笔巨大的开支，且均由他本人承担，没有政府的任何介入，矫正的方式和内容完全是按照自己的善意和公德心而设置。若干年之后他的行为才得到了社会和州政府的认可，促使了马萨诸塞州社区矫正法的出台，并使其他州相继效仿。由此可以看出，社区矫正自创始之初的本意就是社区自治主导的社会改造，而非政府主导。因此，这一模式又叫社区主导型，其特点是政府仅以立法形式间接干预与规范社区矫正，至于具体的社区矫正工作则完全实行社区居民的自主治理。

以社区自治主导的社会改造模式的理论基础，主要是恢复性司法的理念，认为犯罪首先侵害的是被害人的权利，其次是社区的权利，最后才是国家的法律秩序。因此犯罪人的责任，不是被动地接受刑罚的处罚，而是积极地挽回因犯罪造成的不良后果，消除犯罪行为对被害人和社区的损害。这就要求在处理犯罪人和犯罪行为的过程中，应当考虑被害人和社区的需要。与此同时，恢复性司法认为，在犯罪发生后，除了犯罪人对自己的行为承担责任外，社区也应对处理犯罪负有责任，因为犯罪是社区关系不良的一种体现，社区成员应该对犯罪集体负责，每一个犯罪人身边的人都应该对犯罪人悔过自新提供力所能及的帮助和支持。如此一来，社区矫正就应当由社区主导，在社区自治的范围内，利用社区资

① 刘强：《美国社区矫正演变史研究》，法律出版社2009年版，第61~62页。

源的广泛参与和社区矫正对象同社会成员的充分互动，顺利完成教育改造的目的。①

社区自治主导的社会改造模式的另一典型代表，是女犯罪心理学家米米·西尔博特与曾是假释犯的约翰·马勒联手，于1971年创建的美国旧金山迪兰西街矫正中心，没有政府投资，没有政府官员参与管理，采取完全自治的模式，却取得了巨大的成功。该自治模式的特点是实行基本完全自治管理，由自身成立的董事会和社区矫正对象组成的理事会进行管理。理事会的组成充分体现种族多元化和性别平衡，非洲裔美国人和西班牙、葡萄牙、印第安裔美国人以及英裔美国人，各占1/3，与各种族在矫正对象中所占比例一致；社区矫正对象中女性占25%，管理层中则有30%~40%的比例为女性成员。② 这里被称为失败者的哈佛大学，学生清一色为曾经的重罪犯人、瘾君子、毒贩子、窃贼、问题少年、辍学者、皮条客、妓女或者无家可归的流浪汉。在过去的30多年里，这所特殊大学将14000余名各色犯人和其他被社会唾弃的底层人士培养成自信遵纪、自尊自爱、诚实勤奋的守法公民。迪兰西街矫正中心矫治的对象数以千计，并先后创办了餐馆、咖啡馆、书店、搬运公司、家具店等23家公司，营业地点遍及美国纽约州、新墨西哥州、北卡罗来纳州、加利福尼亚州、洛杉矶和旧金山等地，形成年产值达2000万美元的产业帝国。③ 由此可见，社区矫正并不只是社区矫正对象"在社区内被矫正"，而应该是"由社区来矫正"。也就是说，社区矫正的本源模式是社区自治的社会改造模式，而非国家主导的行刑空间转换模式。④

社区自治主导的社会改造模式，首先要树立社区主导的思想，以社区代表社会同社区矫正对象共同承担因犯罪所负有的责任，坚决避免国家机关代表国家以行刑场所的转换而忽视社区的自我治理能力。其次，不是以承诺书或教育谈话等表面文章的方式，而是要通过社区矫正对象同社区成员之间互动，来实现社会对犯罪的正常反应，实现社区矫正对象对受损社会关系的弥补，最终实现社区矫正对象正常的重返社会之刑罚目的。⑤

构建社区主导的社区矫正管理模式，有赖于良好的社区组织。社区是"具有

---

① 谭全万：《主体或空间：论社区矫正的模式选择》，载《成都行政学院学报》2007年第3期。

② 张传伟：《我国社区矫正京沪模式的比较分析与选择》，载《北京社会科学》2009年第1期。

③ 颜九红：《美国社区矫正的成功典范——迪兰西街矫正中心》，载《北京政法职业学院学报》2005年第2期。

④ 谭全万：《主体或空间：论社区矫正的模式选择》，载《成都行政学院学报》2007年第3期。

⑤ 谭全万：《主体或空间：论社区矫正的模式选择》，载《成都行政学院学报》2007年第3期。

共同价值取向的同质人口组成的关系密切、出入相友、守望相助、富有人情味的社会关系和社会利益共同体；这种共同体不是人们有意识选择的结果，而是自然地由于其生于斯长于斯而形成的”①。滕尼斯的社区概念不是当前我国所认识的地域概念，突出的是共同体的精神意蕴，即其存在一个能将不同个体自谋出路黏合在一起的联结纽带，这一纽带的核心特征是存在广泛认同的默认一致。而在现代社会中出现的四种共同体形式：同业群体、社团、非营利组织以及网络社区，它们失去了传统共同体固定的地域边界，但获取了新的共同精神，即现代性所孕育的共有利益和共享价值，包括民主、自由、平等、公民权利等。社区所具有的重要功能便是自我治理的能力，这也是主张社区主导社区矫正的基本依据。虽然社区居民自治已成为对新时期基层管理构架的一种制度性设计，但仍然没有摆脱街道乡村的地域限制。②

社区自治模式由于非政府组织、志愿者及一般公众的参与，形成了自下而上的状态，通过社区基层力量组织社区矫正活动。在资金来源上，大都来自捐款、基金及会员会费等社会捐助；在发展目标上，更多的是关注国民福利、社区矫正对象的人权及社会治理制度的改革创新；在参与方式上，强调唤起社会集体行动、依赖大众运动和使用大众媒体。政府对社区矫正发展的作用主要表现在提供制度规范，基本不涉及组织与计划方案，社区层面的组织及居民按照自治原则，处理矫正事务。③

在当今社会条件下，这一模式虽然能使社区功能得以发挥，社区优势得以体现，但是社区是自治性的，由于缺乏强制性使社区矫正作为刑事执行方式遭遇“尴尬”。

（二）以政府主导的行刑空间转换模式

这一模式又称政府主导型，特点是政府与社区紧密结合，政府对社区矫正的干预较为直接与具体，并在社区中设立专门的派出机构，社区矫正的官办色彩浓厚，典型的如新加坡。④ 以国家机关主导的行刑空间转换模式的理论基础，主要是犯罪学的标签理论，即监狱制度对行为人造成“监狱化”或形成“监狱人格”“监狱依赖”的消极结果。国家机关就应当突破监狱的封闭环境，将行刑空间拓展到社区之中，以较好地培养行为人再适应社会的能力，从而实现防止再犯的

① ［德］裴南迪·滕尼斯：《共同体与社会》，商务印书馆 1999 年版，第 3 页。

② 谭全万：《主体或空间：论社区矫正的模式选择》，载《成都行政学院学报》2007 年第 3 期。

③ 张鹏：《英美社区矫正管理模式述评》，载《社区矫正理论与实务研究文集》，中国人民公安大学出版社 2009 年版，第 425 页。

④ 张鹏：《英美社区矫正管理模式述评》，载《社区矫正理论与实务研究文集》，中国人民公安大学出版社 2009 年版，第 425~426 页。

目的。

这种模式的优势十分明显，能有效利用政府所掌握的巨大行政资源，自上而下地拓展社区矫正空间，利用行政手段构建社区矫正的机构体系，使社区矫正工作做到规范有序。但是弊端也是显而易见的。首先，它违背“小政府、大社会”的理念，有国家权力过于深入和干预社区活动的嫌疑，与基层自治建设的努力相悖；其次，政府在社区矫正工作中主要以承诺书、考勤表、道德法律宣传等表面文章为结果评价指标，忽视或无力就社区矫正对象在具体的社区关系中的教育改造进行实质的工作，因而效果极为有限。正如芝加哥大学的沃克教授尖锐地指出：“缓刑监督实际上是一个神话，监督仅仅停留在官僚机构的文件上，于是责任被推卸了。犯人每月与缓刑官见面一次，空泛地谈谈工作、毒品、酗酒以及犯罪等诸如此类的问题，然后由缓刑官上交一份报告，仅此而已。”① 最后，这一模式主要以法规规章的形式来规范相关内容，但受制于各自的权限范围，必然造成法规规章之间的冲突，突出的是政府。必然造成强制性的扩大，变“由社区来矫正”为“在社区内的强制矫正”，难以体现社区矫正的本意。

政府主导的模式往往是自上而下发动，在资金来源上，主要是来自国家税收；在发展目标上，旨在维护社会秩序、安全与保持政治稳定；在参与方式上，较多地依靠立法、舆论和恢复性司法活动。②

（三）以政府职能与社区优势相结合的复合主导模式

这一模式又叫混合型，是政府职能与社区自治的混合或复合。表现为政府对社区矫正的干预较为宽松，政府主要负责社区矫正计划的整体设计、指导并提供经费支持，官办色彩与民间自治在社区发展中和谐共生、彼此交织，典型的如日本等。③ 从目前的社区矫正管理模式看，越来越多的国家已不再依赖某一单一模式，而逐步向社会的多元整合模式发展，已超越了单纯的政府主导模式或者是社会自治模式，转而采用混合模式。

上述三种模式揭示了政府主导程度、居民参与程度以及行动方式这三个要素的关系。实际上，英美国家早期的社区矫正大多采用政府主导的发起方式，进而发展成政府指导下的社区居民主动参与的共同行为，逐步从单一的危险特质模式向以社区为本、以案主为本、社会支持网络的多元整合模式发展。

---

① 谭全万：《主体或空间：论社区矫正的模式选择》，载《成都行政学院学报》2007 年第 3 期。

② 张鹏：《英美社区矫正管理模式述评》，载《社区矫正理论与实务研究文集》，中国人民公安大学出版社 2009 年版，第 425~426 页。

③ 张鹏：《英美社区矫正管理模式述评》，载《社区矫正理论与实务研究文集》，中国人民公安大学出版社 2009 年版，第 425 页。

第二节　我国社区矫正管理模式

我国社区矫正工作经过十几年的探索，形成了诸多独具特色的管理模式。具有代表性的有上海管理模式、北京管理模式、浙江管理模式、江苏管理模式等。

一、上海管理模式

上海市社区矫正工作在市委政法委的直接领导下，经过多年的探索与实践，逐步形成了符合上海实际、具有上海特色的社区矫正运作模式。此模式也为理论研究与探讨我国社区矫正未来发展方向提供了新的实践操作空间和理论思考空间。

上海于 2002 年 8 月开始在徐汇区斜土路、普陀区曹杨新村和闸北区宝山路三个街道的社区矫正试点工作，试点的矫正对象包括缓刑、假释、管制、保外就医和剥夺政治权利的罪犯。到 2003 年 1 月社区矫正工作在这 3 个区的 31 个街道（镇）全面推开；到 2003 年 8 月又扩大到浦东、卢湾两个区，在全市的 5 个区的 59 个街道（镇）试点。2003 年年初，上海市委政法委经过半年的调研，提出在全市构建预防犯罪工作体系的思路，由政府出钱购买服务，引入社团和社工帮助吸毒者、社区青少年、社区矫正对象三类特殊人群树立生活的信心和能力，从源头上预防犯罪。上海模式的特色和不足主要体现在以下几个方面：①

（一）上海管理模式的特点

上海市的社区矫正是典型的以政府职能与社区优势相结合的复合主导模式。总体思路是“政府主导推动、社团自主运行、社会多方参与”。根据这一总体思路组建了三个民办非企业性质社团组织，即上海市自强社会服务总社、上海市新航社区服务总站和上海市阳光青少年事务中心，标志着社团自主运行的实质性启动。2004 年 8 月起，在试点工作的基础上，预防犯罪工作体系在全市各区县范围内全面推进建设，逐渐形成了多元化的、各司其职、协同管理的综合治理新格局。

（二）上海管理模式依托的社会经济条件

上海位于全国改革开放的前沿，经济实力雄厚，良好的社区环境已经培育形

---

① 这一部分的撰写大量引用和参考了王李娜的《上海社区矫正的实践与思考》，载《湖北经济学院学报》2008 年第 3 期；张传伟的《我国社区矫正京沪模式的比较分析与选择》，载《北京社会科学》2009 年第 1 期。

成，基层组织和文明建设得到了较快的发展，市民的思想道德修养、科学教育水平和民主法治观念有了进一步的提高，初步形成了一支热心于社会公益事业的志愿者队伍。另外，市委、市政法委对上海市法治建设的改革和创新非常重视和支持，也为扩大上海的社区矫正工作奠定了良好的基础。

（三）上海管理模式的专业工作理念

在整个模式的构建与发展完善中，设计者与实施者超越了传统依靠行政方法实施专政的理念，采用了社会工作关于平等、尊严、接纳、诚信等方面的理念，发挥社会工作康复、预防功能。因此，从一开始就强调了将社会工作的价值理念运用到社区矫正的过程，通过政府购买社工服务的方式推动民间社团的自主运作，实行专门化机关管理和社会化管理相结合。

（四）上海管理模式的体制建设

从2003年上海市社区矫正试点之始，就成立了以市委政法委牵头协调，公安机关、检察机关、审判机关、司法行政机关、监狱管理机关等相关部门参加的社区矫正工作领导小组，设立了禁毒委员会办公室、社区矫正办公室、青少年事务办公室，作为政府主导机构负责统筹规划三项工作。在政府的主导与推动下，组建了分别从事禁毒、社区矫正、青少年事务三项工作的民办非营利社团——上海市自强社会服务社、上海市新航社区服务总站、上海市阳光社区青少年事务中心。这三个社团获得政府购买服务的费用，承担政府指定的服务项目，主要职能为人事招聘、培训与考核以及制定统一的工作要求等日常管理。2019年12月《社区矫正法》颁布以后，按照《社区矫正法》和《社区矫正法实施办法》的要求，成立了上海市社区矫正委员会和上海市社区矫正管理局，各区成立了对应的社区矫正机构，负责社区矫正管理工作。

在区级层面，对应上海市新航社区服务总站设有社工站，各个街道都设有社工点。社区矫正工作者在正式上岗前，进行120个课时的集中封闭式培训，授课老师为高校社会工作专业与法学专业的专家与教授，分别进行法律知识、社会工作理论与实务、矫正业务与流程等课程培训。另外，每人每年至少要进行48小时的再培训，主要包括新的政策规定的学习、具体工作中的一些方法、技巧等。

（五）上海管理模式的队伍建设

上海管理模式的矫正队伍建设，通过政法选聘与社会招聘两种方式建构，社会招聘的工作人员按1∶50的比例配置。在招聘的人员中，有12%左右的人，具有社会工作与法律的专业背景。

上海根据相关规定，通过社会公开招聘和内部在编人员选聘，组建了专门的社区矫正工作人员队伍，并对工作人员的任职条件作了详细的规定，要求任职者必须是大专以上学历、有相关学科背景、有上海户籍，这在一定程度上保障了社区矫正工作者的专业性和稳定性。同时，上海还采取了一些措施保障社区矫正工作人员的质量，比如，规定其中40%~50%的社工向社会公开招聘，50%~60%的社工从政法、教育、卫生等国家机关和事业单位在编人员中选聘，应聘者须通过统一考试，面试和政审后择优聘用并进行上岗培训。选聘人员除享受原先单位的工资福利待遇外，适当给予电话补助、交通费用补助和餐饮补助，享有养老保险、工伤保险、生育保险、医疗保险、失业保险以及住房公积金等福利待遇。

（六）在矫正内容方面

通过建章立制，初步形成了社区矫正对象日常管理、学习教育、公益活动、帮困解难、社区矫正志愿者队伍建设五大工作内容。同时构建了三大板块五大基地的实践形式。三大板块即日常管理、教育学习和公益活动；五大基地即政治思想教育基地、法治教育基地、爱国教育基地、公益活动基地和推荐就业基地。

（七）在考核评估方面

由上海市社区矫正管理局分别对矫正工作站、社工点进行考核，其标准包括受委托的司法所承担社区矫正日常管理职能；重新犯罪率的大小；法律文书是否齐全；矫正方案是否规范；台账是否完善等方面。

对于社会工作者的考核，制定了以“台账建立率、案主见面率、重点案主谈话率、个案涉及率”为主要内容的目标管理考核制度，而不是一味强调总结报告与重新犯罪率的多少。

另外，他们与上海政法学院、华东理工大学社会工作系在理念的设计、制度的建设、人员培训以及其他具体矫正工作开展的各环节都展开了密切的合作，为上海社区矫正的顺利进行提供了科学的理论指导。

（八）社区矫正网络的立体层面

第一层：社区矫正工作人员负责制定社区矫正对象个性化矫正方案；掌握社区矫正对象的现实表现情况，为社区矫正对象的日常管理、司法奖惩及期满鉴定提供依据；帮助社区矫正对象解决心理、生活、就业等方面的实际问题。

第二层：社区矫正工作站向各街镇派出社工，对本区县社工进行业务指导、绩效考核和日常管理等。

第三层：民办非企业单位与社工签订服务协议并组织社工开展工作；负责对区县社区矫正工作站及社工进行评估；确保政府购买服务费用的合理使用等。

第四层：受委托的街道司法所对社区矫正工作者提出工作要求和工作目标，

并对社会工作者做出评估；依照有关规定或政策办理社区矫正对象的社会保障事宜，帮助社区矫正对象做好帮困解难工作等。

第五层：区县司法局社区矫正机构按权限审批并承办社区矫正对象的奖惩；负责本区县政府购买服务经费的核定、申请；指导、监督并评估本区县社区矫正工作站及社工的工作；指导、监督、检查街道乡镇受委托的司法所社区矫正工作等。

第六层：上海市司法局社区矫正管理局负责领导和管理全市社区矫正工作。研究制定社区矫正工作有关的政策、制度；负责审批社区矫正对象的日常管理奖惩，审核社区矫正对象的司法奖惩；负责政府购买服务项目的评估及经费核定、申请等。

（九）上海管理模式存在的问题

尽管上海的社区矫正工作在矫正理念、具体运作方式、矫正方法等方面都走在全国的前列，但这一管理模式仍存在问题：一是执行主体的执法权威不够，导致受委托的司法所承担着社区矫正的一线工作，责任重大，但法律政策又没有赋予司法所相关的执法权。二是社区矫正管理体制有待完善，“多头管理”、职责不明现象明显。三是在整个社团运作中，行政干预色彩依然较强，政府并未把社团看成独立运作的机构，在资金调配、人员招聘、社团及社工的考核评估等方面依然主导社团的运行。四是工作效率不高。当前上海市的社工网络的建立是行政建制的简单复制，不够精简、科学，工作效率也有待提高。五是考核存在形式主义。在社工的管理考核方面，上海制定了以“台账建立率、案主见面率、重点案主谈话率、个案涉及率”为主要内容的目标管理考核制度，在实际与矫正工作者的访谈中发现或多或少存在做得好不如做得多、做得多不如讲得多、讲得多不如写得多的现象。许多工作光看数量与台账，不能真正起到考核的作用。六是社会工作者的专业素质与要求不相适应。在社会招聘人员时无任何专业要求，最终招聘的人员中，只有12%左右的人具有社会工作与法律专业背景，影响了专业矫正工作的开展，而且许多招聘来的社会工作者经过专业培训后，工作内容主要是非专业性的文书工作，自身的专业特长没能很好地发挥。

二、北京管理模式

北京市是全国范围内第一个将社区矫正试点工作扩大到整个辖区的地区。北京市于2001年年底开始社区矫正试点工作，于2002年上半年在司法局内成立专门的矫正工作机构——监狱劳教工作联络处，全权负责北京市的社区矫正工作。同时，组织力量进行专门的社区矫正工作调研，并进行假释和暂予监外执行等罪犯社区矫正的理论研究和实践探索。2003年7月1日，北京将东城、房山、密云作为社区矫正的首批试点区县。之后，逐年加大试点工作的深度和广度。2004年5月1日，北京市决定将全市的所有区县均纳入试点范围。①

（一）北京管理模式的特点

北京管理模式是典型的以政府主导的行刑空间转换模式，是指由北京市社区矫正工作领导小组及其办公室在社区矫正试点过程中探索的一种符合国情及首都实际情况的在社区中进行的非监禁刑罚执行制度，以及运用开放式教育改造罪犯的工作模式。社区矫正成为司法行政机关的工作职责，行政色彩浓厚。注重通过行政化的教育来实现对社区矫正对象的教育转化。北京市以及所属区县虽然成立了社区矫正服务中心，如朝阳区阳光社区矫正服务中心，但这些机构名义上是“民办”的，实则是“官办”的，其筹建、经费来源以及人员的组成等都是官方主导的。

（二）北京管理模式的基本工作理念

北京市现行社区矫正工作模式是对原有的由公安机关作为执行主体的在社区执行刑罚工作的继承与完善。在试点和实行阶段的法律框架之下，北京市将社区矫正工作定位为刑罚执行活动，执行主体与执行对象不能改变，但具体的执行工作与矫正内容，由国家的司法行政系统的基层司法所及专业社区矫正工作者承担与负责落实。其社区矫正的出发点，首先考虑的是首都的社会安全，其次才是为矫正对象提供服务的问题。

（三）具体工作方式

在运作方式上，北京管理模式在2020年以前从上到下分为三个层次：北京市建立由政法委牵头、市级政法部门和有关部门参加的联席会议制度；各试点区县成立社区矫正试点工作领导小组，办公室设在司法局，负责日常管理工作；试点街道（乡镇）成立社区矫正工作领导小组。形成了北京市、各区县、街道乡镇三级社区矫正网络体系。2020年7月1日《社区矫正法》和《社区矫正法实施办法》颁布实施之后，按照要求各级政府都成立了社区矫正委员会，在司法行政部门成立了社区矫正机构，专司社区矫正工作。

整体矫正工作格局是社区矫正委员会统一领导，司法局主管，社区矫正机构组织实施，公安机关、检察机关、审判机关、司法行政机关、监狱管理机关、民

① 这一部分的撰写大量引用和参考了王李娜的《上海社区矫正的实践与思考》，载《湖北经济学院学报》2008年第3期；张传伟的《我国社区矫正京沪模式的比较分析与选择》，载《北京社会科学》2009年第1期。

政部门、人力资源和社会保障部门等相关部门协作配合，社区矫正机构和受委托的司法所具体执行。

(四) 社区矫正队伍的组建

北京管理模式的社区矫正工作队伍主要由专业矫正力量和社会矫正力量两部分组成。专业矫正力量由受委托的司法所司法助理员和抽调的监狱、强制隔离戒毒所人民警察组成，是社区矫正的主要力量；社会矫正力量是社区矫正的补充力量，主要由社会志愿者构成，包括专家学者、离退休干部、社区居委会成员、高校的高年级学生、社区矫正对象的近亲属和所在单位人员等。

北京管理模式为了弥补受委托的基层司法所无行刑权的问题，专门从监狱和戒毒所抽调了人民警察，以便在社区矫正中对社区矫正对象行使行刑权。而监督管理、矫正教育、危机干预、社会救助等工作是由司法助理员、监狱和戒毒所抽调的人民警察、社会志愿者等共同来完成的。

(五) 工作内容和方法

在工作内容和方法上，探索建立了风险管理模式，在分类管理、个案矫正、心理矫正、行为矫正等方法上进行了实践。对社区矫正对象以其人身危险性大小为标准实施分类管理，并且以社区矫正对象接受矫正的时间进程为基础，实施分阶段教育。

所谓风险管理，是依据对社区矫正对象的人身危险性的测量调查，分出不同的等级，在此基础上制订出相应的监督管理、矫正教育的方案，充分体现个别化原则，以增强社区矫正的针对性和科学性，从而提高社区矫正的安全防范水平与教育改造质量。具体做法是以社区矫正对象的人身危险性大小为分类标准，结合社区矫正对象回归社会的趋向程度，将社区矫正对象分为A、B、C三类，其中A类为人身危险性小、再社会化程度高的人员；B类为人身危险性和再社会化程度一般的人员；C类为人身危险性大、再社会化程度低的人员。为体现管理的差异性，对A类人员实施低强度管理，对B类人员实施中强度管理，对C类人员实施高强度管理。

分阶段教育的具体内容是根据社区矫正对象在接受社区矫正过程中心理、行为特点和需求变化的规律性，结合矫正教育的目标，将教育全过程分为初始教育、常规教育和解矫教育三个阶段，增强教育工作的系统性、连贯性、科学性和计划性，提高教育工作的实效性。① 一般来说，初始教育阶段为接受矫正的前两个月，解矫前教育阶段为解除矫正前一个月，中间时段为常规教育阶段。在三个

① 张建明主编：《社区矫正理论与实务》，中国人民公安大学出版社2008年版，第452页。

阶段设定相应的教育目标、教育内容和教育方式。比如在初始教育阶段，社区矫正对象一般具有自卑、对生活缺乏信心、对社区矫正存在逆反等心理特征，以及对社区矫正较为抵触、参加社区矫正较为被动等行为特征，并具有渴望被社会接纳、解决基本生存问题等需求。而解除矫正前的最后阶段则是为矫正对象正常进入社会做最后准备。

在个案矫正方面，北京模式对社区矫正对象的感化帮扶呈现立体化的特点，结合每个社区矫正对象的犯罪经历、心理特征和家庭状况等情况进行个性化感化。对于每名社区矫正对象，制订具有针对性的感化方案。通过心理测查、心理咨询、矫正、评估等程序，细致深入地了解社区矫正对象的内心世界，为科学矫正提供基础资料。对生活确有困难的社区矫正对象在劳动就业、升学考试、技能培训、低保办理、解决户口等方面给予积极的帮助。通过解决具体生活问题，让社区矫正对象从内心感受到政府、社会对他们的挽救，以此激发其参加社区矫正的积极性。

同时，北京管理模式在社区矫正中推行了半强制式就业，即社区矫正对象有工作单位的，可以在原单位继续工作；没有工作而有能力自谋职业的，可以在告知社区矫正组织后自谋职业，社区矫正组织为其提供方便；没有工作且没有能力自谋职业的，社区矫正组织为其创造条件，提供培训机会，指导其就业，社区矫正对象必须服从就业指导，参加指导安置的工作项目。

（六）“阳光中途之家”建设

“阳光中途之家”是北京管理模式的又一亮点。2007 年年底，朝阳区司法行政系统率先筹建“阳光中途之家”，2008 年 7 月投入使用。2009 年年底，市司法局在总结朝阳区“阳光中途之家”经验的基础上，决定向全市推广。到 2011 年年底，全市 16 个区县的“阳光中途之家”全面投入运行，全市“阳光中途之家”总建筑面积达 15000 多平方米。“阳光中途之家”的主要功能是对社区矫正对象进行集中初始教育和培训、组织社区矫正对象参加公益活动、聘用专业心理咨询师开展心理矫治工作。对于虽然有劳动能力，但文化水平较低、缺乏必要的工作技能、难以在短期内找到合适工作的人员进行临时性救助，提供免费的技术培训，并推荐其就业。根据 2011 年 6 月底统计，全市“阳光中途之家”建立以来，已提供心理咨询和辅导 1600 余人次，组织公益活动 2400 余人次，就业帮扶 1400 余人次，提供食宿救助 800 余人次，平均每所“阳光中途之家”提供了 50 人次的食宿救助。“阳光中途之家”由市县司法局负责建设和管理运行，工作人员属事业编制，它的建立和运行有效地整合和拓展了原有的社区矫正服务中心的服务职能和领域，特别是在社区矫正对象的集中初始教育和“三无”人员①的临时性安置救助方面做了有益的尝试。②

（七）北京管理模式存在的问题

北京作为首都，其独特的地域特点决定了维护社会稳定成为北京社区矫正实施的前提条件。从维护社会稳定理念出发，强调社区矫正是“刑罚执行活动”，严格规范化管理，抽调监狱和戒毒警察全程参与，“40、50”协管员作为民间辅助力量，以及具有集中培训特色的“阳光中途之家”等，构成了北京管理模式的基本特色。但也存在以下问题：③ 一是社会力量参与社区矫正工作的问题。北京管理模式中参与的社会力量是由政府聘用的“40、50”人员，其工作能力和水平难以达到专业社会工作师、心理咨询师的标准。“40、50”人员单一的劝导无法解决法律方面、心理方面的问题，也无法从根源上对社区矫正对象的思想进行全面系统的矫正。所以，北京管理模式需要广泛的社会组织、志愿者的参与。二是工作人员的编制问题。北京管理模式实际开展社区矫正工作的人员有矫正干警、受委托的司法所助理员、社区矫正协管员，其中社区矫正干警人事关系和管理归原属监狱和戒毒所，由北京市统一抽调分派到各区受委托的司法所；司法助理员的人事关系在属地街道或者乡镇政府，来源广泛、工作繁杂；社区矫正协管员属于聘用的合同制、非在编人员。这三类人员的管理不统一，结构复杂，专业化程度不高，与严肃的刑事执行工作要求还有一定的差距。

三、浙江管理模式

浙江省自社区矫正试点开始，逐步探索出了具有自身特色的管理模式。④ 浙江省社区矫正试点工作大致分为三个阶段，即 2004 年 5 月至 2009 年为试点阶段；2009 年至 2019 年为全面实行阶段；2020 年以后为法治化建设阶段。

2003 年 7 月，浙江省被确定为全国首批社区矫正试点省份，社区矫正试点工

---

① 三无人员：指无固定住处、无亲友帮助、无就业条件的社区矫正人员和刑释解教人员。

② 张荆：《北京社区矫正模式特色与问题点分析》，载《中国人民公安大学学报（社会科学版）》2013 年第 3 期。

③ 徐子淇：《论我国社区矫正模式的构建》，载《淮海工学院学报（人文社会科学版）》2017 年第 3 期。

④ 浙江社区矫正管理模式参考了张建明的《社区矫正理论与实务》，中国人民公安大学出版社 2008 年版，第 453~457 页的内容。同时在 2020 年 10 月撰写中，专门请求浙江警官职业学院副院长徐祖华（浙江省司法厅社区矫正管理局原局长）进行了修订，增加了自 2008 年以来的新探索和新内容。

作正式启动。2004年4月，浙江省委办公厅、省政府办公厅印发了《关于成立浙江省社区矫正工作委员会的通知》。据此，逐步建立了以省及试点市、区（市、县）社区矫正工作委员会及办公室和乡镇（街道）社区矫正试点工作领导小组为基础构架的四级试点工作组织领导和工作管理体系。经过近一年的前期工作准备，2004年5月13日，浙江省政府召开了全省社区矫正试点工作会议，全面部署试点工作。此次工作会议为完善浙江省各试点地区的司法行政机关与法院、公安机关、检察院等相关职能部门的社区矫正工作衔接以及开展社区矫正对象日常监督、管理和教育的各项工作做了准备。

浙江省在社区矫正前期试点工作中，探索形成了以组织管理体系化、队伍建设多元化、刑罚执行制度化、监督管理社会化、教育矫正人性化、奖惩考核公开化、公益劳动多样化、帮困解难亲情化、档案台账规范化、接受解除程序化等“十个化”为基本特点的社区矫正工作方法和措施，社区矫正的实际效果初步显现。特别应该提到的是，作为浙江省社区矫正试点单位的浙江省诸暨市枫桥镇，在20世纪60年代初就总结出了“发动和依靠群众，坚持矛盾不上交，就地解决，实现捕人少、治安好”的“枫桥经验”，得到毛泽东同志的充分肯定，成为全国政法系统的先进典型。随着社会经济形势的发展，“枫桥经验”不断创新并被赋予具有鲜明时代特色的新内涵，其中许多做法蕴含了目前正在开展的社区矫正工作的诸多元素，成为现代基层社会治理的良好经验。进入新时代，浙江省社区矫正工作呈现出快速发展的良好局面，形成了以下六个方面的鲜明特色：

（一）健全工作体制机制

浙江省探索建立并巩固完善了“党委政府领导、司法行政机关牵头组织、职能部门密切配合、社会力量广泛参与”的社区矫正领导体制和工作机制，并上升为全国经验。省、市、县（市、区）三级人民政府全面建立社区矫正委员会及其办公室，社区矫正机构实现全覆盖，基层司法所建设成效显著，社区矫正队伍素质结构明显改善，社区矫正工作指导管理、组织实施体系日益健全和完善。

（二）完善工作制度体系

浙江省颁布了一系列有利于开展社区矫正工作的制度，为社区矫正工作建章立制，保证了工作渠道信息畅达，使社区矫正工作得以稳步推进。2004年以来，浙江省相继出台了《浙江省社区矫正试点工作实施方案》《浙江省社区矫正对象考核奖惩办法》等70多项工作制度，初步探索形成了符合社区矫正工作规律、具有浙江特点的社区矫正工作制度体系，有力地确保了全省社区矫正工作依法规范、健康有序运行。2020年7月1日《社区矫正法》《社区矫正法实施办法》颁布实施之后，浙江省制定出台了社区矫正调查评估、考核奖惩、教育帮扶、信息化监管、部门衔接5个规范性制度，编印下发了集社区矫正法律制度、工作职责和流程、法律文书格式、检查考核办法及细则等内容于一体的《浙江省社区矫正工作实务指南》等专业性、实操性用书，使浙江省社区矫正工作与《社区矫正法》等法律法规实施有序衔接、平稳过渡，社区矫正各项工作全面进入法治化新阶段。

（三）优化监管教育帮扶体系

浙江省准确理解和牢牢把握社区矫正刑事执行和行刑社会化的基本属性，坚持矫正为本、管教结合、帮扶并重，创建并完善了县乡村三级社区矫正对象监管教育帮扶体系，“精准矫正”“智慧矫正”体系建设初显成效，社区矫正质量稳步提升，社区矫正秩序持续安全稳定，为加快社区矫正立法进程贡献了浙江智慧、提供了浙江经验。

（四）夯实工作保障体系

浙江省社区矫正工作全面纳入平安、法治、综治和政府目标责任制等考核，在全国率先建立动态增长的社区矫正财政保障机制、出台社区矫正社会工作者政策性保障措施，执法、教育、管理“三位一体”的县级社区矫正中心实现全覆盖，“智慧矫正中心”“枫桥式”司法所创建活动深入推进，社区矫正基层基础全面加强和巩固。

（五）规范社会力量参与体系

浙江省坚持发展新时代“枫桥经验”，探索形成了以下六种主要参与形式：一是专业社会组织参与。通过政府购买服务或自主培育专业社会组织等方式，协助社区矫正机构开展心理矫治、个案矫正、教育帮扶等社区矫正活动。例如，浙江省现有25家青少年社区矫正对象“关心桥驿站”、嘉兴海宁市的“紫薇工作站”、湖州德清县的“晨曦社工”和台州玉环市的“天宜社工”等。目前，浙江省有103家专业社会组织参与社区矫正工作。二是基层自治组织参与。2014年以来，浙江省在有社区矫正对象的村（居）全面建立社区矫正工作站，为村（居）委干部群众参与社区矫正对象帮教帮扶活动搭建平台，并将其融入基层社会治理“网格化管理、组团式服务”体系。三是党团组织参与。2017年以来，嘉兴市司法局与市委组织部联合启动实施了“先锋助矫”项目，全市3000多名党员志愿者结对帮教辖区内的社区矫正对象，并纳入基层党建工作和党员先锋模范业绩考核。还有以党员和入党积极分子为主体的社会组织参与，如宁波市北仑区的“红领之家”社会组织，以“去标签化”的帮教理念和“融入式”的活动方式，使社区矫正对象切身感受到了广大党员的思想影响力和帮教正能量。四是社会企业参与。企业参与在职业技能培训、推荐就业、过渡性安置等方面发挥了积极作用。例如，宁波市奉化区探索“政企社”相结合参与模式，政府出资、企业承接、社区配合、社区矫正机构负责绩效管理与考核。该模式运用企业文化、企业管理和企业经营等理念和方法，对社区矫正帮教帮扶活动实行企业化管理和项目化运作，规模效益十分明显。2019 年 8 月中央电视台 12 频道以《回归阳光家园》为题作了 36 分钟的深度报道。五是公益组织参与。比如，诸暨市依托“一米阳光”等慈善公益性组织推动建立社区矫正志愿者队伍，以“公益、自愿、无偿”形式协助开展帮教帮扶等活动。目前，全省有社区矫正志愿者 3.02 万人，建有社区矫正对象教育学习基地 797 个、就业帮扶基地 1130 个、公益活动基地 1998 个。六是家庭亲情参与。家庭支持和帮教在社区矫正工作中具有非常重要和特殊的作用，广泛动员社区矫正对象亲属亲友积极参与、协助司法所做好日常监督、教育疏导等工作，对社区矫正对象平稳度过社区矫正执行期能够起到较好的促进作用。例如，湖州市长兴县探索建立携手互动、共同参与的“亲亲家园”家庭帮教模式，使社区矫正对象违法违规现象大幅度减少。

（六）提升信息化管理体系

2019 年 1 月，司法部办公厅下发《关于加快推进全国“智慧矫正”建设的实施意见》，确定浙江省为全国“智慧矫正”试点省份。2020 年 9 月，杭州市西湖区、宁波市海曙区、温州市苍南县、台州市黄岩区和嘉兴桐乡市 5 个县级司法局被司法部社区矫正管理局确定为全国首批“智慧矫正”建设县级试点单位。浙江省围绕“智慧矫正”建设目标和要求，一是探索建立全维度、智能化的赋能数据层。将各渠道汇集的社区矫正数据进行清洗、开发、管理，转化为数据能力并渗透到社区矫正各个业务环节，提升社区矫正业务效率，实现数字化转型。探索机器学习、深度学习技术应用，打造持续叠加的“数据资产湖”，降低数据服务门槛，繁荣业务应用生态，促进“数据平台”与“业务平台”的良性互动，满足社区矫正各类业务需求，支持信息化创新发展。二是探索建立时效快、交互佳的智慧办案层。深入推进政法一体化办案系统建设，健全完善以调查评估、交付衔接、日常监管、提请协同、解除终止五个环节协同为主干，单轨办案与智能辅助为两翼，矫情态势研判分析为尾翼的社区矫正一体化协同机制和业务流程，实现部门数据交换、业务协同、数据共享、流程再造。扎实推进以“混合组卷”为基础的社区矫正单轨制协同办案机制建设，在县级社区矫正中心全面设立数字化卷宗管理室，落实专管人员，推动案件流转无纸化，提升执法办案效率。三是探索建立全时空、立体化的精密智控层。深化“智慧矫正中心”创建，研发应用“云雀”信息化智能监管系统，全面融合基站 LBS 定位、手机软件 GPS 定位、电子腕带北斗定位三种技术模式，综合利用“核心区反向预警”“定向区域抽查”“一键式寻访”“范围卡点布防”等场景式功能组件，促进精准监管。依托国家地理信息“天地图”平台，搭建社区矫正对象、监管执法人员、基层网格员三重智密图层，形成“天地一张网”监管指挥态势。推进社区矫正基础数据与“智能治理”“基层网格”“雪亮工程”“公安天眼”“城市大脑”等平台进行场景化多业务协同，将社区矫正信息化核查、人员查找等工作融入各平台，实现精密智控。四是探索建立系统性、预见性的风险防控层。发挥“智慧矫正联合实验室”作用，围绕“犯情动态演化和再犯风险预警研判技术研究”国家重点研发项目，研究建立社区矫正态势感知与形势分析指标体系，构建分析模型，开发态势感知、执法评估、矫情分析、辅助办案、应急指挥等辅助决策子系统。积极应用区块链技术，搭建社区矫正核心数据追溯系统，解决社区矫正核心数据存证核查、权责界定等难题。

四、江苏管理模式

江苏省也是首批被纳入全国社区矫正试点的省份。2003 年 7 月，最高人民法院、最高人民检察院、公安部、司法部下发《关于开展社区矫正试点工作的通知》后，江苏省正式启动社区矫正工作。在试点过程中逐步确立了“规范执法、分类管控、精准矫治、损害修复、智慧矫正”的工作思路。特别是近年来，在严格监管的同时，强化个别化矫治、社会化参与、智能化应用和专业化提升，推动社区矫正工作高质量发展。

江苏省的社区矫正工作先后经历了三个阶段。第一阶段是试点阶段，主要任务是构建网络、建立工作队伍、完成建章立制。这一阶段的试点工作在南京、苏州、连云港的 3 个省辖市的 6 个市、区（县）的 24 个乡镇（街道）首先展开。之后，社区矫正试点范围扩大至江苏省，主要是把握工作规律，探索工作方法，积累试点经验。第二阶段是深化试点和全面展开阶段，社区矫正工作从面的扩展转向质的提高，从全面探索转向规范的建立，使经验上升为制度，办法上升为规范，实现社区矫正工作的制度化、科学化、规范化。第三阶段是 2020 年 7 月 1 日《社区矫正法》和《社区矫正法实施办法》颁布实施之后，全面进入社区矫正法治化建设阶段。其特色体现在以下几个方面：

（一）社区矫正组织机构建设规范化

江苏省各级司法行政机关为切实加强对社区矫正对象的监督管理、教育帮扶，逐步建立起社区矫正机构，形成专门机关与社会力量相结合的工作格局，特别是近年来进行探索创新，形成了一定特色。2015 年，江苏省在机构设置全覆盖的基础上，探索推行社区矫正机构“队建制”，在设区市、县级层面分别建立支队、大队，负责社区矫正执法及管理工作。全省 98 个县（市、区）中，83 个县级司法局内设社区矫正局（科）并建立“局（科）队合一”的管理体制。2019 年，江苏省委办公厅、江苏省政府办公厅印发“三定”方案，设立江苏省司法厅社区矫正管理局（社区矫正管理总队）。社区矫正法正式实施后，江苏省司法厅指导盐城市司法局先行试点，将市司法局社区矫正管理局（支队）更名为市社区矫正管理局（支队），拥有独立法人和统一社会信用代码，可以独立开展社区矫正工作，同时提请江苏省委江苏省政府设立省级社区矫正委员会，筹备召开委员会第一次会议，明确议事规则和各部门职责。

江苏省积极推进社区矫正机构实战化、扁平化、智能化建设，优化人员力量配置，建立科学高效的勤务运行模式，形成上下联动、内外协同、规范高效的工作机制。2009年，江苏省司法厅部署启动县级社区矫正中心建设，推动县级司法局社区矫正机构向一线实战单位转型。2012年起，在全省所有县级社区矫正中心建成基础上，积极推进县级社区矫正中心提档升级，通过县级社区矫正机构与中心合署，实现社区矫正工作主要执法管理事项由县级社区矫正中心承担。2015年，在江苏省司法厅和设区市司法局推行社区矫正机构指挥中心建设，强化对县乡社区矫正工作的实战化指导管理、监督考核。2019年，在全省推行“1+N”模式，即每个县（市、区）建立一个社区矫正中心及若干分中心。各地根据就近就便原则，以大型司法所建设为基础，有序推行县级社区矫正分中心建设，江苏省司法厅验收通过42个县级社区矫正分中心。

（二）社区矫正管理法治化

2014年，江苏省人大常委会通过《江苏省社区矫正工作条例》，在组织领导、保障监督、社会参与、执行主体等多个方面作出明确规定，实现较大突破和发展，是我国首部社区矫正地方性法规。2014年年底到2015年年初，陆续发布社区矫正刑罚执行权力清单、社区矫正机构责任清单和社区矫正对象义务清单，进一步深化执法规范化建设，全面提升执法公信力和教育管理水平。2016年，江苏省司法厅联合省质量技术监督部门和相关院校、基层司法行政机关，研究制定了覆盖社区矫正工作各环节的38项工作标准并全面试行，准确指导社区矫正工作者依法履职、规范执法。2012年以来，江苏省司法厅和相关部门联合先后制订《江苏省社区矫正对象监督管理办法》等10余份规范性文件。江苏省司法厅单独印发了《江苏省社区矫正对象教育矫正办法》等20余份规范性文件。特别是《社区矫正法》颁布以来，将宣传贯彻社区矫正法列入全省普法工作重点内容，开展社区矫正法集中宣传月活动，全面梳理现行工作制度规范，做好废改立工作，对38项江苏省社区矫正工作标准进行修订，制定社区矫正对象考核管理办法，试点社区矫正执法回避、律师进驻社区矫正中心值班制度，部署开展暂予监外执行类社区矫正对象执法专项整顿活动，联合江苏省检察院开展执法专项检查，防范工作人员失职渎职和社区矫正对象脱管失控的情况发生。

（三）“智慧矫正”信息化

近年来，江苏省紧紧围绕司法部“数字法治智慧司法”决策部署，坚持“内网管理智能化、外网服务移动化”理念，在全省司法行政一体化智能平台总体构建下，紧扣数字化、智能化、实战化，加快社区矫正信息化建设和应用，形成江苏特色的“一网三通”：社区矫正信息系统和工作人员“矫务通”、矫正对象“在矫通”、矫正小组成员“协矫通”移动APP等一体融合、高效运行模式，支撑服务全省社区矫正工作高质量发展。积极探索实施科学评估，整合风险评估、需求评估和心理评估系统，在入矫阶段对社区矫正对象开展危险性评估和矫正需求评估，生成个性化评估报告，并根据评估结果推送初步矫正方案，经集体合议后充实完善矫正方案，为后续监管教育工作提供指引。广泛应用智能监管，研发矫正纪实、“四色积分预警”、25项智能提醒和警示工具以及17项分析研判工具，其中，公安机关提供的飞机乘坐、铁路出行、旅店住宿、网吧上网等数据为社区矫正对象不请假外出行为提供预警。依托江苏省社区矫正信息管理系统、政法协作大平台和“矫务通”“在矫通”“协矫通”等系统，对社区矫正对象实施手机核查、人脸识别、电子定位等监管措施。与“雪亮工程”“天网工程”对接，实现对社区矫正对象信息化核查、重点人员腕带定位核查等功能，构建无缝隙的监管新模式。启动“大数据+特殊人群管理”项目建设，分析研判社区矫正对象的矫正类别、犯罪类型、损害成因等因素，建立行为控制模型，智能推演活动轨迹，灵活设置电子围栏，提升管控的精准度。充分发挥监狱、社区矫正机构、安置帮教机构条线网上平台原有数据资源优势，设计开发刑事执行一体化系统，实现委托评估、人员交接、必接必送等业务线上协同。调研开发刑释人员重新犯罪风险预警模块，上线运行安置帮教蓝信移动平台等。探索社区矫正对象自助矫正模式，先后开发线上社区矫正对象自助教育学习平台，在部分地区试点自助矫正亭设备。《社区矫正法》颁布后，主动顺应《社区矫正法》教育公益等活动形式变化要求，充分利用网站、微信、蓝信等平台，开设“空中课堂”，推广应用“自助矫正亭”等自助矫正设施，建立健全“菜单式”学习教育和职业技能培训新模式，根据社区矫正对象矫正阶段和矫正需求，通过“在矫通”自动推送必修、专修、选修课程，实现线上个别化矫正。探索大数据在智慧考核上的应用，研发试点“区块链+社区矫正”考核评价系统，对社区矫正对象在矫期间活动情况和行为进行评价，形成综合画像，生成考核积分，作为审批经营性外出、扩大活动范围、佩戴腕带、兑现奖惩等参考依据，从而降低执法风险、助力精准矫治。

（四）矫正力量社会化

江苏省充分认识到社会力量的重要性，积极引导其参与社区矫正工作。2011

年，江苏省两办转发《江苏省综治委关于进一步加强社区矫正工作的意见》，明确提出“2015 年前实现专职社会工作者与社区矫正对象的配备比例不低于 1∶15”的发展目标。2014 年年初出台《江苏省社区矫正工作条例》，规定县（市、区）人民政府应当通过公开招聘和购买服务的方式配备社区矫正社会工作者。目前，社区矫正中的社会力量已经成为江苏省开展社区矫正工作不可或缺的重要力量。2014 年以来，江苏省司法厅先后联合江苏省关工委、江苏省政法系统关工委出台关于动员组织“五老”志愿者队伍参与社区矫正工作的意见，建立定期研究、联动会商、矫情通报、“三帮”（帮学、帮教、帮困）机制，加强志愿者队伍建设，培育发展社会组织参与社区矫正，2016 年江苏省司法厅下发《社区矫正专业型社会组织培育发展推进方案》，要求江苏省各县（市、区）至少培育发展 1 个可参与社区矫正的专业型社会组织，普遍建立县级社区矫正工作协会及乡镇（街道）社区矫正工作协会，同时明确推进措施要求等。目前，江苏省各地大力加强对社会组织的培育孵化，通过政府购买、公益创投等多种途径支持引导 172 家社会组织参与社区矫正工作。充分发挥基层自治组织独特作用，2014 年 10 月，江苏省司法厅下发《关于进一步加强全省村（社区）司法行政服务站建设的指导意见》，依托村（社区）基层自治组织开展司法行政工作。村（居）民委员会发挥贴近社区矫正对象日常工作、生活的优势，及时掌握社区矫正对象的思想动向和行为表现，协助做好社区矫正对象的困难帮扶、公益活动工作。目前，司法行政服务站建设已成为江苏省社会力量参与社区矫正工作的重要阵地。江苏省积极引入社会组织，对社区矫正对象实施专门的损害修复，突出家庭、学校、社会参与，提高教育矫治成效。

（五）矫正项目专业化

2016 年起组织指导苏州市局和江苏省司法警官高等职业学校联合开展循证矫正试点，2017 年起实施损害修复工程，在东南大学中国犯罪预防与社会修复研究中心及 25 个县级社区矫正中心开展项目试点，2019 年在全省推进社区矫正损害修复工作并成立国内首个社区矫正损害修复协会。2020 年，部署开展社区矫正损害修复“深化提升年”活动，进一步扩大损害修复项目类型，编制 10 类损害修复项目指引，规范损害修复阵地建设，培育损害修复社会支持系统，完善损害修复协同协作机制，促进社区矫正对象顺利回归融入社会。深化互帮共建，调整刑事执行一体化建设领导小组及其办公室人员，扎实推进刑事执行一体化建设，完善“双向挂职”等监地互帮共建机制，2014 年起，先后选派 7 批共计 1073 名“互帮共建”民警参与社区矫正工作，实现全省社区矫正中心及分中心全覆盖，形成大融合工作格局，有力提升互帮共建工作的制度化、规范化水平。

第十三章 社区矫正风险管理与控制

由于社区矫正风险具有显著的不确定性，因而社区矫正风险管控是一个典型的“决策于未知之中”的领域。从社区矫正的实务操作层面看，社区矫正风险管控的维度包括正式的管控和非正式的管控两个方面。正式的管控包括依据现有的法律法规、行政规章、决定、命令、规范性文件等刚性规定，而实施强制性的风险管控；非正式的管控主要是指运用社区矫正的工作准则、社会文化、道德规范等柔性规范，通过外在的、潜移默化的影响和自我约束来实现风险管控。2019年12月28日通过的《社区矫正法》和2020年最高人民法院、最高人民检察院、公安部、司法部颁布的《社区矫正法实施办法》对于社区矫正的风险管控规定了调查评估、禁止令执行、电子定位、训诫、警告、提请公安机关予以治安管理处罚，依法提请撤销缓刑、撤销假释、对暂予监外执行的收监执行、提请逮捕等行政管理和刑事执行措施。

第一节 社区矫正风险认知

一、社区矫正风险的认知

（一）社区矫正风险的本质属性

在本质属性上，社区矫正风险具有客观性，但是，社区矫正是社会活动的有机组成部分，在整体社会结构中，社区矫正又是社会建构的结果，具有社会公共部门的公共属性。在这种意义上，社区矫正风险是客观存在与主观认知的结合体，呈现出“虚拟的现实，现实的虚拟”的梦幻样态。所以，社区矫正风险在结构上是社会性的，而在社会公众的倾向性上，则以主观感知为基础，具有心理学定向的质性特征。

第一，社区矫正风险是物质特性和社会建构特性的融合。社区矫正风险的物质特性是可能带来人身损害或财产损失，强调损失在一定程度上的可计算性和可补偿性；社区矫正风险的社会建构特性是强调在现代社会背景下对社区矫正风险不同特征的认知，强化管控社区矫正风险的社会行动。

第二，社区矫正风险是社会风险的组成部分。将社区矫正风险置于社会风险层面，是要拓展社区矫正风险的领域，从研究对象看，需要关注的主要风险因素至少应该包括生态环境领域、政治领域、经济领域、社会领域和文化领域等。实践中，社区矫正风险带来的社会安全和秩序问题，主要来自社会结构层面，社会风险的有效管控为社区矫正风险管控提供了可能。

第三，社区矫正风险是社区矫正管理能力虚弱而导致的社区矫正失序。从社区矫正风险承受主体和社区矫正风险管理实施主体来看，社区矫正风险与政治风险、经济风险、金融风险乃至文化风险一样，均属于“国家风险”的范畴。因此，我们可以将社区矫正风险定义为由于社区矫正管理机关的管理能力虚弱而导致社区矫正失序和不稳定的可能性。通常情况下，社区矫正管理包括两类：一类是政府对有关社区矫正事务进行规范和制约，即社区矫正管理者的社区矫正管理。另一类是以基层自治组织、社会团体、社会组织、非营利组织和公民为代表的社区矫正参与者，依据一定的规章制度和道德约束，规范和制约社区矫正对象的行为，即社会力量参与的管理。总的来看，社区矫正管理是以政府强力干预和协调为主导，社会组织和非营利组织为中介，基层自治组织为基础，社会公众广泛参与的互动过程。在实务工作中，正是由于社区矫正管理机关管理能力虚弱，才使得社区矫正面临失序和不稳定的可能性，从而产生社区矫正风险。

（二）社区矫正风险的特征

第一，社区矫正风险具有普遍性。社区矫正风险的普遍性表现在：一是社区矫正风险是一种社会性的危险状态，对社会安全构成了一定程度的威胁。二是社区矫正风险是社区矫正管理过程中的一种普遍存在的现象，是社区矫正工作中需要重点管控的问题。三是对于社区矫正风险的认识和关注，应置于国家整体安全的氛围内来看待，社区矫正安全是和整个社会安全、自身生存环境安全、维护社会秩序等紧密相关的，而不仅仅是社区矫正工作的单一问题。

第二，社区矫正风险具有人为性。相对于传统社会的以自然灾害风险为主导的风险，社区矫正风险主要是内生的，是由现实社会原因和人为原因导致的风险，其中，占主导地位的是由社会环境中存在的“刺激源”的激活，从而诱发社区矫正风险，因此，社区矫正风险是典型的“被制造出来的风险”，是社区矫正中前后所存在的各种矛盾在社区矫正过程中的集中体现。

第三，社区矫正风险具有复合性。从社区矫正风险中的风险所具有的形态来看，是个别风险、人为风险、全局性风险、社会利益风险、文化风险、道德风险等多种风险的复合体。这里的个别风险主要是指矫正对象个体的违法犯罪所存在的潜在风险和现实风险。人为风险是指社区矫正风险主要是人为制造而产生出来的，自然产生的风险相对较少。全局性风险则是目前社区矫正工作所存在的合法性危机，在诸多方面存在法律依据不足、以政策代替法律的现象。社会利益风险是我国社会转型的逐步完成，社会结构的变化等所产生的社会利益分配差距，导致社会不同阶层的矛盾在社区矫正中的反映。文化风险则是现代社会对传统文化的冲击，致使外来文化对传统文化的替代，从而产生价值观念的变化。道德风险和文化风险紧密相关，外来文化对传统文化的冲击，导致传统道德规范所建构的人文伦理“大厦”坍塌，自我约束力降低。所有这些风险既有独特性，又相互交织在一起，呈现出复合性特征。

第四，社区矫正风险具有现代性。社区矫正风险的现代性是和现代社会的发展紧密相连的。一是社区矫正本身就是现代社会行刑方式文明进步的体现，是现代社会所产生的新型刑罚制度，因此所产生的风险也必然具有现代性特质。二是社区矫正风险和传统监禁矫正风险相比，超越了传统监禁矫正的时空界限，潜藏于社区之中，这是对传统风险应对方式的挑战，也是对现代风险应对方式的拷问。三是现代社会形态打破了相对“稳定”的社会生活结构，具有快速的“流动”性，社区矫正风险的发生也随之发生了变化，甚至在常态工作中无法确定，所以社区矫正风险无法运用现代科学技术的计算程序、常规标准等进行计算，为有效管控和把握增加了难度。四是社会公众对现代社会安全和秩序的需求越来越高，对社区矫正风险的心理感知越来越敏感。

第五，社区矫正风险具有不确定性。社区矫正风险的不确定性包括：一是社区矫正风险产生的不确定性。社区矫正安全是整个社会系统能够保持良性运行和协调发展的组成部分，社区矫正风险是社会安全控制中基础性的、深层次的、结构性的潜在危害因素，一旦发生会对社会的安全运行和健康发展构成严重的威胁，甚至转变为公共危机事件。二是社会损失的不确定性。社区矫正风险是由于矫正对象个体或矫正对象群体的反社会行为所引起的社区矫正失序和社区矫正混乱的可能性，所产生的社会损失是以风险种类、风险规模、风险程度等来衡量的。

二、社区矫正风险管控的变化

社区矫正风险管控是社区矫正管理机关通过整合社会各方面的公共资源，并运用政府部门的行政力量，对社区矫正中可能存在的风险源进行适当干预，预防社区矫正风险的发生，控制社区矫正风险的扩大，避免社区矫正风险向“事件”演变发生等，从而实现对社区矫正风险的有效管理的活动。所以，社区矫正风险管控是以社区矫正体制为驱动，以社区矫正管理为核心，社会多方力量共同参与和协同的。相对于传统社会管控而言，发生了明显的变化。

（一）社区矫正风险管控从已知领域到未知领域的跨越

这一跨越主要表现为：一是从确定、预知的风险到不确定、未知的风险。传统的社会风险管控是以自然现象所产生的自然风险为主导，而社区矫正的风险在实质上属于“人化”风险，或者是“人为”风险；自然风险相对具有规律性可循，而“人化”风险则属于不确定、未知的风险。二是从被动的、机械的管理转向主动的、灵活的管理，传统上对社会风险的管控是对已知风险的管理、抑制和消除，具有典型的被动性；而社区矫正风险管控涉及社会安全和社会秩序，甚至会衍生为社会危机事件，引起重大社会问题，所以，社区矫正风险的管控需要主动预测、评估，及时地对潜在的风险因素进行排查，并依据不同的情况，采取相应的消解对策，所以，社区矫正风险管控具有主动、灵活的特征。三是从单纯工具主义管控转向综合的功能主义管控。传统意义上的社会风险管控是政府的“职权”范畴，政府将管控社会风险作为社会管理的工具；而社区矫正风险管控则是将其作为一种社会公众共同承担的社会责任，作为社会治安综合治理、实现社会安全稳定的手段，重心是社会综合功能的发挥。

（二）社区矫正风险管控由结果主义向过程主义转变

社区矫正风险管控的结果主义以结果论“英雄”。结果主义只是关注社区矫正风险管控的结果，是以结果为起点和终点。结果的状态成为风险管控衡量一切的指标和参照系，认为结果即全部，其中的过程和动机都不重要。社区矫正风险管控的过程主义要求对社区矫正的全程关注、全程监控。主导过程主义思维的是这样一种预设：社区矫正风险管控是一个复杂的过程系统，隐藏着许多需要探索的规律，因此就不要主观地按照事先设计好的条条框框去证实其合理性，而是要通过在实践中的调查研究得出的结论来说明。认为管控过程是它的参照系和衡量支点。社区矫正风险管控的过程主义假设“过程对社区矫正风险管控有着不可替代的重要价值”，将过程看作社区矫正风险管控的本质特性。由此，社区矫正风险管控的过程主义颠覆了传统的实体式本质主义思维，颠覆了社区矫正风险管控运动式、一阵风、一蹴而就的结果主义方式。

（三）从人治式风险管控转向法治式风险管控

人治式风险管控是在以往官本位的体制下，以经验型风险管控方式为主导，普遍存在“黑头不如红头，红头不如笔头，笔头不如口头”的现象。主要依靠政策的方式、组织决定的路径、行政命令的手段进行风险管控的决策和实际运作。在某些情况下甚至是个人意志至上，习惯于以领导人的讲话精神为指导原则，法律反倒成了可有可无的东西。所谓法治式风险管控就是服从法治的要求，以法律规范为基准，认识、分析、处理社区矫正潜在风险和现实风险等问题的风险管控方式。现代法治式风险管控方式在社区矫正法治化的实践操作中，按照法治思维思考问题、分析问题和解决问题，这也是法治国家、法治政府、法治社会一体化建设的必然要求和题中应有之义。突出表现在社区矫正风险管控中始终贯穿宪法、法律至上的原则，用法治方式捍卫法律权威。同时要在社区矫正风险管控中加大、加重法治的内容，立足于实，建构于新，潜心于深。

总之，社区矫正风险管控这一变化，要求社区矫正风险管控既需要深入社区矫正风险管控过程的各个环节，也需要对风险管控行为之外的相关环节投入关注，以实现从根本上消除风险或者减损风险的现实化程度。

三、社区矫正风险管控的基本思路和目标

理念决定境界，境界决定高度，高度决定思路，思路决定出路。社区矫正风险管控同样如此，在充分认知社区矫正风险的基础上，就必须确立社区矫正风险管控的基本思路和目标。

（一）社区矫正风险管控的基本思路

社区矫正风险管控理论中的全面风险管理的观念、整体化风险理论、风险管理的框架等理论和社区矫正风险管控的有效实践，为社区矫正风险管控提供了良好的借鉴和全新的思路。

第一，社区矫正风险管控理念从突发事件的应急管理向社区矫正风险治理转变。传统社会风险管控理念只是对“已然事件”的应急管理。依据整体化风险理论，社区矫正风险管控不再满足于“已然事件”的处置，而是要构建社区矫正风险管控的框架结构和社区矫正风险治理体系。在这一体系结构中，构建以社区矫正管理机关为主导，以非政府组织、社会团体、社会组织、公民个人等社会力量为协同，以社区矫正风险预测、预防、评估和治理为目标，对社区矫正风险进行整体性、全局性管理和控制的开放型组织网络。

第二，社区矫正风险管控突出执行的“过程化”。社区矫正风险管控的执行思路在于保障系统整体性、系统性功能稳定运转的前提下，调整社区矫正风险预测、预防、评估、控制等过程中的相关主体的关系。一是从法律和组织结构的角度，明确各个主体的权力与责任，以及各主体间的权责关系。二是恒定不同主体在组织体系中的位置和作用，设定相应的行政程序、行动规范。三是搭建参与主体在管理体系上相互协同的平台。目前来看，我国社区矫正工作还存在社区矫正定性不准确，体制机制不健全，制度设计有缺陷，法律制度严重缺位等结构性矛盾，要做到这一点，我国需要制定相应的法律规范，以法律的形式予以确认，同时，需要制定相应的政策，对社区矫正风险管控进行制度化规范，形成多主体协同参与的网络化制度结构和组织化的治理体系。

第三，构建动态化的社区矫正风险管控模型。社区矫正风险管控包括了社区矫正风险管理、社区矫正风险要素管理、社区矫正风险应急管理和突发事件管理等形态，为实现社区矫正风险管控的有序、快速、高效，依照社区矫正风险管控

框架，将这些形态整合成一个动态化，循环全过程、全要素的社区矫正风险管控模型。通过模型演示彰显以下内涵：一是社区矫正风险管控主体的多元化、全主体。在这些主体中党委是领导，政府是主导者，司法局的社区矫正管理机关是牵头组织者，公安局、法院、检察院、监狱是业务关联部门，民政、财政等是相关的协作部门，社会工作者、社会志愿者、以村（居）委会为代表的基层自治组织是社会力量的主体。共同形成一个分工明确、各司其职、各负其责的社区矫正风险管控主体网络。二是社区矫正风险管控的重点在于对社区矫正风险的前期监测、评估和预防。社区矫正风险管控的重点在于“防”。前期的监测、评估和预防做到实处，就能有效预防风险的发生，或者转化为风险危机事件。因此，防患于未然，把风险消除在萌芽中才是最优化的社区矫正风险管控。三是在社区矫正风险管控中风险识别、评估、预防、控制、交流等要素的角色定位。四是社区矫正风险管控是一个动态化的过程管理，为应对社区矫正风险危机事件奠定良好的基础，做好充分的准备。

（二）社区矫正风险管控的目标

要实现社区矫正风险管控的价值，第一步是确立社区矫正风险管控的目标。从社区矫正风险管控过程和社区矫正风险预测、发生，以及转化为风险危机事件的不同阶段来看，社区矫正风险管控的目标分为前期目标、中期目标、后期目标和总体目标。

前期目标主要是评估风险和预测风险，采取多种手段抑制风险的外化。在社区矫正风险管控前期对潜存的风险因素分析透彻，评估到位，预测精准，就能够对社区矫正风险起到预防作用，把社区矫正风险扼杀于“摇篮”之中。

中期目标主要是及时平息事态。在社区矫正风险已经出现或者是正在产生时，社区矫正风险管控机制迅速启动，快速做出反应，控制风险事件不再发展或升级，尤其不能恶化为风险危机事件。

后期目标主要是风险损失最小化。针对风险事件或者是风险危机事件，从社区矫正风险管控宏观的、全局的、社会效益的和经济精算化的角度考虑，将社区矫正风险成本最小化，防范和补偿社区矫正风险事件或风险危机事件所造成的社会损失。

总体目标是将社区矫正风险管理置于国家总体安全的范畴，维护社会的安全和秩序。更深层次的目的则是通过有效的风险管控，为社区矫正工作创造良好的社会环境，使社区矫正对象得到最优化的矫正教育，实现改造人的宗旨，使矫正对象成为遵纪守法的公民。

总之，社区矫正风险管控是为了应对由于社区矫正突发事件、矫正对象个体和群体、社会环境等的变化而导致的社区矫正风险的社会化、多样化、巨大化的策略框架，也是强调众多社区矫正风险管控参与主体通过相互协作采取合理措施来应对社会化风险的系统。

第二节 风险管控理论及其模式

我国经过 40 年的改革开放，社会形态和社会结构发生了质的变化，伴随着经济的发展，社会问题也日益复杂化。正如学界所言，我国已经进入了风险社会时期。由此，以风险管控为主导思想的社区矫正新思潮进入了人们的视野。

一、风险管控理论和新刑罚学理论

建立在风险社会理论基础上的新刑罚学理论是美国学者费莱与西蒙于 20 世纪末提出的具有实证基础的理论。而风险社会理论认为，在现代社会里，各种社会风险占据主导地位，对人们的生存和发展存在严重的威胁，因此，社会良性运行的目标是对社会风险的管理、控制和预防。社会犯罪现象是社会治理必须面对的极端人为风险。在此基础上，以风险管控为核心的风险管控主义成为应对犯罪风险的理论流派。在我国，主要以中央司法警官学院的翟中东教授和东南大学的李川教授为代表，竭力倡导社区矫正价值追求的风险管控主义。

（一）新刑罚学的主张

翟中东教授认为，新刑罚学主张者认为：“根据‘少数犯罪分子对多数犯罪负责’的现象，即占全部犯罪分子比例中很小部分的犯罪分子实施了全部犯罪中的大部分犯罪，特别是犯罪危害结果严重、犯罪手段恶劣的犯罪。这些犯罪分子是全社会中的高度危险犯罪分子（简称‘高危犯’）。犯罪控制应当指向这些高危犯。犯罪控制指向高危犯可以产生事半功倍的效果。刑罚的主要目的在于对源于罪犯的危险进行管理，即危险评估与危险控制，而不是惩罚威慑罪犯，或者矫正罪犯。”① 并据此提出了风险管控主义的一些理论。

1. 危险管理理论，包括危险评估与危险控制。“所谓危险评估，是对犯罪分子重新违法犯罪危险大小进行定量化的评估，将犯罪分子区分出高度危险犯、中度危险犯与低度危险犯等类别。所谓危险控制，是根据犯罪分子的危险程度，予以针对性监控，对危险高的犯罪分子从人力、技术、制度、物力上入手强化监控，合理安排监控资源。”② 由此，风险管控成为社区矫正的核心，对社区矫正对象的风险管控可以超越社区矫正对象的个体权利保护和正义目标追求；对不同

---

① 翟中东：《社区性刑罚的崛起与社区矫正的新模式——国际的视角》，中国政法大学出版社 2013 年版，第 47~48 页。

② 翟中东：《矫正的变迁》，中国人民公安大学出版社 2013 年版，第 221 页。

危险程度的社区矫正对象采用相适应的风险管控措施。

2. 危险回应机制的构建。构建社区矫正对象的危险回应机制是国际社会控制罪犯危险政策最重要的表现形式之一。它“是指刑事司法机构在危险评估基础上建立的与罪犯危险大小相应的控制措施体系及相应的应变机制；罪犯危险性大，控制力度大；罪犯危险性小，控制力度小；罪犯危险变，控制措施变”。[①]要求司法行为从量刑到行刑，都要转换矫正教育理念、矫正教育视角和矫正教育逻辑，以社区矫正对象的风险管控为基础，重新整合社区矫正的多元目标和功能，构建以风险管控为核心的多元复合理论。

3. “罪犯一体化管理”。“罪犯一体化管理”政策是英国推出的“兼容并蓄”政策。认为“罪犯无论是在监狱还是在社区都需要管理”[②]。倡议“建立国家罪犯管理局对罪犯实施连续的无缝的管理。对危险进行控制”。[③] 工作目标是：“保卫社会；惩罚罪犯；补偿被害人；矫正罪犯；更好地管理罪犯使其不再犯罪。”[④]这一目标本身就宣示了政策所具有的多层次的价值追求。在保卫社会的目标上，强调的是对危险性大的罪犯采取强硬的剥夺政策。

（二）风险刑罚学的主张

李川教授在《基于风险管控的社区矫正制度研究》一书中，先后使用了“风险管控刑罚学”“风险刑罚学”“风险管控新刑罚学”“新刑罚学”“风险管理刑罚学”[⑤] 等概念，认为风险社会理论是研究当前社会问题的一种新范式，社区矫正应立足风险管控的理念来建构我国的社区矫正制度。“放眼世界社区矫正的发展趋势，其制度理念早在风险社会时代特征和风险控制刑事政策新趋向的影响下，走向了风险管控统摄下兼顾救济、矫治和管理的多元架构。”[⑥] 认为社区矫正的风险管控是新的行刑目标。

在社区矫正制度建构理论上，“新刑罚学通过考察当时的时代特征，提出了以风险管控为核心的新的刑罚视角和观点预设，认为刑罚既不是为了惩罚也不是为了改造，而是为了分辨与管控社会的具体风险，防范犯罪人风险向实害的转换”[⑦]。“刑罚并非如传统理论所认识的那样是针对个人的惩罚或改造，而是通过对犯罪风险的抽象评估归纳出依据犯罪风险类型和程度而采取的对危险人口的集

---

① 翟中东：《矫正的变迁》，中国人民公安大学出版社 2013 年版，第 257 页。

② 翟中东：《矫正的变迁》，中国人民公安大学出版社 2013 年版，第 341 页。

③ 翟中东：《矫正的变迁》，中国人民公安大学出版社 2013 年版，第 341 页。

④ 翟中东：《矫正的变迁》，中国人民公安大学出版社 2013 年版，第 338 页。

⑤ 李川：《基于风险管控的社区矫正制度研究》，东南大学出版社 2017 年版，第 4、11、56、57 页。

⑥ 李川：《基于风险管控的社区矫正制度研究》，东南大学出版社 2017 年版，第 2 页。

⑦ 李川：《基于风险管控的社区矫正制度研究》，东南大学出版社 2017 年版，第 57 页。

中管理和控制措施。"① 因此，"风险管控"的新刑罚理念要求从量刑到行刑的整个过程都必须围绕着对犯罪人的风险管理展开，犯罪风险管理和控制成为新的社区矫正目标，对社区矫正对象采取处处设防、处处监督的质疑态度，通过对社区矫正对象的提前预防和严格管理，控制不可预测的犯罪风险的发生。

在社区矫正制度建构实践上，社区矫正制度从风险管控的逻辑出发，对传统社区矫正制度以风险管控为核心进行设计和升级再造，社区矫正中风险评估、矫正模式、行刑措施都要以风险管控为标准进行分析检视，形成符合风险管控理念的系统性社区矫正新制度。使现有的社区矫正模式转换为风险控制模式。

社区矫正制度建设的内涵，体现在社区矫正过程的三个方面："受管理主义决定之风险控制的即时预防内涵、受效益主义决定之风险控制的精算司法内涵以及受修复主义决定之风险控制的秩序恢复内涵。"② 在这里，即时预防、精算司法、秩序恢复，是针对社区矫正中的现实风险、直接风险和社会撕裂风险而采取的不同风险层次的管理和控制。

李川教授主张，风险管控作为社区矫正逻辑展开的前提，"风险管理刑罚学首先设计和发展出了一套风险分析和评价理论，用于明确风险判断以在这种风险判断的基础上进一步进行风险的预防。这种风险的分析评价体系是建立在'少数人犯了大多数的罪'和风险'大数法则'基础之上，通过参考保险学和会计精算学中风险管理评估的方式，在刑罚体系内设立标准化和规范化的犯罪人风险评估机制来确立犯罪的具体风险。这样风险管控的刑罚理论就实现了从传统人身危险为核心的概念体系向社会风险为核心的概念体系的转换：将原本依靠主观个别判断的人身危险性通过风险这一因素抽象标准化为可以科学判断区分的社会风险评估指标体系，以在此基础上设立科学合理的管控措施"③。

综上所述，风险管控主义认为，在风险管控框架下，社区矫正中的刑罚惩罚只是风险管控的合法性依据，没有法律对社区矫正对象犯罪事实的认定和法院的依法判决，任何权力部门都不能对任何人作出社会危险成员的价值判断，更谈不上张贴"危险分子"的标签和据以实施风险管控。而矫正教育只是实现风险管控的手段或者途径。在这里有一个理论假设：社区矫正对象存在危害社会的风险，是社会成员中实施重新犯罪的高危人群，是社会安全的重点防控对象。

二、社区矫正风险管控的模式

翟中东教授认为，社区矫正的风险管控模式是"危险管理+项目矫正+恢复

① 李川：《基于风险管控的社区矫正制度研究》，东南大学出版社 2017 年版，第 4 页。
② 李川：《基于风险管控的社区矫正制度研究》，东南大学出版社 2017 年版，第 10 页。
③ 李川：《基于风险管控的社区矫正制度研究》，东南大学出版社 2017 年版，第 57 页。

性司法”① 的有机融合。李川教授认为，社区矫正的风险管控模式包括了监督管控、规范矫治和正义修复。社区矫正的监督管控是对应于社区矫正对象所存在的现实风险而设置的；社区矫正的规范矫治要控制社区矫正对象的直接风险；社区矫正的正义修复理念是防范犯罪行为所带来的社会秩序的撕裂风险。笔者依照社区矫正所面对的风险类别和性质，将社区矫正存在的风险分为潜在风险、现实风险和未来风险三大类，由此，社区矫正的风险管控模式也由三个阶段构成。

（一）潜在风险评估

这是社区矫正的前置程序。核心在于通过社区矫正对象的“已然之罪”，挖掘、坐实社区矫正对象仍处在“活跃期”的犯因性因素，为社区矫正的现实风险管控提供科学的依据。

从社区矫正层面，潜在风险评估是对社区矫正对象“已然之罪”基础上所存在的社会风险因素的客观判断和主观推理。潜在风险管控的依据是什么？就是充分应用现代社会科学的评估手段，对社区矫正对象的各项指标体系进行定性定量的综合的测量和研判，准确地定位社区矫正对象所存在的犯因性因素，并对这些犯因性因素进行评估，依据其在社区矫正对象身上的“活跃度”，分层次地排列出主次位序，作为潜在风险管控的指标体系。

从社区矫正对象层面，潜在风险评估在于使社区矫正对象对社会价值观念的重新领悟。实践证明，在社会化过程中，大多社区矫正对象都存在社会化的缺陷或者社会化不完全，特别是在社会观念的认知上，出现了严重的问题，导致其违背社会规范和法律规范，成为社会的违规者，或者说是法律上的犯罪者，受到了社会谴责和法律惩罚。但是有一点必须说明，在每一个社区矫正对象身上良好的社会品性和劣质的犯因性因素是并存的，并不因为受到法律的惩罚，良好的社会品性和劣质的犯因性因素就消失殆尽。这就要求我们，在社区矫正之前要进行科学的、规范的评估，使良好的社会品性发扬光大，成为人性起航的基点；而劣质的犯因性因素必须被挖掘和充分认知，这是对社区矫正对象自身潜在风险管控的基础。没有充分的认知和领悟，就不能有效地管理和控制。

从社区矫正所揭示的逻辑结构看，风险管控主义主导下的社区矫正已经产生了哲学转型。“社区矫正开始着重风险的评估与直接管控，处遇技术逻辑从个人责任追究与人身危险矫治转变为犯罪人风险标定与分级监管。这标志着集体主义和管理主义的新刑罚学的诞生。”②

---

① 翟中东：《中国社区矫正制度的建构与立法问题》，中国人民公安大学出版社 2017 年版，第 79 页。

② 李川：《基于风险管控的社区矫正制度研究》，东南大学出版社 2017 年版，第 11 页。

（二）现实风险管控

社会公众对社会安全的需求和担忧，要求在社区矫正过程中对社区矫正对象进行现实风险控制。一方面通过监督、干预、扶助等手段，使社区矫正对象危害社会的意识、行为泯灭于未然之中。另一方面通过社区矫正对象自我行为的改变，使其社会合规性、法律规范性固化和升华。按照翟中东教授的观点，现实风险控制的实现主要是由三个模块构成，即“认罪悔罪+危险管理+项目矫正”①，从而形成了社区矫正的现代模式框架“危险管理+项目矫正+恢复性司法”②。这一风险控制模式，使社区矫正的整个架构设计都处于风险管控的主导思想之下，无论惩罚还是矫正，都成为风险管控之下的次级举措，这就规避了社区矫正是执行刑罚还是矫正教育的属性之争。同时，这使社区矫正既满足了社会公众对社会安全的需求，也彰显了法律的公平正义，更在安全的控制环境中，实现社区矫正对象的矫正教育。正如有学者所认为的“出于对风险社会中犯罪风险的不确定性和高发性的防范，管理主义要求风险控制必须满足尽可能早和尽可能快的需求，对犯罪人矫正中的当下犯罪需求实行前置控制和过程控制”。③ 社区矫正的风险控制理应成为犯罪治理的重要手段。

（三）未来风险预测

在李川教授的风险控制视域中，引入了风险控制的效益主义观点：“出于对风险进行有效管理的需求，风险控制被要求特别注重采纳那些可以尽可能少地花费成本就能够实现良好风险管控的矫正手段，以最小的成本实现最大化的风险管控，体现效益主义的属性。”④ 在这里，无论是现实风险管控，还是未来风险管控，都不需考量预防犯罪的社会效果和控制效益之间的科学的平衡。一方面，坚信风险与效益是相互关联的，犯罪风险是可以理性分析和预测的。“犯罪行为变为可以根据日常生活中的输入变量进行风险与效益计算的输出结果，因此，犯罪不再是反常的、偶然的，犯罪风险成为可以理性分析和预测的对象，包括刑罚处遇在内的犯罪治理重点不应再是道德报应、公平正义或罪犯矫正，而是犯罪风险的管理控制。”⑤ 另一方面，李川教授引入了“精算司法”理念，“将保险学和管

---

① 翟中东：《中国社区矫正制度的建构与立法问题》，中国人民公安大学出版社 2017 年版，第 6 页。

② 翟中东：《中国社区矫正制度的建构与立法问题》，中国人民公安大学出版社 2017 年版，第 79 页。

③ 李川：《基于风险管控的社区矫正制度研究》，东南大学出版社 2017 年版，第 68 页。

④ 李川：《基于风险管控的社区矫正制度研究》，东南大学出版社 2017 年版，第 69 页。

⑤ 李川：《基于风险管控的社区矫正制度研究》，东南大学出版社 2017 年版，第 11 页。

理学意义上的精算方法引入司法矫正领域：依据经济学的基本原理，运用现代数学、统计学、金融学及法学等各种科学有效的方法，对各种矫正中未来的风险进行分析、评估和管理，从而对各种矫正方法和手段的风险控制能力和成本进行综合科学统计和分析，从中选择形成最能有效节约成本且能控制即时风险的矫正方案组合。矫正本身成为一门可以计算的科学，也只有通过精算司法矫正才能符合风险控制的要求”①。因此，对未来风险的预测是基于现实风险管控下，通过技术手段对社区矫正对象的现实表现的测量，考核犯因性因素在社区矫正对象思维体系中的地位，对其回归社会后的“未然之罪”被激活的概率进行“精细计算”，进而跟踪管控，达到实现社会安全的目的。一方面警示社区矫正对象对自我犯因性因素的有效自控和抑制。另一方面重新建构社区矫正对象的价值体系和社会关系，使社区矫正对象有可能发生的“未然之罪”的犯因性因素“冬眠”于深层次意识之中，甚至通过矫正的技术手段使之“永不唤醒”或被激活。

三、风险评估的二元机制

风险管控框架下的社区矫正，为追求社会风险有效管控的目的，在风险管控实现的途径上采取了风险评估的二元机制，一是防控型风险评估，即基于监督管理机能的风险评估，“评估出发点是集体主义视野下的社会风险标定需求”②；二是矫治型风险评估，即基于规范矫正机能的风险评估，“风险评估出发点是个体视角下的人格可矫正性判断”③。防控型风险评估和矫治型风险评估在社区矫正中具有完全不同的定位。

从风险评估性质来看，防控型风险评估考量的是社区矫正对象所存在的社会侵害风险，试图通过对矫正对象的隔离来管控即时风险，实现风险安全管理机能；矫治型风险评估则是出于对社区矫正对象未来的个体再犯风险的认知，通过对矫正对象人身危险性评估，激活对矫正对象的矫治教育机能，实现长远风险管控。

从风险评估目的来看，防控型风险评估是针对社会风险安全管理，试图通过评估，强化对矫正对象的外在控制；而矫治型风险评估是针对矫正对象的人身危险性评估，试图通过评估，强化对矫正对象的矫正教育机能，这是对矫正对象的内在改造过程。

从风险评估内涵来看，防控型风险评估“其所强调的服务目标不再是内在矫正犯罪人，而是通过评估犯罪人的社会危险等级用以确定外在对其恰当的防范控

---

① 李川：《基于风险管控的社区矫正制度研究》，东南大学出版社2017年版，第70页。

② 李川：《基于风险管控的社区矫正制度研究》，东南大学出版社2017年版，第134~135页。

③ 李川：《基于风险管控的社区矫正制度研究》，东南大学出版社2017年版，第135页。

制手段，因此，这种风险评估是一种确保对罪犯有效监督管制以维护社会安全的防控性风险评估”①。奉行的是隔离主义的刑罚目的观，以社会安全为出发点，核心在于通过对矫正对象的外在社会危险性判断，表征出矫正对象外在社会风险性的等级，实现对矫正对象的外在控制，其理论基础是风险社会学和社会统计学形成机制。

矫治型风险评估“其所认知的风险评估是一种着眼于罪犯改善成效和长远风险防控的矫治型风险评估”②。奉行的是矫治主义刑罚目的观，以规范矫治为出发点，核心在于通过对矫正对象的人身可矫性判断，剖析认知矫正对象的内在犯罪人格，通过合理的矫正教育措施，实现对矫正对象危险人格的内在改造，其理论基础是认知科学和心理学形成机制。

第三节 社区矫正风险管控体系的构建

社区矫正风险管控体系是应对社区矫正风险的重要平台，从宏观上看包括了社区矫正管理主体的体制机制等内在运作机制建设和外在联结机制建设，是内在运作机制和外在联结机制的有机结合。因此，社区矫正风险管控体系包括了社区矫正风险评估、社区矫正风险监测、社区矫正风险控制、社区矫正风险沟通、突发应急事件处置五个子系统，同时，五个子系统的有效运作依靠现代信息技术的组织网络连为一体，共同发挥作用。

一、社区矫正风险评估体系

社区矫正风险评估是指对社区矫正过程中把所有可能存在的风险进行定性或定量分析，按照风险发生的概率、紧急程度和重要性等进行排序，额定社区矫正风险等级，并对风险可能造成的潜在不良后果进行预测、评价，形成科学化的理性认识，寻求最佳的风险控制方法和方案，从而有效指导风险管控的前置活动。也有学者认为：“社区矫正风险评估，又称矫正对象再犯风险评估，是指对矫正对象在社区服刑期间再次犯罪的可能性所作的评价。”③ 很显然，这是特指“对社区矫正对象人身危险性的评估”。而本书所论社区矫正风险评估不仅包括社区矫正对象人身危险性的评估，也包括社区矫正工作风险评估、社区矫正危机事件危险评估等。因此，在社区矫正风险评估中，评估标准、评估角度的选择和确定十分重要，评估过程必须关注到事物客观存在的不同角度、不同层次、不同因素

① 李川：《基于风险管控的社区矫正制度研究》，东南大学出版社 2017 年版，第 141 页。
② 李川：《基于风险管控的社区矫正制度研究》，东南大学出版社 2017 年版，第 138 页。
③ 狄小华：《社区矫正评估研究》，载《政法学刊》2007 年第 6 期。

等所产生的影响，以及社会环境和矫正对象本人的变化对社区矫正风险所引起的变化，只有这样，才能使社区矫正风险评估具有客观性、动态性和可操作性。社区矫正风险评估的主要内容包括了风险识别、风险预测和风险评价。

（一）社区矫正风险识别

社区矫正风险识别是通过对矫正对象的基础材料的全面分析，以及社区矫正各个环节和流程的判断，寻求矫正对象本人存在的风险源和社区矫正工作存在的风险点，社区矫正风险转化为社区矫正危机事件的激活因素等。一般来说，在矫正对象的判断上，主要是社区矫正风险存在的可能性有多少（概率），什么样的刺激因素会发生社区矫正风险等；对社区矫正过程而言，主要是可能会发生什么样的社区矫正风险，社区矫正风险是如何发生的等问题。所以，社区矫正风险识别与确认是社区矫正风险管控的基础工作，只有做得扎实，才能有效捕捉社区矫正风险发生前的征兆性风险信号，为有效管控奠定基础。

（二）社区矫正风险预测

“风险预测是指在工作之前对工作过程中以及工作结果可能出现的事物异常进行预测，制订对策，从而预防事故发生的一种措施。”① 社区矫正风险预测是社区矫正中风险管控的前置手段之一，是对社区矫正风险进行评估的一个阶段，是在社区矫正风险识别基础上的合理推断。社区矫正的实践证明，社区矫正中风险事件的发生，都存在一定的推动因素，尽管这些推动因素具有不确定性和随机性的特征，但都有一定的规律可循。科学地论证和合理地推断社区矫正风险因素，就可以有效地预测社区矫正风险的发生，或者有效地控制社区矫正风险转化为社区矫正危机事件。

（三）社区矫正风险评价

“风险评价就是量化测评某一事件或事物带来的影响或损失的可能程度。”社区矫正风险评价是指在社区矫正风险事件发生前后，专业的评价机构运用科学的评价方法，对社区矫正风险事件在社会安全和秩序、社会公众的社会生活、矫正对象本人以及社区矫正工作等方面所造成的社会影响和经济损失，所进行的量化评价工作。所以，社区矫正风险评价是在风险识别、风险分析、风险预测的前提下，对社区矫正风险作出的定性和定量的结论。这一结论包括社区矫正风险评价的依据和标准；社区矫正风险评价的具体方法；社区矫正风险评价的过程；社

① 360百科，浏览网址：https://baike.so.com/doc/2268198-2399602.html，浏览时间：2019年4月7日。

区矫正风险发生的概率、可能性及危害程度；管控风险需要采取的相应措施等。

综上所述，社区矫正风险评估体系作为风险管控的第一环节，其主要任务：一是精确认识社区矫正风险的潜在危险性，设定社区矫正风险评估的标准。二是确定社区矫正风险源和风险点，把握社区矫正风险的主要因素，科学评估社区矫正风险的发生概率。三是对社区矫正风险进行分类分级，对不同程度的社区矫正风险进行综合排序，明确社区矫正风险的主次关系。四是对社区矫正风险进行专业化评价，预测社区矫正风险的发展趋势，掌握社区矫正风险的动态状况，为社区矫正风险管控提供决策依据。

二、社区矫正风险监测体系

在社区矫正风险评估基础上建立起来的社区矫正风险监测体系，主要通过社区矫正风险动态分析、社区矫正风险专业咨询和风险预警来实现。

（一）社区矫正风险动态分析

社区矫正风险是一个动态的变化过程，动态分析是依据社会环境因素和社区矫正对象社会认知的变化而变化的。主要有两个步骤：一是及时发现社区矫正风险征兆。主要是通过工作在社区矫正一线的社区矫正工作者依据矫正对象的思想状况、社会舆情、突发应急事件等提供的信息，收集掌握社区矫正风险变化的第一手资料，并对这些资料进行分类和抽象化。二是分析社区矫正风险发展趋势和演变规律。主要是运用逻辑推理的方法、概率论的方法、数理统计的方法、定量与定性分析的方法、大数据技术分析的方法等，对社区矫正风险信息进行鉴别，探索社区矫正风险诱发的刺激因素和社会外围条件，寻求社区矫正风险的演化规律。

（二）社区矫正风险专业咨询

社区矫正风险的专业咨询是指在社区矫正风险动态分析的基础上，向专业机构和专家提供社区矫正风险信息以及社区矫正风险分析报告和相应的应急预案，对社区矫正风险进行科学论证、估计和衡量，对潜在损害发生的频率、损害的范围与程度进行咨询，以寻求更加专业和科学的应急处置建议和意见等工作过程。社区矫正风险发生是由多种因素综合影响的结果，涉及的领域具有复杂性和广泛性，因此，在不同的领域需要由不同的专家学者运用专业知识加以分析和解读，所以，在社区矫正风险监测体系建设中，专业人才和专家的参与决策咨询，是技术和智力支持，是保证社区矫正风险管控科学性的前提条件。

（三）社区矫正风险预警

“大多数社会风险的发生不是‘突发’的特性说明社会风险在一定程度上是可防和可早期预警的。”因此，要建立“社会风险预警机制，就是在社会风险发展成社会危机事件之前，综合运用现代数学方法、现代数理统计技术、现代信息处理技术与计算机科学进行社会风险预测和预防等管理机制”①，社区矫正风险预警机制亦是如此。社区矫正风险预警的作用表现在：一是及时地规避社区矫正风险。主要是通过确切的警示信号，及早发现社区矫正所面临的风险状况，监测社区矫正风险状态，抑制社区矫正风险的发生。二是及时地转移社区矫正风险。主要是通过管控社区矫正风险诱因，改变社区矫正风险发生的外部环境和矫正对象的认知水平，使社区矫正风险情景发生转化。三是及时地管控社区矫正风险。主要是对社区矫正风险的动态状况及时进行发布，及时启动社区矫正风险管控预案，消除社区矫正风险进一步发展的刺激诱因和社会外围条件，防患于未然之中。

三、社区矫正风险控制体系

社区矫正风险控制体系是社区矫正风险管控机制的核心。社区矫正风险控制体系是指以社区矫正机构为主导，以基层组织、社会组织、社会团体、矫正对象本人及其家属等为参与对象，运用行政、法律、政治、文化、经济、宗教、道德规范等手段和措施，通过共同承担社区矫正风险防范和控制责任，以控制社区矫正风险发生或转化为风险危机事件的社会控制网络体系。“是一个公共机构针对具有社会价值活动进行的持续、集中的控制。”②

（一）社区矫正风险控制的分类

社区矫正风险控制的分类是为了更好地针对不同的风险类别采取对应性的控制措施。从不同的视角，运用不同的标准，对社区矫正风险控制进行分析，可以分为不同的类别。本书仅以社区矫正风险控制的主体性质、规模形态、控制内容和实现途径等作为分类的标准加以区分。

第一，依据社区矫正风险控制的主体性质，可分为社区矫正风险的正式控制和非正式控制。社区矫正风险的正式控制主要是社区矫正机构及其社区矫正工作

---

① 哈斯其其格：《中国转型期农村社会风险管理机制研究》，西南财经大学 2009 年博士学位论文。

② ［英］卡罗尔·哈洛、理查德·罗林斯：《法律与行政》（下卷），杨伟东、李凌波、石红心、晏坤译，商务印书馆 2004 年版，第 557~558 页。

者依照法律法规的规定和社区矫正工作规范，对社区矫正风险进行防范、化解和控制的行为。这种控制形式又称为制度化控制形式，是社区矫正机构及其社区矫正工作者的法定职责，也是社区矫正工作保障社会安全和秩序的重要方面。社区矫正风险的非正式控制是指社会基层组织、社会团体、民间机构、公民个人、矫正对象及其家属等社区矫正参与者，依据防控社区矫正风险的社会责任，对社区矫正风险进行防范、干预和控制的行为。在实务工作中，一般以正式控制为主导，非正式控制为辅助。

第二，依据社区矫正风险控制的规模形态，可以划分为社区矫正风险的宏观控制与微观控制。宏观控制是指社区矫正机构及其社区矫正工作者运用行政权力、法律法规、行为规范等刚性规定的控制手段和广泛发动社会参与力量，全方位、多层次、多角度地对社区矫正过程及矫正对象所存在的风险源所进行的控制形式。微观控制是社区矫正机构及其社区矫正工作者针对可能引发社区矫正风险的特定矫正对象、特定社会事件或特定社会因素所进行的控制形式。比如，对有违禁药物依赖的矫正对象，根据禁止令的规定，在社区矫正执行期间从事特定活动，进入特定区域、场所，接触特定的人；对特定矫正对象，禁止从事特定活动等，都属于微观控制。

第三，依据社区矫正风险控制的内容，可以划分为经济控制、行为控制和思想控制。经济控制是指为了使矫正对象强化自我约束，遵守社区矫正规定，运用经济利益和社区矫正风险相挂钩的形式，防范和控制社区矫正潜在风险外化为风险行为。比如，作为村（居）民委员会把矫正对象所享有的特定福利与矫正对象的矫正表现挂钩等。行为控制主要是指对矫正对象外在行为进行适当的限制，要求按照行为规范的要求履行法定义务的控制形式。禁止令的适用就是典型的行为控制形式。思想控制是指通过思想教育、道德教化等，强化矫正对象的犯罪意识和身份意识，坚守社会主义价值观念，遵纪守法，遵守社会道德规范，进而防范和控制社区矫正风险的形式。

第四，依据社区矫正风险控制的手段，可以划分为硬性控制和软性控制。社区矫正风险硬性控制是指社区矫正机构及其社区矫正工作者采用社区服务、禁止令、集中教育、收监等强制性控制手段的控制形式。软性控制是指采用非强制性的控制手段，包括风俗习惯、道德伦理等来控制和规范矫正对象的外在行为。

第五，依据社区矫正风险控制实现途径，可以划分为积极性控制与消极性控制。积极性控制是指社区矫正机构及其工作者通过对矫正对象行为的正面引导和主动规范所实现的控制。消极性控制是指社区矫正机构及其工作者通过对矫正对象越轨行为的限制与惩治所实现的控制。

（二）社区矫正风险控制的模式

任何社会风险都具有不确定性和可控性的双重属性。所谓不确定性主要是指社会风险发生的偶然性。所谓可控性是因为社会风险事件的发生不仅是可以被认知的，而且具有一定的规律可循。社区矫正风险作为社会风险在社区矫正中的表现形式，也必然具有这些特性，这就为社区矫正风险控制奠定了基础。

第一，“人为”型控制模式。依照社会风险理论关于社会风险都是“人为风险”或“人造风险”的观点，社区矫正风险是社区矫正过程中必然存在的一种现象，从社区矫正风险来源看，人是社区矫正风险生成中最为活跃的因素，大多为矫正对象“人为”的结果。那么，社区矫正管理机构和社区矫正管理者也可以通过对社区矫正风险的全面认知，通过“人为”的手段和措施，对社区矫正风险加以防范和控制。即使社区矫正风险发展为危机事件，也可“人为”地加以化解和解决。

第二，“制度”型控制模式。社会风险的制度主义理论，强调人是社会的主体，社会风险是客观存在的，是社会制度发展的必然；社会风险源于现代社会制度，在本质上是“制度化风险”。据此，社区矫正风险以客观现实主义为前提，是现代社会制度的结果，最突出的表现在于现代社会发育不成熟，社会结构不平衡和社区矫正制度存在设计缺陷。这样，在社区矫正风险的防范和控制中，就需要从社区矫正制度层面进行审视和完善，从根本上解决发生社区矫正风险的本源性问题。

第三，“文化”型控制模式。社会风险的文化主义理论认为，社会风险是主观建构的，是人为因素导致的一种文化现象，是一种心理认知的结果，具有建构性、社会与团体性、不确定性和不可测性。因此，社区矫正风险主要是矫正对象对外在社会现象和社会制度存在认知错误或者偏差而产生的，风险的根源在于矫正对象的认知水平。在社区矫正风险的防范和控制中，就应注重对矫正对象的个人行为分析，剖析认知错误或者认知偏差因素，提升矫正对象的社会认知品质，矫正对象自我构建客观理性的认知模式，抑制社区矫正风险因素的激活，从而达到控制社区矫正风险的目的。

第四，“信任”型控制模式。信任理论认为，在社会风险事件控制中，涉及信任的主要有“人际信任”“社会信任”与“政府信任”等。人们之间的亲密度会产生社会信任，有利于维持社会秩序。人际信任是对一个人品质的自信的期待，能够弥补人们的认知和预见能力的有限性。社区矫正风险主要是人为风险，基于社区矫正的风险特质，人际信任是社区矫正风险的重要控制形式。在社区矫正机构、社区矫正管理者和矫正对象之间建立良好的人际信任关系，可以产生以下三个方面的影响：“一是认知，即信任对方的可靠性，相信对方有能力承担责任、实现目标，并且认同对方的利益导向、道德准则与行为规范长期公平或公正的关系所形成的信任态度；二是关系，即相互之间长期公平公正的关系会产生信任态度；三是制度，来自对被信任者某种属性或身份的认同，特别是法律制度的权威。”① 社区矫正对象对社区矫正工作者的高度信任，会产生依赖关系，提升矫正对象的认知水平，修正社会认知偏差，强化情感沟通，转变社区矫正态度，规范社区矫正行为，能够有效防止风险因素转化为风险事件或者风险危机事件。

第五，“应急管理”型控制模式。应急管理理论认为，任何风险危机事件都会经历一个发展过程，为了降低突发事件的危害，就应对造成突发事件的原因、发生发展过程等进行科学分析，应根据风险危机事件的阶段性确定应急管理的重点，并有效应对、处置突发危机事件。美国联邦紧急事态管理局所确立的应急管理阶段模型，包括了预防、准备、响应、恢复四个阶段。由此，社区矫正风险的应急管理也应借鉴这一模型构建应急管控体系，制订应急事件的应对处置预案。

四、社区矫正风险沟通体系

社区矫正风险沟通存在于社区矫正风险管控体系的各个环节，贯穿于社区矫正风险管控的全过程。从沟通主体上看，包括了社区矫正管理机关和政府相关部门之间的沟通；社区矫正管理机关和公、检、法、监狱等业务部门之间的沟通；社区矫正管理机关上下级之间的沟通；社区矫正管理机关和社区矫正执行机构之间的沟通；社区矫正管理机关、社区矫正执行机构和社区矫正工作者之间的沟通；社区矫正执行机构、社区矫正工作者和社区矫正对象之间的沟通；社区矫正执行机构、社区矫正工作者和社会参与者之间的沟通等。一般来说，社区矫正风险沟通体系由社区矫正风险信息收集、社区矫正风险信息处理、社区矫正风险信息传递、社区矫正风险信息发布等构成。

（一）社区矫正风险信息收集

社区矫正风险信息沟通的第一步首先是收集风险信息，这项工作一般和社区矫正风险识别紧密结合。主要是依据社区矫正风险评估指标体系的要素要求，建立信息收集体系，多渠道、多层次、多侧面地收集风险信息。其中，社区矫正风险信息来源，主要是社区矫正工作者、社区矫正的社会参与者在社区矫正监督管理、家庭访问、社会帮扶、危机干预、集中学习教育、社区服务、个别谈话、心理咨询服务等活动中收集到的具有风险特征的信息。

（二）社区矫正风险信息处理

对收集的社区矫正风险信息按照一定的技术规范，进行定性和定量分析，对

① 罗家旺：《新时期我国政府信任问题研究——基于政府信任结构的分析》，华侨大学2014年硕士学位论文。

信息数据进行筛选、甄别和判断，由专业人士和专家进行剖析论证，选出有效信息，按照风险信息对社区矫正风险事件影响的轻重缓急，分门别类，做出专业性的评估报告。

（三）社区矫正风险信息传递

对社区矫正风险信息的评估报告，及时上报上级管理机关，并根据风险信息涉及的内容和相关部门，及时通报、沟通和协调，通报社区矫正执行机构和社区矫正工作者，对具有危险性的社区矫正对象实施严密监控和及时提醒，以便于社区矫正协作部门、社区矫正执行机构、社区矫正工作者及时把握风险信息，对客观信息作出理性判断，并应情势的变化调整工作方法，制定应对策略。

（四）社区矫正风险信息发布

对于社区矫正潜在的风险信息，要通过正规的工作程序及时地向社区矫正执行机构、社区矫正工作者和社区矫正对象发出风险警告，预防社区矫正风险演化为风险冲突或者是危机事件。必要时，还要依据社区矫正风险信息性质，制订风险控制预案。

社区矫正风险管控体系具有综合性特征，不仅涉及社区矫正的方针和政策层面，也涉及风险指标体系的选择确认和风险评估技术的应用，以及社区矫正风险控制的结构、目标、资源、运作等，每一环节既是一个相对独立的运作机制，又和其他环节紧密相连，环环相扣，任何环节的缺失和运作缺陷，都会造成整体系统的运作偏差，导致重大损失，造成不良影响。同时，在社区矫正风险控制体系构建中，除了充分运用人力资源和物质资源以外，更为重要的是要借助现代网络与信息技术，建立多网整合、人机协调的信息识别监测、风险预测评估、动态控制预警、综合决策联动等高科技网络管控技术平台。

五、突发应急事件处置体系

《社区矫正法实施办法》第 52 条规定了对突发应急事件的处理办法，即“社区矫正机构应当建立突发事件处置机制，发现社区矫正对象非正常死亡、涉嫌实施犯罪、参与群体性事件的，应当立即与公安机关等有关部门协调联动、妥善处置，并将有关情况及时报告上一级社区矫正机构，同时通报执行地人民检察院”。社区矫正工作的重要任务之一就是对社区矫正对象所存在的社会风险进行管理和控制，尤其是对突发事件的应急处置，显得尤为重要。在实务工作中，突发应急事件处置体系一般包括：

（一）建立突发事件处置机制

应在省级社区矫正委员会统筹协调指导下，成立省、市、县三级社区矫正应急处置指挥部，领导、组织、指挥本辖区社区矫正突发事件的应急处置、调查和善后处理工作。

（二）突发应急事件处置的原则

社区矫正突发事件的应急处置坚持预防为主、属地管理、依法处理的原则，在省社区矫正委员会的领导下，各级社区矫正应急处置指挥部应当建立健全社区矫正应急处置机制，制订应急处置预案，加强应急处置演练，提高应急处置能力。

（三）突发应急事件的认定

社区矫正突发事件包括下列情形：（1）社区矫正对象非正常死亡、实施犯罪、参与群体性事件；（2）正在或可能发生行凶、闹事、纵火、抢劫、绑架等严重危及人身、财产安全暴力犯罪的；（3）以要挟或制造重大社会影响为目的实施或准备实施自杀、自焚、自残等行为的；（4）挟持人质或对其犯罪检举人、被害人、证人、司法工作人员、社区矫正机构工作人员、社会工作者或志愿者实施暴力行为的；（5）严重扰乱公共秩序、妨碍公务以及其他违法犯罪活动；（6）重大自然灾害等突发事件。

（四）突发应急事件的防范

组织社区矫正对象开展较大规模的集体活动时的防范措施：县级社区矫正机构、受委托的司法所组织开展大型集体活动时，要提前制订活动方案，拟订应急措施。司法所组织 50 人、县级社区矫正机构组织 100 人以上集体活动时报上一级社区矫正机构备案，必要时公安机关及时介入，确保活动安全、顺利进行。

（五）突发应急事件的处置

第一，对可能发生的突发事件的预先处置。县级社区矫正机构或受委托的司法所在工作中发现或了解到社区矫正对象有自杀、行凶、闹事、扬言报复他人及其他违法犯罪苗头或迹象时，应及时进行教育引导，化解矛盾，并联系公安派出所进行重点监控，防止突发事件发生。同时应将相关情况向县级社区矫正应急处置指挥部或者社区矫正委员会报告。

第二，对正在发生的突发事件的现场处置。县级社区矫正机构或受委托的司法所发现社区矫正对象正在实施违法犯罪活动、聚集闹事、自杀及参与非法群体性活动等，应当立即前往事发现场了解情况，予以制止。制止无效的，应当立即通知公安机关到场处置。公安机关应当及时发出指令，调集警力，对社区矫正对象依法采取强制性措施，控制现场局势，防止事态扩大。同时应将相关情况向县级社区矫正应急处置指挥部和社区矫正委员会报告。县级社区矫正机构和受委托的司法所接到公安派出所有关社区矫正对象正在行凶、闹事、实施自杀、从事违法犯罪活动及非正常死亡的通知后，应立即到达现场了解情况，配合公安机关做好处置和查证工作，同时向县级社区矫正应急处置指挥部和社区矫正委员会报告。

第三，发生重大自然灾害时的紧急处置。在辖区内发生重大自然灾害、对社会秩序稳定造成严重影响的紧急情况下，县级社区矫正机构应当根据地方应急指挥部门的统一安排，做好社区矫正对象的管控和教育疏导工作，引导辖区内社区矫正对象听从应急指挥。

第四，特别重大的突发事件或者省级社区矫正应急处置指挥部认为有必要的案事件，可以由省级社区矫正应急处置指挥部直接处置。

（六）突发应急事件的信息上报

突发事件应急处置的信息上报。县级社区矫正机构、受委托的司法所面对突发事件，在及时采取处置措施的同时，应当第一时间报县级社区矫正应急处置指挥部；重大事件应当逐级上报。不能当即处置完毕或者处置有困难的，应当提出相应处置意见或者建议，立即向上级社区矫正应急处置指挥部报告。省辖市社区矫正应急处置指挥部接到县（市、区）社区矫正突发事件报告后，应按照应急处置预案进行处置；不能自行处置的，应提出处置建议分别向同级社区矫正委员会和省级社区矫正应急处置指挥部报告。突发事件处置完毕后，县、市级社区矫正机构应于24小时内将详细情况报上一级社区矫正机构和同级社区矫正委员会；重大突发事件应当层报省级社区矫正机构，由省级社区矫正机构按照规定上报省级司法厅（局）或者省级社区矫正委员会、司法部。

第十四章　教育矫正

教育矫正是指在一定的教育思想、教育理论、教育原则指导下所形成的实现教育改造目的的策略性途径。《社区矫正法》第36条规定："社区矫正机构根据需要，对社区矫正对象进行法治、道德等教育，增强其法治观念，提高其道德素质和悔罪意识。对社区矫正对象的教育应当根据其个体特征、日常表现等实际情况，充分考虑其工作和生活情况，因人施教。"《社区矫正法实施办法》第43条对教育矫正问题又进行了细化规定："社区矫正机构、受委托的司法所应当充分利用地方人民政府及其有关部门提供的教育帮扶场所和有关条件，按照因人施教的原则，有针对性地对社区矫正对象开展教育矫正活动。社区矫正机构、司法所应当根据社区矫正对象的矫正阶段、犯罪类型、现实表现等实际情况，对其实施分类教育；应当结合社区矫正对象的个体特征、日常表现等具体情况，进行个别教育。社区矫正机构、司法所根据需要可以采用集中教育、网上培训、实地参观等多种形式开展集体教育；组织社区矫正对象参加法治、道德等方面的教育活动；根据社区矫正对象的心理健康状况，对其开展心理健康教育、实施心理辅导。社区矫正机构、司法所可以通过公开择优购买服务或者委托社会组织执行项目等方式，对社区矫正对象开展教育活动。"

教育矫正的基本内容，直接关系到社区矫正工作的开展，直接影响着教育矫正工作计划的制订和实施。因此，只有深入研究教育矫正的基本内容，才能制订出切实可行的矫正方案，才能使教育矫正工作规范有序。

第一节　教育矫正的基本原则、方式与方法

一、教育矫正的基本原则

对社区矫正对象的教育矫正活动，既是一个多元主体参与、多种举措并举、形式和内容多样的活动，也是一个贯穿于社区矫正自始至终的过程，因此，在教育矫正过程中，必须遵循一定的原则，才能够规范教育矫正工作。

（一）个别教育与集体教育相结合的原则

个别教育是在尊重社区矫正对象的基础上，依据社区矫正对象的犯罪原因、出身经历、文化程度、个性特征、具体情况、个体需求、思想特点和现实表现等不同情况，开展的有目的、有针对性的个性发展的教育活动，具有针对性、灵活性、沟通性的特点。集体教育是指社区矫正机构针对社区矫正对象普遍存在的共性问题所进行的教育活动，具有规范性、权威性的特点。坚持针对社区矫正对象的个性心理特征开展个别教育，又针对社区矫正对象的共同心理特征和犯因性问题开展多种形式的集体教育，两者的有机结合，才能真正使教育矫正工作有质的提升。一方面，通过运用集中宣讲、公益活动、心理咨询等多种教育矫正手段，对社区矫正对象加以教育改造。首先，对社区矫正对象的基本情况进行全面梳理，将社区矫正对象家庭条件、环境、掌握的生存技能等基本情况进行分类。针对不同的群体给予相应的教育，并联系高校心理学教师、职业学校老师，对社区矫正对象进行心理适应训练和生存技能培训，激发社区矫正对象努力改造的动机，从而将社区矫正对象接受社区矫正的过程化被动为主动，提高其社会适应性。其次，引导社区矫正对象用自律行为获得社会尊重，用社会道德感和法治文化约束其产生自律行为，不良行为和习惯的改变将变成其主动行为。另一方面，根据美国心理学家马斯洛的“心理需要层次理论”观点，既要解决生存保障需求，又要解决精神层面的需求。针对社区矫正对象的教育，同样要根据思维方式和心理特性进行针对性教育，这样才能取得预期的效果。所以社区矫正工作在正式开展之前，由社区矫正工作者对社区矫正对象进行背景评估，包括犯罪类型、犯罪情节、教育背景和家庭状况等要素，根据评估结果因材施教，选择合适的人员组建最佳组合的帮教小组，制订个性化的矫正方案，将最终目标分为不同的阶段性目标，通过有针对性的教育方法，最终使社区矫正对象顺利融入社会。

（二）思想道德教育与心理健康教育相结合的原则

在坚持法律法规、文化知识、专业技能教育的同时，思想道德教育是转化改造社区矫正对象的根本，也是教育矫正的主要内容。根据美国心理学家马斯洛的需要层次理论，思想道德教育是培育社区矫正对象高层次需要的教育。社区矫正对象首先是社会人，是生活在社会中的成员，思想道德教育就是要使社区矫正对象具有社会所要求的思想觉悟和道德水准，遵守社会规则，维护社会公共利益，弘扬社会正气。而社区矫正对象良好的思想道德的养成，是建立在生理和心理健康基础之上的，因此，社区矫正对象的心理健康教育和完善人格培育更为重要。心理健康教育是让社区矫正对象了解自我，认知自己心理健康状况的教育，是发现心理问题，克服心理障碍，挖掘心理潜能，优化生活质量的教育，是社区矫正对象适应社会、融入社会的前提和基础。因此，思想道德教育应和社区矫正对象的心理健康教育、心理咨询和心理治疗等紧密结合，消除社区矫正对象的犯罪心理和消极心理因素，促其形成守法心理和良性心理，以利于其回归社会和融入社会。

（三）强制教育与自我教育相结合的原则

强制教育是社区矫正机构依据法律法规的要求，对社区矫正对象进行系统的、正规的教育矫正活动，具有法定性、规范性、系统性、计划性特征。自我教育是在社区矫正中，社区矫正对象通过自我的犯因性问题分析、自我认知、自我调节，调动自身的主观能动性，发挥自身潜能，促使自身成长的教育活动。教育矫正既是一种在法律法规规范下的强制教育活动，也需要社区矫正对象自我教育的教育活动。强制教育是外在的灌输，要想真正发挥作用，必须将教育内容内化为社区矫正对象的内在需求，即通过自我教育充分发挥内在的主观能动性，所以说，只有二者有机结合，才能发挥最佳效果。

（四）专职教育与社会教育相结合的原则

依照《社区矫正法》的规定，社区矫正工作者是对社区矫正对象实施教育矫正的执行主体，是专职教育矫正人员，对教育矫正全过程进行统筹规划，制订矫正方案，确定阶段矫正目标。而社会力量参与教育矫正活动则是社会教育，主要包括与社区矫正机构达成合作关系的专业机构、社区组织和社会志愿者等，为社区矫正对象提供专业领域教育矫正服务。社会教育是社区矫正的主要教育形式，是充分运用社会教育资源、提升教育矫正质量的重要举措。为了帮助社区矫正对象更好地回归社会成为守法公民，教育矫正从目标定位、教育主体、教学内容和教育方式等方面，全面与社会教育相接近，从而保障教育矫正工作服务于社区矫正对象转化和适应社会的需要。包括：一是教育矫正主体的社会性，这就要求社区矫正机构与社会力量大力协作，吸纳更多的社会力量参与到教育矫正中来。二是教育矫正场所的社会性。拓宽教育矫正与社会的联系，促使社区矫正对象掌握生活技能与相关社会知识，塑造社区矫正对象符合社会正常生活的信念和人格。三是教育矫正过程的开放性。在精神层面要对社区矫正对象保持一定的信赖态度，在工作中，建立社区矫正对象过渡安置机制，对社区矫正对象实施创业指导、技能培训等社会适应教育，使教育矫正活动形成一个有机的整体，满足社区矫正对象的需要。

（五）综合性教育与分类教育相结合的原则

社区矫正对象的综合性教育矫正，是指由社区矫正机构、社会力量以及社会成员等诸多参与主体共同参与，通过相互协调和共同合作，采取多种形式的措施对社区矫正对象进行综合性的教育矫正。教育矫正综合性是相对于传统教育矫正存在主体一元、内容简单、方式单一等不足而言的，是对这些缺陷的改革和完善，主要体现在主体的多元性、内容的广泛性、方式的多样性等方面。在教育矫正主体方面，以社区矫正机构为主导，建立起多元的教育矫正模式，为社区矫正对象的教育矫正创造良好的社区环境。同时，让社会力量广泛参与进来，培养一批从事教育矫正的专业化队伍。在教育矫正内容方面，教育矫正不能仅仅局限于世界观、人生观、道德教育、法律知识等传统内容，还应当扩展至心理健康、家庭伦理、公民意识、职业技能等方面的教育。教育矫正中的分类教育是指在分类管理、分类处遇、分类矫治基础上，针对不同类型的社区矫正对象开展的行之有效的教育改造方法和措施，重在关注社区矫正对象的特殊性问题。在教育矫正过程中，教育矫正综合性也应贯彻分类教育原则，分类管理与分类教育具有内在关联性，是一个不可分割的整体，分类管理是保障，分类教育才是目的和归宿，只有把分类管理做到位，才能保证分类教育的效果。分类教育追求的目标是实现最好的教育和矫正效果，这种目标的实现与社区矫正对象的知识结构、学历水平、人格状况、价值观念等因素关系更密切。我国社区矫正的教育矫正工作应当在综合性教育的基础上分别制订不同的教育矫正方案，对不同类型的社区矫正对象实施不同方案的教育矫正。

二、教育矫正的方式

对于社区矫正对象的教育矫正，需要运用多种多样的方式和手段，探索新的载体，增强教育矫正的效果。教育矫正载体，是指在社区矫正对象教育矫正过程中承载和传递社区矫正信息、能为社区矫正主体所操作并与社区矫正对象发生联系的一种方式和外在表现形态。以创新社区矫正的方式方法为目标，教育矫正应善于运用活动载体、文化载体、传媒载体和管理载体等开展社区矫正对象的教育矫正。

（一）运用活动载体，寓教于行

社区矫正活动是围绕着“改造人”的目的展开的。在社区矫正活动开展过程中渗透教育矫正的目标和元素，是实现教育矫正功能的有效方式。教育矫正的活动载体，就是通过设计活动方式、活动形式，承载教育矫正的内容，达到教育矫正的目的。将教育矫正活动作为载体，需要社区矫正工作者将教育矫正的内容有机地融入社区矫正活动中，使社区矫正对象在实践活动中受到感染，在不知不觉中接受教育矫正的同时也会自我鉴别、自我比较、自我判断、自我取舍，从而提高认识，使自己的思想符合社会发展的要求。由于社区矫正活动的类型很多，从理论上讲，社区矫正中的一切活动都可以作为教育矫正的载体。因此，教育矫正的活动载体一般常用的包括社区矫正日常工作、公益活动、文化娱乐、集中学习教育和社区公共服务等。社区矫正对象在参加各种社区矫正活动的过程中，也受到了教育，强化了公共意识，提升了自我修养，提高了公共责任，从而实现了思想政治教育的寓教于行。

从社区矫正社会力量参与的角度，社区矫正中所有参与主体，履行好自己的本职工作，履行好各自的岗位职责，实际上也是营造和谐有序的社区矫正环境。开展文化娱乐活动，能丰富社区矫正对象的精神生活，陶冶性情，培育健康的社会心态。社区矫正工作者要善于开展各种文化娱乐活动，积极引导社区矫正对象参与文化娱乐活动，让社区矫正对象在参加文化娱乐活动的过程中实现自我娱乐、自我教育。社区公共服务主要是指各种社会公益活动。这种活动不以获得报酬为目的，而是为了服务社会，增进社会福利。例如，义务清扫街道、宣传交通安全常识、为灾区组织募捐等。社会公益活动的普遍性和深入程度体现着一个社会精神文明和社会风尚的状况。参加社会公益活动的过程，不仅能培育社区矫正对象的社会责任感，而且在全社会弘扬了奉献精神，有利于营造温暖和谐的社会，提高社会的向心力和凝聚力。

（二）运用文化载体，寓教于境

文化由符号、语言、规范、目标等因素所构成。文化既是人们创造的财富，又是人们可以享用的成果。文化的核心是价值观，它可以成为思想政治教育的载体。所谓教育矫正的文化载体，是指充分利用各种文化氛围与产品对社区矫正对象进行教育矫正，以提高社区矫正对象的思想道德素质。文化载体服务于教育矫正，是指开发、利用、挖掘文化载体的思想、道德因素。教育矫正能够通过文化载体，寓教于境，将教育矫正的内容渗透到文化中，通过文化感染人、文化育人，使社区矫正对象在不知不觉中受到教育。

利用文化载体，营造教育矫正的情景和氛围，使社区矫正对象在潜移默化中受到熏陶和感染，是社区矫正工作的重要手段。从一定意义上讲，教育矫正本身，也是社区矫正工作的文化载体。当然，文化载体包含更丰富的内涵和类型。如传统文化、现代文化、西方文化；文学艺术、广播电视、卫生体育；社区文化、村镇文化、企业文化等。这些文化类型都可以作为载体形式，渗透进教育矫正的内容，实现社区矫正“改造人”的目标。以社区文化为例，作为社会文化的基础，社区文化具有社会性和开放性。一方面，社区文化是社会文化的重要组成部分，每一种社区文化都是社会文化的一个缩影；另一方面，每个社区都有自己独特的自然与人文景观，有自身的民俗风情、文化传统和人口状况。社区矫正工作者要善于利用和挖掘社区文化，营造具有娱乐性、教育性、知识性、趣味性的文化氛围，使社区矫正对象在不知不觉中受到教育，提升文化素养。利用社区文化载体，应首先研究社区的人口特点和历史传统，结合时代特点与社会发展，确立社区多数居民能够接受的文化理念。按照时代性和本土化的原则，通过广泛宣传、开展各种文化活动、发挥文化特长、组织社区矫正对象参与等方式，丰富和发展社区文化，满足居民的文化需求，建设和谐友爱的精神家园。

（三）运用传媒载体，寓教于情

现代传媒的信息对社区矫正对象的思想观念、生活方式、心理状态有广泛影响，充分认识、深入研究现代传媒在教育矫正中的重要作用，是新时期推进教育矫正创新的重要举措。教育矫正的传媒载体，主要包括现代印刷载体、电子载体和网络载体等。现代印刷载体的种类繁多，有电子图书、电子期刊、电子报纸、数据库、光盘型音像制品、软件出版物等。教育矫正的现代印刷载体，是指借助信息集成度高、表现力强的现代电子出版物传播教育矫正内容和信息，其类型有教育矫正的电子报纸、电子书籍、电子期刊等。教育矫正的电子载体，就是利用数字电视、数字广播、卫星电视等现代电子传媒及其技术，进行高效率、高质量、全方位教育矫正内容传输，以增强和提高教育矫正的影响范围与力度。教育矫正的网络载体，就是借助计算机网络这一先进的电子信息交换系统，进行教育矫正信息交换和思想交流的传媒形式。

教育矫正要善于运用现代传媒载体，开发丰富多样的表现形式，寓教于情，增强教育矫正的实效性和吸引力。寓教于情强调的是教育矫正通过人文情感的渗透方式，合情合理地进行疏导和教育，达到以情感人、以情育人的目的。无论是现代印刷载体、电子载体还是网络载体，都需要从人本身出发，最后回到人，实现人的全面发展。寓教于情还必须注重人文关怀。随着网络化、信息化时代的到来，社区矫正对象的生活和工作压力增大，思想困惑和心理问题增多。教育矫正只有增强人文关怀，在思想上进行正确引导，及时解疑释惑，才能使社区矫正对象在面对压力与困难时，得到真正的帮助，明确应对压力、解决困惑的方向并获得动力。在教育矫正过程中，渗透人文关怀、体现人文关怀，是增强教育矫正亲和力、感召力，提高教育矫正实效的关键。

（四）运用监管载体，寓教于管

社区矫正工作中，教育矫正与监督管理之间有着密切的联系。监督管理是依据法律法规、规章制度、规则规范等对社区矫正对象进行规制规训和风险控制的过程。教育矫正是对社区矫正对象的思想和行为进行教育引导，使社区矫正对象形成社会所需要的政治观点和道德意识。监督管理依据的是法律法规等制度，但这些制度是在一定的指导理论、政治原则、思想观念、价值体系的基础上制定的。我国社区矫正管理制度，要以马克思主义理论为指导，坚持社会主义的政治原则，蕴含社会主义核心价值观，这就决定了监督管理具有教育矫正功能。从监督管理与教育矫正的内在联系来看，监督管理是教育矫正的重要载体。教育矫正的监督管理载体，就是将教育矫正的内容和信息渗透到监督管理活动中，渗透到社区矫正的具体工作之中，以监督管理为载体开展教育矫正。监督管理载体的应用，就是在教育矫正过程中，充分发挥监督管理的作用，使教育矫正与监督管理相配合，以达到提高社区矫正对象思想道德素质、规范行为方式、调动改造积极性的目的。

教育矫正可以渗透到各种监督管理活动中，实现寓教于管。寓教于管要求监督管理实现“人本管理”。与监狱的管理活动相比，教育矫正更体现人文精神和人文关怀。实施人本管理，就是要充分尊重和信任社区矫正对象，满足社区矫正对象的合理需求，对社区矫正对象在政治上鼓励、在工作上支持、在生活上关心；实施人本管理，要求社区矫正工作者注重解决社区矫正对象的思想问题。在监督管理过程中，社区矫正工作者要有意识地与社区矫正对象进行接触，及时交流和沟通，掌握社区矫正对象的工作情况和思想动态。在社区矫正工作中，社区矫正工作者要主动对社区矫正对象的思想进行引导，培养其积极向上的情感倾向，提高其思想认识水平。总之，对于监督管理中出现的思想问题，教育矫正必须面对和解决；同时，只有合理解决了人们的思想问题，才能提高监督管理效率。

三、教育矫正的方法

对社区矫正对象的教育矫正是一种实践性很强的活动，而活动目标实现的前提是实施方法的科学性。从教育矫正活动的实践过程看，教育矫正的方法有基本方法、具体方法和操作方法等不同层次。基本方法指的是教育矫正普遍适用的原则性和基础性的方法，如原则性方法中的实事求是的方法、平等待人的方法、分层次教育的方法和积极引导的方法，这些也是其他教育形式普遍使用的方法；基础性方法有精神鼓励与物质鼓励结合法、言教与身教结合法、典型教育法；路径性质的方法有理论教育法、实践教育法、传播教育法、自我教育法；载体性质的方法有寓教育于活动法、环境熏陶法、管理教育法等。具体方法包括思想信息收集的方法，比如观察法、调查法、预测法；思想信息分析方法，如因果分析法、比较分析法、定性定量分析法、系统分析法、典型分析法、矛盾分析法、敏感性分析法；思想教育实施过程中的方法，如说理教育法、情感分析法、激励教育法、典型教育法、后进教育法、冲突缓解法、心理咨询法等。操作方法主要有聆听方法、谈话方法、对比方法、疏导方法、感染方法等具体的技巧性方法。在这里，介绍几种常用的方法。

（一）分类教育法

分类教育法是指社区矫正机构在对不同类型的社区矫正对象分管分教基础

上，根据不同类型的社区矫正对象的特点，选择不同的教育内容，进行有针对性地教育矫正的活动。按照不同的标准，社区矫正对象可以分为不同的类型。依据社区矫正对象的法律类型，可分为被判处管制、宣告缓刑、裁定假释和决定暂予监外执行四类罪犯；依据罪错类型的标准，社区矫正对象主要可分为暴力型、物欲型、性欲型、过失型、信仰型、情感情绪型等。不同类型的社区矫正对象教育矫正的重点内容是不同的。《社区矫正法实施办法》第 43 条规定："社区矫正机构、司法所应当根据社区矫正对象的矫正阶段、犯罪类型、现实表现等实际情况，对其实施分类教育"，对不同罪错类型的社区矫正对象要根据其犯罪动因、价值取向、心理定式等方面的差异，分类采取不同的教育方法。暴力型罪犯认知方式偏激，性情粗野，情绪易激动，争强好胜，对其应强化行为训练，提高其自控力，运用心理治疗技术，解决其心理问题；物欲型罪犯好逸恶劳，贪财图利，应重点教育其树立正确的劳动观念，强化劳动意识，改善需求结构；性欲型罪犯性欲强烈，自控能力差，要重点进行性心理、性道德及性犯罪法律知识的教育，组织健康的业余生活，培养健康的兴趣爱好。因此，只有分类教育，教育矫正才有针对性。

（二）个别化教育法

《社区矫正法实施办法》第 43 条规定："……应当结合社区矫正对象的个体特征、日常表现等具体情况，进行个别教育……"在实际工作中，要求做到：一是分析社区矫正对象的特性。社区矫正机构应当掌握社区矫正对象的个性化差异，对社区矫正对象进行分析研判，作为实施个别教育的基础。二是因人施教。社区矫正对象的个别化教育应当根据其年龄、罪错、矫正类别及不同矫正阶段，结合社区矫正对象的个体特征、行为表现，充分考虑其工作、生活情况，设计差别化的分类教育内容，因人施教。三是教育方式多样化。个别教育通过通信联络、个别谈话、家庭走访、心理矫治、职业技能培训、法律援助、临时性救助、适应性帮扶等形式开展。对违规社区矫正对象的个别教育应当结合训诫进行。四是特定情况的针对教育。对家庭发生变故、身患重病、生活出现困难、有自杀倾向、发生矛盾纠纷、有报复社会或他人的言论或苗头、社会交往异常等特殊情况、不服监管或者经评估再犯风险较高的社区矫正对象，应当增加个别教育次数和时间。五是开展个别教育应当做好个别教育记录，结合监督管理、社区矫正对象行为表现，综合分析教育效果，适时调整个别教育内容和方法。

个别化教育的具体方法有：[①] 一是个别谈话法，是指社区矫正工作人员针对社区矫正对象个别的、特殊的问题，进行单独谈话的方法。包括约谈式谈话和接谈式谈话。二是个别感化法，是指社区矫正工作人员在对社区矫正对象的个别教

---

① 王雪峰等：《罪犯教育理论专题研究》，法律出版社 2014 年版，第 211~220 页。

育中，以真情实意、满腔热情去影响和感染社区矫正对象，以促使其思想和行为向好的方面转化的一种方法。三是个别训练法，是社区矫正工作人员在对社区矫正对象个别教育中布置一定任务，要求社区矫正对象按照相应的规定，参加诸如社区服务、职业技能培训的实际活动，增强社会责任心，形成良好思想和行为习惯的方法。四是个别评价法，是指社区矫正工作人员通过对社区矫正对象在社区矫正中的表现给予一定的评价，对社区矫正对象进行教育的方法。

（三）集体教育法

集体教育是最常用的对社区矫正对象的教育方法。社区矫正机构、受委托的司法所根据需要可以采用集中教育、网上培训、实地参观等多种形式开展集体教育，组织社区矫正对象参加法治、道德等方面的教育活动。在实际工作中，要求：一是集体教育的目的，主要解决社区矫正对象在心理和行为方面的共性问题，提高社区矫正对象的法律素养、道德素质和悔罪意识。视社区矫正对象的情况和需要，集体教育应当坚持分段进行与分类进行相结合。二是县级社区矫正机构应当制订社区矫正对象教育计划并组织指导监督计划落实，明确集体教育的学习内容、方式方法、学习时间、考核奖惩等。三是集体教育要分阶段进行。按照入矫期、在矫期、解矫期分阶段进行。社区矫正对象入矫报到后的一个月是入矫期，社区矫正机构、受委托的司法所应当开展社区矫正告知教育、认罪服法教育、社区矫正监管规定教育、社区矫正对象权利义务教育等入矫教育。矫正期满前一个月是解矫期，应当开展教育、引导社区矫正对象做好矫正总结、自我鉴定，接受安置帮教工作、遵纪守法、依法办事教育，预防、减少再犯罪教育等解矫教育。其他时间为在矫期，应当开展法律政策教育、思想道德教育、文化知识教育、行为矫正教育、职业技能教育、心理健康教育等在矫教育。四是实行分类教育。集体教育按照社区矫正对象的性别、年龄、犯罪类型、矫正类别、管理等级等划分类别，安排不同的教育内容，实行分类教育。五是集体教育的组织实施者应当做好教育学习记录，进行集中教育效果评定，及时调整集中教育内容。

集体教育法主要有：一是集体讲授法，是指社区矫正工作人员用语言向社区矫正对象口头传授知识的方法。二是讨论法，是指在社区矫正工作人员的组织下，按照一定的要求，组织社区矫正对象就某些问题发表自己的意见，相互启发，共同提高思想认识的方法。三是榜样示范法，是以英模、道德楷模、先进人物等人的先进事迹、思想意识、情感和行为作为社区矫正对象的学习榜样和行为目标，对社区矫正对象开展的一种集体教育方法。

（四）心理教育法

在具体工作中，常用的心理教育方法有：一是自我设问法。通过自己提问，自己回答，寻找产生沮丧症的原因。一旦找到并能做出答复，就有可能突然醒悟，得以解脱。二是元气恢复疗法。其原理就是“行动产生情绪”。具体说，在心情特别沉闷时，为了驱散它，就要爽快行事，行动要有自信，不要愁眉不展，而要挺胸、扬眉、谈笑风生，考虑振奋人心的事，提起精神，驱散心头沉闷，直到恢复元气。三是自我调整法。在社区矫正中我们发现社区矫正对象常因思考方法不对，学习、工作以及生活方式不良而屡遭挫折，感到沮丧。因而对自己的思考、行为习惯和生活方式进行适当调整，以使自己适应变化的环境，也能有效地治愈沮丧症。四是色彩疗法。当一个社区矫正对象感到沮丧时，他会觉得眼前一片灰暗。色彩疗法对患沮丧症的社区矫正对象可以起到心理松弛的作用，有利于控制沮丧情绪。

（五）互动合作法

社区矫正应大力培育宽容的社区文化和社区环境，塑造社区矫正对象完善的人格、改正不良的品行。这就要求教育矫正参与主体的多元互动和有机合作。一是社区居民与社区矫正对象要形成良性互动，让社区矫正对象真正融入社区并为社区所接纳。主要是通过各种信息媒体，开展形式多样的宣传活动，提高社区居民对社区矫正工作的认知度，积极参与到教育矫正工作中，通过社区居民与社区矫正对象的双向互动，形成共同参与、共同管理的联动教育矫正局面。二是社区自治组织的互助合作。主要是充分利用社区自治组织具有的志愿性、非营利性和自治性等特点来填补政府机构与个人需求之间的空白，为社区矫正对象提供个性化的帮助与教育。通过不同的社会组织，展开不同的教育矫正，针对青少年社区矫正对象应该以心理疏导、就业培训和指导进行教育；针对女性社区矫正对象，应当开展以就业技能培训、政策法规咨询等为主要内容的教育矫正活动，这样，才能在专门的社区矫正机构之外形成一支专业化、规范化的队伍以解决社区矫正中专职矫正人员缺乏、矫正人员专业化水平低、个别化服务程度不够等问题。三是社会志愿者的互动合作。教育矫正工作需要与志愿者长期合作才能达到预期的目标。社会志愿者运用专业理论和技术，遵循社会工作特有的价值理念，帮助社区矫正对象解决在就业、生活、法律、心理等方面遇到的困难和问题，为社区矫正对象提供思想教育、心理辅导、行为纠正、生活照顾等，使之消除犯罪心理结构，修正行为模式，适应社会生活。

第二节　形势政策、法律与道德教育

对社区矫正对象规范有序地开展形势政策教育、法律教育与道德教育是教育矫正的常规教育内容，其中，形势政策教育是先导，法律教育与道德教育是中心。

一、形势政策教育

形势政策教育是社区矫正对象思想政治教育的重要内容，也是社区矫正工作中思想政治教育的重要组成部分，是对社区矫正对象进行形势政策教育的主渠道、主阵地，也是每个社区矫正对象必须接受的教育活动，在社区矫正对象思想政治教育中担负着重要使命，具有不可替代的重要作用。

（一）形势政策教育宏观设计

形势政策教育以马克思主义、毛泽东思想、邓小平理论和“三个代表”重要思想，科学发展观以及习近平新时代中国特色社会主义思想为指导，着重进行党的基本理论、基本路线、基本纲领和基本经验教育；进行我国改革开放和社会主义现代化建设的形势、任务和发展成就教育；进行党和国家重大方针政策、重大活动和重大改革措施教育；进行当前国际形势与国际关系的状况、发展趋势和我国的对外政策，世界重大事件及我国政府的原则立场教育；进行马克思主义形势观、政策观教育。

形势政策教育的目的在于帮助社区矫正对象了解社会形势，适应社会生活，消除思想疑虑，增强其回归社会、与社会相融合的信心。

（二）刑事政策教育的主要内容

形势政策教育随着时代的发展而不断变化，目前来看，具体内容应包括：我国政治、经济、社会发展形势与对外政策，我党、人大、政府召开的重大会议精神的学习宣讲，国内热点问题、突出的重大事件，两岸关系和对台政策问题，与相关国家的关系问题等。

1. 我国的政党制度与建设认同教育。我国政党制度的建立和完善，我国政党制度的内容与特点，我国政党制度是我国社会历史发展的必然选择，共产党是我国社会主义事业建设的领导核心，共产党的先进性建设，共产党的执政能力建设。

2. 我国的经济形势与经济任务认知教育。如何看待我国经济形势？我国的经济形势分析，我国制定的第十四个五年规划，我国经济工作的主要任务，我国经济工作的主要要求。

3. 新时代中国特色社会主义的理论与实践教育。新时代中国特色社会主义的提出与时代背景、国内背景、国际背景；新时代中国特色社会主义的具体表现、基本内容；新时代中国特色社会主义的基本要求；提高自主创新能力；建设创新型国家的紧迫性；建设创新型国家的主要要求。

4. 坚持和完善中国特色社会主义制度，推进国家治理体系和治理能力现代化教育。坚持和完善中国特色社会主义制度、推进国家治理体系和治理能力现代化的重大意义和总体要求；坚持和完善党的领导制度体系，提高党科学执政、民主执政、依法执政水平；坚持和完善人民当家作主制度体系，发展社会主义民主政治；坚持和完善中国特色社会主义法治体系，提高党依法治国、依法执政能力；坚持和完善中国特色社会主义行政体制，构建职责明确、依法行政的政府治理体系；坚持和完善社会主义基本经济制度，推动经济高质量发展；坚持和完善繁荣发展社会主义先进文化的制度，巩固全体人民团结奋斗的共同思想基础；坚持和完善统筹城乡的民生保障制度，满足人民日益增长的美好生活需要；坚持和完善共建共治共享的社会治理制度，保持社会稳定、维护国家安全；坚持和完善生态文明制度体系，促进人与自然和谐共生等。

5. 我国的民族与宗教政策教育。我国自古就是统一的多民族国家，我国的民族区域自治制度，我国处理民族关系的基本原则。我国的宗教分布（人口、民族、地域）及状况（佛教、道教、基督教、伊斯兰教），我国的基本宗教政策（以国务院白皮书为依据）。

6. 台湾问题教育。台湾问题的由来，台湾问题的实质，美国等国家插手台湾问题，台湾问题不可能“国际化”，我国处理台湾问题的原则，我国处理台湾问题的立场，我国努力维护台海和平，同“台独”势力做坚决斗争。

7. 我国的和平发展战略与外交政策教育。我国和平发展战略的提出，我国和平发展战略的主要表现，我国的和平发展对世界的贡献，我国的外交方针，我国的对外政策，我国推进建设公正合理的国际新秩序。

8. 当今世界经济政治格局与发展趋势教育。世界经济格局的现状，世界经济格局的发展趋势，科技发展对世界经济的作用，我国对世界经济的贡献，冷战结束与世界政治格局的现状，世界政治格局的发展趋势，我国为建立公正的世界政治新格局的贡献。

9. 中美关系的现状与发展教育。中美关系的建立与发展，当前中美关系面临的机遇与挑战，我国处理中美关系的原则，我国处理中美关系的立场。

10. 中日关系的现状与发展教育。中日关系的建立与发展，当前中日关系面临的障碍及原因（历史问题、参拜靖国神社、教科书问题、台湾问题），我国处理中日关系的原则，我国处理中日关系的立场。

11. 我国与其他国家的关系教育。我国与俄罗斯的关系，我国与欧盟的关系，我国与东南亚国家的关系。

（三）国际社会发展的有关热点问题

1. 中东问题。中东问题的由来，中东问题的复杂性，中东问题的实质，中东和平进程的展开，国际主要力量对中东问题的原则立场。

2. 国际组织及其作用。国际组织的形成与发展、特征、作用；联合国的建立和作用，联合国的组织结构、运行方式，联合国同中国的关系；WTO 的建立和发展、WTO 的组织结构、WTO 在世界经济与贸易中的影响和作用、WTO 与中国。

3. 当前世界的热点问题。

第一，民族主义问题：民族主义的由来及特征、民族主义问题的表现、民族主义问题的实质。

第二，国际人权问题：人权问题及其国际化、国际人权斗争（表现及其实质）、几种不同的人权观（西方国家、发展中国家、中国的人权观）。

第三，恐怖主义问题：恐怖主义的产生、恐怖主义的特征、恐怖主义问题的实质。

第四，核不扩散问题：核不扩散的国际规范、核不扩散的作用、核不扩散问题的实质。

第五，突发事件问题：海啸问题、沙土问题、新冠肺炎问题等。

（四）形势政策教育的基本要求

对社区矫正对象形势政策教育要坚持与时俱进和以人为本的原则。与时俱进原则是指要根据时代变革和社会进步的发展需要，努力研究社区矫正对象所面临的社会现实，探索规律，总结新方法，是对社区矫正对象形势政策教育的内容实现理论创新、方法创新，把握时代发展的脉搏，符合时代的价值追求。以人为本的原则是指要从社区矫正对象的自身情况和特点出发，针对他们回归社会的实际需要，科学地安排教育内容，选择生动活泼的教育形式，体现人文关怀，调动矫正对象的学习积极性。

二、法律教育

（一）法律教育的概念

法律是一种社会规范。其含义有广、狭义两种，广义的法律是指国家机关制定或认可的一切规范性文件、判例和习惯。狭义的法律是指有立法权的国家机关依照立法程序制定和颁布的规范性文件。我国的法律其广义范围包括：法律、行政法规、地方性法规、自治条例、单行条例以及国务院部门规章和地方政府规章；其狭义范围仅指行使国家立法权的全国人民代表大会和全国人民代表大会常务委员会制定的法律。由全国人民代表大会和全国人民代表大会常务委员会制定的法律包括宪法和其他法律。其中宪法具有最高的法律效力，一切法律、行政法规、地方性法规、自治条例和单行条例、规章都不得同宪法相抵触。法律的效力高于行政法规、地方性法规、规章。

法律教育是指社区矫正机构按照社会主义法治国家的要求，对社区矫正对象进行的以法律法规为主要内容的、有目的、有计划的系统性教育活动。通过教育，使社区矫正对象增长法律知识，树立法治观念，形成守法心理，产生法律意识。

（二）法律教育的主要内容

1. 基本法律知识教育。其中包括宪法、刑事法律、民事法律、行政法律及一般法律常识等。一是教育社区矫正对象认识宪法是国家的根本大法，是一切法律的根据，是建设社会主义现代化国家的有力武器。中华人民共和国公民享有宪法和法律规定的权利，同时必须履行宪法和法律规定的义务。人人都要树立遵守宪法、维护宪法的观念和习惯，反对任何违反和破坏宪法的行为。二是教育社区矫正对象懂得什么是社会主义民主，怎样发展社会主义民主；懂得在行使民主权利时，不得损害国家、社会、集体的利益和人民的民主权利。三是要让社区矫正对象了解社会主义民主与社会主义法治辩证统一的关系。明白民主的前提和基础是法律体系，法律制度是民主的体现和保障，其目的是保护人民的根本利益，调动所有人的积极性和创造性，加速社会主义现代化建设。要教育社区矫正对象正确运用民主权利，把社会主义法治作为武器，保护人民的民主权利，打击各种犯罪分子的犯罪行为，维护社会安全和秩序。

2. 认罪服法教育。这是社区矫正过程中必须解决的问题，也是社区矫正对象接受教育矫正的基础。认罪教育首先是社区矫正对象要承认自己的犯罪事实，认识到犯罪给社会、国家、家庭及自己带来的危害，寻找自己走上犯罪的犯因性问题。服法教育是指社区矫正对象要服从法院的判决，自愿接受社区矫正，主动接受社区矫正机构和社区矫正工作者的监督管理和教育矫正。

3. 社区矫正的法律法规教育。主要是与社区矫正对象在社区矫正中联系比较密切的有关社区矫正的法律法规，包括《刑法》《刑事诉讼法》《监狱法》《暂予监外执行规定》《人民检察院刑事诉讼规则》《最高人民法院关于办理减刑、假释案件具体应用法律的规定》《社区矫正法》《社区矫正法实施办法》等。

4. 遵守法律教育。其中包括公民依法行使权利和履行义务、怎样成为一个守法公民等内容。以法律规范自觉引导和约束自己的行为，以法律规定支配和调节自己的行为。

5. 运用法律维护公民权益的教育。其中包括公民权益受到不法侵害时，运用法律维护公民的合法权益以及法律咨询、法律援助等内容。

三、道德教育

道德是调整人们之间及个人和社会之间关系的一种行为规范的总和。它是依靠社会舆论和人的内心信念来维持、调整人们相互关系的行为规范。道德渗透于社会政治的、经济的、法律的思想文化的一切社会关系之中，贯穿于社会生活的一切范畴和实践活动。

（一）道德教育的概念

道德教育是社区矫正机构按照社会主义时期公民道德规范的要求，对社区矫正对象进行的以《新时代公民道德建设实施纲要》为主要内容的一种有目的、有计划的系统性教育活动。通过教育活动，使社区矫正对象形成道德观念，养成遵守社会道德的行为习惯。

（二）道德教育的目标

依据 2019 年 10 月 27 日中共中央、国务院印发的《新时代公民道德建设实施纲要》的要求，对社区矫正对象的道德教育的目标是“要以习近平新时代中国特色社会主义思想为指导，紧紧围绕进行伟大斗争、建设伟大工程、推进伟大事业、实现伟大梦想，着眼构筑中国精神、中国价值、中国力量，促进全体人民在理想信念、价值理念、道德观念上紧密团结在一起，在全民族牢固树立中国特色社会主义共同理想，在全社会大力弘扬社会主义核心价值观，积极倡导富强民主文明和谐、自由平等公正法治、爱国敬业诚信友善，全面推进社会公德、职业道德、家庭美德、个人品德建设，持续强化教育引导、实践养成、制度保障，不断提升公民道德素质，促进人的全面发展，培养和造就担当民族复兴大任的时代新人”。

（三）道德教育的内容

依据 2019 年 10 月 27 日中共中央、国务院印发的《新时代公民道德建设实施纲要》的要求，对社区矫正对象的道德教育的内容包括：“要把社会公德、职业道德、家庭美德、个人品德建设作为着力点。推动践行以文明礼貌、助人为乐、爱护公物、保护环境、遵纪守法为主要内容的社会公德，鼓励人们在社会上做一个好公民；推动践行以爱岗敬业、诚实守信、办事公道、热情服务、奉献社会为主要内容的职业道德，鼓励人们在工作中做一个好建设者；推动践行以尊老爱幼、男女平等、夫妻和睦、勤俭持家、邻里互助为主要内容的家庭美德，鼓励人们在家庭里做一个好成员；推动践行以爱国奉献、明礼遵规、勤劳善良、宽厚正直、自强自律为主要内容的个人品德，鼓励人们在日常生活中养成好品行。”

（四）道德教育的重点

结合社区矫正对象自身的罪犯身份，道德教育应与新时代我国公民道德教育相结合，使社区矫正对象和公民的道德教育相统一。

1. 理想信念教育。理想信念指引人生方向，引领道德追求。要坚持不懈用习近平新时代中国特色社会主义思想武装和教育社区矫正对象，引导社区矫正对象把握丰富内涵、精神实质、实践要求，打牢理想信念的思想理论根基。对社区矫正对象开展理想信念教育，深化社会主义和共产主义宣传教育，深化中国特色社会主义和中国梦宣传教育，引导社区矫正对象不断增强道路自信、理论自信、制度自信、文化自信，把共产主义远大理想与新时代中国特色社会主义共同理想统一起来，把实现社区矫正对象的个人理想融入实现国家富强、民族振兴、人民幸福的伟大梦想之中。

2. 社会主义核心价值观教育。社会主义核心价值观是当代中国精神的集中体现，是凝聚中国力量的思想道德基础。要持续对社区矫正对象进行社会主义核心价值观宣传教育，增进认知认同、树立鲜明导向、强化示范带动，引导社区矫正对象把社会主义核心价值观作为明德修身、立德树人的根本遵循。坚持贯穿结合融入、落细落小落实，把社会主义核心价值观要求融入监督管理、教育矫正和日常社会生活中，使之成为社区矫正对象自觉遵守的道德规范和行为准则。

3. 传承中华传统美德教育。中华传统美德是中华文化精髓，是道德建设的不竭源泉。要以礼敬自豪的态度对待中华优秀传统文化，充分发掘文化经典、历史遗存、文物古迹承载的丰厚道德资源，弘扬古圣先贤、民族英雄、志士仁人的嘉言懿行，让中华文化基因更好植根于社区矫正对象的思想意识和道德观念。深入阐发中华优秀传统文化蕴含的讲仁爱、重民本、守诚信、崇正义、尚和合、求大同等思想理念，深入挖掘自强不息、敬业乐群、扶正扬善、扶危济困、见义勇为、孝老爱亲等传统美德，并结合新的时代条件和实践要求继承创新，充分彰显其时代价值和永恒魅力，使之与现代文化、现实生活相融相通，成为社区矫正对象精神生活、道德实践的鲜明标识。

4. 民族精神和时代精神教育。以爱国主义为核心的民族精神和以改革创新为核心的时代精神，是中华民族生生不息、发展壮大的坚实精神支撑和强大道德力量。要深化改革开放史、新中国历史、中国共产党历史、中华民族近代史、中华文明史教育，弘扬中国人民伟大创造精神、伟大奋斗精神、伟大团结精神、伟大梦想精神，倡导一切有利于团结统一、爱好和平、勤劳勇敢、自强不息的思想和观念，构筑中华民族共有精神家园。要继承和发扬党领导人民创造的优良传统，传承红色基因，赓续精神谱系。要紧紧围绕全面深化改革开放、深入推进社会主义现代化建设，大力倡导解放思想、实事求是、与时俱进、求真务实的理念，教育社区矫正对象“幸福源自奋斗”“成功在于奉献”“平凡孕育伟大”的理念，弘扬改革开放精神、劳动精神、劳模精神、工匠精神、优秀企业家精神、科学家精神，培育社区矫正对象保持昂扬向上、奋发有为的精神状态。

四、现代社会的公民意识教育

公民是现代社会的主体，他们广泛参与到经济、政治、文化、社会生活的各个领域。公民这一群体的受教育程度如何、素质高低，直接影响着社会主义现代化建设的顺利进行。对社区矫正对象进行公民意识教育，激发他们的主人翁意识，调动他们参与社会治理的积极性，是社区矫正对象社会适应性教育的现实任务。

（一）公民意识教育的内容

公民与人民之间有不同的内涵与范围。人民是集合概念和政治性概念，是相对于“敌人”而言的，不同时期人民的范畴是不同的。公民是群体概念和个体概念，是侧重于法律意义上的概念，反映了个人与国家之间关系的法律资格，强调社会成员的权利和义务的对等性。

在现代社会，公民意识通过人的行为表现出来，是人的行为选择的内在依据，其关键在于主体性的确立和主体意识的培养。具备公民意识才有可能产生公民行为。从法律意义上讲，公民身份和相应的权利、义务等是公民出生时便具备的，但公民对这种身份和责任的认同却需要社会化的过程，这就需要加强公民意识教育。我国当代公民意识教育主要包含以下内容：

1. 公民与国家关系的教育。与之相关的公民意识有国家意识、民族意识、民主意识、政治参与意识、法治意识、权利意识、国际意识等。公民本质上是国家与国家成员之间的一种特定关系，从现代化角度上讲，公民与国家是密不可分的，公民的国家意识是国家团结和民族振兴繁荣的内在前提。从公民与国家的关系维度开展公民意识教育的目的是培养公民的归属感和认同感，使其意识到自己是国家的成员，有义务也有权利参与国家事务的管理。在众多公民意识中，国家意识是核心。民族意识、国际意识是国家意识在一定历史条件下的延伸，而民主意识、政治参与意识等有助于强化公民的国家意识。当然，在不同的现实条件下，每个意识又有自身的侧重点和现实价值。

2. 公民与社会关系的教育。与之相关的公民意识有公共意识、平等意识、公平意识、正义意识、社会参与意识等。公民的公共意识，是公民对公共生活的认识，并对如何参与公共生活的理性认知。现代社会，公民的开放性增强，公共领域被拓宽，参与公共生活成为公民生活中的重要组成部分。公民的公共意识在很大程度上反映了一个社会的文明程度。具备平等意识和公平意识是成为现代公民的重要标尺。当前，我国社会对平等和公平的诉求越来越高。这不仅需要我们进一步调整社会结构，完善分配制度，也需要加强对公民的平等观、公平观教育。正义历来是人们对美好社会的描述和追求，弘扬正义的精神，是公民教育的现实任务。现代公民也需要具备社会参与意识。受传统文化的影响，我国公民的参与意识不高，对国家和政府有依赖的情结，习惯于被动地接受上级的安排。这种文化特性有利于国家集中有效地调配资源，但在现代化建设中，社会的发展更需要人们树立主人翁的意识，积极有效地参与社会生活，与国家、政府、社会一起，共谋发展。

3. 公民个体之间关系的教育。与之相关的公民意识有责任意识、道德意识、节俭意识、诚信意识、自强意识等。公民是一个法律概念，但同时公民也是社会生活中“现实的人”，需要正确处理人与人之间的关系，需要具备基本的道德素养。培养公民的责任心、道德感、诚信意识，是公民教育的重要内容。尤其是面对当今社会拜金主义、享乐主义、奢靡之风的冲击，社会更需要加强道德教育，弘扬社会的正能量。节俭、自强不息是中华民族优良的传统美德，培养公民的节俭意识和自强意识，在实现现代化的今天，依然具有重要的现实意义。

在现实生活中，公民意识的各个层面之间相互重叠、相互影响，共同指引着公民的行为。根据我国社会公民意识的现状和社区矫正的现实需求，社区矫正对象的公民意识教育主要包括公民责任意识、公民法治意识、公民公共意识等。

（二）公民责任意识培育

社区矫正中，培养社区矫正对象的责任意识成为现代公民教育的目标之一。一个人生活在社会中，就必须对自己、对家人、对社会负责。只有这样，社会才会得到良性运转，逐步走向和谐。社区矫正对象作为一个公民，不仅应对自己负责，使自己获得德智体美全面的发展，而且应主动担当起推动社会成员的使命，在为社会、民族、国家做出应有贡献的同时也实现了自身的价值。因此，一个自觉、自主的人，必然是一个勇于承担责任的人。

公民责任是社区矫正对象基于选择的自由以及由此而承担的有利或不利的后果。社区矫正对象对责任的认识只有转化为责任意识之时，才会真正为社区矫正对象所接受、认同和遵从。公民责任既是一个积极的概念，也是一个消极的概念。当社区矫正对象的行为符合公共善的道义标准时，就是指积极意义上的公民责任。积极的公民责任有助于推动社会生活有序、健康、合理地进行，最终促进社会的不断发展和进步。反之，如果社区矫正对象履行责任是出于对法律的畏惧、出于害怕承担不履行这种法定责任所承担的后果，以及出于对社会舆论的恐惧，不得不做出相应的行为之时，就是消极意义上的公民责任。可以看出，消极意义上的责任履行是公民责任的较低层次，而积极意义上的责任履行是公民责任的较高层次。具有高度的责任感是社区矫正对象履行责任的内核动力和力量源泉。

公民责任具有一定的层次性和系统性。社区矫正教育中，可以将社区矫正对象的公民责任划分为三个层次：一是社区矫正对象自身的责任。公民是现代社会的主体，首先应成为自己的主人。对自己负责是履行其他一切责任的前提和基础，体现为公民要珍爱生命、维系生存、不断促进自我的成长与发展。生命是可贵的，拥有宝贵的生命，是公民得以生存和发展的基础，也是人们追求幸福生活的前提。一个连最基本的生存需要都得不到满足的人，也谈不上对更高层次的发展和高质量的人生价值的追求。在日常生活中，社区矫正对象应珍惜、敬重生命，做自己思想和情感的主人，对自己的言行负责，培养良好的习惯和品质，做一个合格的现代公民；不断加强自身的修养，锤炼道德品质，获取有益的知识，促进主体的不断完善和发展，最终成为一个对社会有用的人。一个对自己负责的人，才能对他人、对社会负责。二是社区矫正对象对他人的责任。人是在各种各样的社会关系中生存的，人在与他人交往中实现共生共存。社区矫正对象在对自己负责的同时还必须对他人负责。对他人负责是自我实现生存和发展的必要条件。对社区矫正对象而言，对他人负责体现在：在家庭中要爱亲人、爱家庭、尽孝心；在学校要尊敬老师，和同学和睦相处；走向工作岗位要尽职尽责，兢兢业业。三是社区矫正对象对社会的责任。社区矫正对象在社会中必然要充当和扮演特定的角色，承担相应的职责和任务，这是由社区矫正对象的社会属性决定的。个人的价值只有在社会中才能得到体现，个人幸福只有融入社会整体之中，才具有更高的价值和意义。社区矫正对象的生存和发展离不开具体的社会条件，社会为社区矫正对象的成长成才提供了必要的条件。社区矫正对象履行社会角色的责任主要体现在忠于自己的职业，积极参与社会公共生活，参与中国特色社会主义事业的建设等。社区矫正对象只有站在时代和历史的高度，才能认清和认识自己所肩负的社会责任，才能以自己的切实行动来维护社会安定、保证人际和谐、美化生存环境、推动社会不断发展。

（三）公民法治意识培育

公民的法治意识是公民关于法律现象的思想、观念、知识和心理的总称。我国的社会主义法治化建设需要全社会树立懂法、守法、用法的社会氛围，需要建立法治的社会。法治意识是法治社会不可或缺的要素，其培育、形成和发展是其他法治要素得以顺利运行的社会文化和心理基础，直接影响着法治建设和社会治理的实际效果。

培养社区矫正对象的法治意识，首先要树立法律的权威，确立“法律至上”的原则。法律不但为权力的行使确定范围和边界，为权力的运行设定程序和方式，而且是公民权利得以行使的前提和保障。“良法”的制定是公民遵法的前提，只有制定出符合我国国情的“良法”，法律才会更容易被社区矫正对象所接受和认同。在法律的执行上，要做到有法必依，违法必究，法律面前人人平等，防止特权。在法律的实现上，要确保法定利益得到实现。例如，社区矫正对象的受教育权、财产权、劳动就业权、社会分配权等方面的权利要得到切实的实现。

（四）公民公共意识培育

公民的公共意识就是指在公共生活领域的基础上，基于公共关怀所产生的对社会、对他人负责的社会意识。培育社区矫正对象的公共意识就是使社区矫正对象树立集体意识。集体意识是指社区矫正对象融合在集体中的一种意识，即社区矫正对象与集体成员有共同的利益、志向、精神风貌等。它要求社区矫正对象从全局出发，从整体出发，把整体的利益放在首位。集体意识的特征一方面表现在集体成员有着共同的利益和共同的目标，在工作、生活与交往过程中，集体成员互相关心，互相爱护，互相帮助，在互帮互爱中使整个集体得到更好的发展。另一方面表现在人人关心集体，有强烈的主人翁责任感。人总是生活在一定的集体中，具备集体意识的社区矫正对象总是时刻将自己的言行与集体联合起来，把集体的利益置于个人利益之上，对集体自觉地表现出一种责任感、荣誉感和自豪感。我们对社区矫正对象进行公民意识教育，是把我们的祖国看作一个紧密团结在一起的集体，我们有共同的利益、共同的目标、共同的信念和民族精神，在此基础上形成强大的集体意识，为和谐社会的建设提供精神动力。

培育社区矫正对象的公共意识，还体现在社区矫正对象具备公共良心。公民意识教育所讲的公共良心同一般伦理学的良心有所不同。它带有整体性，反映社区矫正对象在参与公共生活时的态度、评价和判断，关注良好道德环境的构建和良好道德风尚的实现。公共良心具有利他性，它虽然不排斥个人正当权益的实现，但更关注他人利益的实现，关注整体利益的实现；公共良心还具有公益性的特征，也就是说，公共良心反映的是一种公共伦理价值，它所维护的是社会的公共利益。公共良心不仅反映社区矫正对象对公共利益关系的认知，也体现为社区矫正对象对于实现公益所做出的努力和贡献，包含社区矫正对象在主张公共利益时的勇气和能力，在个人利益与集体利益发生矛盾和冲突时，理性地舍弃个人利益去维护社会公益。公共良心是社区矫正对象公民公共意识的提升和最终落脚点。社区矫正对象的公共意识最终体现为公共良知和公共良心。公共良心是社区矫正对象善良的本能与行为的自觉。在善良本能的驱使下，社区矫正对象不仅关注自身利益，而且关注他人利益和集体利益。当这种关注变为一种自觉的行为时，公共良心就得以彰显。公共良心反映出社区矫正对象的社会责任感和正义感。良心是人之为人的根本，公共良心也是社区矫正对象参与公共生活的立身之本，更能显示出社区矫正对象的无私性和高尚性。因此，激发并培养社区矫正对象的公共良心，是教育矫正的重要切入点，也是教育矫正的重要内容。

第三节　行为矫正

社区矫正对象是因其行为触犯法律而受到法律处罚的。这种违法行为或犯罪行为不是天生的，而是后天习得的，是社区矫正对象个体与社会环境、社会文化交互作用产生的。对社区矫正对象的违法行为或犯罪行为进行矫正是社区矫正的内容之一。此外，一些社区矫正对象在违法或犯罪行为形成过程中，还具有一些行为恶习，这也属于社区矫正的范围。在社区矫正过程中，社区矫正对象还需要养成良好的行为习惯。因此，行为矫正在社区矫正活动中具有重要的作用。

一、行为矫正的特点

行为矫正，通常指的是依据学习原理处理行为问题，从而引起行为改变的一系列客观而系统的方法。对社区矫正对象的行为矫正是社区矫正机关依据有关法规，运用行为管理的科学知识，有针对性、有目的地矫治社区矫正对象的违法行为、犯罪行为以及一些行为恶习，使其养成良好行为习惯的活动。它具有以下特点：

（一）合法性

行为矫正是对社区矫正对象的犯罪行为、违法行为、越轨行为、行为恶习等实施的矫正活动，要求必须遵循法律法规和社区矫正制度的规定开展，对社区矫正对象的行为进行限制和约束，不得超越法律的规定，要尊重和保障社区矫正对象的合法权益。这是行为矫正正当性的前提和基础，任何超越法律法规的规定所实施的矫正方法、矫正措施和矫正项目都是非法的。

（二）规范性

规范性是指行为矫正的标准、规则、原则等对社区矫正对象的生活和行为所具有的某种主导意义。以人为本，尊重社区矫正对象的人格是行为矫正的基本理念，只有在此前提下才能开展行为矫正活动。这就要求在行为矫正活动中，尤其是应用心理学的基本理论和技术，对社区矫正对象开展的行为矫正，必须遵守心理测验、心理咨询、心理矫正等的技术规范、行为规范和规则。

（三）被动性

在社区矫正过程中，社区矫正机关依法矫治社区矫正对象的违法行为、犯罪行为以及一些行为恶习，规范其行为习惯，使其养成良好的行为举止，这一过程是依法强制进行的。在行为矫正过程中，社区矫正对象的行为受到约束，在法律的强制下不得不接受行为矫正。因此，社区矫正对象在行为矫正过程中表现出来的行为是一种被动性活动，具有被动性的特点。一旦无人监督，就可能会故态复萌。只有在养成良好的行为习惯后，这种被动性才能逐渐消失。

（四）长期性

社区矫正对象的违法行为、犯罪行为及行为恶习是在个体因素与社会环境交互作用下，经过长期演变逐渐形成的。对其违法行为、犯罪行为及行为恶习进行矫正需要较长的时间，尤其是一些恶习较深的社区矫正对象的行为矫正所需要的时间更长。此外，对社区矫正对象进行行为矫正还要使其养成良好的行为习惯，这就更加需要时间来使社区矫正对象学习、巩固良好的行为习惯。

二、行为矫正的内容

行为矫正的理论基础，一是根据行为学习的理论，经由条件作用过程，改变个体已有的不当行为或者矫治不良的习惯，而令个体获得健康生活，二是采用认知学习理论，用以改变个体的态度、观念、思想等较复杂的心理历程，从而达到改变某种不良行为的目的。具体来说，如果要对个体开展行为矫正，必然包含四个方面的内容：观察、测量和评估个体当前可观察到的行为模式；确定环境中的先前事件和行为发生之后的结果；建立新的行为目标；通过控制所确定的先前事件和行为结果，促进新行为的学习或者改变当前的行为。

针对社区矫正对象的行为矫正，主要应包括以下具体内容：①

（一）矫正粗野的言语、野蛮的行为，养成文明的言谈举止

一些社区矫正对象在其犯罪行为、违法行为、越轨行为形成过程中，逐渐养成一些行为恶习，表现之一就是言语粗野、行为野蛮。对其言语和行为的社区矫正就是通过持久的行为规范，使其逐渐养成在言谈中习惯使用文明语言，在举止上习惯礼让他人、尊重他人，以文明礼貌为荣。

（二）矫正损人利己的行为，养成助人为乐的行为习惯

一些社区矫正对象在其极端个人主义思想的支配下，逐渐形成了一些损人利己的行为习惯。这些损人利己的行为习惯既是其违法犯罪思想的外在表现，也是其违法犯罪行为的组成部分之一。对社区矫正对象的损人利己行为进行矫正，使其逐渐养成帮助他人解决困难、助人为乐的行为习惯是行为矫正的内容之一。

（三）矫正破坏公物的行为，养成爱护公物的行为习惯

不遵守社会公德，破坏公物是一些社区矫正对象具有的行为恶习之一。对社

① 夏宗素主编：《矫正教育学》，法律出版社 2007 年版，第 186~187 页。

区矫正对象进行社会公德教育，使其认识到保护社会公有财产是每个公民的义务之一，并逐渐养成爱护公物的行为习惯，自觉地履行公民爱护公物的义务。

（四）矫正不遵纪守法的行为，养成遵守法律、自觉维护公共秩序的行为习惯

社区矫正对象行为的违法性是其本质特征。社区矫正对象具有的不遵纪守法行为是行为矫正的主要内容之一，对社区矫正对象的日常行为进行规范，使其逐渐形成自觉遵守法律的行为、自觉维护公共秩序的行为习惯，对每个社区矫正对象都具有极其重要的意义。

三、行为矫正措施

对社区矫正对象犯罪行为、违法行为、越轨行为、行为恶习等的矫正，是一件非常艰巨的事情，必须通过长期的、艰苦的教育、训练与养成过程。这主要是因为，行为是受思想支配而表现在外面的活动。因此，对社区矫正对象不良行为的矫正，首先必须转变他们的思想、观念。行为习惯，是人们在长期的学习、工作与生活中反复练习而巩固下来的，并成为所需要的行为方式。社区矫正对象的不良行为是在长期的不良生活中养成的，并已经成为习以为常的自然习惯了，因此，要使他们的不良行为、习惯转变成好的行为、习惯，必须要把艰苦的、耐心的转化工作和优良行为、习惯的训练结合起来。

（一）强制性的矫正措施

对社区矫正对象实行强制性矫正措施，一方面是因为社区矫正对象不能自觉地遵守法律和纪律，不能自己管理自己，不能自觉地改掉恶习，所以必须在强制的条件下进行矫正工作；另一方面是因为社区矫正对象的行为具有较强的危害性和破坏性，不采取强制措施，就不能规范他们的行为，不采取强制措施，就会给社区矫正工作造成混乱，造成危害。因此，对社区矫正对象不良行为习惯的矫正，必须采取强制措施严格监督管理。

1. 建立严密的组织，培养其组织性。建立严密的组织的主要目的，是要培养组织性、纪律性，培养组织观念、纪律观念，矫正无政府主义、分散主义、小集团主义和个人主义思想，矫正违法乱纪的恶习。

严格监督管理，主要是建立社区矫正机构的监督管理体系。对社区矫正对象依照法律法规的规定，建立组织管理体系，即按社区矫正对象的性别、年龄、罪错性质，分别管理和矫正；根据教育、公益活动和矫正中的不同需要，建立学习、劳动、生活组织；根据社区矫正对象在社区矫正期间的表现，分为好、中、差三等，实行分级管理等。这样，使社区矫正对象的活动都有组织、有秩序地进

行，使他们的学习、生活、活动形成规律，从而培养社区矫正对象良好的行为习惯，培养他们的组织纪律观念。

2. 建立严格的纪律，规范其行为。所谓严格的纪律，就是将社区矫正对象的一切活动，都限制在规章制度和纪律所允许的条件下进行。建立严格纪律：一是为了使社区矫正对象每天的生活都有科学的安排，有规律地进行；二是为了使社区矫正对象的言行都有一定的准则约束。同时，也是使管理工作都依照制度和纪律规定办事，要法治，不要人治，防止社区矫正工作的随意性。这就是说，严格的纪律，不仅是用来矫治社区矫正对象不良行为和恶习的，同时也是规范社区矫正工作、约束社区矫正工作者的措施。通过严格的制度与纪律，培养社区矫正对象遵纪守法的观念，同时也会使社区矫正工作者养成依法办事、照章办事的习惯，增强其纪律性，防止随意性，养成其执法、守法观念和严于律己的品德。

（二）文明行为与民主精神培育

依法治理、加强文明建设，是社区矫正管理工作的重要原则。依法治理，主要是依照法律法规及司法行政部门规定的原则与要求办事，做到科学、民主、文明。按照规定，社区矫正机构要实行民主管理，让社区矫正对象过一定的民主生活。定期召开民主管理会议，依照法律规定，保证他们的权利和义务，让他们享有充分学习权利、劳动权利、休息权利，保护他们的人格尊严不受侵犯的权利。

社区矫正机构的管理工作是很重要的文明建设，也是养成教育工作。因此，在管理工作中，必须把严格管理同民主管理结合起来，把监督管理与保障合法权益结合起来，把严格教化同说服教育结合起来。

（三）社区矫正工作者以身示范

社区矫正工作者也是教育工作者，为人师表。教育工作者的神圣职责，是不仅要言传，而且要身教，要以身示范。

从教育学的角度来看，教育者的身教胜于言传，因为，教育者的模范行动，是具体的、现实的，是受教育者看得见的、最可信的，因此，对社区矫正对象的感染力，是言传所不及的。言传只能是书本上的知识和道理，从理论到现实，还要经过实践的过程。要让社区矫正对象相信理论，并按照理论指出的方向去做，还要有实践的过程，也就是从思想到行动还有一段距离。因此，身教比起言传更直接、更真实，作用会更大。所以，历来教育家都特别重视教育工作者的示范作用，特别强调教育者要首先受教育。在社区矫正中，在一定程度上社区矫正对象的思想、行为转化质量的优劣，是社区矫正工作者对其影响的结果。所以，社区矫正机构把提高社区矫正工作者的思想政治素质、文化素质、业务工作水平和管理工作水平，作为转化工作的重要一环。

在从严管理的方针指导下，制定严格的社区矫正工作者的管理制度和纪律，做到令行禁止。不准矫正对象做的错误行为，社区矫正工作者首先不做，用自身的模范行为示范，进行潜移默化、耳濡目染的感化。同时，社区矫正工作者自己的模范行为是取得社区矫正对象的信任，受到社区矫正对象尊重的重要条件，只有自身能以身示范，充分发挥“为人师表”的表率作用，才会在社区矫正对象心目中树立威信，自身的教育才有说服力，才有感染力。因此，社区矫正工作者的模范行为，成为社区矫正机构培养社区矫正对象文明行为与良好的生活习惯的重要举措。

（四）应用公益活动，培养社会责任感

《社区矫正法》第42条规定：“社区矫正机构可以根据社区矫正对象的个人特长，组织其参加公益活动，修复社会关系，培养社会责任感。”从这一规定看，组织社区矫正对象参加公益活动是选择性行为，而不是强制性行为，重点在于发挥社区矫正对象的个人特长，来“修复社会关系，培养社会责任感”。《社区矫正法实施办法》第44条规定：“执行地县级社区矫正机构、受委托的司法所按照符合社会公共利益的原则，可以根据社区矫正对象的劳动能力、健康状况等情况，组织社区矫正对象参加公益活动。”在实务工作中，具体要求：一是要制订公益活动的计划及考核办法。执行地县级社区矫正机构应当按照符合公共利益、社区矫正对象力所能及、可操作性强、便于监督检查的原则制订社区矫正对象参加公益活动的计划及考核办法。二是合理安排。执行地县级社区矫正机构、受委托的司法所按照公益活动规划和考核办法，根据社区矫正对象的年龄、性别、健康状况、劳动能力、技能水平、个人特长、正常工作生活需要等情况，合理安排活动内容和方式。公益活动可以集中组织，也可以分散进行，由社区矫正机构或者受委托的司法所提供公益服务事项，鼓励社区矫正对象自愿认领。三是参加公益活动的情形。社区矫正对象有下列情况之一的，一般不安排其参加公益活动：（1）年满60周岁；（2）被暂予监外执行的；（3）身体残疾或者患有严重疾病的；（4）其他特殊原因。四是社区矫正机构对积极参加公益活动、表现突出的社区矫正对象可以进行表扬。

第四节 社会适应性训练与指导

依照《社区矫正法》的规定，对社区矫正对象的社会适应性训练与指导主要包括：一是对社区矫正对象的就业就学帮扶。第37条规定：“社区矫正机构可以协调有关部门和单位，依法对就业困难的社区矫正对象开展职业技能培训、就业指导，帮助社区矫正对象中的在校学生完成学业。”二是对社区矫正对象的继续教育帮扶。第38条规定：“居民委员会、村民委员会可以引导志愿者和社区群众，利用社区资源，采取多种形式，对有特殊困难的社区矫正对象进行必要的教

育帮扶。”三是对帮助社区矫正对象的企业事业单位、社会组织的政策支持。第41条规定：“国家鼓励企业事业单位、社会组织为社区矫正对象提供就业岗位和职业技能培训。招用符合条件的社区矫正对象的企业，按照规定享受国家优惠政策。”四是对社区矫正对象的社会救助。第43条规定：“社区矫正对象可以按照国家有关规定申请社会救助、参加社会保险、获得法律援助，社区矫正机构应当给予必要的协助。”

由此，开展职业培训和就业指导等教育矫正活动，既是教育矫正的手段，也是对社区矫正对象进行社会适应性训练，提高社会适应能力的重要组成部分。

一、社会态度教育

社会适应是指个体为适应社会环境而改变自己的态度或行为习惯的过程。[①] 因此，社会适应性训练与指导首先是社会态度教育。社会态度又被称为态度，是指主体对外界事物一贯的、稳定的心理准备状态或一定的行为倾向。

（一）社会态度的特点

1. 内隐性。态度是人的内在心理活动，本身是无法直接测定的，必须从个人的行为或与行为有关的语言行为表现中间接推断出来，测定态度需要一定的中间变量。

2. 方向性。态度总是具有赞成或反对的方向特点，并具有程度的差异，有时反映出态度的极端性，有时则反映出态度的中立性。

3. 统一性。构成态度的认识、情感和行为倾向三种成分彼此协调，是一个统一的整体。认识是态度形成的前提和基础，只有在对客观事物充分认识的前提下，才能产生相应的情感；情感是在认识基础上建立起来的人对客观事物是否满足自己的需要而产生的态度体验。行为倾向是人对态度对象做出某种反应的意向，是社会行为中采取行动前的一种准备状态。

4. 复杂性。在一定条件下，个体并不是经常表现出与内心态度相一致的外部行为。在不同的外部条件和内在需求状态下，有时表现为表里如一的外在态度；有时表现为“心是口非”，有时又表现为“口是心非”。因此，社会态度具有复杂性特征。

5. 稳定性。在一定时期内态度保持着相对稳定的倾向。只有当外部环境、内在心理认知等发生改变时，社会态度才可能发生相应改变。由此，我们可以看到，社区矫正对象的社会态度不是先天形成的，而是后天习得的，通过努力是可以改变的。

---

① 王秉中主编：《罪犯教育学》，群众出版社2003年版，第96页。

(二) 社会态度的功能

德国心理学家 D. 卡茨从需要满足的角度，认为态度具有以下四种功能：一是适应功能，个体具有从外部环境获得奖励、避免惩罚的需要，而态度使人具有满足这种需要的功能。二是价值表现功能，态度可以明确地显示自我价值，具有积极的表现功能。三是自我防御功能，态度既可以拒绝引起焦虑的外部事件，又可以调节内部冲动。四是知识功能，态度可以作为理解环境的一种手段，将它作为判断的标准或理解的参考系。

所以，社会态度是社区矫正对象外在行为的决定因素，它决定着社区矫正对象信息的选择与加工，对社会刺激的认知和情绪体验。我们通过教育，使社区矫正对象对社会现实、社会情境、社会信息、社会问题以及社会矛盾等，有一个客观的认识，理性地处理社会矛盾和纠纷，避免由于处理方法不当致使矛盾激化。

二、职业培训

社区矫正中的职业培训是指对社区矫正对象进行的，以职业技能为内容的有计划的、有目的的、系统性的教育矫正活动。

(一) 职业培训的特征

职业培训是社区矫正工作实现社区矫正对象与社会重新融合，增强社会适应性、提高就业竞争力的重要形式。现代科学技术的发展，使人们在职业上有了更大的选择范围。同时也对从事某一职业的人员提出更高的职业技能要求。社区矫正对象中的大多数人由于与社会隔离不具有一技之长，或者原先所具有的职业技能已不适应社会发展的需要，需要重新学习、整合社会需求的职业技能，因此，应对其进行职业培训。即使曾经具有一技之长的社区矫正对象也应对其进行职业培训，以使其在回归社会后，具有更熟练、更多样的职业技术。目前，《社区矫正法》《社区矫正法实施办法》及各省、自治区、直辖市都制定了相应的规则，对社区矫正对象的职业培训问题作出了明文规定。对社区矫正对象进行的职业培训具有以下特征。

1. 培训内容的丰富性。由于社区矫正对象的个体情况千差万别，社会上的职业种类十分繁多，所以对社区矫正对象职业培训的内容也十分丰富，但从总体上看可分为以下几个部分：

首先，第一产业范围内的职业培训内容。主要包括：农业中的种植业、养殖业。种植业如粮食种植、蔬菜种植、花卉种植、林木种植、草地种植等；养殖业如家禽养殖、水产养殖等。

其次，第二产业范围内的职业培训内容。主要包括：工业中的机械制造、原料加工等。采掘业中的各种技术工种等。

最后，第三产业范围内的职业培训内容。主要包括：修理业，如家电修理、家庭物品修理、汽车修理、摩托车修理等；餐饮业，如厨师培训、糕点制作等；服务业，如家政服务、社区服务等；装修业，如住宅装修等。

上述职业培训的内容中，属于第三产业范围内的职业适用的范围最广。目前第三产业在我国处在蓬勃发展阶段，随着我国经济的发展、社会的进步，第三产业在其发展过程中，将会创造更多的就业机会，容纳更多的社会劳动力。因此，就目前社区矫正职业培训的内容而言，适合矫正对象状况的第三产业范围内的职业培训应当是职业培训中的发展方向。

2. 培训方式的社会性。由于对社区矫正对象的职业培训包含的种类较多，范围较广，所以仅仅依靠社区矫正机关自身的力量和人员显然是难以做到的。必须在社区矫正机关的组织下，动员社会上的力量共同参与对社区矫正对象的职业培训。具体方式包括：(1) 社区矫正机构与社会力量联合进行职业培训；(2) 社区矫正机构直接开办各种职业培训班，聘请社会志愿者进行职业培训；(3) 由社区矫正机构作为中介，介绍到社会上的相关培训部门，对社区矫正对象进行培训；(4) 作为对社区矫正对象的公力救济形式，由政府出资或在政府设立的培训机构进行培训；(5) 以政府购买服务的方式，政府按照一定的标准和培训社区矫正对象的数量和质量，向社会培训机构支付费用。

此外，职业培训的社会性还表现为对社区矫正对象进行的职业培训中所选择的职业必须是易于在社会上谋求的职业或者是社区矫正对象回归社会后易于从事的职业。

3. 培训形式的多样性。社区矫正对象是一个松散型社会群体，其人员的组成十分复杂。各个社区矫正对象的个人经历、家庭情况不同，其兴趣、爱好也不同，同时，居住的地域环境及经济发展的差异，导致对职业技能的要求也不一样。因此，不同社区矫正对象所乐于从事的职业以及适宜从事的职业，必须依据个人条件及所处社会环境条件的要求而存在较大的区别。对社区矫正对象进行的职业培训就必须充分考虑这一情况而灵活进行，不能千篇一律，也不能不考虑社区矫正对象个人的实际情况。所以，对社区矫正对象的职业培训具有形式多样性的特点。其中包括：从产业分类上可分为：第一产业范围内的职业培训；第二产业范围内的职业培训；第三产业范围内的职业培训。从城乡职业分类上可分为：适宜在大城市从事的职业培训；适宜在中小城市从事的职业培训；适宜在乡镇、农村地区从事的职业培训等。至于社区矫正对象个体适宜什么样的培训，要因地因人因社会需要而灵活掌握。

4. 培训目的的特定性。对社区矫正对象进行的职业培训是使其回归社会后做到自谋职业、自食其力，增强其社会适应性和在社会生活中的竞争能力，最终成为守法公民，不再继续违法犯罪，为社会安全、稳定提供保障。与社会上的职业培训不同的是，对社区矫正对象的职业培训具有预防和减少重新违法犯罪的目的。对社区矫正对象的职业培训不仅将社区矫正对象由一个违法者或犯罪者变成一个具有一定劳动技能或职业技术的建设者，更重要的是这些社区矫正对象通过职业培训，具有新的劳动技能或职业技术，回归社会后能够自食其力，不再重蹈覆辙，进而实现社区矫正的目的。

（二）职业培训的要求

为了充分发挥职业培训对社区矫正对象的作用，在职业培训活动中应遵循以下要求：

1. 以社区矫正机构的组织和引导为主体。对社区矫正对象的职业培训是一项系统的、庞大的社会工程，它牵涉到社会机构的诸多部门，其内容直接涉及社会上各种行为或职业的知识，因此，单凭社区矫正机构自身的力量是难以完成这一任务的，需要动员社会各界力量共同参与对社区矫正对象的职业技术培训活动，只有与社会上的相关部门联合进行，才能实现对社区矫正对象职业培训的目的。但是，这也并不意味着社区矫正机构可以把职业培训的责任推给社会。对社区矫正对象的职业培训必须以社区矫正机构的组织和引导为主体进行，即社区矫正机构负责对社区矫正对象职业培训过程中的组织、协调、管理等各项工作，并承担相应的责任。

2. 根据社会需求状况进行针对性培训。对社区矫正对象的职业培训不仅要考虑社区矫正对象的个人情况，还要考虑社会就业状况，更要考虑我国目前因产业结构的变化而带来的对劳动力需求的影响，否则就会出现对社区矫正对象进行的职业培训成效降低，社区矫正对象所掌握的职业技术在社会上前景不看好而难以寻找职业的现象。

3. 职业培训活动必须按照职业要求规范进行。对社区矫正对象的职业培训要在社区矫正机构的主导下，通过相关部门和机构的合作，严格按照国家有关部门规定的教学时间、课程设置、实习内容进行，不得随意更改或减少培训内容，更不能为了应付有关部门检查而弄虚作假。对社区矫正对象所进行的某项职业培训结束后，要及时组织社区矫正对象参加国家有关部门组织的职业培训考试，使其获得国家承认的职业培训合格证书或技术等级证书。

（三）职业培训模式

对社区矫正对象的职业培训，主要采取委托培训、自主培训、联合培训、自费培训等方式进行。一般而言，社区矫正对象主要在下列机构进行培训：职业训练中心；技工学校；职业高中、中等专业学校等职业学校；职业培训机构等。主要是社会力量开办的各种培训机构，以学习各种专业技能为主。

在社区矫正过程中，各地对社区矫正对象的职业培训进行了广泛的实践探索

和形式创新，归纳起来大致有以下六种模式：①

1. 建立就业与职业培训基地模式。社区矫正机构与社会单位合作或者投入专项基金建立就业培训基地，组织社区矫正对象在就业基地学习职业技术，在公益活动过程中培训职业技能，从而实现就业。

2. 定点学校、插班培训模式。社区矫正机构与培训单位合作，在社区矫正机构组织下，由社区矫正对象根据自己的职业特长和兴趣爱好，各自选择对口专业培训机构，以社会成员的身份参加针对社会开办的职业培训。

3. 集中办班培训模式。在社区矫正机构主导之下，对社区矫正对象的培训意愿和职业需求进行统计，分门别类成立专门的培训班，组织相应的师资力量，定期对社区矫正对象进行职业培训。

4. 定向安置培训模式。社区矫正机构与社会单位合作，根据用人单位的实际需要，社区矫正机构组织对社区矫正对象进行各种技能的专项培训，然后由用人单位无条件进行安置就业。

5. 强化就业指导模式。社区矫正机构针对就业市场复杂多样化的特点，对社区矫正对象进行专门的就业指导，从就业形势、就业心理、就业包装、就业政策、就业应聘技巧等方面进行教育指导，使社区矫正对象树立正确的就业观念，科学理性地应对就业形势。

6. 优惠政策促进就业模式。由政府出台优惠政策，对吸纳社区矫正对象就业的企业给予税费减免等政策上的倾斜。社区矫正机构负责配合社会企业的就业人数统计上报。

（四）职业培训的作用

职业培训是社区矫正的重要组成部分之一，它在对社区矫正对象的社区矫正过程中发挥着以下作用：

1. 对社区矫正对象提高就业竞争能力的作用。在现代社会条件下，打破了传统社会的分工形态，现代化企业对社会生产的分工越来越细，劳动力市场对劳动者素质提出了更高的要求。尤其在中国加入世界贸易组织后，随着社会人口流动的加快和国际间合作的增强，劳动力市场的竞争更加激烈。对社区矫正对象进行职业培训，使其掌握一项或几项谋生技能，可以使社区矫正对象回归社会后，具有较强的就业竞争能力。一些社区矫正对象由于法律规定的原因而不能再从事原来的职业，可以选择适宜自己从事的职业。

2. 对社区矫正对象重返社会并与社会重新融合的作用。对社区矫正对象进行的法律和道德教育、文化知识教育，使社区矫正对象逐步转变自己的认知、态

---

① 荣容、肖君拥主编：《社区矫正的理论与制度》，中国民主法制出版社 2007 年版，第 219~221 页。

度和行为方式，否定自己过去的违法犯罪行为。在转变自己的认知、态度和行为方式的基础上，社区矫正对象开始树立重返社会，并与社会重新融合的信念。但是，面对社会的迅速发展，社区矫正对象仅有重返社会并与社会重新融合的信念是不够的，必须解决其回归社会后的生存问题。经过职业培训，社区矫正对象掌握了一项或几项谋生技能，可以不再为回归社会后的社会适应和社会生存而担忧。社区矫正对象掌握的职业技术种类越多，所学习的职业技术越为社会所需求，其重返社会并与社会重新融合的信心就越强。

3. 预防和减少社区矫正对象重新违法犯罪的作用。社区矫正对象回归社会后重新违法犯罪是世界各国共同面临的社会问题。社区矫正对象的重新违法犯罪原因是多方面的，其中一个重要原因就是回归社会后不能自谋生计，做不到自食其力。通过职业培训，社区矫正对象学习、掌握一定的职业技术，回归社会后能够找到适宜自己的职业，做到自食其力，就可以不再为生计而困惑。即使是一些对自己违法犯罪行为认识尚没有完全转变的社区矫正对象，也因回归社会后有一个适宜自己的职业而不再铤而走险，重新违法犯罪了。

三、就业指导

就业指导可分为狭义和广义两大类。狭义的就业指导，是给要求就业的社区矫正对象传递就业信息，做社区矫正对象和用人单位沟通的桥梁。广义的就业指导，则包括预测要求就业的劳动力资源，社会需求量，汇集、传递就业信息，培养劳动技能，组织劳动力市场以及推荐、介绍、组织招聘等与就业有关的综合性社会咨询、服务活动。社区矫正中的就业指导还应包括就业政策导向，以及与之相应的思想教育工作。

（一）就业指导的主要任务

就业指导的主要任务包括：一是帮助社区矫正对象充分了解自己的个性特点。例如个人的爱好、性格、知识、能力等，从而使自己对自己有全面、理性的认识。二是帮助社区矫正对象了解社会不同职业的岗位要求。例如职业的分类、岗位的内容、岗位的知识和能力要求等。三是帮助社区矫正对象根据自身的个性特点选择适合自身的职业，也就是通常我们所说的实现人职相配，从而完成社区矫正对象的择业任务。

随着我国就业形势的日趋严峻和市场经济竞争的日臻激烈，对社区矫正对象就业的各种压力势必越来越大，若要在就业竞争中取胜，拥有一定的技巧也是必要的。

（二）就业指导的主要内容

1. 信息指导。信息指导是就业指导的基础，社区矫正机构和相关部门只有收集和掌握了广泛的社会需求信息，才能为社区矫正对象创造尽可能多的就业机会，也才有可能对社区矫正对象进行就业指导。

2. 思想指导。思想指导是就业指导的中心，其内涵有：一是帮助社区矫正对象树立正确的择业标准。二是帮助社区矫正对象确立高尚的求职道德。三是帮助社区矫正对象选择正确的择业道路。

3. 求职技术指导。求职技术指导是就业指导的基本内容之一，一般来讲，面临就业选择的社区矫正对象，普遍思想准备不足，有惶恐感，在供需见面时比较拘谨，甚至手足无措，有的因此而错失良机。

还有一些社区矫正对象不清楚各项有关的政策规定，不了解自己有哪些权利和义务，更不知道应该如何行使自己应有的权利。至于具体的招聘应聘程序，个人表格的填写、资料的整理和使用，面对用人单位如何介绍自己，以及应有的礼仪和言谈举止，也需要进行必要的指导。这样，可以避免由于不按时到会、介绍不着边际、材料不得要领、礼貌不周、言语不当、衣冠不整、手续不全等技术原因造成的求职障碍。

四、社会生活指导

社会生活指导是指社区矫正机构为了让社区矫正对象融入社会，增强社会适应能力，指导其掌握和运用一定的生活技巧、生活方式，树立正确的社会生活观念和态度，形成健康、科学的生活方式，提高其社会适应能力的矫正活动。

（一）生活方式优化教育

生活方式优化教育是让社区矫正对象懂得不同生活方式与心理健康的关系，了解社区矫正对象不良生活方式的具体表现及其改变方法，建立健康的生活方式。健康生活方式的培养是指宣传健康生活理念，挑战对健康有害的不良生活方式，是保证健康的身体和心理，营造美丽人生的重要途径。让社区矫正对象健康地去经营他们的心理和生活，培养正确的人生观和价值观，达到自我实现的高级需要。

在社区矫正中，我们首先让社区矫正对象掌握健康的概念和知识，学会并实践健康的生活方式，有计划地去经营自己一生的健康，让社区矫正对象将自己的健康当作人生的起点事业去营造，让他们明白管理并用心地去呵护自己的健康就是为自己负责，为家庭负责，也是为社会负责。只有拥有了健康的体魄和心灵，才能创造财富，才能实现价值。

（二）婚姻家庭关系指导

家庭是社会的细胞，是每个人社会生活的依托和归宿。社区矫正对象在社区矫正中面对的首要问题，就是正确处理婚姻家庭关系。因为在社区矫正对象的社会生活中，婚姻家庭关系是连接个人生活和社会运行的中介。为此，婚姻家庭关系指导是社区矫正机构运用社会学、心理学等学科的理论和方法，以家庭为中心，对社区矫正对象如何处理婚姻关系和解决家庭矛盾，维护家庭完整为目的的教育活动。

（三）人际关系适应辅导

心理学认为，人类的心理适应最主要的在于人际关系的适应，个体的心理健康在很大程度上有赖于个体对人际关系的适应。良好的人际关系使人获得安全感、归属感，给人精神上的愉悦和满足，促进心理健康；不良的人际关系使人感到压抑和紧张，承受孤独与寂寞，身心健康将受到损害。社区矫正对象在社区矫正中处在一种渴求交往、渴求理解的心理发展期，对其进行人际关系适应辅导正是为了满足社区矫正对象的心理需要，帮助社区矫正对象发展良好的人际交往能力，调适其人际交往偏差和心理问题，优化其人际关系以促进他们心理健康地发展。

社区矫正对象在社区矫正初期，最易产生的问题就是社区矫正适应，尤其是人际关系适应。因此，对社区矫正对象进行社区矫正人际关系适应辅导，是帮助社区矫正对象正视现实，了解自我，增强其适应能力的重要手段。通过人际关系适应辅导，了解并帮助解决社区矫正对象的实际问题，调查并处理社区矫正对象的特殊行为问题，指导社区矫正对象正确处理人际关系，促进其积极地进行社会交往等，是社区矫正对象避免并克服心理问题和心理障碍产生的有效途径。

（四）社会角色教育

社会角色是指与人们的某种社会地位、身份相一致的一整套权利、义务的规范与行为模式，它是人们对具有特定身份的人的行为期望，它构成社会群体或组织的基础。具体来说，它包括以下四个方面含义：角色是社会地位的外在表现；角色是人们的一整套权利、义务的规范和行为模式；角色是人们对于处在特定地位上的人们行为的期待；角色是社会群体或社会组织的基础。

对社区矫正对象的社会角色教育主要有：一是角色权利和角色义务教育。角色权利是社区矫正对象在社会生活中所享有的权利和利益。角色义务是社区矫正对象在社会生活中应尽的社会责任，包括社区矫正对象在社会生活中“必须做什么”和“不能做什么”两个方面。二是角色规范教育。角色规范是指社区矫正对象在享受权利和履行义务过程中必须遵循的行为规范或准则。如法律、法规、制度、纪律等。三是角色冲突教育。社区矫正对象在社会生活中可以同时扮演多个角色，有时会发生角色冲突。社会、家庭、交往对象等对社区矫正对象在社会生活中的不同角色提出不同的甚至矛盾的要求，社区矫正对象不能同时满足所有这些角色要求。四是角色期望教育。社会公众对社区矫正对象的角色期望不是一成不变的，是随着时代而变化的。社区矫正对象顺从于刻板的角色是身心失调的重要原因之一。社区矫正对象经常考虑个人扮演不同社会角色的方式，有助于保持身心健康。

第十五章　未成年犯的社区矫正

现代刑罚理念已经从“关注犯罪行为”向“关注犯罪人”转变。这一转变，就意味着对罪犯的矫正教育不是道义责任而是社会责任。对于未成年犯矫正而言，树立这样的观念才能构建具有规范化、专业化、个别化、分类化的未成年社区矫正对象的社区矫正制度，才能真正发挥预防未成年社区矫正对象犯罪的作用。本章就是基于这样的观念对未成年社区矫正对象的矫正教育问题展开研究的。

第一节　有关未成年犯的基本问题

一、相关概念

在许多媒体的表述中，我们常常可以看到有关未成年犯罪人的多种表述：如未成年犯、少年犯、青少年犯等，下面对这几个概念进行明确的界定和区分。

（一）未成年人与青少年

未成年人，又称少年，是相对成年人而言的。未成年与成年的界限，在不同国家有不同的标准，即规定在某个年龄以下为未成年人。有的国家规定为 22 周岁以下，有的国家规定为 19 周岁以下，大多数国家规定为 18 周岁以下。2020 年 10 月修订的《中华人民共和国未成年人保护法》（以下简称《未成年人保护法》）第 2 条规定：“本法所称未成年人是指未满十八周岁的公民。”

青少年是社会学、心理学、教育学等学科使用的概念，泛指人从儿童到成年的过渡时期。由于各国法律制度不同及国内法调整社会关系的特点不同，对青少年的上下限年龄界定也不尽相同。通常指少年期到青春期后期这一年龄段的人，年龄下限为 11～12 周岁，上限为 17～18 周岁，但也有的延长到 20 周岁或 22 周岁乃至 25 周岁，但青少年的基本年龄段是指进入青春期到青春期度过这一时期。[①] 一般来讲，在我国青少年是指 14 周岁至 25 周岁的公民。[②]

（二）未成年犯

《法学大辞典》对未成年犯的定义为：特定年龄以上，一定年龄以下的刑事犯罪人，通常指未及成年者。[③] 各国法律规定，公民只有到了一定年龄才对其所犯罪行负刑事责任，因而也才可能被处刑罚成为罪犯。各个国家对刑事责任年龄有不同规定，有的国家规定年满 14 周岁，有的国家规定 13 周岁应负刑事责任；也有的国家规定年满 12 周岁或 10 周岁应负刑事责任；个别国家还规定年满 7 周岁应负刑事责任。我国在 20 世纪 50 年代曾规定年满 13 周岁应负刑事责任，因而当时的《劳动改造条例》规定，少年犯管教所管教 13 周岁以上未满 18 周岁的少年犯。我国《刑法》规定："已满十六周岁的人犯罪，应当负刑事责任。已满十四周岁不满十六周岁的人，犯故意杀人、故意伤害致人重伤或者死亡、强奸、抢劫、贩卖毒品、放火、爆炸、投放危险物质罪的，应当负刑事责任。"根据我国《未成年人保护法》关于未成年人年龄的规定和《刑法》关于刑事责任年龄的规定，未成年犯的概念可界定为：年满 14 周岁未满 18 周岁，实施了犯罪行为，依法被判处刑罚的罪犯。

（三）处遇

处遇是指对犯罪人的处置和待遇。刑事社会学派的奠基人菲利与美国的犯罪学先驱埃德温·萨瑟兰在刑法理论上共同提出了刑罚取消论。菲利竭力否定犯罪是人的自由意志的产物，因为"实证心理学表明，虚伪的自由意志是一种纯粹的主观幻觉"。据此，菲利认为国家没有惩罚犯罪人的刑罚权。他认为应"根据造成犯罪人不同人格的社会情形，用不同的救治方法"取代刑罚。使"刑罚正义变成为保护社会以免遭传染病症的一种手段，铲除所有尚存于今日的未开化的遗迹，如：复仇、憎恨及惩罚等等"。埃德温·萨瑟兰认为，刑罚总的来说弊大于利，因而应该取消。这一理论的产生，使刑罚在相当一段长的时间内不再称为刑罚，而称为处遇。处遇成为刑罚的代名词，并以处遇为中心建立刑罚模式。以处遇为中心建立的刑罚模式往往与医疗模式、康复模式相类似。在其代表作《犯罪学原理》中他历数了刑罚的弊端。19 世纪中叶以后，欧美国家在监狱和矫正制度中首先使用"处遇"一词来说明对犯罪人执行刑罚的状态和过程。处遇包括处置和待遇两个方面的内容。在实际适用中，主要包括监狱设施内处遇和监狱设

---

① 李伟民、东翔主编：《中国司法语典》，中国工人出版社 1993 年版，第 1185 页。

② 杨春洗：《中国的青少成年犯罪和治理对策》，载《中美学者论青少成年犯罪》，群众出版社 1989 年版，第 21 页。

③ 周振想主编：《法学大辞典》，团结出版社 1994 年版，第 152 页。

施外社会处遇。监狱设施内处遇主要指在监狱、矫正机构内，对犯人的监禁、教育、强制劳动及生活待遇；监狱设施外社会处遇是指依靠社会力量对犯罪人进行矫正，主要包括缓刑、假释、更生保护等。①

二、未成年犯的再社会化

《未成年人保护法》第 3 条规定："国家保障未成年人的生存权、发展权、受保护权、参与权等权利。未成年人依法平等地享有各项权利，不因本人及其父母或者其他监护人的民族、种族、性别、户籍、职业、宗教信仰、教育程度、家庭状况、身心健康状况等受到歧视。"对未成年犯进行矫治的最终目的是帮助其复归社会，即未成年犯的再社会化。意大利犯罪学家、实证学派代表人物恩里科·菲利主张，应对罪犯进行科学的分类和有效的矫正，而不仅仅是简单的关押和隔离。他指出："对罪犯的矫正必须是科学的，因为重罪常常表现为个人的病态。在美国已有埃尔迈拉教养院之类的机构，正式适用实证派犯罪学的方法。这些机构的指导人是心理学家、医生。当一个未成年犯进来时，对其要从生理学和心理学的角度研究。"②

德国刑法学家李斯特注意到短期自由刑的弊端，主张采用缓刑和累进制，提倡使用罚金刑和设立刑务委员会，对未成年犯、精神病犯罪人采取特别处遇等。③ 他还提出了"最好的社会政策就是最好的刑事政策"的著名论断，强调社会本身对于预防犯罪的责任，不能依赖刑罚遏制犯罪，改善社会环境对防止犯罪有着更为重要的意义。

未成年人是不同于成年人的特殊群体，如果对于犯罪未成年人适用监禁处遇将带来较成年人更为严重的负面效应，主要有：（1）监禁使未成年与亲人隔离，情感需求得不到满足，容易使其身心健康受到伤害，产生心理障碍；（2）未成年人身心发育尚不健全，自我保护能力弱，在监禁机构内（特别是在审前羁押阶段），其合法权益更容易受到侵害；（3）监禁的"标签效应"将对未成年犯造成长期的伤害，严重影响未成年犯之后的漫长生活、成长与发展；（4）未成年人的辨别能力低，接受暗示和模仿的能力强，在监禁机构内未成年人的交叉感染可能性相对成年人更高，监禁将使未成年犯更容易变得更"坏"；（5）监禁的环境，更易使未成年犯形成"监狱人格"。由于未成年犯的社会化尚未完成，使其

---

① 高铭暄等主编：《中华法学大辞典》，中国检察出版社 1996 年版，第 65 页；转引自廖露蕊：《少年犯处遇非监禁化研究》，武汉大学 2005 年硕士学位论文。

② ［意］恩里科·菲利：《实证派犯罪学》，郭建安译，中国政法大学出版社 1987 年版，第 52 页。转引自廖露蕊：《少年犯处遇非监禁化研究》，武汉大学 2005 年硕士学位论文。

③ 吴宗宪：《西方犯罪学史》，警官教育出版社 1997 年版，第 336 页。转引自廖露蕊：《少年犯处遇非监禁化研究》，武汉大学 2005 年硕士学位论文。

与正常的社会长期隔离，导致未成年人正常社会化的中断或者畸变，其人格被打上监狱的烙印。此外，监禁未成年犯所花费的司法成本也要高于监禁成年人。这些弊端容易导致未成年犯向惯犯、累犯转变。犯罪学研究表明，困扰犯罪控制有效实现的成年惯犯、累犯中，大部分均有在未成年时期犯罪的经历。这些人的违法犯罪行为之所以没有随着年龄的增长而“自动愈合”，与他们遭受过监禁有着密切的关联。①

从某种程度上说，监禁处遇对于未成年犯而言更意味着消极性，而不是积极性。对于未成年犯尽量避免监禁，实现非监禁化，已经成为各国少年司法制度共同的理念。

非监禁化也是我国未成年保护法所确立的一项重要原则。《未成年人保护法》第113条第1款规定：“对违法犯罪的未成年人，实行教育、感化、挽救的方针，坚持教育为主、惩罚为辅的原则。”《刑法》第17条规定，已满14周岁不满18周岁的人犯罪，应当从轻或者减轻处罚。2005年12月通过的《最高人民法院关于审理未成年人刑事案件具体应用法律若干问题的解释》规定要“贯彻‘教育为主，惩罚为辅’的原则”。《社区矫正法》第58条规定“未成年社区矫正对象在社区矫正期间年满十八周岁的，继续按照未成年人社区矫正有关规定执行”，很明显地放宽了适用条件。

三、我国未成年犯处遇种类

从我国目前的少年矫正制度看，少年矫正机构主要有未成年犯管教所、工读学校和社会帮教机构。

（一）未成年犯管教所

未成年犯管教所是属于我国刑事司法体系的少年矫正机构，它是我国监狱的一种类型，是国家的刑罚执行机关，是指专门对未成年犯罪人实行惩罚、教育改造的机构。根据《刑法》和《监狱法》的有关规定，未成年犯管教所收押由人民法院判刑的已满14周岁不满18周岁的未成年犯；贯彻“惩罚和改造相结合，以改造人为宗旨”和“教育、感化、挽救”的方针，将未成年犯改造成具有一定文化知识和劳动技能的守法公民。在新的形势下，我国还本着努力把未成年犯管教所办成“教育人、改造人、造就人”的特殊学校的指导思想，除对未成年犯进行认罪服法教育、道德教育、法治教育、爱国主义教育、集体主义教育等之外，还进行一系列的文化教育和技术培训，从而极大调动未成年犯接受教育挽救的积极性，全面提高他们的素质，而且还可以为他们重新回归社会做好准备。此

① 姚建龙：《未成年人犯罪非监禁化理念与实现》，载《政法学刊》2004年第5期。

外，未成年犯管教所正从封闭式机构逐渐向开放性机构发展，依靠社会力量对未成年犯进行教育改造，经常组织和邀请社会各界人士包括法律工作者，生理学、心理学专家以及其他社会工作者到管教所与未成年犯谈心，帮助他们解答一些问题。① 在与社会相接触的过程中，可以增强未成年犯改造的自觉性和信心。

（二）专门学校

专门学校是在我国20世纪50年代创建的工读学校基础上发展而来的、以"矫治未成年人严重不良行为"为目的的犯罪防控形式。我国《义务教育法》《未成年人保护法》的有关条款规定，县级以上地方人民政府根据需要，为具有预防未成年人犯罪法规定的严重不良行为的适龄少年设置专门的学校实施义务教育。对未完成义务教育的未成年犯和被采取强制性教育措施的未成年人应当进行义务教育，所需经费由人民政府予以保障。依照2020年12月26日修订的《预防未成年人犯罪法》第6条规定："国家加强专门学校建设，对有严重不良行为的未成年人进行专门教育。专门教育是国民教育体系的组成部分，是对有严重不良行为的未成年人进行教育和矫治的重要保护处分措施。省级人民政府应当将专门教育发展和专门学校建设纳入经济社会发展规划。县级以上地方人民政府成立专门教育指导委员会，根据需要合理设置专门学校。专门教育指导委员会由教育、民政、财政、人力资源社会保障、公安、司法行政、人民检察院、人民法院、共产主义青年团、妇女联合会、关心下一代工作委员会、专门学校等单位，以及律师、社会工作者等人员组成，研究确定专门学校教学、管理等相关工作……"因此，专门学校是隶属于普通教育系统的一种未成年学生矫正制度，它是中等教育的一种特殊形式，是对有违法或轻微犯罪行为的未成年学生进行教育帮助的学校。专门学校具有双重职能，一是教育、矫治有违法或轻微犯罪行为的未成年学生，二是对这部分未成年学生实施义务教育。因此进入专门学校只是接受教育和矫正，而不是惩处，也不是以往惩处的继续。在新的形势下，专门学校成为学校保护的一项重要措施。此外，有些专门学校还向职业学校演变，这对未成年犯罪人的矫正有着积极的作用和影响。

（三）社会帮教机构

社会帮教机构是我国20世纪70年代以来出现的未成年矫正制度的一种，是一项非正规的、带有社区性、群众性的社会矫正机构，是对我国正规矫正制度的重要补充。所谓社会帮教就是依靠社会公众的力量和社会各方面的配合，在特定范围内，对特定对象进行帮助教育的、群众性的社会教育管理活动。它既非行政

---

① 康树华、向泽远：《青少年法学新论》，高等教育出版社1996年版，第340页；转引自廖露蕊：《少年犯处遇非监禁化研究》，武汉大学2005年硕士学位论文。

处分，也非经济处分。

根据公安部等7个单位发布的《关于做好有违法或轻微犯罪行为青少年帮助教育工作的几点意见》，帮教对象是13周岁到18周岁，依据刑法或其他法律法规有关条款规定，确有违法或轻微犯罪行为，经教育没有悔过表现，可能继续进行违法犯罪活动，但还不够或不予刑事处罚处理的未成年人，送入工读学校学习，需要重点做好思想工作和行为矫正工作。

社会帮教的形式有帮教小组、两头帮教、家长帮教、亲友帮教、合约帮教、多人帮教、保外帮教等。帮教的内容，一般包括进行世界观、人生观、道德观、法治观和前途理想的教育，帮助被帮教者认识违法犯罪行为的危害性，并帮助其解决学习、生活、工作及人际关系方面的问题。帮教工作是一种基础性、社会性、群众性的工作，是社会义务服务活动，在挽救失足少年方面起到了重要的作用。

四、未成年犯处遇的国际原则

从世界行刑的发展趋势来看，对未成年犯应尽可能让其不在监禁环境中服刑，即使必须在监禁环境中服刑的未成年犯，也应尽可能给予其特殊保护。目前，联合国有关青少年的专门立法都对社区预防和矫正少年犯罪的地位和作用给予了界定。

（一）第六届联合国预防犯罪和罪犯处遇大会确立的原则

1980年，联合国以“减少关押的矫正及其对剩余囚犯的影响”为主题，在委内瑞拉首都加拉加斯召开了第六届联合国预防犯罪和罪犯处遇大会。大会秘书处的工作报告中指出，刑事司法要尽量减少关押人犯，因为，监狱的特性与其使犯罪人复归社会的功能和目标具有内在的矛盾性。监禁违反了人类的本性，监狱则使囚犯的人格感削弱。现在我们更加清楚地了解到，监禁不可能促使犯罪人过一种守法生活，也不可能减少犯罪率。我们应当寻求在“狱外”或“不用监狱”来改造罪犯的方法。①

在大会通过的有关决议中，进一步发展了社区矫正的思想。在《制定青少年罪犯审判和司法最低限度标准》的决议中，倡导严格限制对青少年犯的监禁刑适用，提出任何青少年犯不得被关进监所，除非被判情节严重。

（二）《北京规则》确立的原则

1985年11月29日联合国第96次全体会议通过第40/33号决议《联合国少

① 谢望原：《西欧探寻短期监禁刑替代措施的历程》，载《政法论坛》2001年第2期。

年司法最低限度标准规则》（又称《北京规则》）。其总则部分的基本观点第三款中明确规定，对于犯罪少年“应充分注意采取积极措施，这些措施涉及充分调动所有可能的资源，包括家庭、志愿人员及其他社区团体以及学校和其他社区机构，以便促进少年的幸福，减少根据法律进行干预的必要，并在他们触犯法律时对他们加以有效、公平及合乎人道的处理”。《北京规则》第18条规定，应使主管当局可以采取各种各样的处理措施，使其具有灵活性，从而最大限度地避免监禁。有些可以结合起来使用的这类措施应包括社区服务的裁决等。第19条规定，把少年投入监禁机关始终应是万不得已的处理办法，其期限应是尽可能最短的必要时间。《北京规则》还在第四部分专门对犯罪少年的非监禁待遇做了列举性规定，如第25条规定，应发动志愿人员、自愿组织、当地机构以及其他社区资源在社区范围内并且尽可能在家庭内为改造少年犯做出有效的贡献。

（三）《儿童权利公约》

《儿童权利公约》于1989年11月20日获得第四十四届联合国大会通过，是第一部有关保障儿童权利且具有法律约束力的国际性约定。

《儿童权利公约》第37条规定：“……不得非法或任意剥夺任何儿童的自由。对儿童的逮捕、拘留或监禁应符合法律规定并仅应作为最后手段，期限应为最短的适当时间……”对于确实犯罪的少年，《儿童权利公约》第40条第4款规定：“应采用多种处遇办法，诸如照管、指导和监督令、辅导、察看、寄养、教育和职业培训方案及不交由机构照管的其他办法，以确保处理儿童的方式符合其福祉并与其情况和违法行为相称。”《儿童权利公约》这两款规定的基本精神是：对于犯罪少年应尽量少地使用监禁刑，而倡导使用包括社区矫正在内的非监禁刑。

（四）《东京规则》确立的原则

1990年在古巴首都哈瓦那召开了第八届联合国预防犯罪与罪犯处遇大会，本次大会通过了一系列重要的刑事司法准则性文书。大会通过的《非拘禁措施最低限度标准规则》（又称《东京规则》），为非拘禁措施的适用和执行提供了基本的国际准则。① 该规则拟促进社区在更大程度上参与刑事司法管理工作，特别是在罪犯处遇方面，促进在罪犯当中树立对社会的责任感。该规则将采用非拘禁措施看作向非刑罚化和非犯罪化方向努力的一部分，倡导各国在本国法律制度内

---

① 该规则所指的非拘禁措施，在外延上广于我们通常所讲的非监禁刑的概念，它具体包括三大类型：（1）避免审前羁押的非拘禁措施，如取保候审、监视居住等；（2）审判时使用的非拘禁措施，如缓刑、罚金、社区服务令、判令赔偿受害人、训诫等；（3）判决后使用的非拘禁措施，如假释、工作释放、学习释放和离家探亲等。

采用非拘禁措施，从而降低适用监禁办法的程度，并使刑事司法政策合理化，同时考虑到遵守人权的义务、社会正义的需求以及改造罪犯方面的需要。该规则提出应根据尽少干预的原则应用非拘禁措施，同时积极鼓励公众参与，认为这是改善接受非拘禁措施的罪犯与家庭及社区之间联系的最重要的因素之一。

大会通过了《保护被剥夺自由少年规则》，该规则在基本原则中指出，对于犯罪的未成年人，监禁办法只应作为最后手段加以采用，即使采用，时间也应尽可能短，应尽量避免一切拘留形式的有害影响，以促进未成年犯同社会的融合。该规则充分考虑到了未成年人的身心特点，体现了对未成年犯特别处遇的精神，进一步发展了国际刑事司法准则的社区矫正思想。①

（五）《利雅得准则》

《联合国预防少年犯罪准则》（又称《利雅得准则》），1990 年第八届联合国预防犯罪和犯罪处遇大会通过，是一部国际性少年司法的法律文件。《利雅得准则》是联合国在总结了世界各国经验的基础上，提出的预防少年犯罪的权威性准则，其中少年的社会化过程是预防少年犯罪的关键，而社会化过程中社区的地位和作用不容忽视。“在防止少年违法犯罪中，应发展以社区为基础的服务和方案，特别是在还没有设立任何机构的地方。正规的社会管制机构只应作为最后的手段来利用。”该准则在第四部分 c 款中共用 8 条规定了社区在预防少年犯罪中应采取的措施和方法。

第二节　我国未成年社区矫正对象的社区矫正制度

在我国，未成年社区矫正对象的社区矫正，是指已年满 14 周岁未满 18 周岁的、符合社区矫正条件的未成年罪犯，置于社区内，由专门的国家机关，在相关社会团体、民间组织及社会志愿者的协助下，在判决、裁定或决定确定的期限内，矫正其犯罪心理和行为恶习，并促使其顺利回归社会的非监禁刑事执行活动。未成年社区矫正对象是一个特定的群体，关于社区矫正的问题，《社区矫正法》对未成年社区矫正对象设置了第七章共 7 条进行了特别规定；《社区矫正法实施办法》第 55 条又对未成年社区矫正对象的矫正教育进行了细化，“社区矫正机构、受委托的司法所应当根据未成年社区矫正对象的年龄、心理特点、发育需要、成长经历、犯罪原因、家庭监护教育条件等情况，制定适应未成年人特点的矫正方案，采取有益于其身心健康发展、融入正常社会生活的矫正措施。社区矫

---

① 《非拘禁措施最低限度标准规则》和《保护被剥夺自由少年规则》的具体内容参见《联合国人权公约和刑事司法文献汇编》，中国法制出版社 2000 年版；转引自廖露蕊：《少年犯处遇非监禁化研究》，武汉大学 2005 年硕士学位论文。

正机构、司法所对未成年社区矫正对象的相关信息应当保密。对未成年社区矫正对象的考核奖惩和宣告不公开进行。对未成年社区矫正对象进行宣告或者处罚时，应通知其监护人到场。社区矫正机构、司法所应当选任熟悉未成年人身心特点，具有法律、教育、心理等专业知识的人员负责未成年人社区矫正工作，并通过加强培训、管理，提高专业化水平”。2020 年 12 月 26 日修订的《预防未成年人犯罪法》第 53、54、55、57、58 条，就未成年人的社区矫正问题进行了专门规定，足见对未成年社区矫正对象的重视。

一、对未成年社区矫正对象实行社区矫正的方针

在我国《未成年人保护法》《预防未成年人犯罪法》等法律法规和规章制度中，都规定了或内含着对未成年人“实行教育、感化、挽救方针”。

首先，对未成年社区矫正对象社区矫正中的教育，是一种特殊的矫正教育。在教育目的、教育内容、教育方式等方面都有自身的特殊性。在教育目的上是既矫正人，又造就人；在矫正内容上，重点在于矫正其犯罪心理和行为恶习；在矫正教育的方式上，是在强制的条件下，以教育为主，惩罚为辅。同时，要遵循未成年社区矫正对象矫正教育的规律、原则和方法。

其次，要体现“感化”教育。所谓感化，是指社区矫正工作参与者有意识地用善意的劝导和有益的行动去影响感染未成年社区矫正对象，促使其思想和行为按照期望的目标转化的矫正教育活动。感化注重的是以情感人，以情动人，赢得对方的信任，产生共情效果，进而接受社区矫正工作者的观点、信念，被社区矫正工作者同化。

最后，要以“挽救”为主。“挽救”的意思是指通过充分的教育、感化工作，使未成年社区矫正对象得到救助。这是未成年社区矫正对象社区矫正工作的着眼点和根本目的。

在这一方针中，“教育、感化、挽救”构成了一个有机的整体，三者相互联系，相互依存，相互渗透，不可分割。其中，教育是基础，居于社区矫正工作的首要地位，起主导作用，贯穿于未成年社区矫正对象社区矫正工作的始终；感化是态度和方法，是社区矫正工作的重要方法和政策体现；挽救是教育和感化的目的，是社区矫正工作的出发点和归宿，是这一方针的总的精神实质。

二、对未成年社区矫正对象实行社区矫正的原则

对未成年社区矫正对象实行社区矫正的原则可以分为两个层面：一是《社区矫正法》规定了社区矫正工作监督管理与教育帮扶相结合原则；专门机关与社会力量相结合原则；尊重和保障社区矫正对象合法权益原则；刑事执行个别化原则

等，同样适用于未成年社区矫正对象。二是依据《社区矫正法》第七章“未成年人社区矫正特别规定”，《未成年人保护法》和2020年12月26日修订的《预防未成年人犯罪法》的规定，可以归纳出适用于未成年社区矫正对象实行社区矫正的专用原则。比如，《未成年人保护法》第113条，2020年12月26日修订的《预防未成年人犯罪法》第2条规定：“预防未成年人犯罪，立足于教育和保护未成年人相结合，坚持预防为主、提前干预，对未成年人的不良行为和严重不良行为及时进行分级预防、干预和矫治。”第3条规定：“开展预防未成年人犯罪工作，应当尊重未成年人人格尊严，保护未成年人的名誉权、隐私权和个人信息等合法权益。”第53条规定：“……对未成年人的社区矫正，应当与成年人分别进行……”等，可以归纳出教育为主、惩罚为辅的原则和区别对待原则、权益特别保护原则等。

（一）教育为主、惩罚为辅的原则

“坚持教育为主、惩罚为辅的原则”是我国对未成年违法犯罪人员实施矫正教育活动所遵循的行动准则。从我国的立法看，我国《未成年人保护法》第113条明确规定了对违法犯罪的未成年人，“坚持教育为主、惩罚为辅的原则”。《预防未成年人犯罪法》第50条也明确规定了对未成年人犯罪案件，在追究刑事责任时，“公安机关、人民检察院、人民法院办理未成年人刑事案件，应当根据未成年人的生理、心理特点和犯罪的情况，有针对性地进行法治教育。对涉及刑事案件的未成年人进行教育，其法定代理人以外的成年亲属或者教师、辅导员等参与有利于感化、挽救未成年人的，公安机关、人民检察院、人民法院应当邀请其参加有关活动”。由此，这一原则是贯穿少年司法制度的通用原则。

这一原则的贯彻执行是由未成年社区矫正对象的特殊性决定的。首先，从未成年人自身来看，14岁到18岁是青少年生理和心理迅速变化的时期，生理发育速度加快，但心理发育相对滞后，社会经验不足，辨别是非能力不强，自我控制能力和挫折承受能力较差，容易受不良影响误入歧途。因此，未成年社区矫正对象的主观恶性较小，社会危害性也相对较轻，相应的刑罚也理应趋于轻缓。其次，家庭、学校、社会对未成年社区矫正对象的犯罪也负有责任。家长的一味溺爱或近乎苛刻的严格要求，都会让未成年社区矫正对象产生严重的逆反心理；学校过分关注学习成绩忽视心理沟通，造成一部分成绩差的学生游离于或在心理上游离于学校与社会之间；而社会上不良影视作品的引导、他人的教唆，促使这些未成年社区矫正对象沾染不良习气，最终走上犯罪的道路。未成年社区矫正对象固然应为自己的犯罪承担相应的责任，但家庭、学校和社会也负有不可推卸的责任，应当给予未成年社区矫正对象应有的宽容。

在社区矫正过程中，“教育为主”是贯穿未成年犯社区矫正的主导思想，是矫正教育的核心价值。为此，对未成年社区矫正对象的社区矫正须提供必要帮助，包括对未成年社区矫正对象的心理辅导、职业培训、生活扶助等，结合未成年社区矫正对象的心理生理特点和未成年社区矫正对象的实际需要，定期开展形式多样、生动活泼的思想、法治、社会公德等方面的教育，培养未成年社区矫正对象高尚的情操，塑造健康的适合现代社会需求的人格，提高未成年社区矫正对象的社会适应性和社会竞争力。“惩罚为辅”主要是体现法律的威慑力，在社区矫正中主要是强化对未成年社区矫正对象的监督管理与考察评估。“毫无惩罚意义的矫正项目，可能因无法体现国家的伦理否定和谴责而导致法秩序的紊乱，还可能使那些精于计算的虞犯踏上犯罪的行程。”① 对未成年社区矫正对象而言，监督管理体现为社区矫正制度上的“可控性”，不能由于片面强调矫正教育而使未成年社区矫正对象的社区矫正流于形式，甚至处于失控状态。考察评估则是对未成年社区矫正对象社区矫正质量的跟踪与评估。跟踪与评估的过程，在无形中对未成年社区矫正对象施加了一定的压力，对其日常行为起到了控制和约束作用。

（二）区别对待原则

未成年社区矫正对象除了具有普遍性的特点之外，他们的生理、心理以及成长环境都带有自身的特殊性。在社区矫正工作中，掌握未成年社区矫正对象的特点，关注矫正相关环节，实施分类管理和个性化教育，才能提升矫正实效，减少和预防重新犯罪。按照《社区矫正法》的要求，对未成年社区矫正对象区别对待；2020 年 12 月 26 日修订的《预防未成年人犯罪法》第 53 条规定：“……对未成年人的社区矫正，应当与成年人分别进行……”主要包括两个方面：一是对未成年社区矫正对象的社区矫正应当与成年人分开进行，运用特殊的社会资源，教育与预防并举，以便采取适合未成年社区矫正对象的方式和方法，实行针对性的矫正教育。同时还要采取积极措施，保障未成年社区矫正对象的就业、就学，以及解决解矫之后未成年社区矫正对象与社会相互接纳的问题。二是放宽适用社区矫正的法定条件。《社区矫正法》规定，未成年社区矫正对象在社区矫正期间年满 18 周岁的，继续按照未成年人社区矫正有关规定执行。

区别对待原则是我们党一切从实际出发原则在未成年社区矫正对象社区矫正中的具体应用，要求我们既要关注未成年社区矫正对象在矫正教育中的共性问题，更要关注未成年社区矫正对象所具有的个性问题，特别是要善于针对不同问题，运用不同的策略加以解决。

（三）权益特别保护原则

尊重和保护未成年社区矫正对象的合法权益，是我们应遵循的基本原则。在

① 何显兵：《论社区矫正的根据》，载《广西政法管理干部学院学报》2005 年第 2 期。

这一大原则指导下，我们在对未成年社区矫正对象的矫正教育中，要针对未成年社区矫正对象的自身生理心理特点，对其法定权益实行特别保护，尤其要特别保护其人格尊严。根据《社区矫正法》和2020年12月26日修订的《预防未成年人犯罪法》第3条的规定，未成年社区矫正对象的权益保护，主要体现在两个方面：一是对未成年社区矫正对象给予身份保护，其矫正宣告和解矫宣告不公开进行。二是对未成年社区矫正对象给予身份保护，其矫正档案保密，未成年社区矫正对象接受专门矫治教育、专门教育的记录，以及被行政处罚、采取刑事强制措施和不起诉的记录等被封存的，公安机关、人民检察院、人民法院和司法行政部门不得向任何单位或者个人提供，司法机关因办案需要或者有关单位根据国家有关规定进行查询的，依法进行查询的单位和个人应当对相关记录信息予以保密。这在一定程度上确立了对未成年社区矫正对象身份和档案保密原则。这一原则的实施，不仅有利于未成年社区矫正对象的矫正教育，而且为未成年社区矫正对象将来的回归社会、顺利适应社会生活打下了良好的基础。

（四）综合利用社会资源原则

《未成年人保护法》《社区矫正法》和2020年12月26日修订的《预防未成年人犯罪法》都规定了国家机关、人民团体、社会组织、企业事业单位、居民委员会、村民委员会、学校、家庭等在未成年人保护、预防犯罪、社区矫正等工作中的责任。其中，社会、家庭和学校是与未成年社区矫正对象联系较为密切的资源，尤其是家庭和学校，与其他社会资源相比，具有无可比拟的优越性。它们把社会的意识和行为规范传授给未成年社区矫正对象，促进了未成年社区矫正对象个性的再社会化作用，因此具有社会性；它们与未成年社区矫正对象联系密切，且时间较长，因而具有作用的长期性和稳定性；不同的未成年社区矫正对象和不同的家庭成员、学校里的老师和同学，其生活经历、思想意识、知识丰富程度等不同，从而使影响和受影响的两个方面都呈现出个别性；家庭成员和学校师生与未成年社区矫正对象朝夕相处，共同生活，对未成年社区矫正对象的个性最熟悉和了解，容易产生情感共鸣，增加矫正作用的深刻性。

三、对未成年社区矫正对象实行社区矫正的特别措施

未成年社区矫正对象的社区矫正工作综合性强，涉及刑罚执行、治安管理、社区管理、群众工作等诸多层面，需要有关部门相互配合、相互支持，切实发挥职能部门整体协调一致的优势开展工作，需要家庭、学校和全社会共同建立起挽救未成年社区矫正对象的配套体系，并推动社区矫正工作向纵深发展。为此，《社区矫正法》对未成年社区矫正对象的社区矫正工作，做出了专门规定。

（一）社区矫正对象的特别要求

《社区矫正法》第52条第2、3款规定："社区矫正机构为未成年社区矫正对象确定矫正小组，应当吸收熟悉未成年人身心特点的人员参加。对未成年人的社区矫正，应当与成年人分别进行。"《预防未成年人犯罪法》第53条规定："……对未成年人的社区矫正，应当与成年人分别进行……"因为熟悉青少年成长特点的专业人员能够把握未成年社区矫正对象的特征，具有青少年工作的专业理念，能够深入了解未成年社区矫正对象的成长经历、家庭背景、朋辈关系等方面的情况，并结合未成年社区矫正对象的个性特征，全面剖析其犯因性问题，有针对性地制定个案矫正计划、明确矫正的工作目标，确保未成年社区矫正对象的个案矫正工作更加准确、适当，使个案矫正计划循序渐进地对未成年社区矫正对象的各类失范行为进行治疗，以达到治病救人、预防重犯的目的。

（二）监督管理措施的特别要求

《社区矫正法》第52条第1款规定："社区矫正机构应当根据未成年社区矫正对象的年龄、心理特点、发育需要、成长经历、犯罪原因、家庭监护教育条件等情况，采取针对性的矫正措施。"《预防未成年人犯罪法》第50条第1款规定："公安机关、人民检察院、人民法院办理未成年人刑事案件，应当根据未成年人的生理、心理特点和犯罪的情况，有针对性地进行法治教育。"未成年社区矫正对象在实施社区矫正后，普遍存在自卑心理和逆反心理，在行为上往往表现为抵触性、不稳定性、被动性的特征，同时，又渴望社会、亲人和社区群众的宽容、尊重和理解。基于未成年社区矫正对象的心理和行为特征，对未成年社区矫正对象的监督管理主要是促进适应社会，认知其所犯罪行及犯罪行为的社会危害性，在此基础上对其进行社区矫正相关知识和制度规定方面的教育，帮助其明确如何接受社区矫正并服从社区矫正组织的监督管理。在方式上以思想感化为主，通过发放学习资料、个别谈话与辅导，电话交流、走访等方式实施。监督管理中要尊重未成年社区矫正对象的人格尊严，建立相互之间的信任关系，为社区矫正工作的进一步开展打下扎实的基础。

（三）矫正教育的特别要求

《社区矫正法》第55条第1款规定："对未完成义务教育的未成年社区矫正对象，社区矫正机构应当通知并配合教育部门为其完成义务教育提供条件。未成年社区矫正对象的监护人应当依法保证其按时入学接受并完成义务教育。"《预防未成年人犯罪法》第54条规定："未成年犯管教所、社区矫正机构应当对未成年犯、未成年社区矫正对象加强法治教育，并根据实际情况对其进行职业教育。"

为此，对未成年社区矫正对象的矫正教育要针对其文化知识、职业技能、法律知识的需求较高，受周围环境的影响大，存在心理不稳定等情况，综合运用个别教育、集体教育和社会帮教等教育形式，通过法治教育、文化教育、劳动养成教育、心理健康教育等矫正未成年社区矫正对象的犯罪心理和恶习，培养健康心理，增强法律意识，提高道德、文化水平和生存能力。同时，充分利用社会资源，增强教育效果，并通过举办法治教育课堂、提供文化知识和职业技能培训、接受心理咨询、提供就业机会等多种方式来实现。

（四）对监护人的特别要求

《社区矫正法》第 53 条规定："未成年社区矫正对象的监护人应当履行监护责任，承担抚养、管教等义务。监护人怠于履行监护职责的，社区矫正机构应当督促、教育其履行监护责任。监护人拒不履行监护职责的，通知有关部门依法作出处理。"未成年社区矫正对象的社会化，是"一个人获得自己的人格和学会参与社会或群体方法的社会互动过程"。① 因为"未成年"，其"获得"与"学会"具有典型的依附性，监护人的参与和引导具有主导作用。未成年社区矫正对象犯罪的犯因性问题往往是其社会化进程中存在某种偏差和障碍。由此，我们可以说监护人对未成年社区矫正对象的犯罪负有不可推卸的责任。正因如此，在未成年社区矫正对象的矫正教育过程中，强制监护人能动地参与至关重要。首先，"监护并不是一种权利，而是一种职责"，② 监护人有义务监督管教和矫正教育未成年社区矫正对象，这一义务是法定的，具有强制性。其次，基于亲权之利益关联，监护人有抚养未成年社区矫正对象的义务。

对于监护人的资格问题，一般是以法定监护人履行职责为主体。在特定情况下，由于法定监护人不能履行职责，或者履行职责会损害未成年社区矫正对象的利益等法定情形，可以剥夺其监护权，为未成年社区矫正对象寻找、指定监护人。这些人应该是具备教育、心理、社会和法律知识的成年人且热心青少年教育工作，有较强的责任心，他们可以是志愿工作者，也可以是专业矫正工作者，他们和未成年社区矫正对象生活在一起，以自身的言谈举止去影响未成年社区矫正对象，去关心爱护未成年社区矫正对象，去指导他们如何应对社会生活，以利于未成年社区矫正对象的再社会化。

---

① ［美］戴维·波谱诺：《社会学》，李强等译，中国人民大学出版社 1999 年版，第 142 页。

② 梁慧星：《民法》，四川人民出版社 1989 年版，第 84 页。

第三节 未成年犯社区矫正制度的完善

对违法犯罪未成年人实施社区矫正是国际行刑的趋势，所以，我们在社区矫正中必须高度关注未成年社区矫正对象的需求和特征，树立社会工作的现代理念，完善未成年社区矫正对象社区矫正的法律体系，培育良好的社区环境，打造有一定专业知识的工作队伍，选择适合未成年社区矫正对象的矫正项目，采用行之有效的矫正形式，才能使社区矫正工作具有针对性和有效性。

一、树立未成年社区矫正对象社区矫正的价值理念

（一）社区矫正的价值理念

“社会工作最基本的信念就是相信每个人都有与生俱来的价值和尊严，而这种尊严和价值带给每一个人不可剥夺的社会权利。因此社会工作者对待受助者的基本态度应是接纳而非批判。”① 社区矫正工作者在从事社区矫正工作中，必须有一定的价值理念作为支撑，否则就很难公正地面对未成年社区矫正对象。这是因为，从法律意义上而言，未成年社区矫正对象是正在服刑的罪犯，他们曾经的犯罪行为，无论从法律上还是从道德上都应受到谴责，人们对他们还存在拒斥心理，社区矫正工作者也同样笼罩在这种心理阴影之下，短时间内还不能完全地接纳他们。但是社区矫正工作本身的职业又要求我们，未成年社区矫正对象一旦进入社区矫正过程，就成为我们监督管理、矫正教育、危机干预和社会救助的对象，就要求我们遵循一定的理念，按照科学的方法开展工作，在平等、安全的氛围中，讨论问题，寻求解决问题的办法。由此看来，理念决定着工作的方向，这就是社区矫正工作者理念的价值。②

社区矫正实践中，社区矫正工作者要有强烈的价值意识，时刻提醒自己坚持社区矫正的价值伦理，从观念到态度，从态度到方法都要符合社区矫正的价值追求，才能使社区矫正工作目标明确、措施得力、方法到位、取得实效。在当前开展的社区矫正工作中，我们认为对社区矫正工作者的价值理念进行研究尤为重要。

一定的社区矫正的价值理念是依据相应的刑罚理论而提出的，在现代社会条件下，“由于社会的发展、进步和文明，刑罚的目的早已从过去的单一的惩罚、

① 张昱、费梅苹著：《社区矫正实务过程分析》，华东理工大学出版社 2008 年版，第 170 页。

② 连春亮：《社区矫正工作者价值理念的分类及思考》，载《南都学刊》2009 年第 5 期。

报应、威慑发展为包括改造、矫治、更新、回归、恢复等多重目的的结构。因此，我们所说的社区矫正的刑罚执法的性质，不能仅仅理解为是对服刑人员的监督考察，而应包括对服刑人员的改造和矫治、恢复等多重任务和目的的活动”①。

社区矫正工作者的价值理念是社区矫正理论的组成部分，因而社区矫正工作者的价值理念所体现的社区矫正理念与社区矫正理论是一致的。价值理念是社区矫正工作者基于客观的社区矫正现实而提出的一种价值判断，换言之，是社区矫正工作者提出的对于客观现实是否能够与自己的需要、世界观相契合而作出的一种判断。因而，虽然在一定的社会，一定的历史时期，只有一种占主导的社区矫正工作者的价值理念，但是思想理论形态的社区矫正价值理念却总是丰富多彩的。正如前面所述，不同的社区矫正工作者，依据不同的理论观点和学说会对社区矫正的价值理念有自己的理解，甚至会根据自己的社区矫正价值观提出自己的社区矫正价值理论。但是，摆在我们面前的不可辩驳的事实是，由于不同国家的社区矫正工作者，基于不同的意识形态和价值观念，他总是代表着一定阶级或社会的利益，所以从社区矫正工作者的角度出发确定的社区矫正的价值取向往往是社会本位的；社区矫正源于文化，融于文化，本身又属于一种文化形态，所以从社区矫正的文化样态出发确定的社区矫正工作者的价值取向往往是文化本位的；未成年社区矫正对象是我们的矫正本体，是以活生生的人的形象展现在我们面前，是我们要改造、培养、造就、塑造的对象，所以从未成年社区矫正对象的角度出发确定的社区矫正工作者的价值取向往往是以个人为本位的。②

（二）未成年社区矫正对象社区矫正价值理念的选择

在以往的社区矫正工作中，我们常常立足于刑罚执行价值取向，体现刑罚本位的价值理念。但是，在现代刑罚理念支配下，未成年社区矫正对象社区矫正越来越显现出对未成年社区矫正对象的公共社会的管理、教育、规范、救助的特征，所以，我们选择运用社会工作的价值理念开展对未成年社区矫正对象的社区矫正，是社区矫正工作在价值理念上的更新和升华。

社会工作是一个以价值为本的专业。它不仅是做事情的一种方式，而且是关于做什么事情是有价值的和它应该如何去做的准则。③ 运用社会工作的价值理念开展社区矫正工作，即指运用社会工作的专业知识和技巧，协助未成年社区矫正对象自我省察、自我改变、重新塑造符合社会规范的行为，以便能够回到社会，成为社会所能够接纳的一个成员。当我们从社会工作的角度出发来帮助未成年社区矫正对象时，认为他们之所以违法犯罪，是因为受到了各种不良的个人与环境

---

① 刘强主编：《社区矫正制度研究》，法律出版社 2007 年版，第 85 页。

② 连春亮：《社区矫正工作者价值理念的分类及思考》，载《南都学刊》2009 年第 5 期。

③ 王思斌：《社会工作概论》，高等教育出版社 2001 年版，第 41 页。

因素影响，因此在社区矫正时，要强调教化的功能，并希望改变社会环境，使其身心都得到健全的发展。社会工作所倡导的接纳、尊重、助人自助、个别化等原则，在开展对未成年社区矫正对象的社区矫正实践中尤为重要。

接纳意味着对未成年社区矫正对象开展工作时，积极主动地理解对方，接受对方作为一个独特的个体和人的价值，相信并尊重对方的人格。接纳的关键在于不以工作者的个人的价值观评判或取舍对方，时刻保持一种接受和尊重的态度。接纳并不意味着社区矫正工作者认同未成年社区矫正对象的价值与言行，而是将他的言行与他本人分开来看。我们接受他的是作为一个人的价值与人格发展的潜能，任何个体作出这样那样的行为都有深刻的历史原因和现实原因。认识到他犯罪的原因才能理解他，理解他才能与之沟通，才能有的放矢地开展社区矫正。接纳的意义十分重大。

透过尊重，为未成年社区矫正对象营造一个安全、温暖、宽松的环境，使其消除戒备，自由并安心地敞开自己，探讨自己的内心世界。透过尊重，工作双方建立起信任、友善、和谐的关系，真诚表达，真心互动，有利于尽快进入主题，提高工作效率。透过尊重，唤醒未成年社区矫正对象的自尊，激发他们重新审视自己，肯定自己的价值，恢复生命的勇气与信心，最终实现人生自助、回归社会的目标。

矫正的个别化，运用于未成年社区矫正对象，一方面要针对未成年社区矫正对象的发展特点开展社区矫正，另一方面要关注每一个未成年社区矫正对象。关注每一个未成年社区矫正对象的成长经历和犯因性问题。社区矫正工作者必须走进他们的世界，真正了解他们，才能懂得他们，才有可能因人而异、有的放矢。

二、构建未成年社区矫正对象社区矫正的法律法规和制度体系

我国对于未成年社区矫正对象的社区矫正工作尚在起步阶段，还没有成熟的经验和固定的模式可以借鉴。无论在社区矫正立法，还是在社区矫正实践中，都存在诸多问题。

（一）法律法规和规章制度制定上的问题

在社区矫正的法律规范方面，《刑法》《刑法修正案（八）》《刑事诉讼法》等所涉及的条款，只是规定了对判处管制、宣告缓刑在缓刑考验期限内、假释在假释考验期限内的罪犯，依法实行社区矫正。与未成年社区矫正对象犯罪处罚相关的具体内容，只在缓刑、“累犯”、“前科报告义务”方面对未成年人犯罪规定了从宽处罚。新修订的《刑事诉讼法》中，涉及未成年人的刑事诉讼程序问题，规定了独立章节。明确规定了对于犯罪的未成年人的方针和原则以及强调保障未成年人的权益。《社区矫正法》设立了第七章“未成年人社区矫正特别规定”专

章，在法律层面上确立了社区矫正制度，充分体现了对于未成年社区矫正对象的保护。《预防未成年人犯罪法》第五章规定了“对重新犯罪的预防”，大多条款涉及未成年社区矫正对象的社区矫正问题。但这些规定仍然比较笼统，只是对未成年社区矫正对象社区矫正的原则、方针进行了规定，而对于未成年社区矫正对象社区矫正的具体操作程序和措施方法仍显单薄，使得未成年社区矫正对象社区矫正工作面临诸多困境。在未成年社区矫正对象社区矫正的规章制度方面，在2020年7月以前，《社区矫正实施办法》是主要的依据，除此之外，各省（自治区、市）制定的地方性规章制度是主要的操作依据。但是，在《社区矫正法实施办法》中，对未成年社区矫正对象的社区矫正的规定只有一条，即第55条。根据《立法法》的规定，对未成年社区矫正对象社区矫正的法律规范，应以立法的形式加以规定。因此，目前可以依据的只有《社区矫正法》等法律法规。

（二）完善未成年社区矫正对象社区矫正的刑事立法

对未成年社区矫正对象建立以社区为中心的刑事执行体系，需要通过立法过程做出一系列的制度安排，来保障社区矫正的正常运行。一是在适用决定机制上，未成年犯罪人是否适合社区矫正，社区的意见应当有表达的渠道。把好社区矫正适用于未成年犯罪人的第一关，对于社区安全的维护是非常必要的。因此，法院在适用非监禁刑时，给社区一个发表意见的渠道，通过社区来充分了解未成年犯罪人的社区表现、人格特征，以此作为判断是否适用社区矫正的部分依据。二是在矫正措施上，未成年犯罪人法律特征不同，其处遇应当有所不同。对未成年犯罪人矫正个案的制定和措施的落实，必须和不同类型的未成年犯罪人的法律特征相协调。在教育、监督、奖惩措施中，要认真区别未成年犯罪人的权利义务，对未成年犯罪人依法享有的各种权利要保护，监督其履行法定义务。

总之，应完善未成年社区矫正对象的社区矫正立法，在《社区矫正法》中应做到法律措施的统一，制度的统一，执行机构的统一，减免、易科条件的统一。对积极改造、表现突出的，应当给予奖励，符合条件的给予减刑；对有不良行为的应当严格惩处，对其犯罪行为必须承担相应的刑事责任。并且在该法中应根据未成年社区矫正对象的自身特点，设置一系列的社会化的刑事法律制度。

1. 对未成年犯广泛适用缓刑。缓刑是对未成年罪犯实行非监禁刑的有效形式。我国没有对于未成年犯的专门性规定。为此，我们可以进行以下制度设计：第一，确立缓刑的适用标准。人民法院在处理未成年人犯罪案件时，应当将监禁刑作为一种不得已的选择。目前，由于缓刑的标准不好掌握，为防止未成年犯再次危害社会的行为发生，短期监禁刑的适用比例比较大。因此，我们建议，只要不是《刑法》第17条规定的犯故意杀人、故意伤害致人重伤或者死亡、强奸、抢劫、贩卖毒品、放火、爆炸、投放危险物品等罪的未成年犯，就应当考虑可以适用缓刑，而对于过失犯罪的未成年犯一律应当适用缓刑。第二，建立未成年犯缓刑制度。一是将对未成年被告人适用缓刑的实质条件予以放宽。在法律法规中规定对判处五年以下有期徒刑的未成年被告人可宣告缓刑，不但体现了对未成年被告人的处罚从宽原则，同时也有利于对未成年犯多适用缓刑，有利于充分利用社会、家庭的力量教育、感化、挽救失足少年。二是完善家庭帮教制度。刑法虽然未将良好的家庭监护条件作为适用缓刑的必备条件，但良好的家庭监护条件对未成年被告人适用缓刑及改过自新非常重要。在缓刑制度中，应当明确家庭帮教的主体、内容及法律责任。法院应当指定未成年犯监护人作为帮教人，并将缓刑未成年犯所应遵守行为规范的内容以及撤销缓刑的法定情形明确告知帮教人，强化对他们的不良行为进行管制和约束，消除他们违法犯罪的诱因和机遇。由于家庭帮教是未成年缓刑犯监护人的法定义务，所以在规定具体义务的同时，还应明确违反法定义务所应承担的法律责任。对帮教人的行为进行必要的制约，促使他们认真履行法定义务。第三，设立未成年犯的观护和考察机制。一是设立限制自由措施，对未成年犯的行为进行限制。大致可以分为以下两种，一种是行为本身违法，如打架斗殴、偷窃、赌博等，未成年缓刑犯实施这类行为就违反了法律、行政法规而必然会受到法律的制裁；另一种不良行为是其本身并不违法，而是容易诱发违法犯罪行为，如旷课、夜不归宿、进入未成年人不适宜进入的酒吧、营业性歌舞厅等场所、结交有不良行为的朋友等。二是设立义务性措施。在缓刑的义务配置中引入对受害人的赔礼道歉，赔偿，缴纳罚金，支付法院费用，接受文化教育和职业训练，接受戒酒、戒毒治疗和精神治疗等。这些规定能够培养未成年犯的社会责任感和社会适应能力，促进其同社会之间的融合。三是建立专门的对未成年缓刑犯监管考察制度。执行机构负责下列事务：对未成年缓刑犯进行考察，处理在执行过程中遇到的问题，监督其遵守法定的义务，预防未成年缓刑犯在缓刑期间再次犯罪；结合道德法治教育、文化知识学习、生活技能、职业技能培训等，帮助缓刑犯适应社会生活；帮助介绍职业，给予必要的经济资助等，帮助未成年犯解决实际生活中的问题，避免他们因为生活困难而重新犯罪；对出现法定撤销缓刑事由及违反监督考察规定的未成年缓刑犯，及时向法院汇报，并建议撤销缓刑。对确有突出悔改表现的未成年缓刑犯，建议减轻其刑罚，缩短缓刑考验期限。①

2. 假释制度的完善。在对未成年犯适用假释的规定上，司法部于 1999 年 12 月 18 日发布实施的《未成年犯管教所管理规定》第 57 条第 1 款规定："对未成年犯的减刑、假释，可以比照成年犯依法适度放宽。" 2017 年施行的《最高人民法院关于办理减刑、假释案件具体应用法律的规定》第 26 条规定"对下列罪犯适用假释时可以依法从宽掌握……（三）犯罪时未满十八周岁的罪犯……罪犯

① 张素英、裴维奇：《我国未成年人犯缓刑制度的改革与完善》，载《贵州民族学院学报（哲学社会科学版）》2005 年第 1 期。

既符合法定减刑条件，又符合法定假释条件的，可以优先适用假释。”但在对未成年犯的假释上怎样依法适度放宽都没有明确、具体的规定。使得对未成年罪犯适用假释可以比照成年罪犯依法适度放宽的规定难以操作执行，未成年犯的假释率难以提高。适合未成年犯的假释制度可以做如下改革：

第一，建立假释委员会。根据现行法律，假释决定权由人民法院行使，监狱只享有提请报批的权利。假释权从本质看并不属于审判权，因为假释并不改变原判决，而只是刑罚执行方式的变更。我国可借鉴国外的经验，建立一个相对独立的假释委员会来行使假释决定权。这种模式应是我国假释决定体制改革的方向。在假释委员会成员的组成上，除了给社区矫正官员分配一定的名额之外，应吸收一定数量的心理学家、医学工作者等专家及社区代表参加，以体现假释决定系统的开放性和专业性，强化假释决定权的社会化色彩。①

第二，放宽未成年犯假释的条件。监狱对那些主观恶性较小、人身危险性较低的未成年犯在监禁一定时间后，根据其矫正效果，通过假释委员会的批转，转由社区对其进行矫正，既有利于合理配置未成年犯行刑资源，又能够将监禁刑对未成年犯带来的负面影响降到最小。具体而言，被判处有期徒刑的未成年犯在实际执行原判刑期1/3时，如果符合假释其他条件，可以适用假释，假释后的考验期限为原判刑期的1/3左右，根据矫正效果处理。

三、完善未成年社区矫正对象的调查评估制度

根据《社区矫正法》第18条的规定，未成年犯在实施社区矫正前要求对其进行调查评估。在前面我们已经对矫正前调查制度进行了论述，在此，只是针对未成年犯社区矫正的调查评估进行研究。

在对未成年犯设计判决前调查评估方案时，必须对调查评估的机构、调查人员的资格与选任及其权利义务、调查的内容、调查的程序、调查的手段、调查报告的制作及法庭宣读等作出明确的规定。

首先，调查评估的实施机关。根据《社区矫正法实施办法》的规定，人民法院、公安机关、监狱管理机关可以委托县级社区矫正机构或者其他社会组织进行调查评估。从法理上来讲，未成年犯是否适合社区矫正，社区应该最有发言权，社区的意见应当有表达的渠道。基于上述原因，我们认为由县级社区矫正机构进行调查评估比较合适。因为县级社区矫正机构及其工作人员植根于社区，在调查的开展上有着其他机构不具备的诸多便利。

其次，在调查评估的方式上，可分为书面调查和实地调查。对于案情较为简

① 冯卫国：《行刑社会化研究——开放社会中的刑罚趋向》，北京大学出版社2003年版，第194页。

单、被调查人的情况较为清楚的，可采用书面调查，要求被调查人填写《被调查人情况调查表》，被调查人家长填写《被调查人家庭情况调查表》即可；对于案情复杂，通过书面调查难以全面反映被告人详细情况，而这些情况可能影响定罪量刑的，或者主审法官认为有必要的，则由调查人员到被告人家庭、学校、工作单位、所在社区等单位进行实地深入调查。当然，在实际操作中也可以采用书面调查和实际调查相结合的办法开展调查评估工作。

最后，调查评估的内容主要是未成年犯罪人的犯罪人格，即由未成年犯罪人的性格、心理特征、家庭与社会环境等各方面的因素共同决定的犯罪倾向。因此，调查评估的内容应包括以下几点：一是个人因素。即被调查人的性格特点、精神状态、文化程度、成长经历以及犯罪原因、犯罪类型、危害程度、悔罪表现等。二是家庭因素。即被调查人的家庭经济状况、父母子女情况、父母子女关系等。三是社会因素。这里所讲的社会因素主要是指狭义的社会因素，即未成年犯的社会交往、生活环境、生活变故等。

县级社区矫正机构通过对未成年犯罪人的人格调查，进而对其人身危险性和再犯可能性进行系统的评估，然后将调查与评估报告提交委托机关，供对未成年犯罪人适用社区矫正时参考。

四、完善未成年社区矫正对象社区矫正管理机制

我国社区矫正工作开展时间短，在矫正项目的设立上还处在探索阶段，还缺乏完善的项目矫正体系。在未成年社区矫正对象的社区矫正项目上，几乎没有成型的矫正项目，对未成年社区矫正对象的矫正教育，还只是停留在思想、道德、法治教育和行为矫正教育层面，采取的形式是和成年社区矫正对象相一致的填鸭灌输式的理论教育，没有明显效果。比如在对未成年社区矫正对象的心理健康矫正教育上，其目标在于通过关注未成年社区矫正对象的心理发展，帮助其建立健全的人格。但是目前大多数心理矫正内容较为单一，偏向于理论，心理教育发展缓慢，心理治疗技术偏低，专业的心理咨询机构、咨询师较少，使得心理矫正项目发挥的作用十分有限。因此，完善未成年社区矫正对象的社区矫正管理机制十分必要。

（一）制订针对性的矫正教育方案

发达国家和地区对未成年社区矫正对象进行社区矫正的时间比较长，已有了比较成熟的经验，在决定社区矫正前都要进行调查评估，详细了解未成年犯的情况，为矫正奠定基础。当社区矫正机构接受了未成年社区矫正对象后，还要对其进行危险性评估、需要结构评估等。危险性评估是根据未成年社区矫正对象的各种变量因素来进行综合打分，如未成年社区矫正对象的犯罪性质、犯罪的历史、

个人特点、家庭状况及环境等；需要结构评估包括个人生理、心理以及受教育、工作等方面的需要，从而确定对未成年社区矫正对象的监管、矫正计划及实施方案。因此，我们对未成年社区矫正对象的社区矫正可以借鉴这些成熟的经验，在对未成年社区矫正对象调查评估的基础上，依据《预防未成年人犯罪法》的规定制订出有针对性的矫正教育方案。包括以下内容：

1. 教育内容。主要是社会主义核心价值观教育、预防犯罪教育、法治观念教育、心理健康教育、日常安全教育、道德教育、生命教育等，使未成年人树立遵纪守法和防范违法犯罪的意识，提高自我管控能力。

2. 教育的方式。举办讲座、座谈、培训等活动；各级人民政府及其有关部门、人民检察院、人民法院、共产主义青年团、少年先锋队、妇女联合会、残疾人联合会、关心下一代工作委员会等结合实际，组织、举办多种形式的预防未成年人犯罪宣传教育活动。有条件的地方可以建立青少年法治教育基地，对未成年人开展法治教育。

（二）编制适合未成年社区矫正对象特点的矫正项目

通过制定科学的矫正项目，达到我们预期的矫正目的。正如美国学者 David Altschuler 和 Troy Armstrong 所言，遵循以下五个原则的社区矫正项目，才能对未成年社区矫正对象发挥最大的功效和帮助：（1）能够逐步帮助未成年犯提高责任感，并相应地提高他们在社会上的生存能力；（2）能够帮助未成年犯融入社会，同时也使社会与他们形成互动；（3）能够充分发挥未成年犯家庭、社区、同龄人、学校和雇主的作用，共同努力为未成年犯成功完成项目提供必要的帮助；（4）能够开发新的资源，寻求必要的帮助；（5）能够促进和监测未成年犯与社区的互动能力。①

在实施社区矫正的国家中，未成年社区矫正对象始终是社区矫正的重点对象之一。而根据我国《社区矫正法》的规定，未成年社区矫正对象也是社区矫正的主要对象。然而，因为我国的未成年社区矫正对象的社区矫正工作还处在摸索阶段，社区矫正体系还没有建立起来，在矫正主体、矫正项目、矫正方法上还存在很多缺陷。而理论界对此也是众说纷纭，从掌握的现有资料看，介绍国外的理论和方法比较多，而论证其在中国社会的本土化使用则比较少。因此，完善我国未成年社区矫正对象社区矫正体系是十分必要的。

目前，我国各地未成年社区矫正对象社区矫正实践中也有一些专门的项目，主要包括公益活动、思想教育、法治教育、社会公德教育、技能培训、心理矫正，以及就业指导、生活指导等。但是，这些项目都比较散乱，随意性比较大，

---

① 肖建国：《中国大陆少年刑事司法制度发展战略探索》，载《青少年犯罪研究》2001年第3期。

针对性差，不能对未成年社区矫正对象形成综合性的影响力。所以，我们有必要对未成年社区矫正对象的社区矫正项目进行深入而系统的研究，制定出适合未成年社区矫正对象特点的矫正项目指标体系。王顺安教授通过对国外未成年社区矫正对象社区矫正项目的分析指出，未成年社区矫正对象的社区矫正项目应当包含以下内容：（1）服从父母或者监护人以及矫正机构的监管；（2）遵守各种社会制度，如工作单位和学校的规章制度；（3）参加经矫正工作人员认可的工作项目，接受职业和就业的培训；（4）遵循矫正工作人员作出的指令；（5）在指定的时间向矫正机构或其工作人员作出报告；（6）参加心理矫正项目；（7）参加毒品和酒精的防治；（8）参与各种个人、集体以及家庭项目；（9）参与由矫正机构提供的教育项目。① 同时认为，可以在发挥我国传统未成年犯矫正体系优点的基础上，建立一个梯形结构的社区矫正项目体系。②

第一阶梯：适用于那些初次犯罪、罪行显著轻微的未成年社区矫正对象，目的在于对他们的犯罪行为做出警告，并让他们认识到再犯将可能遭受到更为严厉的惩罚。这一类的社区矫正项目可以包含以下内容：

（1）训诫。由社区矫正机构以口头的方式对未成年社区矫正对象进行公开谴责。

（2）具结悔过。由社区矫正机构责令未成年社区矫正对象用书面方式保证悔改，以后不再重新犯罪。

（3）赔礼道歉。由社区矫正机构责令未成年社区矫正对象公开向被害人当面承认错误，表示歉意。

（4）赔偿。由社区矫正机构责令未成年社区矫正对象，根据其犯罪行为给被害人造成的经济损失的大小，赔偿被害人一定数额的金钱。

（5）社区服务。由社区矫正机构责令未成年社区矫正对象提供一定时间的社区公益服务。

（6）父母管教。由社区矫正机构责令未成年社区矫正对象父母或者监护人对其严加管教。

第二阶梯：我们可以考虑设立包含以下内容的未成年社区矫正对象社区矫正项目：

（1）定期报告。要求未成年社区矫正对象通过电话或邮件定期向社区矫正工作人员报告，或者在指定的时间前往社区矫正机构与矫正工作人员会面。

（2）遵守管制、缓刑、假释、暂予监外执行的有关规定。例如遵守法律、行政法规和社区矫正有关规定，服从监督管理；遵守关于会客的规定；离开居住

---

① 王顺安、甄宏：《试论我国未成年犯社区矫正项目体系之构建》，载《青少年犯罪问题》2005 年第 1 期。

② 王顺安、甄宏：《试论我国未成年犯社区矫正项目体系之构建》，载《青少年犯罪问题》2005 年第 1 期。以下三个阶梯依据该文整理。

的市、县或者迁居，应当报告司法所，并经县级公安机关批准等。

（3）参与酒精、毒品滥用的防治与检测。为未成年社区矫正对象设立专门的酒精、毒品滥用防治与检测项目。

（4）参加各种类型的学习、生活和工作技能的培训。这是由社区矫正机构组织的、致力于为未成年社区矫正对象提供可发展的在社会中依法生活所必需的基本技能与知识的社区矫正项目。

（5）寄养之家项目。如果未成年社区矫正对象的亲生父母被认为不适合再抚养孩子，或者未成年社区矫正对象是孤儿或者被其父母抛弃，那么社区矫正机构可以将他们安置到一个替代的养育家庭。当然，社区矫正机构需要对这些愿意接受未成年社区矫正对象的寄养家庭进行调查，以判定这些家庭是否适合从事这项工作。对于那些犯罪情节不是非常严重的未成年社区矫正对象来说，一个家庭的环境，尤其是一个稳定的家庭，也许就是对其最好的矫治。

（6）心理矫正项目。仅从外部环境上对未成年社区矫正对象加以拘束只是治标的方法，要从根本上去除其犯罪人格离不开心理矫正项目，这一项目所针对的对象不应仅限于未成年社区矫正对象，其亲属（尤其是父母）、朋友也应共同参与，毕竟未成年社区矫正对象的犯罪是多方面因素共同作用的结果。

（7）集体活动项目。未成年社区矫正对象最担心的是被同龄人所抛弃，因而由社区矫正机构组织未成年社区矫正对象之间，未成年社区矫正对象与普通同龄人之间的集体活动，加强未成年社区矫正对象与其他未成年人之间的交流，有助于未成年社区矫正对象重新树立生活的信心，端正对自己的认识，改造自己的世界观。

（8）促进就学和就业项目。这一项目通过为未成年社区矫正对象安排就学的地方或者为他们提供职业培训、就业咨询服务和安置工作，促进他们重归社会，从而减少他们的重新犯罪率。

第三阶梯：对于那些犯罪情节严重（尤其是暴力性犯罪）或者多次犯罪的未成年社区矫正对象来说，一般的社区矫正项目已无法起到防止其重新犯罪、实现对其矫治的作用。这就需要设置一些强度较大的、限制人身自由的监管性社区矫正项目对他们进行有效的监管和矫正。这些社区矫正项目的共同特点是在一定时间内限制乃至剥夺未成年社区矫正对象的人身自由。结合国内外的先进经验，可以构建以下未成年社区矫正对象社区矫正项目：

（1）家中监禁和电子监控。家中监禁是社区矫正机构要求未成年社区矫正对象在特定的期间内限制于自己的家中不得外出，社区矫正工作人员通过电话或家访的形式对未成年社区矫正对象进行不定期的检查。社区矫正机构还可以对未成年社区矫正对象同时适用电子监控作为家庭监禁的补充。电子监控是让未成年社区矫正对象在身上（如手腕、脚腕）戴上一个不能移动的电子装置，这个装置能发出电脑可以接收的信号，社区矫正机构可以据此来确定未成年社区矫正对象是否离开其所指定的处所。

（2）宵禁。社区矫正机构也可以责令未成年社区矫正对象在晚上指定的时间段里，必须待在特定的地方，如家里或学校，在此期间不得进入酒吧、舞厅等特定场所。电子监控也可以作为宵禁的补充，以帮助社区矫正机构确定未成年社区矫正对象所在的场所。

（3）参加特定的职业技术学校。这一项目强制性地要求未成年社区矫正对象在一定时间（例如周一至周五或者以学期为单位）参加特定职业技术学校的学习，在此期间不得离开学校。这一项目的设立一方面是为了实现对这些未成年社区矫正对象的监管，更重要的是为了实现对他们的矫治教育，为他们提供重返社会所必需的生存技能。在学校中，未成年社区矫正对象可以学习木工技术、泥瓦工技术、绘画、电子设备的维修、饮食服务、汽车维修、制图以及计算机技术。他们还将接受个人或集体的心理咨询，学习如何防治酒精、毒品的滥用等。

（4）军事化的矫正训练营。在美国，作为一个军事项目，军事训练营原本是用来训练新兵的，但美国的矫正机构将其作为一种社区矫正项目，使参与这一项目的未成年社区矫正对象将体验到一次严格的军队生活。这个为期数月的军事化、规范化的项目足以使未成年社区矫正对象养成良好的生活习惯，提高他们的自尊与自信，端正他们的自我认识，从而使他们放弃重新犯罪的念头，重返社会。在这一项目中，未成年社区矫正对象要参加基本的军事训练和严格的矫正治疗项目。他们还必须参加职业技术和知识的学习。在条件成熟时，军训项目完全可以在未成年社区矫正对象的社区矫正中适用。

（5）震慑性的监禁项目。这一项目源于西方国家的“震惊”监禁项目，它是在对未成年社区矫正对象适用正式的社区矫正项目前或者在未成年社区矫正对象不遵守社区矫正规定时，将其在监所中关押一定的时间，使其体会到监禁所带来的痛苦，从而放弃重新犯罪、认真接受社区矫正。

这一阶梯式的未成年社区矫正对象社区矫正项目体系是根据未成年社区矫正对象罪行的轻重和社会危险性并考虑他们各自的特点而设立的，但这种阶梯式的社区矫正项目的划分不是绝对的，在实践中，我们可以根据未成年社区矫正对象的特点和具体情况对其适用各个阶梯的社区矫正项目。

此外，这种阶梯式的设计也是出于给社区矫正中违规的未成年社区矫正对象一个有层次性的制裁选择。如果适用第一阶梯社区矫正项目的未成年社区矫正对象有违规行为，可以对其适用第二、三阶梯强度较大的社区矫正项目，直至撤销对其适用社区矫正，将其送入监狱。

（三）建立学校参与机制

学校在对学生的制约与保护，对学生劣迹行为的矫治，对学生的自我管理与教育以及培养良好的品德和新型的人际关系等方面，都起着教育的“杠杆”作用。让未成年社区矫正对象能够继续在学校学习，接受健全的学校教育，有助于其健全人格的塑造，有助于其认真悔过思改，从而有利于其更好地复归社会。

学校参与对未成年社区矫正对象的矫正教育可以从以下三个方面做起。一是为未成年社区矫正对象创建融洽的学习环境，良好的集体、良好的风气对他们改正不良行为习惯至关重要。因此，对于能够继续读书的未成年社区矫正对象，学校应该以宽容的心态来对待他们，给他们更多的温暖和关怀。二是进行及时有效的沟通，发掘未成年社区矫正对象自身的优点。沟通不是为了让他们简单地知道有错必罚，而是为了让他们明白为什么错了，错在哪儿，以后不能再犯同样的错误。三是进行必要的法治教育，应重点学习《宪法》《预防未成年人犯罪法》《未成年人保护法》等，还可以开展形式多样、富有感染力的法治教育活动，如模拟法庭、以案说法等。①

（四）完善多元化的监管教育措施

按照《联合国少年司法最低限度标准规则》规定，对未成年犯实施社区矫正的措施包括：（1）照管、监护和监督的裁决；（2）缓刑；（3）社区服务的裁决；（4）罚款、补偿和赔偿；（5）中间待遇和其他待遇的裁决；（6）参加集体辅导和类似活动的裁决；（7）有关寄养、生活区或其他教育设施的裁决；（8）其他有关裁决。② 社区矫正工作综合性强，涉及层面广泛，因此，对未成年社区矫正对象实施矫正，需要有关部门相互配合，相互支持，切实发挥职能部门整体协调一致的优势，需要家庭、学校和全社会共同建立起挽救未成年社区矫正对象的配套体系，并推动社区矫正工作向纵深发展。

我国《预防未成年人犯罪法》规定了未成年人的不良行为和严重不良行为的管理教育和矫治教育措施。

1. 对不良行为的干预。《预防未成年人犯罪法》将未成年人的不良行为规定为9种情形：（1）吸烟、饮酒；（2）多次旷课、逃学；（3）无故夜不归宿、离家出走；（4）沉迷网络；（5）与社会上具有不良习性的人交往，组织或者参加实施不良行为的团伙；（6）进入法律法规规定未成年人不宜进入的场所；（7）参与赌博、变相赌博，或者参加封建迷信、邪教等活动；（8）阅览、观看或者收听宣扬淫秽、色情、暴力、恐怖、极端等内容的读物、音像制品或者网络信息等；（9）其他不利于未成年人身心健康成长的不良行为。对未成年社区矫正对象而言，出现这些情形也是严重违规的行为，社区矫正机构可依据《预防未成年人犯罪法》的规定，采取以下管理教育措施：（1）予以训诫；（2）警告；（3）要求

---

① 何友汉、任庆堂：《论未成年犯社区矫正模式的构建》，广州市社区矫正网，2010年6月10日发布。

② 以上规定分别引自《北京规则》第18条第2款。

遵守特定的行为规范；（4）要求参加特定的专题教育；（5）要求参加社区公益活动；（6）要求接受社会工作者或者其他专业人员的心理辅导和行为干预；（7）其他适当的管理教育措施。

2. 对严重不良行为的监管措施。《预防未成年人犯罪法》规定的严重不良行为包括：（1）结伙斗殴，追逐、拦截他人，强拿硬要或者任意损毁、占用公私财物等寻衅滋事行为；（2）非法携带枪支、弹药或者弩、匕首等国家规定的管制器具；（3）殴打、辱骂、恐吓，或者故意伤害他人身体；（4）盗窃、哄抢、抢夺或者故意损毁公私财物；（5）传播淫秽的读物、音像制品或者信息等；（6）卖淫、嫖娼，或者进行淫秽表演；（7）吸食、注射毒品，或者向他人提供毒品；（8）参与赌博赌资较大；（9）其他严重危害社会的行为。对具有严重不良行为的未成年社区矫正对象，符合提请治安管理处罚和收监执行的，要依法提请治安管理处罚和收监执行，不符合提请治安管理处罚和收监执行的，可采取严格的矫治管理措施。包括（1）予以训诫；（2）警告；（3）责令赔礼道歉、赔偿损失；（4）责令具结悔过；（5）责令定期报告活动情况；（6）责令遵守特定的行为规范，不得实施特定行为、接触特定人员或者进入特定场所；（7）责令接受心理辅导、行为矫治；（8）责令参加社会服务活动；（9）社区矫正机构在适当场所对未成年人进行教育、监督和管束；（10）其他适当的矫治教育措施。

（五）建立未成年社区矫正对象的监督考评机制

为了确保未成年社区矫正对象社区矫正的成效性，必须建立相应的监督考评机制，以此检验矫正工作的情况和质量。监督考评工作组应由未成年社区矫正对象社区矫正委员会领导小组成员、社区矫正机构的代表及有关专家组成。制定监督考评的制度、监督考评的标准、监督考评的方法。通过考评对未成年社区矫正对象进行全面的、持续的、质与量相结合的、客观的考核，总结未成年社区矫正对象社区矫正的成败得失，不断加强矫正工作，提高矫正质量，巩固矫正成果。根据考察的情况，从中找出已经出现或可能出现的问题，随时调整矫正的方案和内容。①

① 何友汉、任庆堂：《论未成年犯社区矫正模式的构建》，广州市社区矫正网，2010年6月10日发布。

五、建立专业队伍和社会支持系统

（一）具有专业技能的队伍建设

《社区矫正法》第 52 条第 2 款规定，社区矫正机构为未成年社区矫正对象确定矫正小组，应当吸收熟悉未成年人身心特点的人员参加。这就要求，未成年犯社区矫正必须有熟悉未成年人身心特点的专业人员参加。这些人员必须接受过专业的训练，掌握相关的法学、犯罪学、心理学、教育学等专业知识，同时能较好地与未成年社区矫正对象沟通交流，对于未成年社区矫正对象善于进行心理以及行为的矫正。但是，当前在未成年社区矫正对象的矫正工作人员中，几乎没有专业的工作人员，可以说，很多人根本不能胜任未成年社区矫正对象社区矫正工作，更谈不上对未成年社区矫正对象进行社区矫正的专业性指导。

社区矫正工作专业化、规范化、法治化建设，必须依托健全的组织和专业的人员。因而要完善我国未成年社区矫正对象的社区矫正工作，同样离不开具有专业技能的队伍建设。因此，建议对政府资源和社会资源进行重新整合，在社区矫正机构中增设负责未成年社区矫正对象社区矫正工作的独立职能部门，配备具有专业技能的队伍建设，配备高素质、专业性强的社区矫正工作者，使未成年社区矫正对象的社区矫正更加具有专业性和针对性，是搞好未成年社区矫正对象社区矫正的必由途径。

（二）社会支持系统的培育

由于熟悉未成年人身心特点的专业人员比较缺乏，社会力量的多元参与成为未成年社区矫正对象社区矫正工作的主要途径。但是，从目前来看，由于社会发育不成熟，社会资源难以整合，社会公众参与的主动性和积极性不高，未成年社区矫正对象社区矫正中的社会力量显得严重不足。突出表现在：一是我国社会组织的发展程度较低、参与社区矫正的制度不健全、缺乏专业的社区矫正服务项目，导致其参与度很低。没有形成一个专门的社会服务领域，其发挥的作用十分有限。二是社会志愿者参与社区矫正总体人数比例偏低、参与的领域有限，在工作中组织化、规范化和专业化水平不高，不能有效地运用自身的资源、发挥每个人的优势为未成年人学习、生活、就业、心理等方面提供帮助。

在社区矫正工作中，优化未成年社区矫正对象社区矫正社会支持系统，应从以下几个方面着手：一是更新刑事执行理念，提升社会公众对未成年社区矫正对象社区矫正的认同度，消除社会公众对于社区矫正的认知偏见，提高公众的认知度和参与度。二是培育公民社会，为社区矫正奠定社会基础。社区作为公民社会构成的基本元素，其基础建设、文化程度、成员构成、经济发展、成员素质、风俗习惯、法律意识等都制约着公民社会的发展。只有培育成熟的公民社会，才能认同社区矫正的社会公共责任，才能激发社会公众参与社区矫正的积极性。三是转变政府角色，强化政府责任，培育社会力量参与。在社区矫正中，政府可以转变其角色，通过走市场化的道路，挖掘和培育更多的社会力量参与。政府负责决策、资金保障、计划制订、组织调控、监督检查，社会力量参与到社区矫正的部分环节。在未成年社区矫正对象社区矫正过程中，通过政府与社会力量的合作，为未成年社区矫正对象提供全方位的服务。比如由专业心理机构提供心理矫正服务；由就业服务机构提供就业培训、就业指导等服务。

六、建立未成年社区矫正对象犯罪记录封存制度

未成年社区矫正对象的犯罪记录封存制度是指未成年人曾受到法院判决或者有罪宣告时，相关司法机关应当对符合规定的案件进行封存，非经法定允许，不对其他单位及人员提供查询的法律制度。我国《刑事诉讼法》第 286 条和《预防未成年人犯罪法》第 59 条，对未成年人犯罪记录封存制度进行了立法上的规定。

在我国的未成年人犯罪记录封存制度中，我国刑事诉讼法规定了封存必须满足的两个条件：一是年龄要求，犯罪时的年龄应当在 14 周岁至 18 周岁之间，该年龄不是侦查阶段或者审判阶段的年龄。二是法院最终判决的刑期限制，根据规定，经过法院审理，未成年人被判决的刑期必须在五年以下有期徒刑，判五年以上的，则一律不适用该制度。可见，对于被判处刑期在五年以上的未成年犯，我国未将其列入封存的范畴。在封存内容上，是为“犯罪记录”，这里所阐述的犯罪记录，应当对其进行扩大解释，即不仅包括对未成年案件中含侦查、审查起诉、审判所有阶段的过程内容，还应包括未成年人犯罪事实及犯罪时所产生的其他相关信息，包括《预防未成年人犯罪法》第 59 条规定的接受专门矫治教育、专门教育的记录，被行政处罚、采取刑事强制措施和不起诉的记录等。因此，为贯彻落实未成年人犯罪记录封存制度，除了对未成年犯的案件材料、法庭庭审过程及判决情况需要进行严格封存外，还应该尽量对未成年人案件的案发地、案件的客观事实采取封存措施。同时，规定了两种特殊查询主体，一是司法机关，在办案需要的条件下；二是有关单位，在符合国家规定的情况下。在这两种情形下，可以依法查询未成年犯罪的相关信息。由于未成年人受到的刑事处罚被记录，导致其在以后的学习、工作和生活等方面造成相应影响，不利于其融入社会集体。在这样的背景下，这一制度有效地消除了犯罪前科给涉案未成年人带来的负面影响，有利于未成年人复归社会，是我国对未成年犯权利保障的具体体现。

第十六章　个案矫正

个案矫正是社区矫正的主要手段，也是社区矫正的优势和特色，突出表现在有其针对性的矫治方案和矫正项目。为此，个案矫正是矫正教育工作的主要形式之一。《社区矫正法》第 24 条规定了对社区矫正对象的矫正教育，要制订有针对性的矫正方案，实施个别化矫正；第 36 条规定了对社区矫正对象要根据其个体特征，因人施教。《社区矫正法实施办法》又规定，应当结合社区矫正对象的个体特征、日常表现等具体情况，进行个别教育。这些规定都体现了个案矫正的立法精神。

第一节　个案矫正的定位和基本要求

一、个案矫正的特征

矫正一词为正曲使直、匡正和纠正之意，在《汉书·严安传》中就有“矫箭控弦”之说。在西方国家，矫正（correction）一般是指适应、装备、配备、训练、教育和治疗等意。对社区矫正对象个案矫正，是指基于刑事个别化原则，社区矫正机构依据社区矫正对象产生犯罪的不同犯因性问题，采用有针对性的治疗、调适、干预和教育等技术，达到特定矫正目的的专门活动。具体来说，个案矫正是社区矫正机构以社区为依托，由社区矫正工作者对被判处管制、宣告缓刑、裁定假释和决定暂予监外执行的社区矫正对象，根据他们存在的不同的引发犯罪的或可能引发再次犯罪的生物生理、心理和环境问题，所制定的有针对性的治疗、干预、调适和教育等方案以及把方案付诸实施的活动。

（一）个案矫正是非监禁处遇方式

目前，我国《社区矫正法》把社区矫正定位于刑事执行方式。社区矫正的外在表征是将社区矫正对象置于社区，利用社区资源进行矫正，只是监督和限制社区矫正对象人身自由，基本定位是作为监禁的替代措施和非监禁的处遇方式，这是我国社区矫正的合理定性，也是我国刑事执行制度社会化、非监禁化等文明和进步的标志。

（二）个案矫正以社区为基本依托

社区是和一定区域相联系的社会生活的共同体。它的核心要素是有一套相互配合的、适应社区生活的制度和相应管理机构；一套相对完备的生活服务设施；基于一定的经济、社会发展水平和历史文化传统的社区文化、生活方式，以及与之相连的社区成员对所属社区在情感上和心理上的认同感和归属感。① 目前我国社区矫正中的社区，在城市是以由若干个居民委员会构成的街道为基本单位；农村是以若干个村民委员会构成的乡镇为基本单位。个案矫正就是将社区矫正对象置于社区中，在法律规定的范围内对其人身自由进行一定程度的限制的前提下进行的。所以说，个案矫正是以社区为基本的环境依托而展开的。

（三）个案矫正主体具有特定性

社区矫正工作者是社区矫正机构中个案矫正的主导力量；接受矫正的主体，即社区矫正对象是被依法判处管制、宣告缓刑、裁定假释和决定暂予监外执行的罪犯。这两种主体都具有法律法规和规则规范的规定性。我国社区矫正经过近20年的探索，已基本构建起专门的社区矫正机构，形成了一支多元参与的职业化的矫正工作者队伍。随着我国社区矫正制度的日趋现代化，行刑理念的变革，司法体制改革的加快，社区矫正必然要通过法治化的途径，完善社区矫正项目，实现社区矫正工作的现代化，这是我国社会主义法律制度和司法体制改革的必然结果。

（四）个案矫正关系以自愿为前提

首先，个案矫正是以自我改变为基础的。强制只是外在的影响因素，而不是决定因素。实践证明，单纯的以权力压力为唯一动力源下的社区矫正是危险的，亦会使人性发展受到阻碍。“必须让囚犯提高自己的自信，让他们相信自己能够重新获得外界的尊重，以上述情感激发他们弃旧图新的愿望；如果不对上述情感加以疏导，它们可能会使这些人变得更坏”②。一种缺乏自我性的矫正，其弊端是不言而喻的。

其次，个案矫正是一种自我改变的过程，目前，我国社区矫正是在矫正对象自愿接受矫正的前提下强制进行的，因此，建立的个案矫正关系属于非自愿的服

---

① 鲁洁主编：《教育社会学》，人民教育出版社2001年版，第329~330页。

② [意] 切萨雷·龙勃罗梭：《犯罪人论》，黄风译，中国法制出版社2000年版，第352页。

务的关系。从社区矫正的性质和西方国家社区矫正的实践看，对社区矫正对象进行评估和社区矫正对象愿意接受社区矫正，是社区矫正关系建立的基础。我国社区矫正自愿性主要体现在：一是对犯罪人进行危险性评估之后，犯罪人要和社区矫正决定机关签署自愿接受社区矫正承诺书，由此决定犯罪人是否进入社区进行矫正程序，至少在形式上具有自愿性特征。二是社区矫正机构在对社区矫正对象宣告时，不仅要告知其权利义务，而且在矫正小组成员构成、矫正方式等方面，要征求社区矫正对象的同意。所以，社区矫正对象是否愿意接受社区矫正，是社区矫正关系建立的前提条件和基础条件，缺一不可。自愿性是社区矫正对象接受矫正的动力源。只有在社区矫正关系中，使社区矫正对象具有自愿性，才能使其积极参与、配合和实践。以自愿为基础建立个案矫正关系，是个案矫正的主要特征。

二、个案矫正的定位

个案矫正属社会工作的范畴。从其性质上说，应属于个案社会工作方法。个案社会工作是社会工作三大方法之一，是由专业社会工作者通过直接的、面对面的沟通方式，运用有关人员和社会工作专业知识和技术，对个人或家庭提供心理调适和环境改善等方面的支持和服务。其目的在于协助个人和家庭充分认识自身拥有的资源和潜能，完善自我人格，增进其适应和解决困难的能力，从而达到个人或家庭的良好状态。

以个案社会工作方法为方法论基础的社区矫正对象个案矫正的模式，是建立在社区矫正工作属社会工作范畴的逻辑预设。个案矫正是以社会工作的基本理论为基础，吸取心理学技术的一种特定的以人为对象的活动。因而，社区矫正对象个案矫正与个案社会工作方法一样，同样具有服务、救助、帮助等基本属性。把矫正对象的个案矫正工作定位为社会工作的范畴，其理由在于：

（一）对象认知的相同性

认知是认识和感知，是人们认识外在客观事物和应用知识的过程，包括了对认识信息的接收、检测、转换、合成、储存、提取、重建、概念形成、判断和问题解决等过程。对个案矫正对象的认知是有效矫正的前提和基础。有效的矫正必须是认识到社区矫正对象为什么会实施犯罪行为，在什么样的情景下实施的犯罪，支配社区矫正对象的犯因性问题有哪些等。“社会工作者必须对如下这一点有清晰的认识，即他们应该如何系统地去评估、测量或者描述案主的特征及其各种各样的生活问题。"① 个案矫正工作和社会工作一样，都是以人的行为为研究基础，通过对人的行为分析、解释和概念化，寻求影响人的行为问题，并以此为基础，进行回应式的活动。

（二）工作目标的相同性

个案矫正的目标是社区矫正对象的再社会化，通过再社会化使社区矫正对象提升社会适应能力和顺利回归社会。"处遇上的个别化是以犯罪人重返社会为目的的，这里的重返社会就是再社会化。"② "再社会化是指改变原已习得的价值标准和行为规范，建立新的价值标准和行为规范，确立新的生活目标的过程。"③再社会化同样属人的社会化过程，"其目标是人的改造，而不是人的形成"④。社区矫正对象的再社会化，实质上就是社区矫正对象在多样化的背景中，能有效地回应生物、心理和社会需要。"社会功能是社会工作者在人类发展取向上的一个主要侧重点。社会功能采用个人——环境视角，该视角认为要使社会中的个体有效发挥功能，人类共同的需求必须被满足。""社会工作中的人类行为通常被视为人们对资源和环境的适应。"人类行为是人类满足生物、心理和社会需要的有效反应。这种反应的能力即适应。社会工作"即着重使那些包括社会功能在内的问题有所好转"⑤。显然，完善人类的社会功能，促使人类生长和发展，是社会工作的目的之一。

（三）工作任务相同性

预防是社会工作和社区矫正工作的重要任务。个案矫正的任务是预防犯罪，消除犯因性问题。预防犯罪包括三种类型：一是前置预防。对已知的社区矫正对象所存在犯罪的问题，且该问题可能成为支配重新犯罪的内在动因，为此，所采取的以消除潜在犯罪动因为主导的预防。二是问题预防。在社区矫正中对社区矫正对象刚出现的某种苗头性问题或影响安全和秩序的行为倾向所进行的、以问题解决为出发点的预防。三是控制预防。对社区矫正对象因社区矫正中的各种犯因性问题变量影响，已产生某种可能导致其行凶、自杀或其他严重违规行为的问

① ［美］乔斯·B. 阿什福德、克雷格·温斯顿·雷克劳尔、凯西·L. 洛蒂：《人类行为与社会环境：生物学、心理与社会学视角》，王宏亮、李艳红、林虹译，中国人民大学出版社2005年版，第13页。

② 陈兴良：《刑法的价值构造》，中国人民大学出版社1998年版，第482页。

③ 周晓虹：《现代社会心理学》，上海人民出版社1997年版，第161页。

④ 周晓虹：《现代社会心理学》，上海人民出版社1997年版，第161页。

⑤ ［美］乔斯·B. 阿什福德、克雷格·温斯顿·雷克劳尔、凯西·L. 洛蒂：《人类行为与社会环境：生物学、心理与社会学视角》，王宏亮、李艳红、林虹译，中国人民大学出版社2005年版，第3页。

题，且问题已相当严重，以有效控制危险事态进一步发展为主导的预防。“预防科学正成为社会工作实践中一个关键的组成部分。许多社会工作者参与初级预防、二级预防和三级预防……初级预防指的是在问题或情况刚刚出现的时候就采取行为。它包括在一个心理的或社会的失调、疾病或问题产生之前所运用的各种干预方法……二级预防的目标是在问题变得严重或无药可救之前尽早地进行预防。三级预防指的是根据预防障碍或者伤害——即已知问题的已知后果——来减少问题的负面后果或者降低复杂性。”① 显然，社会工作和个案矫正工作都是为了预防社会潜在危害和现实危害而开展的，预防任务具有相当的一致性。

(四) 工作属性的相同性

社区矫正机构作为国家机构之一，具有公共用品的天然属性。公共用品的属性，即指它的服务具有公共性，为社会也为社区矫正对象提供服务。社区矫正对象的矫正工作具有国家福利性，表现为社区矫正机构的行政福利性。这种福利性的内容，即包括为公众提供安全和秩序的福利，也包括为社区矫正对象提供各种资源，帮助社区矫正对象改恶从善。社区矫正对象矫正教育的福利性表现为社区矫正机构用知识对社区矫正对象实施矫正教育，使社区矫正机构由单纯的监督管理转为矫正人、教育人、改造人的专门场所。矫正的福利性，使得社区矫正工作成为现代社区矫正机构的基本职能和责任。而社会工作起源于个人的慈善事业，发展为一种由政府或私人社团举办的服务事业。福利和服务，可说是社会工作的基本属性和特点。这已成为社会工作理论和实践的共识。

(五) 工作方法的相同性

个别化矫正的产生和发展，表明了以多维的系统视角认识社区矫正对象的犯罪原因，并以开放的系统选择与个性化的犯罪原因相对应的一种或数种理论和技术，对社区矫正对象进行矫正教育，即综合矫正模式。这已成为现代矫正机构实施矫正的发展总趋势。同样，现代社会工作在认识人类行为和社会环境时，也广泛采用多维的系统视角和个案的方法对人的行为进行干预。“为了理解一个人的总体功能，社会工作者应对人的生活和经历的所有方面作出评价。对各个主要的维度及其潜在功能采取一种假设方法会有所裨益……当你选择一种假设作为解释

---

① ［美］乔斯·B. 阿什福德、克雷格·温斯顿·雷克劳尔、凯西·L. 洛蒂：《人类行为与社会环境：生物学、心理与社会学视角》，王宏亮、李艳红、林虹译，中国人民大学出版社2005年版，第31~32页。

个人行为的途径时，那么假设也应帮助你选择一种恰当的干预方法。”①

在我国，影响人们把个案矫正工作纳入社会工作领域的主要因素，是基于矫正关系的建立。基于犯罪是阶级对立关系的哲学上的本质认识和矫正在刑事执行中的嵌入，认为强制是矫正关系的本质属性。社会工作尤其是个案社会工作关系的建立，是以工作对象的自愿为前提和基础的。仅有压力源，是无法获得有效矫正的。这是因为，人类行为总是在其动机的驱动下进行的。无论社区矫正对象基于自由、物质、精神还是其他需要的满足，只有其形成矫正的内驱力，才能自觉地接受矫正和达到有效矫正。

三、个案矫正的基本内容

个案矫正的内容是社区矫正机构针对社区矫正对象的思想动态、危险程度、恶性程度、矫正难度等进行分析评估后，制定的具体矫正方案，其基本内容包括：

（一）社区矫正对象评估

社区矫正对象评估是进行个案矫正的前提条件。只有对社区矫正对象的危险性、心理状态、矫正项目需求、发展需求、矫正效果等方面进行科学、系统的量化评估，才能对社区矫正对象有一个明确的认识，对社区矫正对象作出客观合理的判断，才能制订出科学理性的矫正方案。

1. 人身危险性评估。人身危险性针对的是行为人的未然行为。人身危险性评估就是确定社区矫正对象实施新的违法犯罪行为的可能性。人身危险性评估的内容应当包括：社区矫正对象的基本情况、社区矫正对象的不良嗜好情况、社区矫正对象的违法犯罪历史等。通过人身危险性评估，对不同社区矫正对象根据不同的危险性进行分类、分组。实践中，对社区矫正对象的人身危险性评估主要采用定性分析法、定量分析法、统计评估法、临床评估法等方法。

2. 心理评估。社区矫正对象的心理评估主要是反社会人格和心理障碍的状况调查，主要集中在情感创伤、人格变态、认知混乱、价值缺失、规范失调、心理负重等不良认知和消极因素方面。

3. 需求评估。社区矫正具有刑事执行和促使社区矫正对象回归社会的双重属性。刑事执行是社区矫正制度的基本属性，而社区矫正对象回归社会则是社区矫正的终极目标。对社区矫正对象社会复归需要的评估，可以为矫正项目的设计

① ［美］乔斯·B. 阿什福德、克雷格·温斯顿·雷克劳尔、凯西·L. 洛蒂：《人类行为与社会环境：生物学、心理与社会学视角》，王宏亮、李艳红、林虹译，中国人民大学出版社2005年版，第35~39页。

提供一个科学的指导依据，对社区矫正的效果有一个客观的预见性。

（二）制订矫正个案

矫正个案是专门设计用来实现某一矫正目标的一套规范化和可操作性的程序和步骤。矫正个案最基本、最核心的原理，就是遵循实现矫正目标的客观规律，这是矫正个案真正有效的根本保证。为实现社区矫正的目的任务，矫正个案一般以矫正项目的形态出现，比如心理矫治类项目、认知行为矫正类项目、家庭关系辅导、危机干预项目、人身危险性评估和控制、重返社会项目、性犯罪控制项目、劳动技能培训类项目、社会交往技能类项目、情绪控制类项目、家庭矫正类项目、生活能力帮助类项目、戒毒类项目、暴力类防治项目等。矫正项目是个人处方式矫正方案中的基本模块，可以说，社区矫正机构正是依靠这些矫正项目来直接影响和矫正教育社区矫正对象的，因此，要对社区矫正对象实施有效的个案矫正，矫正项目的编制与实施十分重要。

（三）实施处方式矫正

借鉴国外矫正项目设计的理念，社区矫正机构针对社区矫正对象的认知矫正与行为矫正、社会技能训练、心理危机干预、职业生涯规划与职业技能培训、再犯预防教育等设计一些系统化、程序化、可操作性的矫正项目，根据每名社区矫正对象的矫正需求选择相应的矫正项目；而且，在不同阶段，矫正项目也是不同的，根据阶段评估与需要，因人因时实施。①

（四）个案矫正的实施步骤

第一，社区矫正工作者对所管理的个案对象，每月至少安排一次个别谈话教育。

第二，个案对象有下列情形之一的，矫正负责人应对其进行个别谈话教育：（1）矫正地点变更。（2）受到奖励或惩处。（3）请假前后。（4）家庭出现变故时。（5）与其他人发生重大纠纷时。（6）主动要求谈话时。（7）其他需要进行个别谈话教育的情形。

第三，谈话记录。矫正负责人对个案对象的谈话教育，应当认真做好记录，并根据个案对象的思想状况和动态，及时修订矫正个案，采取有针对性的个别教育措施。

① 俞国女：《我国社区矫正工作社会化模式的建构——基于社区矫正工作目标的分析》，载《浙江社会科学》2012 年第 4 期。

（五）实行个案档案管理

个案档案是实施个案矫正的载体，做好个案档案管理工作，将社区矫正对象的基本信息、评估结果、个人处方式矫正方案等按照信息档案管理技术进行管理，为个案矫正的实施与修正提供资讯。要求对每名社区矫正对象单独建立个案档案，由个案矫正小组中具体责任人负责填写和整理。

四、个案矫正的基本要求

个案矫正是基于社区矫正对象不同的犯因性问题和不同的矫正需求，依据特定的科学理论做指导，对社区矫正对象采取的个别化矫正措施。因此，个案矫正工作有其自身的基本要求。

（一）自助与助人相结合

自助与助人相结合是由个案矫正的本质和功能决定的。个案矫正不是社区矫正机构及其社区矫正工作者、志愿者等直接替社区矫正对象解决引发或可能引发犯罪的犯因性问题，而是通过和社区矫正对象一起寻求改善或消除问题的途径和方法，使社区矫正对象自主决定并按矫正方案进行自觉行动，促进其身心健康，增强社会适应能力，改变不良行为。自助是个案矫正的本质特征之一。引发或可能引发社区矫正对象犯罪的犯因性问题，是社区矫正对象在生命历程和社会生活中的各种变量引起的，受个人情感和心理因素的支配，具有个性主体化的特征，因而不能由别人包办替代。社区矫正机构直接解决引发社区矫正对象犯罪的犯因性问题，但是无法从根本上消除引发犯罪的犯因性问题。强制矫正是必要的，但自决和自觉接受矫正，则是实现社区矫正对象成为守法公民这一目标的重要内在因素。同样，只有在社区矫正对象自决和自觉的前提下，社区矫正机构通过帮助，才能激发社区矫正对象内在的解决问题的潜能，从根本上消除其引发或可能引发犯罪的犯因性问题。正如美国宾州大学教授奥多雷恩克所主张的，人的行为受个人意志的影响，一个人如果有了坚强的意志，他就可以控制和组织他的行为。① 自助是获得社区矫正对象个案矫正效果必备的条件。

助人是个案矫正的另一重要本质特征，也是个案矫正的重要功能之一。社区矫正对象之所以会犯罪，往往是因为其在社会生活中，生理生物、心理或环境等方面存在先天或后天的疾病、心理失调或对环境的不适等问题。因此，社区矫正机构应当通过建立起专业的职业化矫正工作者队伍，建立相应的制度、物质、精

① 翟进、张署编著：《个案社会工作》，社会科学文献出版社 2001 年版，第 13 页。

神等支持系统，在社区矫正对象自决自愿的前提和基础上，通过提供相应的资源、方法和技术，治疗其身心疾病，矫正其犯罪心理，改善其生活环境，从而改变他们的生活态度、行为方式或心理动机，强化社会生活适应能力，促进再社会化。目前，有些社区矫正机构建立了帮助社区矫正对象解决家庭困难的帮抚解困基金，开展帮助社区矫正对象解决家庭困难的活动等，实践表明，这些措施和活动只能一时缓解社区矫正对象引发犯罪的问题，或仅能缓解社区矫正对象社区矫正期间一时的心理危机。如果将社区矫正对象的心理危机，转化为提高自身认知水平和增强自身社会生活能力的愿望，进而进行相应的能动行动，无疑将有助于社区矫正对象从根本上解决心理危机，并由此达到消除引发其犯罪的犯因性问题，预防其产生新的可能引发犯罪的犯因性问题。所以，个案矫正是一项“授人以渔”而不是“授人以鱼”的活动。

（二）专业化与社会化相结合

个案矫正是一项专业化工作。这种专业化首先是由个案矫正的科学性和技术性决定的。社区矫正对象个案矫正是以法学、犯罪学、监狱学、社区矫正理论、心理学、教育学、伦理学、社会学和社会工作方法等学科知识以及技术、方法为基础的一项开放性活动。这就要求社区矫正机构必须建立起一支专门的受过良好专业教育和培训的专业化社区矫正工作者队伍。只有建立起一支专业化和职业化的社区矫正工作者队伍，才能使社区矫正工作者在特有的职业道德的规范下，运用专业知识和技术，以社区矫正对象为中心，为社区矫正对象提供专业的矫正服务工作，实现矫正的目标。其次是由社区矫正机构职能决定的。社区矫正机构是矫治教育社区矫正对象的专门机构。个案矫正工作者不仅是社区矫正机构的代表，更是依法履行社区矫正职能的工作者，在社区矫正工作中具有特定的角色和职责。这决定了个案矫正工作者具有特定的职业性。最后是由个案矫正关系决定的。个案矫正关系不是一种私人关系，而是一种专业关系。个案矫正工作者与社区矫正对象之间的矫正关系，是为达到使社区矫正对象成为守法公民这一特定目标而结成的专业关系。这种专业关系体现在关系的建立只是实现目标的手段而不是目的，一旦目标达到且社区矫正对象解矫，关系即告结束。同时，个案矫正关系也不同于其他个案工作关系，它尽管也强调社区矫正对象的自愿是建立关系的基础，但社区矫正的法律关系，决定了这一个案矫正关系具有特定的法律性特征。因此，建立起一支专业化和职业化的社区矫正工作者队伍，是实现矫正目标的保障。

社区矫正机构矫正资源的有限性和法治要求下的权力边界的有限性，客观要求社区矫正对象个案矫正还必须重视社会化。要提高个案矫正的有效性，必须建立起有效的社会支持系统，为社区矫正机构的个案矫正提供必要的资源。受社区矫正机构权力边界的限制，社区矫正机构不能直接改变社区矫正对象个案矫正的外部环境，因而需要一定的国家福利机关、社会福利机构或团体给予必要的支持。社区矫正机构不能直接在宏观方面改变社会的大环境，就必须要有国家的专门机关通过立法加以改变，为个案矫正创造良好的制度环境支持。在个案矫正中，社区矫正对象的家庭支持也是必不可少的，社区矫正对象家庭的情感、接纳和精神支持，对社区矫正对象自愿和自觉接受矫正具有积极的促进意义。建立一支个案矫正志愿者队伍，为个案矫正提供必要的人员支持，是拓展矫正资源的重要途径，也是社会宽容、接纳和保护社区矫正对象以及社会对现行刑事法律认同的重要表征，更是反映国家政治文明尤其是刑事法律制度文明的重要参照点。

社区矫正对象个案矫正的专业化是社区矫正机构为社会提供有效公共服务的重要表现，体现了国家福利性。个案矫正的社会化，是司法开放和司法权向社会回归，实现社会资源网络为国家司法的可调用性、支持性和认同性。社区矫正对象个案矫正既重视专业化，又重视社会化，实现专业化和社会化的有机结合，是现代刑事法律制度和矫正制度发展的总趋势。

（三）信任和尊重并重

社区矫正对象在个案矫正之初，并非一个自愿接受矫正服务的主体。因为，社区矫正机构的矫正活动，总是以社区矫正对象放弃为主要内容的，诸如，放弃原有的行为习惯、放弃原有的价值观等。但是，自愿矫正是建立良好个案矫正关系的基础。因此，社区矫正对象的信任是建立良好的矫正关系的必要条件。没有社区矫正对象的信任，是不可能有社区矫正对象的自愿矫正的。信任是建立良好矫正关系和获得有效矫正的重要策略之一。

在现实中，许多社区矫正机构的社区矫正工作者，常抱怨为社区矫正对象做了很多有利其向善的事，可他们总不领情，似乎矫正关系的对立性成了内在的不可克服的本质属性。对立的矫正关系是难以产生有效的矫正效果的。假如社区矫正对象是一名生病的病人，如果病人不信任医生而不愿接受治疗的话，那么任何治疗都难以保证其疗效。信任是社区矫正对象对社区矫正机构以及社区矫正工作者的矫正能力、矫正目的、矫正效果、矫正意义和矫正的社会价值等有明晰的了解认识，并对矫正效果的未来前景充满积极的期待。要让社区矫正对象信任，就要求社区矫正机构的社区矫正工作者，在矫正关系建立前，向社区矫正对象客观解释矫正的目的、效果、意义和价值，并对矫正效果充满自信。在分析沟通中，保持价值中立，用相关理论客观判断社区矫正对象存在的引发或可能引发犯罪的犯因性问题；对了解到的社区矫正对象的隐私进行保密，并作为职业操守向社区矫正对象予以说明。在矫正过程中应作为一个指导、帮助、督促、激励和效果的客观评价者，而不是裁判员。概括地说，最大限度地防止矫正关系的权力游戏化，才能让社区矫正对象信任，从而建立起以自愿为基础的良好的矫正关系，获得有效的矫正效果。

尊重社区矫正对象，也是建立良好矫正关系和获得有效矫正的重要策略之一。尊重社区矫正对象，就是在矫正过程中尊重社区矫正对象的人格，保障和维护社区矫正对象的权利；在关系建立时要尊重社区矫正对象的自主自决性；在分析沟通中要注重社区矫正对象个人对问题的看法和感受；在矫正技术和方法的确定中，要让社区矫正对象参与讨论和选择；在矫正方案的制订中，不仅要让社区矫正对象参与，而且要让社区矫正对象自主决定阶段性矫正作业和阶段性矫正目标；在矫正过程中，要用激励的策略激发社区矫正对象的主观能动性。

尊重社区矫正对象，总是与社区矫正对象的信任密切联系在一起的。没有社区矫正工作者对社区矫正对象的尊重，就不可能有社区矫正对象的信任。因此，在个案矫正活动中，必须既注重社区矫正对象的信任，也注重对社区矫正对象的尊重。

（四）个别与综合并重

个案矫正是行刑个别化原则的具体体现。在个案矫正中，必须承认社区矫正对象的个体差异性，即承认社区矫正对象生命历程、社会生活经历、犯罪史和引发犯罪的犯因性问题等方面的差异，基于差异性为社区矫正对象选择适当的矫正技术和方法，进行量体裁衣的制订和实施矫正方案。

“行为是个人与环境之间互动的结果，一个人的生物构成会以一定的形式限制他对环境的反应能力。不能仅靠单个因素来解释一个行为反应的原因。多种因素在复杂的系统中通过互动产生了特定的行为。”① 因此，在承认和注重差异性的同时，还必须注重社区矫正对象个案矫正的综合性。这要求在沟通分析中，要全面了解社区矫正对象的生命历程、社会生活经历和犯罪史等，以多维度的综合分析视角认识引发或可能引发社区矫正对象犯罪的问题及其产生问题的各种因素；在矫正方案的制订、实施和效果评价时，必须立足人的全面发展的视野，满足社区矫正对象的全面素质的提高和发展。这是实现社区矫正对象成为守法公民矫正目标的最可靠的保证。

个案矫正注重差异性，不是一种头痛医头、脚痛医脚式的矫正，而是建立在综合分析、治疗、调适、干预、教育和评价基础上的个别化活动。在个案矫正中，既注重个别又注重综合，是矫正工作科学化的客观要求和外在表征。

（五）价值无涉与以诚相待相结合

首先，关于价值无涉问题。犯罪问题是严重的社会问题，任何一种犯罪行为

---

① ［美］乔斯·B. 阿什福德、克雷格·温斯顿·雷克劳尔、凯西·L. 洛蒂：《人类行为与社会环境：生物学、心理与社会学视角》，王宏亮、李艳红、林虹译，中国人民大学出版社 2005 年版，第 34 页。

都会或多或少地给社会或社会公众造成损害，或者说任何一个罪犯都会对国家、社会、他人造成过这样或那样的伤害。由此，以罪犯为对象的社区矫正活动，极易产生价值涉入问题。这既是社区矫正对象个案矫正的特点，也是个案矫正存在的弊端。所谓“价值涉入”是指个案矫正过程中，社区矫正工作者把自己的价值观和道德倾向直接带入整个社区矫正活动中，从而使得个案矫正工作者戴上“有色眼镜”去看待社区矫正对象，看待社区矫正活动，给社区矫正对象贴上“坏人”的标签。这种价值涉入直接阻碍了社区矫正的开展。具体表现在：（1）在认识社区矫正对象的问题上，只讲“应该怎么样”，不看“实际怎么样”。脱离个案矫正的实际状况而过早地出现价值涉入。（2）将犯罪视为一种非文化现象，只讲犯罪与文化的异质对立，不讲犯罪与文明的同质关系。（3）认定社区矫正对象以前犯罪产生的恶劣结果必然是由相同恶劣的心理动因所致。（4）对环境因素和人的心理行为随意作道德标定。所谓“价值无涉”，是指在对社区矫正对象的观察、分析以及个案矫正过程中，排除社区矫正工作者以及其他参与者的主观好恶，全面、深刻、真实地研究社区矫正对象，以便得出正确的结论，促进社区矫正对象的再社会化进程。价值无涉原则使得个案矫正用最原本的方式显示其自身的过程和方向，因此，增大了个案矫正的效能。作为社区矫正的参与各方，应站在价值中立的立场上，冷静地、不带任何情感地、客观地阐释与评述社会、自然、文化及生理心理因素与社区矫正对象改造的关系，正确对待个案矫正过程中社区矫正对象改造所出现的起伏涨落变化及其规律性。只有如此，才能使社区矫正见成效。

其次，关于以诚相待。每一个人都希望得到别人的理解和尊重，作为社区矫正对象，虽然犯了罪，成了社会的罪人，但是，由于所处法律地位和生活环境的特殊性，他们比一般人更希望得到别人的理解和尊重。因此，社区矫正对象希望社区矫正工作者态度和蔼、诚恳可信。作为社区矫正工作者更应该进行角色移位，站在社区矫正对象的角度，多为社区矫正对象着想，多体验社区矫正对象的思想感情。这样，社区矫正工作者才会把社区矫正对象当作一个与自己一样的、平等的人来看待，诚实对待社区矫正对象，才能与社区矫正对象建立起良好的人际关系。在这一点上，社区矫正工作者还要注意两个问题：一个是社区矫正对象本身就存在这样或那样的缺陷，当我们进行个案矫正时，其不可避免地会表现出一些毛病，甚至是很严重的问题。但是，即使这样，也要平等对待他们，不要鄙视对方。要分清社区矫正对象本身与他所犯罪行以及缺点错误之间的界限，要使社区矫正对象明白你对他的罪行和错误感到不满，而不是对他这个人本身。因为每个社区矫正对象自身的缺陷，只是一方面或几方面的问题，而不是社区矫正对象在各个方面都存在问题，反之，在每个社区矫正对象身上还具有诸多的积极因素。另一个是切忌“板起面孔”教训社区矫正对象，这是我们社区矫正工作者最易犯的错误。尤其是年长的社区矫正工作者面对青少年矫正对象，或者社区矫正工作者认为自己具有法定的权威性，就以此为资本对待社区矫正对象。如果这样做，其结果只能引起社区矫正对象的反感，不可能吐露内心的实情，一旦社区矫正对象关闭了心灵的窗扇，信息就无法进一步沟通了。信息不能沟通，个案矫正工作也就无法进行。社区矫正工作者产生这类问题的根本原因，是不能把社区矫正对象当作平等的人来诚心对待，认为自己应凌驾于社区矫正对象之上。

第二节　个案矫正技术

个案矫正技术的种类很多，依照不同的标准，可分为不同的技术。在这里，主要介绍分类技术、沟通技术、情感介入技术、认知介入技术、干预介入技术、跟进技术等。

一、分类技术

（一）分类的概念和目的

分类有不同的定义。1950 年荷兰海牙国际刑法及监狱会议决议，对分类定义为："分类这一用语，在欧洲语言中，意味着首先按年龄、性别、前科、精神状态等因素的不同将犯罪人分别集中关押在特殊的监狱内，然后再在各监狱内将犯人细分成各种小组。"① 美国矫正协会将分类定义为：是一种给予罪犯不同的矫正活动分配，以提供最有效的、适应罪犯需要的矫正活动的方式。这里我们将社区矫正对象分类定义为：是指依据一定的标准和目的，对社区矫正对象进行划分归类，给予相应执行刑罚、监督管理、矫正教育、危机干预和社会救助的活动。

分类本身既是一种矫正活动，也是一种处遇方式，其目的是通过科学的分类，维护社区的安全和秩序，合理配置监督管理资源和矫正教育资源，节约刑事执行和矫正成本，提高刑事执行和矫正工作效率，最大限度地维护监管和社会的安全、秩序及稳定。

（二）分类标准

分类标准是分类的核心，决定着分类的科学性，也是分类的关键技术性问题。从分类的历史发展来看，由于理论不同，分类标准也不同。

现代分类制度经历了一个由创立、探索到发展的不同阶段。在不同的阶段有

① 张金桑、于广胜主编：《中国监狱现代分类制度理论与实践研究》，金城出版社 2001 年版，第 50 页。

许多不同的分类观点和理论，也提出了不同的分类标准。不同阶段中的有代表性的分类标准，旨在说明不同的矫正思想有不同的分类标准。分类标准作为现代分类制度的重要内容，大体上经历了由简单到多样化、由定性到定量、由一维的单一分类到综合多元分类体系的发展过程。

在美国的社区矫正中，"对罪犯的分类通常有三种尺度：一是罪犯的危险性，主要考虑罪犯今后犯罪的可能性；二是罪犯的需要，主要考虑罪犯与犯罪有关联的需要结构；三是矫正项目与罪犯的适应，主要考虑矫正的处遇项目是否适应罪犯的需要和情况"①。我国有学者认为，可以社区矫正三大类任务为基础或主线进行分类，即以风险防控为目标对社区矫正对象实施分类管理；以社区矫正对象罪与罚的主要特征为标准实施分类管理；基于社区矫正对象生活及就业需求实施分类管理。② 从目前我国社区矫正对象分类实践看，各地做法不尽相同。但大多数地区分类的依据为：社区矫正对象的犯罪类型、犯罪性质、社会危害性、刑事处罚类型、现实表现等，在不同分类和综合评估的基础上，依据不同类别，设计有针对性的矫正方案。

（三）定性分类技术

这种方法是按预设的主观标准对社区矫正对象所进行的分类。常见的社区矫正对象定性分类，最典型的是根据刑事处罚类型进行分类，依据《刑事诉讼法》《社区矫正法》《社区矫正法实施办法》等相关规定，以社区矫正对象所受刑事处罚为标准，将社区矫正对象分为三大类：被判处管制及宣告缓刑的罪犯、被暂予监外执行的罪犯、被假释的罪犯。另外，根据年龄进行分类，依据未成年社区矫正对象和成年社区矫正对象在社会化程度、心身成熟程度、个体特征、世界观、人生观及价值观等方面的差异，采取不同年龄段的个案矫正方法。根据社区矫正对象犯罪类型进行分类，可分为情感型、财产型、暴力型、过失型、信仰型等类型，依照不同类型犯罪人的人身危险性、价值观偏差和行为缺陷等，对他们在思想汇报、个别教育、集中学习、公益活动、监督考察等方面规定了个案矫正措施。根据社区矫正对象人身危险性进行分类，按照危险性程度的大小将社区矫正对象分为不同类别，并施以个性化矫正方案和矫正方法，有针对性地逐步弱化社区矫正对象的人身危险性。

（四）定量分类技术

这主要是指采用可量化的客观分类工具，诸如心理量表、人身危险性评分

---

① 刘强：《美国社区矫正的理论与实务》，中国人民公安大学出版社 2003 年版，第 191 页。

② 戴艳玲：《社区服刑人员分类管理标准探析》，载《犯罪与改造研究》2018 年第 6 期。

表等，通过对社区矫正对象进行检测或评分，依据检测的结果，对社区矫正对象所进行的分类。定量分类方法的主要步骤：首先是解决分类变量的范围问题，即选择分类变量的范围。这一步必须明确分类理论原则和分类目标、排除无关变量的范围、剔除无效变量和防止使用过多的分类变量。其次是建构分类。注意选择适当的分类方法、选择类型相似的系数。再次是分类的内在实用性检验。内容包括分类类型的内在同类质性、分类技术，可靠性和内在一致性，材料的运用等。最后是分类体系的外在实用性检验。[①] 定量分类方法中，比较典型的如美国赫伯特·C. 奎伊创立的成年犯内部管理体系中的分类方法。他采用基本分类工具——矫正适应量表和生活史量表，对矫正对象进行量化分类。通过量表的分值把矫正对象分出侵略——心理病态类型；情境反应类型；不适——隶属类型；依赖型和精神病患者——焦虑类型，并对每一类型矫正对象的行为特征进行描述。

（五）定量与定性结合的分类技术

社区矫正对象分类是一个多目的、多标准的分类体系，因而仅采用定性或定量的分类方法，不能满足对社区矫正对象的关押、管理和矫正的需要。因而，必须依据不同的目的、标准，采用定性和定量相结合的分类方法。诸如按社区矫正对象的年龄、性别，在对社区矫正对象进行定性分类的基础上，同时采用人身危险性评分表进行定量分类；在管理上可采用按罪行的性质对社区矫正对象进行定性分类管理的同时，采用赫伯特·C. 奎伊的量化分类方法，对社区矫正对象做进一步的分类。在矫正分类中，可对社区矫正对象的现实表现进行计分量化分类，同时由社区矫正工作者对社区矫正对象的矫正效果做出定性评价分类。一个科学的分类体系必须要采用定性与定量相结合的分类方法，才能充分发挥分类的功能，达到分类的不同目的。

（六）活力分类的技术

1. 活力分类的概念。活力分类是基于矫正需要而不断重新分类的过程。活力分类是一个包含管理、矫正和处遇统一的活动过程。广义的活力分类包括人身危险性分类和再分类、管理分类和处遇分类。这里的活力分类仅指管理分类和处遇分类。活力分类是分类体系中必不可少的重要组成部分，直接体现安全和矫正的目的。

2. 活力分类的标准。基于分类的目的，管理分类的标准可设定为：犯罪性质、心理特性、危险性、矫正难易程度、行为特征、社区矫正时间、矫正需

---

① 张金桑、于广胜主编：《中国监狱现代分类制度理论与实践研究》，金城出版社2001年版，第77页。

要等。

除上述分类标准外，目前常见的管理分类，往往将上述标准进行综合，或把上述分类标准与处遇分类标准进行综合，对社区矫正对象进行管理分类的同时给予相对应管理级别的处遇。

管理分类的标准是多样的，结合我国社区矫正的实际状况，在管理分类上可考虑的标准是：罪行性质（重点是犯罪构成的客观要件的特征、主观要件的特征和客体的性质）、人身危险性程度、心理危险情况、服刑时间（社区矫正时间）、心理特征和矫正需要等进行综合，即综合性标准。

3. 活力分类的技术。

（1）评议。主要由具有心理学、社会工作理论、教育学、犯罪学等不同知识的社区矫正工作者，分别采用不同的专业知识，对社区矫正对象的犯罪情况、人身危险性、矫正难易情况、矫正效果等进行主观分析、评价和讨论，决定给予社区矫正对象不同的管理级别和处遇等级，并据此进行管理和处遇分类。

（2）检测。这主要是采用明尼苏达多相人格量表、艾森克人格量表、人身危险性检测表、矫正难易评价表、高危行为评价表、自杀检测表等，对社区矫正对象进行检测评价，对社区矫正对象进行管理和处遇分类。

（3）观察记载。社区矫正工作者对社区矫正对象在社区矫正期间的行为表现进行观察和记载，概括其行为的相同或相似性，即行为特征，据此进行管理分类，同时按行为特征给予不同的行为矫正和处遇，或通过对社区矫正对象一定时间的现实表现进行观察和记载，进行主观分析评价，依据评价结论进行分类和给予社区矫正对象不同的处遇。

（4）调查。调查的方法主要用于管理分类。一般通过对社区矫正对象的犯罪状态、违法犯罪史、社会化情况等进行走访、函调、面谈、阅档等具体方法，收集相关资料，进行主观分析，撰写出具有管理分类结论性的调查报告，对社区矫正对象进行管理分类。

（5）综合。这主要是通过主观与客观相结合、定性与定量相结合的综合分析评价的方法，对社区矫正对象进行管理和处遇分类。在管理分类中，一般采用相关心理量表、矫正适应量表和生活史量表、人身危险性和矫正难易程度检测表、自杀和高危行为评价表等，对社区矫正对象进行测量或检测，并结合分类调查的情况，对社区矫正对象进行综合分析评价和分类。在处遇分类中，通过对社区矫正对象进行心理量表测量、专家主观评议和观察记载等方法，对社区矫正对象的矫正效果进行综合分析评价后给予相应的分类。

二、沟通技术

（一）沟通的概念

沟通原指开沟使两水相通，引申为使双方能够通连。沟通是人际交往中必不可少的一种方式和手段，是相互交往中的信息传递和交流的过程。沟通有很多种方式，从沟通的方式而言，包括一对一的沟通（个别谈话）、一对多的沟通（集体教育）、多对一的沟通（帮助会），多人相互之间的沟通（座谈会、讨论会等）；从沟通的载体而言，有口头、书面、肢体语言；从沟通的途径而言，包括面对面的、电话、网络、电视、广播等各种途径。个案矫正中的沟通是指社区矫正工作者与社区矫正对象之间的信息、情感、需要、态度、价值观等要素的传递、反馈、交流、相互影响的一个互动过程。

（二）沟通的过程

沟通过程由沟通发起者、信息、载体、信息接收者、反馈、障碍和情境七个环节组成。

1. 沟通发起者。沟通发起者启动沟通过程，确定沟通对象，选择沟通目的。在个案矫正中的沟通发起者可以是矫正工作者，也可以是社区矫正对象。沟通发起者一般具有一定的主动性，有较强的沟通欲望，有明确的沟通目的，并会为沟通做必要的准备。

2. 信息。信息是传递给他人的观念、情感、感受等。但个体的观念、情感、感受等必须转化为各种不同的可以为他人觉察的符号。在各种符号的系统中，最重要的是词语。词语可以是声音符号，也可以是形象符号（文字）。面对面的沟通中除了词语本身以外，还有沟通双方的心理状态的信息，如表情、姿态、动作、笑声等，使沟通双方产生情绪的互相感染。矫正工作者在与矫正对象的沟通过程中，要充分注意社区矫正对象的心理状态信息。因为社区矫正对象的语言信息大多是经过精心准备或经过层层过滤筛选的，有许多信息容易使矫正工作者误解。在沟通的过程中有一个信息衰减规律，即信息付出者所发出的信息，不能为接受者完全感受到、理解全、接收到，造成发出的信息总是大于所接受的信息。接收信息者总是按照自己内在的参考框架对信息进行选择、过滤、理解、接受和做出反应。所以在沟通过程中，无论发出信息，还是接收信息，都要对这些有充分的了解。

3. 载体。沟通常用的载体是语言和声音等视听信息，个体的感官均可接受。沟通是以视听沟通为主的沟通。在沟通的载体中除了语言、文字外，还有其他大量的沟通载体。美国著名的心理咨询师曾把这些沟通载体归纳为：在“交流中具有重要意义的非语言行为存在五个纬度：身体动作、副语言、空间效应、环境因素和时间。躯体运动（或动作行为）包括手势、身体动作、面部表情、眼部运动和姿势”①。在与社区矫正对象的沟通过程中也同样大量存在非语言的沟通信息。但在实际沟通过程中，矫正工作者一般对此不太重视，有的根本没有意识到这些，更没有对此做过多的了解和运用。事实上，在沟通交流中，非语言信息更能反映人的真实心态，更能反映人最本质的心理需要，有利于社区矫正工作者做出正确全面的判断。任何一个谈判专家、沟通高手，都对非语言信息非常重视。在国外，非语言信息已经成为一个专门的学科。在与社区矫正对象的沟通交流中，社区矫正工作者经常遇到的社区矫正对象常出现的非语言信息载体主要有：(1) 眼睛。眼睛是心灵的窗户。眼睛是最有效的显露内心世界的途径。(2) 面部表情。面部表情是另一种可以完成精细信息沟通的体语形式。人的面部有数十块肌肉，可以正确地表达极其丰富的情绪情感，传达各种不同的心境和态度。(3) 身体运动。身体运动是一种体语，其中手势占有重要的位置。(4) 类语言。类语言是指语言内容以外的因素，主要有：谈话中语言的音量、音调、说话的速度、节奏、停顿、沉默、言差语误、是否流利等。(5) 空间效应。空间效应是由环境、个人空间距离、家具摆放、座位的安排、各种随机因素的参与或干扰等因素在沟通中综合起作用的结果。在沟通中、交往中双方的空间距离，由于人际关系不同，人际的距离也就不同。美国学者霍尔根据对美国白人中产阶级的研究提出四种人际距离：一是公众距离，即在正式场合，演讲或其他公共场合的人际距离，此时的沟通往往是单向的；二是社交距离（1.2 米到 3.6 米），即彼此相识的人交往的距离，许多商业交往多发生在这个距离上；三是个人距离（0.45 米到 1.2 米），即朋友之间交往的距离，此时人们说话温柔，接受大量的体语信息；四是亲密距离，即亲人、夫妻之间的距离，在此距离上双方均可感到对方的气味、呼吸、体温等私密性感觉刺激。一般情况下，矫正工作者与矫正对象，在沟通谈话中，以 0.8 米到 1.5 米的距离较为合适。

4. 信息接收者。信息接收者是沟通的另一方。个体在接收带有信息的各种音形符号后，根据自己的已有经验把它理解为对方试图发出的信息。信息接收者和信息发出者总是在沟通过程中相互转换的。世界是感知中的世界，所以信息接收者一般都会根据自己的愿望、需要来选择、筛选、过滤信息，无论是社区矫正对象还是社区矫正工作者，都容易发生这种现象。

5. 反馈。在沟通中，双方都会不断地把信息回送给对方。这种信息回返的过程是反馈。反馈能使沟通成为双向的互动过程。反馈可以告知信息发送者，接受者所接受和理解信息的多少、理解的程度、个体的感受、沟通的态度等各种状

---

① [美] 谢里·科米尔、保拉·S. 纽瑞尔斯：《心理咨询师的问诊策略》，张建新译，中国轻工业出版社 2004 年版，第 51 页。

态。这种反馈不仅仅是靠语言，更多的是各种非语言信息。“水因地而制流，兵因敌而制胜。”要取得良好的沟通效果，社区矫正工作者必须根据社区矫正对象反馈的信息做相应的调整和改变，如果执着拘泥，过于以自我为中心，是难以取得良好的沟通效果的。

6. 障碍。人际沟通常常发生障碍，例如信息源的信息不充分或不明确，编码不正确，信息没有正确地转化为沟通符号，误用载体及沟通方式，接受者的误解以及信息自然的衰减等。此外，沟通双方的主观因素也可能造成障碍，例如彼此缺乏共同的信任，也难以有效沟通。社区矫正工作者与社区矫正对象沟通中常见的沟通障碍主要有：沟通双方的地位不平等、目标差异、认知、价值观念的差异等。

7. 情境。情境是发生沟通时的主要背景。情境可能影响沟通的每一个因素以及整个沟通过程。这是因为沟通的许多意义是背景提供的，同时沟通中的词语意义也会随着背景不同而改变。在实践中，沟通中的情境主要有三种形式：一是客观情境，社区矫正对象严重违规，受到违纪处理，在社区矫正工作室谈话是一种场景；受到法律奖励后，在谈话室谈话是一种场景；与亲人团聚，又是一种场景，生产现场、学习现场、生活现场等都是不同的客观情境。二是沟通时双方的心境，不同的心境不仅会影响沟通的愿望、投入程度，而且会带来不同的沟通效果，甚至在恶劣的心境下有时会做出始料不及的伤害沟通关系的事情。三是沟通双方的关系背景，尽管社区矫正工作者与社区矫正对象的关系是一种工作上的关系，是一种职业关系，但双方在心理上、感情上总会有不同程度的对立卷入，这种卷入的深浅直接影响沟通效果。社区矫正工作者与社区矫正对象进行沟通交流前，如果能注意到这三种情境，并做必要的准备，应该会有良好的沟通效果。

（三）建立沟通关系的技术

有效的个案矫正必须要有一个良好的矫正关系，而良好的矫正关系是建立在一个具有良好的沟通关系的基础上的。同样，一个有效的沟通必须有一个良好的关系，只有在良好的沟通关系氛围中，沟通的双方才有沟通的愿望、兴趣，才能较好地表述、传递和相互交流，才能心平气和地理解、认同和接受彼此的情感、态度、思想和相关信息。否则，没有良好的沟通关系，甚至关系紧张、冲突、矛盾，彼此反感、戒备、抵触和敌对，沟通的双方就会筛选、误解沟通中的各种信息。同样的信息在不同的沟通关系中，会有根本不同的理解，带来完全相反的效果，甚至导致矫正不能。所以建立良好的沟通关系是一项十分重要的沟通技术。建立沟通关系的技术具体包括承认接纳、尊重、共情和积极关注。

1. 承认接纳。社区矫正对象个案矫正关系与其他个案社会工作关系的重要区别就是非自愿性。这种非自愿意性主要表现为社区矫正对象是在法律强制要求下接受社区矫正机构的矫正服务的；同时矫正服务往往又是以社区矫正对象必须放弃为内容的。因此，社区矫正工作者在初次与社区矫正对象接触和面谈时，往往遇到的是一个充满敌意、对立、怨恨等情绪的社区矫正对象。社区矫正工作者要和他们建立起良好的沟通关系，进而形成良好的矫正关系，促使他们积极改变，是一个非常艰巨的任务。对社区矫正对象进行矫正教育是社区矫正机构和社区矫正工作者的职能和责任。社区矫正工作者面对非自愿的社区矫正对象，要建立良好的沟通关系，就必须要接近社区矫正对象，只有接近了社区矫正对象，才能形成沟通关系，进而建立起良好的矫正关系。社区矫正工作者首次与社区矫正对象接触和面谈时，就应采用承认接纳的技术。

承认接纳是指社区矫正工作者把社区矫正对象作为一个有独立意志和权利、受到尊重的人来接受，承认其有独特的个性、气质、观念、态度等。当然，承认接纳不是要求矫正工作者赞同。“赞同是一种价值判断，而接纳是中性的，既不表示同意，也不表示反对。”① 承认接纳实际上就是社区矫正工作者要持一种包容的态度，去包容社区矫正对象的感受、想法、优缺点、积极和消极的情绪、建设性和破坏性的态度和行为等。社区矫正工作者承认接纳的态度可以创造一种和谐的、自由的和轻松的气氛，缓解社区矫正对象的敌意、对立、抵触、紧张等情绪，使社区矫正对象能畅所欲言，坦诚地披露个人的观点和看法，说出问题。

承认接纳是社区矫正工作者的一种价值中立的态度。但这种态度往往需要社区矫正工作者的行动来表明和证明，从而达到接近社区矫正对象，建立起良好的沟通关系的目的。

2. 尊重。一名合格的医生不会歧视自己的病人，不会对病人的各种病症厌弃，不因病人的地位、身份、学识、财产状况开处方。同样，作为社区矫正工作者，面对社区矫正对象，面对其人性中的消极、阴暗、龌龊、扭曲、丑陋和危机；面对其背离主流文化和道德的各种价值观、人生观、世界观等，尽管社区矫正工作者不认同、不同意，甚至还会特别反感、厌恶。但是，社区矫正工作者反感厌恶的不应该是社区矫正对象本人，同时还要深刻认识到：许许多多的负面的东西，在社区矫正对象身上发生应该有其必然的规律，有其自然的轨迹，在他们身上发生是正常的，是完全可以理解的。尊重社区矫正对象的意义在于可以给社区矫正对象创造一个安全、温暖的氛围。这样的氛围使其可以最大限度地开放自己，可以使他们感受到自己被尊重、被接纳，获得一种自我价值感。尊重意味着把社区矫正对象作为有思想感情、有内心体验、生活追求和独特性与自主性的活生生的人去对待。美国著名的心理学家卡尔·罗杰斯认为：使人格产生建设性改变的关键性条件之一是无条件地尊重。沟通中双方一般根据对对方了解的程度决定是否透露自己的情感和要求。社区矫正工作者与社区矫正对象在沟通的过程中，使社区矫正对象感到社区矫正工作者要居高临下地矫正他们，大多数的情况

① 翟进、张署编著：《个案社会工作》，社会科学文献出版社 2001 年版，第 121 页。

下，社区矫正对象会因感到压力而拒绝与社区矫正工作者进行深入的交流。

社区矫正工作者要做到对社区矫正对象恰到好处地尊重，第一，要转变观念。社区矫正工作者要真正在实际工作和日常行动中，践行现代矫正理念，坚持改造人的根本宗旨不动摇，始终以人为本，实行人性化管理和矫正。第二，对社区矫正对象要以礼相待。社区矫正工作者要严格规范自己的行为和语言，在与社区矫正对象的接触中，不歧视、不羞辱、不嘲笑、不迁怒、不贬损，严格按照国家和社区矫正机构规定的职业规范操作，“言必中矩，行不离仪”，以职业规范操守严格约束自己。第三，尊重要以真诚和客观为基础。“精诚所至，金石为开”，社区矫正工作者要对社区矫正对象有真诚的态度，并要通过各种方式让社区矫正对象感受到这种真诚。这是对社区矫正对象尊重的一个非常重要的内容。对社区矫正对象的尊重从某种程度上也是对社区矫正工作者自己的尊重。但是，尊重并不是对社区矫正对象没有原则，没有是非，姑息迁就，养虎为患。对社区矫正对象的各种不正确思想、言语、行为、不健康的心理等，对此表示理解，只是说明承认这种事实，认识到这种现象存在的事实逻辑，并不表示认同，更不能回避和掩饰，否则，就失去了社区矫正工作者最起码的原则和立场。对社区矫正对象消极的、负面的、错误的各种言行，一旦发现，社区矫正工作者都不能听之任之，都要以真诚的态度、恰当的方式予以指出，并帮助社区矫正对象分析原因，促使其予以全面改正。

3. 共情。共情是指社区矫正工作者运用沟通技巧，准确全面地理解、感受、体验、把握并反馈社区矫正对象内心的感受、体验、情绪、情感等心理和思想的一种技能。它包括三个方面的含义：一是社区矫正工作者借助社区矫正对象在沟通中反馈来的各种信息，深入对方内心去体验他们的情感、思维；二是借助知识、经验，把握社区矫正对象的体验与他的经历和其违法犯罪之间的联系，更好地理解社区矫正对象的心理特点、人格特质、行为倾向、思维模式，更好地把握其违法犯罪的渐变过程、发展轨迹、恶习程度、思想趋向等；三是利用沟通技巧，把自己对他的理解、情感、体验、想法反馈给社区矫正对象，以影响对方并取得反馈。共情在社区矫正工作者与社区矫正对象的沟通中是必要的，有着非常重要的意义。能够使社区矫正对象感到自己被理解，被接受、关心和关注，可以有效地解除社区矫正对象的观望、怀疑、防御、戒备等各种有碍于沟通的心理障碍；能够在最短的时间内，缩短与社区矫正工作者的心理距离；能够取得社区矫正对象的信任、信赖和心理归属，从而为建立良好的沟通关系奠定坚实的基础。如果在沟通交流中缺乏共情，就会使沟通变得困难重重。这主要表现为：一是社区矫正对象感到失望，认为社区矫正工作者对自己不了解、不关心，从而社区对矫正工作者、对社区矫正机构产生冷漠、隔阂、敌意等各种负面消极情绪，由此封闭、隐蔽自己的思想情感，减少甚至停止自我表达。二是会使社区矫正对象感到受伤害，由于缺乏共情，社区矫正工作者没有进入社区矫正对象的参照框架，过多地立足于自己，过于以自我为中心，在沟通中面对社区矫正对象的千头万绪、错综繁复的问题，必然会表现为不耐烦、反感甚至批评和指责，使社区矫正对象感到受伤害，影响社区矫正对象接受个案矫正的信心。三是自我悔悟、自我探索是社区矫正对象成长、进步的必要步骤，缺乏共情，对社区矫正对象的体验、感悟、探索不加注意，就会影响社区矫正对象的自我探索。缺乏共情，社区矫正工作者就不能真正了解和掌握社区矫正对象的问题和需要，因而做出的反应也常常缺乏针对性，影响对社区矫正对象的矫正。

4. 积极关注。积极关注是对社区矫正对象的言语和行动的积极面给予关注、指出、强化，从而使其拥有正向的价值观。积极关注往往能帮助社区矫正对象走出自己的阴暗心理和负面评价，全面地认识自己和周围，看到自己的长处、光明面和对未来的希望，从而树立个案矫正信心，消除迷茫。这涉及对人的基本认识和基本情感。毛泽东认为："人是可以改造的。"人本主义心理学也一贯强调人是可以改变的。社区矫正工作者必须牢固树立一种观念，即社区矫正对象是可以改变的，每名社区矫正对象身上也有这样或那样的长处和优点，都有潜力存在，都存在一种积极向上的成长动力，通过自己的努力、外界的帮助，都可以比现在更好。

三、介入技术

（一）情感介入技术

处理社区矫正对象的情感是社区矫正工作者在个案矫正服务中所面临的重要问题。处理好社区矫正对象的情感，有助于社区矫正对象形成正确的价值观、人生观、道德观，形成良好的健康心理，增强矫正信心，提高解决犯因性问题的能力，促进社区矫正目标的实现。在社区矫正对象情感介入上，主要采用两种技术，一是建立宣泄室，让社区矫正对象在矫正中所遇到的不良情感有一个合适的宣泄场所和宣泄对象，并学会采用宣泄的方法处理个人的情感；二是倾诉，社区矫正工作者要营造一个良好的、安全的和开放的氛围，引导社区矫正对象诉说他过去的经历以及内心的情感，帮助其学会如何处理情感问题。

（二）认知介入技术

大多数社区矫正对象犯罪的一个重要原因，是由于其认知水平低下，认知结构错误，自我对话扭曲。提高社区矫正对象的认知水平，重构其认知结构和改善其自我对话，使其不良行为发生内在的根本性改变，是个案矫正的重要任务，也是实现社区矫正根本目标所必要的。社区矫正工作者在对社区矫正对象进行认知介入服务时，必须首先让社区矫正对象明了其低下的认知水平、错误的认知结构和扭曲的自我对话等因素，对他的犯罪所产生的作用和影响。其次要帮助社区矫正对象认识到他的犯罪是那些错误的人生观、价值观、道德观等内在信念以及相应的思维模式下的必然结果，并指明这些错误的内在信念的思维模式给他带来了哪些危害，提高他的认知水平，重构认知结构和思维模式，将给他带来哪些积极的意义。再次是帮助社区矫正对象改善自我对话。最后是帮助社区矫正对象在他的认知方面有所改变、改善时，学会不断地自我表扬，以激发信心和勇气。

（三）干预介入技术

社区矫正对象在社区矫正期间，也会突遇各种困难和困惑，使其处于危机状态。如果社区矫正工作者不及时对社区矫正对象所面临的危机进行必要的干预介入，将会影响社区矫正工作的顺利进行和社区的安全和秩序，给社区矫正对象自己、他人和社会造成不应有的危害。在社区矫正对象面临危机时，社区矫正工作者应将危机干预置于当前优先的矫正服务。危机干预的步骤是：确定问题；保证安全、给予支持、提出并验证可变通的应对方式；制订计划；得到承诺，采取积极的应对方式。① 在危机干预中，评估社区矫正对象及其危机境遇是关键。检查的方面主要包括：评估危机的严重程度，社区矫正对象的思维方式、情感、情绪体验和行为方式，危机的持续时间和死亡的可能性，了解社区矫正对象的背景资料及其能动性，评价社区矫正对象的自身能力、应付机制，以及有关的支持系统。倾听是危机干预的基本技术，具体包括积极参与、同情、关心、理解和接纳等。干预技术包括非指导性、安全性和指导性策略，要考虑个体差异与安全性，与处于危机的社区矫正对象共同找出和验证可供选择的变通应付方式，帮助其计划和保证付诸行动，合理地利用有关其他帮助机构。②

四、跟进技术

个案矫正的跟进，是指结案后为巩固矫正效果和维持社区矫正对象的自我矫正，而对社区矫正对象所进行的后继性回访服务。个案矫正跟进是结案后的矫正服务工作，是社区矫正工作的继续，也是社会综合治理的重要组成部分，其目标依然是使矫正对象成为守法公民。

---

① ［美］B. E. Gilland、R. K. James：《危机干预策略》，肖水源等译，中国轻工业出版社 2000 年版，第 35 页。

② ［美］B. E. Gilland、R. K. James：《危机干预策略》，肖水源等译，中国轻工业出版社 2000 年版，第二章。

（一）跟进的方式

社区矫正工作者介入方式的不当，往往会引起社区矫正对象和他们的家庭反感而拒绝跟进服务。因此，社区矫正工作者必须选择适当的跟进服务方式。社区矫正工作者在采用具体的跟进服务方式时，必须遵循因人而异和因时、因事、因情景而异的原则。一般的跟进方式主要有：

1. 回访。回访是社区矫正工作者按预先约定的时间，与正在矫正的或已解除社区矫正的社区矫正对象，在约定的地点或他们的家中，进行面谈。

2. 电话。对于已解除社区矫正的矫正对象，如果有条件，社区矫正工作者可按约定的时间与他们进行电话交谈。

3. 走访。对于已解除社区矫正的矫正对象，为了更全面地了解他们的情况，检查矫正效果的巩固状况，整合跟进服务所需要的支持性社会资源，社区矫正工作者可以到政府有关机关、基层组织、社会团体或对个人进行走访。

（二）跟进服务的策略

1. 约定。社区矫正工作者在制订矫正方案时，应就结案后的跟进问题与社区矫正对象进行讨论和协商，达成共识。在讨论时，应向社区矫正对象说明跟进的原因，让社区矫正对象充分了解和认识到跟进服务的作用和意义，在心理上有所准备，不至于将来结案后产生抗拒心理，从而自愿接受跟进服务，并使跟进服务成为矫正的自然组成部分。在结案时，社区矫正工作者应再次向社区矫正对象说明，并就跟进服务的时间、方式等和社区矫正对象进行详细明确的约定。

2. 适时。跟进服务在次数上不宜过频，时间不宜过长。次数过频容易使社区矫正对象厌烦而产生抗拒，同时会增加工作量而影响其他矫正工作。跟进时间过长，则会使社区矫正工作失去主次之分，失去原有的作用和意义。跟进的时间应集中在结案后的六个月内，最长在一年之内；在次数上，应以一个月一次为宜。在结案的初期可适当增加跟进的次数。因为这一时期是检验和巩固矫正效果和评价矫正效果的最佳时间。

3. 适宜。跟进服务的方式和内容要适宜。如果是采用回访、电话或信件的方式进行跟进服务，在面谈或交流时不必过于正式，应创造一个轻松的面谈氛围或话题。面谈或交流的话题应主要围绕他们的学习、生活和工作的现状进行，也可以以矫正前和矫正后的对比为话题。在面谈或交流时，要表现出社区矫正工作者的真诚关怀态度，对他们遇到的困难要给予积极的帮助、指导和建议反映，并能获得明显的成效。对超越社区矫正机构和社区矫正工作者权力和责任范围的要求或困难，可以采用转介的方式解决。

4. 协调。对结案后仍在社区矫正机构接受矫正的社区矫正对象，应把跟进服务与社区矫正机构的管理、教育、处遇制度和激励机制结合起来。通过有效的管理、教育、处遇制度和激励机制，促进跟进服务的品质，进一步巩固矫正的效果。结案后，如果社区矫正对象已解除了社区矫正，跟进服务应与社会支持系统相协调，与安置帮教工作相结合，更应纳入社会综合治理工作，发挥社会支持系统、安置帮教和社会综合治理工作对跟进服务的促进作用，以达到进一步巩固矫正效果和预防犯罪的目的。

第十七章 心理矫正

心理矫正技术是心理健康教育、心理咨询技术、心理测量技术、心理治疗技术等的综合应用，从目前来看，是我国社区矫正中，对社区矫正对象实施矫正的最主要的技术手段。《社区矫正法》第40条规定了为社区矫正对象提供心理辅导等服务；《社区矫正法实施办法》第43条规定："……根据社区矫正对象的心理健康状况，对其开展心理健康教育、实施心理辅导……"本章主要介绍对社区矫正对象心理健康教育的相关问题，针对社区矫正对象最常见的心理问题、心理障碍和心理疾病，所应用的基本技术。

第一节 心理健康教育

一、心理健康的内涵及其标准

（一）健康

1948年，世界卫生组织对"健康"一词做出了定义："不但没有身体的缺陷和疾病，还要有完整的生理、心理状态和社会适应能力。"随着社会的发展和变迁，尤其是现代社会情境下，人类对自然界的认识越来越深刻，对各种疾病的防治技术越来越先进。因此，由于生活的自然环境恶劣和生活贫困所产生的疾病越来越少，人类的寿命逐步增高。基于生理疾病衡量一个人是否健康的成分相对减少。恰恰相反，由于现代科技的发展，城市的集群化，生活节奏的加快，人们的生活环境处在一个紧张状态之下，导致了现代人的心理压力越来越大。而心理压力不仅会导致人们的敌意、猜疑、嫉妒等心理障碍或心理疾病，而且又直接或间接地引发了生理疾患，如头痛、高血压、冠心病等。因此，人们对健康的认识就受到了新的挑战，不得不以新的视角，全方位地思考。

究竟什么是人的健康？健康的内涵到底是什么？

1974年，联合国世界卫生组织（WHO）对健康的定义进行了修改，把它界定为"健康是人的肉体上、精神上和社会适应方面的完好状态，而不仅仅指无疾病或非体弱的状态”①。并且认为，尽管人的心理或精神、人格健康的标准由于不同种族和国家的认识不同。但是，有三条原则是精神或人格健康的共同标志：一是自我控制的能力；二是正确对待外界的影响的能力；三是保持内心平衡和满足状态的能力。② 这个定义，使人们对健康的认识扩展到更广阔的领域。它突破了人们对疾病的根源的传统看法与偏见，疾病已经被认为是人类有机体在与自然环境和社会环境的相互作用中不能应付刺激或不能适应社会生活环境的结果。更注重疾病的根源是社会文化对心理活动的制约，是心理活动影响生理功能和社会适应功能的产物。

我国医学专家傅连暲认为“健康”的含义应包括如下的因素：①身体各部分发育正常，功能齐全，没有疾病。②体质坚强，对疾病有高度的抵抗力，并能刻苦耐劳，担负各种艰难繁重的任务，经受各种自然环境的考验。③精力充沛，能经常保持清醒的头脑，全神贯注，思想集中，对工作学习都能保持较高的效率。④意志坚强，情绪正常，精神愉快。从此可以明确看出，人的健康，包括生理健康和心理健康。

我国著名的心理学家丁瓒教授也认为：心理活动不应被排除在病理原因或过程之外。这就是说，一个人生理上患病大都有心理上的原因，或是由心理因素导致的。美国通过对大量的临床病例研究表明：65%的病人患病原因与社会逆境有关；35%的病人在很大程度上是心理状态不好而引起疾病的。③ 我国及其他国家的研究，也得出相同或相似的结论。因此，健康实际上是人们对身体、精神心理和社会交往状态的一种判断。如果一个人有良好的身体、精神和社会行为适应，那么这个人就是“健康的”。否则，就是不健康的。生理、心理与行为适应，是不可分割的，它决定着健康的整体性。

（二）心理健康

关于心理健康，目前不同的专家学者，仁者见仁，智者见智，对它的理解尚不统一，但是，这种差异是有限的，其基本内容在总体上是一致的。例如，日本学家松田岩男教授认为：心理健康是指这样一种心理状态，即人的内部环境能以社会上认可的形式进行适应。也就是说，一个心理健康的人遇到任何社会刺激或碰到任何社会障碍及困难，都不会心理失调，都能按社会的要求去行为。《简明不列颠百科全书》将心理健康定义为：“心理健康是指个体心理在本身及环境条件许可范围内所能达到的最佳功能状态，但不是十全十美的绝对状态。”④ 它是

① 戴木才：《精神健康》，百花洲文艺出版社 1999 年版，第 3 页。
② 何为民主编：《罪犯改造心理学》，法律出版社 2002 年版，第 211 页。
③ 宋鸿余主编：《心理健康教育读本》，军事谊文出版社 1996 年版，第 8 页。
④《简明不列颠百科全书》，中国大百科全书出版社 1986 年版，第 613 页。

健康组合的有力补充和发展，是指人的内心世界丰盈充实、和谐安宁的状态，并与周围环境、社会关系保持协调一致。它主要体现在：①个体心理健康与否，应以他对特定社会环境的适应状况来评判。②以个体在适应环境过程中的各种心理活动水平来评判。③个体心理健康不是一个稳定的或固定的状态，而是处在动态变化之中。

（三）心理健康的标准

一个人的身体是否健康，现代医学已基本上有了定论，标准已形成了一个量化的依据，使人看了一般都能明白。比如，体温在36.5℃~37.2℃，脉搏每分钟在60~100次，血液的舒张压在60~90毫米水银柱、收缩压在90~140毫米水银柱，呼吸在1分钟20次左右，内部器官工作正常，躯体重与年龄相当，内脏无品质性毛病等，在医学上就可以叫作身体健康的一个人。但是，一个人的心理是否健康，标准就比较难以确定，一般要根据心理测验、观察分析和个人主观体验等进行分析、判断，才能得出相对的结论。

心理学对心理健康标准的运用，有一些比较成熟的标准。美国著名的心理学家马斯洛通过长年的研究，提出了心理健康的十条标准。[①]（1）有充分的自我安全感；（2）能充分了解自己，并能恰当估价自己的能力；（3）生活理想切合实际；（4）不脱离周围现实环境；（5）能保持人格的完整与和谐；（6）具备从经验中学习的能力；（7）能保持适当和良好的人际关系；（8）能适度地表达和控制自己的情绪；（9）能在符合团体要求的前提下，有限度地发挥自己的个性；（10）在不违背社会规范的前提下，能适当地满足个人的基本需求。

这十条标准对我们衡量人的心理健康状况提供了有价值的线索。但是，在实际判断或临床实践中，还必须把这些问题具体化，以便于操作。

我国研究心理卫生的专家许又新教授曾提出衡量心理健康的三条标准：[②]（1）体验标准——以个人对自己内心世界的主观体验为标准，包括良好的心情和恰当的自我评价；（2）操作标准——通过观察、实验和测验等方法考察心理活动的过程和效应，如工作、学习效率高，人际关系和谐等；（3）发展标准——着重对人的心理状况进行时间上的纵向（过去、现在和未来）考察。

许又新教授认为，衡量个体心理健康时，应把以上三个方面联系起来，进行综合考察。

衡量与判断一个人的心理健康与否，主要是依照人的常态心理状况，看他和社会公众的心理状态是否一致；个体能否坚持正常的学习、劳动和工作；能否进行正常的社会交往，搞好人际关系；个体的情绪情感的发展是否符合心理学的基

---

① 何为民主编：《罪犯改造心理学》，法律出版社2002年版，第219~220页。

② 何为民主编：《罪犯改造心理学》，法律出版社2002年版，第220页。

本原理和人的心理现象的基本规律；个体能否具有良好社会适应行为等。由此看来，心理健康是一个动态的社会标准。

二、心理健康教育的内容

对社区矫正对象的心理健康教育是心理矫正的基础和前提，一般来说应包括下列内容：①

（一）心理健康基本知识教育

向社区矫正对象传授和普及心理健康知识，是社区矫正对象心理健康教育工作的重要组成部分。通过学习，社区矫正对象要掌握心理学和心理健康科学的基本常识，了解感知觉、记忆、情感、思维、意志等心理过程，动机、需要、能力、气质、性格等个性心理结构，以及自我意识方面的基础知识，树立关于心理健康的科学观念，懂得心理健康的表现与判断标准，了解影响心理健康的各种可能因素及其关系。

（二）认知模式教育

认知模式教育是让社区矫正对象掌握认知的概念及其与心理健康的关系，了解社区矫正对象中常见的各种不良认知模式的表现及其危害，理解并掌握克服认知障碍的方法，培养正确的认知模式和思维方法。

（三）积极情感教育

积极情感教育是让社区矫正对象认识到情绪情感与心理健康之间的关系，了解社区矫正对象中常见的各种消极情绪情感的表现，懂得并掌握疏导、消除不良情感体验的原理与方法，建立积极向上的情感特征。

（四）意志力和生活方式优化教育

意志力优化教育主要是让社区矫正对象充分了解意志对心理行为的调控作用，懂得意志品质对心理健康产生的影响，了解社区矫正对象在意志品质缺陷方面的具体表现及其克服方法，增强心理承受力，培养优良的意志品质。

生活方式优化教育是让社区矫正对象懂得不同生活方式与心理健康的关系，了解社区矫正对象不良生活方式的具体表现及其改变方法，建立良好的生活方式。

---

① 司法部监狱管理局编：《心理健康教育》，法律出版社2005年版，第26~29页。

（五）人格健全教育

人格健全教育是让社区矫正对象掌握健全人格和不健全人格的概念，认识到不健全人格对个体心理健康的消极影响，了解社区矫正对象常见的人格缺陷，掌握消除不健全人格和培养健全人格的方法。

（六）自我意识教育

自我意识教育是让社区矫正对象掌握自我意识的概念及其形成规律，懂得自我意识在个体心理健康中的地位与作用，了解社区矫正对象常见的自我意识方面的缺陷或不足，理解并掌握建立和完善自我意识的方法。

（七）人际和谐教育

人际和谐教育是帮助社区矫正对象懂得人际关系与心理健康的关系，认识到社区矫正对象特殊身份对其人际关系产生的影响，了解社区矫正对象常见的人际交往障碍及其消除方法，掌握人际交往的常识与技巧，建立和谐的、有助于社区矫正对象良性发展的人际关系。

三、心理健康教育的模式

（一）心理辅导

心理辅导是指针对一个人的心理和行为的发展，运用心理学的知识和方法，提供帮助和指导。因此，它的性质仍然是帮助和顾问行为。

所谓社区矫正对象心理辅导，是指在对社区矫正对象心理矫正的过程中，为了社区矫正对象的心理卫生和健康，针对社区矫正对象的心理问题和障碍，运用心理学的知识和方法，以社区矫正对象自我适应和自我发展为目的，对社区矫正对象的心理矫正给予帮助和指导，促进社区矫正对象重新社会化的行为。它以提高社区矫正对象的自我适应和发展为目的，因此，对社区矫正对象的心理辅导所能产生的功能，也主要表现在提高社区矫正对象的适应能力，确立自己的法律地位，认清自我发展目标，对自我行为作出选择和决定；调整社区矫正情绪状态，激发积极的情绪体验，提高认知能力，养成良好习惯，实现和发展自我的社会化。社区矫正对象心理辅导的内容，主要包括：

1. 学习辅导。帮助社区矫正对象积极参加社区矫正机构组织的学习；激发社区矫正对象的学习动机，形成良好的学习态度；指导社区矫正对象养成健康的、积极向上的心理意向和行为习惯。

2. 劳动辅导。指导社区矫正对象在劳动过程中，体验创造社会价值的意义，逐步确立正确的价值取向和生活方式，培养劳动观念和劳动习惯；帮助社区矫正对象了解自身的职业倾向与潜能，选择职业目标，掌握劳动技能；辅导社区矫正对象适应社会、重新就业。

3. 障碍辅导。社区矫正对象中存在认识障碍、情感障碍、行为障碍和个性障碍等，而心理障碍居首位的是人际关系紧张、社会交往不适、社区矫正焦虑，不能适应社区矫正生活，不能很好地根据环境的要求来改变自己，产生嫉妒、神经质、偏激、狭隘、自卑等。形成这些心理障碍的原因有很多，既有先天的，也有后天的，既有主观的，也有客观的。涉及遗传因素、生理条件、身体状况等方面的原因。对待存在心理障碍的社区矫正对象，要针对社区矫正对象面临的各种心理矛盾和心理冲突，进行释难解惑，提供调适方法，使他们取得心理平衡，防止产生偏差心理。帮助社区矫正对象制定切合实际的社区矫正目标和社区矫正计划，以增强其社区矫正自信心，引导社区矫正对象正确对待社区矫正中出现的烦恼，学会消除烦恼的各种方法。

（二）心理危机干预

心理危机是指个体在生活中遇到了诸如婚姻破裂、亲人去世、身患绝症、人际挫折等重大生活事件突然打击而引起的心理严重失衡状态。而心理危机干预也叫危机行为干预，它是对处于心理危机状态中的个体进行紧急调停，帮助其从危机中解脱出来，避免危机行为的产生或恶化，缓解心理冲突，恢复心理平衡的一种方法。

社区矫正对象心理危机的干预，是指对处于心理危机或已经产生危机行为的社区矫正对象进行帮助和指导，使其从危机中摆脱出来，取得心理平衡，形成积极健康的心理。实践证明，社区矫正对象在社区矫正过程中，由于突如其来的紧急性生活事件，会导致社区矫正对象产生焦虑、恐惧、愤怒、过度抑制、对社区矫正工作者产生敌意，引起精神紧张，导致心理危机，出现逃避、自我封闭、与社区矫正工作者相对抗、自伤、自残或自杀等危机行为。尤其是社区矫正对象处在刑罚惩罚状态下，由于应激的能力下降，所以出现危机的可能性大大提高。

我们对社区矫正对象心理危机的干预，就是要求社区矫正对象在面对紧张性生活事件时，重新考虑应付生活事件的策略，改变自己的行为方式，应用积极有效的行为方式，保持自己的心理平衡，增强个体应付危机的能力。

在社区矫正对象心理矫正过程中，心理危机干预的作用或本质，是充分注意社区矫正对象个体心理危机的特征及其产生的原因，及时主动地介入，直接有效地干预，通过帮助、指导和关怀，使社区矫正对象的心理危机得以控制或消除，尽快地恢复健康心理，积极地面对人生。

（三）心理教育

心理教育是以培养和发展个体的心理素质为目标，向个体传授心理学的观点、知识和方法，对个体进行心理和行为训练的一种有计划的教育活动。而社区矫正对象心理教育是指在社区矫正过程中，围绕社区矫正对象矫治的目标，向社区矫正对象传授心理学的思想、知识和方法，对社区矫正对象进行心理、行为训练，以培养和发展作为一个公民所应具有的心理素质的一种教育活动。

从社会化的角度来看，心理素质是基本社会化和发展社会化的基础，对于社区矫正对象的再社会化具有重要的意义，也是社区矫正对象适应社会与文化环境所必需的。那么，我们对社区矫正对象的心理教育，要求其心理素质至少应具备以下基本特质：正确的自我观念；健康的情绪体验；热爱生活，积极地学习和工作；和谐的人际关系；正视现实，接受现实；行为正常，人格完整和谐；心理行为符合年龄、性别等角色特征。

我们在对社区矫正对象心理教育过程中，剖析社区矫正对象违法犯罪的心理历程，强化社区矫正对象的心理健康水平，才能提高其社会适应能力。与思想、知识、技能和身体素质相比较，心理素质起到了一种接纳、推动、激活、定型以及个性化的作用。因此，社区矫正对象心理教育是社区矫正对象心理矫正所必不可少的。它所针对的是社区矫正对象的心理缺陷，注重的是社区矫正对象的心理健康和心理发展，促使社区矫正对象积极主动地争取个体社会化，所以，它是一种有益的教育活动。在这里，必须明确一点，对社区矫正对象的心理教育是社区矫正的基本内容，带有一定的强制性。

（四）建立合理化的心理防卫机制

在心理学上，所谓心理防卫机制，是指当一个人心理上受到挫折或困难时，自我采取调节的措施或机制。精神分析学家认为，它是人在潜意识中自动进行克服本我和自我冲突时所释放的焦虑，以保护自我的方法。

心理防卫机制所体现的是人的适应机制，即物体对环境变化的适应水平，在环境突然变化以后，用习惯了的行为方式不能适应，于是自觉或不自觉地采取一系列方法，以减少紧张、减轻焦虑、维护自我，取得心理上的平衡。而人的适应水平，又是有机体受刺激作用所产生的心理效应。它一方面取决于刺激物的特性，另一方面还取决于有机物的适应水平。引起机体某种反应或使机体产生中性反应的刺激值，称为适应水平。适应水平以下的刺激值不能激发反应或只能激发负反应。刺激引起的心理效应强度可以用它与适应水平间的差距来度量，这个差距越大，刺激引起的心理效应也就越大。

心理防卫机制对人的心理的调节作用，常常在不知不觉中发挥出来，有其自身功能。这种功能有利于社区矫正对象自我在受到侵袭时随时采取自动的防卫行为。归纳起来看，心理防卫机制具有以下功能：

1. 减低情绪冲突。
2. 从自身内在的具有危险的冲动中保卫自己。
3. 缓和伤感经验和情绪的感受。
4. 减轻失望或失望的感受。
5. 消除个人内在态度与外在现实之间的冲突。
6. 协助个体保持其充实感和价值观。

在这里，需要强调的是，建立心理防卫机制的目的在于处理自己与现实的关系，以消除心理的挫折，求得内心的安宁，是一种“自我”保护方法。

四、心理健康教育的方法

心理健康教育的方法可以结合社区矫正的日常工作，组织专门的心理健康教育活动。

（一）设置心理健康教育课程

在社区矫正工作中以心理健康教育为核心，有计划、有步骤地针对社区矫正对象心理问题、心理障碍和心理疾病等，让社区矫正对象学习心理卫生基础知识，学习与心理问题产生相关的心理学原理，学会不良心理自我调节与控制的方法，培养良好的心理品质，使心理健康教育与社区矫正的其他活动紧密结合在一起。

在心理健康教育中，除了运用诸如微信、心理卫生手册等辅助教育方式之外，还应当把理论学习和心理训练相结合，应当运用典型案例剖析、集体讨论、情景训练、角色扮演等多种方法进行教学，强化社区矫正对象自身对心理问题的自我克服和调适。

（二）集体心理健康教育

集体心理健康教育是针对社区矫正对象群体中所存在的共同心理问题而采取的教育疏导措施，它与对社区矫正对象所进行的心理健康课程教育有明显的不同，它是着力于解决社区矫正对象群体所存在的心理问题、心理障碍和心理疾病等而展开的，而对社区矫正对象的心理健康课程教育，则是致力于增长社区矫正对象的心理卫生知识，转变健康观念，提高自我调控能力，甚至是为了挖掘社区矫正对象的潜能，增进社区矫正对象的发展而展开的。社区矫正对象处在社区矫正的环境中，常常会由于共同的诱因，产生一些共性的心理问题。而对这些共性的心理问题，采取集体心理健康教育是最佳方式。

（三）个别心理健康教育

共性寓于个性之中，对社区矫正对象的集体心理健康教育，固然能使社区矫正对象集体中存在的共性的心理问题得到缓解或克服，但由于认识能力、理解水平、心理问题对个体的影响程度等，存在个体差异，同时，不同的社区矫正对象个体，在其心理问题上也存在差异，因此，需要采取个别教育的方法，采取更为具体和切合实际的手段予以解决。

个别心理健康教育，最为突出的就是一对一的模式，在深刻把握心理问题、具体进行分析的基础上，达到解决问题的终极目的。因此，个别教育要综合运用个别咨询和个别教育的技巧，循序渐进。

（四）社区矫正对象的自我教育

社区矫正对象心理健康教育的成功，在很大程度上有赖于社区矫正对象的积极投入和主动参与。因此，社区矫正对象对自我的自理、自学、自助、自我训练和自我实践是心理健康教育的重要形式和方法。

实践证明，社区矫正对象自我教育的最为主要的方法就是自我情绪的调节，其手段包括：首先，正确认识自己社区矫正的意义，保持心理平衡。对自己受到刑罚惩罚要有一个正确的认识，要客观地作出评价，多从自己走上犯罪道路的原因入手，寻找自身存在的社会化缺陷和犯因性问题，正确对待引起不良情绪的事件，保持一个平衡的心态。其次，在必要时，可采取一些心理防御手段，以避免或减轻有害情绪造成的痛苦。

大量的理论研究证明，社区矫正对象不是社区矫正的积极客体，而是能动的主体。所以，在社区矫正对象心理健康教育方法上，社区矫正工作者应注重社区矫正对象的主体地位，努力探索以社区矫正对象为学习活动主体的教育方法。如鼓励社区矫正对象写日记，在日记中，社区矫正对象作为主体的我对客体的我进行感受、体验和认识，在写日记的过程中进行自我理性构建。社区矫正工作者要指导社区矫正对象如何将写日记的过程转化成一种思考过程，而不是单纯记录日常琐事。对于社区矫正对象的不健康心理，在外部力量介入的同时，应注重社区矫正对象自我调节方法的传授。如有人提出并尝试运用的精神超越法、以情胜情法、性情陶冶法、自我控制法、以理节欲法、自我激励法、静态安神法、转移目标法、释疑纠偏法、角色互换法、厌恶刺激法等，都可以向社区矫正对象传授，并给以正确引导。

在开发社区矫正对象自身潜力的同时，还要注重利用社区矫正群体的力量，造就积极的心理互动环境和氛围。比如，编排心理游戏、心理剧，组织心理矫正典型进行现身说法等。与此同时，为社区矫正对象创造一个相对宽松的心理互动环境，以便他们相互之间施加有益的影响，彼此之间建立和谐的人际关系。

（五）社会教育

个人具有什么样的心理状态，以及选择什么样的发展方向，受到来自社会地位的各个方面的影响，并且与个体当前所处的社会地位以及个体对这一社会地位的认识有很大的联系。社区矫正对象虽然所处的社区矫正环境是一个特定的社会环境，但它与社会有着千丝万缕的联系，宏观社会环境对社区矫正对象个体的心理发展起着制约和影响作用。因此，对社区矫正对象的心理健康教育也应当是一种开放教育。首先，应当以当前的社会状态和未来社会的发展为背景，选择社区矫正对象所关心的或与社区矫正对象有密切关系的问题，组织心理健康教育的内容。其次，运用各种社会关系，开展形式多样的、由社会各界参与的心理教育形式。当社区矫正对象感受到并理性地意识到社会对他的接纳和要求时，会形成积极向上的自我动力，强化个体克服心理问题的能力。

第二节 心理矫正技术

在社区矫正工作中，必须引入心理矫正的方法。因为只有对社区矫正对象进行心理矫正才会完善社区矫正对象的人格，因此心理矫正已成为社区矫正的一个重要组成部分。

一、心理矫正的概念

在社区矫正实际工作中，全国各地都对社区矫正对象的心理矫正问题作出了相应规定。例如，《河南省社区矫正工作细则》第 121 条就对社区矫正工作的心理矫正作出了明确规定，主要内容包括：社区矫正机构根据需要定期不定期组织社区矫正对象进行心理测试、心理咨询，对存在心理疾病、再犯罪或者其他危害社会风险的社区矫正对象，及时采取心理疏导、危机干预等心理治疗措施。心理治疗应当由专业人员进行。

在这里，提出了心理矫正的概念，本书认为，社区矫正中的心理矫正是指在社区矫正过程中，心理矫正工作者及其相关人员，运用心理学的原理、方法和技术，对社区矫正对象实施心理影响，帮助其调节不良情绪，改变不良认知方式，改善或消除心理问题、心理障碍，治疗心理疾病，促进心理健康发展，完善社区矫正对象人格，增强其社会适应性的一种活动。

在社区矫正过程中，社区矫正机关不仅需要对社区矫正对象已存在的心理问题进行心理矫正，而且需要对社区矫正对象在社区矫正过程出现的心理障碍和心理疾病进行心理治疗。更重要的是通过心理矫正，塑造社区矫正对象符合现代社会要求的健全的人格。通过有目的的心理矫正，使社区矫正对象逐渐消除不良心理、形成健康心理，从而达到社区矫正的目的。

二、心理矫正的特点

（一）心理矫正内容的系统性

心理矫正内容的系统性反映在两个方面：一方面是心理矫正和行为矫正的同一性。对异常心理的矫治需要改变对这种心理起着强化作用的不良行为习惯，同样，恶劣行为习惯的消除，也离不开对支配这种行为的异常心理的矫治。另一方面是内容的完整性。如同医生为患有肌体疾病的人看病，心理矫正从心理评估、心理矫正方案制订到具体矫治手段的实施，是一个完整的、相对独立的子系统。

（二）心理矫正关系的平等性

在社区矫正过程中，社区矫正机构与社区矫正对象之间的关系一般都带有强制性，其管理和被管理、教育和被教育是在强制的基础上进行的。社区矫正机构是依法代表国家对社区矫正对象进行监督管理和矫正教育的，社区矫正对象是依照法律的规定被强制接受社区矫正的，双方之间的法律地位不平等。而在心理矫正过程中，心理矫正人员与社区矫正对象的关系是建立在平等基础上的相互信任的关系。对社区矫正对象进行心理咨询、心理测试以及心理治疗等都是在自愿基础上进行的。

（三）心理矫正方法的科学性

心理矫正强调专业性和针对性，因而更具有科学性和实效性。一方面，它强调对症治疗，不论是个别的心理咨询或治疗，还是集体的心理咨询或治疗，都必须建立在对社区矫正对象的正确诊断基础之上，而心理测验、行为观察等科学手段又为正确诊断提供了必要保证。另一方面，心理矫正重视科学理论指导下的矫治方法的运用。

（四）心理矫正内容的广泛性

在心理矫正过程中，不仅对社区矫正对象在实施违法行为时已形成的不良心理需要进行矫正和治疗，而且社区矫正对象在社区矫正期间产生的心理问题也需要矫正和治疗。在社区矫正期间，社区矫正对象因各种因素的相互影响，可能产生烦恼、焦虑、痛苦、自卑等不良心理，还可能出现心理危机，这些都需要进行心理治疗。此外，对社区矫正对象整体而言，还存在预防心理问题产生而需要开展心理卫生教育的问题。因此，在社区矫正对象中需要心理矫正的人员不是少数的、个别的，而是普遍的、广泛的。

三、社区矫正对象的心理按摩技术

心理作用对人体健康是至关重要的。如果一个社区矫正对象常常处于颓废、沮丧、愁闷的精神状态，那么，诸多病症的发病率就要比乐观、开朗、愉悦的社区矫正对象高得多。因此，对于人身自由受到限制的社区矫正对象而言，使其学会心理按摩，无疑是为他们提供了一副放松身心、防病健体的妙药。所谓心理按摩，是指“通过言语暗示引起内部心理状态变化，达到机体松弛的作用”①。

（一）幽默

幽默是一种美丽的“转化剂”，它可以使烦恼化为欢畅，能让痛苦变为愉快，将尴尬变为融洽，有利于调节情绪和消除身心疲劳。目前，美国一些科研机构已经推行幽默疗法，此疗法使患者全身肌肉得到松弛，解除烦恼、内疚、抑郁的心理状态。研究表明，人在欢笑时，脑、胸、腹、嘴、唇等部位的肌肉必须同时运动，而构成笑容所需要的肌肉仅面部就有 40 多块。这就能刺激大脑产生儿茶酚胺类激素，促使人体内产生吗啡物质，从而减轻工作疲劳。

（二）欣赏音乐

音乐可以增进健康，辅治疾病，使人延年益寿。经常欣赏优美动听的音乐，不仅有益于陶冶情操，而且还有化干戈为玉帛的奇妙作用。国外有很多医生用音乐来止痛、解毒、消除紧张情绪，并治疗神经衰弱和失眠。医生们指出，悦耳动听的音乐通过人的听觉影响大脑皮层，使内分泌系统增加分泌一些有益于健康的激素和酶。因而，当一个人听到自己喜欢的音乐时，呼吸就加深，神经就松弛，疲劳便得以消除。因此，在心理矫正场所播放一些音乐，对社区矫正对象心理调适具有积极的作用。社区矫正机构对那些在矫正中精神紧张、压抑、苦闷等的社区矫正对象，引导甚至以矫正作业的方式，要求他们每天听听轻松的音乐，无疑有助于他们自我心理调适，保持心理健康。

（三）书法

书法是一种很好的养生、健身活动。挥毫练笔，不仅得到艺术上的高雅享受，而且能怡情养性、增进健康。它与气功、太极拳相似，静中有动，外静内动，练书法时，“意在笔先”“凝神静虑”，运笔时气沉体松，专心致志，可使人

① 朱智贤主编：《心理学大词典》，北京师范大学出版社 1989 年版，第 760 页。

心情舒畅，乐此不疲。社区矫正机构和社区矫正工作者可以矫正作业的方式，鼓励或要求社区矫正对象每天练练书法，起到对他们心理调适的作用。

（四）绘画

绘画也是一种使人心情舒畅、精神焕发的艺术活动，尤其是到野外一边写生，一边欣赏自然美景，更有盎然之情趣，有益于身心健康。国外一些医院还采用绘画疗法治疗疾病，选择清静环境，让病人调色涂抹，通过绘画，使患者自然地将压抑在心头的感情发泄出来，调节精神，改善病情，加快恢复健康，从而获得其他医疗手段所达不到的良好效果。同样，社区矫正机构和社区矫正工作者在社区矫正对象中成立绘画兴趣小组，或以矫正作业的方式，鼓励和要求社区矫正对象适当绘画，可起到对他们心理调适的作用。

（五）读书

“常读书，乐忘忧，脑运动，气血舒，好养生，利康寿”，此话是有道理的。因为读书可以移情易性、振奋精神以增强免疫功能，颇具保健之益。据报道，国外已兴起了别具一格的书籍疗法，德国就有医院为病人开设了专门的图书室，使不少慢性病，尤其是神经系统及心理疾病的患者，沉湎于书中而很快康复。其实，我国古代的文人墨客早就认识到了这一点。《韩昌黎集》记有一事，唐代元和八年，韩愈染病，头疼脑涨难忍，后李贺送来一本诗稿给他看，读之竟疾去痊愈。清代秦子忱患恶疮，“伏枕呻吟，不胜苦寒”，但一部《红楼梦》竟使他忘了病痛，“近月读竣，而疾亦赖是渐廖”。书读毕，疮已祛，后来还写了一部《秦续红楼梦》。读书与著书一样，随着情绪的表达和转移，能起到调整神态，平衡人体阴阳气血的心理作用。从这个意义上来讲，书是一味养生的妙药。在社区矫正对象中成立读书小组或把具有积极意义的书籍作为矫正作业要求社区矫正对象每天去读，对社区矫正对象调适心理和自我发展具有重要的意义。

（六）沉思

社区矫正工作者应帮助社区矫正对象学会沉思。多位著名的美国医学专家透露，沉思冥想可以预防甚至治愈多种疾病，包括心脏病、关节炎和癌症等。耶鲁大学医学院外科医生、前医学院教授伯尼·塞格尔说“沉思冥想是松弛思想的行为，这种行为可治愈和预防多重沉疴，甚至可以治愈和预防被视为绝症的艾滋病和癌症”。哈佛大学的赫伯特·本森医生也有同感。他说“沉思冥想带来的完全松弛，在对抗疾病方面是一种强有力的工具”。沉思冥想可预防甚至治愈重病，是因为它会对透过身体传送到免疫系统的化学剂起一定作用。近年，欧美一些国家，用“想象疗法”治疗癌症颇为流行。患者运用此法，至少可以增强治愈疾病的信心，缓解痛苦，减少折磨。用此法治病，方法简单，便于推广，易为病人接受，是一种较理想的治疗方法。精神心理学研究表明，大脑与人体之间存在尚未被人了解的渠道，这个渠道沟通着思维活动与免疫之间的联系。通过“想象疗法”可以强化免疫系统的功能，从而能有效地抑制疾病的发展，或使疾病逆转而痊愈。“想象疗法”的秘诀在于给患者建树一种信心，使患者看到希望，增强战胜病魔的勇气。科学家预言：动用“想象疗法”将治愈许多慢性病。

四、社区矫正对象心理疲劳的消除技术

（一）心理疲劳的概念

疲劳有两层含义：身体疲劳和心理疲劳。心理疲劳的大部分症候，是通过身体疲劳表现出来的，所以往往被人们忽视。心理疲劳是指由于长期的精神负担，在工作、事业开创、人际关系处理和角色扮演，对事业和家庭的不断权衡方面，总是处于一种思考、焦虑、烦闷、恐惧、抑郁的压力之中，使心理陷入“心力衰竭”的状态。

朱智贤教授在其主编的《心理学大词典》中将心理疲劳定义为：心理疲劳是指“人体肌肉工作强度不大，但由于神经系统紧张程度过高或长时间从事单调、厌烦的工作而引起的疲劳。它表现为：感觉体力不支，注意力不集中，思维迟缓，情绪低落，并同时伴有工作效率降低，错误率上升等现象。心理疲劳的持续发展，将导致头痛、眩晕和呼吸系统功能紊乱、食欲减低、消化不良以及失眠等。心理是否疲劳，可以进行测量。心理疲劳的测量涉及心率；大脑皮层诱发电位；反应时；闪光融合频率；主观评定；主作业和辅助作业测定，等等”①。

近半个世纪以来，高血压、冠心病、肿瘤等已成为严重威胁人类健康的疾病。这些疾病的病因、病理较为复杂，但一般与精神、心理、社会环境及生活方式等因素有密切关系。世界卫生组织在一份报告中曾指出“工作紧张是威胁许多在职人员健康的因素”。这一结论明确指出了过度劳累对人体的危害。随着经济的高速发展，生活节奏的不断加快，太累、太疲劳已是人们正常生活中的“流行词”了。心理疲劳正在成为现代社会、现代人的“隐形杀手”。

医学心理学研究表明，心理疲劳是由长期的精神紧张所产生的压力、反复的心理刺激及复杂的恶劣情绪逐渐影响形成的。如果得不到及时疏导化解，长年累月，在心理上会造成心理障碍、心理失控甚至心理危机；在精神上会造成精神萎靡、精神恍惚甚至精神失常，引发多种身心疾患，如紧张不安、动作失调、失眠多梦、记忆力减退、注意力涣散、工作效率下降等，以及引起诸如头痛、荨麻

---

① 朱智贤主编：《心理学大词典》，北京师范大学出版社1989年版，第764页。

疹、高血压、缺血性心脏病、消化性溃疡、支气管哮喘、月经失调、性欲减退等疾病。

据临床观察，患心因性疾病的社区矫正对象，绝大多数有一段较长时间没能及时消除心理疲劳的过程，最后导致心理病患。

（二）社区矫正对象心理疲劳的症状

具有心理疲劳的社区矫正对象，在社区矫正中一般表现为如下症状：

1. 早晨起床后，浑身无力，四肢沉重，心情不好，甚至不愿意和别人交谈。

2. 对学习、劳动或工作提不起精神，什么都懒得做，劳动或工作中错误多、效率低。

3. 容易感情冲动，神经过敏，遇事稍不顺心便大动肝火。

4. 眼睛易疲劳视力迟钝，全身感到不舒服；晕眩、头痛、头重、背酸、恶心等。

5. 困乏，但躺在床上又睡不着。

6. 没有食欲，挑食，口味变化快等。

心理疲劳表现突出的社区矫正对象，似乎总是忍受着一种精神痛苦的折磨，心中积压着诸如悲伤、委屈、苦闷、烦恼、不平等抑郁之情，总感到自己生活得很累，期盼能轻松一些，但现实生活中的压力只能由他们自己承担。

（三）社区矫正对象心理疲劳产生的原因

社区矫正对象的心理疲劳是在长期生活中不知不觉潜伏在社区矫正对象身边的，它不会以较快的速度作用于社区矫正对象，而是经过长期的积累，到了一定的时间，达到了一定的“疲劳量”，才会引发疾病，所以，在社区矫正中，无论是社区矫正工作者，还是社区矫正对象自己，都容易忽视这一问题。

心理疲劳，它与因连续工作而致使肌体能量消耗的生理疲劳不同，它是人长期从事一些单调、机械的工作活动，伴随着肌体方面的变化，中枢局部神经细胞由于持续紧张而出现抑制，致使人对劳动或工作、对生活的热情和兴趣明显降低，直至产生厌倦情绪。心理疲劳常常带有主观体验的性质，并不完全是客观生理指标变化的反映。对于产生心理疲劳的社区矫正对象，轻者出现厌恶或逃避工作、学习、生活的症状，重者还可出现抑郁症、神经衰弱、强迫行为等，社区矫正对象可能会产生吸烟、酗酒等现象。

产生心理疲劳的另一个主要原因是由于社区矫正对象的生活节奏具有强制性和固定性，从而导致了他们的心理紧张与疲劳。此外，繁杂的信息轰击、住房拥挤、噪声、工作条件恶劣、疾病、家庭因素、人际关系紧张、遭到挫折等，也都是诱发社区矫正对象心理疲劳的重要因素。

（四）消除心理疲劳的具体技术

要解除心理疲劳，矫正工作者必须引导社区矫正对象学会消除心理疲劳的方法。这主要有：

1. 引导社区矫正对象对自我有一个客观正确的估计和要求，尤其是矫正目标不能定得太高、太难或过急，凡事都要讲求一个适度，根本办不到的事不要硬拼蛮干，避免长期超负荷运转。

2. 若心理疲劳是由于劳动或工作过于单调、机械所致，这说明所从事的劳动或工作并未把自己的价值和潜能充分地发挥出来，使得自己产生了厌烦的心理。在这种情况下，矫正工作者最好提供必要的帮助，改变社区矫正对象劳动或工作的性质。

3. 对于心理上的疲劳，社区矫正工作者应指导社区矫正对象根据自己的性格和爱好，通过各种富于强烈情绪体验的活动来充实自己的业余生活内容，例如可去散散步、看电视、聊天、读书等，从而避免因从事的活动过于单一而产生单调、消极的心境。

4. 社区矫正对象一旦陷入紧张的心理疲劳，社区矫正工作者就可以辅导其通过按压劳宫穴来解除。劳宫穴在手掌正中的凹陷处。心包经是由植物神经系统所控制的，当社区矫正对象心理疲劳时，心包经的功能就会紊乱，进而会引起全身的植物神经失调。所以按压劳宫穴，有消除心理上的疲劳之效。

5. 矫正工作者可以让社区矫正对象学会下列具体方法来消除心理上的疲劳：

（1）健康的开怀大笑是消除疲劳的最好方法，也是一种愉快的发泄方法。

（2）高谈阔论会使血压升高，而沉默则有助于降压，在没必要说话时最好保持沉默，听别人说话同样是一件惬意的事情。

（3）放慢生活节奏，把无所事事的时间也安排在日程表中。

（4）沉着冷静地处理各种复杂问题，有助于舒缓紧张压力。

（5）做错了事，要想到谁都有可能犯错误，不要耿耿于怀，继续正常的生活、学习、劳动或工作。

（6）不要害怕承认自己的能力有限，学会在适当的时候说“不”。

（7）夜深人静时，悄悄地讲一些只给自己听的话，然后酣然入梦。

（8）既然昨天及以前的日子都过得去，那么今天及往后的日子也一定会安然度过，牢记“车到山前必有路”。

五、社区矫正对象情感困扰的调适技术

（一）情感调适的理论框架

从广义上讲，情感是人对客观事物的态度体验。从狭义上说，情感是和人的社会性需要相联系的一种复杂而又稳定的态度体验。

一个人对自我情感的控制，不仅会对自身的事业、人际关系等产生影响，对人的身心健康也会产生影响作用。

心理学家和临床医生告诉人们一个十分有趣的现象：许多点火就着、炮筒子脾气的人，身心性疾病的患病率并不高；相反，那些外表看来很文静，成天一声不响，但内心总是不平静，好生闲气、闷气和钻牛角尖者，患身心疾病的却很多，其原因是身心疾病的产生和一个人的情感因素——感情势能直接相关。

近年来，西方兴起一门心理学的新理论——感情应力学。它的基本理论认为：外界各种不良刺激作用到人体之后，会日积月累，形成潜在的“能量”——感情势能。人体对这种感情势能的承受能力是有限度的，一旦超过限度，感情势能就会从体内释放出来，使人体的循环、消化、血液和神经系统功能发生紊乱，进而导致发生多种严重的身心性疾病，如冠心病、高血压、消化系统溃疡、哮喘、神经症等。

在社区矫正对象中，那些经常生闷气、生闲气、斤斤计较和好钻牛角尖的人，之所以易患身心疾病，原因就在于感情势能中的消极情感不断积累，进而超过人体所能承受的限度，对肌体造成损害。为此，在社区矫正过程中，社区矫正工作者首先要防止社区矫正对象感情势能的形成和积累，尤其要想方设法不让感情势能在社区矫正对象体内积累，也就是不让消极情感、情绪存积起来。其次，让社区矫正对象能及时宣泄自己的不良情绪，使心理恢复平衡。再次，使社区矫正对象学会宣泄不良情绪、情感的方法，即有效地、科学地把消极情感及时地排解出去。最后，还要使社区矫正对象认识到过分的或不当的情感宣泄有害自己的身心健康。

（二）宣泄疗法

宣泄疗法就是社区矫正工作者引导社区矫正对象把自己心中积郁的痛苦倾吐出来的一种心理调适方法。宣泄疗法在现实心理矫正中有一定的功效。当社区矫正对象把自己的内心矛盾与痛苦情绪体验宣泄出来时，不仅能减轻心理上的压力，也能减轻或消除他们的紧张情绪，恢复平静的心情。想让社区矫正对象把内心的痛苦倾吐出来并不是轻而易举的事。因此，宣泄疗法的效果往往取决于社区矫正对象对矫正工作者的信赖程度。在临床上，不少社区矫正对象不愿暴露自己

所患心理疾病的真正原因。因此，社区矫正工作者千万不能操之过急，要真心诚意地向他们讲解清楚，关心他们、尊重他们，逐步与他们建立起关怀的、友爱的、平等的信任关系。这样，社区矫正对象才能逐渐说出自己内心真正的心理情绪。

社区矫正工作者希望社区矫正对象的不良情绪能尽可能地及时发泄，但要让社区矫正对象发泄，也要讲究方式方法，要通过正常的途径和渠道发泄和排解不良情绪。社区矫正工作者要帮助社区矫正对象澄清：不良情绪之所以能危害身体健康，主要是因为它能刺激体内器官，产生出一定的感情势能，在强烈的情绪突发时或者突然的震惊和极度愤怒时，机体往往能产生超乎寻常的力量。这时机体处于高度兴奋的“应激状态”，交感神经受到刺激，也兴奋起来；消化活动被抑制，人体的糖分从肝脏中释放出来，肾上腺素分泌增多等。身体为满足情绪的需要而重新全身动员，做出适应情绪需要的调整。这时如果体内骤增的能量不能得到及时的发泄，便会危害身心健康。不良情绪的发泄在很大程度上也就是这种能量的发泄。比如有些社区矫正对象在暴怒时会如雷霆般地发作，大声咆哮、怒吼，甚至暴跳如雷。这实际上是社区矫正对象突然激发起来的能量要得以释放的缘故。为此，社区矫正工作者对这些社区矫正对象要持理解的态度，不能采用简单批评等方法，使社区矫正对象的感情势能被压抑。当然，发泄因怒气而产生的能量，并非一定要采取大发脾气的办法不可，社区矫正工作者可以引导社区矫正对象采取其他好的办法来解决。

不良情绪能量的发泄往往来势汹汹、不可阻挡，但在有一定控制范围内的适当宣泄是可以改善社区矫正对象的情绪健康的。比如，当社区矫正对象盛怒时，社区矫正工作者不妨让其赶快跑到其他地方，找一种适合自己的体力劳动干一干。如果找不到活干，那就干脆让其出去跑一圈，或做一些能消耗体力又有转移自己思想的体育运动。当社区矫正对象累得满头大汗气喘吁吁时，就会感到精疲力竭。相信这时社区矫正对象的愤怒情绪已经基本平静下来，积聚的怒气也已经消失掉一大半。这些活动都能把因盛怒或不恰当而激发出的能量释放出来，不至于淤积在体内产生不良反应，既不至于使怒火郁积心中而危害身体，又不会因发脾气而做出过激的举动产生不可挽回的损失。这是发泄突发而又强烈的暴怒情绪的较好方法。不过值得提醒的是：对于年纪较大的社区矫正对象，社区矫正工作者一般不宜让其采取重体力劳动发泄，特别是有心脏病、高血压的社区矫正对象，过激、活动量过大的运动反而不利于他们的身心健康。社区矫正工作者让社区矫正对象参加哪种活动，要因人而异，选择适合他们身体及能力的活动。过量的运动透支，即使正常的身心也会有一定损伤。所以社区矫正工作者在让社区矫正对象进行发泄时，在他感到累了的时候就应该及时叫停。另外要提醒社区矫正对象注意安全，因为在情绪的控制下，体内有太多冲动，动作往往不能准确和协调，容易造成意外损伤。

哭也是发泄不良情绪的一种方法。哭，不仅能释放积聚的能量，而且能调整机体平衡。社区矫正工作者在面对社区矫正对象痛苦和悲伤时，不妨让其大哭一场。让社区矫正对象在宣泄室、家中或无人之处痛哭，是一次纯真的感情爆发，如同夏天的暴风雨，越是倾盆大雨，天越是晴得快。许多社区矫正对象在痛哭一场之后，觉得畅快淋漓，痛苦和悲伤的心情随着泪水的流淌而减少许多。这种方法是有其科学原理的。美国生物学家福雷博士，曾选了一批自愿接受试验的志愿者，组织他们观看一些令人悲恸欲绝的电影或戏剧，并要求他们在痛哭时把事先发放的试管放在眼睛下面，将眼泪收集起来。结果发现，一个正常的人在哭泣的时候，流出的眼泪有100微升到200微升，即使一场号啕大哭，眼泪也只有一二毫升。哭泣对心动过速、血压偏高者均有不同程度的缓解或减轻的作用。经过对眼泪的化学分析得知，原来在这些渐渐流出的眼泪中，含有一些生物化学物质，正是这些生化物质能引起血压升高、消化不良或心率加剧，把这些物质排出体外，对身体当然是非常有利的。

（三）悲观情绪的排除技术

在社区矫正过程中，社区矫正对象的情绪状态是不断变化的，有时兴奋、欢乐，有时沮丧、消极。情绪乐观的社区矫正对象也有不幸与烦恼，只是善于排遣解脱。但也有一些社区矫正对象大部分的生活被消极情绪占领，或哀叹后悔、灰心丧气，或满腹牢骚、怨天尤人，不善于解脱排遣。实践证明，要摆脱这种悲观情绪，社区矫正工作者需要帮助社区矫正对象学会积极的调适技术。

1. 客观看待现实，别盯住消极面。社区矫正对象对多次受到别人的“抢白”和不公正的待遇可能记得很牢，或总是对自己说“我真倒霉，总被人家曲解、欺负”，致使自己没有一刻的轻松愉快。如果社区矫正对象把注意力盯在与别的社区矫正对象、社区居民友善和好的事物上，并常常告诉自己，误解、敌视毕竟是次要的，并把愉快、向上的事串联起来，由一件想到另一件，就可以逐步排遣自怨自艾或怨天尤人的情绪。

2. 客观评价自己，不当欲望的蠢人。乐观的社区矫正对象常常自我感觉良好，对失败有点可贵的“马大哈”精神。有的社区矫正对象经常焦虑不安，后悔本应做得更好的事未能做好，对别的社区矫正对象获得的每一个成就、荣誉都想无条件地取得，企求尽善尽美，最后总是既有无穷的欲望又有无穷的懊悔。为此，社区矫正工作者应让社区矫正对象学会客观评价自己。

3. 宽以待人，不要过于挑剔。挑剔的社区矫正对象常给自己戴上是非分明的桂冠，其实是一种消极的干涉人格。怨恨、挑剔、干涉是心理软弱、心理“老化”的表现。社区矫正工作者应引导社区矫正对象学会宽以待人，对任何事或人不要过于挑剔。这有助于他们消除不良情感和情绪。

4. 面对挫折，学会躲避。在社区矫正对象遇到情绪扭不过来的时候，社区矫正工作者不妨让其暂时回避一下，打破静态体验，用动态活动转换情绪，可以让他们到心理咨询室或家中，听听音乐，让他们跟随欢乐的歌曲哼起来，手脚拍打起来。

5. 与人为善，不要制造人际隔阂。社区矫正对象在矫正中，常会感到别人在背后说自己的坏话，或者轻视、怠慢自己，而觉得不是滋味，故以眼还眼，以牙还牙，结果使自己又多了一个人际屏障，多了一个生活的对头，因此而整日诚惶诚恐，不知他人在背后又要搞什么。对这些社区矫正对象，社区矫正工作者要让社区矫正对象学会：净化自己的诚意，不回避对方，拿出豁达的气量，主动表示友好。

（四）用理性思维克服劣性情绪的技术

从心理学角度看，当机体的生理需要与客观现实产生强烈抵触时，人就会出现劣性情绪，或恐惧，或愤怒，或绝望等。一个缺乏理智的社区矫正对象往往无法驾驭、控制自己的情绪，进而难以约束自己的行为，直到做出意外的举动。从医学角度而言，劣性情绪对身心的健康也极为不利。对此，当代美国著名的认知心理学家阿尔伯特·埃利斯提出了情绪理性化疗法，即引导当事人运用合乎逻辑的理性思维，加上正面的自我交谈，来降低应激反应和负面情绪。社区矫正工作者同样可借用情绪理性化疗法来帮助社区矫正对象消除劣性情绪。该疗法的具体步骤如下：

1. 找出社区矫正对象引起应激反应的应激源。

2. 分析出社区矫正对象对应激源有哪些非理性认识，也就是对事物的不合理的评价。

3. 让社区矫正对象认识到所有不利于健康或事情解决的心理、精神、行为，都是由自己的哪些非理性思维所引起的。

4. 整个疗法中最关键的一步是让社区矫正对象能运用理性的思维方式来消除和代替原来非理性的思维方式。

5. 社区矫正工作者需要观察社区矫正对象的情绪状态是否转为正常。倘若效果不明显，必须回到第一至第四个步骤，重新检讨社区矫正对象的哪些思维仍然停留在非理性思维阶段，经过重复纠正后，尽可能将社区矫正对象的应激反应降到最低限度。

（五）宣泄情感应适宜

社区矫正工作者应让社区矫正对象学会适当宣泄消极情绪和情感，如果宣泄不当，会损害身心健康。这是社区矫正工作者在个案调适时必须注意的问题，不能矫枉过正。

美国研究人员发现，经常发脾气的人容易发生心房颤动。[①] 靠发脾气来宣泄个人压抑情感的方式对心脏健康有害。据《循环》杂志报道，研究人员对平均年龄在48岁左右的1769名男性和1913名女性进行了为期10年的跟踪研究，发现那些急脾气、头脑容易发热，在受到批评或失败时总爱与别人争论的人，其发生房颤的概率比普通人要高出30%，而那些在发脾气后常出现头痛或肌肉酸痛的人出现房颤的概率更高。房颤容易导致人猝死。

研究人员在研究过程中还发现，不仅是心脏病，那些爱生气的人死于任何疾病的概率都比心态平和的人高出20%。

研究人员说，人们一直认为发脾气可以帮助人驱散低落情绪对健康的负面影响，但从这项研究看来，过分宣泄自己的情感并不是一件有利于健康的事。这些研究成果，为个案矫正工作提供了科学依据，对引导社区矫正对象适当宣泄情绪有一定的指导意义。

六、社区矫正对象的心理防护技术

（一）心理防护的理论框架

社区矫正对象在社区矫正过程中，不可能一帆风顺、风和日丽。困难、障碍、挫折、压力等，都会影响社区矫正对象的矫正和身心发展，甚至会造成永久性的伤害。因此，社区矫正工作者帮助社区矫正对象在矫正过程中免受社区环境中不良因素的侵害，对于任何年龄层次的社区矫正对象来说，都是非常重要的。

医学心理学的研究表明：快节奏会产生紧迫感、压力感和焦虑感，引起心理应激反应。这种心理应激反应具有两重性：其一是能使人学会通过各种因素的调节，产生较好的适应能力，提高心理素质，有利于事业成功；其二是如果持续的劣性应激难以解脱，则易引起身心疾病，影响身心健康。有关专家提出：持续的劣性应激，可导致体内的免疫活性物质（免疫球蛋白A、血清素和多种酶）的生物活性水平降低，机体的生化代谢、内分泌功能和神经调节功能发生紊乱，对很多身心疾病的发生和发展起着推波助澜的作用。因此，社区矫正工作者帮助社区矫正对象学会缓解心理上的紧张状态，对社区矫正对象来说是非常重要的。

所谓心理防护，就是指当人们面临困难、冲突、挫折时，为不至于引起情绪上的过分痛苦与不安，使用一些心理上的措施或机制来进行自我保护。采用的防

---

① 心房颤动简称房颤，是最常见的持续性心律失常，房颤总的发病率为0.4%，随着年龄增长房颤的发生率不断增加，75岁以上人群可达10%。房颤时心房激动的频率达300~600次/分，心跳频率往往快而且不规则，有时候可以达到100~160次/分，不仅比正常人心跳快得多，而且绝对不整齐，心房失去有效的收缩功能。

护方式可以是习惯性和潜在意识的方式，如消除内心的焦虑不安与罪恶感，保持自尊的防卫行为，也可以是有意地进行的心理调节。

社区矫正工作者可以指导社区矫正对象采用“自我欺骗”“歪曲理解现实”来帮助其摆脱困扰，恢复心理平衡。让社区矫正对象学会主动采取有益的、适当的心理调节，不仅可以帮助其走出社区监督情景的低谷和人生的困境，保持身心健康，而且可以调动其积极心理机制，激发心理潜能。如果社区矫正对象不会对自己的矫正生活进行心理调节、自我保护，那么社区矫正对象就会感到矫正期越发沉重，痛苦和烦恼就会侵袭甚至损害其健康。

社区矫正对象心理防护的功能具体包括以下几个方面：降低情绪冲突、避免出现危险的冲动、缓和伤感经验、消除个人与情绪间的冲突、保持自尊。

心理防护可以帮助社区矫正对象更好地适应社区监督管理的环境，免遭外界因素和不良情绪的侵害和影响，有效地维护身心健康。

（二）社区矫正对象心理防护的具体技术

社区矫正工作者应指导社区矫正对象从以下几个方面着手进行自我心理保护：

1. 要实事求是地确定矫正目标。社区矫正对象在面对社区矫正生活时，要能客观认识和评价自己的能力，尤其是要正确把握自己的方位和坐标，脚踏实地矫正自己，提高自己的心理承受能力，在矫正中保持心理平衡，制订切实可行的矫正计划和矫正目标，不要为自己根本无法实现的矫正目标而徒自伤神，弄得筋疲力尽。

2. 学会机体的协调平衡。在社区矫正过程中，社区矫正对象若能平衡地利用身体各部分机能，则是社区矫正对象心理防护的巨大成功。平衡是多方面的，诸如脑力与体力的平衡；左脑（抽象思维）与右脑（形象思维）的平衡；大脑各神经中枢的平衡；站、坐、走的平衡；用眼与用耳的平衡等。这可使社区矫正对象的生理和心理的功能潜力得以充分发挥，保持身心健康。

3. 学会自我心理调节。社区矫正对象在矫正过程中出现烦恼和忧愁是在所难免的，但如果将忧愁痛苦强行积郁在胸中，必然带来危害。因此，当社区矫正对象情绪出现反常，心情不好时，矫正工作者应尽量让其学会通过合法途径进行“宣泄”或转移，如到社区心理咨询室寻求帮助，或在心理宣泄室内或家中大哭一场，使消极情感得以挥发，情绪得以稳定。

4. 培养业余爱好。业余爱好可作为转移大脑“兴奋灶”的一种积极的休息方式，能有效地调节改善大脑的兴奋与抑制过程，进而消除疲劳，调节情绪，从紧张、乏味、无聊的小圈子中走出来，进入一个兴趣盎然的境界。大多数社区矫正对象均有一定的业余爱好，诸如音乐、舞蹈、书法、绘画、棋类、写作等，矫正工作者应鼓励他们根据自己的兴趣进行选择，适当“投资”，以调节情趣，缓解紧张感。

5. 养成体育锻炼的习惯。体育活动能有效地增强社区矫正对象的身体各器官系统的功能。因此，可在矫正方案中安排每天进行一定时间的体育锻炼的矫正作业，养成体育锻炼的习惯。

七、社区矫正对象焦虑情绪调适技术

（一）社区矫正对象焦虑情绪调适的理论框架

所谓焦虑，是指个体由于不能达到目标或不能克服障碍的威胁，致使自尊心与自信心受挫，或使失败感和内疚感增加，形成一种紧张不安，带有恐惧的情绪状态。

有关统计资料显示，随着我国社会的进步，经济的发展，人们的生活节奏明显加快，焦虑作为一种精神疾患呈现明显增多的趋势，并已成为影响人们身心健康的重要“隐患”之一。世界卫生组织的研究表明，焦虑症和抑郁症的发病率呈逐渐上升的趋势。在西太平洋 37 个国家和地区中，每年至少有 20%的求医者患有焦虑症、抑郁症。一般来说，焦虑可分为三类：一是现实性或客观性焦虑，是由客观上对自尊心的威胁引起的。比如社区矫正对象渴望获得自由，获得社会认可的法律地位所产生的焦虑。二是神经过敏性焦虑，即不仅对特殊的事物或情境发生焦虑反应，而且对任何情况都可能发生焦虑反应。它是由心理——社会因素诱发的忧心忡忡、挫折感、失败感和自尊心的严重挫折引起的。三是道德性焦虑，由于违背社会道德标准，在社会要求与自我表现发生冲突时，引起的内疚感所产生的情绪反应。

心理学界对焦虑发生的原因说法不一。心理分析学派认为是潜意识之间的冲突引起的；认知学派则认为是知觉、态度与信念的冲突引起的；人本主义者认为是由达到自我实现时发生的思想冲突引起的。一般认为，焦虑与学习的关系密切，高度焦虑只有同高度的能力相结合才能促进学习，高度焦虑与低能力或一般能力相结合则抑制学习，把焦虑控制在中等程度，才有利于一般能力水平者的学习。

在社区矫正工作中，临床观察表明，作为精神疾病之一的焦虑，不仅类型各异，表现也有所不同。其中，有些社区矫正对象接触到某些情境，触摸或看见某些物品，甚至处在任何场合，几乎都会产生思维和情绪的变化，从而产生焦虑，而且这种焦虑之感常常出现得莫名其妙。虽然社区矫正对象自己也明知没有必要，但又难以自控和消除，以致十分苦恼。

非常明显，社区矫正对象焦虑积郁在胸，堵塞了快乐感觉的神经通路，短时的焦虑，事过境迁，不留痕迹；持续的焦虑，可能内化为性格特征。如果社区矫正对象久陷焦虑的情绪而不能自拔，内心便常会被不安、恐惧、烦恼等体验所累，行为上就会出现退避、消沉、冷漠等情况，而且由于愿望的受阻，常常会懊悔、自我谴责，久而久之，形成心理疾病。

焦虑以恐惧为主要的情绪特点，还有其他多种情绪成分，如愤怒、痛苦以及内疚感、羞愧等。焦虑症的突出特点是常常会持续性或发作性地感到恐惧不安、提心吊胆、紧张焦虑，似乎大祸就要临头。患焦虑症的社区矫正对象情绪反应的强烈程度与生活、学习、劳动或工作环境中实际存在的困难很不相称，但却控制不住自己，无法摆脱精神上的痛苦，并且还伴有心悸、胸闷、前心区不适、气短、有窒息感、头晕、怕冷、恶心等某些植物性精神亢进的症状。

（二）指导社区矫正对象正确看待焦虑

无疑，长期高度的焦虑对社区矫正对象的身心是有害的，这正如弗洛伊德所言：如果一个人不能适当地应付焦虑，那么这种焦虑就会变成一种创伤，使这个人返回到婴儿时期那种不能自立的状况。

然而，心理学家又认为焦虑是引起一个人行为中紧张状态的力量，是促使一个人去减少这种紧张状态的动力。也就是说焦虑是由紧张带来的，而每个人在工作和学习中都需要处在一定高度的紧张状态，否则将一事无成。此外，焦虑的反应虽有种种不舒服的症状，但短暂的焦虑反应本身并不会对身体有危害后果。一旦焦虑反应消除，立即会恢复正常的功能，不会引起“心脏病”之类的永久性躯体病变。所以短暂的焦虑是一种适应性的情绪，只有社区矫正对象对焦虑本身感到焦虑时，焦虑才具有破坏性。

丹麦著名的哲学家斯隆·契克格达认为，在我们面临发展自己的可能性时，都会产生一种向往的心态，如果没有这种紧张不安、跃跃欲试的冲动，任何成功和进取都是不可能的。回避焦虑不可能使问题得以解决，担忧得以消除，依然要置身于焦虑刺激的状态下，去做胜败未卜的追求或探索，只要坚持去做，到一定时候，就不会产生焦虑了。因此，消除焦虑的最好方法是正视它，并且全身心地投入进去。

（三）社区矫正对象焦虑情绪调适的具体技术

1. 自我心理治疗日记。现代社会的快节奏与高度竞争性，使得焦虑成为社区矫正对象所普遍和经常体验到的一种情绪状态。不过许多社区矫正对象在深受这一情绪的折磨时，却常常弄不清自己真正焦虑的是什么，到底值不值得，也没有积极开动大脑，认真仔细地考虑出对付的策略，于是任凭这种情绪肆意蔓延，最后变成为担心而担心、为焦虑而焦虑，不少严重的心理障碍就由此而产生。社区矫正工作者可以引导社区矫正对象在焦虑时，采用“心理自我治疗日记”的方法进行调适，即要求社区矫正对象将其每天遇到什么令其苦恼的事，产生了什么焦虑，这种焦虑表现为什么样的矛盾心理，统统记在一个小本子上。陷于严重焦虑而不能自拔的社区矫正对象，往往不自觉地通过主观的想象，过于放大了所焦虑事物的不良后果。所以在要求社区矫正对象写心理自我治疗日记时，要引导社区矫正对象本着实事求是的态度进行客观分析，其结果必然是排除了主观上的“假”，辨明了客观上的“真”，使社区矫正对象自己的主要精力不再耗费在虚假的幻想上。在矫正实践中，发现社区矫正对象开始时会有许多想法和实事可记，渐渐地这种日记题材的来源会逐日枯竭。此时，社区矫正对象就会发现原来在很多方面是自己吓唬自己，而不是那个焦虑事件的本身。

此外，社区矫正对象遇到了某些焦虑不安的事件，乃至影响了正常的工作、学习和生活时，把可能出现的后果一一写出来，特别是要把可能出现的最坏结果罗列出来，并做好充分的思想准备，然后再针对每一种可能的情况，找出相应的对付策略，那么就会感到事情向越来越好的方向发展。

2. 身心训练。英国一位博士设计了一套将心理与身体训练相结合的独特方法，成功地治愈了几千位患有焦虑的病人。其方法是：

（1）准备。练习者坐在椅子上，脚掌着地，两臂自然下垂，闭上双眼，然后腹式呼吸 3 次。吸气时注意体会各部位的紧张感，注意放松、放松、再放松。

（2）背部放松。身体移至椅边，闭眼，注意背部的感觉。呼气后仰，伸展脊背至不舒服为止。再呼气，拱背，向前减缩双肩，然后下垂双肩，肩胛骨靠拢，并肩。轻轻地呼气，垂肩。反复做三遍。

（3）头部放松。呼气，下巴垂至胸前。吸气，头由重力自然支配左右旋转，转到后背时开始呼气，向左经后背绕至胸前。先做 3 次右绕头运动，再做 3 次左绕头运动。注意右旋转时左侧脖筋舒展，向后转时，喉部肌肉舒展。

（4）面部放松。先吸气，面部各部分肌肉向内收缩，将紧张压力集中在鼻尖上。然后呼气，口尽量张大，眉毛上挑，脸拉长，如同打哈欠状。

这套身心训练，随时随地都可以做，用两三分钟即可。它可让社区矫正对象有效放松身心，除却焦虑情绪，保持良好的身心状态。

3. 残酷疗法：以焦虑对焦虑。美国巴洛医生，主张以焦虑对抗焦虑，不惜“下猛药”，你越焦虑害怕什么，就越让你在治疗中体验什么，就像给病人注射“恐惧活性病毒”般，直到你心理上获得抗焦虑的抗体。巴洛的病人治愈率高达 85%，而且至少在两年内不复发。尽管他的医学实践仍被视为另类医学，被指责为太过残酷，但是，医学界专家人士认为，巴洛疗法很可能成为焦虑症以及其他精神疾病治疗的权威和流行疗法，甚至可以成为“精神抗生素”。巴洛治疗焦虑紊乱症的方法简单得出奇，但是它的哲学意义以及临床效果不是那么简单。传统的治疗焦虑症的方法是教病人学会一些放松技巧，但是巴洛疗法却恰恰相反，而是让病人重复面对他最为焦虑的情境，最终适应而达到治愈目的。巴洛宣称，他可以在短短 5 到 8 天时间里消除某些病人的焦虑症状。巴洛的中心理念是：人们害怕的不是外在的东西，焦虑症的症结在于内在化的恐惧，之所以出现焦虑感是因为人没有处理好跟内在化恐惧的关系。虽然巴洛目前还没有掌握足够的数据来保证病人的焦虑症不会复发，但是，巴洛疗法可以说是目前心理学界唯一具有治愈可能性的疗法。

第十八章　社区矫正评估

在社区矫正的社会实践中，需要我们对不同的社区矫正对象、不同的矫正措施作出评价，并根据这些评价做出相应的结论或决策，或者对社区矫正的工作步骤作出调整，同时，社区矫正评估本身也对社区矫正的矫正效果、矫正过程进行思考，提供正确且有效的服务依据。本章借鉴一般的评估理论，依据《社区矫正法》的立法精神和《社区矫正法实施办法》的规定，结合我国社区矫正评估的实际，探讨社区矫正评估的有关问题。

第一节　社区矫正评估概述

社区矫正评估是矫正介入完成后矫正实务过程的重要阶段。它是对社区矫正工作的总结，因此，它对把握社区矫正的实施过程和效果，促进社区矫正工作及社区矫正工作者能力的提高和服务品质的提升，对今后工作的开展都具有实质意义。

一、社区矫正评估的含义

（一）社区矫正评估

评估是利用和发挥现代科学技术，成功地将数学、统计学、信息学、管理学、心理学、犯罪学等学科知识融会于评估过程中，以信息收集、结构性面谈、量表测试和诊断为依托，建构起静态评估与动态评估相结合，以动态评估为主；定量分析与定性判断相结合，以定量分析为主的客观评价社区矫正工作的评估体系。

评估是一项贯穿于社区矫正工作始终的活动。一般而言，无论人们从事怎样的工作，都存在工作的过程、工作的预期目标、达到工作目标的方法等方面的问题，这些问题贯穿于整个工作过程的始终，因而评估也贯穿于人们工作的每一个环节。

社区矫正评估是指根据社会所信奉的社区矫正的价值观或社区矫正的目标，

运用可操作性的科学手段，通过系统地收集有关信息、数据资料，进行筛选、整理、统计分析，对社区矫正对象、社区矫正组织、社区矫正活动的效度等作出价值判断，不断改进并完善社区矫正工作，为社区矫正决策提供依据的过程。

与所有的对人的评估一样，在这里评估的对象是行为，但我们所要了解的不仅仅是行为，更重要的是社区矫正对象的心理过程。心理内潜于个人身上，不能直接测量，但是它可以在人的行为中表现出来，我们能够通过这些可以观察和测量到的行为进行间接的评估。因此，社区矫正评估也可以说是对社区矫正对象行为及其矫正心理的测量与评定。

社区矫正对象心理或行为，尤其是社区矫正对象的态度、观念等深层次的心理，其复杂性、内潜性和多变性是不言而喻的。因此，强调定性与定量相结合的评估方法也就更为重要了。

从评估的目的出发，不仅要确定“多少”、评定“多好”，还要了解“为什么”，提出“怎么办”，因此在广义上，评估应与日常对社区矫正对象的调查研究结合在一起，相互补充，相辅相成。

社区矫正评估以实现社区矫正目标为目的，在社区矫正活动过程中进行，可从下列图示加以了解：

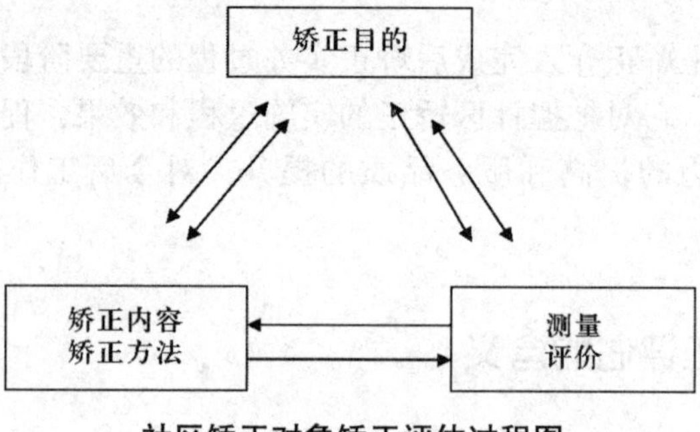

社区矫正对象矫正评估过程图

从逆时针方向观察上图，社区矫正工作者根据所确定的矫正目的分析社区矫正任务，选择社区矫正方法，组织社区矫正活动；社区矫正的测量与评价则可确定社区矫正目的实现的程度，检查社区矫正活动的成功与否。从顺时针方向观察上图，社区矫正工作者经过对社区矫正对象的测量与评价，了解其心理水平、能力特征及缺陷所在，设定阶段目标，然后确定矫正的重点、选择合适的矫正方法，以有效地组织社区矫正活动，实现社区矫正目的。

（二）测量与评定

评估是测量与评定的有机结合。所谓测量是依据一定的规则用数字对事物加以确定，也就是用定量的方法确定事物的属性。评定则是依据测量的结果，并结合评价者对事物的观察，对事物的属性赋予意义或作出价值判断。

由此可以看出，测量是客观的观察过程，其结果应当准确地反映被测量者的属性而不受个人情绪或偏见的左右。但测量的目的并不限于了解属性，测量者常常希望进一步评判该属性的优劣、好坏，或价值的取向与高低，而所谓优劣、好坏及价值的取向与高低是根据评价者的标准而确定的，是一个主观的过程。因此，评估也是客观与主观的有机结合。

如果说测量是对事物加以量化，评定是鉴别、确定事物的性质，那么评估也就具有定量与定性相结合的特征。定量是定性的基础，定性是定量的出发点和结果。在具体的评估过程中，定量与定性“功能互补”。一般来说，对简单、重复、确定性较大的事物容易量化，而在评估的对象复杂、内潜和多变时，则较多地依赖于定性的方法。因此，如何实现定量与定性的互补，便是科学评估所要着力解决的问题。

（三）社区矫正评估的实质

社区矫正评估涉及的因素很多，其中不乏难以准确定量的因素，因此，需要采用文字描述的定性分析和定量分析相结合的方法，在相对模糊或粗糙的实证分析基础上作出规范分析。同时，评估总是包含着对一定价值关系可能后果的预见和推断，而不是对所获信息的简单描述。所以，评估必须建立在收集大量数据信息的基础上进行分析、综合、概括和总结，继而对其抽象化。

社区矫正评估的过程，实质上是对社区矫正活动中相关事物、相关因素、相关人员的现实的、潜在的价值作出判断的过程。因此，社区矫正评估的实质是对社区矫正活动及其价值后果的价值判断。其目的在于提高社区矫正质量，改善社区矫正的管理水平，完善社区矫正制度。

二、社区矫正评估的特征

（一）综合性

社区矫正评估的目标与社区矫正的目标具有同一性，并具体体现在完成社区矫正任务与社区矫正方法的实施过程中。因此，要根据社区矫正的最终目标、阶段目标以及各项矫正任务和各种矫正方法的具体目标确定评估的指标。可以说，所谓评估指标，也就是对矫正目标进行分化、细化和具体化，使之成为看得见、摸得清、可以测量的行为化的结果。它提供了评估的标准，同时也就规范了矫正的标准。评估的进展过程，也就是促使矫正对象朝矫正目标转化或发展的过程。

（二）统一性与个别性

社区矫正有一个统一的目标，即将社区矫正对象改造或矫正成守法的、具有良好社会适应性的公民。社区矫正评估也就有一个相应的统一性指标。但围绕着守法与否，矫正对象的犯罪动机、价值观念、个性心理特征及社会适应水平有着很大的差异，加上每个社区矫正对象有着不同的情况，矫正的起点、进程和终末的具体标准也就各不相同。因此，社区矫正评估应当具有针对这些差异的分类和分层的指标，并且采用定量和定性相结合的方法，具体到某一个社区矫正对象。从这一意义上来说，社区矫正评估与矫正本身相一致，都有一个个别化的要求与过程。

（三）动态性

社区矫正评估是一个动态的连续发展与循环递进的过程。评估对社区矫正对象来说不是“算账”，更不是“算总账”；不能看作一种“了结”，更不能“一次性了结”。它是一种“前瞻性”活动，着眼于扬长避短，伴随着社区矫正的始终，依赖于对社区矫正对象每一天、每一项活动的观察和了解。必须对社区矫正对象做全方位、追踪式的动态评估，使评估成为一种连续发展和循环进展的过程，直至社区矫正目标实现。

（四）共同参与性

社区矫正对象在社区矫正评估中往往处于被动地位，尤其是社区矫正评估的最初阶段，这种状况难以避免。但从评估的本意或从评估的目的和功能来说，评估是评估者与被评估者相互作用的过程，只有社区矫正对象从被动到主动，积极参与评估，由被动地接受评估到积极主动地配合评估，从单纯地接受评估到在接受评估的同时也做自我评估并评估他人，这样，才构成了评估的整体，才能发挥评估对于社区矫正的激励作用。一个能够正确地观察与评价自己或他人的人，才是一个真正社会化的人。

（五）科学性

评估针对社区矫正对象的整体，也根据需要评估社区矫正对象的某一方面，是整体与个别方面的有机结合。评估一般是对社区矫正对象的行为反应进行测量，但要对矫正对象的思想、心理作出正确评定，还需通过定量与定性相结合的手段进行全面、深入的分析与研究。分析、解释评估结果也就格外重要，仅仅用几句简单的文字或单纯地依靠数字加以评定不足以说明评估的结果，尤其是不能正确地分析造成结果的原因。所以对社区矫正对象评估结果的解释具有全面、深入、公正的客观性和科学性。

三、社区矫正评估的原则

社区矫正评估的效果是社区矫正绩效的表现形式，关系到社区矫正方案的制订、社区矫正措施的修订，以及社区矫正工作的社会效度和评价。所以，在评估过程中必须制订科学的方案，遵循严格的程序，执行统一的标准和方法，以确保评估的客观性和科学性。因此，在实施矫正评估的过程中，必须把握以下原则：①

（一）客观性原则

矫正评估必须在坚持客观性的前提下进行，这就要求评估工作要摆脱人为的主观控制，评估过程和结果要以事实判断为依据，克服主观判断；不能为了评估而评估，为了效果而评估，更不能因人、因地而异，因评估者的好恶而异。这些现象只能带来人们对评估不负责任的态度，导致评估的形式化，达不到评估应有的目的。因此，在评估过程中，无论是评估工作者还是评估机构都必须坚持客观、公正、公平的原则，实事求是地完成评估工作。

（二）系统性原则

系统论的观点认为，每一事物都是一个有机的系统，其中每一要素的变化都可能带来系统整体的变化。社区矫正工作也是一个由诸多子系统构成的系统整体，其中包含了诸多评估要素和评估项目，这就要求我们把矫正项目及其实施过程视为一个系统，在矫正实施的全过程中，从一个过程中各个环节、各个要素之间的关系中全面认识矫正项目及其实施，认真对待系统中每一要素的变化，并从中预测系统可能的变化。

（三）科学性原则

在已有的研究中，人们往往把评估视为一个运用社会研究的程序和方法，系统调查社会干预项目绩效的过程。也就是说，评估不是主观随意的过程，而是有其科学基础的过程，因此，它有自己特有的程序和科学的方法。矫正评估是对社区矫正的过程和效果进行调查、评价和总结的过程，也有自己的科学基础，有一

① 前三个原则参照了张昱、费梅苹：《社区矫正实务过程分析》，华东理工大学出版社2008年版，第258~259页。第四个原则参照吴宗宪主编：《社区矫正导论》，中国人民大学出版社2011年版，第391~392页。

套完整的评估程序和科学的方法。无论是社区矫正工作者，还是研究者抑或各类机构，在实施评估时，都应按照矫正评估特有的程序和方法进行评估，否则，将会直接影响到矫正评估的效果。坚持评估的科学性原则，主要是坚持评估的主体具有专业的科学知识，评估指标体系设置符合科学的要求，应用的评估工具符合科学技术规范。

（四）标准化原则

标准化原则是指运用标准的程序和方法进行评估工作的原则。标准化是科学化的具体体现，其目的是最大限度地控制评估过程中可能产生的误差，保证评估结果的信度和效度。标准化原则的内容包括以下几个方面：评估体系的标准化，即根据统一、标准的效果评估量表进行检验和调研；评估方法的标准化，即评估时间、方法以及场景具有统一性；评估结果解释的标准化，即评估结果应当与统一的常模进行比较，对相应的评价标准，做出矫正效果或实际状态的评价。

（五）定量与定性相结合的原则

在社区矫正对象评估中，对信息资料既要进行定量分析，又要进行定性分析，把二者有机结合起来。定量分析就是把由测验或其他途径得到的具有一定数量指标的资料，运用一定的数学方法加以统计处理，以使评估的结论更具有可靠性和精确性。定性分析是对信息资料的质的方面进行分析，找出这些资料中隐藏的规律性。只有进行定量和定性相结合的分析，我们才能全面认识被评估对象的特征及其发展规律。

四、社区矫正评估的功能

（一）对社区矫正对象的功能

从前面关于社区矫正类型的分析来看，社区矫正评估具有诊断、鉴定与预测等功能。从对社区矫正对象心理及行为所起的作用来看，社区矫正评估又具有导向、强化和激励等功能。

1. 导向功能。所谓导向，就是指导社区矫正对象朝着社区矫正目标所规定的方向发展。如前所述，社区矫正评估的标准是社区矫正目标的具体化。运用这些标准评估社区矫正对象，就可以使社区矫正工作者明了社区矫正对象的心理起点与社区矫正目标的差异，适当地设置具体的社区矫正目标与阶梯，制约与引导社区矫正对象的社区矫正进程，逐步实现社区矫正目标。对社区矫正对象来说，对照评估标准，了解评估结果，就可以知道自己应该做些什么，做到什么程度，什么是现在要做到的，什么是今后要努力的等，从而促使社区矫正对象了解自身的长处与不足，向着社区矫正目标不断地努力。

2. 强化功能。运用评估标准对社区矫正对象进行测量与评价，对于符合标准的行为给以肯定性评价（正强化），对于不符合标准的行为给以否定性评价（负强化），实际上就使得评估具有了扬善抑恶、扬长避短的强化功能。社区矫正对象由此产生强烈的情绪体验，同时又与认知的辨别与行为的导向联系在一起，使得这种强化作用更为丰富与有效。又因为依据评估标准与结果对社区矫正对象实施奖励与惩罚，保证和增强了奖惩的客观性、公正性和公开性，对于发挥奖惩功能，促进社区矫正具有积极作用。

3. 激励功能。激励所侧重的是评估对于社区矫正对象心理、行为转变与发展的正强化的作用，强调不仅要给予社区矫正对象改正错误的机会，还要给予社区矫止对象发展优点的条件，并且使这种机会和条件成为可能和现实。评估本身具有可观察性和可操作性，社区矫正工作者将评估作为矫正活动的组成部分，使得这种机会和条件成为看得见摸得着的东西，能够激发、鼓励社区矫正对象最大限度地表现出自己的积极性行为，去争取改造的成功。

（二）对社区矫正机构和社区矫正工作者的功能

归纳起来，矫正评估对社区矫正机构和社区矫正工作者的功能主要有如下三个方面。①

1. 效果评价功能。把握矫正项目的实施过程，考察矫正项目的实施效果，这是矫正评估的主要目的所在。在一般情况下，无论是社区矫正工作者，还是矫正机构、政府机构或其他机构都会对矫正实施的效果有一直观的、经验的认识，如在整体上认为有效果，或效果不大，或没有效果。但必须注意的是，这种直观的、经验的认识只是一种表面的、现象的、零乱的、没有得到证实的看法，要对矫正项目实施的效果有一科学、系统、本质的认识，必须经过系统的评估研究才能得到。

由于矫正项目实施的效果通过社区矫正过程实施的每一阶段、每一环节表现出来，因此，要了解矫正项目实施的效果，首先要对矫正项目实施的过程进行评估。通过矫正过程的评估，评估者能够了解到服务项目实施的具体情况，了解到社区矫正对象是否发生了积极的、正向的变化，这种变化有多大，通过矫正项目的实施，社区矫正对象的处境是否发生了变化，这种变化对社区矫正对象带来了什么影响等问题，从而对矫正项目实施的效果有一科学的认识。

2. 提升服务品质。提高社区矫正工作者的工作能力，提高服务品质，这是

---

① 这部分内容借鉴了张昱、费梅苹写的《社区矫正实务过程分析》（华东理工大学出版社 2005 年版）的论述。

矫正评估的另一个功能。人的工作能力的提高有一个过程，这个过程在不断地理论学习和实践中得到实现。一般情形下，如果工作者能够对自己的工作进行不断的反思，并据此改变自己的工作方法，则其工作能力能够得到快速发展，反之则不然。社区矫正评估的过程既是一个调查和了解矫正项目实施及其效果的过程，也是社区矫正工作者重新反思、总结自己工作的过程，同时还是各种机构及理论研究者与社区矫正工作者一起思考矫正项目实施的过程。这使社区矫正工作者获得了从机构及理论研究者处学习的机会。通过这个过程，社区矫正工作者不仅要对自己的工作过程进行详细的回顾，找出自己存在的问题，提出相应的改变措施，与他人分享自己的成果；而且还要回答自己及他人提出的各种问题和质疑，在这个互动过程中，社区矫正工作者的能力必然得到提高，而社区矫正工作者能力的提高必然带来矫正服务品质的提升。

3. 寻求未来方向。社区矫正评估的另一重要目的是要通过矫正项目实施过程及其效果的评估找到未来工作的基本方向。必须明确的是，矫正评估是为了总结以往的工作而评估，评估的重要目的是通过矫正评估找到未来的评估方向。

五、社区矫正评估的作用

在开展评估之前，首先需要明白它的目的与作用，据此来选择适当的评估方案，确定评估内涵和基本的评估方法。社区矫正评估目的和作用主要表现在以下几个方面：①

（一）增强社区矫正的安全性

罪犯因实施了危害社会的行为而受到刑罚的制裁，将罪犯置于监狱这样的设施之中，既具有剥夺自由的惩罚作用，又具有将其与社会隔离，避免其继续危害社会的作用。而社区矫正的对象，之所以仍然可以生活在原来的社区，是因为他们不具有人身危险性，或虽然具有一定的人身危险性，但社区矫正机构有能力通过风险控制，确保他们不再继续危害社会。社区矫正对象如果在社区接受矫正期间重新犯罪，不仅面临着接受法律惩罚和入狱服刑的风险，更为重要的是社区将因为司法机关适用或执行刑罚方式不当而再次遭受危害。因此，人们必须采取措施尽可能地降低社区矫正对象重新犯罪的风险，以确保刑罚功能的实现。那么，怎样才能降低社区矫正的安全风险呢？途径主要有两条，即增强风险评估能力与风险管理能力，而高效的风险管理必须以科学的风险评估为前提，因此，建立科学的社区矫正评估机制也就成了增强社区矫正安全性的基础性环节。

① 狄小华：《社区矫正评估研究》，载《政法学刊》2007 年第 6 期。

（二）增强矫治工作的实效性

从社区矫正对象的情况来看，虽然他们的法定身份是罪犯，但由于他们的生活经历、犯罪经历等各不相同，因此，矫正方案、矫正项目也有很大差异。从矫正的目标来看，对社区矫正对象的矫治，既可能是疾病趋向的，也可能是问题趋向的，还可能是发展趋向的。人们习惯将社区矫正对象看作有这样或那样问题的人，对他们的矫治，如同医生看病，关键在于准确及时地作出科学的评估，然后才能对症下药，取得良好的矫治效果。那么，怎样才能对社区矫正对象作出科学的评估呢？我们认为必须运用现代科学技术成果，建立适合社区矫正对象的评估指标体系。而评估指标体系综合运用测验、预测量表和面谈等综合评估措施，可以对社区矫正对象的问题、问题的类型、问题的严重程度等及时作出比较准确的评估，从而在此评估基础上制定具有针对性的矫治措施，促进矫治工作的针对性，提高矫治工作的实际效果。

（三）增强奖惩考核的激励性

社区矫正对象的个体情况及所处的环境都处于不断的变化之中，因此，并非一次评估就可以一劳永逸，评估应当是动态性的，不仅每次评估要充分考虑各种因素的相互关系，而且一个社区矫正对象可根据变化了的情况进行多次评估。前后评估结论的比较，不仅可以及时发现问题和已经变化了的情况，并适时调整矫正方案与矫正措施，而且可以较为准确地评价矫治工作效果与社区矫正对象发生的变化，并根据这些科学的评估结论，及时实施奖励与惩罚，以激发社区矫正工作者的工作积极性和社区矫正对象接受矫正的主动性。

社区矫正评估是科学认识社区矫正对象，正确确定社区矫正对象教育转化的必经途径，是理性处理社区矫正对象问题，科学教育改造矫正对象的必要前提，是人道对待社区矫正对象，进行人性化管理与矫治的必要保证。

第二节　社区矫正评估的内容和指标体系

一、社区矫正评估的类型

测量与评价贯穿于整个社区矫正过程。从进入社区矫正机构到社区矫正完成，对社区矫正对象来说，在不同的矫正阶段或不同的矫正方面，需要进行不同的评估。

根据不同的标准可以把矫正评估区分为不同的类型。有学者认为，以社区矫正评估的对象为依据，可以把社区矫正评估区分为对矫正机构的评估、对社区矫正工作者的评估等；以社区矫正评估的主体为依据，可以把社区矫正评估区分为由政府进行的评估、由社区矫正机构进行的评估、由社区矫正工作者进行的评估等；以社区矫正的目标为依据，可以把社区矫正评估区分为阶段性评估、过程性评估、绩效评估等；以社区矫正评估实施的时间为依据，可以把社区矫正评估区分为前期评估、中期评估和后期评估。①

此外，还可以根据社区矫正实施过程中的各类项目进行各种类型的项目评估，如对社区矫正对象的需求进行评估、对社区矫正社会环境进行评估、对社区矫正社会影响进行评估等。下面介绍几种常用的分类方法：

（一）按评估的目的进行分类

根据评估的目的不同进行分类，狄小华教授认为社区矫正评估可以分为风险评估、需要评估、能力评估与效果评估。② 在此，我们将其分为诊断性评估、鉴定性评估和预测性评估。

1. 诊断性评估。诊断是社区矫正的开始，它要了解的是社区矫正对象的起点水平。在社区矫正对象进入社区矫正机构之初，主要是对社区矫正对象的犯罪心理以及刑罚心理的特征和形成原因进行诊察，作出判断。在社区矫正的不同阶段和不同方面，在新的社区矫正活动开始前，对社区矫正对象在矫正方面的起点水平，诊察、判断其刑罚心理、矫正心理、社会适应心理等方面的特征及其发展变化，据此制订和实施社区矫正的方案。

2. 鉴定性评估。鉴定的对象是社区矫正的结果。一种是在社区矫正过程中进行的，是对阶段性矫正结果的鉴定，可以称其为形成性评估；另一种是在社区矫正结束前进行的，是对社区矫正的最终结果的鉴定，可以称其为总结性评估。针对某一方面或全面的矫正结果的鉴定，又可分为单项评估或总体评估。

3. 预测性评估。在确定社区矫正目标和分析社区矫正任务的时候，还要结合诊断性评估，预测社区矫正对象思想、心理、行为转变或发展的可能与进程。所谓可能，是相对于现实而言，通过预测了解和掌握使可能转化为现实的条件。所谓进程，指社区矫正的过程与速度，通过预测分解和把握社区矫正的具体目标与实现目标所需的时间。预测可以针对社区矫正对象的转变，也可以针对社区矫正对象的发展。前者是犯罪心理及其他消极心理与行为的消除，后者指守法心理及其他积极心理与行为的建立，包括回归社会所需的知识、技能、社会适应水平等。

在社区矫正的终末阶段，即社区矫正即将结束时，既需要对社区矫正对象重

---

① 张昱、费梅苹：《社区矫正实务过程分析》，华东理工大学出版社 2008 年版，第 256 页。

② 狄小华：《社区矫正评估研究》，载《政法学刊》2007 年第 6 期。

返社会后社会适应与发展的可能进行预测，也需要对社区矫正对象重返社会后的再犯可能进行预测。显然，这种预测是与总结性评估联系在一起的。

预测性评估也叫配置性评估，表明其具有分配、安置的意义。社区矫正对象的分类处遇和矫治，对于社区矫正对象的顺利回归具有重要的作用。

（二）按评估的时间进行分类

这种分类法是按照社区矫正对象的矫正时间进程进行的分类。有研究者提出了“四段式”评估体系分类方式，将社区矫正评估分为矫正前社区调查评估、入矫初人身危险评估、矫正中阶段矫正效果评估和解矫前总体矫正质量评估四个时间段。① 也有研究者将其分为入矫前的风险评估、入矫后的分类评估、矫正中的需求评估和解矫前后的回归评估四个阶段。② 下面介绍三个时间段的评估分类：

1. 矫正前评估。即在社区矫正对象刚被社区矫正时进行评估，目的是掌握其人格状况，把握其人身危险性，了解其违法犯罪心理结构及入矫时的心理状态，为建立社区矫正对象心理档案和制订进一步的矫治工作方案奠定基础。

2. 社区矫正中期评估。即对社区矫正对象在社区矫正过程中进行阶段性评估，目的在于了解矫治效果与质量，矫正项目和矫正方案的落实情况以及矫正中存在的问题等，以便及时调整矫正项目和矫正方案。

3. 解矫前评估。即在社区矫正对象社区矫正期满即将解矫前对其进行评估，它是对社区矫正对象整个矫正活动的总结性评价，同时，又对其他矫正活动具有指导性。主要目的是对社区矫正对象矫正的最终效果及回归社会后重新违法犯罪的可能性进行预测。

（三）按评估的人数多少进行分类

1. 个案评估。个案评估是指社区矫正工作者或社区矫正机构对社区矫正个案工作目标或计划、个案矫正项目、个案矫正的过程或效果等进行的评估活动。一般来说，对于需要进行心理咨询和心理治疗的社区矫正对象，以及难以矫正教育和监督管理的重点对象等必须进行个别评估。这种评估有利于运用多种方法深入挖掘资料，作出较为全面和准确的诊断。

2. 集体评估。即对某一社区矫正对象集体或某一类社区矫正对象进行的评估，其优点是节省精力和时间，一次评估可收集许多人的有关资料，掌握他们各

---

① 褚春红、陈强：《构建“四段式”社区矫正风险评估体系》，载《人民调解》2013 年第 6 期。

② 孙文红：《我国社区矫正效果评估体系的评价与重构》，载《社会科学辑刊》2015 年第 5 期。

方面的心理特征和某一时期的心理状态。

（四）按照评估的功能进行分类

1. 在执行刑罚意义上的评估。社区矫正的基础或前提条件是刑罚的执行，社区矫正评估也是在执行刑罚意义上的评估。刑罚确定了社区矫正的目标，规定了社区矫正的环境，制约着社区矫正的进程，同时也就对社区矫正评估提出了相应的要求，提供了一定的条件。一般来说，在相对宽松的社区环境中强制性地对社区矫正对象进行监督管理和矫正教育，可以控制评估的条件，有利于评估的可信度与有效性。但如果社区矫正对象对社区矫正持不正确的态度，造成对评估的反感或过度的反应，就会造成评估的偏差，不利于社区矫正的有效实施。为了保证评估的顺利进行、实现评估的效果，社区矫正工作者必须对评估有正确的认识和科学的态度，掌握一定的评估方法与技能，在评估过程中注意发挥刑罚因素对社区矫正对象的积极影响，并使评估本身成为社区矫正对象矫正的过程。

2. 社区矫正对象的社会适应性评估。增强社区矫正对象的社会适应性是社区矫正的主要目的之一，社区矫正对象社会适应性的强弱，直接影响着矫正效果，因此也是评估的主要内容。因此，社会适应性评估包括了对社区矫正对象世界观、人生观和价值观的评估；现有职业水平和职业技能评估；社会生存状态评估；心理适应水平评估；人际交往能力评估；挫折耐受力评估等。

3. 社区矫正对象的危险性评估。危险性评估是采取何种矫正措施的重要依据，也是维护社区安全和秩序的必要手段，因此，社区矫正对象的危险性评估是评估的重要内容。这种评估实质上是以社区矫正对象的犯罪倾向性的人格为基础，对社区矫正对象的人身危险性评估。

4. 社区矫正的社会效度、社会价值评估。社区矫正的效度是取得社会公众支持的重要方面，也是社会价值的重要体现。因此，社区矫正的社会效度和社会价值评估，关系着社会及社会公众对社区矫正的信心，从某种意义上讲，是社区矫正成功与否的重要评估指标。

除此之外，还有社区矫正质量评估、综合评估、社区矫正效果评估、主观的临床评估、静态的工具评估、动态的结构性评估等。

二、社区矫正评估的基本内容

社区矫正评估是一项复杂的系统工程，它包含社区矫正工作的方方面面。刘强教授对社区矫正的重点评估内容进行过论述。①

---

① 以下1至7项内容参照武玉红：《社区矫正管理模式研究》，中国法制出版社2011年版，第285~291页，有删改。

（一）重新犯罪率

重新犯罪率可作为社区矫正工作有效性的指标之一。在我国，重新犯罪的界定一般是指被重新认定为犯罪。对重新犯罪时间的限定，一种统计方法是限定在社区矫正对象社区矫正期间内；另一种统计方法是限定在社区矫正对象解除矫正后两年内。

在对重新犯罪率进行调查和评估时，需要运用科学的方法。在报告重新犯罪率时也需同时报告调查的方法，因为调查的方法如果设计得不科学，会导致调查结果的不准确和不正确，进而影响评估结果。

（二）刑罚成本

社区矫正的重要目的之一是降低刑罚成本。刑罚成本的降低包括两个方面的内容：一是行刑成本资源投入的最小化，它要求在适用刑罚时对刑罚量要有适当的控制，减少不必要的支出，控制行刑的保障经费；二是行刑收益的最大化，它表现在对罪犯惩罚、改造以及预防和减少犯罪方面获得最佳效果。可见，刑罚成本是与刑罚投入和结果产出两者直接相关的，在评估时不能只考虑投入。具体内容包括：社区矫正的基本设施的费用计算、矫正项目的费用计算、工作人员的工资及补贴、社区矫正管理的相关费用。

（三）社区居民对社区矫正的感受

社区矫正是我国刑罚制度的改革措施，社区矫正的推进，对获得社区居民的认可和支持具有重要意义。作为我国社区矫正工作的推行者，需要通过评估来把握公众的态度，一方面改进我们的工作，另一方面对公众的模糊认识给予解释、澄清和引导。否则，没有公众的认可和支持，不利于社区矫正的发展和推进。

（四）对犯罪受害人的调查

社区矫正的一个重要功能是恢复由犯罪破坏的社区诚信关系。通过社区矫正工作，犯罪受害人给予犯罪分子谅解，这是现代恢复性司法的内在要求和价值体现。犯罪被害人对社区矫正对象的评价，也可以说是对社区矫正工作的评价。

（五）对社区矫正对象感受的调查

社区矫正对象在社区矫正中的感受，可以从一个侧面较好地体现出社区矫正所设定的预期目标是否能实现的问题，同时也可以反映出社区矫正管理机构和工作人员的工作质量以及社区居民对社区矫正对象的态度。因此，对社区矫正对象的感受的评估，可以作为改进和完善社区矫正制度的一个重要途径。

（六）矫正项目的有效性

在社区矫正工作中，需要设立不同的矫正项目，每一个矫正项目的设定都是为了服务于社区矫正的任务。因此，社区矫正项目有效性的评估对于提高工作效率，减少和避免形式化的东西具有重要意义。矫正项目的有效性评估，可以通过阶段性评估，也可以通过结果性评估来实现。矫正项目包括：监督管理、教育改造项目、对社区矫正对象的帮助和服务等。

（七）社区矫正的机构设置和人员配备

在我国社区矫正的过程中，关于社区矫正的队伍建设形成了北京模式、上海模式、江苏模式、浙江模式等比较有代表性的几种模式。这些模式各有其利弊。目前，我们急需选择一种适合我国国情、权责明确、相互配合、相互制约、高效运行的最佳运作模式向全国推广。

因此，对社区矫正的机构设置和人员配备的评估内容包括：我国应设置何种类型的社区矫正管理机构和派出机构，社区矫正管理机构和派出机构的权利如何配置，目前社区矫正机构的效率如何，如何确定社区矫正工作者的准入资格，目前社区矫正工作者的绩效如何，社区矫正工作者的准确定位是什么等。

（八）社区矫正风险评估

社区矫正风险评估是应用一定的方法或手段对拟社区矫正或者社区矫正对象的人身危险性中的再犯可能性做出评价和预测。社区矫正通常采用量化评分表等方法评估社区矫正对象的人身危险性程度，根据打分进行分类并确定不同的等级，并采取不同强度的监管矫正措施。一方面可以量化确定评估的效果，另一方面根据社区矫正风险评估的结果可以确定社区矫正对象还存在哪些问题，有哪些心理、行为的需求，从而帮助社区矫正工作者修正和提高矫正监管措施，提高社区矫正的质量。评估阶段的调查评估材料应当尽可能量化，注重利用科学方法和实证手段，力求为社区矫正的准确评估分类并实施不同的矫正监管提供依据。从当前的实际情况来看，社区矫正风险评估分为不同的阶段，每一阶段的评估特点、评估内容和评估目的的侧重点都不一样。

（九）人身危险性与再犯可能性

社区矫正对象在社区矫正中的风险，是指社区矫正对象在矫正中和矫正后给社会带来的危险性，是与犯罪者所处的家庭、个人背景、成长经历、生活状况、教育情况、周围环境等分不开的，具体来说，这些方方面面的因素导致了犯罪者的个人人身危险性和社会危险性。在社区矫正中可以明确衡量的是人身危险性，综合国内外社区矫正风险评估的研究来看，风险评估主要是社区矫正对象的人身危险性。

社区矫正中的人身危险性评估主要是再犯可能性。适用于社区矫正风险评估的评估对象要么是已经犯罪待调查的人员，要么是触犯法律已经决定社区矫正的社区矫正对象。犯罪者的再犯可能性是社区矫正风险评估的主要评估对象。再犯可能性也被称为“再犯危险性”，是对犯罪者将来重新犯罪的一种评估。① 它主要通过把犯罪者的所有人格因素包括生理状态、心理状态、自我控制，以及一些稳定或者不稳定的环境因素如家庭、社区、交友情况等加以综合评估，同时也要考虑犯罪者犯罪前、犯罪中和犯罪后的情况，从犯罪动机、犯罪手段、犯罪性质、犯罪结果、悔罪情况等方面进行具体分析，从而科学准确地评估犯罪者的再犯可能性，并采取各种措施方法帮助犯罪者降低再犯率。

（十）社区矫正质量评估

在社区矫正对象社区矫正完成时，需要对社区矫正对象的改造效果进行质量评估，以检验社区矫正工作的质量和效果，这一评估和解矫前的风险评估有着较大的差别。解矫前的风险评估主要是对解矫的社区矫正对象即将结束社区矫正回归社会时的基本情况、矫正情况、社区接纳程度等各方面进行的总结和分析预测，评判社区矫正对象是否能顺利回归社会，是否需要救济，是否可能重新犯罪等，其评估的核心是“风险”。而社区矫正质量评估既涉及社区矫正对象，又涉及社区矫正机构工作人员等，也就是以评估“个人”为基础又评估“群体”，最终对社区矫正的体系进行绩效检验的过程，其评估的核心是“质量”。②

三、社区矫正评估的指标体系

社区矫正评估的指标体系指的是若干个相互联系的统计指标所组成的有机体。一个完整的指标体系，除了有系统的项目指标外，还必须科学地确定每一项目指标在体系中所占的比重。③

社区矫正是一个非常复杂的系统，涉及面广，在进行社区矫正评估时不能孤立地对某个方面的因素进行研究，特别是在进行诊断性、评判性分析时，需要综合考虑各方面的相关因素，否则评估结论的可信度难以保证。因此，社区矫正评

---

① 文姬：《再犯危险性评估方法及检验》，载《刑事法评论》2009 年第 2 期。

② 曹虹：《我国社区矫正质量评估的现状和完善》，载《中国社会科学院研究生院学报》2012 年第 4 期。

③ 刘诗嘉：《社区矫正评估对象的选择—— 一种刑事司法评估方法的运用》，载《中国刑事法杂志》2005 年第 3 期。

估应建立严密的指标体系，这也是开展社区矫正评估的基础性工作。

有人认为，在我国社区矫正评估指标体系中，形成了相对成熟的几个项目指标。①

（一）对社区矫正项目的评估

1. 日常管理。具体内容有接收管理、建立台账、外出请示、定期行动汇报、电子定位监督管理、监管审批、违规处罚、收监执行、禁止令执行、定期走访等项目。

2. 公益活动。公益活动是一项同时关注产出和结果的项目，即要求社区矫正对象积极地参加活动，将良好的服务带给社区群众，同时社区矫正对象在活动中应该养成为社会公共利益服务的品质，并且树立起社会责任感。

3. 矫正教育学习。该项目内容繁多，形式多样。总的来看，教育内容以形势政策教育、法治教育、公民道德教育、心理健康教育和技能培训为主；形式上采用集体教育和个别教育两种。教育学习的评估类型包括影响评估、效率评估、过程评估和需求评估。由于教育的效果与教育过程有关，因此必须考察教育的过程中是否存在瑕疵。

4. 为社区矫正对象帮困解难。根据规定，需要帮助社区矫正对象解决在就业、生活、法律、心理等方面遇到的困难和问题。在帮困解难中，就业问题是社区矫正对象最为关注的。这一项目大多涉及政府购买服务或者社会力量的协作。

（二）对社区矫正对象的风险评估

风险评估的核心是“未来结果的不确定性或损失”，即风险因素所引起的事件的发生或者不发生的可能性。风险评估是在风险事件（风险事件是指风险的各种因素转化成为现实的各种损失）发生之前或之后，判断决定某项风险性因素所具有的危险性给居民、社会、财产等造成的影响或损失的可能程度。② 风险评估的关键在于风险评估的指标，即评估风险时应当考量的要素。“选取怎样的指标加以评估直接决定了风险评估的科学性和准确性。”③

风险评估在社区矫正中分为三个部分，在不同部分，风险评估具有不同的目的，从而就具有了不同的内涵。

1. 社区矫正对象进入社区时的风险评估。该项评估的主要目的是对社区矫

---

① 具体指标体系参见刘诗嘉：《社区矫正评估对象的选择——一种刑事司法评估方法的运用》，载《中国刑事法杂志》2005 年第 3 期。适当做了调整。

② ［德］乌尔里希·贝克：《世界风险社会》，吴英姿、孙淑敏译，南京大学出版社 2004 年版，第 188 页。

③ 何显兵、廖斌：《论社区矫正分级处遇机制的完善》，载《法学杂志》2018 年第 5 期。

正对象在社区矫正期间危害监管安全的可能性、危害他人和社会的可能性做出预测，同时为采取何种矫正项目提供参考，另外，该项评估也是审前调查的内容。在这一目的的指引下，我们需要评估的内容包括：社区矫正对象的基本情况，包括居住状况、婚姻状况、家庭经济状况、受教育状况、身体健康状况、就业经历、人员交往、劳动技能的掌握等；社区矫正对象的不良爱好情况，包括赌博、酗酒、吸毒或贩毒等；社区矫正对象的犯罪史；社区矫正对象本次犯罪的情况，包括本次被判刑的年龄、犯罪类型、罪名、刑种刑期、共同犯罪或者黑恶势力与否等；社区矫正对象的心理情况，包括对环境的适应心理、自杀心理产生情况等；心理、认知和行为特性评估，主要依据心理学知识，制定详细的量表进行评估。

2. 社区矫正对象矫正期间的阶段性风险评估。阶段性风险评估的目的主要是研究矫正过程对社区矫正对象人身危险性变化的作用，为制定或者调整个别化的矫正项目提供依据。评估的工具仍然是前述心理、认知和行为特性量表，通过对比量表测评结果在各个阶段的变化来了解矫正的效果。

3. 社区矫正对象矫正完毕的风险评估。此时风险评估主要是用于预测社区矫正对象未来的重新犯罪可能性。评估内容由三部分组成：一是心理、认知、行为特性量表最后一次评测；二是社区矫正心理体验评测；三是对社区矫正对象可能具有的消极面设立问卷，该项评测会用到前两项评测的结果。

（三）对社区矫正对象的需要评估

需要评估是对社区矫正对象的某些生活因素进行评估，了解他们的优势和弱势，从而有针对性地开展矫正活动。需要评估也分为三个阶段，与风险评估配套进行。需要评估在各个阶段具有不同的目的：对于刚刚进入社区矫正的社区矫正对象而言，需要评估为社区矫正对象的分类以及个别化矫正方案的制订提供依据；在矫正过程中的需要评估用于了解社区矫正对象在需要上的变化，并且相应地调整个别矫正方案；在矫正结束时的需要评估则可以为将来可能的接续帮助提供资料。

从需要评估的评估内容来看，各个阶段基本没有变化。主要包括以下内容：受教育程度、就业情况、职业技能、经济情况、婚姻家庭关系、交友情况、个人技术、情绪稳定性、对酒精和麻醉品的依赖程度、健康福利、心理健康。

（四）对社区矫正能力的评估

主要包括社区居民（含受害人）对社区矫正的支持和理解程度；社区居民（含受害人）对某一社区矫正对象的接受程度；社区矫正对象对社区矫正的感受；社区矫正机构的设置、软硬件设施；社区矫正工作者的配备和能力。

（五）对社区矫正对象的重犯率统计

社区矫正是一项用再社会化方式来教育改造社区矫正对象、预防犯罪的制度，它关注社区矫正对象的日常行为，因此某些重要的日常行为的误差会反映出矫正措施没有对社区矫正对象的思想产生积极影响，此时从社区矫正对象没有成功接受应有的教育和改造的意义上说，社区矫正对象构成了重犯。所以，此处的“重犯率”不同于“重新犯罪率”。

在这一项目评估中，重犯的外延囊括实质的犯罪行为和非犯罪行为两种。其中非犯罪行为包括：（1）恶习重返：麻醉品、酗酒、赌博等；（2）达到记过程度的处分；（3）违法行为；（4）假释、缓刑以及监外执行非因犯罪原因被撤销；（5）发生脱管情况。在统计时，应该将实质的犯罪行为和非犯罪行为分开统计。

第三节　社区矫正评估的技术和方法

一、社区矫正评估方案的基本构成

（一）评估主体

社区矫正评估是人们对于社区矫正实践活动的了解、测度和评价活动，从事社区矫正评估的人或机构是社区矫正评估的主体。在社区矫正评估实践中，评估的主体主要有社区矫正机关、专家学者、社区组织、社区志愿者、社区居民以及社区矫正对象。

社区矫正机关是整个评估活动的组织者和管理者，具体负责组织、聘请专家学者，组织动员社区组织及人员，审查评估方案，管理及公布评估结果等。

专家学者是评估活动的主要实施者。专家学者不仅有丰富而系统的科学理论知识，而且掌握着最新的科技方法。由专家学者制订评估方案，可以最大限度地保证整个评估过程的科学性和可行性。

社区组织、社区志愿者、社区居民、社区矫正对象的亲友等是社区矫正评估活动的重要参与者。他们对社区矫正对象的心理、行为及转化情况有着更为深刻和细致的了解。因此，只有积极吸收他们参与社区矫正评估，才能使评估结果最大限度地反映真实情况。

社区矫正评估活动主要是围绕社区矫正对象本人的思想、心理和行为表现进行的，因此，社区矫正对象本身就是社区矫正评估的主体。

当然，除了上述人员以外，社区矫正评估的主体应该还包括相关上级机关和第三方或专业评估机构。

相关上级机关的评估主要是指对社区矫正工作有管理权、检查权的政府部门对社区矫正工作进行的评估。

第三方或专业机构评估是由与社区矫正工作无关的机构对社区矫正进行评估。这种评估一般由专门评估机构或专门组成的专家组实施，具有相对独立、科学和客观的特点，并具有较强的公信力。专门评估机构是在该行业中有资质的比较专业的调查、研究和评估机构。专门组成的专家组则受特定的委托开展评估，有时评估组相对独立成为第三方评估，有时被委托而开展评估。

（二）评估对象

社区矫正评估的对象主要包括：社区矫正对象、社区矫正活动、社区矫正工作者和社区矫正机构。

对社区矫正对象进行的评估，主要围绕社区矫正对象的人身危险、矫正项目、矫正效果、矫正需要等开展评估活动。

社区矫正活动的评估包括矫正方案的选择评估、矫正项目的绩效评估、矫正措施的效果评估、矫正过程的评估等。

社区矫正工作者和社区矫正机构也可以成为评估的对象。对社区矫正工作者的评估可以是资格、能力评估，比如受教育及专业训练背景、拥有的专业资格以及以往的工作经验等，也可以是对其现行工作的评估。对社区矫正工作机构进行评估，主要是评估其岗位设置的合理性和必要性、人员配备、硬件设施等的情况。

（三）评估目标

评估目标应该包括三个方面的内容：首先是结果目标，即通过评估要解决什么问题？解决到什么程度？只是要了解一般情况，还是要探究因果关系；是做学术性探讨，还是要提出对策性建议等。其次是结果形式目标，即评估结果用什么形式表现出来？是撰写单一的评估报告，还是与其他内容一起汇集成册。最后是社会作用目标，即这次评估究竟起什么样的社会作用？是供有关方面做决策参考，还是要影响社会舆论等。

（四）评估方法

没有科学的、与评估对象相适应的评估方法，就不可能有科学的评估结果。不能进行科学评估就会使评估失去意义，更严重者会误导社区矫正工作，甚至将其引入歧途。

评估方法由信息载体和信息内容组成。评估首先要获得有关评估对象的信息，信息载体是指用什么形式去获取信息，比如，问卷、访谈、观察等。信息内容指上述言语、符号包含的评估所需的意义。社区矫正评估要选择能获得丰富内容的信息载体去收集信息，以保证评估的科学性和有效性。

（五）评估工作安排

主要包括确定评估时间，明确评估组织结构、评估任务、职责分工、评估方法、工作步骤、经费预算等内容。

二、社区矫正评估技术

评估可以针对个体，也可以针对群体；可以针对某一事件、项目或某种制度、工作流程的整体状况，也可以根据社区矫正任务和社区矫正措施、方法、技术，或者针对个体或群体的某一方面。下面介绍几种常见的评估。①

（一）个体评估

1. 个体评估的含义。个体评估在广义上通常也叫做个案调查、个案分析、个案研究等。在心理学上，个案研究是对个体最直接、最简单的一种心理研究方法，它可以对一个人的心理发展过程进行较系统、较全面的研究；也可以对一个人的某一心理侧面的发展进行研究；或者对某几个人的同一心理侧面进行研究。

从社区矫正工作的实际出发，个体评估过程实质上就是个案分析过程，它是指对某一社区矫正对象个体的犯罪心理、刑罚心理和社区矫正的事实及其特征、原因、形成与发展的过程以及个性特点等方面情况做全面的或某一方面的分析，并提出科学合理的矫治方案的一种方法。

社区矫正归根结底是教育改造社区矫正对象个体，所谓社区矫正对象个体的再社会化，刑罚与矫正的个别化等，都是从这一意义上而言的。在实际工作中最为常见的是社区矫正工作者针对某一社区矫正对象的教育改造，在进行个案分析的过程中综合地运用各种评估方法。因此，个案分析的地位和作用显得尤其重要。

2. 个体评估的类型。

（1）纵向分析。从犯罪到受到法律惩罚，从社区矫正到回归社会，以社区矫正对象违法犯罪、社区矫正的连续发展的整个过程来分析个案。主要分析社区矫正对象的犯罪心理特征及其形成和发展，社区矫正过程、特征及其形成和发展。

（2）横向分析。以社区矫正对象违法犯罪、社区矫正的某一阶段的各个方面来分析个案。主要分析社区矫正对象某一阶段的心理特征和行为表现，如社区矫正初期、社区矫正中期、社区矫正后期等。

---

① 下述第（二）、（四）、（五）、（六）部分内容来自张昱、费梅苹：《社区矫正实务过程分析》，华东理工大学出版社 2008 年版，第 266~273 页。

（3）专题分析。就社区矫正对象的某一问题做专门研究。主要分析社区矫正对象某一方面的心理特征和行为特征，如违规违纪、人际交往、社会适应等。一般针对社区矫正对象的特殊方面或特殊问题进行分析。

（4）综合分析。纵与横、点与面、定性与定量相结合，进行全方位、追踪式的立体分析。

3. 个体评估的内容。每一个案的具体内容根据实际情况和需要确定。从综合角度分析，一般包括：

（1）基本情况。包括家庭关系、犯罪事实、改造表现、社区矫正的态度和看法、个人健康状况等。

（2）主体内容。包括犯罪心理的特征及其形成和发展过程；刑罚心理的特征及其形成与发展过程；社区矫正的特征及其形成和发展过程；社会适应及其形成和发展过程；其他个性心理特征及其形成与发展过程等。

（3）影响因素。包括社会、家庭、社区矫正机构的影响；个体生活史，包括生（发）育史、受教育经历、职业生活、性生活与结婚生活情况等；个体心理行为倾向；个体精神、身体、智能、疾病、适应性等身心状况等。

（4）矫治效果。对社区矫正对象个体矫正教育效果的评估，其工作目标就是社区矫正对象犯罪心理和行为恶习消除的具体情况，以及守法心理和积极的心理因素建立的状况等。个体矫正效果越好，说明矫正项目和矫正方案越有价值。

（二）阶段评估

社区矫正是一个过程。这个过程主要包括矫正关系建立、矫正资料收集、矫正资料分析、社区矫正对象问题的分析和诊断、矫正方案设计、矫正项目介入、矫正评估与跟进等阶段。尽管这些阶段在一定程度上互相交织在一起，但每个阶段的主要问题应该是清晰的。当社区矫正工作者实现了某个阶段的总体目标后，应对这个阶段的工作情况进行评估，这样的评估可称为阶段性评估。不同阶段由于具体目标不同，其评估的内容也不同。

就关系建立阶段的评估而言，在关系建立阶段完成后，社区矫正工作者进行评估时，重点应关注的是经过这个阶段，社区矫正工作者是否建立起重要指标是社区矫正工作者与社区矫正对象之间相互信任的标志，这就需要把信任分解为不同的指标，测度矫正者与社区矫正对象的专业关系姿态。当然，在这个阶段，还有一些其他指标也会对专业关系的建立产生影响。因此，除了专业关系现状的评估指标外，专业关系建立完成后的评估还需要考虑其他问题，如在专业关系建立的过程中，社区矫正工作者处理专业关系与刑罚执行关系的状况；社区矫正工作者运用了哪些社会工作理念和方法；在整个过程中，社区矫正工作者获得了哪些经验和教训，社区资源的运用情况，社区矫正对象的配合情况等。

在资料收集阶段完成后，社区矫正工作者在对资料收集的过程及效果进行评估时，应重点考虑的问题是资料的信度和效度。这就需要把资料的信度和效度分解为具体的指标，测量矫正资料的信度和效度。除了要对所收集资料的信度和效度进行测量外，社区矫正工作者还应对所收集资料的现状和过程进行评估，如已经收集了哪些资料，这些资料是否完备；在资料收集中使用了哪些方法，这些方法的使用是否适当；在资料收集过程中出现了哪些问题，今后应怎样避免这些问题等。

问题研究和诊断阶段是社区矫正实施过程中非常关键的一个阶段。社区矫正工作者对问题的研究和诊断是否准确将直接影响到矫正效果，因此，这个阶段评估的一个重要内容是对问题把握的准确性，由此，需要将问题准确性分解成不同的指标进行评估。此时，社区矫正工作者要追问已经发现了哪些问题，这些问题是否准确地反映了社区矫正对象的真实情况，问题具有怎样的性质，是否是当前急需解决的问题，在研究问题的过程中使用了哪些方法，这些方法的使用还存在什么问题，在研究问题的过程中还有哪些问题可能是社区矫正工作者还没有看到的，矫正对象对问题的认知状况如何，在与社区矫正对象讨论问题时对问题的认同程度如何等。

矫正方案的设计实际上是对问题研究与诊断阶段所发现的问题的应对，在这个意义上讲，矫正方案设计的水平在很大程度上决定了矫正介入的水平。如果说问题研究对矫正方向的把握具有重大意义，那么，矫正方案设计则直接决定了矫正水平和效果。矫正方案设计的关键问题是方案的针对性和全面性，即矫正方案是否针对问题研究阶段所发现的问题，以及设计的矫正措施是否全面。因此，在矫正方案设计完成后，社区矫正工作者应将这两个方面的问题细化为各种评估指标进行评估。此外，社区矫正工作者还需要就矫正方案涉及的各种资源能否满足矫正设计的需要，社区矫正对象对矫正方案的认同度等方面的问题进行评估。

矫正介入属于矫正行动阶段。在这个阶段，社区矫正工作者具体落实矫正方案和矫正项目。因此，对矫正介入阶段进行评估主要是评估矫正介入的理念和方法。此时，社区矫正工作者所能提出的问题主要是：在介入过程中运用了哪些理念，为什么要运用这些理念，这些理念的运用具有什么效果，在矫正介入过程中采用了哪些方法，采用这些方法的根据是什么，这些方法的运用获得了什么效果，是否还有更好的理念和方法可以运用，社区矫正对象对矫正过程的认同程度和配合程度如何，这种认同和配合对矫正介入形成了什么影响等。

评估阶段是对矫正工作过程进行整体评估。就评估本身而言，属于过程评估。但就评估阶段进行的评估行为而言，矫正工作者也可以进行总结性评估。

（三）群体评估

1. 单位评估和分类评估。群体评估有两种情况，一种是将某一社区矫正机构中的社区矫正对象作为评估的对象；另一种是对某一种类型的社区矫正对象进行评估。我们分别称其为单位评估和分类评估。

当需要了解某一社区矫正机构中的社区矫正对象的情况或社区矫正对象的矫正情况时，可以进行单位评估。它对于评价社区矫正工作的质量、制订社区矫正工作的计划、提高社区矫正工作的水平，都是十分重要的。而分类评估是根据“分管分矫”的要求与标准，对不同类型的社区矫正对象或社区矫正的状况进行评估，其意义也不言而喻。

在评估中，一般运用评估方案中所制订的指标体系，同时辅之以其他手段进行群体评估。对于不同类型的社区矫正对象，包括新进入社区矫正机构的社区矫正对象，还应当运用分类指标进行评估。

2. 整体评估与抽样评估。整体评估一般是对只有几十个社区矫正对象的小单位进行。而评估对象太多，若逐个评估再作整体分析费时费力，则应作抽样评估，特别是在跨地区、跨社区进行评估时，抽样评估更为切实可行。

无论是整体评估还是抽样评估，对评估程序的控制及对评估结果的统计分析都十分重要，否则将影响到评估的有效性。

（四）过程评估

社区矫正的各个阶段不是分离的，而是相互联系的。它们之间存在内在的逻辑，这些阶段有机地整合在一起，构成了社区矫正的总体过程。社区矫正工作者或矫正机构在完成了这个总体过程后，要对这个过程进行评估，这种评估可以称为过程评估。

由于每个阶段独立地看都是一个过程，因此过程评估和阶段评估在本质上是统一的。但在实际评估中，二者也存在一定的差别。这主要表现在两个方面。其一，阶段评估只是针对社区矫正过程中的某个阶段进行，相对比较单一，而过程评估则是针对社区矫正过程整体，针对社区矫正过程的所有阶段，具有综合特性。其二，阶段评估和过程评估在评估的主体上也存在一定的差异。一般而言，阶段评估的评估主体主要是社区矫正工作者、督导者、社区矫正对象。而过程评估的主体则比较复杂，不仅有社区矫正工作者、督导者、社区矫正对象，而且还可能包括各种机构，如矫正机构、购买服务的政府机构、研究机构等。

社区矫正过程评估属于整体性评估，涉及社区矫正的方方面面。从整体上看，主要包括总结以往的工作和为进一步深化社区矫正工作奠定基础两个方面的内容。

就总结以往的工作而言，评估人员需要思考的问题有很多，主要应关注以下几个方面的问题：

1. 社区矫正的整体目标是否达到。

2. 关于社区矫正对象的预期目标是否达到。这可分解为：最初确定的关于社区矫正对象的矫正目的是什么；通过社区矫正工作者的工作，社区矫正对象是否发生了变化；这些变化表现在哪些方面，其中最主要的变化是什么等。

3. 关于环境改变的预期目标是否达到。这可分解为：最初确定的关于环境改变的目标是什么；通过社区矫正工作者的工作，所要改变的环境是否发生了改变；这些改变表现在哪些方面，其中最主要的改变是什么等。

4. 在社区矫正过程中，社区矫正工作者对理论和工作方法、技巧的运用情况如何；获得了怎样的效果；成功的方面主要有哪些；需要改进的方面主要有哪些；所运用的理论、方法、技巧对社区矫正对象而言，是否为最好、最有效的理论、方法、技巧等。

5. 社区矫正实施过程的社会大环境是否发生了变化；这种变化对社区矫正工作的实施产生了哪些影响；社区矫正工作者在这种变化了的环境中能够做些什么等。

6. 社区矫正对象在社区矫正实施中的表现如何；给予矫正过程何种帮助，提出了哪些问题和需要；社区矫正工作者怎样和社区矫正对象发生互动并完成矫正过程等。

7. 对社区矫正工作者而言，通过本次矫正过程，社区矫正工作者获得了哪些新的体验，形成了哪些新的认知，获得了哪些启示等。

就深化矫正过程，寻找深化矫正工作的方向和目标而言，评估人员主要应关注的问题有：第一，所评估的矫正过程已经取得的成果有哪些。第二，所评估的矫正项目实施过程中还存在哪些问题，这些问题都具有怎样的性质，其中哪些是关键问题。第三，社区矫正对象和环境发生变化后带来了哪些新的问题，这些问题都具有怎样的性质，它们对矫正工作的开展会产生哪些影响，其中哪些是关键问题。第四，通过矫正过程的实施，社区矫正对象产生了哪些需要，其中哪些需要是合理的，哪些需要是不合理的，哪些需要是可以满足的，哪些需要是不能满足的，满足社区矫正对象新产生的需要已经具备了哪些条件等。

（五）社区矫正机构评估

关于这一评估，以上海为例。在上海社区矫正的制度体系中，社区矫正机构即现在的“新航社区服务总站”，属于民办非企业性质的社区矫正机构。其业务主管单位是上海市社区矫正办公室，由政府购买社区矫正服务。因此，对这个机构进行评估的主体主要应是出资购买社区矫正服务的政府相关部门。当然，这也不排除矫正机构的自我评估。由于社区矫正机构属于民办非企业，在性质上可以划归于民间组织，因而评估民间组织的方法也适用于该机构。

评估社区矫正机构的整体框架大体上应包括机构的非营利性、组织使命、组织制度、组织结构及治理、组织人力资源、组织公共关系管理、组织决策、组织财务、组织项目等方面的内容。

非营利性是社区矫正机构的基本特性。因此，在对社区矫正机构进行评估时应特别关注社区矫正机构的这一特性，如果机构违背了自己的本性而走向营利，将在很大程度上影响机构的发展。

对社区矫正机构进行机构使命方面评估的主要内容，包括社区成员对机构自身使命的了解和认识程度，机构使命的表述状况，社区对机构使命的了解和认识程度等。

评估社区矫正机构的组织制度，主要是就社区矫正机构相关制度的建设及实施情况进行评估。

评估社区矫正机构组织结构及治理状况的主要内容，包括矫正机构的组织结构是否健全，各级组织机构之间的关系是否合理，各级组织成员是否明确自己的职责，领导层开会的频率，成员到会的情况，机构执行层人员与领导层及工作人员的关系等。

评估社区矫正机构人力资源状况，主要包括社区矫正工作者对自身职责的理解和认同程度，社区矫正工作者之间的交流状况，社区矫正工作者之间人际关系的透明度，社区矫正工作者与矫正机构领导层成员、执行层成员之间的关系，社区矫正工作者与志愿者之间的关系，社区矫正工作者接受培训的机构，社区矫正工作者的社会保障和权益保障，社区矫正工作者的办公条件，矫正机构对社区矫正工作者的评估机制、激励机制等。

社区矫正机构公共关系管理的评估，主要包括社区矫正机构的社会形象，社区矫正机构是否有相应的公共关系计划，社区矫正机构与政府的关系，社区矫正机构与社区的关系，社区矫正机构与志愿者的关系，社区矫正机构与其他非营利组织的关系，社区矫正机构与营利组织的关系，社区矫正机构是否有接受投诉的机制，社区矫正机构的出版物等。

评估矫正机构的决策主要应考虑：矫正机构内部是否具有开放的、公开的交流机制，决策所需要的信息是否得到满足，决策的及时性、民主性和科学性能否保障，决策目标群体对决策的参与程度等。

评估矫正机构的财务主要应考虑：矫正机构财务制度是否健全，矫正机构财务制度是否具有透明度，财务人员对财务制度的理解是否准确，财务人员对财务制度的执行情况，财务人员对财务制度的胜任情况，领导层对矫正机构财务的评价情况，矫正机构的财务信用情况，矫正机构内部的财务控制情况，矫正机构的财务审计情况等。

评估矫正机构项目开展情况主要内容包括：矫正机构是否有年度项目规划、年度项目规划书是否确定了项目规划的程序，项目满足矫正对象需求的情况，是否与领导层、社区矫正工作者及志愿者进行了项目规划交流，矫正项目的评估机制是否完善，矫正项目是否得到实施，矫正项目实施的投入、产出、效果和社会评价如何，矫正项目实施过程中服务的水平和质量怎样等。

（六）社区矫正工作者评估

社区矫正工作者是具体实施社区矫正的主体，因此，人们往往把矫正评估直接理解为对社区矫正工作者的评估，这从一个方面折射了社区矫正工作者的工作在矫正评估中的重要性。

通常，对社区矫正工作者工作的评估应由矫正机构实施。这由社区矫正工作者的隶属关系所决定。在上海市社区矫正的制度安排中，社区矫正工作者既不是国家公务员，也不是国家事业单位的工作人员，而是属于社区矫正机构聘任的专业工作者，因此，对社区矫正工作者的评估就只能由社区矫正机构进行。需要指出的是，由专业机构开展评估并不意味着对社区矫正工作者的评估只有矫正机构才能参与。在对社区矫正工作者的评估中，应特别注意吸收社区矫正对象、专家系统及相关人员的参与。

评估社区矫正工作者，主要是对社区矫正工作者的工作进行评估。因此，需要把社区矫正工作者的工作分解成各种指标，通过指标体系评估社区矫正工作者的工作。在评估指标体系建构中，应着重考虑社区矫正工作者的工作内容，在把工作内容进行分类的基础上再分解为具体的指标。一般而言。社区矫正工作者的工作内容主要包括两个大方面，即协助刑罚执行内容和社区矫正工作内容。从协助刑罚执行的角度看，由于目前还没有相关法律赋予社区矫正工作者刑罚执行主体的权力，因此，社区矫正工作者在刑罚执行方面主要是配合性质。也就是说，社区矫正工作者在刑罚执行工作中主要是配合具有刑罚执行权力的工作人员开展工作。因此，在分解社区矫正工作者的刑罚执行工作方面的内容为各项评估指标时，应充分考虑到这种工作的性质，并据此考虑各项指标的权重。

社区矫正工作是社区矫正工作者最基本的工作内容。就这方面的工作内容看，整体上可以分解为两大类，一类为基础性工作，另一类为专业性工作。基础性工作主要指文案等方面的工作，如资料收集的完备程度，这其中包括各种资料是否完备、台账是否完整规范，个案写作的水平和数量等；对社区矫正工作制度的遵守情况；工作态度等。专业性工作主要指社区矫正工作者运用专业知识和方法进行的专业性矫正工作，如社区矫正工作者对专业价值观念的掌握和运用，对专业理论的掌握和运用，对专业方法的掌握和运用，对督导的运用等。

评估社区矫正工作者开展的社区矫正工作就应把上述内容具体化为各项评估指标，并采取相应的方式对社区矫正工作者的工作进行评估。

（七）专题（项）评估

根据社区矫正活动的需要进行专题（项）评估，包括对某一矫正任务、矫正方法、矫正技术及其效果的评估等。

三、社区矫正评估的方法

在社区矫正评估中，对于评估方法，应当在了解各种方法的基础上，根据具体情况综合或有选择地使用，才能达到评估的目的。此外，就基本性质与内容来说，评估方法同时也是社区矫正对象及社区矫正研究的方法。

（一）资料法

1. 资料法的含义。资料法是根据一定的目的对现有的资料进行收集、整理和分析，进而对研究与评估对象作出测量与评价的方法。

与其他方法相比，资料法具有间接性和历史性等特点。它面对的不是对象行为或活动的本身，而是记录、反映对象行为或活动的材料；它不一定针对对象的现实表现，可以是对“过去”的了解或对“过去”与“现在”之间联系的了解。

2. 资料的类别。狭义的资料指用文字和数字记载的资料，广义的资料指一切文字和非文字的资料，包括录像、录音、照相、图片等。

资料可以是现成的，也可由评估者亲自收集而来。前者叫第二手资料，后者为第一手资料。

许多评估资料就是社区矫正活动的资料，是在社区矫正活动中积累起来的；但评估并不等同于矫正，也有因评估的专门需要而专门收集、整理的资料。

对社区矫正评估来说，以下资料的收集和积累是很有价值的：

（1）犯罪史材料。包括现行罪行与犯罪前科的材料。

（2）成长史材料。包括学习、生活与劳动以及社会活动等方面的材料。

（3）身心健康及个性心理特征与能力方面的材料。

（4）服刑改造材料。

（5）社区矫正期间婚姻、家庭情况及各种社会交往的材料。

3. 资料法的评价。

（1）资料法的优点。资料是对社区矫正对象过去和当前行为活动及其效果的记载。通过对资料的收集和整理分析，可以帮助我们了解社区矫正对象心理和行为发展变化的来龙去脉，从而对社区矫正对象有一个历史的、全面的分析和认识。特别当评估者本身就是直接面对社区矫正对象的社区矫正工作者时，运用资料法进行研究与评估，其实就是对资料的再整理、再分析和再评价，能够获得更为理性与生动的认识。

（2）资料法的缺点。对历史资料的运用有一个整理、分析的过程，花费的时间和精力比较大；间隔较长时间的资料，其内容和形式受到当时的思想观点和方法、形式的限制，难以用同一把尺子来衡量；如果资料本身零碎、片面、表层化甚至是虚假的，也就失去了意义和价值。

（二）观察法

1. 观察法的含义。观察法亦称行为观察法，是根据一定的目的，在自然条件下有计划地对被观察者的行为表现或活动进行直接观察，从而收集资料的一种方法。

与日常观察相比，行为观察法具有的特点是：观察的目的性、计划性和系统性比较强，能够直接地获取在自然情境中的真实的行为样本。若观察的计划（包括方法、手段、步骤）以及观察的对象和条件相同，可以得到基本相同的结果。因此观察法又具有可重复性的特点。

2. 观察法的类别。

（1）控制观察与非控制观察。控制观察有两种：一种是设置一定的情境，让社区矫正对象在情境所规定的条件下自由活动，观察者按预定目的观察社区矫正对象的行为反应。另一种是在实验的条件下进行观察，此种控制要求比较高，一般为实验研究所用。非控制观察是对社区矫正对象的活动不加限制，即在日常的社区矫正活动中观察矫正对象的自然表现。

（2）参与观察与非参与观察。矫正者在组织矫正活动的过程中研究与评估社区矫正对象，或者说是在社区矫正对象及社区矫正活动的自然状态下进行研究与评估，这样的观察法称为“参与观察法”。这是在现代心理学研究与评估中人们所重视的一种方法。在参与观察的同时进行测验、量表评定、访谈和问卷调查，能够有效地增强研究与评估的全面性、真实性与可靠性。非参与观察指观察者本身不参与或不直接参与社区矫正活动，只是为了研究或了解情况的需要而作为“旁观者”进行观察。

（3）结构观察与非结构观察。在结构观察中，观察者有比较严密的观察计划，所提出的问题具有相对封闭性，可以用事先确定的语言或量化数字记录观察结果。非结构观察比较开放、灵活，便于收集具体的、生动的材料。

（4）事件取样观察与时间取样观察。事件取样观察是预先确定一种行为，只对这一行为进行观察和记录，而排除或忽略其他行为。时间取样观察是以时间为单位，对在这一段时间内发生的各种行为进行观察。时间取样可以随机进行，也可以在可能发生典型或特殊行为的时间内进行；可以一次性观察，也可连续观察，或分阶段地观察。

3. 观察法的评价。

（1）观察法的优点。观察法可以取得被观察者不愿意、不能够或没有报告的行为材料，并且在行为发生的当时作及时、直接的记录。因此观察的事实与数据比较客观、全面和准确。同时由于观察是在行为发生和心理活动的整个过程中进行的，具有较多的“时间信息”。

（2）观察法的缺点。观察法对观察者的思想观点以及能力和精力的依赖性比较大；在被观察者的活动范围比较大、活动内容多、转换速度比较快，或被观察者人数较多的时候，观察的困难性很大；对于人的本质的、深层的思想、心理仅仅依据观察难以得到真实的材料，作出正确的分析。

（三）问卷法

1. 问卷法的含义。问卷评估是通过书面形式，以科学设计的测量项目或问题来收集有关对象心理特征与行为的资料和数据的一种方法。

由于是用填写或填表的方式回答问卷，因此所得到的资料或数据与评估者所要的材料具有一致性，而无须筛选。评定量表和测验量表一般也用问卷的形式，其标准化程度高，通用性比较强，如果是常模参照评分，应由专家来研制。除此之外，社区矫正工作者可以从实际出发，编制一些合乎要求的问卷，用于对社区矫正对象的研究与评估。

2. 问卷法的类别。

（1）直接问卷与间接问卷。直接问卷是向社区矫正对象及有关人员直接发放问卷，其优点是可以直接使用操作语、控制环境、增强被测者的合作性等，但如果问卷所提的问题与问卷发放者有一定的利害关系，则要回避。间接问卷是通过通信（电话、邮寄等）或组织发放的方式进行调查评估，这种方法简单易行，但不易控制。

（2）集体问卷与个别问卷。集体问卷是把多个社区矫正对象集中在一起填写问卷。个别问卷则是请社区矫正对象单独填写问卷。

（3）署名问卷与匿名问卷。当评估是针对社区矫正对象个人的时候，对社区矫正对象来说，他的自我评估应当是署名的，因为其分数要记入总分。除此之外，如果署名会影响到社区矫正对象回答问题的真实性，则可匿名。对评估者来说，署名还是匿名要看怎样做有利于评估的有效性和公正性。

（4）封闭式问卷、半封闭式问卷与开放式问卷。封闭式问卷采用的是限定型问题，如选择题、评定量表题、序列题等，被调查者无须自由作答。此类问卷匿名程度高，也便于量化。开放式问卷采用的是不限定型问题，被调查者可以按自己的想法自由作答。此类型问题能比较深入、广泛与具体地收集到所要调查的材料。如果将限定型问题和不限定型问题结合起来，则构成了半封闭问卷。

3. 问卷法的评价

（1）问卷法的优点。问卷法具有标准统一，形式规范，调查评估范围大、对象多，易量化、易比较、较经济（时间上、费用上、设计和使用上）等优点。

（2）问卷法的缺点。相对来说，问卷法缺乏弹性（问卷一旦使用，题目不能修改；结构性问卷使人不能展开对问题的回答），缺乏深度（难以直接地深入了解被调查者尤其是个体的具体、全面的想法及其原因），缺乏个性（结果往往相近或千篇一律），而且受被调查者文化程度的影响比较大等，这是它的不足点。

（四）访谈法

1. 访谈法的含义。访谈法与问卷法相对应，是通过访谈形式，以科学设计的测量项目或问题来收集有关对象心理特征与行为的资料和数据的一种方法。

访谈有访问、交谈的意思，这是与其他调查方法相区别的最明显的特点。通常由调查者发问，也可以共同讨论。社区矫正工作者经常与社区矫正对象谈话；心理咨询与心理治疗中的谈话也是一种常用的方式。这里的访谈则是调查、评估意义上的谈话。由于社区矫正对象的确定性与社区矫正工作的统一性，各种谈话有时候也可以相互交融。

2. 访谈法的类别。

（1）直接访谈与间接访谈。前者是面对面的访谈，后者是通过电话进行访谈。

（2）集体访谈与个别访谈。集体访谈是同时对多个对象的访谈，亦称座谈会、讨论会或评议会。个别访谈则是一对一的访问、交谈。

（3）结构访谈、半结构访谈与开放式访谈。与问卷法所不同的是，访谈可以设置一个自由作答的开放环境，在自然而然的气氛中提出限定型或不限定型的问题。

3. 访谈法的评价。

（1）访谈法的优点。访谈法以及上面谈到的问卷法有时被一些人认为随意性大，不够“严格”和“科学”，这是一种误解。在心理学及其他社会科学中使用的访谈与问卷具有特定的科学目的，如能严格地遵循设计、编制和使用的原则，就能够有效地排除无关因素的干扰。而与传统的实验、测验相比，它所获得的信息更为丰富、完整和深层化。因而对社区矫正的作用也就显得更为明显。

与问卷法相比，访谈法不仅适用面大，可以针对各类人员，而且调查人员可以既问、又听、还看，将观察和问卷的一些特点和方法有机地结合在一起。特别是可以在交谈双方相互作用的过程中使交谈的问题不断地深入、具体。此外，访谈法可以结合平时工作经常性地使用，并使交谈本身成为矫正过程。

（2）访谈法的缺点。一般认为，访谈法费时、费力；对访谈结果只能从经验或逻辑上进行处理，从感性的、现象的水平上来认识社区矫正对象；难以量化；容易受交谈双方对交谈的态度与交谈能力的影响等。关于前面两点，恰恰证明了社区矫正评估的优势，因为社区矫正工作者并不是为了一时、一次的研究或评定才进行评估的，而是他的日常工作，访谈是建立在日常工作基础之上的，而且是日常工作的重要环节。当然，从访谈法的要求与容易产生的问题出发，社区矫正工作者在思想观念、工作态度与工作能力等方面应当具备基本的素质，能够设置、控制交谈环境和交谈双方的关系，能够对访谈结果进行科学的处理与分析等，而这些素质或要求对于任何方法的使用来说都是不可或缺的。

第十九章　社区矫正法律监督和法律责任

社区矫正的法律监督有广义和狭义之分。广义的法律监督是依据法律规定，有监督权的监督机关、社会团体、社会组织、公民等监督主体，对社区矫正的合法性、规范性等进行的监督。而狭义的法律监督是指依法设立的专门监督机关对社区矫正工作所实施的监督。法律监督是社区矫正工作法律法规、方针、政策等贯彻落实的保障，只有在严格的监督之下，才能使社区矫正工作规范运行。

社区矫正的法律责任也有广义和狭义之分。广义是指社区矫正工作参与者所负有的遵守法律法规、自觉地维护法律尊严的义务。狭义是指社区矫正工作者对工作中的违法违规行为所应承担的具有强制性的法律上的责任。社区矫正工作的法律责任分为刑事法律责任、民事法律责任、行政法律责任、经济法律责任等。

第一节　社区矫正法律监督

社区矫正工作是刑罚执行权和行政管理权的融合，是公权力在社会治理中的体现，在我国法治社会、法治政府、法治国家一体化建设的背景下，公权力的边界控制和监督，成为法治化建设的重要内容。只有对公权力进行有效的监督和控制，才能使社区矫正工作运行在法治的框架内。

一、社区矫正法律监督的内涵

社区矫正法律监督分为狭义和广义两个方面，狭义的社区矫正法律监督是指国家以法律法规的形式赋予特定的监督机关以监督职权，监督机关依照法定的程序，对社区矫正工作进行监察和监督的法律制度。这种法律监督属于刚性监督。而广义的社区矫正法律监督是指依照法律法规的规定，赋予国家机关、社会组织、人民团体、公民等享有的对社区矫正机构活动合法性的监督权。这种法律监督属于柔性监督。

社区矫正法律监督的法律法规和指导性文件主要有：2008 年最高人民检察院颁布的《人民检察院监外执行检察办法》；最高人民法院、最高人民检察院、公安部、司法部、国家卫生计生委发布的《暂予监外执行规定》；2016 年最高人民法院、最高人民检察院、公安部、司法部发布的《关于进一步加强社区矫正工作衔接配合管理的意见》；2017 年施行的《最高人民法院关于办理减刑、假释案件具体应用法律的规定》；2019 年颁布的《社区矫正法》；2019 年 12 月 2 日最高人民检察院修订的《人民检察院刑事诉讼规则》；2020 年最高人民法院、最高人民检察院、公安部、司法部颁布的《社区矫正法实施办法》等，都对社区矫正法律监督问题做出了明确的规定。

对于社区矫正法律监督依据不同的标准，可以进行不同的分类。首先，依据监督的主体不同，可以分为国家监督机构的监督和社会监督。国家监督机构的监督是指国家专设的监督机关对社区矫正工作的合法性实施的监督活动。社会监督是指国家监督机构以外的其他社会关系主体或者社区矫正参与者所实施的监督。其次，依据监督主体的位阶不同，可以分为上下级监督和平级监督。上级社区矫正机关对下级社区矫正机关的纵向监督是上下级监督；而同级别的不同部门所具有的横向监督是平级监督。最后，依据监督的形式不同，又可分为内部监督和外部监督。监督主体和被监督对象共处于同一组织系统内的监督是内部监督；监督主体和被监督对象分别处于不同的组织系统的监督是外部监督。除此之外，还有很多分类方式。

二、督察制度

督察制度是为完善社区矫正机关自我约束机制而依法建立的一种内部监督制度。[①] 由于社区矫正机关与社会广泛接触，因此，在县级以上司法局内部设立督察机构，是必要的。督查制度的内容包括督察机构的职责、权限、方式和程序。督察机构可为巡回或流动监督机构。同时，由县级以上司法行政机关纪检部门负责对本行政区内社区矫正工作的监督。查处社区矫正机构及社区矫正工作者违法违纪案件，接受群众的来访、控告、申诉等。

三、国家权力机关的监督

国家权力机关的监督，是指各级人民代表大会及其常务委员会对社区矫正机关执法活动的监督。国家权力机关对法律实施的监督是国家权力机关依法行使职权的重要形式，是人民行使国家权力的重要组成部分。人民代表大会是我国立法机关和国家权力机关，它对社区矫正工作的监督，以宪法和法律为依据，代表人民的意志，能得到广大人民群众和社会舆论的广泛支持，并具有撤销法规、规章

① 张峰：《论社区矫正机制的模式选择》，载《河南司法警官职业学院学报》2006 年第 1 期。

等规范性文件和人事罢免的权力，具有极大的权威性。这种监督主要通过以下途径来实现：

1. 立法或者制定地方性法规。通过立法或者制定地方性法规的形式，对社区矫正机关及其矫正工作者行使职权的活动进行制约。

2. 审查相关文件资料。即对国务院、司法部以及各级地方政府和事务部门有关社区矫正的规范性法律文件、规章制度等进行审查，发现有违反宪法和法律的规定，则予以更改或者撤销。这是维护宪法和法律权威，避免下位法和规章制度与宪法法律相冲突的监督形式。

3. 提出质询意见。对涉及社区矫正实施中的重大问题，权力机关向社区矫正主管机关提出质询意见，并对质询情况做出相应决议。

4. 组织特定事件的调查组。对社区矫正过程中发生的社会公众反映强烈的重大问题，或者重大事件，成立调查组进行调查了解，并督促相关部门对问题或者事件进行处理。

5. 定期或不定期视察。权力机关可以组成视察组到社区矫正机构视察，检查、了解社区矫正的工作情况、资金状况等，对于视察中发现的问题，提出意见和建议，并督促改正。

6. 财务预算。对各级政府制定的有关社区矫正工作的经费预决算进行审查，作出批准与否的决定。

7. 听取报告。各级人民代表大会通过听取司法行政机关社区矫正机构的报告，对法律实施情况进行检查。

四、检察监督

检察监督是指人民检察院通过行使检察权依法对公安机关、人民法院、监狱管理机关、社区矫正机关及其社区矫正工作者在社区矫正工作中遵守和执行法律的情况进行的监督，并对监督过程中发现的违法行为予以纠正或对需要规范完善的事项提出检察建议的检察监督活动。人民检察院实施法律监督，主要是对社区矫正机构和矫正工作者执法活动的合法性、社区矫正对象行为的合法性、刑罚变更及惩罚活动的监督。明确检察机关监督的介入程序和实施程序，特别是在监禁刑改变成非监禁刑时，将其作为检察机关监督的重点。① 《社区矫正法》第 8 条第 2 款规定，人民检察院依法对社区矫正工作实行法律监督。第 62 条规定：“人民检察院发现社区矫正工作违反法律规定的，应当依法提出纠正意见、检察建议。有关单位应当将采纳纠正意见、检察建议的情况书面回复人民检察院，没有

① 韩东升：《社区矫正监督工作中存在的问题及建议》，载《中国检察官》2010 年第 4 期。

采纳的应当说明理由。"《社区矫正法实施办法》第57条规定："有关单位对人民检察院的书面纠正意见在规定的期限内没有回复纠正情况的，人民检察院应当督促回复。经督促被监督单位仍不回复或者没有正当理由不纠正的，人民检察院应当向上一级人民检察院报告。有关单位对人民检察院的检察建议在规定的期限内经督促无正当理由不予整改或者整改不到位的，检察机关可以将相关情况报告上级人民检察院，通报被建议单位的上级机关、行政主管部门或者行业自律组织等，必要时可以报告同级党委、人大，通报同级政府、纪检监察机关。"

（一）检察监督的法律规范和任务

检查监督是国家检察机关在社区矫正领域的一种专门监督，是社区矫正法律监督的主要形式。我国《宪法》第134条规定："中华人民共和国人民检察院是国家的法律监督机关。"我国《刑事诉讼法》第276条规定："人民检察院对执行机关执行刑罚的活动是否合法实行监督。如果发现有违法的情况，应当通知执行机关纠正。"最高人民法院、最高人民高检院、公安部、司法部、国家卫生计生委关于《暂予监外执行规定》第29条规定："人民检察院发现暂予监外执行的决定或者批准机关、监狱、看守所、社区矫正机构有违法情形的，应当依法提出纠正意见。"

依据《社区矫正法实施办法》第6条的规定，人民检察院对社区矫正工作实施检察的主要有：（1）对社区矫正决定机关、社区矫正机构或者有关社会组织的调查评估活动实行法律监督。（2）对社区矫正决定机关判处管制、宣告缓刑、裁定假释、决定或者批准暂予监外执行活动实行法律监督。（3）对社区矫正法律文书及社区矫正对象交付执行活动实行法律监督。（4）对监督管理、教育帮扶社区矫正对象的活动实行法律监督。（5）对变更刑事执行、解除矫正和终止矫正的活动实行法律监督。（6）受理申诉、控告和举报，维护社区矫正对象的合法权益。（7）按照刑事诉讼法的规定，在对社区矫正实行法律监督中发现司法工作人员相关职务犯罪，可以立案侦查直接受理的案件。（8）其他依法应当履行的职责。

（二）检察监督的范围

检察监督主要围绕两条工作主线展开：一是维护社区矫正对象的合法权益，这是尊重与保障人权的宪法规定在刑事诉讼和检察监督工作中的具体体现；二是促进实现刑事执行法律功能，通过检察监督活动，保障实现刑事执行的目标任务。维护社区矫正对象合法权益针对的是"人"，促进实现刑事执行法律功能针对的是"事"，两者是一个问题的两个方面，互相交织、难以切割。

人民检察院依照职权范围，在社区矫正中的法律监督包括刑事案件的判决和裁定的执行、监禁刑和非监禁刑的转处、社区矫正活动是否合法等。同时要求，这些监督活动必须依照法定权限和程序进行，人民检察院在社区矫正法律监督中，必须依法独立行使检察权，严格遵守法律，恪守检察职业道德，忠于职守，清正廉洁，以事实为根据，以法律为准绳，严格履行检察监督职责，维护社区矫正对象的合法权利，保障国家法律法规在社区矫正活动中的正确实施。

检察监督部门针对监管场所违法犯罪行为的深层次问题原因研究分析不够、监督纠正不力，对是否依法开展改造、将社区矫正对象改造成新人履行监督职责不到位等问题，提出把“改造好”社区矫正对象纳入监督视野。特别是要将社区矫正对象是否被改造成守法公民纳入监督范围，促进监管场所把社区矫正对象改造成守法公民、向社会输出“合格产品”，最大限度降低社区矫正对象“又犯罪”比例，保障国家的总体安全。

检察监督的重点是社区矫正必要性审查、社区矫正变更执行监督、核查纠正社区矫正对象脱管漏管和刑事执行职务行为监管。

（三）检察监督的形式

1. 巡回检察与派驻检察相结合。根据监督对象、环节的不同，检察监督采取巡回检察与派驻检察相结合，充分发挥两种检察方式的优势。检察监督在社区矫正机构检察中开展巡回检察，对指定居所监视居住和社区矫正执行等场所采用不定期巡回检察。

2. 专项检察与常规检察相结合。由于社区矫正检察点多、线长、面广、事多，常规任务很重，因此应把专项检察和常规检察有机结合，注重突出问题，适时调整工作重心。专项活动解决的是不采取集中的方式很难解决的突出问题，要打破常规检察工作节奏、方式来专门解决。

3. 巡视检察与同级检察相结合。采取巡视检察与同级检察相结合的方式开展监督工作，是根据我国检察机关机构特点设置的，刑事执行检察主要是同级对应检察。而巡视检察是上级检察院组织专门力量，对特定监管场所刑事执行活动以及刑事执行检察工作进行随机检察的方式，有助于突破同级和派驻检察局限，以更权威、灵活的方式提升监督质效。

（四）检察监督的内容

《暂予监外执行规定》，对暂予监外执行社区矫正对象的检察监督问题进行了详细的规定。《关于进一步加强社区矫正工作衔接配合管理的意见》第 9、12 条、22 条，对人民检察院应当加强对社区矫正交付接收中有关机关履职情况的监督、社区矫正监督管理活动的监督、社区矫正收监执行活动的监督，进行了较为详细的规定。《社区矫正法》第 61 条对社区矫正机构工作人员和其他国家工作人员的检察监督做出了规定。2019 年 12 月 2 日最高人民检察院修订的《人民检察院刑事诉讼规则》设立了“刑罚执行和监管执法监督”专章。

1. 交付执行的检察监督。社区矫正交付接收中有关机关履职情况的监督，是指人民检察院对判处管制、宣告缓刑、裁定假释和决定暂予监外执行的法律文书送达情况和对人民法院、监狱、看守所交付执行活动的监督。《关于进一步加强社区矫正工作衔接配合管理的意见》第9条将交付执行的检察监督归纳为六种情形：（1）人民法院、公安机关、监狱未依法送达交付执行法律文书，或者未向社区矫正对象履行法定告知义务；（2）居住地县级社区矫正机构依法应当接收社区矫正对象而未接收；（3）社区矫正对象未在规定时间期限报到，居住地社区矫正机构未及时组织查找；（4）人民法院决定暂予监外执行，未通知居住地社区矫正机构与有关公安机关，致使未办理交接手续；（5）公安机关、监狱管理机关批准罪犯暂予监外执行，罪犯服刑的看守所、监狱未按规定与居住地社区矫正机构办理交接手续；（6）其他未履行法定交付接收职责的情形。2019年12月2日最高人民检察院修订的《人民检察院刑事诉讼规则》第642条规定："人民检察院发现社区矫正决定机关、看守所、监狱、社区矫正机构在交付、接收社区矫正对象活动中违反有关规定的，应当依法提出纠正意见。"

2. 监管管理的检察监督。社区矫正监督管理活动的监督，是指人民检察院对社区矫正机构监督管理社区矫正对象的执法活动是否合法实行的监督。《关于进一步加强社区矫正工作衔接配合管理的意见》第12条将监督管理的检察监督归纳为四种情形：（1）社区矫正对象报到后，居住地县级社区矫正机构未向社区矫正对象履行法定告知义务，致使其未按照有关规定接受监督管理；（2）居住地社区矫正机构违反规定批准社区矫正对象离开所居住的市、县，或者违反人民法院禁止令的内容批准社区矫正对象进入特定区域或者场所；（3）居住地县级社区矫正机构对违反社区矫正规定的社区矫正对象，未依法给予警告、提请治安管理处罚；（4）其他未履行法定监督管理职责的情形。2019年12月2日最高人民检察院修订的《人民检察院刑事诉讼规则》第643条规定了七种情形：（1）社区矫正对象报到后，社区矫正机构未履行法定告知义务，致使其未按照有关规定接受监督管理的；（2）违反法律规定批准社区矫正对象离开所居住的市、县，或者违反人民法院禁止令的内容批准社区矫正对象进入特定区域或者场所的；（3）没有依法监督管理而导致社区矫正对象脱管的；（4）社区矫正对象违反监督管理规定或者人民法院的禁止令，未依法予以警告、未提请公安机关给予治安管理处罚的；（5）对社区矫正对象有殴打、体罚、虐待、侮辱人格、强迫其参加超时间或者超体力社区服务等侵犯其合法权利行为的；（6）未依法办理解除、终止社区矫正的；（7）其他违法情形。

具体细化来看，对社区矫正机构监督管理活动合法性监督的内容包括：社区矫正机构是否对判处管制、宣告缓刑、假释或者决定、批准暂予监外执行的罪犯进行全面接收；社区矫正机构对社区矫正对象是否按照法律文书规定的期限列管；社区矫正机构对社区矫正对象是否建立监管和矫正档案、落实监管及矫正措施；社区矫正对象是否有脱管情况；社区矫正对象请假离开所居住的区域，社区矫正机构是否进行审查，并办理批准等相关手续；社区矫正对象迁居的，迁出地社区矫正机构是否履行相关手续，及时向迁入地社区矫正机构通报情况、移送社区矫正对象监督考察档案，迁入地社区矫正机构是否及时接管、接续监督考察。迁出地和迁入地社区矫正机构是否都将相关情况告知检察机关；社区矫正对象违反监管规定，社区矫正机构是否依据法律规定予以及时处理；社区矫正对象矫正期满，社区矫正机构是否及时办理解除矫正等相关手续，并向公安机关、检察机关通报情况；社区矫正机构是否切实保障社区矫正对象的合法权益。例如，是否有强迫社区矫正对象从事超强度的公益活动、变相体罚，是否尊重和保障其辩护、申诉、控告等权利，对有立功表现或其特征符合减刑条件的社区矫正对象，是否向法院提出减刑建议；对未成年社区矫正对象的矫正是否有别于成年人，是否履行了保密规定，矫正过程是否遵循教育、感化、挽救等原则；社区矫正机构对应告知法院、监狱、公安机关以及向人民检察院通报的事项，是否及时予以告知和通报。对社区矫正对象及其亲属的申诉、控告、检举进行受理，并进行处理。对社区矫正对象的又犯罪提起公诉。对社区矫正公职人员职务犯罪案件实施侦办等。

3. 收监执行的监督。《关于进一步加强社区矫正工作衔接配合管理的意见》第 22 条将收监执行的监督归纳为六种情形：（1）居住地县级社区矫正机构未依法向人民法院、公安机关、监狱管理机关提出撤销缓刑、撤销假释建议或者对暂予监外执行的收监执行建议；（2）人民法院、公安机关、监狱管理机关未依法作出裁定、决定，或者未依法送达；（3）居住地县级社区矫正机构、公安机关未依法将罪犯送交看守所、监狱，或者未依法移交被收监执行罪犯的文书材料；（4）看守所、监狱未依法收监执行；（5）公安机关未依法协助送交收监执行罪犯，或者未依法对在逃的收监执行罪犯实施追捕；（6）其他违反收监执行规定的情形。2019 年 12 月 2 日最高人民检察院修订的《人民检察院刑事诉讼规则》第 644 条规定了五种情形：（1）社区矫正机构未依法向人民法院、公安机关、监狱管理机关提出撤销缓刑、撤销假释建议或者对暂予监外执行的收监执行建议，或者未依法向人民法院提出减刑建议的；（2）人民法院、公安机关、监狱管理机关未依法作出裁定、决定，或者未依法送达的；（3）公安机关未依法将罪犯送交看守所、监狱，或者看守所、监狱未依法收监执行的；（4）公安机关未依法对在逃的罪犯实施追捕的；（5）其他违法情形。

五、监察监督

《中华人民共和国监察法》第 11 条规定："监察委员会依照本法和有关法律规定履行监督、调查、处置职责：（一）对公职人员开展廉政教育，对其依法履职、秉公用权、廉洁从政从业以及道德操守情况进行监督检查；（二）对涉嫌贪污贿赂、滥用职权、玩忽职守、权力寻租、利益输送、徇私舞弊以及浪费国家资财等职务违法和职务犯罪进行调查；（三）对违法的公职人员依法作出政务处分决定；对履行职责不力、失职失责的领导人员进行问责；对涉嫌职务犯罪的，将调查结果移送人民检察院依法审查、提起公诉；向监察对象所在单位提出监察建议。”社区矫正工作人员属于公职人员，属于《监察法》的监督对象，对其依法行使社区矫正刑事执行权力，进行监督。

六、社会监督

社会监督是指来自国家机关以外的社会组织和公民个人对社区矫正机关的执法活动所进行的监督。我国《宪法》第27条第2款规定：“一切国家机关和国家工作人员必须依靠人民的支持，经常保持同人民的密切联系，倾听人民的意见和建议，接受人民的监督，努力为人民服务。”社区矫正机构是行使公权力的国家机关，必须广泛地接受社会监督。

社区矫正的社会监督是一种非国家性质的监督，是指民主党派、社会组织、社会团体、企事业单位和公民个人等对社区矫正活动的合法性、合规性、合理性所进行的监督。在我国，社区矫正是社会力量广泛参与的矫正方式，无论是社区矫正机构、社区矫正工作人员还是社区矫正对象，都经常和社区的居民、组织接触，社会监督的条件非常充分，是我国监督资源中最大的主体，也是最广泛的、不具有严格法律形式和强制性法律后果的法律监督形式。

监督的形式主要包括社区群众监督、社会团体监督和新闻媒体监督等。社会监督是国家机关监督的重要来源和重要补充，是社区矫正监督机制中十分重要的监督形式。

（一）社区群众监督

社区群众监督，也称为公民监督，是社区矫正法律监督的最为普遍的形式。我国《宪法》第41条第1款规定：“中华人民共和国公民对于任何国家机关和国家工作人员，有提出批评建议的权利；对于任何国家机关和国家工作人员的违法失职行为，有向有关国家机关提出申诉、控告或者检举的权利，但是不得捏造或者歪曲事实进行诬告陷害。”我国是人民当家作主的国家，这一性质决定了公民是国家事务、政府事务和社会事务的法律监督主体。社区群众对于社区矫正工作的法律监督主要是依照社区群众所掌握的社区矫正工作违规违法的信息、调查了解的事实状况，通过公开批评、提出建议、检举控告、直接反映等渠道进行监督。

社区群众监督又分为两种情况：利害关系人监督和无利害关系人监督。利害关系人监督是指与社区矫正工作有直接利害关系的人的监督，利害关系人包括社区矫正对象和社区矫正对象的亲属。社区矫正工作直接和社区矫正对象及其亲属产生权利义务关系，直接影响到他们利益的实现，因此，他们对社区矫正的质量，权利保障状况，社区矫正的合法性、合规性、合理性等情况直接进行监督。无利害关系人监督是指社区矫正对象及其亲属以外的社会公众的监督。一般是不特定的社会公众通过参加社区矫正活动，或者掌握到的社区矫正的信息，对社区矫正工作提出意见和建议。

（二）社会团体监督

社会团体，是指为一定目的、通过人们彼此之间的相互作用、由一定人员组成的社会组织。社会团体除需要一定数目的人员组成以外，还要制定章程、到有关机关登记等。社会团体是社区矫正机构和人民群众联系的桥梁。社会团体能更好地表达和维护社区矫正中参与各方的具体利益，因而也能够对社区矫正机关及其工作人员起到民主监督的作用。

社会团体监督一般而言是社团组织作为监督主体对国家行政机关及其工作人员的行政管理活动所进行的监察和督促。社会团体对社区矫正工作的监督主要包括政协、民主党派、共青团、妇联、居委会、村委会、工会、行业协会、社会组织、社会群体等的监督活动。实施监督的方式，主要是通过召开会议，通过口头或文字形式向社区矫正机构提出要求、建议、批评，对某些社区矫正工作人员提出申诉、控诉、检举等。

（三）新闻媒体监督

新闻媒体监督是通过广播、影视、报纸、杂志、微信、网络等新闻媒介，对社区矫正工作中存在的违法违纪、违背民意的问题、不良现象和行为，发表自己的意见和看法，引起社会关注，形成社会舆论，并促使社区矫正参与各方解决问题的一种舆论监督，以达到对社区矫正的合法性进行制约的目的。

其主要监督方式有报道、评论、讨论、批评、发内参等，但其核心是公开报道和新闻批评。在方式上具有及时性和公开性，在内容上具有广泛性。实践中，新闻媒体监督的实现需要两个环节：一是提供足够的舆论信息，即可以形成舆论的社区矫正工作事实和情况，使人们对社区矫正工作的整体状况有充分的了解；二是在拥有社区矫正各种信息的情况下，对社区矫正的行刑方式、社区矫正对象、社会公众的担忧和社会安全的影响等进行理性的、坦率的评论。整个过程就是发现问题、分析问题、解决问题的过程。监督结果通过新闻媒介向所有人传播，能产生相应的社会效应。

第二节 社区矫正法律责任

一、概述

社区矫正法律责任是指社区矫正工作参与者违反法律法规、行政规章等，因而应该承担的责任。在这里，社区矫正法律责任有广义和狭义之分，广义的是指所有社区矫正工作参与者违反法律法规应当承担的责任，既包括参与社区矫正工作的公职人员，也包括非公职人员的社区矫正工作者、社区矫正志愿者等其他参与者，还包括社区矫正对象。狭义的社区矫正法律责任是指参与社区矫正工作的公职人员违反法律法规和行政规章，所应承担的相应的责任。本章所研究的社区矫正法律责任的主体是指狭义的概念，即《社区矫正法》第 10 条规定的“社区矫正机构工作人员”。

从承担责任主体看，责任主体具有特定性，即指参与社区矫正工作的社区矫正机构工作人员；从法律法规和行政规章的依据看，是社区矫正特有的规范，仅限于法律法规和行政规章范畴；从法律责任的类别看，包括违宪责任、刑事责任、行政责任和国家赔偿责任。违宪责任是社区矫正机构和参与社区矫正工作的社区矫正机构工作人员，作为社区矫正主体违反宪法义务而应承担的责任。主要表现在社区矫正机构制定的法律规范违反宪法规范、宪法精神，或者从事了与宪法规范、宪法精神相抵触的活动。违宪责任在实务中极少出现，因而不单独加以研究。

二、社区矫正法律责任的依据

《社区矫正法》第 61 条规定了六种对社区矫正机构工作人员和其他国家工作人员的检查监督：（1）利用职务或者工作便利索取、收受贿赂的；（2）不履行法定职责的；（3）体罚、虐待社区矫正对象，或者违反法律规定限制或者变相限制社区矫正对象的人身自由的；（4）泄露社区矫正工作秘密或者其他依法应当保密的信息的；（5）对依法申诉、控告或者检举的社区矫正对象进行打击报复的；（6）有其他违纪违法行为的。

《暂予监外执行规定》第 32 条规定：“在暂予监外执行执法工作中，司法工作人员或者从事诊断、检查、鉴别等工作的相关人员有玩忽职守、徇私舞弊、滥用职权等违法违纪行为的，依法给予相应的处分；构成犯罪的，依法追究刑事责任。”

三、社区矫正的行政责任

社区矫正的行政责任是指依照行政管理法律法规和行政规章的规定，参与社区矫正工作的公职人员违反法律规范和行政规章应接受相应处罚，并承担的行政责任。在这里主要适用的法律是我国的《警察法》《公务员法》《行政监察法》《行政机关公务员处分条例》《社区矫正法》等。

依照我国《公务员法》的规定，对公务员的处分必须坚持事实清楚、证据确凿、定性准确、处理恰当、程序合法、手续完备的原则。对违纪的公务员从调查到做出处分决定，必须依照法定的步骤和顺序依次进行。首先是调查和告知。对违纪的公务员，应当由处分决定机关决定对公务员违纪的情况进行调查，并将调查认定的事实及拟给予处分的依据告知公务员本人。其次是陈述和申辩。公务员有权就调查认定的事实和拟给予处分的依据进行陈述和申辩。最后是做出处分决定。处分决定机关认为对公务员应当给予处分的，应当在规定的期限内，按照管理权限和规定的程序作出处分决定，以书面形式通知公务员本人。

我国《公务员法》对公务员的行政处分分为警告、记过、记大过、降级、撤职和开除六种。公务员在受处分期间不得晋升职务和级别，其中受记过、记大过、降级、撤职处分的，不得晋升工资档次。

受处分的期间为：警告，六个月；记过，12 个月；记大过，18 个月；降级、撤职，24 个月。受撤职处分的，按照规定降低级别。公务员受开除以外的处分，在受处分期间有悔改表现，并且没有再发生违纪行为的，处分期满后，由处分决定机关解除处分并以书面形式通知本人。解除处分后，晋升工资档次、级别和职务不再受原处分的影响。但是，解除降级、撤职处分的，不视为恢复原级别、原职务。

这些法律规范的规定主要是针对从事社区矫正的公职人员，亦即具有公务员身份的人，对于参与社区矫正的其他人员的违规违纪处理，可依照国家相关规定，或者双方所签订的用工合同予以处理。

四、社区矫正的刑事责任

随着我国非监禁刑事执行适用力度的加大，社区矫正对象的增多，社区矫正工作的风险也在加大。从实践来看，社区矫正工作中因社区矫正机构及其工作者的违法执法、不当执法或作风不正，致使社区矫正对象重新违法犯罪，使国家利益、社会利益或社区矫正机构及其工作人员的利益遭受损害，导致社区矫正工作人员被追究刑事责任的事件也在增多。社区矫正的刑事责任是指社区矫正工作参与者因在工作中实施了违法犯罪行为而应当承担的法律责任。我国刑法中涉及社区矫正工作人员的主要罪名有：

（一）滥用职权罪

《刑法》第397条规定："国家机关工作人员滥用职权或者玩忽职守，致使公共财产、国家和人民利益遭受重大损失的，处三年以下有期徒刑或者拘役；情节特别严重的，处三年以上七年以下有期徒刑……"滥用职权罪是指国家机关工作人员故意逾越职权，不按或违反法律决定，处理其无权决定、处理的事项，或者违反规定处理公务，致使公共财产、国家和人民遭受重大财产损失等行为。

滥用职权罪侵犯的客体是国家机关的正常活动。由于国家机关工作人员故意逾越职权，致使国家机关的某项具体工作遭到破坏，给国家、集体和人民利益造成严重损害，从而危害了国家机关的正常活动。该罪侵犯的对象可以是公共财产或者公民的人身及其财产。根据我国法律法规的规定，涉嫌下列情形之一的，应予立案：

1. 造成死亡1人以上，或者重伤2人以上，或者重伤1人、轻伤3人以上，或者轻伤5人以上的。

2. 导致10人以上严重中毒的。

3. 造成个人财产直接经济损失10万元以上，或者直接经济损失不满10万元，但间接经济损失50万元以上的。

4. 造成公共财产或者法人、其他组织财产直接经济损失20万元以上，或者直接经济损失不满20万元，但间接经济损失100万元以上的。

5. 虽未达到3、4两项数额标准，但3、4两项合计直接经济损失20万元以上，或者合计直接经济损失不满20万元，但合计间接经济损失100万元以上的。

6. 造成公司、企业等单位停业、停产6个月以上，或者破产的。

7. 弄虚作假，不报、缓报、谎报或者授意、指使、强令他人不报、缓报、谎报情况，导致重特大事故危害结果继续、扩大，或者致使抢救、调查、处理工作延误的。

8. 严重损害国家声誉，或者造成恶劣社会影响的。

9. 其他致使公共财产、国家和人民利益遭受重大损失的情形。

（二）玩忽职守罪

《刑法》第397条规定："国家机关工作人员滥用职权或者玩忽职守，致使公共财产、国家和人民利益遭受重大损失的，处三年以下有期徒刑或者拘役；情节特别严重的，处三年以上七年以下有期徒刑……"玩忽职守罪是国家工作人员对工作严重不负责任，不履行或者不认真履行职责，致使公共财产、国家和人民的利益遭受重大损失的行为，按我国刑法属于渎职罪。该罪主要特征：（1）犯罪主体必须是国家工作人员。（2）主观上出于行为人职务上的过失，如疏忽大意、过于自信、擅离职守等。(3)客观上表现为因行为人不履行或不正确履行应负的职责，致使公共财产、国家和人民利益遭受重大损失。根据我国法律法规的规定，涉嫌下列情形之一的，应予立案：

1. 造成死亡1人以上，或者重伤3人以上，或者重伤2人、轻伤4人以上，或者重伤1人、轻伤7人以上，或者轻伤10人以上的。

2. 导致20人以上严重中毒的。

3. 造成个人财产直接经济损失15万元以上，或者直接经济损失不满15万元，但间接经济损失75万元以上的。

4. 造成公共财产或者法人、其他组织财产直接经济损失30万元以上，或者直接经济损失不满30万元，但间接经济损失150万元以上的。

5. 虽未达到3、4两项数额标准，但3、4两项合计直接经济损失30万元以上，或者合计直接经济损失不满30万元，但合计间接经济损失150万元以上的。

6. 造成公司、企业等单位停业、停产1年以上，或者破产的。

7. 海关、外汇管理部门的工作人员严重不负责任，造成100万美元以上外汇被骗购或者逃汇1000万美元以上的。

8. 严重损害国家声誉，或者造成恶劣社会影响的。

9. 其他致使公共财产、国家和人民利益遭受重大损失的情形。

（三）私放在押人员罪

《刑法》第400条规定："司法工作人员私放在押的犯罪嫌疑人、被告人或者罪犯的，处五年以下有期徒刑或者拘役；情节严重的，处五年以上十年以下有期徒刑；情节特别严重的，处十年以上有期徒刑。司法工作人员由于严重不负责任，致使在押的犯罪嫌疑人、被告人或者罪犯脱逃，造成严重后果的，处三年以下有期徒刑或者拘役；造成特别严重后果的，处三年以上十年以下有期徒刑。"私放在押人员罪，是指国家司法工作人员，利用职务上的便利私自将在押的犯罪嫌疑人、被告人或者罪犯非法释放的行为。私放在押人员罪，是指司法工作人员私放在押的犯罪嫌疑人、被告人或者罪犯的行为。

司法实践中对本罪的认定应注意以下几点：一是本罪的主体是司法工作人员。二是构成本罪的关键是行为人具有私放在押人员的行为。

私放在押人员罪是指司法工作人员私放在押（包括在羁押场所和押解途中）的犯罪嫌疑人、被告人或者罪犯的行为。根据我国法律法规的规定，涉嫌下列情形之一的，应予立案：

1. 私自将在押的犯罪嫌疑人、被告人、罪犯放走，或者授意、指使、强迫他人将在押的犯罪嫌疑人、被告人、罪犯放走的。

2. 伪造、变造有关法律文书，以使在押的犯罪嫌疑人、被告人、罪犯脱逃的。

3. 为在押的犯罪嫌疑人、被告人、罪犯通风报信、提供条件，帮助其脱逃的。

4. 其他私放在押的犯罪嫌疑人、被告人、罪犯的行为。

在社区矫正工作中，由于有相当一部分人员属于聘用人员，对于这类人员触犯该罪，《最高人民检察院关于工人等非监管机关在编监管人员私放在押人员行为和失职致使在押人员脱逃行为适用法律问题的解释》（高检发释字〔2001〕2号）曾专门做出解释："为依法办理私放在押人员犯罪案件和失职致使在押人员脱逃犯罪案件，对工人等非监管机关在编监管人员私放在押人员行为和失职致使在押人员脱逃行为如何适用法律问题解释如下：工人等非监管机关在编监管人员在被监管机关聘用受委托履行监管职责的过程中私放在押人员的，应当依照刑法第四百条第一款的规定，以私放在押人员罪追究刑事责任；由于严重不负责任，致使在押人员脱逃，造成严重后果的，应当依照刑法第四百条第二款的规定，以失职致使在押人员脱逃罪追究刑事责任。"

（四）失职致使在押人员脱逃罪

《刑法》第400条规定："司法工作人员私放在押的犯罪嫌疑人、被告人或者罪犯的，处五年以下有期徒刑或者拘役；情节严重的，处五年以上十年以下有期徒刑；情节特别严重的，处十年以上有期徒刑。司法工作人员由于严重不负责任，致使在押的犯罪嫌疑人、被告人或者罪犯脱逃，造成严重后果的，处三年以下有期徒刑或者拘役；造成特别严重后果的，处三年以上十年以下有期徒刑。"失职致使在押人员脱逃罪属于玩忽职守罪的特别规定，凡司法工作人员玩忽职守，致使在押人员脱逃，构成犯罪的，都应以特别法条即失职致使在押人员脱逃罪定罪量刑。失职致使在押人员脱逃罪在主观上必出于过失，如果明知某在押人员企图逃跑，但却放任不管，属于故意，此时应以私放在押人员定罪，如果不知道其想逃跑，或者知道其想脱逃但根据环境条件，在押人员的自身能力因素轻易相信其逃跑不了，结果致使逃跑，构成犯罪的，则应以失职致使在押人员脱逃罪定罪。

2005年12月29日最高人民检察院第十届检察委员会第四十九次会议通过的《最高人民检察院关于渎职侵权犯罪案件立案标准的规定》规定，涉嫌下列情形之一的，应予立案：

1. 致使依法可能判处或者已经判处10年以上有期徒刑、无期徒刑、死刑的犯罪嫌疑人、被告人、罪犯脱逃的。

2. 致使犯罪嫌疑人、被告人、罪犯脱逃3人次以上的。

3. 犯罪嫌疑人、被告人、罪犯脱逃以后，打击报复报案人、控告人、举报人、被害人、证人和司法工作人员等，或者继续犯罪的。

4. 其他致使在押的犯罪嫌疑人、被告人、罪犯脱逃，造成严重后果的情形。

（五）徇私舞弊减刑、假释、暂予监外执行罪

《刑法》第401条规定：“司法工作人员徇私舞弊，对不符合减刑、假释、暂予监外执行条件的罪犯，予以减刑、假释或者暂予监外执行的，处三年以下有期徒刑或者拘役；情节严重的，处三年以上七年以下有期徒刑。”徇私舞弊减刑、假释、暂予监外执行罪是指司法工作人员徇私舞弊，对不符合减刑、假释、暂予监外执行条件的罪犯予以减刑、假释、暂予监外执行的行为。根据我国法律法规的规定，涉嫌下列情形之一的，应予立案：

1. 刑罚执行机关的工作人员对不符合减刑、假释、暂予监外执行条件的罪犯，捏造事实，伪造材料，违法报请减刑、假释、暂予监外执行的。

2. 人民法院和监狱管理机关以及公安机关的工作人员为徇私情、私利，违法裁定、决定减刑、假释、暂予监外执行的。

3. 不具有报请、裁定或决定减刑、假释、暂予监外执行权的司法工作人员利用职务上的便利，徇私情、私利，伪造有关材料，导致符合减刑、假释、暂予监外执行条件的罪犯被减刑、假释、暂予监外执行的。

4. 其他违法减刑、假释、暂予监外执行的行为。

（六）贪污罪

《刑法》第382条规定：“国家工作人员利用职务上的便利，侵吞、窃取、骗取或者以其他手段非法占有公共财物的，是贪污罪。受国家机关、国有公司、企业、事业单位、人民团体委托管理、经营国有财产的人员，利用职务上的便利，侵吞、窃取、骗取或者以其他手段非法占有国有财物的，以贪污论。与前两款所列人员勾结，伙同贪污的，以共犯论处。”

第383条规定：“对犯贪污罪的，根据情节轻重，分别依照下列规定处罚：（一）贪污数额较大或者有其他较重情节的，处三年以下有期徒刑或者拘役，并处罚金。（二）贪污数额巨大或者有其他严重情节的，处三年以上十年以下有期徒刑，并处罚金或者没收财产。（三）贪污数额特别巨大或者有其他特别严重情节的，处十年以上有期徒刑或者无期徒刑，并处罚金或者没收财产；数额特别巨大，并使国家和人民利益遭受特别重大损失的，处无期徒刑或者死刑，并处没收财产。对多次贪污未经处理的，按照累计贪污数额处罚。犯第一款罪，在提起公诉前如实供述自己罪行、真诚悔罪、积极退赃，避免、减少损害结果的发生，有第一项规定情形的，可以从轻、减轻或者免除处罚；有第二项、第三项规定情形的，可以从轻处罚。犯第一款罪，有第三项规定情形被判处死刑缓期执行的，人民法院根据犯罪情节等情况可以同时决定在其死刑缓期执行二年期满依法减为无期徒刑后，终身监禁，不得减刑、假释。”

1. 贪污罪数额标准。2016年4月18日开始实施的《最高人民法院、最高人

民检察院关于办理贪污贿赂刑事案件适用法律若干问题的解释》，对贪污、受贿罪的相关量刑数额作出了进一步规定。

（1）受贿罪数额较大标准，30000～200000 元；

（2）受贿罪数额巨大标准，200000～3000000 元；

（3）受贿罪数额特别巨大标准，3000000 元以上。

2. 受贿罪情节认定标准。

根据《最高人民法院、最高人民检察院关于办理贪污贿赂刑事案件适用法律若干问题的解释》第一条规定："贪污或者受贿数额在三万元以上不满二十万元的，应当认定为刑法第三百八十三条第一款规定的'数额较大'，依法判处三年以下有期徒刑或者拘役，并处罚金。贪污数额在一万元以上不满三万元，具有下列情形之一的，应当认定为刑法第三百八十三条第一款规定的'其他较重情节'，依法判处三年以下有期徒刑或者拘役，并处罚金：（一）贪污救灾、抢险、防汛、优抚、扶贫、移民、救济、防疫、社会捐助等特定款物的；（二）曾因贪污、受贿、挪用公款受过党纪、行政处分的；（三）曾因故意犯罪受过刑事追究的；（四）赃款赃物用于非法活动的；（五）拒不交待赃款赃物去向或者拒不配合追缴工作，致使无法追缴的；（六）造成恶劣影响或者其他严重后果的。受贿数额在一万元以上不满三万元，具有前款第二项至第六项规定的情形之一，或者具有下列情形之一的，应当认定为刑法第三百八十三条第一款规定的'其他较重情节'，依法判处三年以下有期徒刑或者拘役，并处罚金：（一）多次索贿的；（二）为他人谋取不正当利益，致使公共财产、国家和人民利益遭受损失的；（三）为他人谋取职务提拔、调整的。"第二条规定："贪污或者受贿数额在二十万元以上不满三百万元的，应当认定为刑法第三百八十三条第一款规定的'数额巨大'，依法判处三年以上十年以下有期徒刑，并处罚金或者没收财产。贪污数额在十万元以上不满二十万元，具有本解释第一条第二款规定的情形之一的，应当认定为刑法第三百八十三条第一款规定的'其他严重情节'，依法判处三年以上十年以下有期徒刑，并处罚金或者没收财产。受贿数额在十万元以上不满二十万元，具有本解释第一条第三款规定的情形之一的，应当认定为刑法第三百八十三条第一款规定的'其他严重情节'，依法判处三年以上十年以下有期徒刑，并处罚金或者没收财产。"第三条规定："贪污或者受贿数额在三百万元以上的，应当认定为刑法第三百八十三条第一款规定的'数额特别巨大'，依法判处十年以上有期徒刑、无期徒刑或者死刑，并处罚金或者没收财产。贪污数额在一百五十万元以上不满三百万元，具有本解释第一条第二款规定的情形之一的，应当认定为刑法第三百八十三条第一款规定的'其他特别严重情节'，依法判处十年以上有期徒刑、无期徒刑或者死刑，并处罚金或者没收财产。受贿数额在一百五十万元以上不满三百万元，具有本解释第一条第三款规定的情形之一的，应当认定为刑法第三百八十三条第一款规定的'其他特别严重情节'，依法判处十年以上有期徒刑、无期徒刑或者死刑，并处罚金或者没收财产。”

（七）受贿罪

《刑法》第385条第1款规定：“国家工作人员利用职务上的便利，索取他人财物，或者非法收受他人财物，为他人谋取利益的，是受贿罪。”受贿罪侵犯了国家工作人员职务行为的廉洁性及公私财物所有权。受贿罪严重影响国家机关的正常职能履行，损害国家机关的形象、声誉，同时也侵犯了一定的财产关系。受贿罪在主观方面表现为故意，目的是非法占有公私财物。在客观方面表现为利用职务便利，索取他人财物，或非法收受他人财物为他人谋取利益。

1. 个人受贿罪的量刑标准。受贿罪的量刑问题与贪污罪基本相同。以受贿数额和受贿情节为标准，具体确定行为人的刑罚。

（1）个人受贿数额在10万元以上的，处10年以上有期徒刑或者无期徒刑，可以并处没收财产；情节特别严重的，处死刑，并处没收财产。

（2）个人受贿数额在5万元以上不满10万元的，处5年以上有期徒刑，可以并处没收财产；情节特别严重的，处无期徒刑，并处没收财产。

（3）个人受贿数额在5000元以上不满5万元的，处1年以上，7年以下有期徒刑；情节严重的，处7年以上10年以下有期徒刑。

（4）个人受贿数额在5000元以上不满1万元，犯罪后有悔改表现、积极退赃的，可以减轻处罚或者免予刑事处罚，由其所在单位或者上级主管机关给予行政处分。

个人受贿数额不满5000元，情节较重的，处2年以下有期徒刑或者拘役；情节较轻的，由其所在单位或者上级主管机关酌情给予行政处分。

（5）对多次受贿未经处理的，按照累计受贿数额处罚。

情节较重，是指犯罪手段狡猾恶劣；行为人既贪赃又枉法；受贿行为给国家造成严重损失；或者是累犯、共犯中的主犯；受贿后又参与、支持其他犯罪活动；订立攻守同盟，销毁罪证，拒不坦白退赃；在对外活动中，向外商索贿受贿等。情节较轻，一般是指为他人谋取的利益没有违反有关规定；行为没有给国家或集体造成严重损失；案发后坦白交代事实经过，并退了赃款；或者有自首、立功表现等。

2. 个人受贿罪立案标准。涉嫌下列情形之一的，应予立案：

（1）个人受贿数额在5000元以上的。

（2）个人受贿数额不满5000元，但具有下列情形之一的：

①因受贿行为而使国家或者社会利益遭受重大损失的；

②故意刁难、要挟有关单位、个人，造成恶劣影响的；

③强行索取财物的。

社区矫正执法和监管中易触碰的罪名还有刑讯逼供罪、暴力取证罪、非法拘禁罪、侵犯公民个人信息罪、报复陷害罪、虐待被监管人员罪等罪名。由于篇幅所限，本书略过此部分内容。

五、社区矫正的国家赔偿责任

国家赔偿责任，是指国家机关或国家公职人员在执行职务中侵犯了民事主体合法权利造成损害时，依法由国家承担的侵权赔偿责任。我国 1982 年宪法和 1986 年颁布的民法通则均对其作了原则性规定，1994 年依据《宪法》制定了《国家赔偿法》，并于 2010 年和 2012 年两次进行了修改，使我国在国家赔偿方面建立起了完善的法律保障机制。

明确了国家赔偿责任的主体是国家，国家赔偿责任的范围包括了行政赔偿和刑事赔偿。

（一）赔偿义务机关

《国家赔偿法》第 7 条规定：“行政机关及其工作人员行使行政职权侵犯公民、法人和其他组织的合法权益造成损害的，该行政机关为赔偿义务机关。两个以上行政机关共同行使行政职权时侵犯公民、法人和其他组织的合法权益造成损害的，共同行使行政职权的行政机关为共同赔偿义务机关。法律、法规授权的组织在行使授予的行政权力时侵犯公民、法人和其他组织的合法权益造成损害的，被授权的组织为赔偿义务机关。受行政机关委托的组织或者个人在行使受委托的行政权力时侵犯公民、法人和其他组织的合法权益造成损害的，委托的行政机关为赔偿义务机关。赔偿义务机关被撤销的，继续行使其职权的行政机关为赔偿义务机关；没有继续行使其职权的行政机关的，撤销该赔偿义务机关的行政机关为赔偿义务机关。”本条对行政赔偿的赔偿义务机关进行了界定。

《国家赔偿法》第 21 条规定：“行使侦查、检察、审判职权的机关以及看守所、监狱管理机关及其工作人员在行使职权时侵犯公民、法人和其他组织的合法权益造成损害的，该机关为赔偿义务机关。对公民采取拘留措施，依照本法的规定应当给予国家赔偿的，作出拘留决定的机关为赔偿义务机关。对公民采取逮捕措施后决定撤销案件、不起诉或者判决宣告无罪的，作出逮捕决定的机关为赔偿义务机关。再审改判无罪的，作出原生效判决的人民法院为赔偿义务机关。二审改判无罪，以及二审发回重审后作无罪处理的，作出一审有罪判决的人民法院为赔偿义务机关。”本条对刑事赔偿的赔偿义务机关进行了界定。

（二）国家赔偿的范围

1. 行政赔偿范围。《国家赔偿法》第 3 条规定：“行政机关及其工作人员在行使行政职权时有下列侵犯人身权情形之一的，受害人有取得赔偿的权利：

(一) 违法拘留或者违法采取限制公民人身自由的行政强制措施的；(二) 非法拘禁或者以其他方法非法剥夺公民人身自由的；(三) 以殴打、虐待等行为或者唆使、放纵他人以殴打、虐待等行为造成公民身体伤害或者死亡的；(四) 违法使用武器、警械造成公民身体伤害或者死亡的；(五) 造成公民身体伤害或者死亡的其他违法行为。”第 4 条规定：“行政机关及其工作人员在行使行政职权时有下列侵犯财产权情形之一的，受害人有取得赔偿的权利：(一) 违法实施罚款、吊销许可证和执照、责令停产停业、没收财物等行政处罚的；(二) 违法对财产采取查封、扣押、冻结等行政强制措施的；(三) 违法征收、征用财产的；(四) 造成财产损害的其他违法行为。”

2. 刑事赔偿范围。《国家赔偿法》第 17 条规定：“行使侦查、检察、审判职权的机关以及看守所、监狱管理机关及其工作人员在行使职权时有下列侵犯人身权情形之一的，受害人有取得赔偿的权利：(一) 违反刑事诉讼法的规定对公民采取拘留措施的，或者依照刑事诉讼法规定的条件和程序对公民采取拘留措施，但是拘留时间超过刑事诉讼法规定的时限，其后决定撤销案件、不起诉或者判决宣告无罪终止追究刑事责任的；(二) 对公民采取逮捕措施后，决定撤销案件、不起诉或者判决宣告无罪终止追究刑事责任的；(三) 依照审判监督程序再审改判无罪，原判刑罚已经执行的；(四) 刑讯逼供或者以殴打、虐待等行为或者唆使、放纵他人以殴打、虐待等行为造成公民身体伤害或者死亡的；(五) 违法使用武器、警械造成公民身体伤害或者死亡的。”第 18 条规定：“行使侦查、检察、审判职权的机关以及看守所、监狱管理机关及其工作人员在行使职权时有下列侵犯财产权情形之一的，受害人有取得赔偿的权利：(一) 违法对财产采取查封、扣押、冻结、追缴等措施的；(二) 依照审判监督程序再审改判无罪，原判罚金、没收财产已经执行的。”

(三) 国家赔偿的程序

按照《国家赔偿法》的规定，国家赔偿程序，总的原则是赔偿请求人应当首先向赔偿义务机关申请赔偿。由于我国实行侵权行为机关与赔偿义务机关一致的原则，也就是赔偿请求人应先向侵权机关申请赔偿。实行首先向赔偿义务机关申请赔偿原则，其目的在于简化程序，方便受害人，有利于及时得到赔偿。先向赔偿义务机关申请赔偿，通称协商程序或协议程序，即由赔偿义务机关与赔偿请求人先行就有关赔偿的范围、方式和金额等事项进行自愿协商，从而达成赔偿协议，解决赔偿争议。但是，实行这一原则有一例外，即赔偿请求人提出行政赔偿时，由于行政复议和行政诉讼的存在，赔偿请求可能依附于行政复议和行政诉讼，赔偿请求人可以在申请行政复议和提起行政诉讼时一并提出，而不必先向赔偿义务机关申请赔偿。

受害人向赔偿义务机关申请赔偿，赔偿义务机关应在两个月内决定是否赔偿。赔偿义务机关逾期不予赔偿或者赔偿请求人对赔偿数额有异议的，根据行政赔偿、刑事赔偿的不同情况，国家赔偿法规定了不同的程序。属于行政赔偿的，可以向人民法院提起诉讼。属于刑事赔偿的，赔偿义务机关是司法行政机关的，赔偿请求人需要先向赔偿义务机关的上一级机关申请复议，赔偿请求人不服复议决定或复议机关逾期不作决定的，再向复议机关所在地的同级人民法院的赔偿委员会申请赔偿。

在国家赔偿程序中，行政赔偿与刑事赔偿另一个重大区别是在审理机构方面，行政赔偿适用行政诉讼法的行政诉讼程序，由人民法院的行政审判庭审理；刑事赔偿则是由人民法院特别设立的赔偿委员会审理。按照国家赔偿法规定："中级以上的人民法院设立赔偿委员会，由人民法院三名至七名审判员组成。"这是因为刑事赔偿涉及的国家机关较为复杂，因而，国家赔偿法确定了刑事赔偿由人民法院特设的赔偿委员会来处理。

(四) 国家承担赔偿责任条件

1. 引起损害发生必须是由国家机关及其工作人员实施的；
2. 引起损害发生的行为必须是国家机关及其工作人员的职务违法行为；
3. 必须有公民合法权益受到损害的客观事实；
4. 国家机关及其工作人员的职务违法行为与损害结果之间有因果关系；
5. 必须法律上有明文规定的（即并非所有损害国家都负责赔偿）。

(五) 国家不予赔偿的情形

根据《国家赔偿法》第5条规定："属于下列情形之一的，国家不承担赔偿责任：(一) 行政机关工作人员与行使职权无关的个人行为；(二) 因公民、法人和其他组织自己的行为致使损害发生的；(三) 法律规定的其他情形。"这是对国家不承担行政赔偿责任的概括性规定。

《国家赔偿法》第19条规定："属于下列情形之一的，国家不承担赔偿责任：(一) 因公民自己故意作虚伪供述，或者伪造其他有罪证据被羁押或者被判处刑罚的；(二) 依照刑法第十七条、第十八条规定不负刑事责任的人被羁押的；(三) 依照刑事诉讼法第十五条、第七十三条第二款、第二百七十三条第二款、第二百七十九条规定不追究刑事责任的人被羁押的；(四) 行使侦查、检察、审判职权的机关以及看守所、监狱管理机关的工作人员与行使职权无关的个人行为；(五) 因公民自伤、自残等故意行为致使损害发生的；(六) 法律规定的其他情形。"这是对国家不承担刑事赔偿责任的概括性规定。

此处的"法律"是指全国人民代表大会及其常务委员会制定、颁布的法律，不包括法规和规章。目前法律规定国家不予赔偿的情形主要有因不可抗力造成的损害和邮政传递中造成的损失。

（六）国家赔偿的方式

国家赔偿的方式是指国家承担赔偿责任的形式。综观世界各国的国家赔偿法的规定，不外乎有三种：金钱赔偿、恢复原状、返还财产。

1. 金钱赔偿：指在计算或者估算受害人的损害程度后，以货币支付的形式，给予受害人一定额度的金钱的赔偿方式。金钱赔偿的适用，一般应以不能返还财产或者恢复原状为前提。具体讲，主要适用于以下情形：

（1）侵犯公民人身自由权及生命健康权的。

（2）侵犯受害人的财产权，其财产已经灭失、拍卖，恢复原状、返还财产已不可能的。

（3）侵犯受害人的财产权，其财产已被损坏，不能恢复原状或者恢复原状有重大困难的。

（4）返还财产或者恢复原状与法律规范相抵触的。

2. 恢复原状：指负有赔偿义务的国家机关按照受害人的愿望和要求，将受害人的财产或者权利恢复至原来的状态。它通常适用于以下情形：

（1）应当返还的财产被损坏，能够恢复原状的。

（2）查封、扣押、冻结财产的，予以解除查封、扣押、冻结。

（3）恢复原状不违反其他法律规定的。

此外，国家赔偿中的恢复原状的适用范围比民事赔偿中恢复原状的适用范围要广，除了财产的恢复原状外，还包括权利的恢复原状，如恢复原居住地的户口、恢复职级。

3. 返还财产：指赔偿义务机关将因其侵权行为的侵害而脱离受害人控制的财产，归还对该财产享有所有权、占有权的受害人的赔偿方式。返还财产的适用条件主要有：

（1）原物存在。

（2）比金钱赔偿更为便捷。如果原物已被运往外地或其下落需要查找，则不如金钱赔偿便捷。

（3）不影响公务。如果原物已用于公务活动，返还会影响公务活动时，应采用金钱赔偿。

第二十章　社区矫正对象回归社会的法律保护

在我国，过去将监狱服刑人员刑满释放以后称为劳改释放犯、刑满释放人员、安置回归社会人员等。在国外，有些国家称为出狱人员、回归人员、更生保护人员等。社区矫正对象在性质上仍然是罪犯，回归社会以后，本书将其统称为回归社会人员。《社区矫正法》第1条规定社区矫正要“提高教育矫正质量，促进社区矫正对象顺利融入社会，预防和减少犯罪”，这一规定是为社区矫正对象回归社会做准备。

第一节　回归社会人员保护的法律规定和组织机构

我国回归社会人员的法律保护在《宪法》《刑法》《监狱法》《劳动法》《未成年人保护法》《预防未成年人犯罪法》《就业促进法》等法律法规和政策文件中，都有相应的规定。同时，为了将回归社会人员的法律保护落实到位，近年来相继出台了一些规定，如2010年，中办、国办转发《中央综治委关于进一步加强刑满释放解除劳教人员安置帮教工作的意见》（中办发〔2010〕5号）；2015年，司法部等13部委联合下发《关于加强刑满释放人员救助管理工作的意见》（司发〔2015〕8号）；2016年司法部、中央综治办、民政部、财政部联合制定印发《关于社会组织参与帮教刑满释放人员工作的意见》等。回归社会人员的法律保护是国家、社会和每个公民的共同责任。实践证明，回归社会人员的法律保护工作在预防、减少犯罪，维护社会稳定，保障社会主义现代化建设顺利进行等方面发挥了重要作用，正被人们逐渐认识，因而，也越来越受到党和政府的重视。

一、回归社会人员的法律保护国际规则和我国的法律规定

（一）国际规则

回归社会人员的法律保护不仅是世界各国预防犯罪的重点，也是联合国预防犯罪和罪犯处遇大会所关注的主要领域之一。1955年在日内瓦举行的第一届联

合国预防犯罪和罪犯待遇大会通过的《囚犯待遇最低限度标准规则》第 64 条规定:“社会的责任并不因囚犯出狱而终止。所以应有公私机构能向出狱囚犯提供有效的善后照顾,其目的在减少公众对他的偏见,便利他恢复正常社会生活。”1960 年在英国伦敦召开的联合国预防犯罪和罪犯待遇大会所做出的关于受刑人释放后保护的决议指出:“更生保护之目的,乃在于使受刑人恢复自由社会之生活并给予道德及物质上的支持,首先应设法解决其实际需要之事项,如衣服、住宿、旅行、生计及证明文件等,至于情绪上的安慰及谋职的援助等也应一并考虑。”

(二)我国的法律规定

1.《监狱法》的规定。《监狱法》第 35 条规定:“罪犯服刑期满,监狱应当按期释放并发给释放证明书。”第 36 条规定:“罪犯释放后,公安机关凭释放证明书办理户籍登记。”第 37 条规定:“对刑满释放人员,当地人民政府帮助其安置生活。刑满释放人员丧失劳动能力又无法定赡养人、扶养人和基本生活来源的,由当地人民政府予以救济。”第 38 条规定:“刑满释放人员依法享有与其他公民平等的权利。”

2.《反恐怖主义法》的规定。《反恐怖主义法》第 30 条规定:“对恐怖活动罪犯和极端主义罪犯被判处徒刑以上刑罚的,监狱、看守所应当在刑满释放前根据其犯罪性质、情节和社会危害程度,服刑期间的表现,释放后对所居住社区的影响等进行社会危险性评估。进行社会危险性评估,应当听取有关基层组织和原办案机关的意见。经评估具有社会危险性的,监狱、看守所应当向罪犯服刑地的中级人民法院提出安置教育建议,并将建议书副本抄送同级人民检察院。罪犯服刑地的中级人民法院对于确有社会危险性的,应当在罪犯刑满释放前作出责令其在刑满释放后接受安置教育的决定。决定书副本应当抄送同级人民检察院。被决定安置教育的人员对决定不服的,可以向上一级人民法院申请复议。安置教育由省级人民政府组织实施。安置教育机构应当每年对被安置教育人员进行评估,对于确有悔改表现,不致再危害社会的,应当及时提出解除安置教育的意见,报决定安置教育的中级人民法院作出决定。被安置教育人员有权申请解除安置教育。人民检察院对安置教育的决定和执行实行监督。”这是在法律层面对该类罪犯刑满释放后的安置帮教规定的最为详细的法条。

3.《刑法》的有关规定。《刑法》第 37 条之一规定:“因利用职业便利实施犯罪,或者实施违背职业要求的特定义务的犯罪被判处刑罚的,人民法院可以根据犯罪情况和预防再犯罪的需要,禁止其自刑罚执行完毕之日或者假释之日起从事相关职业,期限为三年至五年。被禁止从事相关职业的人违反人民法院依照前款规定作出的决定的,由公安机关依法给予处罚;情节严重的,依照本法第三百一十三条的规定定罪处罚。其他法律、行政法规对其从事相关职业另有禁止或者限制性规定的，从其规定。”第 100 条规定：“依法受过刑事处罚的人，在入伍、就业的时候，应当如实向有关单位报告自己曾受过刑事处罚，不得隐瞒。犯罪的时候不满十八周岁被判处五年有期徒刑以下刑罚的人，免除前款规定的报告义务。”

4.《预防未成年人犯罪法》的有关规定。《预防未成年人犯罪法》第 55 条规定：“社区矫正机构应当告知未成年社区矫正对象安置帮教的有关规定，并配合安置帮教工作部门落实或者解决未成年社区矫正对象的就学、就业等问题。”第 56 条规定：“对刑满释放的未成年人，未成年犯管教所应当提前通知其父母或者其他监护人按时接回，并协助落实安置帮教措施。没有父母或者其他监护人、无法查明其父母或者其他监护人的，未成年犯管教所应当提前通知未成年人原户籍所在地或者居住地的司法行政部门安排人员按时接回，由民政部门或者居民委员会、村民委员会依法对其进行监护。”第 57 条规定：“未成年人的父母或者其他监护人和学校、居民委员会、村民委员会对接受社区矫正、刑满释放的未成年人，应当采取有效的帮教措施，协助司法机关以及有关部门做好安置帮教工作。居民委员会、村民委员会可以聘请思想品德优秀，作风正派，热心未成年人工作的离退休人员、志愿者或其他人员协助做好前款规定的安置帮教工作。”第 58 条规定：“刑满释放和接受社区矫正的未成年人，在复学、升学、就业等方面依法享有与其他未成年人同等的权利，任何单位和个人不得歧视。”第 59 条第 1 款规定：“未成年人的犯罪记录依法被封存的，公安机关、人民检察院、人民法院和司法行政部门不得向任何单位或者个人提供，但司法机关因办案需要或者有关单位根据国家有关规定进行查询的除外。依法进行查询的单位和个人应当对相关记录信息予以保密。”

5.《社区矫正法》的有关规定。《社区矫正法》第 44 条规定：“社区矫正对象矫正期满或者被赦免的，社区矫正机构应当向社区矫正对象发放解除社区矫正证明书，并通知社区矫正决定机关、所在地的人民检察院、公安机关。”

二、回归社会人员法律保护工作的定位

1994 年，中央社会治安综合治理委员会、公安部、司法部、劳动部、民政部、国家工商行政管理局在《关于进一步加强对刑满释放、解除劳教人员安置和帮教工作的意见》中指出，对回归社会人员的法律保护工作，是在党委、政府的统一领导下，依靠各有关部门和社会力量对回归社会人员进行的一种非强制性的引导、帮助、教育、管理活动。为了准确把握回归社会人员的法律保护工作的性质，我们必须注意以下几点：

（一）各级党委、政府是法律保护工作的决策者和指挥者

各级党委、政府应当重视对回归社会人员的法律保护工作，把做好这项工作的成效列为社会治安综合治理的工作目标，作为落实社会治安综合治理领导责任的一项重要内容，把回归社会人员的重新违法犯罪率能否逐步下降，作为考核党政领导干部抓社会治安综合治理工作能力和实绩的一个重要指标。各级社会治安综合治理委员会要积极协助党委、政府，加强对这项工作的组织、协调、检查和监督。特别是乡镇（街道）党政基层组织，要承担起具体组织落实对回归社会人员的法律保护工作的责任。乡镇（街道）专抓社会治安综合治理的副职要把协助党委、政府做好这项工作作为自己的重要任务。

（二）相关部门在回归社会人员法律保护工作中具有义不容辞的责任

回归社会人员法律保护工作是一项复杂的社会系统工程，涉及社会生活的方方面面，不但涉及回归社会人员的原户籍所在地和现住地，而且涉及司法行政、公安、人力资源和社会保障、民政、工商行政管理、共青团、妇联等有关部门和群众组织。仅靠某一部门、某一单位是不可能做好的，必须加强领导、协调配合、齐抓共管，从而形成合力，发挥整体优势，共同做好安置帮教工作。

（三）回归社会人员法律保护工作是一项需要群众参与的基础性工作

坚持群众路线是我党的优良传统。要做好法律保护工作也必须坚持和发扬专门机关与群众路线相结合的优良传统。只有坚持群众路线，充分发动群众，才能把法律保护工作的各项措施落实到基层。当前，对回归社会人员进行法律保护工作，会有一定的难度和阻力。因此，各地要大力宣传法律保护工作的重要意义和作用，宣传法律保护工作先进集体、先进个人的感人事迹和成功经验，通过宣传、教育和发动，引起社会各界对这项工作的重视，使他们认识到，做好这项工作既是维护自身生存环境的需要，也是维护社会稳定的需要，使广大干部群众理解、关心这项工作，积极参与这项工作，为回归社会人员重新做人创造良好的社会氛围，为法律保护工作创造良好的工作氛围。

（四）法律保护工作是针对特殊群体的工作，具有特殊性

法律保护工作是一项政策性很强的工作，严格把握和区分工作对象不但关系到党的政策能否贯彻始终，而且关系到国家的法律能否得以正确实施。在工作实践中，对这一特殊群体既不能任意扩大，也不能随意缩小。要以法律法规为衡量标准，严格加以界定，不能笼统地把犯有一定错误或具有不良倾向的人都作为保护对象。法律保护工作的对象从普遍意义上说是所有回归社会人员，但主要是针

对没有生活出路和有重新犯罪倾向的回归社会人员。没有生活出路的人员通常指无家可归、无业可就、无处可去的“三无”人员。有重新犯罪倾向的人员通常指没有改造好的人员，犯罪倾向明显、恶习较深、屡教不改人员等。

（五）法律保护工作是非强制性的引导、扶助、教育和管理活动

首先，应当准确理解非强制性的法律依据和法律特征。尽管回归社会人员因为犯罪行为曾给国家和社会带来不同程度的危害，在主观上具有不同程度的不良倾向，但法律保护工作既不是刑事处罚也不是行政处罚，与以往的公安、司法机关对其处罚有着本质的区别。尽管社区矫正机构对社区矫正对象也要进行思想教育，但这种教育是强制性的，是以国家专政机器为保障的，而法律保护工作对其进行的思想教育，是以回归社会人员主动、愿意接受教育为工作的前提，是教育者和被教育者之间一种互动的活动，需要两者的积极配合才能进行。其次，法律保护工作是一项引导、扶助、教育和管理活动。在这一工作中，引导是指帮助回归社会人员迷途知返，寻找和走上正确的人生道路，这是法律保护工作的前提；扶助是指排难解困，营造一个与其他公民同等的生活环境，这是法律保护工作的保障；教育是指改恶从善，使思维定式和行为习惯融入正常社会生活轨道，这是法律保护工作的核心；管理是指监督防范，是社会对这一特殊群体的控制措施，这是法律保护工作的基础。引导、扶助、教育和管理彼此之间互动互联、缺一不可，它们之间的有机联系构成法律保护工作的整体框架。除此之外，还要对回归社会人员出现的家庭危机、人际关系危机等进行干预。

三、法律保护工作的组织机构

（一）综治委内设安置帮教工作领导（协调）小组及办公室

自 1995 年 7 月中央综治委安置帮教工作领导（协调）小组宣告成立以来，全国绝大多数省、市、县三级综治委，相继成立了由党委、政府主管领导牵头，司法行政、公安、劳动与社会保障、民政、工商、财政、税务、工会、共青团、妇联等部门负责同志参加的安置帮教工作领导（协调）小组。领导（协调）小组下设办公室，在同级综治委和安置帮教工作领导（协调）小组的领导下开展工作，其成员由综治委、司法行政、公安、劳动、民政、工商等部门内职能相近的工作机构的负责人组成。办公室的日常工作由司法行政部门承担。各级领导（协调）小组办公室建立了安置帮教工作联络员制度，联络员由相关部门职能处、科、室的负责人担任，定期召开工作例会，收到了比较好的效果。

（二）司法行政部门负责安置帮教工作的机构

1995年，司法部监狱管理局承担了中央综治委安置帮教工作领导（协调）小组办公室的日常工作。1997年10月21日，司法部下发了《关于部监狱管理局负责的刑释解教人员安置帮教工作移交部基层工作司的通知》，该通知不仅调整了司法部内部的工作职能，而且较明确地规定了安置帮教工作的职责。之后，各省、自治区、直辖市基本上沿用了这种模式。

（三）村（居）委会内设立帮教小组

根据实际工作的需要，村（居）委会建立由责任区民警牵头负责，村（居）委会干部、村（居）民小组组长和回归社会人员亲属参加的帮教小组，其工作受乡镇（街道）安置帮教工作站指导。在帮教小组内，责任区民警、村（居）委会干部可以相对固定，村（居）民小组长和回归社会人员亲属的人选则可因回归社会人员及居住地点的不同而有所改变。回归社会人员有工作单位的，帮教小组还可以吸收该单位的治保干部参加。实践中，有的企业也组建了帮教小组，以便于帮教本单位的回归社会人员。因为帮教小组成员贴近回归社会人员，他们对回归社会人员的思想、生活等情况较为清楚，因此，法律保护工作的针对性也较强，法律保护工作也往往最有效。从某种程度上来说，法律保护工作的成效将直接依赖于帮教小组作用的发挥。

（四）安置帮教基金会和安置帮教协会

各地在开展回归社会人员的法律保护工作中，注意挖掘和调动社会各方面的力量，并通过一定的形式，将他们有效地组织起来，加入法律保护工作的行列中来。目前，法律保护工作的民间形式主要是安置帮教基金会和安置帮教协会。安置帮教基金会的资金来源于社会各界人士、机关、团体、企事业单位的捐赠，以及基金利息和增值所得。其任务是：向有关部门、企事业单位、社会团体和其他组织以及个人募集资金和物资，并进行管理；组织有关部门对回归社会人员进行回归前和就业前的技能培训；开展法律保护工作理论探讨和经验交流；表彰、宣传法律保护工作中作出突出成绩的集体和个人。安置帮教协会属群众性社会团体，在社会治安综合治理委员会指导下开展工作，会员由热心于法律保护工作的各级组织、团体和人士组成。

（五）法律保护工作的社会组织参与

全国各地在法律保护工作中都在积极探索组建社会力量参与的社会志愿者队伍，其主要由热心公益事业的社会人士组成，利用专业知识对回归社会人员进行帮教活动。在法律保护工作志愿者中，有市人大、政协和区、县委办的领导，有全国劳动模范和离退休老同志，还有“浪子回头”的典型等。2016 年 10 月，司法部、中央综治办、民政部、财政部联合下发《关于社会组织参与帮教刑满释放人员工作的意见》，对鼓励、引导和支持社会组织参与帮教刑满释放人员工作主要做了以下规定：一是加强组织引导。司法行政部门要会同民政等部门，认真研究制定社会组织参与帮教工作规划，明确目标任务和参与帮教的方式、途径，依法有序引导社会组织参与帮教刑满释放人员工作。优先在基础条件较好、帮教对象比较集中的地方，扶持一批具备资质、专业能力强、热心安置帮教工作的社会组织参与帮教工作，形成可复制的经验，逐步向其他地区推广。有条件的地区可依法建立从事安置帮教工作的社会团体，发挥平台作用，吸引社会组织参与帮教工作。倡导志愿者和社会热心人士，特别是具有法学、心理学、教育学、社会学、社会工作等专业背景的人士参与帮教工作，壮大帮教队伍。二是加大政策支持。司法行政部门要积极协调有关部门，健全完善社会组织参与帮教刑满释放人员工作的相关政策保障措施，提升社会组织帮教服务能力。要统筹利用现有的公共服务资源，在场地、设施、信息等方面为社会组织参与帮教工作提供便利，要引导社会组织配备和使用社会工作者等专业人才。加强对社会组织从业人员的业务指导，定期开展帮教政策、帮教技能、服务规范等方面的培训，提高从业人员的专业水平。财政部门要会同民政等相关部门，依据政府购买服务相关规定，将属于政府职责范围、适合市场化方式提供、社会力量能够承担的刑满释放人员帮教服务，纳入政府购买服务指导性目录。参与帮教工作的社会组织符合规定条件的，依法享受相应的税收、信贷等优惠政策。三是强化组织实施。司法行政部门要立足本地区安置帮教工作实际需要，开发适宜社会组织参与帮教工作的项目和内容。通过政府购买服务等形式，公开择优确定参与帮教工作的社会力量。指导社会组织制订帮教工作实施方案，跟踪了解工作进展情况、工作成效等。建立绩效评价机制，细化帮教服务标准，推进第三方评价，对帮教服务质量和社会效果好的社会组织重点扶持，对不宜继续参与帮教工作的及时终止，确保帮教服务依法规范开展。

四、法律保护工作的地位

对回归社会人员的法律保护工作，是社会治安综合治理工作的重要内容之一，是预防和减少违法犯罪特别是重新违法犯罪的一项重要措施，是维护社会治安稳定的一项基础工作。

（一）法律保护工作是维护人权、保障社会稳定的一项基本制度

我们党和国家历来重视对回归社会人员的法律保护工作，在与违法犯罪分子

做斗争的同时，始终坚持“给出路”政策，帮助回归社会人员安置就业，使他们有业可就，生活有保障。同时，根据整个国家社会和经济发展的客观要求，适时调整回归社会人员的就业安置政策。从新中国成立初期，中央人民政府政务院颁发的《劳动改造罪犯刑满释放及安置就业暂行处理办法》，到1994年全国人大常委会通过的《监狱法》，我国为回归社会人员的法律保护工作颁布了大量的法律、法规，由于得到各级政府的重视和广大人民群众的支持、参与，取得了十分显著的成绩。回归社会人员的重新犯罪率始终被控制在较低的水平，绝大多数回归社会人员回归社会后，能够遵守国家法律，做守法公民，他们中的许多人成为社会主义建设的有用之才。做好回归社会人员的法律保护工作是我国民主法治建设的一个重要组成部分，是我国对公民人权保护的重要体现。

（二）法律保护工作是加强基层政权和基层群众性自治组织建设的一项内容

城乡基层政权和基层群众性自治组织，是党和政府在城市和农村工作的基础，也是做好回归社会人员法律保护工作的重要基层组织保证。乡镇政府为农村基层的一级政权组织，承担着社会治安综合治理的责任。因此，乡镇政府应当把回归社会人员的法律保护工作，作为落实社会治安综合治理、维护农村基层稳定的一项重要任务来抓，要加强对村级组织的指导。村委会是农村群众自我管理、自我教育、自我服务的基层群众性自治组织，是做好法律保护工作的基层组织。农村的回归社会人员是否得到妥善安置和帮助教育，关键在于村级组织是否健全、是否有战斗力。村委会建设加强了，工作有人抓，事情有人管，法律保护工作才能落到实处，才能形成良好的社会风气和群众基础。街道办事处和居委会是党和政府在城市基层工作的基础，是城市各项工作的落脚点。在做好城市回归社会人员的法律保护工作方面，街道办事处、居委会的作用不可低估，法律保护工作的大量具体工作要依托居委会完成。居委会要发挥自身的优势，充分利用其联系群众、植根社区的特长，主动配合有关部门做好法律保护工作。一方面要帮助他们联系工作岗位，使他们各得其所、自食其力；另一方面要注意他们的思想动态，稳定他们的情绪，化解矛盾纠纷。

（三）法律保护工作是社会治安综合治理的重要组成部分

社会治安综合治理的基本任务是在各级党委和政府的统一领导下，各部门协调一致、齐抓共管，依靠广大人民群众的力量，运用政治的、经济的、行政的、法律的、文化的、教育的等多种手段，整治社会治安，打击犯罪和预防犯罪，保障社会稳定，为社会主义现代化建设和改革开放创造良好的社会环境。社会治安综合治理的主要目标是社会稳定，重大恶性案件和多发性案件得到控制并逐步有所下降，社会丑恶现象大大减少，治安混乱地区和单位的面貌彻底改观，治安秩序良好，群众有安全感。当前回归社会人员重新违法犯罪问题仍然突出，特别是从近年来公安机关查破案件及打击处理违法犯罪嫌疑人的情况看，回归社会人员占有较大的比重。随着改革的不断深化，法律保护工作出现了许多新情况、新问题，如果法律保护工作措施跟不上，回归社会人员中的一部分人很可能重新违法犯罪，危害社会，影响稳定。严厉打击刑事犯罪和加强法律保护工作两者关系密切、相辅相成、缺一不可，打击和预防不可偏废。

五、法律保护工作的作用

（一）做好法律保护工作可以促进社会政治稳定

当前，我国正处在改革和发展的重要阶段，没有一个稳定的社会环境，社会主义现代化建设就无法顺利进行。由于改革的深入和整个社会环境日益动态化，各种社会矛盾增多，利益冲突加剧，社会稳定面临着严峻的考验。党中央多次强调，要保持稳定，稳定压倒一切。维护社会政治稳定是当前全党工作的大局，而法律保护工作的好坏事关稳定大局的成败。

（二）做好法律保护工作可以预防和减少违法犯罪

目前，我国监狱和社区矫正机构每年释放几十万人，并且每年都有增加的趋势。这几十万人心理脆弱，尽管他们中绝大多数有诚心悔过、重新做人的决心和愿望，但这些人回归社会后如果不能得到妥善安置，没有生活出路，重新犯罪的可能性极大。法律保护工作措施落实是否到位，直接影响到预防和打击回归社会人员重新违法犯罪活动的效果。特别是回归社会人员犯罪一般具有能量大、恶性程度高的特点，如果对他们失去控制，其违法犯罪行为对社会造成的危害和影响将十分严重。因此，一部分没有改造好的回归社会人员是社会最不稳定的因素之一。做好法律保护工作可以有效地预防、减少回归社会人员重新犯罪，是预防、减少犯罪的重要措施。

（三）做好法律保护工作可以提高回归社会人员的改造质量

依照法律，我国监狱和社区矫正机关承担执行刑罚任务。把罪犯改造成对社会有用的新人，减少他们重新违法犯罪是我国刑罚的主要目的。监狱和社区矫正机关矫正教育的好坏，改造质量的高低，直接关系罪犯回归社会后是否会重新违法犯罪的问题。做好罪犯的改造转化工作，不仅是监狱和社区矫正机关的任务，也是全社会的责任。一方面，监狱和社区矫正机关作为改造罪犯的主要部门，应努力改进工作，不断增强改造工作的实效性，努力提高改造质量，为他们回归社会奠定良好的基础；另一方面，社会各界也在帮助监狱和社区矫正机关做好罪犯的教育转化工作。

第二节 回归社会人员法律保护的任务、基本原则和职业限制

一、法律保护工作的任务

法律保护工作的任务是由法律保护工作的目标所决定的，是目标的分解落实和措施保障。法律保护工作的目标，是指通过法律保护工作努力营造一个温暖、宽松的社会环境，使回归社会人员走向新生后增强改过自新的信心、勇气和能力，在就业、上学、社会救济等方面不受歧视，实现就业有门路、生活有着落，预防和减少重新犯罪，维护社会稳定和保障经济发展。这一工作目标决定了法律保护工作具有以下业务范围和工作任务。

（一）法律保护工作的业务范围

根据 1994 年中央社会治安综合治理委员会、公安部、司法部、劳动部、民政部和国家工商行政管理局“六部委”《关于进一步加强对刑满释放、解除劳教人员安置和帮教工作的意见》的规定，回归社会人员法律保护工作的范围包括：①

1. 对回归社会人员回归社会前的思想教育、就业技能培训。
2. 向回归社会人员户口所在地的公安机关、接收单位介绍情况，移交有关档案、材料。
3. 引导、扶助回归社会人员就业，或解决生活出路问题。
4. 对有重新违法犯罪倾向的回归社会人员进行帮助教育，落实预防重新违法犯罪的措施。
5. 对重新违法犯罪的回归社会人员依法从重惩处。

（二）法律保护工作的任务

法律保护工作的任务是由各有关部门和社会各界共同完成的。法律保护工作涉及许多部门，各级党委、政府是法律保护工作的组织领导者，承担组织领导的

① 该意见原文的表述有很多内容已不符合目前的法律规定，因此，笔者对原文在尊重内在精神的基础上进行了概括和归纳。

职责。公安、司法、民政、人力资源和社会保障、工商、税务、财政、金融、妇联、工会、共青团等有关部门，承担法律保护工作的主要任务。

基层司法行政机构和基层法律服务机构在法律保护工作中的任务是：

1. 制订和组织实施法律保护工作计划和发展规划。

2. 督促法律保护工作的落实，表彰、奖励法律保护工作中有突出贡献的集体和个人。

3. 了解、掌握法律保护工作的情况，指导法律保护工作的开展。

4. 努力提高和巩固回归社会人员的改造质量。

5. 搞好回归社会人员回归社会的衔接工作。

6. 组织社会力量和协调各有关部门共同开展法律保护工作。

二、法律保护工作的基本原则

法律保护工作是一项关系到党的安置帮教工作方针、政策能否得以正确贯彻，国家法律、法规能否得以正确实施的工作，因而这项工作具有很强的严肃性和政策性。确立和明确工作的基本原则并指导、融合于引导、扶助、教育和管理等法律保护工作的各个环节，才能高屋建瓴、统揽全局。根据安置帮教工作的性质，要做好法律保护工作必须确立基本的工作原则。

（一）坚持以政府为主导、社会为主体的原则

要按照社会主义市场经济发展的要求，不断调整思维方式，改进工作方法，既要坚持过去行之有效的好办法，又要积极探索法律保护工作的新路子，要运用行政的、法律的、经济的等多种手段，制定工作目标、落实工作责任。政府各有关部门要制定优惠政策，引导、指导、鼓励对回归社会人员采取多形式、多渠道就业安置、社会救助、法律援助、危机干预、思想教育，以保障其基本的生活条件。对其家庭、婚姻等实际困难，以及各种思想问题，则主要靠广大人民群众、靠全社会方方面面的共同参与来解决。

（二）坚持突出重点的原则

近年来，每年都有大量的社区矫正对象回归社会。但我们工作的重点对象应该是回归社会人员中的三种人：一是无家可归或没有生活出路的回归社会人员。这部分人思想不稳定，生存条件缺乏，自控能力较差，如果得不到妥善的帮助和安置，其基本的生活、生存问题不能解决，很有可能重蹈覆辙，重新走上违法犯罪的道路。二是有重新违法犯罪倾向的回归社会人员。应该说，经过社区矫正工作一定时间的强制性改造教育，大部分社区矫正对象都能弃恶从善、脱胎换骨成为新人，但也不排除有少数社区矫正对象恶习难改，强制性教育改造并不能从根

本上解决其世界观、人生观方面存在的问题。三是未成年的回归社会人员。他们的世界观、价值观尚未定型，自控能力差，极易自暴自弃。以上三种人是社会生活中的特殊群体，只有做好他们的工作，才能消除社会稳定的重大隐患，最大限度地降低重新违法犯罪率。

（三）坚持市场化就业服务的原则

这一原则主要是由当前的就业环境和社会主义市场经济的要求所决定的。为此，我们在法律保护工作中必须坚持“就业领域多元化，就业方式多样化，就业机制市场化”的工作方针。就业领域多元化，就是除法律、法规有明文规定外，回归社会人员可以在所有的行业就业。他们既可以到国有企业、集体企业就业，也可以到三资企业、私营企业就业。条件具备的，应该积极鼓励他们申办私营企业。就业方式多样化，就是指针对不同的情况，灵活多样地进行就业安置。在城镇，对原来有工作单位的回归社会人员，要做细致的工作，力求原单位接收。对原来没有单位或原单位无能力接收的，应鼓励他们自谋职业，从事个体经营，或以其他适当的方式安置就业，以确保解决其基本的生活、生存问题。在农村，要落实口粮田、责任田，根据回归社会人员的特长，扶持发展家庭多种经营，以勤劳致富。对于无依无靠、无劳动能力又无生活来源的回归社会人员，要与普通公民一视同仁，落实有关的生活保障政策。对于未成年人回归社会的，要尽可能提供学习条件，以提高其道德、文化水平，使之以较好的素质融于社会。就业机制市场化，就是在社会主义市场经济条件下，把回归社会人员的安置就业推向市场，实行双向选择。与此同时，也要求全社会都要从“讲政治、讲大局”的高度，主动、自觉地承担起社会责任，尽最大努力为回归社会人员提供就业服务。

（四）坚持以人为本的原则

在法律保护工作中要讲究帮教内容的针对性、帮教组织的群众性、帮教形式的多样性，认真落实帮教管理措施，摸清回归社会人员的思想状况，有针对性地对回归社会人员进行爱国主义、社会主义、思想道德以及法治教育，帮助其对违法犯罪原因加深认识，重塑心灵，做一个对社会有益的新人。要加强群众性帮教组织建设，更广泛地发动和组织群众参与对回归社会人员的法律保护工作。法律保护工作要十分注意方法，既要从严从紧，又要尊重回归社会人员的人格；既灵活多样，又讲求实效。

（五）相互协调、密切配合的原则

在法律保护工作运作上要抓好四个方面的工作。一是进一步提高社区矫正的矫正教育质量，采取有效措施，加强对社区矫正对象的思想、道德、法律教育和劳动技能培训，为他们回归社会打下良好的基础。二是做好回归社会人员的衔接管理工作。各有关部门要严格执行有关回归社会人员法律保护工作的法律、法规，做好每一环节的工作，努力做到对回归社会人员不脱管、不失控。三是建立健全法律保护工作的各项制度，包括统计台账、档案管理、政治和业务学习、信息反馈、目标责任等制度。四是建立健全安置帮教工作检查考核制度，把回归社会人员的安置率、帮教率、重新犯罪率等指标纳入社会治安综合治理领导责任考核制度中。

三、回归社会人员职业禁止、职业限制及法律依据

对回归社会人员的法律保护是相对的。在我国的法律法规中，明确了回归社会人员的职业禁止或职业限制。主要有：

（一）人民法院书记员和法官

《法官法》第13条规定："下列人员不得担任法官：（一）因犯罪受过刑事处罚的；（二）被开除公职的……"《人民法院书记员管理办法（试行）》第4条规定："下列人员不得担任书记员：（一）曾因犯罪受过刑事处罚的；（二）曾被开除公职的；（三）涉嫌违法违纪正在接受审查，尚未作出结论的。"

（二）人民陪审员

《人民陪审员法》第7条规定："有下列情形之一的，不得担任人民陪审员：（一）受过刑事处罚的……"

（三）人民检察院检察官

《检察官法》第13条规定："下列人员不得担任检察官：（一）因犯罪受过刑事处罚的；（二）被开除公职的……"

（四）公务员

《公务员法》第26条规定："下列人员不得录用为公务员：（一）因犯罪受过刑事处罚的……（三）被开除公职的……（五）有法律规定不得录用为公务员的其他情形的。"《公务员录用规定（试行）》第17条规定，曾因犯罪受过刑事处罚的人员不得报考公务员。

（五）律师

《律师法》第7条规定："申请人有下列情形之一的，不予颁发律师执业证

书：(1) 无民事行为能力或者限制民事行为能力的；(2) 受过刑事处罚的，但过失犯罪的除外；(3) 被开除公职或者被吊销律师、公证员执业证书的。”第49条第2款规定：“律师因故意犯罪受到刑事处罚的，由省、自治区、直辖市人民政府司法行政部门吊销其律师执业证书。”

（六）基层法律服务人员

《基层法律服务工作者管理办法》第8条规定：“有下列情形之一的人员，不得参加本办法第六条第一款第二项规定的考试或者申请执业核准：(一) 因故意犯罪受到刑事处罚的；(二) 被开除公职的……”《司法部关于刑满释放人员不能从事基层法律服务工作的批复》：“对于因故意犯罪受过刑事处罚的人员，已领取基层法律服务执业证件的，应当认定其《法律服务执照》无效，其所在的法律服务所应当予以辞退，收回其《法律服务执照》，并报核发执照的司法行政机关办理注销手续。”

（七）司法鉴定人

2015年修订的《全国人民代表大会常务委员会关于司法鉴定管理问题的决定》第4条第2款规定：“因故意犯罪或者职务过失犯罪受过刑事处罚的，受过开除公职处分的，以及被撤销鉴定人登记的人员，不得从事司法鉴定业务。”《司法鉴定人登记管理办法》第13条规定，因故意犯罪或者职务过失犯罪受过刑事处罚的人员，不得申请从事司法鉴定业务。

（八）公证员

2017年修订的《公证法》第20条规定：“有下列情形之一的，不得担任公证员：(一) 无民事行为能力或者限制民事行为能力的；(二) 因故意犯罪或者职务过失犯罪受过刑事处罚的……”《公证员执业管理办法》第9条规定，因故意犯罪或者职务过失犯罪受过刑事处罚的人员不得担任公证员。

（九）警察

2012年修订的《人民警察法》第26条规定，曾因犯罪受过刑事处罚的人员，不得担任人民警察。

（十）外交人员

《驻外外交人员法》第7条规定，曾因犯罪受过刑事处罚的人员，不得任用为驻外外交人员。

（十一）村委会成员

2018 年修订的《村民委员会组织法》第 18 条规定："村民委员会成员丧失行为能力或者被判处刑罚的，其职务自行终止。"

（十二）拍卖师

2015 年修订的《拍卖法》第 15 条第 2 款规定："被开除公职或者吊销拍卖师资格证书未满五年的，或者因故意犯罪受过刑事处罚的，不得担任拍卖师。"

（十三）国有公司董事、监事、经理

《公司法》第 146 条规定："有下列情形之一的，不得担任公司的董事、监事、高级管理人员……（二）因贪污、贿赂、侵占财产、挪用财产或者破坏社会主义市场经济秩序，被判处刑罚，执行期满未逾五年，或者因犯罪被剥夺政治权利，执行期满未逾五年……"

（十四）国有独资企业、国有独资公司、国有资本控股公司的董事、监事、高级管理人员

《企业国有资产法》第 73 条规定："国有独资企业、国有独资公司、国有资本控股公司的董事、监事、高级管理人员违反本法规定，造成国有资产重大损失，被免职的，自免职之日起五年内不得担任国有独资企业、国有独资公司、国有资本控股公司的董事、监事、高级管理人员；造成国有资产特别重大损失，或者因贪污、贿赂、侵占财产、挪用财产或者破坏社会主义市场经济秩序被判处刑罚的，终身不得担任国有独资企业、国有独资公司、国有资本控股公司的董事、监事、高级管理人员。"

（十五）商业银行的董事、高级管理人员

2015 年修订的《商业银行法》第 27 条规定："有下列情形之一的，不得担任商业银行的董事、高级管理人员：（一）因犯有贪污、贿赂、侵占财产、挪用财产罪或者破坏社会经济秩序罪，被判处刑罚，或者因犯罪被剥夺政治权利的……"

（十六）证券相关从业人员

2015 年修订的《证券投资基金法》第 15 条规定："有下列情形之一的，不得担任公开募集基金的基金管理人的董事、监事、高级管理人员和其他从业人员：（一）因犯有贪污贿赂、渎职、侵犯财产罪或者破坏社会主义市场经济秩序

罪，被判处刑罚的……”

2014年修订的《证券法》第131条第2款规定：“有《中华人民共和国公司法》第一百四十六条规定的情形或者下列情形之一的，不得担任证券公司的董事、监事、高级管理人员……”第132条规定：“因违法行为或者违纪行为被开除的证券交易场所、证券登记结算机构、证券服务机构、证券公司的从业人员和被开除的国家机关工作人员，不得招聘为证券公司的从业人员。”

（十七）保险公司的董事、监事、高级管理人员

2015年修订的《保险法》第82条规定：“有《中华人民共和国公司法》第一百四十六条规定的情形或者下列情形之一的，不得担任保险公司的董事、监事、高级管理人员：（一）因违法行为或者违纪行为被金融监督管理机构取消任职资格的金融机构的董事、监事、高级管理人员，自被取消任职资格之日起未逾五年的；（二）因违法行为或者违纪行为被吊销执业资格的律师、注册会计师或者资产评估机构、验证机构等机构的专业人员，自被吊销执业资格之日起未逾五年的。”

（十八）破产企业管理人

《企业破产法》第24条规定，因故意犯罪受过刑事处罚的人员，不得担任破产管理人。

（十九）种子企业的法定代表人、高级管理人员

2015年修订的《种子法》第76条第2款规定：“因生产经营劣种子犯罪被判处有期徒刑以上刑罚的，种子企业或者其他单位的法定代表人、直接负责的主管人员自刑罚执行完毕之日起五年内不得担任种子企业的法定代表人、高级管理人员。”

（二十）生产经营单位的主要负责人

2014年修订的《安全生产法》第91条规定：“生产经营单位的主要负责人未履行本法规定的安全生产管理职责的，责令限期改正；逾期未改正的，处二万元以上五万元以下的罚款，责令生产经营单位停产停业整顿。生产经营单位的主要负责人有前款违法行为，导致发生生产安全事故的，给予撤职处分；构成犯罪的，依照刑法有关规定追究刑事责任。生产经营单位的主要负责人依照前款规定受刑事处罚或者撤职处分的，自刑罚执行完毕或者受处分之日起，五年内不得担任任何生产经营单位的主要负责人；对重大、特别重大生产安全事故负有责任的，终身不得担任本行业生产经营单位的主要负责人。”

（二十一）食品安全管理人员

2018 年修正的《食品安全法》第 135 条第 2 款规定：“因食品安全犯罪被判处有期徒刑以上刑罚的，终身不得从事食品生产经营管理工作，也不得担任食品生产经营企业食品安全管理人员。”第 138 条第 2 款规定：“违反本法规定，受到开除处分的食品检验机构人员，自处分决定作出之日起十年内不得从事食品检验工作；因食品安全违法行为受到刑事处罚或者因出具虚假检验报告导致发生重大食品安全事故受到开除处分的食品检验机构人员，终身不得从事食品检验工作。食品检验机构聘用不得从事食品检验工作的人员的，由授予其资质的主管部门或者机构撤销该食品检验机构的检验资质。”

（二十二）《刑法修正案（九）》的新规定

《刑法修正案（九）》规定，在《刑法》第 37 条后增加一条，作为第 37 条之一，即“因利用职业便利实施犯罪，或者实施违背职业要求的特定义务的犯罪被判处刑罚的，人民法院可以根据犯罪情况和预防再犯罪的需要，禁止其自刑罚执行完毕之日或者假释之日起从事相关职业，期限为三年至五年……”

（二十三）教师

《教师法》第 14 条规定：“受到剥夺政治权利或者故意犯罪受到有期徒刑以上刑事处罚的，不能取得教师资格；已经取得教师资格的，丧失教师资格。”

（二十四）会计和注册会计师

《会计法》第 40 条规定：“因有提供虚假财务会计报告，做假账，隐匿或者故意销毁会计凭证、会计账簿、财务会计报告，贪污，挪用公款，职务侵占等与会计职务有关的违法行为被依法追究刑事责任的人员，不得再从事会计工作。”《注册会计师法》第 10 条规定：“有下列情形之一的，受理申请的注册会计师协会不予注册……（二）因受刑事处罚，自刑罚执行完毕之日起至申请之日止不满五年的……”

第三节　我国回归社会人员的法律保护措施

从法律意义上，回归社会人员是自由公民，依法享有公民应该享有的权利。我国《监狱法》第 38 条规定：“刑满释放人员依法享有与其他公民平等的权利。”同时，我国《未成年人保护法》《预防未成年人犯罪法》等，均规定了对回归社会的未成年人，在复学、升学、就业等方面所享有的同等权利，任何单位和个人不得歧视。但是，回归社会人员在社会实践中存在事实上的“劳改犯”标签化和“坏人”的污名化，极易受到社会的歧视，因此，强化回归社会人员的法律保护十分重要。

一、回归社会教育

对回归社会人员的教育，主要包括回归前的教育、回归后的社区教育、家庭教育和自我教育。[①]

（一）回归前的教育

回归前的教育，是指社区矫正机构等对即将回归社会的社区矫正对象所进行的系统教育。这是在他们人生道路上的一大转折，是由社区矫正机构管理下向自由社会过渡阶段的教育，对于社区矫正对象恢复自由后重返社会、开始新的生活有着十分重要的意义；对于消除其不正常心理、巩固教育改造成果，帮助其进一步认清形势、了解社会、认识社会、适应社会具有重要作用。

（二）回归后的社区教育

社区矫正对象回归社会后，仍然需要社会有关部门和基层单位针对其心理、行为特征及现实表现继续进行教育。而且，应该将这部分人纳入社区教育的范围。

社区教育是指在一定区域内，通过政府统筹、社会参与，集合、协调各种教育因素，利用所有教育资源，实施以提高全员素质、促进本社区经济发展、社会进步为宗旨的各种教育活动。社区教育的特点表现为：社区教育具有整体性和系统性，虽然社区内有各级各类不同形式的教育，但以社区为依托，它们形成了一个整体、一个系统工程，在社区教育总体规划中都有一定的位置，并形成教育的网络。社区教育具有全员性和灵活性，社区内的每个成员既是社区教育的对象，又是社区教育的主体，由社区民众广泛参与，实现社区民众的教育需求。受教育的形式是千变万化、多种多样的，具有极大的机动性和灵活性。社区教育对回归社会人员再社会化，并预防其重新违法犯罪具有重要作用。

（三）家庭教育

婚姻家庭关系是整个社会关系的重要组成部分，家庭的民主和睦，不仅关系

---

① 参见夏宗素主编：《矫正教育学》，法律出版社 2002 年版，第 291~295 页，其中的内容有删增和调整。

一家人的生活、工作和学习，而且也是推动社会进步的重要因素。和睦良好的家庭环境对回归社会人员的保护、教育将起到极为重要的作用，这样的家庭不仅可以安排好回归社会人员的衣、食、住、行，帮助回归社会人员解决好婚恋、成家问题，而且还能给回归社会人员以安抚、教育、感化、鞭策、鼓励、督促和帮助，控制和遏制回归社会人员不良的习性，培养其文明、健康的生活方式，促进其身心健康发展，顺利再社会化。

（四）自我教育

自我教育是指回归社会人员为了适应社会规范，预防重新违法犯罪，实现再社会化的目的而进行的自我监督、自我完善、自我约束的活动。

回归社会人员重返社会后不仅存在社会观念意识障碍，面临着各种客观障碍，也面临着自身心理素质、思想观念的种种障碍，因此，要实现回归社会人员再社会化的进程，仅仅强调社会调适、社会教育、社会保护是远远不够的，也不可能取得良好的效果，关键还在于回归社会人员本身要具有自我保护意识，采取自我调适、自我监督、自我保护的行为。将社会教育与回归社会人员的自我教育紧密结合起来，才能产生最佳效果。

回归社会人员的自我教育、自我完善主要包括以下几个方面：一是加强思想上的自我教育，重视政治理论、形势政策和法律法规的学习，接受违法犯罪的教训，培养法治观念，提高思想觉悟和认识水平，树立正确的人生观和道德观。二是树立正确的人生目标，加强社会学习，加强自律、自尊、自爱、自重、自立，在心理素质上不断自我完善，遵纪守法，慎独拒腐，约束、规范自己的行为。三是努力学习文化知识和科学技术，不断提高文化技术水平，为成为社会主义建设的有用之才及事业发展打下基础。

二、回归社会指导

为了使回归社会人员尽快适应社会，加速再社会化的进程，有必要针对回归社会人员存在的心理障碍、意识障碍、客观环境障碍给予心理、生活及就业就学方面的指导。①

（一）心理指导

针对回归社会人员重返社会存在的紧张、自卑、认知紊乱、负荷沉重等心理状态，不能很快适应社会，处理不好家庭、邻居等社会关系的情况，需要从以下

① 参见夏宗素主编：《矫正教育学》，法律出版社2002年版，第285~291页，其中的内容有删增和调整。

几个方面进行心理指导：

1. 指导回归社会人员建立社会适应机制。回归社会人员重返社会后，难以适应社会，其根本原因是存在心理障碍。因此，首先要解决心理上的自我保护，要指导回归社会人员正确对待社会评价，正确设定期望值，积极转化消极态度，优化需要心理，培养挫折耐受力，建立应付机制和防御机制。

应付机制，又称对应策略，是指个体直接对付紧张情境的行为。紧张情境主要包括诱发情境、压力情境、挫折情境等。建立应付机制，就是要指导回归社会人员，一旦处于紧张情境中，就要采取相应的动作定向和内在心理上的努力，冷静地对待和应付。

防御机制，是指个人不能以合理的、正常的行为适应环境时，可以采取防御措施达到自我保护的目的。建立防御机制，就是指导回归社会人员通过压抑作用、移置作用、投射作用、反向作用、理智化作用和精神宣泄形式达到自我控制的目的；通过升华作用、替代作用达到社会规范相协调的目的；通过固着、倒退、合理化、文饰作用，达到克服挫折的目的。总之，指导回归社会人员在紧张情境中，充分发挥防御机制的积极作用，以便求得心理平衡，求得与社会的一致，从而尽快适应社会。

2. 指导回归社会人员建立家庭相容心理。家庭相容心理的建立对回归社会人员建立正常心理和尽快适应社会具有积极的作用，并能收到良好的效果。而家庭相容心理的建立需要家庭和回归社会人员共同的努力。一方面，家庭对回归社会人员的关怀爱护和诚恳的帮助，可以消除回归社会人员各种心理适应障碍，有助于抑制其不良心理，甚至使回归社会人员看到前途和希望，增强生活的信心；另一方面是回归社会人员对家庭成员的理解、体贴和尊重。因此，要指导回归社会人员理解家庭成员对自己“恨铁不成钢”的心情，希望自己重新做人的良好愿望；体贴家人的处境和困难，由于其违法犯罪受惩，给家庭成员造成政治、经济上的损失，必然带来社会地位降低、生活困难的后果。在理解、体贴、关心和互相尊重中建立起相容、相知的良好心理。

3. 指导回归社会人员建立健康稳定的心理机制。回归社会人员在社区矫正期间，最大的愿望是盼望早日恢复自由，重返社会和家庭，但对社会现实缺乏必要的心理准备，一旦置身社会后，原先的一切梦想都被现实撞得粉碎，或者变得消极厌世、心无所求、随波逐流、无所作为；或者自暴自弃、自甘堕落、为非作歹。因此，对回归社会人员的心理指导，帮助其建立健康、稳定的心理机制十分重要。这主要包括两个方面的内容：一是指导回归社会人员正确进行角色认识和角色期待。回归社会人员恢复了普通公民这一正常社会角色，并被赋予法定的权利能力，享有正常社会公民所应享有的权利，并履行其相应的义务。但个体角色的获得在很大程度上取决于个体的技能及其努力程度，取决于他的个人品质、修养及对社会的责任。因此，必须指导回归社会人员正确认识自身的潜能，认真剖析自己与社会要求的差距，找准自己的位置坐标。期望值既不能过高也不能过低。二是指导回归社会人员培养挫折容忍力和社会调适力。回归社会人员脆弱的自尊心需要人们的理解、宽容、尊重和热情鼓励。但现实生活并不如愿，人情的冷淡、精神的刺激，加之失学、失业，生活的困境，使其感到除法律的惩罚外，心灵的创伤更重。如果回归社会人员没有良好的挫折忍耐力，很容易做出不理智的行为。因此，需要通过心灵的沟通和教育劝导，促使其树立崇高的理想和坚定的生活信念，正确对待生活中的困难和挫折，勇敢地去经受各种巨浪的冲击，以磨炼自己的意志，提高挫折心理承受力。同时，指导回归社会人员对环境变化的应变能力、自我情绪控制和调节能力的训练，正确对待社会评价和社会舆论，尽力摆脱回归后的“家庭压力”“婚姻压力”“就业压力”等，从而以积极健康的人生态度适应社会的需要并不断发展自己。

（二）生活指导

回归社会人员重返社会后的生活指导主要包括对回归社会人员在处理婚姻、家庭及社会交往关系等方面的指导。

1. 指导回归社会人员正确处理婚姻问题。回归社会人员中，有一部分人由于违法犯罪受惩后，夫妻离婚、家庭破裂，本人不能正确对待这些问题，产生怨恨情绪，甚至准备对前妻（或前夫）实行报复；有些回归社会人员重返社会后急于解决婚姻问题，但因其身份特殊，婚恋困难，一次又一次被对方拒绝，也会产生怨恨情绪，报复对方，甚至报复社会。因此，对回归社会人员进行生活指导，必须要教育其树立正确的婚恋观。

2. 指导回归社会人员正确处理家庭关系。家庭关系，通常包括夫妻关系、与父母的关系、与子女的关系、与兄弟姐妹的关系等。回归社会人员重返社会后，必然会发生以上种种关系，处理得好有利于家庭和睦，也有利于本人的再社会化；处理得不好，就可能给家庭带来灾难，进而影响本人不能过正常的生活。因此，教育回归社会人员处理好家庭各方面的关系十分重要。

3. 指导回归社会人员建立正常的社会交往关系。回归社会人员重返社会后，除了与家人、亲友交往，还需要与各种不同的社会单位、不同的人员交往，社会互动范围扩大，在这些互动交往中，一方面要消除社会对回归社会人员的歧视与偏见，提高社会宽容度，给回归社会人员以关心、理解和热情帮助，社会的宽容与接纳将促使回归社会人员心理良性转化，促进其再社会化；另一方面也要防止回归社会人员与不良友伴的联系、交往所带来的负面影响。因此，要指导鼓励回归社会人员积极参与正常的交往活动，使自己融于社会群体之中，成为社会公众的一员；同时采取有效措施防止不良交往所产生的消极影响。

（三）就业就学指导

当前，在改革开放和社会主义市场经济体制的条件下，为回归社会人员的就业、就学提供了极为宽松的环境和广泛的机会，使其可以有多种途径就业、就学。但是，也要看到在同样的条件下，社会上还存在就业、就学问题上的激烈竞争。因此，对回归社会人员就业、就学的指导是非常必要的。

三、回归社会保护

（一）保护的内容

1. 回归社会人员合法权利的保护。权利是国家以宪法和法律等形式赋予公民以实现自己某些要求的合法手段与可能条件。作为公民，都具有与其作为人的主体资格所不可分离的基本权利。同时人的权利还具有发展性，即总是随着社会经济的发展、物质的丰富和政治的民主和进步，其内容得以充实和扩大。我国《刑法》第2条规定，刑法保护公民的人身权利、民主权利和其他权利，不受任何人、任何机关非法侵犯。这就为广大公民同侵犯自己合法权利和利益的行为做斗争提供了法律武器。作为公民的回归社会人员自然也不例外。我国《宪法》规定了我国公民所享有的广泛的政治权利、经济权利、文化教育权利及人身自由权利等。这就为回归社会人员回归社会后参与社会生活提供了法律基础。但作为一个特殊群体，回归社会人员最关心，与之生产、生活关系最密切，也是影响其顺利回归而亟须加以特别保护的权利包括：非歧视权、财产权、合法婚姻家庭权、发展权等。

2. 对回归社会人员的物质帮助与救济。大多数国家都把向回归社会人员提供一定的物质帮助与救济作为其慈善事业的重要组成部分。对回归社会人员的物质帮助与救济包括了“收容保护”“观察保护”“一时保护”三种方式的全过程。这种物质帮助和救济的内容大致包括：提供住所、资助衣食、馈赠资金、职业培训、医疗保健的提供等。就其性质而言，完全出于仁爱之心。在我国，对回归社会人员的物质帮助与救济多由民政福利部门承担。除上述以外，还有的是属于民间自发或由基层组织发动的对回归社会人员在人力、物力或财力上一定量的支持。另外，《宪法》第45条第1款规定：“中华人民共和国公民在年老、疾病或者丧失劳动能力的情况下，有从国家和社会获得物质帮助的权利。国家发展为公民享受这些权利所需要的社会保险、社会救济和医疗卫生事业。”第41条第3款规定：“由于国家机关和国家工作人员侵犯公民权利而受到损失的人，有依照法律规定取得赔偿的权利。”国家机关、企事业单位对本单位职工的工伤事故应给予必要的抚恤和补偿等。这些规定使发生在回归社会人员身上的因生产劳作而产生的工伤事故，如致伤、残废、死亡等均可依法求得相应的物质补偿和精神慰藉，并享受一定的工伤事故补贴。

（二）保护程序

1. 保护准备。对回归社会人员保护的准备主要是指对回归社会人员等进行保护的预先安排或筹划。

2. 保护的开始。一般来讲，回归社会人员的保护应从解矫之日开始。释放标志着社区矫正对象社区矫正的完毕和回归社会的开始，对其保护也从此时开始。

3. 保护的期限和实施。回归社会人员的保护期限以 5 年为宜，期限届满即可终止保护。

对回归社会人员实施有效的保护必须先对回归社会人员的情况有所了解，诸如需保护的具体事项等，然后“对症下药”，制定切实可行的保护方法、实用的保护措施、科学的保护内容、详细的实施规划和限制要求，建立健全保护组织、各项保护制度和监督反馈的信息系统，落实保护组织、保护工作人员及有关部门和有关人员的保护责任、保护权限和利益，以保证回归社会人员保护工作切实有效地进行。在回归社会人员保护实施过程中，要加强检查监督，及时解决实施过程中的有关问题，及时纠正偏差错误，保证各项保护措施的贯彻落实，保证保护目的的实现。在保护实施中，还要采取有效方法，调动回归社会人员的积极性，使其积极配合各项保护工作，努力进行再社会化活动，早日成为适应社会需要、遵纪守法、自食其力的新人。

4. 保护终止。保护终止，是指在对回归社会人员实施保护的过程中，因出现了使保护不能或不必继续进行的某种特定原因，而结束正在进行的保护程序，并且将来也不再进行保护，即对回归社会人员解除其受保护状态。

根据立法和司法实践，回归社会人员有下列情形之一者，可以终止保护：（1）保护期限届满，保护理由确已消失，须作出决定，取消保护。（2）已达到保护目的者。对回归社会人员的保护，就是从他们眼前所面临的现实困难着想，诸如物质上、精神上、生活上、就业、就学等方面一时陷于困难，而给予救济与扶助，以免因其衣食困难、生活无着、精神空虚、思想困惑而重新犯罪，危害社会，使其尽快地顺利回归社会。如果回归社会人员已完全适应社会生活，完成了回归适应社会进程，保护目的已经达到，再保护也就没有必要了，此时应终止保护程序。（3）经保护，回归社会人员已就业、就学或自谋职业者。（4）通过技术培训，回归社会人员已能够自食其力。（5）在保护期间违反回归社会人员应尽义务情节严重，或者违法犯罪，或者因重新犯罪被判刑入狱。（6）回归社会人员申请终结保护。（7）回归社会人员死亡的。（8）回归社会人员不居住法定住（居）所，致使保护不能进行的。（9）保护机构认为已无保护必要的。除上述几种情形外，如果出现保护机构认为应当终结保护的其他情况，致使保护工作无必要或不可能进行，今后也不可能再恢复时也可终止保护。

（三）保护措施

1. 接茬帮教。接茬帮教，就是社会有关部门对回归社会人员继续进行教育和挽救，使安置帮教与社区矫正机关的教育改造衔接起来。接茬帮教作为使回归社会人员由“强制再社会化”转为“自然社会化”必要的衔接手段，它既是对改造质量强化的一种补充办法，也是促使他们顺利走向新生之路的引导措施，是我国对回归社会人员保护的措施之一，是继社区矫正机关强制教育后的继续教育，以预防回归社会人员回归社会后难以在短期内控制自己的行为而导致再犯罪。目前社区矫正机关实施的“向外延伸”，即动员社会各界力量帮助矫正、改造社区矫正对象，实际上是社会提前介入对社区矫正对象的教育，为回归社会人员重返社会后的接茬帮教打下基础，它是将安置帮教与社区矫正机构的教育改造衔接起来的“接力”工作，不给外界不良因素侵袭回归社会人员以时间和空间，同时在回归社会人员重返社会之初就给予适时的督导与帮助，使其渡过难关，过正常人的生活。实践证明，接茬帮教不仅是实施社会治安综合治理、预防和减少重新犯罪的重要措施，也是回归社会人员更生保护的重大举措。因此，在回归社会人员回归社会后，由各级政府部门和党团组织搞好“再送一程”活动，落实接茬帮教工作显得更加重要。帮教工作的内容主要有：一是帮助回归社会人员解决一些实际困难，如恢复学籍、安排就业、解决住房、看病、关心婚恋等。二是教育他们遵守法纪，提高道德修养，加强社会责任感。三是帮助他们学习文化技术知识，掌握劳动本领，成为自食其力的新人。

2. 社会救济。即对回归社会人员提供一定的资金和物资，为解决回归社会人员就业前的困难以及参加必要的教育与培训，给予紧急而又特殊的资助；为防止他们重新走上犯罪道路提供必要的物质生活保证。例如，对丧失劳动能力、无依无靠、无生活来源的老、病、残回归社会人员，给予定向社会救济；对经济困难的回归社会人员，给予借款或贷款，帮助其就业或创业等。社会救济，应建立回归社会人员重返社会基金会，负责对回归社会人员进行必要的社会性服务工作，进行法律咨询、帮教或职业训练等经费的募捐与收集，与国家投资结合，发挥政府和民间两方面在社会救济中的积极性。社会救济由回归社会人员依法提起，由社会救济机构审核确定救济形式、数额和期限等。

四、回归社会安置

安置是指党和国家根据回归社会人员的不同情况，依照法律和有关政策，对回归社会人员给予继续回校上学、劳动就业、落实社会保障待遇或给予社会救济等妥善安置措施的总称。它主要包括以下三个方面内容：（1）对未成年的回归社会人员，条件许可的尽量让其回到学校继续接受教育；（2）在法定劳动年龄内、具有劳动能力的回归社会人员，给予其劳动技能培训和就业指导；（3）对超过法定劳动年龄、丧失劳动能力、无生活来源的回归社会人员，落实其社会保障待遇，给予其一定的社会救济，办理低保。其中，对大部分回归社会人员来说，就业安置是安置帮教的首要任务和基本的生活保障。

（一）安置就业的类型

回归社会人员的就业安置涉及面广、类型多，既有农业人口，又有非农业人口；既有未成年人，也有符合法定劳动年龄的成年人，还有超过法定劳动年龄并丧失劳动能力的成年人。显然，回归社会人员在就业安置对象和范围上要比社会劳动就业安置宽泛得多。

我国回归社会人员的就业，大体上分为两种类型：社会安置就业和自谋职业。

1. 社会安置就业。目前，我国对回归社会人员的回归社会保护措施，在就业安置办法上，主要以社会安置的形式解决他们的就业问题。社会安置采取多渠道、多形式进行：一是原单位安置。根据我国政策和有关规定，在社区矫正期间未被除名、开除公职的回归社会人员，回归社会后，原单位应予以安置。对已被原单位开除或除名，但犯罪较轻、改造表现好的人，社区矫正机关在其回归社会前，应向原单位提出重新安排工作的建议，原单位如有增人或补员指标，同意接受，经考核合格，报人力资源与社会保障部门批准，可以重新录用，他们经原单位重新录用后，可按重新就业对待。二是单位招聘。即由国有企业、事业、社会团体、街道、乡村、个体经营管理部门等用人单位，对那些有技术专长的人，经考核合格，进行录用。三是政府部门就地安置。以前无职业或不符合原单位安置条件的，回归社会后应和一般待业人员同样对待，由当地人力资源与社会保障部门或街道按现行就业政策予以安置。四是过渡性安置。暂时无业可就的，由相关部门开办以第三产业为主的经济实体，予以就业前的过渡性安置，并积极帮助其就业，防止流落社会重新犯罪。五是回农村，由乡（镇）、村安置。回归社会人员回农村的，应和村民同样对待。有劳动能力的，由所在乡（镇）政府或村委会安排参加农业生产承包任务；丧失劳动能力的，由其直系亲属或其他亲友扶养或赡养，确有困难时，申请当地政府予以适当补助。按国家政策规定，农村户口的回归社会人员回去后应划给责任田（山）和自留地（山）；责任田（山）已承包完的，可从机动田（山）中解决，或安排承包其他生产经营任务；当年已无机动田（山）或其他生产承包任务的，应在第二年内由乡（镇）政府或村委会调剂解决。

2. 自谋职业。根据国务院有关规定，有经营能力的回归社会人员可以申请个体工商户登记，经工商部门核准，发给营业执照，从事个体经营。

(二) 安置就业的方针

1. 劳动就业的含义。劳动就业，是指具有劳动能力的公民在法定劳动年龄内从事某种有一定报酬或经营收入的社会职业。它的特点是：(1) 劳动者是具有劳动权利能力和劳动行为能力的公民。我国《监狱法》第38条规定："刑满释放人员依法享有与其他公民平等的权利。"这一规定同样适应于社区矫正对象。因此，回归社会人员回归社会后，就和其他的社会失业人员一样成为社会安置就业的主体。(2) 劳动者必须从事法律允许的有益于国家和社会的某种社会职业。(3) 劳动者所从事的社会职业必须是有一定的劳动报酬或经营收入，用以维持劳动者本人及其赡养一定家庭人口的基本生活需要。

2. 劳动就业方针。2008年1月1日起施行的《就业促进法》，是一部国家推进就业的重要法律。它确立了我国现阶段的就业方针，即保持劳动者自主择业、市场调节就业、政府促进就业。《就业促进法》为回归社会人员的就业提供了更加坚实的法律保障。

回归社会人员自主择业，是我国改革开放以来，特别是建立市场经济体制以后逐渐实现的。它有别于过去回归社会人员就业仅靠政府调配的办法。现在，回归社会人员可以根据自己的要求以及特长、爱好，自主选择就业的地区、行业、单位、工种，在不违背劳动法规的情况下自主决定自己在一个单位的去留。

市场调节就业，就是根据市场对劳动力的需求量来调控劳动力流向和流量。一方面表现为用人单位对回归社会人员的需求和选择，回归社会人员对企业的喜好和选择；另一方面表现为建立了诸多为劳动力供求提供服务的机构，如各类劳动力交流市场、人才市场、就业培训机构、职业技能鉴定机构等，这些机构提供各类服务，都是以促进就业为出发点，做基础的服务性工作。

政府促进就业，就是说政府在整个就业工作中，不再采用以前那种行使行政手段的方法对回归社会人员进行分配和指派，而是依照法律法规，统筹规划城乡就业工作，制定和实施一些行政规章促进就业。一方面，大力发展经济，增加就业岗位；另一方面，规范劳动用工，规范劳动力市场交流秩序。此外，还通过劳动监察纠正和惩处违反劳动法规的行为，保护回归社会人员的合法权益。

(三) 劳动就业的原则

1. 国家促进就业原则。促进就业，是指国家采取各种措施创造就业条件和扩大就业机会。促进就业是国民经济和社会发展的一项主要指标。国家采取下列措施促进劳动就业：国家促进经济和社会发展，将劳动就业纳入国民经济和社会发展规划，制定促进就业法规和就业方针政策，建立就业发展基金，保证就业经费的投入，建立社会保障制度，提供失业保护，创造就业条件，扩大就业机会；国家鼓励企事业组织、社会团体在法律、行政法规规定的范围内兴办产业或者拓展经营，增加就业；国家支持回归社会人员自愿组织起来就业和从事个体经营实现就业；地方各级人民政府采取措施，发展多种类型的职业介绍机构，提供就业服务。2008 年 1 月 1 日起施行的《就业促进法》，对国家推进就业进行了规范。

2. 平等就业原则。平等就业是指回归社会人员享有平等的就业权利和机会。该原则有两层含义：一是回归社会人员享有平等的就业权利。回归社会人员就业不因民族、种族、性别、宗教信仰不同而受歧视。二是回归社会人员享有平等的就业机会。回归社会人员就业机会均等，每一个回归社会人员都能平等地、公平地进入劳动力市场，自主择业，竞争就业。为回归社会人员提供平等的就业机会，保障回归社会人员行使平等就业权，是社会公平原则在劳动就业问题上的体现，反映了回归社会人员的愿望和要求。

3. 回归社会人员与用人单位双向选择原则。双向选择是指回归社会人员自由选择用人单位，用人单位自主择优录用回归社会人员。在劳动力市场中，回归社会人员和用人单位均具有市场主体资格。回归社会人员享有选择职业的权利，可以根据自身的素质、意愿和劳动力市场价格信息选择用人单位；用人单位享有用人自主权，可以根据生产经营的需要和工作岗位的特点，按照面向社会、公开招用、全面考核、择优录用的原则选择必要数量、相应质量的回归社会人员。

回归社会人员与用人单位在平等自愿、协商一致的基础上通过签订劳动合同实现回归社会人员就业和用人单位使用劳动力。

4. 照顾特殊群体就业原则。特殊群体是对谋求职业有困难或处境不利人员的统称，包括妇女、残疾人、少数民族人员、退出现役的军人等。国家除了制定《劳动法》外，还制定了相关的法律法规保障其劳动就业。回归社会人员由于诸多原因，在劳动就业竞争中多数人处于不利的处境。为了保障回归社会人员劳动就业权利的实现，国家制定了一些政策进行调控，便于妥善安置回归社会人员就业。国家照顾特殊群体人员就业，反映了党和国家对他们的关怀，体现了党和国家反对就业歧视政策，对保障特殊群体人员就业具有重要意义。

（四）就学安排

人口文化素质的高低从某种程度上制约着人们的行为选择，青少年回归社会人员回归社会后，大多需要继续读书学习，科技密集型企业更需要培训有一定科技、文化知识的员工。回归社会人员欲求学深造，且考试成绩合格，应享受宪法规定的公民受教育的权利，对他们不嫌弃、不歧视，热情帮助、支持和安排他们就学，从而更好地保护回归社会人员，控制和减少回归社会人员的重新犯罪。根据国务院有关规定，回归社会人员原系在校的学生，回归社会后，凡符合学校规定，现实表现好并经考试合格的，应当允许他们复学。对具有相当学历或同等学力的，可按规定申请报考高等院校、中等专业学校、各类职业学校或业余学校。凡现实表现好，体检合格，考试成绩又达到规定标准的，应当予以录取，不得歧视。

第二十一章　社区矫正现代化建设

党的十八届四中全会通过的《中共中央关于全面推进依法治国若干重大问题的决定》提出“促进国家治理体系和治理能力现代化”。党的十九届四中全会又做出了《中共中央关于坚持和完善中国特色社会主义制度　推进国家治理体系和治理能力现代化若干重大问题的决定》，由此可以看出，推进国家治理体系和治理能力现代化是今后一段时期内我党的重点工作，也是新时代中国特色社会主义制度的内在要求。社区矫正工作从2003年的试点，到2009年的试行，再到全面推行，直至2019年12月28日《社区矫正法》颁布，已经走过了十几年的时间，社区矫正治理体系和治理能力现代化问题是社区矫正现代化中需要解决的首要问题。

第一节　社区矫正现代化建设的基本问题

社区矫正现代化建设的实质，是推进社区矫正工作协调有序实现现代化，是和我国推进国家治理体系和治理能力现代化紧密相关的。社区矫正现代化建设是国家治理体系和治理能力现代化的有机构成部分，是以国家治理体系和治理能力现代化为导向，以社区矫正的价值取向现代化为前提，以参与主体多元化培育为抓手，以矫正教育的实效为目的，全面提升社区矫正工作的能力和水平。

一、国家治理与国家治理现代化

（一）治理与“善治”

1. 治理。关于治理的概念，学术界很多学者从不同的角度出发，给出了诸多定义。比如，俞可平教授在研究了西方理论界和实务界对治理的定义后，认为“治理一词的基本含义是官方的或民间的公共管理组织在一个既定的范围内运用公共权威维持秩序，满足公众的需要。治理的目的是在各种不同的制度关系中运用权力去引导、控制和规范公民的各种活动，以最大限度地增进公共利益”①。所以，治理是一种公共管理活动和公共管理过程，它包括必要的公共权威、管理规则、治理机制和治理方式。

在关于治理的各种定义中，全球治理委员会的定义具有很大的代表性和权威性。全球治理委员会对“治理”的界定是：“治理是各种公共的或私人的个人和机构管理其共同事务的诸多方式的总和。它是使相互冲突的或不同的利益得以调和并且采取联合行动的持续的过程。这既包括有权迫使人们服从的正式制度和规则，也包括各种人们同意或以为符合其利益的非正式的制度安排。”②“治理指的是公共权威为实现公共利益而进行的管理活动和管理过程。”③ 由此，我们比较认同将“治理”界定为：治理是各种公共的或私人的个人和机构管理其共同事务的诸多方式的总和，其目标是实现公共利益，而整个治理是由一系列活动和过程来体现的。

2. 善治。关于“善治”问题，我们认同俞可平教授的观点。俞可平教授在总结了国外善治研究成果的基础上，认为“概括地说，善治就是使公共利益最大化的社会管理过程。善治的本质特征就在于它是政府与公民对公共生活的合作管理，是政治国家与公民社会的一种新颖关系，是两者的最佳状态”④。同时，俞可平教授还对善治的基本要素进行了研究，提出善治的基本要素包括：“合法性、法治、透明性、责任性、回应性、有效性、参与、稳定、廉洁、公正。”⑤

（二）国家治理与现代化

1. 国家治理。关于国家治理的概念，学界也有不同的观点。郭小聪认为，“所谓的国家治理，是指主权国家的执行者及其国家机关（包括立法、行政和司法等机关）为了实现社会发展目标，通过一定的体制设置和制度安排，协同经济组织、政治组织、社会团体和公民一起，共同管理社会公共事务、推动经济和社会其他领域发展的过程。它是多层管理主体共同管理社会事务、处理社会冲突、协调不同利益的一系列制度、体制、规则、程序和方式的总和”。⑥ 王浦劬依照中国的国情，对国家治理表述为：“中国共产党提出的国家治理，在本质上既不同于中国传统的皇权统治者的治国理政，又不同于西方政治和管理理论中倾向于向政府分权，实现社会多中心治理和社会自治的治理概念，而是在中国特色社会

---

① 俞可平：《治理与善治》，社会科学文献出版社 2000 年版，第 5 页。

② 俞可平：《治理和善治引论》，载《马克思主义与现实》1999 年第 5 期。

③ 张小劲、李岩：《从语义图解到模式理解——关于全面深化改革若干重大问题的决定中关于治理问题的论述》，载《当代世界与社会主义》2014 年第 1 期。

④ 俞可平：《治理和善治引论》，载《马克思主义与现实》1999 年第 5 期。

⑤ 俞可平：《全球治理引论》，载《马克思主义与现实》2002 年第 1 期。

⑥ 郭小聪：《财政改革：国家治理转型的重点》，载《人民论坛》2010 年第 5 期。

主义道路的既定方向上，在中国特色社会主义理论的话语语境中，在中国特色社会主义制度的坚持和完善的改革意义上，中国共产党领导的科学、民主、依法和有效的治国理政”。①

我们认为，所谓国家治理，就是通过公共权力的配置和使用，对国家的各项公共事务进行管理和调控，实现公共利益最大化的活动与过程。

2. 现代化。关于现代化的概念，是学界争议最多的一个概念。从语义学的角度来看，“现代化”既可表示一个“成为具有现代特点”的发展过程，也可表示在这个过程中发生的“最新积极变化”。1966 年，美国学者 C. E. 布莱克在《现代化的动力》里这样给“现代化”下定义：“现代化是人类的一大进步，它随着人类文明的发展而得以羽化飞升，它随着社会体制机制的变化而不断催生新的现代化。”“它是历史形成的各种体制对迅速变化的各种功能的一个适应过程，这些功能因科学革命以来人类控制环境的知识空前激增而处于迅速变化之中。”②塞缪尔 · P. 亨廷顿曾将现代化的特征概括为：“现代化是一个革命的过程、复杂的过程、系统的过程、全球化的过程、长期的过程、阶段性的过程、同质化的过程、不可逆的过程、进步的过程。”③

陈柳钦认为，学界对“现代化”的含义表述主要有四种：“第一种：现代化是指非西方社会落后国家在西方资本主义崛起并占据世界中心，以及形成世界性的国际资本体系的格局下，如何通过科学技术革命，在经济上赶超世界先进水平的过程”；“第二种：现代化实质上就是工业化，是经济落后国家实现工业化的进程，是人类社会从传统的农业社会向现代工业社会转变的历史进程”；“第三种：现代化是指一种心理态度、价值观和生活方式改变的过程”；“第四种：现代化是指自 16 世纪和 17 世纪的科学革命以来所导致的传统社会向现代社会过渡的全方位急剧变动的过程的统称”。④

胡鞍钢教授从中国的现代化实践出发，将“现代化”定义为：“全社会范围，一系列现代要素以及组织方式连续发生的由低级到高级的突破性的变化或变革的过程。现代化是一个历史的概念、发展的概念；是在全社会范围内的现代化；涉及土地、资源、能源、资本、劳动、教育、科学、技术、文化、信息、知识和制度、法律等现代要素，也涉及各种现代要素组合方式；是一个连续的积累

---

① 王浦劬：《科学把握“国家治理”的含义》，载《光明日报》2013 年 12 月 29 日，第 7 版。

② ［美］C. E. 布莱克：《现代化的动力》，段小光译，四川人民出版社 1988 年版，第 11 页。

③ ［美］塞缪尔 · P. 亨廷顿：《导致变化的变化：现代化、发展和政治》，王冠华等译，生活 · 读书 · 新知三联出版社 1989 年版。

④ 陈柳钦：《现代化的内涵及其理论演进》，载《经济研究参考》2011 年第 44 期。

的发展和建设过程；是全方位的变革过程。”①

可见，现代化所描述的是社会多层次、全方位发展转变的过程，是动态展开且持续深化的，它并不代表人类发展最高的阶段。现代化虽然呈现为全球化的发展趋势，表明该国家或地区的政治、经济、社会、文化等领域达到或接近世界先进水平的状态，但也并不是说现代化就是西方化，更不是资本主义化。现代化“可以是资本主义现代化，也可以是社会主义现代化，同时还可以是其他形式的现代化”②。“现代化”往往是指随着人类社会生产力的发展，社会发生了革命性的变化，这种变化标志着生产力水平的大幅度提高，经济的迅速发展，物质财富的剧增，社会结构的重组，价值观念的更新。“即在科学和技术革命的影响下，社会已经发生或者正在发生着的变化”③

我们在研究社区矫正现代化时，认为它既是一个时空概念，又是一个特定的历史阶段，兼具过程和价值观念的双重属性，最终指向是“合理化”或者说一种美好良善的状态。

（三）国家治理现代化

习近平总书记曾经对“国家治理现代化”进行了如下阐述：“国家治理体系是在党领导下管理国家的制度体系，包括经济、政治、文化、社会、生态文明和党的建设等各领域体制机制、法律法规安排，也就是一整套紧密相连、相互协调的国家制度；国家治理能力则是运用国家制度管理社会各方面事务的能力，包括改革发展稳定、内政外交国防、治党治国治军等各个方面。国家治理体系和治理能力是一个有机整体，相辅相成，有了好的国家治理体系才能提高治理能力，提高国家治理能力才能充分发挥国家治理体系的效能。”④ 以此逻辑来推导，国家治理体系现代化是国家治理能力现代化的基础，而国家治理能力现代化则是国家治理体系现代化的目标和归宿。国家治理体系现代化与国家治理能力现代化是同一个过程的两个方面，国家治理现代化、国家治理体系现代化与国家治理能力现代化三者之间实际上是整体和部分的关系。国家治理体系和治理能力是一个国家制度建设和制度执行力的集中体现，两者的最优状态推涌出国家治理的最佳效果。

由此，我们可以看出，国家治理现代化由国家治理体系现代化和国家治理能力现代化两部分构成，所以，要界定国家治理现代化，首先需要界定什么是国家

---

① 胡鞍钢：《中国国家治理现代化》，中国人民大学出版社 2014 年版，第 82 页。

② 陈柳钦：《现代化的内涵及其理论演进》，载《经济研究参考》2011 年第 44 期。

③ ［美］C. E. 布莱克：《日本和俄国的现代化》，商务印书馆 1992 年版，第 18~19 页。

④ 习近平：《切实把思想统一到党的十八届三中全会精神上》，载《人民日报》2014 年 1 月 1 日，第 1 版。

治理体系现代化和国家治理能力现代化。从某种程度上来看，国家治理体系就是规范社会权力运行和维护公共秩序的一系列制度和程序。① 所以，国家治理体系现代化就是指国家治理体系的制度化、科学化、规范化以及程序化，是对国家现有的制度设计和具体安排进行优化的过程。国家治理能力是指在制度的有效规范下，国家治国理政所需的一系列手段和方式。国家治理能力的现代化是一个系统性工程，包含着思想观念的现代化、体制机制的合理化、方式与手段的科学化等内容。②

综合上述分析，我们认为，"国家治理现代化"是以现代化作为国家治理新的价值维度，通过优化治理体系与提升治理能力，科学配置和使用公共权力和资源，对国家的各项公共事务实现优质而且高效的管理和调控。

(四) 国家治理现代化的标准

俞可平教授认为，国家治理的理想状态就是善治，即公共利益最大化的治理过程，其本质特征就是国家与社会处于最佳状态，是政府与公民对社会公共事务的协同治理。③ 在他看来，衡量一个国家的治理体系是否现代化，至少有五个标准：一是公共权力运行的制度化和规范化，它要求政府治理、企业治理和社会治理有完善的制度安排和规范的公共秩序；二是民主化，即公共治理和制度安排都必须保障主权在民或人民当家作主，所有公共政策要从根本上体现人民的意志和人民的主体地位；三是法治，即宪法和法律成为公共治理的最高权威，在法律面前人人平等，不允许任何组织和个人有超越法律的权力；四是效率，即国家治理体系应当有效维护社会稳定和社会秩序，有利于提高行政效率和经济效益；五是协调，现代国家治理体系是一个有机的制度系统，从中央到地方各个层级，从政府治理到社会治理，各种制度安排作为一个统一的整体相互协调、密不可分。④ 同时，何增科教授也提出了四条界定的标准：一是国家治理的民主化；二是国家治理的合法化；三是国家治理的文明化；四是国家治理的科学化。其中"文明化"是指国家治理中更少强制，更多同意；以服务换服从；增加对话协商，更少独断专行；更少的他治，更多的自治。"科学化"指的是，各类主体更加职业化和专业化；执政党和政府协调能力不断增强，规划能力不断提高。⑤

---

① 俞可平：《推进国家治理体系和治理能力现代化》，载《前线》2014 年第 1 期。

② 郑慧、何君安：《试论国家治理体系和国家治理能力现代化》，载《新视野》2014 年第 3 期。

③ 俞可平：《推进国家治理体系和治理能力现代化》，载《前线》2014 年第 1 期；俞可平：《国家治理体系的内涵本质》，载《理论导报》2014 年第 4 期。

④ 俞可平：《国家治理体系的内涵本质》，载《理论导报》2014 年第 4 期。

⑤ 何增科：《理解国家治理及其现代化》，载《马克思主义与现实》2014 年第 1 期。

二、社区矫正现代化的理论基础

（一）治理理论

关于治理理论的表述很多，但如果高度归纳的话，治理理论的共性主张主要有：第一，“国家的主权地位和中央政府在公共行政中的核心地位被动动摇，向地方分权、向社会分权、甚至将权力让渡于跨国家的组织成为一种趋势”。① 第二，治理多元主体之间的关系不再是政府占绝对的主导地位，政府之外的主体参与共治、社会展开自治成为常态。第三，尽管治理的实践需要借助市场机制，但治理理论反对新自由主义对市场调节作用的过分崇信。第四，治理强调多种治理工具、多种治理方式的并存使用。总之，国家的能力体现在整合、动员、把控和管制方面，公民及社会组织也是公共事务的决策参与者、管理者和执行者。

治理理论对社区矫正现代化建设的启示：实现社区矫正的现代化，必须高度关注多元参与主体的培育，高度关注不同主体之间权责边界的界定，高度关注协商共治机制的建立。如何协调好核心主体与多元主体的关系、监管主导者与服务提供者的关系、社区居民与社区矫正机构的关系、志愿服务与有偿服务的关系，形成共同参与、协商共治、共建共享的多元合作社区矫正结构体系，都将考验我们在社区矫正中运用治理理论的实践能力。

（二）社会资本理论

社会资本理论是近年来的新兴理论，在社区研究中经常用来“说明社区资本对于解决社区公共事务、达至社区公共利益的重要作用”。②

“资本”，从其词源意义上看，经历了物质资本—人力资本—社会资本的演化过程。从古典经济学的“资本指的是以交换媒介为体现形式的价值凝结物，拥有清晰的物质形态”③ 到 20 世纪 60 年代舒尔茨、贝克尔提出的人力资本的概念④，而当代的社会资本概念，则源于非经济的人们之间的各种联系和互动，能带来有价值的效益，同样具有直接的价值增值功能。

汉尼凡研究了满足个人的社会需要，指出：“善意、友谊、同情心以及构成

---

① 王诗宗：《治理理论及其中国适用性：基于公共行政学的视角》，载《浙江大学公共管理学院》2009 年第 41 期。

② 邱梦华、秦莉等：《城市社区治理》，清华大学出版社 2013 年版，第 41 页。

③ 肖星：《社会资本视角下的城市社区建设》，上海大学 2007 年博士学位论文。

④ Becker, GS 1993, Human capital: a theoretical and empirical analysis, with special reference to education[J]. Chicago, IL: The University of Chicago Press, c1993.

社会纽带的个人和家庭之间的社会互动，可以产生人们在日常生活中有价值的东西，如不动产、个人财产、现金。”① 他还对“社会资本促进社区娱乐的、知识的、道德的和经济的条件”来提高生活质量进行了说明。布迪厄、科尔曼、帕特南的相关理论，依次从微观、中观、宏观三个层次对社会资本概念作出表述。布迪厄 1980 年发表的《社会资本随笔》一文，最早在社会学研究领域引入社会资本概念，指出了社会资本所具有的“增效器”作用②。科尔曼理解的社会资本的功能，和其他形式的资本一样也是生产性的，能够使某些目的的实现成为可能。③ 可见，社会资本不仅能够增加个人利益，而且有利于集体行动的达成。帕特南在 1993 年出版的《使民主运转起来》的专著中，将社会资本定义为“社会组织的特征，例如信任、规范和网络，它们可以通过促进合作行动而提高社会效率”。④ 帕特南还以意大利南方和北方地区的比较，以及对美国经济政治的影响为例进行研究，发展了一种社会资本如何促进民主治理和经济繁荣的理论，指出大力发展社会资本能使民主运转，是解决行动困境的一条捷径。

在中国的社会资本研究中，赵孟营、王思斌的《走向善治与重建社会资本——中国城市社区建设目标模式的理论分析》，提出了城市社区建设“善治”和“重建社会资本”的双重目标。⑤ 孙立平的《社区、社会资本和社区发育》，对“社区建设和社区发育两个概念进行了区分，认为社区发育真正内涵即社会资本的创造，需要在社区认同、社会交往与社会关系、社区组织这三个社区的社会性特征上着力”。⑥ 隋广军、盖翊中的《城市社区社会资本及其测量》，认为“城市社区社会资本是城市社区内部的个人和组织在长期的内外互动中形成的，在互惠规则规范下的互利关系”。⑦

社会资本理论对社区矫正现代化建设的启示：在社区矫正现代化建设中，能使我们对社会行动、社会关系和社会结构的理解和认识进一步深化。将社区矫正的复合体场域性质，放在社会资本理论范畴内分析，更具理论生机和实践意义。在社区矫正现代化建设中增强“社区社会资本”的理念，规范社区居民共同行为的激励机制，提高社区居民相互作用的频度，达成不同利益居民之间的合作，

---

① Hanifan, 1920, The Community Center[M].

② Bourdieu, P., Poupeau, F., Discepolo, T., & Bourdieu, P. (2008). Political interventions: social science and political action[J]. London; New York: Verso, 2008.

③ Crudeli, L. (2006). Social Capital and economic opportunities. Journal Of Socio-Economics [J]. 35913-927. doi:10.1016/j.socec.2005.11.055.

④ Putnam, R. D., Leonardi, R., & Nanetti, R. Y. (1993). Making democracy work : civic traditions in modern Italy. Princeton[J]. N.J. : Princeton University Press, c1993.

⑤ 赵孟营、王思斌：《走向善治与重建社会资本——中国城市社区建设目标模式的理论分析》，载《江苏社会科学》2001 年第 4 期。

⑥ 孙立平：《社区、社会资本与社区发育》，载《学海》2001 年第 4 期。

⑦ 隋广军、盖翊中：《城市社区社会资本及其测量》，载《学术研究》2002 年第 7 期。

用社会资本要素促成居民个人利益和社区共同利益的共赢，不断积累社区的社会资本，逐步达至社区矫正的“善治”目标。

（三）社会风险与控制理论

德国学者乌尔里希·贝克于1986年首次提出“风险社会”的概念，认为工业社会发生的危机与人类重大决策紧密相关，主要表现在高度现代化状态下的经济体系运行紊乱、生态风险、核风险、技术风险、金融风险等。与此同时，国内学者也对“社会风险”这一概念提出了诸多观点。例如，李萍将其定义为“既有的人为秩序、规则、结构在社会层面出现的局部不适或较轻程度的异常。即社会风险并非是重大的、根本性的颠覆，但若持续且频繁发生，也会产生难以估量的严重后果”。通过比较可以看出，前者突出的是社会现代性导致的高风险化与复杂化特征，后者更多关注社会层面出现的局部不稳定因素。由此，群体性突发事件能够体现出“社会风险”的本质特征，因而可以将其视为社会风险的一种具体表现①。

关于对风险的控制问题，现代控制论被纳入研究范围。现代控制论兴起于20世纪40年代，美国科学家维纳在其著作《控制论》中，将动物与机器的控制机理进行类比，详细阐述了系统信息变换的规律。维纳提出的“控制”概念，是指在获取、加工以及使用信息的基础上，施控主体为了实现预定目的，从具有多种可能的影响因素中选择出关键因素并施加积极主动的干预措施，近年来，控制论学说成为社会科学研究中的重要分析工具。特别是其中的“系统控制论”思想和工具被广泛应用于经济、社会管理等领域。从控制论的视角来看，社会管理相当于是通过信息交换和处理、发出指令、反馈信息等环节对社会系统进行调节与控制的过程②。

风险社会理论对社区矫正现代化建设的启示：社区矫正风险的解决是对现有社区矫正制度的反思和变革，以避免风险发生付出更大的经济成本与社会代价，而不是对其消除和推翻。目前，中国已进入“高风险社会”，社区矫正现代化建设是解决社会问题和化解社会矛盾的途径之一。从这个角度来看，风险社会理论可以为社区矫正现代化建设提供社会风险管理与公共危机治理的理论基础和依据。

控制论对社区矫正现代化建设的启示：一是在控制论中占据核心地位反馈控制。从社区矫正中社会风险的角度来定义，反馈控制是指针对社区矫正风险因素所引发的危机或问题来制定和实施控制决策。它是一种典型的“问题—应对”

---

① 李萍：《从国家——社会关系看社会风险控制》，载《理论探讨》2014年第6期。

② 周勇：《系统控制论视域下的社会调控创新论析》，载《湖南农业大学学报（社会科学版）》2015年第6期。

型控制方法。这种方法的特点是具有明显的针对性和确定性，但是，从问题出现到控制之间会出现一段时滞会影响控制的效果，这就使反馈控制具有较大的被动性和“时间滞差性”①。二是有利于避免或降低反馈过程的延迟所带来的损失“前馈控制”。如果将社区矫正视为一个运行系统，前馈控制的过程就可以概括为：观察那些作用于系统的各种可测输入量和主要扰动量，分析它们对系统输出的影响与相互关系；预测输出结果与预期结果之间的偏差；在系统输出结果受到影响之前就采取控制措施来纠正偏差。当然，前馈控制的预测是建立在预测或预警的基础上，也有出现误判的可能。但对于那些具有较长潜伏期或累积效应的社会风险来说，由于前馈控制比反馈控制更能及时发现问题，事先制定社区矫正纠偏措施，化解问题于萌芽时期，从而避免事态严重化和扩大化，所以它具有很大的现实应用意义。

三、社区矫正现代化的考量要素

（一）社区矫正现代化

社区矫正现代化建设是一项复杂的制度运动，属于社区矫正建构型制度化的范畴。首先，它是现代社会治理创新行为，具有新时代中国特色社会主义制度的治理含义和治理价值，必须和整个社会治理创新协调一致。其次，社区矫正现代化建设更多地体现为一种社会治理平台和社区矫正的机制，具有典型的组织建设特征，社区矫正现代化的制度建设也必须遵守组织行为学的制度化客观规律的生成逻辑。我们认为，社区矫正现代化主要是指社区矫正的各项体制和机制都要适应时代的要求和特征，通过社区矫正实践的改革创新，理论研究的自我完善，从而使社区矫正工作具有制度化、科学化、规范化、程序化、信息化等特质。这一概念包含了三层含义：一是社区矫正现代化是对社区矫正工作的“体系化”管理。社区矫正现代化建设重在体现整体性、系统性、协同性原则，社区矫正现代化建设需要把社区矫正的现代理念贯穿到立法、执法、行政管理等各个环节和过程，并应用到社区矫正的实践工作中，使社区矫正的体制机制更加科学和完善。二是社区矫正现代化是一个整体系统，要在系统论的理论指导下开展建设工作。关键在于打造有利于社区矫正现代化建设的广阔空间，大力倡导通过上下互动、多元协调，全面推进。特别是在参与主体上，要以持续、开放、平等、包容的心态，超越利益局限和经济理性的束缚，构建多元主体共同参与的格局。三是社区矫正现代化是动态发展的，是社区矫正适应现代社会的动态发展状态，而不是静

① 阎耀军、薛岩松：《风险社会中的管理时滞与前馈控制——试论基于前馈控制的公共危机管理创新》，载《天津大学学报（社会科学版）》2009年第4期。

态结构。

总的来看，社区矫正现代化建设，是以社区矫正价值取向现代化为前提，引导社区矫正治理体系和治理能力现代化，以社区矫正治理结构体系、功能体系、制度体系、运行体系的现代化为核心，以社区矫正治理能力现代化为保障，推动社区矫正现代化。

（二）考量要素

社区矫正工作制度性建设的程度高低，是考量社区矫正工作现代化水平的重要依据，因为社区矫正工作制度是"国家公益性产品"，它包含了两层含义：一是社区矫正制度在制度设计和构建体系上的科学性和合理性；二是在社区矫正制度贯彻执行中需要必要的权威性和约束力。为此，根据社区矫正工作发展进步的内在逻辑，社区矫正的构成要素主要有价值取向、工作目标、工作主体、工作特征、工作内容、工作制度、工作方式、工作评价等，因而社区矫正工作现代化也应围绕这些要素展开。

1. 社区矫正工作的价值取向。社区矫正工作现代化的核心要求是培育价值取向、调和价值冲突、达成价值共识。社区矫正工作所体现的现代化价值取向必须是基于社会结构和社会形态而创设的制度体系，是以"良策善治"为表征的，充分体现出民主、科学和法治的精神实质。第一，社区矫正工作作为我国社会治理体系创新的探索，具有深厚的价值内涵，社区矫正工作的动力之源，首先是价值之维的考量。第二，社区矫正工作的目标预设、运行方式、基本过程、体系架构、制度创建、模式选择、方法进路等无不涉及价值取向问题。第三，价值引导是社区矫正工作的关键。价值引导主要是指社区矫正中通过解决价值冲突，达成价值共识，从而引导社区矫正工作多元参与主体的共同工作目标，激发其参与社区矫正工作的主动性和责任担当。

2. 社区矫正工作主体。社区矫正工作主体是指在社区矫正工作过程中直接或间接地参与社区矫正工作的运行、管理、控制和引导的相关力量。从社区矫正工作的制度设计的本意来看，社区矫正工作基本主体包括政府、社会与市场三个层面。这是社区矫正工作现代化的依靠力量。与此密切相关的一个概念是"治理能力"，这是社区矫正工作主体能否实现社区矫正目标的关键因素。有学者对治理能力表述为："决策能力的民主科学化""执行能力的公开法治化""调控能力的协调统筹化""协同能力的互动合作化""改革能力的综合配套化"等几个方面。①社区矫正工作现代化的内在形态和外部表征均体现在这几个方面。

3. 社区矫正工作目标。社区矫正工作所体现出的现代化目标，主要是提高

---

① 陶希东：《治理能力现代化的衡量标准》，载《学习时报》2014 年 12 月 8 日，第 A6 版。

新时代中国特色社会主义制度下的社会治理效益，或者说是在控制社会危险成员犯罪、降低行刑成本、为社会提供安全与秩序等方面的整体效益。具体来说主要包括：一是社区矫正系统建构安定有序。包括维护社区矫正工作的基本运行秩序和有利于维护社会安全秩序的良好环境；制定有利于社区矫正工作的一系列法律法规并加以实施等。二是积极依靠科技创新实现社区矫正对矫正对象的危险管控水平，提高社区矫正的质量和水平等。三是政府购买完善优化的社会服务。包括通过增加投入、完善政策、细化任务目标的指标体系、强化管理和绩效考评等途径，促进矫正对象的文化知识教育、职业技能培训、社会适应辅导、法治规范教育等，提高矫正对象的社会适应和社会融合的能力。四是社会力量的自主有为。包括促进各类社会力量在国家法律法规框架内积极参与社区矫正工作中的有关事务，合理表达诉求等。

4. 社区矫正工作特征。社区矫正工作所体现的现代化特征，主要表现在：一是社区矫正工作具有开放性。表现为参与主体多元化、内部结构分权化、参与方式制度化和工作样态法治化。二是社区矫正工作具有鲜明的政治属性和法律属性。社区矫正的政治属性是指基于政治需要而对社会中危险成员的特定政治管理行为；而法律属性则以法律规定的社区矫正的刑事执行性质为基础，按照法定的程序和要求开展活动。三是社区矫正工作具有国家治理体系和治理能力现代化的时代特质，是世界行刑趋势社会化、非刑化、非罪化、非监禁化等特质的重要体现。四是社区矫正工作具有民主性，关注以“民主协商”为标志的高度的开放诉求。民主协商主要是指参与社区矫正工作的各参与主体，在司法行政机关的主导下，以沟通协商的方式，确立社区矫正工作的目标和价值立场，实现共治、法治、善治等治理目标。五是社区矫正工作具有整体性和系统性。社区矫正工作是一项系统工程，由各个子系统或要素共同构成了一个整体。从社区矫正工作内在结构来看，包括了工作主体、工作目标、工作过程、工作制度、工作方式、工作评价等要素，每一要素又是一个相对独立的子系统，不同要素之间既相互交织、相互联结，又相互制约、相互钳制，成为一个不可分割的整体。

5. 社区矫正工作内容。“国家治理体系由经济治理、政治治理、文化治理、社会治理、生态治理五大体系构成”①，社区矫正工作作为国家治理体系的一部分，其工作内容的现代化建设也应包括这五大领域的现代化。主要是通过社区矫正队伍建设职业化、制度建设法治化、监督管理规范化、矫正教育专业化、现代技术应用信息化等体现出来。

6. 社区矫正工作制度。制度是组织社区矫正工作的行为规范和约束矫正对象行为的一系列规则。② 一套较为完整的制度，应该包括明确的“准入规则”

---

① 陶希东：《国家治理体系应包括五大基本内容》，载《学习时报》2013 年 12 月 30 日。

② 季卫兵：《国家治理的价值取向及其培育研究》，载《南京理工大学》2016 年。

“游戏规则”和“奖惩规则”①。确立相应的规则，建立适合的制度，并使之成为社区矫正工作有效运转的重要保障，是社区矫正工作现代化的关键环节。一般来说，社区矫正制度主要包括法律制度、接收制度、管理制度、矫正教育制度、奖惩制度、收监制度、激励制度和协调制度等。这些制度的现代化程度，直接决定着社区矫正的现代化水平。

7. 社区矫正工作方式。社区矫正工作所体现的现代化工作方式，是指参与社区矫正的各主体在开展社区矫正活动中所采取的方式方法、措施手段等的总和，这些手段包括法律约束、行政干预、经济调控、价值预设、民主协商、自我认知、道德规范、教育引导、行为规训、心灵修炼等。其中，法治是社区矫正的基石，是国家文明进步的标志，推进依法治国是实现治理现代化的基本方略。强化法律权威，依法开展社区矫正工作和控制矫正对象的犯罪行为，是确保社会安全和秩序的重要手段。

8. 社区矫正工作评价。社区矫正工作评价以一定的方式对社区矫正工作成效进行评价，是不断优化和改进社区矫正工作的重要途径，也是社区矫正工作的内在要求。根据目的不同进行划分，社区矫正评价可以分为：“风险评价、需要评价、能力评价与效果评价。”② 社区矫正风险评价，是指社区矫正机构运用科学的方法，对拟采用非监禁刑而投入社区矫正的矫正对象或已经确定进行社区矫正的矫正对象，对其人格上存在的实施犯罪行为以及其他严重违法和社会越轨行为的危险倾向的有无及大小所作的评价和预测。社区矫正需要评价，又称矫正动力评价，“是指根据社区矫正工作安全、矫正等目标，对社区矫正对象存在的影响矫正工作目标实现的内外因素所进行的评价”。③“社区矫正能力评价是指对社区矫正机构及其工作人员，利用自身的资源，以及组织、动员社会资源，对矫正对象进行管理、矫正，以控制、降低矫正对象人身风险，并促进矫正对象适应正常社会生活能力进行的评价”④。“社区矫正效果评价，又称社区矫正质量评价，是指根据社区矫正需要评价，对矫正对象采取的管理、矫正措施产生的实际效果所作的评价。”按评估时间的不同，社区矫正评价可以分为：诊断性评价、阶段性评价和总结性评价。诊断性评价，是指在社区矫正活动开始之前，对矫正对象的人格特征、成长经历、家庭背景、社会关系、犯罪行为等状况进行的评价和预测。阶段性评价，是指社区矫正活动开始之后至结束之前，对社区矫正的相关因素进行的评估。总结性评价，是指社区矫正活动结束之前，对社区矫正的相关因素进行的评价和预测。

① 燕继荣：《现代国家治理与制度建设》，载《中国行政管理》2014年第5期。
② 狄小华：《社区矫正评估》，载《政法学刊》2007年第6期。
③ 狄小华：《社区矫正评估》，载《政法学刊》2007年第6期。
④ 狄小华：《社区矫正评估》，载《政法学刊》2007年第6期。

第二节 社区矫正现代化的价值目标和建设路径

社区矫正现代化建设包含了社区矫正治理体系现代化和社区矫正治理能力现代化。社区矫正治理体系现代化体现在政府主导与社区参与的一体化、社区矫正理念的人文化、参与主体的多元化、社会力量服务功能的多样化、社区矫正制度的法治化、社区矫正机制的科学化、社区矫正项目的人性化、社区矫正措施的规范化、社区矫正管理的程序化和精细化、社区矫正队伍建设的职业化和专业化等。社区矫正治理能力现代化包括了对社区矫正社会价值层面的认同性、社会公众的文化素质水平、社会成员的政治参与意识等维度。

一、社区矫正现代化的价值目标

推进社区矫正工作现代化的核心是“以人为本”，正确处理社区矫正工作中“个人—社会—国家”之间的关系，广泛培育社会力量，激发治理社会犯罪的活力，维护社会的安全和秩序。社区矫正工作现代化的价值目标是指在社区矫正工作中追求的基本方向，是社区矫正工作功能性和导向性的体现，是社区矫正工作理念体系、组织体系、制度体系、行为体系等方面的价值追求总方向和总标准。

（一）工作主体从“一元化”到“多元化”

社区矫正工作设计的最突出的特征之一就是参与主体的多元化。一是社区矫正的参与主体应由唯一的司法行政机关转变为社会力量多元参与的主体构成；二是由传统监禁刑形成的以行刑为核心的警察执行主体转变为社会公共机构和私人机构为表征的监督管理和矫正教育主体；三是由单纯的政府管理转变为社会组织、社会团体、社会工作者、社会志愿者等社会主体共同参与的社会治理，通过激发以社会力量为代表的社会活力，提升社区矫正工作的参与积极性。所以，社区矫正工作在政府的主导下，培育多元化的参与主体，共同推动社区矫正工作现代化，既是社区矫正工作现代化的内在要求，更是社区矫正工作现代化所追求的方向。

（二）工作向度从“单向主导”到“多向共享”

目前，社区矫正的工作向度是单向的，工作机制是以司法行政机关的行政级别由上而下地设置和管理。这种单向的工作模式，是通过行政公权力的形式，以颁布法令、制定政策，自上而下的行政动员等来实现社区矫正的工作目标，很明显，这种单向度的社区矫正管理模式带有浓厚的行政规制色彩，而社区矫正工作现代化，在制度的顶层设计上要求工作主体多元化，打破单向度工作格局，由社会力量广泛参与社区矫正工作，形成上下互动、横向联结、有偿服务、共建共享的工作格局。在理念和价值追求上，把社区矫正工作作为控制社会犯罪现象的公共利益和社会治理的政治认同。作为政府有机组成部分的司法行政机关是社区矫正工作的主导者，社会力量是社区矫正工作的协同者，非营利性社会组织通过政府购买服务的方式介入社区矫正工作中，成为社区矫正工作整体格局中的特有“一极”，使社区矫正工作多向度共同参与，多维共同治理，共享社会环境的安全和秩序。这种“多向度参与、共建共享”的格局，强调社区矫正工作的公共性特征，使现代法治的内在精神贯穿于社区矫正工作过程的始终，也昭示着现代社会对社会公众社会责任共担的尊重，体现“以人民为中心”的法治精神。通过“共建共享”进一步实现社会治安治理中权力和权利的分立和平等，真正形成社区矫正工作多主体共同参与、多向度协作介入的工作模式。

（三）工作本质从“集权化”到“分权化”

社区矫正的工作本质从“集权化”到“分权化”主要体现在：一是社区矫正工作的根本点是要转变政府在社区矫正工作中的职能。通过司法行政机关及其他参与部门的有限的限权、放权和分权实现社区矫正工作“政府的归政府，社会的归社会，市场的归市场”，建构一个“政府—社会—市场”三足鼎立、权力尺度有限度、权力边界明晰的工作体系，使社区矫正工作需要的资本、劳动、技术、知识等要素，迸发出应有的活力，特别是社会力量参与到自己的专业领域，为社区矫正工作目标的实现奠定坚实的基础。二是改变社区矫正工作政府集权化，实现参与主体各司其职的分权化状态。这样有利于有效利用社会资源，提高社区矫正的工作效率。在这里最重要的效率是社区矫正工作在预防犯罪、控制犯罪、改造罪犯中的社会效率。通过分权的形式，赋予社会力量应有的责任，可以使社区矫正工作在社会秩序和发展中寻求到自身在社会框架中的平衡点，以进一步推进打击犯罪所体现的社会公平正义，同时也彰显现代社会对社区矫正对象的社会关照，通过矫正教育的方式，使矫正对象回归社会，成为守法公民，彰显改造罪犯的个别正义，促进建立凸显现代化特质的以“公平正义”为核心的现代刑事执行制度。

（四）工作格局从“政策化”到“法治化”

社区矫正工作的现代化不仅仅是社区矫正工作功能上的变化和外在形式上的改变，重点在于从社区矫正的政治生态上逐步弱化“人治”和“政策化”主导的倾向，从而走向“法治化”轨道。原因在于：一是社区矫正工作从产生之日起更多的是“政策化”的产物。通过十几年的发展，虽然取得了一定的成就，归纳总结出了诸多实务工作经验，但是，也暴露出“政策化”主导下的“先天硬伤”，由此在我国法治国家、法治社会、法治政府一体化建设中受到诸多质疑和批判。所以，社区矫正工作的“法治化”进路是和新时代中国特色的社会主义制度建设和创新相衔接的，也是现代刑事执行制度的应有价值。二是法治是规则之治，是善法良治，是法治精神在社区矫正工作中的贯彻执行。“法治是一个内涵民主、自由、平等、人权、理性、秩序、正义、效益与合法性等诸多社会价值的综合观念。”① 通过设定法律的框架和禁区，规范社区矫正工作的权力运行机制，“把权力关进制度的笼子里”，让社区矫正工作依照法律规定、法律原则和制度规则来运行，将司法行政机关行使公权力和保障矫正对象的合法权益置于同等重要的地位，确立社区矫正工作中公、私权力和权利的范畴和领域。三是法治意味着监督。社区矫正公权力的行使在法治语境中必须受到必要的监督、约束和制衡。

（五）工作目的从“工具化”到“价值化”

社区矫正在我国的价值定位上，目前是预防犯罪和控制犯罪的方式，是社会治理创新的探索，目的是对社会风险进行管理和控制，维护社会安全和秩序，所以，社区矫正工作是法律对社会强力控制的“工具”。社区矫正现代化建设要把工作的中心转移到为社区矫正对象提供更多的服务，一方面要以社区矫正对象的潜能开发和全面发展为目标，共同矫正教育社区矫正对象，使其不仅顺利回归社会，与社会相融合，而且还要在恢复性司法理念的主导下，恢复被犯罪所破坏的社会关系。另一方面要让社会公众共同承担起社会治理的社会责任，实现社会公众所追求的公平正义，培育宽容的社会环境和文化氛围，使宽容性成为社会的本质属性。

综上所述，社区矫正工作现代化的价值目标是要建构社区矫正的新型模式工作体系和运行机制，推进“分权化”和“法治化”，实现社会的公平正义。

二、社区矫正现代化存在的问题

社区矫正工作现代化所面临的核心问题是建构有效应对和化解社区矫正工作公共问题的制度程序。就社区矫正的现状来看，社区矫正现代化存在四大障碍。

（一）宏观决策的单一性

正如前面所言，我国社区矫正工作是建构在“政策化”基础上的，所以在宏观上，存在理论支撑不足，体制建设不完善的缺点。十几年来出台的宏观政策，大多是在中央政法委主导下，由最高人民法院、最高人民检察院、公安部、

---

① 张文显：《法哲学通论》，辽宁人民出版社 2009 年版，第 370 页。

司法部联合做出的，决策存在单一性，存在的问题主要表现在：一是在社区矫正工作的政策制定上，过分强调统一性，忽略了经济发展不平衡的差异性、城市与乡村的差异性、不同地区的差异性、不同民族的差异性等。二是工作思路突出强调长官意志。三是不同时期的政策规定上出现矛盾和冲突，甚至连社区矫正规定中的基本概念都不一致，比如社区矫正的工作对象，就先后出现了罪犯、社区服刑人员、社区矫正人员、社区矫正对象等称谓。

（二）参与主体的单一性

社区矫正的根基在社区。从社区矫正的本源意义上，价值取向之一就是社会公众、社会组织、企事业单位等社会力量的广泛参与，通过社会资源的有效整合和最佳配置，实现社区矫正效益最大化。但是，目前我国社区矫正的参与主体从表面看是多元状态，而从参与主体的独立性来分析，体现出来的是单一特质。主要表现在：一是社区矫正工作主体的职能定位存在错位、越位和缺位现象。目前，在社区矫正工作主体的顶层制度设计上出现了角色迷失，核心是政府控制与社会自治、社会参与的矛盾。二是实务工作中存在个体利益、部门利益与公共利益等多重利益的矛盾纠葛。三是社区矫正工作在组织规模和内在结构上长期处于角色混同状态，存在一些地方司法局（所）人员不足、专业人员缺乏、社会力量难以培育、资金不到位等问题，导致工作效率低下、工作质量不高等。

（三）工作方式的单一性

由于社区矫正试点之初缺乏足够的理论研究和实践经验积累，致使社区矫正管理在直接管理和间接管理、宏观管理与微观管理之间存在一些问题。一是过分强调社区矫正监督管理中的安全与秩序。在价值理念追求上，试图将社区矫正工作等同于监狱行刑的“刑罚化”，忽略了社区矫正工作在定位上的监督管理和矫正教育功能。二是在矫正教育的手段上缺乏相应的针对性，缺乏实质性的矫正教育内容。三是社会力量培育不足，社会参与度低。四是社区矫正决策的民主化、法治化程度不高，工作基本处于满足形式上的监管状态。

（四）社会支持系统的单一性

社区矫正工作的核心在社区，因此，社区矫正工作现代化依赖于发育成熟的社区。在这里，社会发育度直接关系着社区矫正工作的社会支持系统的培育和开发。而社会发育度包括了社会组织发育程度和与公民参与发育程度。“只有发育恰当的社会，才能起到推动政府职能优化和促进现代国家治理体系形成的积极作用。”① 而我国改革开放40多年来，虽然在经济上取得了举世瞩目的成就，但在社区建设上，还存在发育水平不均衡，缺乏增长的动力等状态。在公民参与度方面由于公民个体只能在有限理性上作出决策，对参与社区矫正的热情度不高，即使参与社区矫正工作也往往是出于功利目的。就目前而言，社会支持系统中参与最多的是政府购买服务的社会非营利性组织。因此，社区矫正工作中的社会支持系统比较单一。

三、社区矫正现代化的实现路径

社区矫正工作现代化的核心是社区矫正工作协同机制和约束机制的构建，真正实现社区矫正工作程序化、制度化、法治化。使社区矫正的价值体系、结构体系、功能体系、制度体系、方法体系、运行体系和监督体系适合于现代化的要求。

（一）转变“刑罚执行”理念，确立“社区本位”理念

本位不同，工作机制的设置和工作的价值目标也不同。在社区矫正工作价值体系构建中，有人认为社区矫正对象是法定的罪犯，社区矫正的工作性质就必然是“刑罚执行”，如此推理，社区矫正工作就是执行刑罚。在这一理念支配下，社区矫正机构就必然是刑罚执行机关。其实不然，“刑罚执行”在社区矫正制度的框架设计中只是社区矫正工作的一个前置条件，而不是社区矫正工作的价值追求，因此，社区矫正工作现代化就应使社区矫正工作回归“社区本位”的理念。这一理念体现了一种邻里守望、民众共建共享、社区广泛参与的愿景。社区公众的参与和充分借助社区的资源来矫正教育矫正对象，才是社区矫正的真谛。这样，以社区为本位使社区矫正工作更加注重参与主体的多样化，更加尊重思想观念的多元化，更加重视矫正教育的专业化，更加有助于社区矫正制度的有效运作，更加有助于提高社会公众的公共责任心和对社区矫正工作的认同度。

（二）构建“党委领导、政府主导、多元合作”的参与主体间的合作共治共享的结构体系

社区矫正工作现代化需要“政府—社会—市场”等力量，各自发挥积极作用，相互补位，合理配备社区矫正资源。因此，要建立“党委领导、政府主导、多元合作”的参与主体间的合作共治共享机制，以制度化的方式对社区矫正工作

① 施雪华、张琴：《国外治理理论对中国国家治理体系和治理能力现代化的启示》，载《学术研究》2014年第6期。

各个参与主体的地位、作用和形式进行规定和确认，明晰社区矫正工作参与主体地位的职责，使得各方行动协调、稳定、常态化。

第一，坚持党对社区矫正工作领导的核心地位。在我国，坚持党的领导是基本原则，在社区矫正工作中发挥着核心的作用，这是社区矫正工作现代化的政治要求，必须是坚定且不能动摇。

第二，在社区矫正的整体工作中坚持代表政府的司法行政机关的主导地位和平台作用。司法行政机关代表政府主导社区矫正工作，是社区矫正工作的主导者和“掌舵者”，在社区矫正工作中同样处于主体地位，但不再是社区矫正工作的唯一主体。司法行政机关通过让渡出一部分矫正权力和矫正空间，激发社会力量广泛参与的活力，可以集中精力做好自己的职能工作，掌握社区矫正工作的方向和路线，履行好宏观调控、公共服务、维护社会规则等职责。

第三，多元合作。社区矫正的发展方向是实现有效的社区自治，各类社会组织将成为社区矫正工作部分职能的承担者和提供者。社区矫正工作现代化就是要使社会公众、社会组织、社会团体、第三部门、社会工作者、社会志愿者等社会力量，成为社区矫正工作的主要参与者。但是，我们必须看到，目前我国的社会力量还存在数量不足、专业化程度较低、服务不精细、政府支持力度弱等问题，还需要以社会力量的培育和发展作为突破口，营造社会力量参与社区矫正的优质环境，引导社会力量合法参与社区矫正，帮助社会力量培养专业化的人才队伍，提升社区矫正工作的专业化和精细化。尤其是政府在向社会力量购买服务时，要遵循公开透明的原则，保证资金足额到位，为社会力量参与社区矫正工作奠定经济基础。

“党委领导、政府主导、多元合作”的参与主体间的合作共治共享机制是社区矫正工作的未来走向，无论是从价值预设还是从实践机理来看，这一机制都可以回应社区矫正工作参与主体多元化的现实需求，它必将成为社区矫正工作的理想格局。

（三）构建法律规则和道德规范相结合的社区矫正教育方法体系

社区矫正工作要法治化，工作机制更要遵循法治的规则，这是由法律的性质和作用决定的。在社区矫正的国家层面，以法治为根本，以德治为辅助；而在社会层面，则强调以德治为主导，以法治为辅助。法律是国家意志的体现，在社会治理中是强制性的、正规性的社会规范，是任何政党、社会团体、社会组织和社会公民都必须遵循的基本准则。

第一，社区矫正工作现代化要求首先是法治化。要求多元化参与主体在社区矫正工作中必须具备法治思维、法治方式和法律意识，所有社区矫正的行为必须符合法治的内在要求。强化司法行政机关作为社区矫正规则和程序制定者的角色，牢固树立依法治理的理念，推进社区矫正立法工作，加强和创新社区矫正律法规制度建设，使社区矫正工作得以坚实的法律依据作为支撑。

第二，加强社会主义法治理念教育，依法调整社区矫正中各个参与主体间的利益关系，规范社区矫正中的社会行为，维护矫正对象的合法权益，引导社会公众和矫正对象合法表达其利益诉求。

第三，社区矫正中对矫正对象的监督管理和矫正教育，要坚持法治与德治相结合，除坚持法律原则之外，还要综合应用道德的约束和引领作用，强调道德思维，将道德所具有的非正式的制度和非强制性的社会规范的优势有效发挥出来。在社区矫正中主要涉及的有社会道德教育、职业道德教育、家庭美德和伦理教育等，有效补充了法治规范的不足，使道德对矫正对象的软控制与法律的硬控制有机结合起来。

除此之外，还要以法治化为核心，构建涵盖社会动员、组织协调、监督管理、服务沟通、资源配置等方面在内的社区矫正功能体系，以法律制度、激励机制、协作机制三大基本制度为主体的社区矫正制度体系，以及从上到下、从下到上、横向互动的社区矫正功能运行体系等。

图书在版编目（CIP）数据

社区矫正通论 / 连春亮著 . --北京：中国人民公安大学出版社，2021. 11
ISBN 978-7-5653-4343-8

Ⅰ.①社…　Ⅱ.①连…　Ⅲ.①社区—监督改造—研究—中国　Ⅳ.①D926.7

中国版本图书馆 CIP 数据核字（2021）第 177656 号

社区矫正通论

连春亮　著

出版发行：中国人民公安大学出版社
地　　址：北京市西城区木樨地南里
邮政编码：100038
经　　销：新华书店
印　　刷：北京市泰锐印刷有限责任公司

版　　次：2021 年 11 月第 1 版
印　　次：2021 年 11 月第 1 次
印　　张：35. 25
开　　本：787 毫米×1092 毫米　1/16
字　　数：700 千字

书　　号：ISBN 978-7-5653-4343-8
定　　价：115. 00 元

网　　址：www.cppsup.com.cn　www.porclub.com.cn
电子邮箱：zbs@ cppsup.com　zbs@ cppsu.edu.cn

营销中心电话：010-83903991
读者服务部电话（门市）：010-83903257
警官读者俱乐部电话（网购、邮购）：010-83901775
法律分社电话：010-83905745